〔南非〕 J.C.坎尼米耶 著

王敬慧 译

J.M. 库切传

J. M. Coetzee:
A Life in Writing

浙江出版联合集团

浙江文艺出版社

J.M. Coetzee: A Life in Writing by J.C. Kannemeyer

Copyright © 2012 by J.C. Kannemeyer

Originally published in the Netherlands in 2012 by Uitgeverij Cossee

Simplified Chinese edition copyright © 2017 by Zhejiang Literature & Art
Publishing House

All rights reserved.

版权合同登记号 图字：11-2013-191号

图书在版编目（CIP）数据

J.M.库切传/（南非）J.C.坎尼米耶著；王敬慧译. -- 杭州：浙江文艺出版社，
2017.8

ISBN 978-7-5339-4744-6

Ⅰ.①J… Ⅱ.①J… ②王… Ⅲ.①约翰·马克斯韦尔·库切-传记 Ⅳ.
①K834.785.6

中国版本图书馆CIP数据核字（2017）第004668号

J.M.库切传

作者：［南非］J.C.坎尼米耶
译者：王敬慧
责任编辑：童炜炜
装帧设计：杨林青工作室

出版：浙江文艺出版社
地址：杭州市体育场路347号
网址：www.zjwycbs.cn
经销：浙江省新华书店集团有限公司
印刷：浙江新华数码印务有限公司
版次：2017年8月第1版　2017年8月第1次印刷
开本：710毫米 × 1000毫米　1/16
字数：569千字
印张：41
插页：16
书号：ISBN 978-7-5339-4744-6
定价：168.00元（精）
（如有印装质量问题，请寄承印单位调换）

《J.M.库切传》中文版译者序

本译本中，对库切的称呼有两种方式，同事、朋友和亲人称呼他：约翰（J.M.库切的J是John的首写字母）；大多数情况下，人们称他为J.M.库切，中国读者群常采用后一种称谓，并去掉首字母。如果为中国读者一句话总结该书：它是对库切生活与创作的工笔画白描，精细而巧密。在您进行文本阅读前，请允许译者解释三个问题：

1. 为什么要翻译这本书？对译者而言，来自于一种使命感以及对库切本人的感激。十几年前，当库切得知译者的博士论文是研究他的文本，并打算在中国出版一本库切传记时，他除了耐心回应译者的学术问题以外，也非常支持其传记的出版工作，甚至亲自扫描老照片并授权给译者用于新书之中。2011年，译者所著的传记《永远的流散者》由北京大学出版社出版之时，译者将汉语版本的梗概翻译成英文，连同书籍本身一并寄给他。译者知道他也许并不关注该书中他走过人生道路的重述，但是在中文版的图书中看到他家人的照片，应该是令他很感慨的事情。2013年在库切与莫言北京对话活动中，库切告诉译者另外有一位南非教授刚刚出版了一本关于他的传记，框架与译者的传记相近，但是内容更为丰富，是700多页的大部头，于是译者也在第一时间将这个消息告诉库切图书在中国出版界的伯乐——曹洁女士，希望中国读者可以有更多视角了解这位作家。作为比较了解库切作品的学者，译者受委托来翻译这本图书，库切本人也表示欣慰和放心。对此委托，译者欣然接受，因为译者衷心希望更多的中国读者了解这位伟大而内敛的作家，并阅读他的作品。可能是因为译者是教师的缘故，有一种很强的助人情节，看到一本好书，或知道一位好作家，总想向更多的人推荐。而库切是如此值得读的一位作家，他又从不谄媚地讨好读者、编辑或媒体。他悲悯而绝望地审视着芸芸众生，探究着我们每个人内心潜伏的兽性，平静而敏感地描绘着我们所有人类都会遭受的身体和精神上的痛苦。译者希望通过此译本帮助搭建一座他与读者之间的桥梁，因为译者的功能就是帮助沟通成为可能。

2. 有读者会问，为什么一定要了解库切？译者的亲身感觉可以部分解答这一疑惑。十几年前的一个深夜，因为错过了最后一班校车，译者待在美国印第安纳大学图书馆里，书海中找到库切的《等待野蛮人》，读完的感觉犹如饮了一杯醇酒，至今仍回味不止。关于什么是野蛮的问题，如果世人真的有些许洞悉，哪还会有无数的争端！关于该作品的最佳评论来自荷兰的一位学者兼作家弗兰斯·凯伦敦克（Frans Kellendonk）："如果将库切的作品过于狭窄地与他祖国的悲剧相联系，那是错误的。他所描述的种族隔离是非政治的，是存在主义的。种族是一种迷信，种族主义与反种族主义都是错误的陈述。它实际上在讲述承认与尊重真正的差异，这是文化的问题。人只有在保持不同的情况下，才是平等的。"一位来清华讲学的美国密歇根大学比较文学专业教授也曾经对笔者感叹，他认为库切是世界上最好的作家。也许这种判断只是个人见解，但是不可否认的是库切的文字深邃而感人，同时需要比较具有感悟力的读者。如果您像笔者一样觉得自己的感悟力有待提高，让笔者用自己的经验告诉您，在阅读他文字的同时，个人的思考可以被引领着向深刻的方向前行。

3. 那么为什么要读库切传记？首先，他的传记可以提供给读者许多有助于理解他作品的背景材料，这恰恰有助于提高读者的感悟力；其次，他的传记从狭义上讲，能够让读者明白一个喜欢文学创作者从尝试写作到被世界接受的过程中所要走过的路；从广义上来讲，它能帮助读者了解世界文学，以及西方文学理论的发展脉络。尽管传记里没有理论化的说教，但是读者可以通过库切在澳大利亚、南非、美国、英国以及欧洲各国学术机构的教学科研经历，了解到从20世纪60年代至今国外诸多高校英文系的学科发展脉络与学术争斗常态。读者总觉得作家库切不愿意袒露自己，但是读过这本传记后，您或许会明白库切不是不愿意讲自己，而是期望通过他的作品讲述他的心声。从这本传记中，您一定会找到一些曾经想知道的有关他的秘密，也会更加走近他作品创作的原点。

翻译不仅仅是将文字从一种语言转入另一种语言，对于译者而言，它是一种译者细读文本、不禁反观自身的过程。库切开始创作的时候，译者才刚刚出生，库切在用红笔一次次认真修改草稿的时候，译者正坐在老家平房门前的木墩上迷茫地想未来世界会是什么样？那时的译者并不知道将来自己要做什么？会过什么样的生活？但是记得当时最大的愿望是可以亲眼看到真正的北京天安门，从未奢望过自己将来要在北京工作，甚至在后来会有机会到世界各地游走。尽管一直生活条件简朴，但是吃过的苦与库切相比少之又少，没有颠沛流离，没有父母失和，也没有学费拮据。还有一点不同：库切儿时要努力找书读，而译者父亲节衣缩食购得的中外文学名著给了译者一个相对精神充实的童年。但是塞翁失马，焉知非福；库切可以将一本《堂吉诃德》看上几十遍仔细研读，而图书的随时可得却让译者养成了读书不精、囫囵吞枣的恶习（尽管译者时常安慰自己：那些读过的文字应该已经深深刻在大脑的52区，随时等待着被挖掘）。还好，因为学术科研的需要以及个人兴趣的驱动，在过去的十几年间，译者精读了库切的所有作品，通过对库切文字的反复细读，重新理解那些被忽略的超越时间与空间的文学本质内容。库切曾说他对贝克特文本的反复阅读影响他的说话，甚至思维习惯，译者对库切文本的阅读也有同感。库切犹如译者的"耶稣"，诚如一位批评家对库切的评价，"我从来不知道还有这样一个作家愿意袒露自己的后背，用自己手中的棍棒打自己，宣称自己是人类苦难的一部分，也是让人类遭受苦难之源的一部分。"

苦难成就了库切的当下。

大多数中国读者知道库切是从他获诺奖开始，而将库切与另一位诺奖得主布罗茨基相比较，我们也可以再一次看到中国哲理故事塞翁失马的普适寓意。库切二十几岁在英国IBM工作，同时攻读硕士学位的时候，从广播中收听到俄罗斯诗人约瑟夫·布罗茨基的诗歌，其中一句人生"漆黑如针胆"让他深有感触。试问，我们每一个人，在年轻时代是否都有感到过漆黑无光的时刻？库切的《青春》一书给我们描述了这样的一个场景："因为社会寄生虫的罪行，他[布罗茨基]被判在冰封的北方阿尔汗格尔斯克半岛服五年苦役，现在仍在服刑过程中。就在他[库切]坐在伦敦自己温暖的房间里，小口喝着咖啡，一点点地咬着有葡萄干和果仁的甜品的时候，有一个和他同龄的人，和他一样是个诗人的人，在整天锯着圆木，小心保护自己长了冻疮的手指，用破布补靴子，靠鱼头和圆白菜汤活着。"布罗茨基是在1987年获得诺奖，库切获奖则是在2003年。这样的结果用英文来描述，只要三个词："fortune in misfortune"（生活中的灾难其实是一种财富）。请容译者卖个关子，读这本书，您还可以继续体会这寓意的内涵。

库切的文字有着救赎的作用，但他不是圣人。作为译者，我在揣摩文本文字的同时，也在揣摩库切的人生，也在从深层次审视和询问自己，尝试从该书中了解库切的作品、看他的为人，其中有什么是要学习的，什么是要避免的？库切是一个相对悲观的人，他对人性的弱点相当敏感和消极；而译者倾向于对此忽略不计。每个人的人生都有苦难的经历，但是那不应该是我们感到不幸或者怀疑世界的缘由；苦难的经历也可以让我们获得更多的感悟，可以是进步的动力，让我们更有效地找到生活的目标，有更多的担当。与其抱怨世界缺乏关爱，不如先主动付出自己的关爱，如孔子言："己欲立而立人；己欲达而达人。"翻译的过程中，译者本人有无数顿悟时刻，有时会掩卷沉思，有时会会心发笑，更多的时候是欣慰，觉得能够翻译此书真是一种幸运，因为翻译的过程给译者机会思考如何成为一名更好的社会成员、更好的家庭成员。所以，译者也衷心盼望读者您能从中找到您与作家库切的契合点。也希望该传记能引发您的些许兴趣，有好奇心去深读库切的某本作品，与他进行进一步思想与灵魂的交流。读这本书，您一定会得到什么吗？译者没有肯定的答案，但是译者可以确定的是，您可以在阅读中，看到一位成名者背后必然经历的诸多艰辛，也许能随之消除自己心中的某些愤懑、压抑与不安全感。

在本书的翻译过程中，译者得到清华大学外文系，墨尔本大学澳大利亚中心众多学者、同仁的大力支持，他们所提供的时间与空间，让译者得以全力进行该书的翻译。去国外的相关访学交流费用来自于我本人申请的国家社科基金项目：后现代社群与库切文本研究（15BWW009）。此译本的完成也将是该课题成果的一部分。在目前翻译基本不算学术成果，翻译报酬不足以让人谋生的大环境下，该项社科基金的意义与作用尤为明显。另外，还要感谢清华大学的张萍老师，她在外文系系务会的批准下，欣然同意与译者合上一门课程，从而使译者有相对完整的一段时间用于翻译文本的主体部分；同时还要感谢我所指导的清华大学外文系的研究生张思奇。她在校稿过程中如此用心与细致，秉承了库切的完美主义精神！她本人也在中国澳研学术研讨会上宣读了自己的库切研究论文，得到澳洲教授的高度赞扬。译者也衷心希望她从中找到自己未来的学术发展方向与前行的动力。最后还要感谢来自南非的露西亚·塞克斯教授，她帮助译者校对书中所有阿非利堪斯语的词语与杂志名称的英文翻译。另外巧合的是，交流中，译者得知塞克斯教授2010年在开普敦大学访学时，所用的办公室就是库切所用过的那一间。世界有时很小，仅仅翻译一本书，就有如此多的机缘巧合，而读书也要随缘。随缘——惜缘——结缘，人生如此，读书亦如此。

衷心希望您也可以结缘于这本传记。同时，翻译中有不周之处，恭请批评指正！

王敬慧
草于清华园
2015年6月

目 录

前言

一

关于 J. M.库切传记的研究开始于2008年7月，当时我重新阅读了他所有已经出版的作品并初步查阅了相关文献。我深知，我所研究的主体是一位著名作家，是世界各地大学英语研究中的核心人物。关于他作品的硕博论文有五百多本，而研究他的小说的专著，也犹如雨后春笋般以各种语言不断问世。[1] 2008年9月，我在南非格雷厄姆斯敦国家英语文学博物馆（NELM）里查阅了大量关于库切的研究资料。2009年3月，我到澳大利亚阿德莱德亲自拜访了库切本人，并在那里对他进行了为期两周深入细致的采访。在一位助手的帮助下，我大量复制了他授权我使用的文档，并探究了那些仍由他本人保留的手稿。对于其他的更多信息，在库切的帮助下，我与相关人士进行了联系。2010年1月1日我开始着手撰写书稿。在写作过程中，我继续调研，并于2010年4月到哈佛大学霍顿图书馆访学，那里存放着大量库切的手稿。[2] 2011年9月本书第一稿完成。

2009年3月我到阿德莱德采访库切时，他告诉我，最让他担心的是传记中事实信息的准确性，但他绝不会干扰我对事实数据的解释。

从一开始库切就表现出非常合作的态度，甚至可以说是充满热情。对于我提出的所有问题他都做出简洁的回答，但他不想被拖入任何臆测之中，尤其关于他的作品该如何阐释，他不发表意见。就连我问他觉得哪位批评家对他作品的评价最接近他的本意，他也巧妙地转移了话题，避免对此类问题做出任何答复。对于一些敏感话题，比如他与前妻菲利帕·贾伯（Philippa Jubber）之间的隔阂与离婚，以及儿子尼古拉斯的死亡和女儿吉塞拉的疾病，他毫不回避，简洁明了并尽可能客观地回答了我，不论真实情况多么令人不安。

二

对于像J.M.库切这样的一位作家，研究他生平是否有意义是一个悬而未决的问题。1990年特丽萨·多维（Teresa Dovey）在她的著作《J.M.库切小说研究》（*The Novels of J.M. Coetzee*）一书中指出，在处理像库切这样的人物时，个人传记并不是那么的重要。[3]另一位库切作品研究专家大卫·阿特维尔（David Attwell）在其著作《J.M.库切：南非与写作策略》（*J.M. Coetzee: South Africa and the Politics of Writing*，1993）中也非常赞同地对此进行了引用。[4]

多维和阿特维尔在发表这些言论时，库切的自传体三部曲《男孩》（*Boyhood*，1997）、《青春》（*Youth*，2002）和《夏日》（*Summertime*，2009）还没有出版。但是，即便是在这三部曲出版之前，研究者可能已经在库切的作品中嗅到了自传的味道。比如，在他的第一部小说《幽暗之地》（*Dusklands*，1974）中，他戏拟了他的祖先与他自己的历史。尤金·唐恩（Eugene Dawn）在《越南计划》中要向一位名为库切的长官汇报，而在《雅各·库切之讲述》中，"J.M.库切"作为翻译者给小说加了一篇后记：他的"父亲"对18世纪先人"最初"叙述的后记。如果研究者知道库切家族的农场——百鸟喷泉农庄——零星地构成了他第二本小说《内陆深处》（*In the Heart of the Country*，1976）的背景，他们在那本书中也可以找到自传的痕迹。

在库切的小说《男孩》出版之前，人们普遍低估了库切小说中自传成分的重要性，但到了2005年，当三部曲中的前两部问世以后，德里克·阿特里奇（Derek Attridge）是这样评价库切的自传体创作的："当库切的传记作者去探究库切的生活与小说之间的联系时，会有大量的材料可以使用，因为即便是从目前公开的极小一部分传记信息中都可以清楚地看到他的小说是从他的个人经验与困惑中编织出来的。"[5]

库切自己不止一次地将自传作为一个文学类型来谈论，并在开普敦大学教授就职演讲上以此为主题做了首场演讲。[6]在他看来，一个作家的所有作品，包括他的文学批评，都是他的传记，因为他往往要对传统进行评判，要么是与之站在一个战线上，要么是站在对立面；他也会评判一些作家，或者是因为他们的作品对其"产生影响"，或者是因为他们的作品引起了他的强烈共鸣。当一个作家着手记录自己的生活时，他会从记忆的闸门内甄选。库切在接受大卫·阿特维尔的采访时曾经提到"在自传这种自我写作的形式中，你不得不尊重历史事实。但是尊重哪些事实？尊重所有事实吗？不是的，因为所有的事实实在太多了。你要选择那些符合你不断演变的特定目的的事实"。[7]

因此，对于库切而言，在自传体写作中，作家对事实的选择是至关重要的。即使他绝对忠于事实，他也只是在众多的事实中选择了一些为其所用，这样一来，真正的传记与虚构的传记之间的关系就绝不像人们所想象的那样泾渭分明了。这就是为什么库切告诉阿特维尔，"所有的自传都是在讲故事，而所有创作都是一种自传"。[8]艺术家的创作目的不是为了忠实地再现事实，而是要使用与处理事实。通过选择与排序，艺术家能比历史学家更接近完整的真相，因为历史学家往往要被事实所约束。正如马丁·范阿梅龙根（Martin van Amerongen）所说，自传并不是一份可以核查的简历，而是一种阐释，有时甚至是一件全面且自足的艺术品，具有独特的法则与规律。[9] 事实上，詹姆斯·奥尔尼（James Olney）认为"自传作者一半是在发现，一半是在创建并设计一种更深层次的真实，他们并不拘泥于史实"[10]。

随着《男孩》《青春》和《夏日》的出版，库切作品中的自传元素更加明显，但从另一方面来说，也更具有欺骗性。在《男孩》和《青春》中，库切公开声称，它们是小说体自传，虽然他可能有些夸大这两本书中的虚构部分。在这两本书中，尽管库切运用了一个疏离的叙述者来讲述男孩和青年的经历，但是其中的细节与库切本人的经历在很大程度上都是吻合的。我大胆地认定，特别是在库切的作品《男孩》中，许多内容都是有据可查的。之所以这样认定，是因为我之前已经多次亲自探访了库切的百鸟喷泉家庭农庄，也与库切的多名亲属交流过。从历史的角度来看，《夏日》是这三部自传中最令人难以捉摸的一部。正如该作品中的人物所说："库切自己写下的东西不能被采信，不能作为一个事实记录——并非因为他是一个撒谎者，而是因为他是一个虚构作品的写作者。"[11] 在《夏日》中，库切重新排列了史实，以便能够更深层次地阐述真相。

任何库切的传记作者都不得不仔细考虑真实与虚构之间这种非比寻常的关系，以及库切所用的相关且含混的叙事策略。他将不得不考虑到作家明显是在回避作者的责任，特别是要以谨慎的态度对待《夏日》。即使在《凶年纪事》（*Diary of a Bad Year*，2007）中，库切的叙事策略也没有使读者从头至尾地认为书中虚构作家的观点就是库切本人的观点。在一篇关于约瑟夫·弗兰克（Joseph Frank）为陀思妥耶夫斯基所作传记的文章中，库切显然很是赞赏这位俄国作家的写作方式，他将其称为复调小说，他认为在真正的复调小说中，并没有主导的作者意识，因此，也没有谁强调真理或权威，有的仅是相互抗争的声音与话语。[12] 库切在他的大部分作品中所采纳的正是这种叙事策略。

因此，与罗兰·巴尔特一样，库切断言读者的诞生必须以作者的死亡为代价。[13] 在我看来，还没有哪一个作家像库切一样，将济慈所说的那种本质上既无身份又无特定观点或态度的变色龙作家发挥到了如此极致的程度。这也使得传记作者的任务更加复杂，且不论捕捉这样一位作家的生命轨迹这一活动本身是多么的诱人和具有挑战性。

然而，库切传记不必仅以增进读者对库切作品的理解为要义，亦不必刻意追寻传记文字和文学批评的关联。这位作家的生平事迹与他的卓越成就本身就是有价值的，他非凡的小说激发了人们对他的兴趣。尽管库切的这种关乎自传文学、极富创意的游戏，很容易让人们关注传记作者与作家，或是传记作者与作家、作品之间的关系，但是库切在小说创作中使用的自传元素并不能证明他所写的就是一部传记。当然，传记作者更容易犯"传记谬误"——在投射传记对象生平的过程中扭曲了其小说原本的意义。作家关于自己生活经历的再创作很可能误导传记作者，这一点传记作者要谨防，他不能把小说中的内容当成事实，他需要超越小说，在小说之外找寻事实真相。

如果他能做到这一点，他就可以报道作家的写意人生，通过其写作对象为自己——既是一个作家也是一个活生生的人——所创作的世界。这就是传记作者与小说家的不同任务，也正是这样，传记才具有一种传递真实的权威力量。

三

在写这本传记的过程中，我首先要感谢J.M.库切，是他欣然接受我的采访，并给我提供了他手头的文件。在写作过程中，他通过电子邮件回应了我提出的诸多与事实相关的质疑。他说他希望书中提供的事实都是正确的，但对如何诠释这些事实数据，那完全由我来掌握。他也不希望在该书出版之前看到手稿。凡是对他所提供文件的引用，我都已取得他本人的许可，其他的引文，或来源于他拥有版权的信件，或来源于尚未付梓的手稿，笔者也都逐一征得了他本人的许可。在这里，我也要感谢库切的出版商，在库切的协调之下，他们允许我引用库切的出版物。对库切作品版权的鸣谢见于书尾。我也要感谢哈佛大学霍顿图书馆，是他们为我提供了库切的手稿和复印件。自我在2010年4月访问之后，这些藏品已转移到美国得克萨斯大学奥斯汀分校，并永久贮藏在奥斯汀的哈里·兰塞姆人文研究中心（Harry Ransom Humanities Research Centre）。我要感谢得克萨斯大学允许我复印《幽暗之地》的一页手稿，并让我使用了很多其他资料。

通过库切，我结识了他的伴侣多萝西·德莱弗（Dorothy Driver），并对她进行了富有成果的采访。她安排杰里米·施韦尔特（Jeremy Schwerdt）——阿德莱德大学的一名学生，同时也是她同事的儿子，帮助我影印了库切所拥有的大量文件。

库切有一个表妹住在开普敦塔姆伯斯克鲁夫，名叫丽奈特·马基（Lynette Marki）。她不仅给我提供了大量她所拥有的文件与照片，还帮我联系了库切家族的其他成员，也是她帮我安排在莫布雷对库切的女儿吉塞拉进行采访。在西博福特我与J.M.库切最亲近的婶婶，也就是他伯父桑（Son）的遗孀希尔维亚·库切（Sylvia Coetzee）进行了一次谈话。我也多次探访位于利乌哈姆卡附近美丽的百鸟喷泉农庄。该农场曾经属于库切的爷爷，也是《男孩》和《夏日》中的故事场景。该农场现在的主人是库切的表兄弟杰拉尔德·库切（Gerald Coetzee）。他带我参观农场，并指出哪里是小说中提到的场景。开普敦的史蒂芬·韦梅耶（Stefan Wehmeyer）为我提供大量他所拥有的、有关库切母方祖先的详细资料。皮尔特·雨果（Pieter Hugo）和格哈德·戈尔登赫伊斯（Gerhard Geldenhuys）所做的研究对此进行了进一步的补充。通过莉迪亚·巴莱拉（Lydia Barrella）的协调，我在阿尔伯特王子镇的弗兰基·皮纳尔博物馆找到了库切祖父格里特·麦克斯韦尔·库切（Gerrit Maxwell Coetzee）的信息。莱恩斯堡旅游局也为我提供了关于百鸟喷泉农庄和相邻小镇麦威维的信息。

在隆德伯西的圣约瑟夫圣母学校，我采访了校长休·芬（Hugh

Finn），并仔细查阅了库切在校期间的学校年鉴。我在开普敦大学（UTC）管理机构负责人纪尧姆·布鲁默（Guillaume Brummer）的帮助下找到的原稿与档案，详细记录了库切1957年至1961年读书期间，以及后来工作期间该校英语系所开设的课程。在这里我还找到了库切的两个孩子在该校学习的记录。国家英语文学博物馆的安·托里斯（Ann Torlesse）和她的同事为我提供了大量的影印件，还两次欢迎我去那里担任研究员。在开普敦档案馆埃里卡·勒鲁（Erica le Roux）的帮助下，我找到了最高法院开普敦分院关于库切父亲杰克·库切（Jack Coetzee）的职业生涯的动议。在开普敦大学法医学名誉教授德翁·克诺贝尔（Deon Knobel）和一位律师朋友古斯塔夫·皮纳尔（Gustav Pienaar）的帮助下，我获得了有关库切的儿子尼古拉斯在警方的死亡记录，当时他刚年满23岁。我有幸能够与开普敦大学前教授、杰出的神经外科专家凯·德维利耶（Kay de Villiers）讨论了一些医学问题。在彼得·尼尔森（Peter Nelson）的帮助下，我联系了库切在纽约州立大学水牛城分校前同事霍华德·伍尔夫（Howard Wolf），得以使用他存放在阿默斯特学院图书馆里那些他与库切之间的通信记录。

斯泰伦博斯的J.S.格里克图书馆文献中心的玛丽娜·布林克（Marina Brink）及时地回答我提出的问题，该中心的米米·赛弗特（Mimi Seyffert）为我将许多库切的照片转为电子版。照片的所有者或者所有机构的名字见本传记中各照片。在开普敦国家图书馆，我查阅了大量的报纸和期刊，而这些都是在斯泰伦博斯所找不到的。

我的朋友让·范德维吉特（Jan van der Vegt）——也是汉斯·安德留斯（Hans Andreus）、A.罗兰·霍尔斯特（A. Roland Holst）与亨德里克·德弗里斯（Hendrik de Vries）的传记作者——为我提供了荷兰报纸期刊中出现的大量有关库切的文章和评论。我也多次与赫尔曼·吉利欧米交流意见，他从本项目开始就表现出了极大的兴趣。波兰弗罗茨瓦夫大学荷兰语与南非语教授耶日·科赫（Jerzy Koch）阅读了本书部分章节，并做出了评论。艾蒂安·布里茨（Etienne Britz）详细阅读了每一章节，并加以评论，还不时提出建议，让我得以对本书进行进一步的修改与重写。我的朋友安东·诺德（Anton Naude）也从专家的角度阅读了我的手稿并提出了很多有深度的观点。本书的英语翻译米希尔·海恩斯（Michiel Heyns），仔细地阅读我的手稿，指出了很多打字、书写和语法等方面的错误。在该书成书后期，大卫·阿特维尔和德里克·阿特里奇根据他们对库切的了解，为我的文本提供了很多精辟的观点，让我受益匪浅。在此，我要对这些个人和机构表达我最诚挚的感谢。

在此，我也想对下面这些人表达我的感谢，他们通过面谈、电话交谈或电子信函为我提供了许多信息：彼得·伯格斯马（Peter Bergsma），弗兰斯·布豪夫（Frans Bulhof），麦克斯韦尔·库切，伊娃·寇斯（Eva Cossée），乔纳森·V.克鲁（Jonathan V. Crewe），杰基·登特（Jackie Dent），乔迪·德莱弗（Jonty Driver），罗德尼·埃奇库姆（Rodney Edgecombe），克鲁格·戈登赫伊斯（Kruger Geldenhuys），伊恩·格伦（Ian Glenn），卡罗尔·古森（Carol Goosen），艾格尼丝·海因里希（Agnes Heinrich），玛丽莲·霍妮克曼（Marilyn Honikman）（之前姓科克伍德），R.霍华德（R. Howard），丹尼尔·哈钦森（Daniel Hutchinson），曼朱·加德卡（Manju Jaidka），克里斯廷·热奈特（Christine Jeannett），伊金·肯施（Ekin Kensch），约翰·肯施（John Kensch），保罗·克劳伯斯（Paul Kloppers），莱昂内尔·奈特（Lionel Knight），彼得·诺克斯-肖（Peter Knox-Shaw），凯瑟琳·洛加·杜普莱西斯（Catherine Lauga du Plessis），玛丽娜·勒鲁（Marina le Roux），乔纳森·李尔（Jonathan Lear），莱斯利·马克思（Lesley Marx），彼得·麦克唐纳（Peter McDonald），简·帕里（Jane Parry），克里斯·帕洛德和桑德拉·帕洛德夫妇（Chris and Sandra Perold），丽萨·帕洛德（Lisa Perold），卡雷尔·肖曼（Karel Schoeman），斯坦·西尔科克（Stan Silcock），简·史密斯（Jane Smith），尼克·斯泰撒基斯（Nic Stathakis），比利·斯蒂尔（Billy Steele），威尔玛·斯托肯斯托姆（Wilma Stockenstrom），D.P.范费尔登（D.P. van Velden），大卫·威尔士（David Welsh）和赫尔曼·维滕贝格（Hermann

Wittenberg）。

　　在本书的成书过程中，笔者还得到如下机构的经济资助：L.W.希姆斯特拉基金会（L.W. Hiemstra Trust），南非学术与非小说作者协会（Academic and Non-fiction Authors' Association of South Africa）、范艾维吉克基金会（Van Ewijck Foundation）和国家研究基金会（NRF）。笔者对本传记中的所有观点、发现与结论负责，NRF与之无关。另外，时任斯泰伦博斯大学科研副校长的阿诺德·范齐尔（Arnold van Zyl），对本项目表现出极大的兴趣，并曾两次从他负责的基金会中拨款资助。

　　我还要感谢纳斯帕斯公司董事长唐·沃斯卢（Ton Vosloo，）以及首席执行官库斯·贝克（Koos Bekker）先生。正是由于他们的慷慨支持，本书的出版才有了足够的预算。为节省开支，汉尼斯·范齐尔（Hannes van Zyl）更是不计任何报酬地担当本书的编辑，负责设计工作。他还帮助我与出版商和国际代理谈判，为我腾出更多时间进行研究和写作。在成书过程中，我得到范齐尔先生很多具有穿透力和批评意义的评论，他的批评尤为重要。如果有任何地方我无视他的建议，那必然是因为我的固执与偏颇。对以上所有团体和人士，我由衷地表示感谢。

四

　　这本传记并不是关于J.M.库切的心理研究。传记中的心理细节很少能达到真实可靠的要求，多年的传记阅读经历也让我对扮演心理医生的角色持相当谨慎的态度。我倾向于同意传记作者维姆·黑祖（Wim Hazeu）的观点，他在为西蒙·韦斯特迪克（Simon Vestdijk）所作的传记中写道：

　　　　如果一位传记作家具有文学、诗学、新闻、纪录片和戏剧方面的研究背景，他应该避免把自己放在精神科医生的位置上，进行任何心理分析。这并不是他的主题。如果他真是这样做，他就成了江湖骗子。[14]

在写这本传记的过程中，我再次被一个疑问所困扰：即便进行了全面的研究，我是否能就研究主题描绘出一幅令人满意和信服的画像。许多创意型作家对这种研究的价值持怀疑态度，或者质疑传记写作的意义，他们也不是没有道理的。但我相信，传记作家没有必要被这种唱衰的观念所困扰，无须认为自己在认知上全无贡献。只要他能泰然地接受，他对另一个人的理解可能是有限和相对的，那么他仍可以详尽地研究浩如烟海的文件，库切的相关文献正是如此。最起码，传记作者可以提供一些从前不为人知的信息，带着谦虚且寡言的态度，做出一些贡献，为如何做人提供一些思路。

J.C.坎尼米耶
斯泰伦博斯大学

身世，青葱岁月与初期创作

(1940—1961)

第1章
"我的历史迷宫"：
祖先与根

一

库切在2003年曾说过，过去十年时间里围绕着他所虚构出的作家伊丽莎白·科斯特洛已经成长起"一小批批评家"。[1]这种说法充满讽刺意味地指涉了依托库切的小说而兴起的庞大产业，这个产业在英文研究方面为读者提供了一些最富洞察力和穿透力的文学批评。尽管人们对库切作品做了很全面和细致的探索，但是下面这点就很值得我们注意：访问有关研究库切的网站，或者随意浏览库切生平，我们会遇到数不清的不详信息，要么半真半假，要么完全经不起推敲。比如，有人声称库切出生时的名字是约翰·迈克尔·库切，但后来将他中间名改成了麦克斯韦尔[2]，这个信息就是错误的，但至今仍然流传，有时甚至影响到了对库切作品的解释。[3]

库切的出生证明上清楚地写着，他出生于1940年2月9日，名为约翰·麦克斯韦尔·库切（John Maxwell Coetzee），出生地是开普敦的莫布雷护理院。出生证上父母的"常住地址"一项，填的是大卡鲁的西维多利亚。他父亲的名字是撒迦利亚·库切（Zacharias Coetzee），职业为律师。看上去库切的父母，或至少他的母亲，是为了孩子的出生而特意前往开普敦的。库切母亲的全名是维拉·希尔德雷德·韦梅耶（Vera Hildred Wehmeyer）。出生证上没有提到的信息是，她是一名小学教师。

库切的祖先来自荷兰，他们移民到当时的殖民地开普（the Cape），这是荷属东印度公司（United East Indian Chartered Company）为了给远航船队提供补给，而在荷兰和东方诸国中间建立的一个"中转站"。这些历史背景，库切在他的《白人写作》（White Writing，1988）的导言中曾侧面提到过，该书是他的第一本批评文集，主要关于南非"文学的文化"。他在书中这样写道：

> 1652年，欧洲人在非洲大陆的最南端——好望角——建立了一个殖民点。其目的简单明了：给那些在荷兰和亚洲之间，从事商贸活动的东印度公司员工提供新鲜农产品。……在接下来的一个半世纪里……东印度公司试图……阻止人们向内陆殖民，他们希望这个殖民点保持其最先所规划的状态：一个贸易站，一个花园。[4]

早在17世纪就定居开普的荷兰人中，有一个名叫德克·库彻（Dirk Couché）的人，他后来将自己的姓氏改为库茨（Coetsé）。[5]库彻在斯泰伦博斯地区的俄斯特河畔建立了库茨堡农场，后来又收购了相邻的土地。库茨堡农场的地契显示，1682至1692年间，该地的第一任行政长官兼测量师约翰内斯·穆德（Johannes Mulder）用简笔画的形式最早在农场上勾勒出房子，烟囱上面飘着缕缕炊烟。[6]德克·库彻是斯泰伦博斯的首席公民——他先是被选为教会的执事，然后又被推举为教会长老，并在1687年成为村议会成员。1706年，他成为斯泰伦博斯步兵首领，挂上尉军衔。他很可能参与了针对当地总督W.A.范德斯泰尔（W.A. van der Stel）的抗争。该人于1699年继承父业，但因其独裁统治、个人标榜和裙带作风很不受欢迎，并于1707年被希尔十七世（Here XVII）召回阿姆斯特丹。从1714年的一份法律文件中可以看出德克·库彻和此次事件的关联，当时库彻夫妇为他们的孩子找了两位监护人，其中之一是亚当·塔斯（Adam Tas），而这位塔斯先生恰恰是斯泰尔抗争事件中的首领之一。[7]

1721年，库茨堡农场被过户给德克·库彻的儿子格里特（Gerrit）。他1683年在开普受洗，1722年与荷兰的苏珊娜（Susannah Loefke，后拼作Lubbe）结婚。格里特对库茨堡农场的所有权一直保持到1753年，同年，农场被改造成斯泰伦博斯地区的镇议会。

随后三代的长子都继承了家族的第一个长子的名字格里特。这个由荷兰语的"赫拉德"（Gerard）演变过来的名字，也成了该家族中J.M.库切所在这一支的常见名字。[8]虽然德克·库彻的儿子仍旧将自己的姓拼为"Coetsé"（库茨），但从家族的第三、第四代成员起，他们已经更多地选择"Coetzee"（库切），而后来的儿孙们也普遍采用了该拼法。

居住在开普的库切家族成员中，有一个人非常令人着迷，他就是第三代成员雅克布斯·库茨（Jacobus Coetsé）——约翰内斯·亨德里克·库茨（Johannes Hendrik Coetsé）和伊丽莎白·帕尔（Anna Elizabeth Paal）的儿子。[9]他是第一个具备足够冒险精神，勇于探索未知的内陆地区的人。当时，区域长官西蒙·范德斯泰尔（Simon van der Stel，1679至1699年任总督）奉行保守政策。他认为最初设立于开普的补给站，只应该建成小规模的农业殖民地。他不允许人们远离开普，最远不可越过斯泰伦博斯、帕尔和弗朗斯胡克等地，且不允许人们在任何内陆区域拓展定居点。J.M.库切在《白人写作》中这样写道：

> 管理该殖民地的荷属东印度公司对开普以外的区域毫无兴趣。按照那时的报告，内陆区域贫瘠荒凉，人烟稀少，散居着原始的霍屯督人和布须曼人。加上探险队没有在那里发现任何矿藏，人们对那里的兴趣便越发减退。[10]

然而，东印度公司的政策在实际执行时松松散散，再加上西蒙·范德斯泰尔的儿子兼继任者W.A.范德斯泰尔（1699至1707年任总督）大力支持养牛业，这导致限制人口扩张的政策不管怎么说都非常失败。养牛业促使耕种农户进一步向内陆渗透，进而产生了一种新型的游牧民族。他们逐渐爱上了广阔的内陆地区，并在身体和心理两方面都做好了准备，应对开拓者的艰辛生活。因此，虽然库切家族的族长德克·库彻和十个孩子中的大部分人选择待在相对安闲的开普，但是他的子孙后辈中，很快便有人萌生了跋山涉水、探索内陆的愿望。他们先是挺进西北省，而后又来到洛基维尔德的萨瑟兰和大卡鲁的格拉夫热内。这种向着内陆不断前进的趋势也是不断壮大中的南非白人群体的特征。

最先离开舒适的开普盆地的，是族长的第四个和第五个儿子——约翰内斯·亨德里克（Johannes Hendrik）和科尼利厄斯（Cornelius）。按照东印度公司的农场租赁制度，他们两个购得今天的皮凯特贝赫附近地区的放牧权。而早在1670年，荷属东印度公司就为了保护荷兰殖民者不受住在大山对面的科伊科伊人的武装威胁，而在今天的皮肯尼斯克罗夫关隘下，设立了统治区最北端的军事哨所。科尼利厄斯去世之后，他的遗孀与约翰·海因里希·朗格（Johann Heinrich Lange）结婚。不过，在1758年该农场由约翰内斯·亨德里克的第六个儿子雅克布斯接管。雅克布斯在很小的时候就随全家人一起搬到了这个殖民区的边境地带。

雅克布斯是一个冒险家，胆子奇大无比。他出生于1730年，24岁的时候娶了玛丽亚·玛格丽塔·克卢蒂（Maria Margaretha Cloete），在1810至1816年间的某个时间点告别了人世。1760年，在总督瑞克·图尔巴（Rijk Tulbagh）的祝福下，雅各布斯向着今天皮肯尼斯克罗夫的北面，不属于荷属东印度公司的区域开始了远征。[11]东印度公司的官员在1660至1664年间曾经因为贸易需要进入这片领土与当地人交往，同时寻找传说中的莫诺莫塔帕和金色城市韦杰塔麦格纳。但是直到1683年，奥洛夫·伯格（Oloff Bergh）才真正深入到纳马夸兰的铜山区域。两年后，西蒙·范德斯泰尔也完成了这一壮举。

据说雅克布斯·库茨走得更远，他到了大河流域，一开始是葛瑞普，然后是奥兰治河，甚至深入了今天的纳米比亚南部。他看到了很多长颈鹿，而在那时，开普人还不知道长颈鹿是何种动物。他还发现了许多新植物，并将其中一种命名为骆驼刺，因为长颈鹿（kameelperde，阿非利堪斯语，字面意思是骆驼马）很喜欢吃这种树顶端的叶子。他很可能是第一个长途跋涉、深入该地区的白人。回来后，雅克布斯·库茨参加了斯泰伦博斯一年一度的武器展。其间，他有关旅途的讲述引起了轰动。有人劝说雅克布斯·库茨允许好望堡①的书记员把他的经历写出来，而库茨提供的消息，特别是有关达姆若克沃斯人（Damrokwas）"黄皮肤，长头发，身着亚麻布衣服"的传说，使得1761年的总督图尔巴批准亨德里克·霍普（Hendrik Hop）沿着同样的路线，进行一次官方远征，由雅克布斯·库茨本人陪同并担任向导和翻译。

雅克布斯·库茨的"描述"由当地官员记录下来，并由他本人签上一个"十"字以示确认。由此可以推断出，雅克布斯其实是个文盲。这一点很奇怪，因为他的祖父是斯泰伦博斯一位德高望重的村议会成员，无疑是会读写的。雅各布斯之所以不识字，或许可以归因于他在很小的时候就离开了开普镇，而边境地带又找不到好老师。雅克布斯·库茨本人是个沉迷大自然、喜爱野外并热衷于探索新天地的冒险家。由此来看，雅克布斯·库茨显然不是我们这位杰出作家J.M.库切在文学方面的前辈。而事实上，作为约翰内斯·亨德里克·库茨的儿子，他与J.M.库切来自不同的家族分支。

J.M.库切在英国工作和在美国学习的过程中，曾在大英图书馆和得克萨斯州立大学奥斯汀分校那所藏书丰富的图书馆中，读到早期非洲南部移民的报告。在奥斯汀，他碰巧读到了雅克布斯·库茨的官方叙述。因为觉得这个故事是如此令人着迷，库切把它用作素材，巧妙地调整成一个伪纪实作品《雅各·库切之讲述》，用作第一部小说《幽暗之地》

---

① 好望堡（Castle of Good Hope）建于17世纪晚期，位于南非西开普省开普敦，是欧洲人在南非的第一个军事基地。曾作为荷属东印度公司总督的官邸，现在是威廉·菲贺艺术品收藏馆，军事博物馆。

（*Duskland*,1974）的第二部分。J.M.库切虚构的父亲——历史学家S.J.库切博士——在《幽暗之地》的后记中提到，官方叙述来自好望堡的一位尺二秀才，一个荷属东印度公司的小文员，一个不得不记下雅克布斯·库茨经历的笔墨匠。[12] 作为一位荷属东印度公司的官派记录员，他只能以干巴巴的口吻记述雅克布斯的经历，而《幽暗之地》的附录也模仿了这种表述方式，这就让全书的第二部分更像一份官方文件了。争权夺利与暴力事件本来没有出现在小文员的记述中，但是在库切笔下，这些内容成了《雅各·库切之讲述》中的真实事件。这是库切对原官方"叙述"的重写，也是他强调的"真相"。

在小说《幽暗之地》出版之前，拉万出版社的彼得·兰德尔（Peter Randall）让J.M.库切提供一些他自己的身世细节以供图书宣传，库切并不是非常愿意这样做。在1974年1月17日给兰德尔的信中，他这样写道："关于我的家庭背景只占南非所有姓库切的人口的万分之一，除了能说雅克布斯·库茨是所有这些人的先祖外，还有什么可谈的呢？"后来兰德尔违背库切的意愿，把这句话印在了《幽暗之地》的封皮上。从其表述看，好像库切本人并不真正了解雅克布斯·库茨在库切家族中的位置，并把他看作是自己的直系祖先。也许，作为这个家族在南非的一名后裔，从文化角度来说，库切对自己的定位同《幽暗之地》中的雅各·库切一样："我只是历史手中的工具。"[13]

二

库切的爷爷名叫格里特·麦克斯韦尔·库切，他是弗雷德里克·劳伦斯·约翰内斯·库切（Frederik Laurens Johannes Coetzee）和伊丽莎白·艾格尼丝·米尔斯（Elizabeth Agnes Mills）的长子。1868年11月19日，格里特出生于霍普菲尔德，他的第一任妻子是来自苏格兰的玛丽·安·富勒（Mary Ann Fuller），比他小两岁。尽管玛丽·安不是

J.M.库切真正的祖母，但是他们的婚姻给库切家族的这个分支带来了英国的影响。格里特与玛丽·安一共孕育了四个孩子，但不幸的是，两个女儿早逝，仅余一儿一女：艾琳·琳达（Irene Linda，1899—1990）和斯坦利·麦克斯韦尔·布勒（Stanley Maxwell Buller，1901—1985）。1902年，小儿子斯坦利出生两个月后，尚且年轻的32岁母亲便告别了世界，很可能死于分娩并发症。1905年，格里特·麦克斯韦尔·库切第二次结婚，这次的妻子名叫玛格达莱纳·卡特琳娜·德比尔（Magdalena Catherina de Beer），昵称列尼（Lenie）。她1884年出生于阿尔伯特王子镇，1978年在南非开普敦高龄逝世。

库切家族这次的亲家德比尔家族在阿尔伯特王子镇很有名。[14] 1804年2月，旅行家辛里里奇·利希滕斯坦（Hinrich Lichtenstein）曾经在J.W.詹森总督的陪同下参观他们位于大斯瓦特贝赫山脚下的科维克瓦里农场。1802至1806年间，开普镇曾被巴达维亚政府短暂控制，J.W.詹森（J.W. Janssens）在此期间担任总督。为了欢迎来访者，德比尔强征当地的全部白人，约二十人列队持枪，他们家的大孩子演奏八孔直笛，房子上空飘扬着巴达维亚政府的旗帜。他为客人提供了精美的菜肴，还送给利希滕斯坦一些德比尔家自酿的葡萄酒，让他带回欧洲。尽管德比尔如此热情地款待了利希滕斯坦，但后者看出他是一个自负且虚荣的人。在英文版《南非游记》中利希滕斯坦这样写道：

> 他性格的主要特点是虚荣、偏执和控制欲强，热衷于政治，还很爱发牢骚……他很是瞧不上他的邻居，觉得自己比他们聪明得多。……与他的大多数同胞一样，他认为只要农民不那么懒惰和愚蠢，非洲就是世界上最有福祉的地方。他认为非洲的土地是最肥沃的，可以长出任何人们需要的东西。为了证明自己的说法，他以自己的经验为例，些许夸张地讲述他是如何使自己的这片土地变成沃土的。[15]

塞缪尔·德比尔用两位法国将军的名字为他的两个孩子起名：波拿巴和莫罗。当亚眠和平条约签订时，他真是喜出望外，因为开普镇又一次回到了荷兰手中。而它之所以回到荷兰人手中，是因为战争中荷兰一直作为法国的盟国，对抗英格兰。奇怪的是，库切家族的后人却会有相当强烈的亲英情绪，到了20世纪，会对南非白人民族主义侧目而视，按理说他们家的人是不应该与如此反英的德比尔家族联姻的。德比尔家族的后裔——撒迦利亚·约翰内斯·亨德里克斯·德比尔（Zacharias Johannes Hendricus de Beer），昵称扎格（Zaag），出生于1858年。他是一个较为温和的商人，在阿尔伯特王子镇拥有两家商店，并在长达25年的时间里担任教会执事、长老和书记员，此外他还在镇议会任职。正是他的女儿列尼·德比尔嫁给了格里特·麦克斯韦尔·库切，而扎格的妻子是加布里埃尔·雅克布斯·勒鲁（Gabriel Jacobus le Roux）的女儿。加布里埃尔·雅克布斯·勒鲁的子孙里出了一位非常著名的作家——艾蒂安·勒鲁（Etienne Leroux），其代表作品是《西尔伯斯坦斯七日》（*Sewe Dae by die Silbersteins*）。就这样，虽然细碎，但南非的这两位重要的作家仍然有亲戚关系。

20世纪初，列尼在斯泰伦博斯学习钢琴、风琴和小提琴。她是一位出色的钢琴家，一直弹到90多岁。她在晚年给自己的儿孙辈讲述她的父亲当年在斯瓦特贝赫开设的贸易站，那个时候重要的斯瓦特贝赫关口正在修建之中，最终在1886年开通。她讲到自己还是一个小女孩的时候，有一天和父亲在山上突然遇到暴风雨，是一个修路的犯人扛着她回到了镇里。她家有一柄银勺，是当时的筑路工程负责人托马斯·贝恩（Thomas Bain）赠送的礼物。帕特里夏·斯托拉（Patricia Storrar）[16]把这位负责人称为"道路巨人"。在布尔战争期间，16岁的列尼曾因在英军士兵面前，公然演奏德兰士瓦省歌而被软禁家中。[17]

"麦克斯韦尔"并不是库切家族旧有的名字，而是在格里特·麦克斯韦尔之后被使用的。人们很容易猜想，这是格里特·麦克斯韦尔的母亲伊丽莎白·艾格尼丝·米尔斯嫁给其父时带来的名字，但是米尔斯家族中并没有人叫"麦克斯韦尔"。在一封既没有注明日期，也找不到发信人信息的寄给J.M.库切母亲的信件残片中[18]，写信人说道："麦克斯韦尔并不是家人的名字，它来源于弗雷德里克·劳伦斯·约翰内斯·库切的一位朋友，其人是开普敦麦克斯韦尔和厄普公司的合伙人。"这家公司原本由约翰·埃本·麦克斯韦尔（John Eben Maxwell）经营，但是到了19世纪末期，公司由他的遗孀和儿子罗伯特·米勒·麦克斯韦尔（Robert Miller Maxwell，1862—1935）经营，当时的合伙人是爱德华·约翰·厄普（Edward John Earp）。他们的经营内容主要是餐具和五金，当然可能也包括铁匠的工具。[19]也许因为弗雷德里克·劳伦斯·约翰内斯·库切与麦克斯韦尔一家是如此亲密的朋友，所以加上他们的名字，将儿子叫作"格里特·麦克斯韦尔"。

格里特·麦克斯韦尔在开普西海岸靠近韦德瑞夫的奥罗拉长大，而后与他的父母及十个弟弟妹妹搬到了塞雷斯。[20]他的兄弟中有两个会计，一个邮政局长，和一个银行经理。尽管不是什么赫赫有名的重要人物，但都是正直而受人尊敬的公民。格里特·麦克斯韦尔有点例外：他是一位非常成功的商人和农场主，在他的圈子里，他是一位非常重要的人物。可能是因为父亲的财产被查封而带来的财务问题，他在学校大概读完七年级就到卡鲁打工了。起初，他靠跑运输谋生，后来在兰斯伯格附近的古布站开了一家小杂货店。再后来，他到当地一个姓富勒的人的店里打工，之后还娶了他的女儿为第一任妻子。这位妻子去世的时候，他名下的财产包括兰斯伯格的一个店铺和一个屠宰场，以及弗雷斯伯格路（后来的利乌哈姆卡）的一家旅店和一个屠宰场。后两项产业由两个未婚的妹妹负责经营。从他首任妻子的遗产清算和分配单据上可以看出，格里特·麦克斯韦尔与麦克斯韦尔·厄普公司的交易颇多。[21]像他的父亲一样，他与罗伯特·米勒·麦克斯韦尔的关系也非常亲密。弗雷德里克·劳伦斯·约翰内斯·库切总是要求孩子们在给长子取名时加上"麦克斯韦尔"。这种友谊的性质并不为人所知，但是很显然，他们的情谊很深，弗雷德里克的子孙也都很尊重他的要求。

格里特（或称其为"格特"）续娶了小他15岁的列尼·德比尔之后，仍然生活在兰斯伯格。他们前三个孩子都出生在这里。他也曾于1907年至1908年担任过这个地方的市长。[22] 每到星期六，他经常乘坐火车到附近的马杰斯方丹。在那里，有一个很红火的酒店，由年轻的苏格兰人吉米·洛根（Jimmy Logan）经营着。每天都有络绎不绝的旅行者，坐着牛车、马车、长途汽车或火车光顾这里，然后继续向金伯利钻石区域进发。洛根将他所在的村子开发成了一个美丽的维多利亚式的休养与度假胜地。欧洲人也会跑到这里来，因为卡鲁干燥的空气可以治疗他们的肺病。开普敦著名的政治家塞西尔·约翰·罗德（Cecil John Rhodes）以及英国的许多贵族都是这里的常客。另外还有奥立弗·施赖纳，世界名著《非洲农场的故事》（*The Story of an African Farm*，1883）的作者，她不仅在那里待了一段时间，后来还经常回访。她的一部主要著作《南非思》（*Thoughts on South Africa*，写于1896年，但是在她去世后的1923年出版）的构思就是在这里完成的。布尔战争期间，马杰斯方丹城外曾经驻扎了一个拥有一万军队和两万马匹的军营，酒店的部分房间转型为英国军官的疗养院，中间还修了一个小瞭望塔以侦察敌人。

　　作为一个狂热的板球运动员，格特非常喜欢参加洛根（同样也是一位板球迷）每周六在马杰斯方丹组织的板球比赛。他的妻子列尼也是一个热心的参与者，她总是站在球场上的所谓"自杀点"上。为了在南非推进板球事业，洛根可以说是不惜工本。他曾经邀请英国板球队MCC到南非，而在他组织的主场队里，格特也是其中的一员。[23]

　　帮助经营酒店和屠宰场的一个妹妹结婚以后，格特和列尼带着他们的孩子搬到了弗雷斯伯格路（即利乌哈姆卡）。在那里，他们买了第一辆汽车：BSA①，有的时候为了找乐子，他们会以每小时15英里的速度与火车赛跑。1916年，格特买下了沃杰尔方丹农场（Vogelfontein），家

---

① BSA：一种英国品牌汽车。

人都称其为百鸟喷泉农庄（Voëlfontein），并于1919年举家迁到那里。那时的格特手中有很多产业，是一个相当富有的人。除了养殖羊群，大规模种植水果之外，他还是一个估价师，连续30年在农展会上为牲畜估价。在百鸟喷泉农庄居住期间，他还担任附近默韦维尔镇议会的议员。他和妻子为这小镇上的荷兰归正宗教会的教堂捐赠了布道坛。[24]

现在，这个家庭农场归杰拉尔德·库切所有，他是J.M.库切的一个表弟。农场的面积有14 130摩根（相当于3万英亩/1.2万公顷），距离利乌哈姆卡约30公里。格特在这里建了一个美丽而宽敞的宅子，带有开普特有的荷兰角山墙。每年，这个家庭的成员们都会到这里过圣诞节或复活节，有时聚会的甚至多达40人，而且随着各个家庭的扩大，每年来自全国各地的家庭成员越来越多。这里宽阔的门廊上留下了许多欢声笑语和共同的回忆。从门廊可以看到远处明亮的卡鲁，房子的一边开着繁茂的三角梅，正前方还有一片橘园。对于男人来说，这里的清晨是捕猎野生鸟类或小羚羊的好时候。对于孩子来说，阁楼里面蕴藏着许许多多的秘密。房子里面几乎每一个房间都有床、床垫或折叠床，有的孩子甚至睡在屋外门廊上，还有的甚至睡在后面的皮卡车上。[25]在宽阔的厨房里，列尼在她的女儿、儿媳和众多农家妇女的帮助下，为大家提供早间咖啡和美味的糕点，也为客人做大餐。农舍的上方有一个水库，每次有访客来之前，都会有人专门清理一番，孩子们可以在那里游泳。农舍的周围是厚达两英尺的牛栏围墙。许多子孙继承了格特和列尼的音乐天赋，而且几乎所有的后代都喜欢运动。在这些家庭聚会中，子女们会打板球，而其余的家庭成员则坐在宽敞的门廊上观看。

格特和列尼的幼子们的儿时教育由他们同父异母的姐姐艾琳负责，她是一位受过专业训练的老师。再大一点之后就到阿尔伯特王子镇接受教育。在那里他们可以住在外祖父和外祖母的家里。20世纪30年代，格特和列尼将农场交给他们的两个儿子斯坦利（格特的第一任妻子所生）和杰拉尔德·撒迦利亚（常被称为"桑"）打理后，也搬到了阿尔伯特王子镇与列尼的父母德比尔一家住在一起。1935年9月至1941年9月期间，格特担任阿尔伯特王子镇的镇长。[26] 孩子们长大一些后会被送到开普的中学接受教育：女孩子们进入温贝赫女子高中，男孩子们则被送进帕尔男子高中。

格特是一个亲英派，有一半英国血统，沉迷板球。他始终是一个坚定的统一党选民，支持斯穆茨（Smuts），令人奇怪的是他竟然与德比尔家族的后裔联姻，因为德比尔家族在20世纪是南非国民党的坚定支持者，在1949年参加了比勒陀利亚开拓者纪念碑（Voortrekker Monument）的奠基典礼。格特和列尼在家里说阿非利堪斯语，但是他们的英语也说得不错，这要归功于19世纪开普殖民地学校的英语教学，这在当时十分普遍。

格特于1946年6月21日在百鸟喷泉农庄去世，享年77岁。在墓地里，他的墓碑被其他农场早期居民的墓碑所环绕，上面刻着他的死亡日期和年龄，写着："永远怀念我心爱的丈夫格特·麦克斯韦尔·库切。那里没有黑夜。"最后一句来源于《启示录》21：25与22：5。格特的孙子后来对这个大卡鲁荒凉土地上墓地的描述有所质疑："不管怎么死的，生老病死都一样：皮肉都会给蚂蚁吞噬干净，骨头都会给太阳晒得发白，就是这样啦。然而，穿行在这些墓地中，他的脚步踏得战战兢兢。地上是一片静穆，浑然的静穆似乎在发出嗡嗡的声儿。"[27] 祖父去世的时候，约翰刚刚6岁，在他的记忆中，祖父"是一个弯腰弓背的老人，脾气很暴躁"。[28] 这位富裕且衣冠楚楚的祖父被称为"打着领带的农民"[29]，用他孙子的话来描述是这样的：

> 他祖父喜欢把自己弄成一副绅士模样，他不但拥有农庄，拥有一家旅馆和弗莱瑟堡路那家杂货商店的一半股份，而且在默韦维尔还有一幢房子，房前的旗杆是他为英王生日悬挂英国国旗用的。[30]

他的儿子们会把他称为"一位真正的老绅士和真正的沙文主义者"，并认为应该把这个称谓刻在他的墓碑上。约翰的母亲则奚落地指出她的这些兄弟是如何害怕她的公公："你们甚至长大以后都不敢在他面前点火抽烟。"[31] 约翰的表妹玛戈特在《夏日》中半真半假地讲述：

> 吃过午饭后，整幢房子里马上就阒然无声：祖父要睡午觉了。即便在她当时的年纪，她还是能够惊奇地注意到，这个老人居然能让那些成年人见了自己就像老鼠躲猫似的。然而，没有这个老人，她就不会在这儿，约翰也不会……此人从smous〔沿街叫卖的小贩〕开始做起，向他的乡亲们兜售印花棉布，还有锅子、盘子和成药，随后等他攒够了钱，就跟人合伙买下一家旅馆，后来又把旅馆卖掉再买土地，然后安顿下来，做一个有身份的人该做的事儿，如养马、牧羊。[32]

玛戈特觉得，与这位强势的老人相比，其他姓库切的人就像没一点胆量的"软蛋"（slapgatte）。[33]

> 他们的老爹暴跳如雷大声吼叫，吓得他们浑身颤抖，这当儿他们的母亲踮着脚走来走去活像一只老鼠。其结果是，一旦进入社会，他们都成了毫无勇气、缺少血性的人，没有自己的信念和胆略……
>
> 这些特性使库切们成为很随和（gesellig）的人，友好相处的同伴关系正是他们所偏好的一种现成的生活方式，他们的天性使得圣诞聚会变得如此有趣。他们从不跟人争吵，他们自己也决不斗嘴……他们的孩子进入社会后，原本期待着世界是另一个slap，另一个gesellig的地方，只不过是放大了的百鸟喷泉农庄。可是，却傻眼了，原来不是那样！[34]

三

　　格特和列尼一共生养了十个孩子：利奥诺尔（琳妮），康斯坦茨（康妮），杰拉尔德·撒迦利亚（桑或桑尼，即百鸟喷泉农庄的经营者），撒迦利亚（杰克），珍妮特·艾格尼丝（格里，后来嫁给约书亚·茹贝尔·奥利维尔，居住在威利斯顿区一个农场），艾格尼丝·伊丽莎白，乔伊，阿尔弗雷德·肯尼思（巴伯斯），艾伦·休伯特和詹姆斯·米尔斯。巴伯斯在威利斯顿区经营农场，以冷幽默著称。艾伦则经常给报界写些诙谐的文字。格特所有的孩子，从第一次婚姻的两个孩子，到第二次婚姻的十个孩子，几乎都认同南非文化，在家里使用阿非利堪斯语，只有一个是例外。

　　这个唯一的例外就是约翰的父亲——撒迦利亚（后来叫扎克或杰克）。他1912年9月29日出生于阿尔伯特王子镇，1988年6月30日在南非开普敦去世。他的名字来源于外祖父和曾祖父德比尔。他从小就非常希望成为一名水手，在神奇的海洋中航行，涉猎异域，但他的父亲可不允许这样的事情发生。[35] 他的这些童年梦想表明他是一个浪漫的梦想家，这与库切家谱的主线条是不一致的。他最终并没有到未知的大海中航行，而是在卡利登的一家律师事务所里做职员，之后又到开普敦短暂地工作了一阵。然后在西维多利亚自己独立开业。就是在那里，他遇到了尤宁代尔区欧德沃尔维卡拉农场主皮特·韦梅耶（Piet Wehmeyer）的女儿维拉·希尔德雷德·玛莉·韦梅耶（Vera Hildred Marie Wehmeyer）。维拉1904年9月2日出生于尤宁代尔，1985年3月6日在南非开普敦去世。虽然她可以很流利地讲阿非利堪斯语，但是很可能是受她母亲路易莎的影响，她在家里和孩子说英语。路易莎小时候曾经在美国待过一段时间，所以更喜欢用英语。维拉在开普敦大学完成了一年的小学教育的课程后，就开始在西维多利亚教书。在那里，她与杰克相识并坠入爱河。他们于1936年结婚。孩子出生时，英语已经成了他们的家庭语言。从长子约翰的出生证明可以看出，他们结婚的时候，杰克24岁，维拉32岁，两人年龄相差8岁，这在那个时代是很不寻常的。[36]

据J.M.库切回忆[37]，母亲告诉他，外婆路易莎一辈子都厌恶南非布尔文化，所以一直与她的孩子讲英语。路易莎在美国度过的童年时光让她学会了英语，同时，她还从父母那里学会了他们讲的德语。正因如此，路易莎给她的孩子们所起的名字也都来源于英文：罗兰，维尼弗雷德，艾伦，维拉，诺曼，兰斯洛特。即便如此，因为她和孩子们要在尤宁代尔区生存，他们就必须会讲阿非利堪斯语。令人惊讶的是，皮特·韦梅耶竟然是尤宁代尔区国民党的创始成员之一。尽管他的妻子强烈反感，他的很多朋友都有布尔文化背景。也许，这对夫妻能够接受对方不同的政治立场，这种现象在20世纪上半叶的南非白人之间很常见。

南非韦梅耶家族不是一个很大的家族。年轻的戈特利（第三代）可能是其中比较有作为的一个代表，达琳·马蒂（Dalene Matthee）在小说《费拉的孩子》（Fiela's Child）中曾经提到他。曾有人口普查员来到他家，登记了费拉和家人的名字、确定了她所居住土地的归属。记录是这样的："这是我的土地。我的父亲和祖父一辈子都在为韦梅耶家服务。你可以说他们为韦梅耶一直工作到死。祖父去世后，欧德沃尔维卡拉农场这12摩根的土地被过户到我已故父亲的名下。尤宁代尔镇的凯恩克罗斯先生保存着遗嘱和所有其他文件。"[38]

四

对库切这一辈的孩子来说，外祖母的父亲（即他们的曾外祖父）是位令人着迷的前辈，但他的怪异行为也让人不得不怀疑其神智是否正常。路易莎是巴尔塞·杜比尔（Balcer Dubyl）的女儿。巴尔塞后来将自己的名字改为巴尔萨泽·杜比尔（Balthazar du Biel）。他1844年出生于波兰波兹南省的一个小村庄，1923年在斯泰伦博斯去世。他儿时除了帮助父亲放牛，还时常获得神启。一次，在经历神启后，他奉命去给异教徒传福音。他向巴门的礼贤会（Rhenish Mission Society）提交了档案，被任命为传教士。1868年年底，他被派往南非。1870年，他在南非与一名摩拉维亚传教士的女儿安娜·路易莎·布雷赫尔（Anna Louisa Brecher）结婚。杜比尔担任传教士的地方当时是德属西南非洲，但在1872年，他离开非洲前往美国，向那里的德裔福音派教徒传教。因为传教需要，他游走于美国多个地方，曾经在伊利诺伊州的布卢明顿生活过一段时间。1881年，在岳父费迪南德·布雷赫尔（Ferdinand Brecher）的推荐之下，他回到南非纳马夸兰，成为礼贤会一位老传教士的助理。在这个位置上做了九个月之后，他投身荷兰归正教会，在尤宁代尔担任小学老师和助理传教士。八个月后，他断绝了和教会的所有关系，开始进入商界，到莫索湾地区做了商贩。

杜比尔和安娜·路易莎有六个孩子。路易莎·阿玛利亚（J.M.库切的外祖母）1873年出生于伊利诺伊州梅纳尔区的彼得堡，1928年在尤宁代尔去世。

巴尔萨泽·杜比尔是约翰·库切祖先中第一个有案可查的作家。在《夏日》中，表妹玛戈特讲的内容是接近真相的，她告诉传记作者，作家库切的"古怪"，也就是他的天赋，并不来源于他父亲的家族，而是继承自他母亲的家族，"来自东开普省的梅耶。梅耶，或是梅尔，或是梅林"。[39]雅克布斯·库切的"叙述"是好望堡里一个缺乏想象力的产物。在南非的库切家族，除了安穆派·库切（Ampie）和克里斯多弗尔·库切（Christoffel）以外，并没有谁因写作而为人所知。[40]不过巴尔萨泽·杜比尔写过两本有关"心灵"的书籍。在他去世后，他的女儿安娜（或者叫安妮）将这些书从德文翻译成阿非利堪斯语，然后由她的弟弟艾伯特删减修订为《从不治之症到永久痊愈》（*Deur'n gevaarlike krankheid tot ewige genesing*，1934）和《相似与音乐流》（*'n Ewebeeld en stroom musiek*，1941）。这些书是根据杜比尔的日记所创作的。[41]书中讲述了饱受精神煎熬的人如何被各种异相所困扰。姨妈安妮也是约翰的教母，她在罗斯班克的寓所摔坏尾骨后，约翰同他的母亲和兄弟一起去医院看望她。库切在小说《男孩》中这样描述：她住处的储藏室里堆着许多旧报纸。这些纸原计划用来包装书籍，储物间里还有上百本没卖出去的《从不治之症到永久痊愈》。约翰打算读读这本书，但是没读几页就觉得很无聊了。他在《男孩》中这样写道："一开始是叙述巴尔扎撒·杜·比尔①在德国的童年生活，书中充斥着诸如天空的闪电和来自天庭的声音在跟他叙谈什么。"[42] 他的肖像也没有激发别人对他的喜爱："安妮阿姨卧室的照片上，巴尔扎撒·杜·比尔瞪着一双冷酷的眼睛，紧紧抿着那张无情的嘴巴。在他旁边，是他那看上去无精打采满脸愁苦的妻子。"[43] 约翰问他的母亲："安妮阿姨的爸爸是个疯子吗？"她母亲的回答是："没错，我想他是个疯子。"她继续解释说，安妮姨妈也许是因为害怕才同意翻译他的书。"他是个可怕的德国老头，非常凶狠而独断专行。他那些孩子个个都怕他。"[44] 有人认为，这个家庭总是有两种力量交织出现，有时是极端情感障碍和精神分裂，有时是艺术天赋。当艺术冲动找不到发泄渠道时，精神的不稳定就占据主导地位。[45] 在巴尔萨泽·杜比尔这里，它形成了一种有害的宗教狂热和一堆前言不搭后语的书，也导致部分子孙与他对抗，成了反宗教者。到了约翰·库切这里，艺术才能得到自由发挥，延续了这个家庭的文艺特长，并将其从平庸发展至优秀。

　　巴尔萨泽的另一个孩子也表现出这样的特点。他的儿子约翰·阿尔伯特·恩斯特（Johann Albert Ernst）在20世纪20年代，以阿尔伯特·杜比尔（Albert du Biel）的名字出版了许多阿非利堪斯语小说，也取得了一定的声望。阿尔伯特从父母那里学习了读写，但没有受过太多的正规教育。1928年，他与人合作，在帕尔开了一家小型的出版公司，出版杂志、刊登英文和阿非利堪斯语的文章，也出版了一些杜比尔的书。20世纪30年代经济大萧条期间，该杂志社破产。

　　阿尔伯特·杜比尔15岁时才通过期刊上的故事和诗歌，接触到书

---

① 在中文版《男孩》中，译者文敏将Balthazar du Biel译作巴尔扎撒·杜·比尔。

面的阿非利堪斯语。虽然他的早期著作使用英语，但是他写小说和故事时则使用阿非利堪斯语，目的是给南非年轻人提供有教育意义的阅读内容。在《高山与平原》(*Oor Berg en vlakte*)系列读物的推介中，他希望作品中的主要人物能够以身作则，为年轻人提供积极的榜样，对读者起到寓教于乐的作用。为了达到这样的目的，他在小说中总是不断插入叙述者的说教，让读者不得不从故事的情节中抽离出来，停顿一下。讲述故事的历史背景时，他也会这么做。对讲阿非利堪斯语的大众来说，用阿非利堪斯语写的书还是很新鲜。为了保持这些读者的兴趣，在《父辈之罪》(*Die misdade van die vaders*)中阿尔伯特还采用了一个屡试不爽的办法，零星穿插一些浪漫的情节，比如一个神秘的骑手在夜里保护农民不受黑人部落的攻击。这样，浪漫故事就与19世纪大迁徙前夜，布尔人在东部边境的历史经历交织起来，按照P.C.斯库尼斯(P.C. Schoonees)的话说，他"将中世纪游侠巧妙地加以南非化"。[46]

他的小说集多以布尔战争为背景，此外，还有一些故事是讲述年轻的姑娘爱上了一位青年，而家长希望女儿嫁一个年龄大但富有的老头。父母的话对当代读者来说很肤浅："如果你愿意嫁给克拉斯，你就可以一辈子吃上白面包，要什么有什么。"[47]

现在除了一些专业人士研究他作品的历史背景外，已经没有人阅读阿尔伯特·杜比尔的作品了。根据《男孩》中的内容，得到母亲的许可后，年轻的库切将阿尔伯特的书搬出姨妈的居所。他试着读《父辈之罪》，但还不到十页就读不下去了。母亲也告诉他，很多年前她也读过阿尔伯特的书，但觉得没意思，根本读不下去，也记不住里面的任何内容。她说，阿尔伯特的小说"很老派的手法，现在人家都不喜欢看那样的书了"。[48]

但是，杜比尔的作品对库切后来的创作很重要。《父辈之罪》的主题与库切作品的主题很相似：一个人的恶行和罪过被投射到下一代，让他们不得不带着耻辱生活。库切在《白人写作》中提到莎拉·格特鲁德·米林(Sarah Gertrude Millin)是南非重要的小说家，与奥立弗·施赖纳（Olive Schreiner）和纳丁·戈迪默（Nadine Gordimer）不相上下。尽管如今，米林因处理种族问题的手法，在道德上不受欢迎而不受重视。在米林的作品中，占主导地位的主题就是父辈的罪行变成"遗留下来的邪恶"影响着下一代。[49] 在关于米林作品的评论中，库切将这一过程称为"血、污点、瑕疵、退化"。[50]

不过，库切在处理几代人的内在关联性时所采取的方法，与米林或阿尔伯特·杜比尔完全不同。虽然杜比尔也对退化与代代相传的罪恶感兴趣，但是他是从犹太基督教的角度，将其看作惩罚和训诫，这也是许多其他作家描述南非大农场的故事时所采用的视角。即使如此，我也时常怀疑是否正因为杜比尔，因为他叙述中的笨拙，而让库切在不知不觉中找到了某个主题，让他能够从个人角度以及民族角度，多方位地进行探讨，也是由此，逐渐形成了他的伟大作品《耻》（*Disgrace*，1999）。早在他的第一本书《幽暗之地》中，主人公尤金·唐恩在接受医生治疗时，想要做的就是从"小心谨慎地调查我像迷宫般复杂的历史"，弄清楚之前的祖先到底犯了什么罪。在《幽暗之地》的第一部分《越南计划》的结尾，尤金·唐恩"深深盼望着能弄清楚我是谁的过错"。[51]

第2章
童年

一

约翰·库切1940年2月9日出生于开普敦的莫布雷。当时，第二次世界大战已经开战了几个月。德国入侵波兰后，欧洲的军事变局尚不明显，但随着德国占领丹麦和挪威，入侵荷兰、比利时和卢森堡，接着轰炸鹿特丹，攻陷法国，把英国的救援军队困在敦刻尔克的海滩，战局将马上发生明显变化。

库切那里有一张纸，根据母亲的描述，上面写着他生命的最初几年里所待过的地方。这张纸显示了当时他年轻的母亲是如何带着他四处奔波的。约翰在1940年出生后的头三个月里，和父母住在西维多利亚的大卡鲁。在接下来的七个月里，他们搬到了北开普省的沃伦顿，一个距金伯利约75公里的北部小镇。从1940年12月至1941年1月，维拉和约翰搬到开普敦莫布雷，住在维拉的大姐维尼家里。然后他们又搬到阿尔伯特王子镇住了两个月。维拉从她昔日大学同学那里租了一个房间，后者和丈夫开了一间杂货店。在此之后，他们全家搬到了约翰内斯堡，维拉、约翰，最初还有杰克住在一间公寓里。1943年4月8日，夫妇俩的第二个儿子大卫·凯斯·库切（David Keith Coetzee）在这里出生。此前，杰克已经离家去参战。约翰4岁半时，维拉和两个儿子在阿尔伯特王子镇住了一段时间，然后搬到百鸟喷泉农庄与公婆合住。他们在普利登堡湾发现了比较便宜的沙滩小屋，1944年和1945年间在那里住了十个月，之后他们又回到百鸟喷泉农庄住了两个月。再后来，他们与杰克的姐姐格里和她的丈夫在威利斯顿附近的斯基博斯克鲁夫农庄住了两个月。虽然维拉与丈夫的亲属相处得不太好，但是她与大姑子格里关系很融洽，也非常敬慕其丈夫茹贝尔·奥利维尔（Joubert Olivier），后者曾在苏格兰攻读医学，但因为全球性经济危机爆发，父母不能继续提供经济资助而不得不放弃学业。尽管这样，他还是获得了牙科的行医资格，而且还在斯基博斯克鲁夫安装了发电机。

频繁地搬家表明杰克·库切经济状况不佳。根据百鸟喷泉农庄现在的主人，也就是作家库切的表弟杰拉尔德·库切所提供的信息，杰克是一位优秀的律师，他在法庭上的表现可谓十分出色。[1]他穿着整齐，注意仪表，给人们留下良好的印象，也能够很好地与人相处。起初他受雇于开普敦的戈德·格斯里律师事务所，之后在1936年7月18日，他在西维多利亚自己开设了一家事务所。作为一个新人，他不得不与那里的老牌事务所竞争。在经营过程中，逐渐出现一些不合规范的事情，比如他忘记将一份婚前合同进行登记，还向客户重复收账。另外，他开出的支票会跳票，有时也没能做到及时回复紧急信件和官方指令。很快，到了1940年5月25日，杰克离开西维多利亚的时候，已经负债累累，只能到沃伦顿做律师，但是他根本没有按照职业要求，将这一变动告知好望角律师协会。他重新开业，但是几乎没有什么活儿。到1941年3月，他又将这个办公室关掉，带着一屁股债离开了这座城市。在自己的账户明明没有任何资金的情况下，他仍然开出支票，而他也知道银行会拒绝付款。

律师协会被迫对杰克·库切采取行动。1941年2月28日，当时居住在沃伦顿的他给律师协会写了一封信。信中说，在这个地方他一直无法谋生，他的妻子和孩子一直"生活在困顿之中"。他找不到任何工作，所以他正在考虑加入南非军队，到北非作战。他继续写道："自从我加入律师这一行业，我一直努力维护律师的荣誉。但是我在这里开业以来，真是经历了非常多的困难。"但是这封信没能打动律师协会，1941年11月10日，他被律师协会除名。一般情况下，律师协会将代表债权人起诉他，而这会导致杰克入狱服刑。但是杰克的父亲介入了此事，并支付了大笔的金钱，让杰克免受官司和牢狱之苦。[2] 在这件事情之后，杰克、维拉和约翰搬到约翰内斯堡。1941年4月至1942年4月期间，他在格里皮特斯汽车行做会计。1942年5月到南非伊莱克斯公司任职。1942年7月28日，他辞职，加入联盟国防军，到北非、中东和意大利作战。[3]

为什么杰克·库切会不顾及妻子和孩子的困顿，跑去参军？更何况，当时他的妻子再次怀孕在身。约翰后来听到一个解释说，如果父亲去参军，就不会被起诉。[4] 事实确实如此，因为是在战争状态，政府的一切常规事务暂停。根据1940年第13号战争实施法：政府为二战期间在海外参战的所有士兵免责。如果杰克·库切确实利用了这项战时免责规定，说明他还有一些债务是他父亲所不知道的，而他希望通过参战来进一步逃避债务。

杰克的这种行为导致维拉在三年内搬了六次家，刚开始是带着约翰一个孩子，后来还要带上他的弟弟大卫。在约翰内斯堡居住期间，维拉有一份兼职工作。约翰后来回忆[5]，白天，他被放在托儿所里。就是从这个时候，或者是更早的时候起，母亲白花花的乳房在他脑海挥之不去。"他猜想自己还是小娃娃时一定伤害过那对乳房，准是用他的拳头在那上面乱捶一气，而现在，虽说她在其他方面对他还是百依百顺，可显然不会再像他小时候那样由着他了。"[6] 他儿时的记忆还包括这个：黄昏时分，他靠着窗口向外看，一辆车撞到了一只小狗，"小狗拖着失去知觉的后腿一步一挪，痛得吱哇乱叫。毫无疑问它会死去；这当儿，他离开了窗子"。[7]

大卫出生前后的一段时间，维拉不得不放弃工作，也就只能找廉价的房子租住，有时要求助于朋友和家人。她和孩子们不得不靠着杰克的6英镑津贴生活，外加政府补助的2英镑。[8] 约翰后来这样回忆阿尔伯特王子镇的房间，"只是夏日长夜里成群结队的蚊子，母亲穿着衬裙在外面走来走去，浑身热汗涔涔，她粗壮浑圆的双腿布满了一道道曲张虬结的静脉，那时他弟弟还是个婴儿，老是在哭，她哄着他安静下来。为遮蔽阳光而紧闭的百叶窗后面的日子过得单调乏味"。[9] 除了《男孩》中有这样的回忆之外，《铁器时代》（Age of Iron，1990）中卡伦太太也这样回忆她的童年："当我回想起自己的童年时，我能够想起的只有阳光炽烈的漫长的午后，桉树林荫下泥土的气息，路旁水沟里宁静的潺潺流水，鸽子发出催眠曲般的咕咕叫声。"[10] 另一个童年的早期记忆，是他与母亲坐汽车经过阿尔伯特王子镇与奥茨胡恩之间的斯瓦特贝赫关口，他从巴士窗口扔出去一张糖纸，看着它飘飘而去："他一直在想着那张纸片，它孤零零地在一片大空旷之中飞舞。他本来不该扔掉的。总有一天他会回到斯瓦特山隘口，去找到它，救出它。这是他的职责：在他完成这事情之前他不会死去。"[11] 这里我们要注意到，他的目的不仅是要找到那张糖纸，而且是要拯救它。

那时维拉坚持认为公婆应该更多地帮助她和孩子们，但是他们并没有及时邀请他们去农庄生活。即便后来他们受到邀请到农庄住了四个月，她觉得自己和孩子们好像不受欢迎。她认为列尼·库切反对她们的到来。[12] 出于这个原因，她带着孩子到普利登堡湾寻找住处，那里有很多为夏季度假者提供的活动棚屋，其他时间都空着。所以，约翰还记得1945年6月，战争结束的时候，那里的教堂举行的一次感恩仪式。[13]

不断地搬家让维拉和孩子们的关系紧密、互相依赖。当孩子们长大了一些的时候，维拉给他们讲述她早期的经历以及她嫁给杰克之前的生活。她小时候会和父母去普利登堡湾度假。全家人坐着牛车旅行，沿途在路边宿营。这一细节在库切的小说《铁器时代》中出现过。[14] 维拉年幼时在哥哥诺曼的陪伴下，与一群曲棍球和网球选手一起到欧洲参观。在她的相册里有许多美丽的照片，包括苏格兰及其首府爱丁堡、挪威峡湾、瑞士的阿尔卑斯山、德国的莱茵河。[15]在这个相册里也有约翰的父亲，"留着神气的小胡子，一副神气活现的样子"。[16]在母亲的叙述中，他知道她结婚前在西维多利亚的生活是多么的快乐。

维拉带着两个儿子靠着丈夫杰克微薄的津贴四处漂泊，杰克则在北非和中东作为南非军队的一员，在总理扬·斯穆茨（Jan Smuts）将军的指挥下英勇奋战。他们在阿比西尼亚①的图卜鲁格和阿拉曼战役中起到重要的作用。墨索里尼下台后，南非军队在意大利帮助打扫战场，杰克得以到剧场观看了多场意大利歌剧。战争期间，可能就在意大利，杰克失去了一位战友。为此，他写了唯一的一首诗，一则挽歌形式的讣告，带着古英语的传统特色。[17]

1945年战争结束后，杰克与南非军队一起回国，与家人团聚。约翰并不知道之前发生的事情，一直为父亲能够参战而感到很自豪。他不清楚为什么杰克的军衔一直是准下士。在他与朋友的交谈中，他往往省略"准"这个字眼。他喜欢翻阅父亲的相册，只是这本相册与他母亲的欧洲相册是如此的不同。上面有穿着南非卡其布制服的士兵，背景是埃及的金字塔或意大利的残垣断壁。在《男孩》中，他记录了自己在父母谈话时偷听到的内容。母亲认为，德国人是世界上最优秀的人种，但是可怕的希特勒给他们带来了太多的灾难。当她的兄弟诺曼前来看望他们时，他不同意维拉的观点。他认为，恰恰相反是希特勒恢复了德国人的尊严。"德国人不想和南非打仗，"诺曼说，"他们喜欢南非人。如果不是斯穆茨，我们才不会跟德国人去打仗，斯穆茨是个骗子，他把南非出卖给了英国人。"[18]

当他们半夜在厨房争吵时，杰克激怒妻子的一个方式就是嘲笑她哥哥诺曼不仅不参战，还参与奥瑟瓦布兰德威格游行②。维拉会愤怒地

---

① 埃塞俄比亚的旧称。
② 在二战期间，一些南非荷兰人组成了一个极端仇英的政治组织，取名为奥瑟瓦布兰德威格（Ossewabrandwag），意思就是牛车、火把、警戒，反对南非同英国结盟，立场上亲德国。

回应："胡说！诺曼和Ossewabrandwag不是一路人。"[19] 这些分歧让约翰意识到在家庭之外还有一个更大的世界，地球上正发生着影响所有人的事。他喜欢杰克、维拉和诺曼之间的政治争论：

> 他喜欢听父母和诺曼一起争论政治问题。喜欢那种富于激情的热烈气氛，喜欢听他们毫无顾忌地谈论那些事情。奇怪的却是自己对父亲的态度——他最不希望得胜的一方，却偏偏持自己所赞同的观点：英格兰是好的，德国是坏的，斯穆茨是好的，耐茨是坏的。[20]

很明显，约翰在很小的时候就能感觉到自己对父亲的矛盾态度，父亲有好几年没在家里生活，对约翰来说只是一个未知的实体。尽管大家知道在阅读一本回忆录时，回忆内容的场景与时间都发生了变化，但是《男孩》里面所表现出来的情感还是很强烈的：

> 父亲喜欢统一党，喜欢板球和英式橄榄球，可他不喜欢父亲。他不理解这种矛盾之处，也不想去理解。也就是说，甚至在他认识父亲之前，还在父亲从前线归来之前，他就决定不去喜欢他了。所以，就理性而言，这是一种抽象的不喜欢：他不想要一个父亲，或者至少不想要一个同处一斗屋檐下的父亲。[21]

另一方面，他非常喜欢他的母亲。库切家族的人都知道她是一位聪明、谦逊，且极为爱儿子的母亲。为了两个儿子，她可以牺牲一切。[22] "他不能想象她死去。"约翰在《男孩》中这样写道，"她是他生命中的最坚实的东西。她是他脚下的基石。没有她，他就失去了一切。"[23] 从很小的时候起，约翰就觉得他的父亲在家里只占有从属地位，对于约翰来说"丈夫倒成了一种附属角色，也许不过是挣一份薪水给家里提供经济来源而已。就他所能记起的往事来说，感觉中自己向来是家里的王子，母亲是一个靠不住的怂恿者，也是焦躁不安的保护神"。[24]

维拉对于儿子的爱令她的姐夫这样对她说:"你真应该将保护的责任分一点给家里的那个大男人。"[25] 约翰有时也会反抗这种令人窒息的关怀,他变得更加内向,并有意地与母亲保持一定距离。

二

父亲回来后,一家人最初住在普斯莫尔的一座军营里,距大开普敦的福斯湾很近。随着战争的结束,越来越多的士兵回国,涌入市中心,导致住房急剧短缺。需要房屋的家庭得经历漫长无休的等待。政府不得不建立临时安置点,来安置士兵和他们的家人。普斯莫尔就是其中之一。军营里面有活动房屋、淋浴间、厕所、娱乐厅和学校。孩子们可以在这里的学校接受义务教育。[26] 库切一家在1946年初搬到此处定居,约翰在这里的小学接受了启蒙教育。根据1946年6月21日的第一份成绩单,约翰的语言能力受到了表扬,他的学业也有着非常令人满意的进展,以至到了1946年的第二学期,他就转到了更高的一个年级。然而,转学最终对他的学习生涯产生了负面的影响,因为进入高中后,正值青春期开始,他的身形发展明显落后于同班同学。尽管他从小就是一个不错的板球运动员,但年龄小势必会妨碍他在体育比赛中的发展。这也增加了他是一个局外人的感觉,而本来他就已经隐约有了这样的感受。同年,杰克负责为回国士兵分配住房。年底前,他们终于搬进了开普敦大学附近罗斯班克区雷斯比克路8号的出租屋。房子的前面有一颗巨大的老橡树,约翰可以爬上爬下。他后来怀念地说起"罗斯班克那所房子,那个宽绰的植物过于丰茂的园子,那个带圆顶和双层天棚的天文观测台"。[27] 在这个房子里,他的母亲还找了房客,其中包括特里维廉(Trevelyan),库切在小说《男孩》中写到过这个人物。[28]

为了找人做家务,维拉与她的姐姐维尼联系,在斯泰伦博斯找了一个7岁的有色人种男孩埃迪帮忙。维拉给他提供免费食宿,每月向小男孩的母亲支付2英镑10先令。但埃迪做了两个月之后就跑掉了。后来，特里维廉在里斯比克河旁边的灌木丛里找到了他，用皮带狠狠地打了他一顿。[29]这是小约翰第一次看到了成年白人是如何严厉地惩罚有色人种小男孩的。正是这个小男孩与约翰在房前的草坪上摔跤戏耍，也是这个男孩教会了他骑自行车。那自行车是他8岁生日时，花5镑钱买的二手车。[30]埃迪回到自己家以后会发生什么，约翰并不知道，但是按照他母亲的预测，埃迪可能会吸烟、酗酒和吸毒。"他们将永远暌离吗？如果有一天他们在街上见了面，埃迪——不管是否喝得烂醉还抽着大麻，是否在监狱里经受过一切艰难磨砺，他还能认出他吗？是否会停下来向他喊一声'你好'？"[31]

搬到罗斯班克区意味着约翰能转到罗斯班克小学念书。他在那里一直读到1949年4月。学校的运动场也是隆德伯西的公共绿地。在这里，约翰参加了田径运动。在1948年，8岁的约翰成为向后跑比赛的赢家。[32]在这里，库切结识了好友尼克·斯泰撒基斯（Nic Stathakis）。约翰6岁的时候他们结识，高中和开普敦大学期间两人也一直是同学。即便是后来斯泰撒基斯与一位瑞士女子结婚，并定居瑞士，他们也一直保持着密切联系。[33]他们在库切家一起打板球，不过斯泰撒基斯对橄榄球更感兴趣。斯泰撒基斯仍然记得，寒冷的冬天里维拉给他们准备的热气腾腾的巧克力冲饮，还有美味的甘薯做成的菜肴。[34]

在罗斯班克小学，约翰一直是班上最好的学生。1947年6月，他成绩单上的绩点是92.5%，他的班主任这样评价他："在所有科目中，约翰都表现得很出色，他是班上名副其实的佼佼者。"1947年初，他赢得了南非广播公司征文比赛少年组一等奖，题目是"假期里我做了什么"，但这篇文章并没有被保留下来。他的想象力可以从另一篇被保存下来的文章中看出来：《巴特那的吃人老虎》（"The Maneating Tiger of Patna"）。根据这所学校1949年4月4日给出的最后一张成绩单，库切取得的成绩是319分（满分350）。他班主任老师的报告评语是"从始至终都非常的出色"。他的母亲本身就是老师，她非常注意让约翰和大卫从小就开始接触书籍。她给他们买漫画书，这样就能够使他们将图片和文字联系起来。后来，她给他们买了一套《少儿百科全书》(The Children's Encyclopaedia)，这套书在当时的英语国家受到许多家庭的喜爱。主编是亚瑟·米(Arthur Mee)，另外还有许多其他领域的专家协助他编成这套书。全书共八册，每册包含自然、地球、国家、杰出人物、《圣经》故事、名著与作家等主题。编写这些书的目的是让小读者愉快地享受学习过程，同时塑造性格和培养责任感。当约翰病得不能去上学的时候，他会让母亲给他拿一本"绿皮书"来看。[35]

当时的南非正发生着激烈的变革。斯穆茨和他的统一党在议会中占多数席位，但是在1948年5月26日的选举中，D.F.马兰(D.F. Malan)的国民党和他们的盟友——由N.C.哈文加(N.C.Havenga)领导的南非白人党占据了优势，他们分别获得了70和9个席位，击败了统一党的65个席位和其盟友工党的6个席位。这场胜利来源于农村议席选区的划界方式，而实际上，国民党和南非白人党联合获得的选票要比统一党与工党的选票少十万张。选举后分析原因时，有分析家认为这次选举结果的出现主要是因为当时的副总理霍夫梅耶(Jan Hofmeyr)——斯穆茨可能的继任者——不是很受欢迎，他很可能疏远了统一党中的保守派支持者。斯穆茨对于国内事务的急躁以及他对南非国际利益的追求也让各省选民觉得不满意。不过，不管是什么原因，大多数南非人对这一选举结果感到十分震惊。[36]

国民党掌权之后，南非走的道路与战后西欧的发展截然相反，他们不再尊重个人自由。面对独立非洲国家不断出现的以及联合国对南非国民党的指责，南非国民党成员间产生了一种凝聚力与使命感，通过语言、文化与宗教的统一，以及试图从过去吸取灵感的民族主义集会得到不断强化与宣扬。

在马兰博士上任后不久，政府颁布了一系列的法律，强制执行种族隔离政策。1949年，法律禁止不同种族或不同肤色的人通婚。1950年，"不道德法案"禁止不同种族的人之间发生性行为。20世纪50年代的"区域发展法案"以及其他相关法案在城市建立起种族隔离的住宅区域。为了抑制黑人及有色人种的反抗，禁止黑人"煽动者"的活动，1950年通过了"抑制共产主义法"禁止共产党的存在，将宣传共产主义思想定性为犯罪活动。20世纪50年代最有争议的立法行为是1951年议会强行通过的一个法案：将已经获得自由的有色人种划分到单独的选民册上。当高等法院判定这一法案无效时，为了解决这一宪法危机，政府向高院派遣了更多的法官，还扩充参议院以确保有三分之二的议员投赞成票。利用这样的诡计，政府在1956年的选举中如愿以偿，成功地将有色人种放置在一个单独的选民册中。但是这种处理事情的方式让人们，特别是知识分子，质疑政府的诚实性和可靠性，甚至让他们怀疑，南非是否还是一个民主政权的国家。

关于南非政府的这种变化及其影响，在1988年出版的文集《白人写作》中，库切这样写道：

> 1945年以来发生在南非的种种事情可以证明，压迫法案在南非确实存在。1948年，纳粹同情者进入政府高层，开始实施种族歧视法案。尽管他们不是在复制，但是也是在效仿纳粹德国的立法形式。政治上的谨慎决定了根本不用想什么优生学或人种决定论的措辞，就是要强调种族分类、种族分离和种族优势性。事实上，1945年以来南非国民党的公共语言已经经历了错综复杂的演变，就差说出纳粹主义在巅峰时期自信满满的口号了。[37]

尽管统一党在选举中失利，杰克·库切与其他的兄弟姐妹一样，仍然忠实于统一党。只是，随着1949年霍夫梅耶的去世和1950年斯穆茨的去世，统一党失去了强有力的领导，开始迷失方向。

随着士兵安置工作的完成，杰克的工作岗位开始显得多余，他失业了。库切在《男孩》中提到他父亲因为身为统一党的支持者而失去工作[38]，这是他的猜测，只是代表着孩童对当时事件的理解。说实话，取消士兵安置工作的职位是因为没有需求了，和政府的更迭没有任何关系。

杰克·库切遭受了生命中的第二次失业打击，但是很快，他在距离开普敦约110公里，布里德河流域的伍斯特找到了一份会计的工作。伍斯特由英国总督查尔斯·萨默塞特勋爵（Lord Charles Somerset）在1820年建立，到20世纪四五十年代，它已经成为一个重要的商业中心。

约翰不得不离开他所喜欢的罗斯班克的学校与朋友。1949年5月初，他在三年级①时，转学到伍斯特男子学校。在这所学校里，授课语言有两种：英语和阿非利堪斯语。

三

在伍斯特，杰克、维拉和他们的两个儿子搬进了郊外政府住房项目的一栋新房子里。这里房子虽然并不完全一致，但都是以统一的模式建造的。约翰在《男孩》里指出，这里的街道以树木的名称来命名，但是这片区域真正的树木却没有多少。库切家住在留尼汪岛公园白杨大道12号，房子占地面积很大，铁丝网将他们与邻居隔开。在每家的后院都有一个厕所和一个供用人使用的房间，但库切家没有雇佣任何用人。他们家有一只老母鸡带着三只小鸡。但维拉想在院子里养些鸡的尝试还是失败了，因为天气多阴的缘故，鸡的双腿肿胀，也下不了蛋。[39] 后来邻居的狗钻进鸡舍咬伤了母鸡，维拉用针线将母鸡受伤的部位缝上，但是母鸡的伤口从里面生蛆，并开始慢慢腐烂。[40] 她买了一辆自行车用来购物，因为她清楚地告诉家人，她可不想成为房子里的囚犯。[41] 好笑的是，她骑自行车的水平真是不行。突然有一天，自行车就自己消失了。约翰一直记得他母亲骑自行车的样子，在他看来那是她早期寻求自由的表现。[42]

---

① 南非学校教育从7岁开始。从小学到高中分基础阶段、中级阶段和高级阶段。基础阶段是预备班到三年级，中级阶段是四到六年级，高级阶段是七到九年级。

搬到伍斯特给这个家庭带来一个巨大的优势：他们现在距离百鸟喷泉农庄只有300多公里的距离。1946年，在库切的祖父去世后，这个家庭农庄传到他的儿子斯坦利和杰拉尔德（桑）手上。虽然约翰的母亲也曾在尤宁代尔的农庄上长大，但这对于约翰来说没有任何意义。在孩童时代，他经常拜访姑妈格里和姑父在威利斯顿附近的斯基博斯克鲁夫农庄，但是真正在他心中占有一席之地的是百鸟喷泉农庄。在12岁之前，他经常到那里度长假。他认为，他父母的农庄背景，将他与学校其他的孩子区分开来。库切在《男孩》中写道："农庄把他与过去联结在一起，因为农庄他才有了实质性的存在。"[43] 这种根的意识对他的发展至关重要，也体现在他后来关于"农庄小说"的杂文中，他提出的这一概念在阿非利堪斯语与英语文学批评中也非常流行。

约翰在《夏日》中这样回忆圣诞节和复活节的家庭聚会："当他们还是孩童的时候，就像野生动物似的在草原上自由自在地游荡。"[44] 在《男孩》中，作者的叔伯们聚在门廊边，带着"一种愉悦的恐惧"回忆着"自己学校的班主任，还有班主任手里的教鞭"以及"冬日冰冷的早晨，屁股上被抽出一道道带瘀青的鞭痕"。[45] 约翰四五岁的时候，和他还是婴儿的弟弟第一次去百鸟喷泉农庄。和黑人男孩一起玩时，约翰突然意识到，自己能够流利地讲阿非利堪斯语，而没有任何障碍。在伍斯特学校的时候，他更迷恋农庄的感觉，喜欢叔伯们把阿非利堪斯语和英语混在一起的讲话方式。他第一次到农庄度假的时候，那里仍然有马、驴、牛和牛犊、猪、鸭、母山羊和公山羊，还有一些母鸡和一只打鸣迎接旭日的公鸡。祖父去世后，农庄走向衰败，最后只剩下长着金羊毛的绵羊。

20世纪50年代，羊毛价格的提升给农庄主带来了财富、汽车和漫长的海滨假期，但他们并不与长工们分享这些财富。在那些日子里，地里唯一种植的农作物是苜蓿，果园里也只剩下橘子树了，每年都长出甜甜的橘子。午睡后喝下午茶时，叔叔们坐在长廊上，谈起父亲，那位"农家绅士"。他会"驾着双套马车，在坝下那片土地上躬耕劳作，亲手犁地，亲手脱谷"。[46] 在门廊阴凉处的一个角落里挂着一个帆布水囊，里面的水是温凉的，就像肉挂在阴凉的储藏室可以不腐烂，南瓜放在屋顶上可以抵御酷暑保持新鲜一样。[47]《男孩》中约翰会故意少喝一点水，他认为这样对他有利，因为如果他在草原上迷了路，"他想不妨成为荒漠里的生灵，在那片荒漠里，像蜥蜴那样审来审去"。[48] 这片荒芜的大地，没有丝毫装饰与点缀，也许人们可以从这里找到思路，理解库切惜字如金的简约文风。[49]

在百鸟喷泉农庄，约翰除了认识伯父和伯母们之外，也认识了黑人长工[50]。在农庄住着两个黑人长工家庭，他们都有自己的房子。大坝墙附近的一栋房子现在已经没有屋顶了，但过去是黑人长工乌塔·杰普居住的地方："乌塔·杰普在他祖父之前就来到这个农庄了。在他的记忆中，乌塔·杰普是一个很老的老人，眼珠子瞎了，牙齿掉光了，双手长满瘤子。"任何了解他年轻时境遇的人都对他充满敬意。在那时还没有围栏可以防豺狼，牧羊人不得不把他们的羊带到遥远的地方去放牧，而且一待就要好几个星期。乌塔·杰普属于那个时代，尽管祖父是他的主人，但他已经成为农庄的一部分。"乌塔·杰普之于农庄却是与生俱来的主人，他比任何后来者都更熟悉这儿的一切，关于羊，关于草原，关于气候。这就是乌塔·杰普受到尊敬的原因；这也是为什么乌塔·杰普的儿子罗斯毫无疑问要被留在农庄的原因——虽说他人届中年，干活不是一把好手，还总把事情搞砸。这样，罗斯自有充分理由生老病死一辈子都赖在农庄，还把这位置留给了他的一个儿子。弗里克，是一个雇工，他比罗斯年轻力壮，做事是快手，而且也更可靠。显然，农庄没有他的份儿：这就是他注定不能待下来的缘由。"[51]

约翰对他伯伯桑和工人间的礼貌和礼节深有感触。每天早晨，桑和他的两个工人交流一天的任务。他并不发号施令，而是提出建议，今天要完成什么任务。工人就对这些任务进行讨论，在交流中有时会有长时间的静默，然后，突然间一切都说定了，工人们说："好的，桑老爷，我们这就动手。"然后他们就离开去干活了。[52] 厨房里也会发生同样的对话。罗斯的妻子，还有他与前妻生的女儿在厨房帮工。她们在早餐的时候到达，在午餐之后离开。她们俩都是很害羞的类型，不多说话，但他听到过她们两个窃窃私语，"那是女人之间轻快松弛的絮语，从这人耳朵传到那人耳朵的闲话，她们不仅聊农庄，也聊弗莱瑟堡路和村庄外面的事儿，这一带农庄所有的事儿她们都能扯出端绪：一张飘飘柔柔的看不见的话语之网从过去织到了现在"。[53] 弗里克有一辆自行车和一把吉他。有时他会坐在房间里弹吉他。周六下午，他会骑自行车去弗莱瑟堡路，在那里一直待到周日晚上。[54] 虽然他是一个雇佣工人，可以在任何时候离开。但是约翰认为，弗里克——坐在那里，抽着烟袋，凝视着草原——比库切家族都更属于卡鲁，卡鲁"是弗里克的家乡；而库切们，在农庄大宅的游廊上喝茶聊天的库切们，却像一群季候性迁徙的雨燕，今儿来了，明儿走了，甚或更像一群麻雀，唧唧喳喳，跳跳蹦蹦，却待不久"。[55]

根据《男孩》里所说的，农庄给约翰带来的最大的一个乐趣就是狩猎。在农庄上，人们给他从邻居那里借来了一杆老式的点22口径猎枪。实际上，他也没拿那杆枪打过什么大猎物，无非是果园里面的青蛙和齿鹑什么的。"他生活中从来没有如此紧张和充满热望的时刻，清晨他和父亲一起带着枪去波斯曼斯里维亚的干涸河床去搜索猎物：小岩羚、小羚羊、野兔，还有光秃秃的山坡上那些灰头鹀。"[56] 他们总是清晨就出去打猎。到了下午，他们经常坐着伯伯的斯蒂倍克卡车回来。桑伯是驾驶，父亲坐在副驾驶的座位上，他和罗斯坐在后面。他要负责的是从车上跳出来，打开农庄闸门。有时候，他们会在晚上出去打猎，但他认为，晚上他们靠戴在头上射出耀眼光芒的狩猎灯来捕猎，对猎物来说不公平。在白天的探险中，除了狩猎本身外，他还喜欢他们停下来时的寂静，"一派静穆就像浓云降临，还有在他们周围时时掩映而生的地貌色彩，那些可爱的赭石色、灰色、浅黄褐和橄榄绿"。[57] 他是如此中意这样的景致，他甚至渴望长住在卡鲁：

就没有别的办法可以住在这个干旱草场——这世上他唯一

的归属之处，他想住的地方吗？住在这里不归入那个家庭不行吗？……一个人整个一生都不够用来体验百鸟喷泉这块地方，永远不可能摸透这儿的一草一木。对一个地方付诸如此虔诚的心念去爱它，无论投入多少时间都是不够的。……百鸟喷泉自有其神秘之处，其神秘不在夜晚的阴影之中，而是在炎热的午后，当海市蜃楼在远处地平线上摇曳而现，他耳中便荡漾着空气的吟唱。[58]

每到周五的时候，农庄上会宰杀一只羊给工人们吃。约翰喜欢和罗斯、弗里克一起去挑羊，然后把它带到屠宰棚。屠宰棚在工具棚后面的房子里某个看不到的地方。"弗里克揪住羊腿，罗斯用他那把看上去不起眼的小折刀割断了羊的咽喉，血从喉管里喷出来，羊咳呛起来，踢蹬着腿死命地挣扎，他们两人紧紧地拽住它。直到罗斯从尚带余温的躯体上剥开羊皮时，他还在一旁继续观看，罗斯把羊吊在巴西橡胶树上开膛剖腹，费力地抠出内脏，一样样扔进盆里。"罗斯阉割羔羊和切掉它们尾巴的时候，约翰也会去看。[59]他看着桑的每一个动作，惊叹伯伯对羊的熟悉程度。他喜欢吃肉，也期待吃午饭的铃声响起，"和随之而来的那顿大餐：一盘盘的烤土豆、葡萄干黄米饭、焦糖沙司甜土豆、红糖南瓜和软面包柱子、甜酸豆、甜菜色拉，还有摆在餐桌中间的一大盆美妙的羊肉，上面浇着一层卤汁"。[60]

但是，在看到羊是如何被宰杀之后，回到伍斯特，他开始避开生肉，避开肉店。"有时，当他跻身羊群之中——它们被拢在一起圈进棚里无法闪开"，他在《男孩》中这样写道：

> 他想悄声对它们说，告诫它们危险已在等候。然而，此时此刻，从它们橙黄的眸子里，他看出了某种令人缄默的神色：听天由命，也不妨说对命运的达观，等候它们的不仅是棚屋后面罗斯那双手，还有最终驶往开普敦的货车上载饥载渴的漫长旅程。它们明白一切，乃至所有的细节，因而它们只能屈从。它们计算过代价并准

　　　　　　　　　　　　　　　　　　　　　J.M.库切传

备付出——生存于世的代价，活着的代价。[61]

9月春天来的时候，剪羊毛的工人骑着他们的自行车来了。农庄会宰杀一头肥硕的羯羊来招待他们，然后他们会搬进旧棚里，并从第二天早上开始剪羊毛。约翰经常被动物的动静和厨房里咖啡的香味唤醒。"黎明第一缕亮光出现时，他穿好衣服跑到外面，兴奋得饭也不吃了。分派给他一项活计，管一个盛满豆子的马口铁大杯。剪羊毛工人剪完一只，就把羊毛从后臀那儿啪地捋下来……这时剪羊毛工人便从他的大杯子里抓一粒豆子。"[62]

根据《男孩》的记述，他那个住在斯基博斯克鲁夫的表妹阿格尼斯也待在那里。他们一起观看剪羊毛工人的比赛，看谁是最快的好手。到的第二天晚上，工作都完成，剪羊毛工人根据他们手上的豆子来获得报酬。成捆的羊毛被一辆大卡车运走。"剪羊毛的工人每年来这儿，每年都是这样令人兴奋的一幕，每年都有如此骚动的一刻"：[63]

> 农庄比他们任何人都伟大。农庄从永恒走向永恒。等他们都死了，等到农庄大宅倾圮，就像山坡上的牲畜栏一样，农庄还是农庄。[64]

在约翰知道的所有地方中，百鸟喷泉农庄是他从幼时开始就最喜欢的地方：

> 他爱那儿的每一块石头，每一丛灌木，每一片草叶。他也爱喷泉因之得名的鸟儿们，黄昏时分成千上万的鸟儿们聚集在树下喷泉四周，彼此探问，唧啾私语，梳理着羽毛，将在这里栖息。简直不能想象还有谁会像他这样钟爱这个农庄。[65]

在《男孩》中，小约翰希望他死了以后可以被埋在这个农庄，或者，如果他是被火化的，他的骨灰可以撒在那里。[66]

对农庄的爱恋影响着他的生活，但也产生了阴暗的一面：因为他是杰克和维拉的儿子，而不是桑和希尔维亚的儿子，在农庄将永远不会拥有属于自己的房间：

> 他只想到农庄去，那是在世上他最喜欢的地方，不能想象别处还有什么地方比这更可爱了。……然而，他愈是回顾农庄生活，就愈是感到他的爱已到了痛苦的边缘。他也许可以去农庄做客却永远也不可能生活在那儿。农庄不是他的家；他在那儿永远只是一个客人，一个不自在的客人。[67]

不论是在农庄里，还是待在他喜欢的桑伯伯身边，他都感觉不如在家里自在：

> 桑伯伯一直对他很好，可他知道他并不是真的喜欢自己。他怎么会知道？因为他老在桑伯伯身边，通过桑伯伯那种局促的眼神，通过话音里那种勉强的意味，他能辨识。要是桑伯伯真的喜欢他，对他也会像对待罗斯和弗里克一样，显出很自在很随意的样子。可是，桑伯伯却总是小心翼翼地用英语跟他说话，尽管他以阿非利堪斯语回答他，他也坚持说英语。这成了他们两人之间的一种互敬模式，他们不知道怎么跳出这个框框。[68]

约翰之所以觉得伯伯讨厌他，很可能是因为青春期的羞怯，实际上他是非常喜欢桑伯伯的，而且这种感觉不可能是单方面的。伯伯对他的吸引力在《男孩》中是显而易见的。在该书中，他声称："如果他可以在桑伯伯和父亲之间选择一个做自己的父亲，他宁愿选桑伯伯。"[69]多年后，在1979年8月13日访美期间，他从妻子菲利帕处得知桑去世的消息，他给桑的遗孀希尔维亚写了一封信：[70]

这个消息让我震惊。尽管我知道他一直在住院，但是我不知道他的病情已经这么严重了。

我知道你和孩子，乃至整个家庭，都十分伤心。尽管历经辗转很久才得知这一消息，我还是非常地伤心。桑伯伯是这个世界上最优秀、最善良、最慷慨的人之一。每个人都是这样认为的。我们住在利乌哈姆卡区时[71]，我就知道那里每个认识他的人都喜欢并尊重他。他似乎没有任何敌人。我很抱歉未能参加上周举行的葬礼。但我的心与您，与杰拉尔德和瓦尔玛在一起。

在百鸟喷泉农庄，约翰认识了来自斯基博斯克鲁夫的表妹阿格尼斯。他们经常一起赤脚漫步在草原上。他们关系很亲密，但"他还不明白阿格尼斯在他生活中所占据的位置"。[72]与她谈话的时候，他要比与任何其他人交流时都更坦率。他为她的外表所吸引，同时也欣赏她对一些大是大非问题的看法：

和她在一起，感觉和学校里的同伴在一起不一样。她那么柔顺，那么乐意倾听，使他喜欢和她在一起；还有她那双棕色的细腿，她光着脚，从一块石头蹦到另一块石头上那种舞蹈似的跳跃。他很聪明，他是他们班上顶尖的学生；据说她也很聪明。他们一边游逛一边闲聊的话题要是让大人们听见，准会把脑袋都摇落：宇宙有没有起始；冥王星以外还有什么；黑暗的行星；上帝住在什么地方，如果他存在的话。

为什么他跟阿格尼斯说话能够那么轻松？因为她是女孩子吗？不管他有什么事情，她似乎总是毫无保留地柔顺而欣然地给予回应。她是处于第一序列的表亲，所以他们不能相爱和结婚。即是这样倒也释然了：他可以自由自在地跟她交朋友。对她敞开心怀。可他是不是爱上了她呢？而这种爱——这种磊落、慷慨之爱，最终能够得到理解的感情，没有什么需要伪装的必要吧？[73]

约翰从表妹那里首次进入亲密的、女性的、感性美的和带有亲人间关爱的世界，这对于他既是一种束缚也是一种解放。一方面社会习俗禁止近亲联姻，另一方面阿格尼斯能够随时跟得上并回应约翰的智力探索，这两方面形成一种平衡，使年轻的约翰能够放松。《男孩》中的这段话已经预示了"爱情以及男女关系，性和美丽"这些内容，将成为库切小说的一个复杂主题，始终充满疑难和隐患，始终需要修订和重审。

四

1949年，库切全家搬到了伍斯特，这是约翰第一次接触以阿非利堪斯语为主要语言的社区。在学校的操场上、街道上，他遇到说着不同类型阿非利堪斯语的人，其中也包括学校男孩子们所说的一些污言秽语。搬到伍斯特之前，他在学校放假期间，在百鸟喷泉农庄向黑人男孩以及英语说不流利的堂兄妹学了一些阿非利堪斯语。堂兄妹中有两个人：阿格尼斯和丽奈特，她们的英语水平保持了库切家族父辈那一代的高水平。她们说的阿非利堪斯语里充斥着英文单词，是两种语言的混合体，"比起学校里学的阿非利堪斯语，这才是思维的载体，这才像是人说的话，语言本该是从Volksmond —— 人们嘴里冒出来的活生生的东西，在学校里却被弄得烦琐不堪，好像只能从"大迁徙"事件中引申出来，显得沉闷单调、荒谬可笑，整个儿成了大车、牲口和马具的行话切口"。[74]

少年约翰发现，当他说阿非利堪斯语的时候，他就变成了另一个人，因为阿非利堪斯语含有一种令人着迷的简练。[75]虽然他有一个阿非利堪斯语的姓，但他不觉得自己是一个阿非利堪人，因为他会说的阿非利堪斯语很少，也不成体系，除了阿非利堪斯语中的污言秽语以外，还有很多他还没能掌握的内容。[76]他不喜欢堂兄弟说话谄媚的方式，总是重复"妈妈"或"爸爸"这样的词语，而不使用代词，比如，他们会说："妈妈应该在妈妈的膝盖上盖上毯子。"另外，出于"文明"的需要，用阿非利堪斯语说话时总要互问安康。对这样的说话方式，他有时显得很不耐烦，这让亲戚觉得他很不礼貌、不合群而且怪异。

在学校的历史课中，他对历史人物中的好人、不那么好的人和彻头彻尾的坏人的定义持怀疑态度：

> 当然，在历史考试中，他给出了正确答案——这给他内心带来满足。但他还是不懂，为什么简·范瑞贝克和西蒙·范德斯泰尔那么好，查尔斯·萨默塞特勋爵那么坏。不用说，他也不喜欢"牛车大迁徙"的领导人，也许皮埃特·雷蒂夫除外，他在土人的栅栏外面解下了枪，却被丁冈设局谋害了。至于安德里斯·比勒陀利乌斯和盖里特·马里茨，还有其他这类人物，听上去就像是一些高中教师和电台里的阿非利堪斯语播音员：没完没了地谈论着上帝，话语里带着愤懑和执拗，充满了威胁。[77]

他鄙视那些驯服的、毫无批判精神的南非少年，他们聚集到学校的礼堂里听牧师来讲宗教和爱国主义。此类内容可以从《铁器时代》中卡伦太太对儿时的回忆中看到：

> 这真是一个生不逢时的时代，可鄙又可怕的、横空出世的时代？不是吗，除了那个花岗岩时代，还有什么时代能够娩出这个铁器时代？难道我们不曾有过野蛮人？一代又一代的Voortrekkers（阿非利堪斯语，开拓者），板着阴沉的面孔，双唇紧闭的阿非利堪儿童，大步行进着，唱着他们的爱国颂歌，向着他们的旗帜致敬，发誓要为他们父辈的土地战斗至死，不是吗？ Ons sal lewe, ons sal sterwe（阿非利堪斯语，我们要活，我们只有死路一条）。那些白人至上的狂热分子不是仍然逮住那些还不能自己系鞋带的幼童，鼓吹服从和效忠那个垂死的政体，替那个充斥铁腕手段的旧制度去牺牲自己？自始至终，这真是一个噩梦啊！这是日内瓦精神在非洲的狂

欢。加尔文,身着黑色长袍,一副冷血模样,永远冷冰冰的,在阴间揩拭着自己的双手,露出那寒若冰霜的微笑。[78]

他认为南非是一个没有英雄的国家。要是说有英雄,也就是18世纪的沃尔拉德·沃尔特迈德(Wolraad Woltemade)了。[79]在塔波莱博湾,他英勇地跳入惊涛骇浪之中救出很多水手,只可惜最后他和马都葬身大海。如果说还有,那南非的另一个英雄是维克·托威尔(Vic Toweel)。1950年5月31日,23岁的维克·托威尔在约翰内斯堡大战美国人曼努埃尔·奥尔蒂茨(Manuel Ortiz),以大比分赢得世界最轻量级摔跤冠军。[80]根据《男孩》记述的内容,约翰与父亲从广播里收听比赛的解说:

> 打到最后一轮,浑身是血早已筋疲力尽的托威尔猛然向对手扑去。奥尔蒂茨一个趔趄,观众就像疯了似的一片惊叫,解说员的声音都喊哑了。裁判宣布最后的结果:南非的维克·托威尔成了新的世界冠军。他和父亲欢呼雀跃,相拥而抱。他不知怎么表达自己的欣喜才好。突然,他不由自主地揪住父亲的头发,使劲地拽扯。父亲惊愕地缩回脑袋,用异样的眼神看着他。[81]

无论在学校做了什么,约翰从不告诉他的母亲。[82]不论想要什么,或喜欢什么,他都把那变成一个秘密。这样做的部分原因,是想反抗母亲对他和弟弟那盲目又自我牺牲的爱。[83]这种爱让他将自己封闭起来,将母亲关在外面:"他开始思索自己是不是只能躲在地洞里过日子,成了那种只留一个通气孔的蜘蛛人。蜘蛛总是要逃回洞里,蛰居在通气孔后面,远离这个世界。"[84]他也开始意识到他家所缺少的东西。与学校其他的男孩子不同的是,他和弟弟大卫从来没挨过父母打。[85]另外,他和弟弟每天都会穿鞋子,而他们的大部分同学是赤脚的。[86]与伍斯特儿童的另一个不同是,他们从不去教堂,他们对父母会直呼其名,称呼维拉时,他们甚至会用爱称"丁妮"。[87]对于这样的称呼,在百鸟喷泉农庄的亲戚会表示惊讶，他们不太相信维拉离经叛道的教育方法。对于约翰来说，他的父亲似乎是很奇怪的。他是一名律师，曾在战争中当过兵，是开普敦橄榄球队的队员。在伍斯特，他打板球，打投球手的位置，而不是击球手。但这里存在着一个问题：

> 各处看过来，却又不无尴尬。作为律师他早已歇业；他参过军却只混到一个准下士；他打过橄榄球，只能在加登二队混事，加登那个队是个笑柄，在大联盟挑战杯赛中总是垫底。至于现在板球玩得如何，也只是待在伍斯特二队，那是一支不堪一击的烂队。[88]

一次，他家门开着，一个同学走进来发现约翰仰面躺在椅子下。问他在做什么，约翰回答说："思考。我喜欢思考。"

> 很快班上的每个人都知道了：这新来的男孩是个怪人，不太正常。从那以后，他学得更谨慎了。而谨慎的要则之一，就是多一句不如少一句。[89]

因为在他自己的家里没有宗教信仰，到了学校，当被问及信仰什么宗教时，约翰就回答说是罗马天主教。[90]这使得他又成了局外人，因为他所在社区大多数男孩的父母都信仰荷兰归正教，认为宗教是非常重要的。他没有告诉同学的是：比起美国人，他更喜欢苏联人。他读过父亲的一套三卷本的第二次世界大战史，看过其中的照片，了解苏联人，喜欢苏联士兵所穿的白色滑雪制服。与其他同学不同，他敬仰苏联的一切，这其中甚至包括"充满父亲般威严的斯大林元帅，他是世界上最具远见卓识的最伟大的军事家"。[91]

在伍斯特的上学的三年间，约翰从一个瘦弱的小男孩长成了一个身材修长、热爱运动、很有吸引力的少年。少年库切每天早晨骑着他搬家前在罗斯班克买的自行车上学。[92]正是因为这辆自行车，特别是因为他每日骑自行车上学，让他开始喜欢自行车这项运动。库切每年都会参加自行车比赛，有时出国旅游，他也会与朋友或女儿骑自行车长途游览。他在作品里写道：

> 没有什么比骑车顺着弯道一路冲上冲下更爽的事儿了。……从聚会公园到铁路道口是半英里，然后沿着铁路线在静谧的小路上再骑上一英里。夏季的早晨是最美的。沿途沟渠里流水潺潺，蓝桉树丛里传来鸽子的咕咕叫声；眼下这个时节的温暖湿气旋照例预示着晚些时候将刮起大风，刮风前会扬起阵阵红土。[93]

他和母亲一起去购置童子军制服——毛毡帽和别在帽子上的徽章、短裤、长袜、皮带，还有绿色的肩章和长绶带。他参加童子军聚会，进行考核，出去露营。在露营过程中，尽管他不会，但也要在布里代河中游泳。他几乎被淹死，而这一经历让他认为自己的生命是老天再次给予的。[94] 他一直热爱的运动是板球。《男孩》描述了他的这种着迷。当他第一次拿着球板，独自在场地上与对手对峙，他意识到，没有人保护他，大家都是他的对手，并密谋不让他愉悦地击球得分：

> 板球不是游戏。它是生活的真实。如果是真的，确如书上所说，是对品格的测试，那么在他看来，这是一种无法通过的测试，却也不知如何躲过这一遭。在三柱门边，他别处竭力掩饰的秘密被无情地暴露出来了："让我们瞧瞧你有多大能耐吧。"那球朝他凌空旋来时悄悄地打个招呼。他手忙脚乱地朝前挥动球拍，不是早了就是迟了。球越过球板，越过护垫，穿过去了。他被杀出，他在测试中失败了，毫无办法，只能掩面而叹，藏起泪水，疲惫地走回充满同情的学童队伍中，人群里发出礼貌而有节制的欢呼。[95]

约翰有时会在家的后院投掷板球，但他大部分的精力都用于收藏邮票、小锡兵和各种卡片，比如澳大利亚板球队员的，英格兰足球队员的，还有世上林林总总的汽车卡片。为了收集那些卡片，他成盒地购买香烟糖，那种裹着酥皮的牛轧糖，做成卷烟模样，还带着粉红色的滤嘴。他还会花上几个小时玩他的麦卡诺建模玩具。[96] 他一次生日，父母给他十先令带几个朋友去环球咖啡厅吃香蕉船和巧克力软糖圣代。生日过得有些扫兴，因为期间有一些衣衫褴褛的黑人孩童，从窗户看着他们享受美味的冰淇淋。他同情这些孩子，感叹他们没有同样的机会：

> 在那些孩子脸上，并没有看出一丝嫉恨的目光，本来他倒是有那种心理准备，他和自己的同伴大把撒钱之际，人家正是一文不名。相反，他们却像是进了马戏场的孩子，看人胡吃海喝，尽情享受，眼睛里什么也没放过。[97]

每周六他都去电影院看电影，即使电影的情节已经不像在开普敦时那样吸引他了。他不明白为什么埃洛·弗林（Errol Flynn）被认为是一个好演员，其实他演的每一个角色看起来都是一样的。他发现自己很难相信泰山了，因为每次演泰山的人都是不同的演员。他经常听收音机。儿童乐园的节目已经不适合他了，他喜欢听每天五点钟的《超人》和接下来五点半的《魔术师曼德莱克》。他最喜欢的故事是保罗·加里克（Paul Gallico）写的《雪雁》。电台里广播的《金银岛》是一个戏剧版本，而他自己有《金银岛》的书，但他更喜欢的是作家约翰·大卫·怀斯（Johann David Wyss）的《瑞士家庭鲁滨逊》（The Swiss Family Robinson）。该书讲的是一个家庭在去澳大利亚途中的东印度群岛遭遇船只失事的故事。约翰有的这个版本非常漂亮，还带彩色插图。他特别喜欢那张树下托架上搁着船的图片，船是那家人用海滩上抢救出来的工具自己建造的，这艘船把他们和所有的动物一起带回了家，就像诺亚方舟一样。让他迷惑不解的只有一件事，他们在岛上生活得安适而幸福，为什么最终还是要离开？"[98]

约翰发现，在伍斯特，风整天不停地吹着。他母亲不得不买一台吸尘器，才能保持地板无灰尘。那里还有很多蚂蚁、苍蝇和跳蚤。虽然他健康而又充满活力，但总是感冒。他经常会在早上醒来的时候发现自己喉咙痛，喷嚏打个不停，于是他只得待在床上。父亲认为他是在装病，但母亲会让他待在家里，不去上学。待在床上的一天是很好的阅读机会。他读得很快，有时他的母亲不得不一周去图书馆为他借两次书：两本用她自己的名字借，另两本用约翰的名字借。他读了所有伊妮德·布莱顿（Enid Blyton）的神秘冒险系列，所有的"哈迪男孩"系列以及所有的"比格斯"系列。他喜欢P.C.雷恩（P.C. Wren）所写的法国外籍军团的故事。当父亲问他，谁是世界上最伟大的作家，他说是P.C.雷恩。当杰克说应该是莎士比亚时，约翰认为，如果他的父亲喜欢莎士比亚，那莎士比亚一定是一个不好的作家。不过，他还是开始读那些书页泛黄的莎士比亚作品，试着弄清楚人们为什么对他如此赞誉有加。他读《泰特斯·安德洛尼克斯》（*Titus Andronicus*）和《科利奥兰纳斯》（*Coriolanus*），是因为他喜欢这两个罗马名字，但是遇到那些冗长的独白，他就跳过去，就像读图书馆借来的那些书时，他会跳过景物描述的段落一样。[99]

他的父亲有华兹华斯和济慈的诗集，他的母亲有一个本鲁珀特·布鲁克（Rupert Brooke）的书。这些书籍放在他家的壁炉上，和莎士比亚的书、皮面的《圣迈克尔的故事》（*The Story of San Michele*）和A.J.克罗宁（A.J. Cronin）的《乡村医生》（*Country Doctor*）放在一起。《乡村医生》讲的是在一个虚构的小镇里，一位叫芬利的苏格兰医生的行医故事。他两次试着阅读瑞典作家阿克塞尔·蒙特（Axel Munthe）所写的《圣迈克尔的故事》，但是觉得很无聊，读不下去。他的父亲试图让他读华兹华斯的诗，但他很不礼貌地拒绝了，父亲也就放弃尝试。他怀疑他父亲所谓的诗歌兴趣，纯粹是假装的。他相信母亲讲过的故事，比如她不得不隐藏在阁楼里读她的诗歌，以免被她的姐妹们戏弄；但他不相信父亲小的时候真正读过什么诗歌，因为在日常生活中他也就读些报纸什么的。有时，他连报纸都不读，就直接跳过去做填字游戏。他的母亲非常欣赏莎士比亚，认为他写的《麦克白》是最伟大的戏剧。令他费解的是，尽管母亲不能帮助他完成四年级的作业，但是她英语是无可挑剔的，特别是写作。[100]

除了《瑞士家庭鲁滨逊》，约翰还有一本雷金纳德·庞德（Reginald Pound）的《南极的司各特》（*Scott of the Antarctic*），讲述的是这位探险家1912年1月17日到达南极的经历，但是后来发现挪威罗尔德·阿蒙森（Roald Amundsen）的探险要比司各特更早。在回来的路上，因为饥饿、疲劳和寒冬，司各特和四个队友都去世了。约翰还浏览了多卷本的由亚瑟·米主编的《少儿百科全书》，特别是其中的索引部分，里面包含了许多信息。他发现书中的图片非常美丽，尤其是大理石雕塑的照片："平滑而苗条的大理石姑娘铺展了他的情色绮梦。"[101] 在百鸟喷泉农庄，他着迷于阿格尼斯的美丽；而在伍斯特，他发现学校的一些男生，特别是一些南非男孩，修长的古铜色大腿穿着紧身短裤，非常有吸引力：

> 美和欲念：那些男孩的腿在他心里唤起的知觉也困扰着他，那是茫然的、实实在在而又难以言诉的情愫。除了贪婪地注视着这些腿还能做什么？……
>
> 那些使他显出自己独特性的一切秘密中，这也许是最糟糕的一项。在所有的男孩里边，唯独是他滑入了这种阴暗的色欲倾向；在那些天真无邪、身心健全的男孩中，他是唯一有欲念的一个。[102]

尽管伍斯特处于乡间，但是通过阅读及其影响，约翰的知识面有了很大的扩展，所以他到了新学校，学业也一直像在罗斯班克时一样优异。起初，搬家似乎对他产生了不利影响。从1949年最初的两份成绩单中可以看出，虽然老师对他的学习成绩相当满意，并认为他是一个彬彬有礼的学生，但他已经不再保持一贯的第一名了。在1949年的最后一份报告中，他的成绩升到第五名，但是从1950年起，他又开始保持全班第一名的成绩，除了其中有一次，他因为流感缺席十五天，成绩回落到第二名。他的绩点始终保持在89％以上。他的作业一直被评价为令人非常满意的。他的班主任G.古斯（G. Gouws）先生在1951年3月的一份报告中指出："他是一个讨人喜欢，并有上进心的男孩。"

12岁的约翰已经开始认识到，他的家人和部分亲属不是"寻常"的人。比如，他意识到库切家会混合使用语言。与他们的父母不同，他的大多数堂兄弟姐妹都说纯正的阿非利堪斯语，加上一点点英语，而阿格尼斯则像老一代一样讲英语和阿非利堪斯语的混合语。叔伯娘婶在农庄年度聚会上说的阿非利堪斯语，与他在伍斯特所听到的不一样。库切在接受记者采访时说："我的背景是非常混杂的。我记得我父亲家的任何人，说的每句阿非利堪斯语里都有英语单词，而说英语句子时也会夹杂阿非利堪斯语的词汇。"[103]

与同学的父母不同，库切父辈那代人是没有任何狂热民族主义倾向的南非白人。库切家是典型的1948年以前的南非白人。1948年后，随着民族主义的泛滥，南非白人的身份带上了政治和意识形态的内容。像他的父母这样的人被诬蔑为叛徒。库切是一个南非白人的孩子，在南非白人民族主义猖獗，一个接着一个的歧视法案颁布的时候，他所上的是一所讲英语的学校。那时甚至有人说要通过立法，阻止有南非背景的孩子进入英语学校，但是这一法案没有真正实施。12岁的约翰已经强烈地感到自己处于社会的边缘。[104] 他在2008年写道："1948年，我们搬到伍斯特市的时候，做一个南非人是一个政治热点问题。我是一个既不足够英国化，也不足够南非化的人，所以我被深深地卷入了那时的文化战争。"[105]

约翰的这种疏离感部分源自他父母杰克和维拉的文化背景。在他们两个成长的时代，阿非利堪斯语被鄙视地称为厨房的语言，教育用语应该是英语。尽管杰克的英语有很重的南非口音，但是他的英语水平仍然很高。他的阿非利堪斯语词汇量有限。他每天都能填完《开普敦时报》上的纵横字谜，虽然时不时地要求助于《袖珍牛津词典》。[106] 约翰怀疑他父亲是否有本事做阿非利堪斯语的字谜。约翰从来没有见过他读阿非利堪斯语的书籍，但他却知道一定数量"高雅"的英语文学名著，比如莎士比亚和华兹华斯的作品，甚至可以从他们的作品中引用一些句子。他母亲的英语要比他父亲的好很多。虽然她所受的教育有限，只上过一年的大学，[107] 但她对英语语法的掌握近乎完美。她说阿非利堪斯语的音调很好听，尽管像他父亲一样，她的词汇量有限，也从来没有读过阿非利堪斯语的书籍。

因此，约翰·库切从很小的时候起就知道自己的双重起源，并同时使用英语和阿非利堪斯语。他在人生的不同阶段，在不同的小说中，对此都有了不同的反映。2008年，回忆儿时经历时，他感激父母和在伍斯特的老师教给他的良好英语：

> 我的很多小学老师也都具有类似的背景，他们以及我所阅读的英文书籍让我学到了什么是好的英语。我在伍斯特五年级的老师古斯先生所教给我的英语语法，其复杂性远远超出了现在大学生的水平。然而，古斯先生在家里说的是阿非利堪斯语，他也没有什么大学学位。我父亲那一边，我的堂兄弟姐妹，大多数从文化上说属于南非白人。我母亲那一边，我的表兄弟姐妹都毫无例外地属于"英国人"。在我12岁搬到城市里之前，我的社会交往圈子主要是在亲戚之间而不是朋友之间（这种模式，已经不复存在）。[108]

1992年在接受大卫·阿特维尔采访时，他充满温情地回忆了自己少年时的美好经历：

> 随着我长大，我发现自己的童年似乎也更令人着迷、令人感到神奇。也许大多数人都这么看待儿时的自我，总是越发觉得自己曾处在天真世界的中心处。喜欢我们曾经的样子是一件很好的事情，我任何时候都不想否定这一点。孩子是成人之父，所以我们不应该太苛求儿时的自我，我们应该宽容地对待他们，是他们带我们上

路，使我们成为现在的我们。尽管如此，我们不能沉溺于舒适的过去。我们必须明白那个忙碌于旅行之中、追求着荣耀的少年所没有看到的东西。我们，或至少说我们中的大多数，都应该用苛刻的眼光去观察什么让欢乐和童真成为可能。我觉得，如果可能的话，我们要宽容，同时也要果敢。首先是果敢，然后是宽容。[109]

<h1 align="center">五</h1>

库切家在1951年底搬回开普敦。作为会计师的杰克·库切知道，他老板的生意处于低潮，所以他在该公司的前景并不好。因此，他试图重新进入律师行业。

在向好望角律师协会提交的文件中，他写道，他在1946年2月20日退伍，然后在开普敦担任房屋出租总监。1948年12月，他辞职后到伍斯特标准包装与罐装公司工作。他的申请附带两封推荐信证明自己的勤奋、诚实、冷静，以及"机智地与市民交流的能力与技巧"。

由于早期产生的所有债务都已解除，他的客户也没有蒙受任何损失，所以律师协会接受了他的申请。他于1950年3月13日重新成为注册律师。[110] 杰克·库切可能首先要赚到钱，才能开设他的事务所。库切全家在1951年底搬到开普敦，这使约翰和大卫可以从新学年的第一学期开始在开普敦上学。

第3章
圣约瑟夫圣母学校

（1952—1956）

一

杰克·库切于1951年12月离开伍斯特返回开普敦从事律师行业。他在开普敦为家人租了房子并开设了办事处，开始营业。维拉留在伍斯特收拾家里的东西，并以便宜的价格请搬家公司搬家。[1]

杰克在开普敦普拉姆斯戴德区租的房子是每个月25英镑，在伍斯特他们的房租是每个月12英镑。普拉姆斯戴德区位于开普敦南部郊区，面对着福尔斯湾，比东部的奥特里区繁荣一些，但比西边的康斯塔尼亚区档次略低。房子位于普拉姆斯戴德区外围的伊夫里蒙德路，和伍斯特居住的区一样是个新区，那里所有的房子都是新建的，带着观景窗和镶拼地板。[2]路的另一侧尚未建房屋，有一些无业游民和流浪汉在那里酗酒。据说，在那个地方曾经发现一个纸袋子里装着一个死婴。后来，他们全家搬到了与伊夫里蒙德路平行的米尔福德路。[3]最后，他们搬到了隆德伯西的营地路，这个区域很抢手，靠近市中心和杰克在古德伍德的事务所。

在普拉姆斯戴德这种城市环境下，约翰发现他不能像在伍斯特那样自由自在地骑自行车了。他对集邮和麦卡诺建模玩具也已经失去了兴趣，但是他对板球的激情未减，总是不停地在自家门廊的前面打球，使得邻居不得不找他母亲来抱怨。[4]在隆德伯西，约翰成为一个很不错的摄影师，他弄到了一个小型照相机，坚定地认为可以用它来从事间谍活动。他将一个空余的房间转换成一个暗室来冲印照片。[5]他过去在罗斯班克的同学——尼克·斯泰撒基斯再一次进入了他的生活。多年以后，斯泰撒基斯还记得，他们两个如何在课间秘密拍摄老师和同学，以及他们曾经如何在暗室里长时间地试验，结果电线交流电的火光差点让他们成为盲人。[6]约翰对摄影的兴趣保持了多年。就读于开普敦大学时，他获得了一架质量更好的照相机，而这架照相机，他后来用了很多年。在他2006年所发表的小说《慢人》(*Slow Man*)中，主人公保罗·雷蒙特(Paul Rayment)，也是一个技艺精湛的摄影师，收藏了很多非常有价值的照片。他觉得照片比词汇更可信，因为照片一旦离开了暗室，就固定住了，不可改变：

> 照相机，具有接收光线并且把它变成物质的魔力，在他看来它永远是那么玄妙，莫测高深，而不仅仅是一个机器设备。他最初的实际工作是一名暗房技师；他的最大乐趣永远是在暗房里工作。当那模糊的形象在液体表面下出现的时候，当相纸上黑暗的纹理开始交织在一起并变得清晰可见时，有时候他会体验到一阵狂喜的微颤，好像他亲临了创世记的日子。[7]

1952年全家搬到开普敦的时候，约翰还不到12岁，他应该上六年级。本来六年级一直是小学的一部分，但就是在那一年被转到中学部。幸好有维拉在教育部工作的兄弟兰斯，维拉和约翰得到了去隆德伯西男子中学参加面试的机会。尽管他在伍斯特的成绩很好，但是他并没有被该高中录取。然后他又被列入了另外两所学校的候补名单上，但也都没有成功。[8]最后，他只能上圣约瑟夫圣母学校，这是一所与罗马天主教相关的私立中学：

> 圣约瑟夫学校的地位，如果不是最低的，也只不过比最低的稍好些。由于没能让他进一个更好些的学校，母亲感到很痛苦……真正的英国人不会出入圣约瑟夫这样的学校。但在朗德博什街上，在上学放学的路上，他每天都能看见英国人，可以羡慕地观察他们笔直的金黄头发和发亮的肌肤，欣赏他们宽窄合体的衣着，还有他们镇定自若的风度。[9]

这段话可能是作者有意将《男孩》中的约翰边缘化。现在和当时一样，隆德伯西男子中学仍然是一所大家挤破头都想上的公办学校，主教学校也是隆德伯西一所收费比较昂贵的私立学校。在那里的学生除了能够获得良好的教育以外，还能享受其他各种优势，与英国孩子上的政府公立学校不相上下。而圣约瑟夫连个二流学校都算不上，那里的教师在当时情形之下只能尽他们最大的努力，尽可能给学生提供最好的教育。

圣约瑟夫的大多数教师都是马利亚修道会会员，男士们穿的"黑色法袍和白袜子"让约翰觉得很神秘。[10]该中学是南非建立的第五所圣母天主教学校，于1918年在隆德伯西贝尔蒙特公园建立。它更早的历史可追溯至18世纪早期的一个农场。1909年，在这个地方，德兰士瓦的总理路易斯·博塔（Louis Botha）和殖民地秘书长J.C.斯穆茨开始酝酿成立南非联邦，并在1910年实现了这一构想。

约翰上学的时候，圣约瑟夫是一所男校，所收的学生来自南非国境内外。虽然该校的目的是招收来自罗马天主教家庭的孩子，但从一开始，它就同时收纳其他宗教和文化背景的学生。[11] 20世纪50年代的南非，学校里按照法律实行着种族隔离，但约翰后来还记得，在他就读的这所"白人"学校也有过一个或两个来自西南非洲（现今的纳米比亚）信仰天主教的黑人男生。然而，因为政府的禁止，招收他们并不是出于学校的官方政策。这些男孩被悄悄地注册入学，校方只是睁一只眼闭一只眼，装作看不见。[12]

起初住在普拉姆斯戴德时，约翰需要先步行半个小时从他们家所在的伊夫里蒙德路走到火车站，然后坐15分钟的火车到隆德伯西站，之后再步行5分钟到学校。为了确保上学不迟到，他必须在上午7点半离家，以保证在8点半之前到校。[13]等搬到了隆德伯西的营地路，他家和学校就一步之遥，这使得他能够参加更多的校外活动。因为圣约瑟夫的很多老师都是外籍教师，信奉罗马天主教，所以这所学校在很多方面像一座孤岛，对南非的时局很漠然。不过，曾经也有一位老师组织学生坐车去参加1952年的范瑞贝克节，那是庆祝荷兰殖民者来到南非三百年的大型纪念活动，举办地点是当时比较空旷的佛瑟尔。约翰后来这样回忆那充满民族主义热情和宗教辞藻的一天：

> 他被塞进一辆挤满了学生的公共汽车里，拉到阿德利街，在那儿发给他们橙白蓝三色的纸旗，告诉他们在彩车队列经过的时候挥舞旗子（里贝克和他穿着素净的自由民服装的妻子；带着火枪的移民先驱；克留格尔）。三百年的历史，三百年在非洲大陆一端的基督教文明，政治家们在他们的演讲中说：让我们把感谢奉献给上帝。[14]

在学校里，约翰是一个非常投入的运动员。但是，因为他在这所学校第一年时就跳过级，比其他的同学要小，所以比赛时，他的年龄甚至要比其他队友小两岁。虽然他对橄榄球不是太感兴趣，但还是参加了学校年龄13岁以下的球队，结果发现，圣约瑟夫与其他学校比赛时总是输。通过投入的练习，他逐渐成为技艺高超的板球运动员，在中学毕业前，他成为校一队的成员。[15]2001年，他在为企鹅出版社引进和出版的罗伯特·穆齐尔的小说《青年莱尔特斯的自白》（*The Confusions of Young Torless*）写图书介绍时，他的话让人不禁产生联想，这也是库切在圣约瑟夫的日子："在学校他年龄和个子都比同班同学小，但他勤于锻炼，这使他一生都保持强悍体质。"[16]1953年，七年级的约翰通过翔实的资料调查为圣约瑟夫学校年刊写了一篇文章，题目是《板球的悠久历史》。该文的一个特点就是用词精练，这也逐渐形成他的散文体写作特点。文章这样开篇：

> 板球比赛建立在已知的最早的游戏类型——拍和球的游戏基础之上。从人们开始在闲暇时间玩游戏时起，就玩这种游戏，早先是用树枝或树棍击打石头或其他的物体。现在这种简单的游戏已经发展成一个非常科学的游戏，有无数的"粉丝"，有人只观看比赛，有人则是要一试身手。[17]

因为约翰的年龄比他的同年级同学小，这阻碍了他的社会交往。每当遇到了什么问题，不论是身体上的，还是智力方面的，他都本能地将情绪藏起来。他总是一个局外人，不会与他的同学一起玩，或分享游戏的乐趣。在学校的1956年年报中，每一个毕业生被要求用一个简单的词组来总结自己，约翰的总结是"我拒绝摇滚乐"。除了因为内向而经历的社会边缘化以外，约翰也经历了因为库切家族支持统一党立场所带来的政治边缘化，尽管在圣约瑟夫人们并不那么关注政治。含蓄的性格并没有减弱青年库切对弱势同伴的同情。2008年尼克·斯泰撒基斯曾这样回忆库切对其他人，特别是弱势群体的深刻同情：

> 我记得一个很小的例子。在50年代的开普敦，从市郊开往半岛的火车停靠时，白人上车的区域在站台的中心处，而非白人等车的区域在站台的末端。记得那时仍是中学生的约翰曾经告诉我说，他见过的最悲惨的事情之一就是看着一个身材肥硕的黑人女性提着许多的购物袋，汗流浃背地往非白人区跑，踉跄地赶车，而那时火车发车的哨声已经吹响。在任何正常的国家，她完全可以从第一节车厢上车，然后穿过车厢到自己的座位，在这里却是完全不可以的。[18]

约翰在百鸟喷泉农庄已经初步接触了表妹阿格尼斯，在伍斯特的学校也领略到了南非男孩那穿着紧身短裤、黝黑长腿的矫健，约翰开始了青春期的性觉醒。在圣约瑟夫，他被看作是一个无性的瘪三[19]——这种判断是不公正的，因为在《男孩》中，可以很明确地看到很多例子，证明他对人体美的兴趣，以及性欲在他生活中的角色。他母亲的抽屉底下放着一本书，书名是《理想婚姻》，里面有许多性器官的图片。当他将书拿到学校给他的朋友看时，引起了震动，但约翰的反应却是相当冷静的，认为"男人性器官插入阴道的图片看着像是一根灌肠"。[20]

他与西奥·斯塔福罗波洛斯（Theo Stavropoulos）成为好朋友，[21]而这个希腊男孩被公认为是同性恋者，但约翰拒绝相信这一谣言。他为西奥的外表所吸引："他喜欢西奥的样子，喜欢他光洁的皮肤、红润的脸色和无可挑剔的发式，还有他文雅的着装。他即便穿那种带有傻不拉叽直条纹的校服也显得挺好看。"[22]西奥的父亲很有钱，有一个工厂。西奥和他的兄们早上上学坐的是一辆蓝色的别克车，开车的司机穿着黑色的制服。约翰曾被邀请到他们家做客，对他们家膳食的丰富大吃一惊。他只是与西奥的父亲打了一个照面，与西奥的母亲是正式地见过了。西奥还有一个姐姐，可这个姐姐太漂亮了，受过昂贵的教育，嫁了个好人家，所以不可能经常被西奥的朋友见到。[23]

约翰似乎要不惜一切代价，保持名列前茅，这样他就不会显得比其他同学小了。但是在圣约瑟夫，有生以来，他第一次遇到了一个强大的对手：奥利弗·马特（Oliver Matter）。在这个瑞士男孩来到圣约瑟夫之前，约翰一直被认为是班级里最聪明的学生。但是之后，他们就要轮流来当各种测试的第一名。后来，奥利弗便不来上学，又过了一个月，加布里埃尔老师告诉大家，奥利弗因白血病住院，所以每个人都应该为他祈祷。最后，奥利弗死在医院里。1953年的圣约瑟夫校刊中这样写道："马特8月13日突然辞世，我们对此深感遗憾。他1949年来到我校学习，是一个恬静、友善、非常受大家欢迎的男孩。他在课堂上的表现和在学校的综合记录都非常优秀。他的老师和同学都很敬仰他的优秀品质。作为一名学生，他表现出非凡的学习能力，曾经在去年12月举行的全南非圣母学校六年级统考中，分别获得一个第一和两个第二的好成绩。"在《男孩》中，第三人称的主人公是这样反应的："竞争的恐惧消除了。他总算透过气来了。但往日那种回到第一名的愉悦却没有了。"[24]到了1997年，已经成年的作家约翰能够诚实地看待自己儿时这种不是很好的野心，以及自己真实的情感或心智的缺乏。

因为多种原因，在圣约瑟夫上学期间，约翰不再去家庭农庄度暑假，而这个地方曾被他认为是"他的初始地"[25]。青春期的他是在天主教学校上学的新教徒，与希腊和犹太教同学为友，而四周弥漫的是全国性的民族主义氛围。他在《双重视角》(Doubling the Point，1992)中这样写道："所有这一切，都让他深刻认识到自己处于某一文化之外，而在这一历史时刻，该文化还在不断强化其核心文化的地位。"[26]约翰·库切越来越确信自己是一个局外人，与周围的世界没有任何联系。

二

在伍斯特，约翰说自己是一个罗马天主教教徒，而当他身处这所罗马天主教学校时，他发现自己成了一个来自非宗教的、名义上的新教徒家庭的学生。老师们睡在校区的侧翼，每天凌晨四点起床祈祷之后，坐下来吃一顿简陋的早餐。他们中很少有将英语作为母语的，英语教学则由一位非天主教徒负责，他的名字是特伦斯·威兰(Terence Whelan)，一个讨厌英国人的爱尔兰人："他本来该给他们讲《路加福音》的。可是学生们听到的却是一遍又一遍地讲述帕内尔作品，讲述罗杰·凯斯门特的事迹，还有英国人的背信弃义。"[27]威兰总是给他们定一些枯燥的题目写作，约翰想装作有兴趣都难。威兰教授莎士比亚《恺撒大帝》的方法是给男生分配各种角色，然后让他们在课堂上朗读。

奥古斯丁修士(Brother Augustine)[28]，通常被学生称作格西(Gussie）。在约翰低年级时，奥古斯丁曾教授他几门课程，包括数学和科学。在约翰毕业那年，奥古斯丁教授他们英语，同时负责第一板球队的训练。在六年级第一次见到约翰时，奥古斯丁老师就发现可能是因为比班上其他同学小了将近18个月，他比较瘦弱和害羞。到了高年级，他的身体更强壮了，但仍然很内向。即便如此，其他的男生并没有看不起他或欺负他，因为他智力超群。关于约翰在最后学年的写作，奥古斯丁老师是这样评价的：

> 在他毕业那年，作为他的英语老师，我让约翰所在班级的学生每周写一篇文章，批改后能让每一位同学看到自己需要改正的地方和可以改进的表述。约翰的作业完成得非常好。他思想表达与语言运用的清晰度提高得如此之快，以至于在当年9月，我将他写的一篇文章发到联合入学考试委员会，询问他们约翰的文章是否能被考试评分系统正确评估。文章被返回来时的评语是："如果这个学生的文章拿不到优，那你们一定得要求评委做出解释。"结果，在1956年联合委员会的考试中，约翰名列前茅。……作为一名教师，我在职业生涯中从来没有见过哪一个学生的表达能力能像约翰这样清晰、有见地。他的文章可能用词并不多，但是所包含的信息量是巨大的。[29]

约翰的同学比利·斯蒂尔（Billy Steele）在多年以后回忆，有一次，奥古斯丁修士拿来一张照片，上面有一辆自行车和一个黑人男孩，还有一支蜡烛，然后让他们以此写一篇文章。约翰在他的文章中想象这辆被盗的自行车和蜡烛是男孩全部的财产。多年以后斯蒂尔仍然记得其中一个让他难忘的句子："小飞蛾不断地飞着，飞向自身的毁灭。"[30]

奥古斯丁修士采用了当时比较新颖的来自I.A.理查兹（I.A. Rich-ards）的英语文学教学方式。他教导男生们注意诗歌"感觉、意向、情感与语调"。[31]他们当时诗歌的教材是由T.泰菲尔德（T. Tyfield）和K.R.尼科尔（K.R.Nicol）编定的《鲜活的传统》（*The Living Tradition*），一本涵盖1340年至1940年英语诗歌的选集。在书的介绍中编者指出：

> 应该直截了当地说清楚，诗歌不是一种娇嫩的植物，无法忍受现代生活的大风大浪。如同所有的艺术形式一样，它旨在阐释人生。只要男人和女人在这个地球上存在，诗人在这个社会中就有用武之地。……与此同时，没有任何成长是无根的，活生生的传统可以从乔叟追溯到艾伦·鲁克。[32]

通过这些按时间顺序排列的诗歌，约翰了解了英语诗歌的传统，以及20世纪的杰出人物，如叶芝、艾略特和奥登。他特别喜欢T.S.艾略特的"前奏曲"，喜欢其中的现代派景象，丝毫没有浪漫的点缀。

然而，约翰注意到，许多他同时代的人似乎有点厌倦阅读和研究诗歌。在《凶年纪事》中，有一段可以被看作是库切的自传：

> 尚在孩童时期，我……确信同龄人中普遍流行的厌倦之感，是他们天分出众的标记，它表示了对任何无聊事物的判断，不可言喻的判断。因此，凡是被他们所厌倦的东西都应该被鄙视，因为这些内容不符合他们寻常的需求。所以，举例而言，当我的同学们对诗歌感到厌倦时，我就会得出结论，认为那是诗歌自身的问题，而我自己对诗歌的极度迷恋是不正常的，应该受到谴责，总而言之，是不成熟的表现。
>
> 我的这种思维推理方式受到当时那些文学批评家的煽动与影响。他们说现代社会（意思是20世纪）呼唤一种新的诗歌，一种现代的诗歌，要显现出与过去的诗歌（特别是维多利亚时代的诗歌）断然决裂的特性。对于真正的现代派诗人来说，没有比喜好丁尼生更差劲和更可鄙的事情了。
>
> 我班上的同学都讨厌丁尼生，这事儿向我证实（如果需要这种

证明），他们确曾传递了新的感觉，传递了现代感，尽管他们对此毫无意识。通过他们，时代精神宣告对维多利亚时代的严苛判决，特别是针对丁尼生。事实上，由于T.S.艾略特难以卒读，我那些同学也同样觉得厌烦（更不用说读懂了），这被解释为艾略特苟延残喘的衰老之象，其精神世界未能符合他们粗犷的男子汉气质。

班上同学对诗歌的厌烦没有影响到我——他们觉得学校里所有的科目都让人厌烦——只因他们没法专心致志。[33]

虽然其中有一些让他感到无聊的科目，如历史和地理——这些科目需要背诵大量的事实，但是约翰在圣约瑟夫的成绩始终保持优秀。他在班上一直名列前茅。在六、七年级，他的平均分数是85%和86%，在更高年级时，他也总是保持这样的水平，尤其是能在英语和数学方面取得高分，并以一等生的身份中学毕业。1953年12月，他在全国圣母学校统考中排名第一。1955年，因为他以优异成绩取得初级毕业证书，他得到了助学金奖励资格。在6月和年底的考试中，他一共获得了10英镑的奖励。1956年，他是学校唯一一个自愿参加并通过南非文理学院所举办的双语考试的学生。

尽管他的学业很优秀，但《男孩》里显示，少年时代的约翰并不很喜欢上学。在伍斯特的他，去上学的时候，恐惧和兴奋之感夹杂着，而"在开普敦，事情却倒过来了，他很快就感到这儿是在虚度时光。学校不再是一个大悲大恸的受难之处，不过是个缩至一隅的小世界，多少像是一个还算仁慈的监狱……开普敦没让他变得更聪明，倒让他变得更蠢了。这意识让他心里涌出一阵惊慌。真实的他是什么样的，真实的这个'我'应该从童年的灰烬中升华，而不是像刚出生时那样，老是一副孱弱而不发育的样子"。[34]

多年以后，在1981年，当被问及中学生涯是如何塑造他的时候，库切是这样回答的："我认为我所接受的教育在各方面都是不怎么样的。而我身边的每个人都在接受这不怎么样的教育。"[35]他头脑里这种负面的评价是定性的，他认为与大都市（如伦敦）的学生相比，在殖民地的学生受到的教育是低劣的。他的第一个出版商彼得·兰德尔曾让他提供一段自我简介以用作《内陆深处》封面上的作者信息，他在1974年1月17日的回信中这样写道，他不知道是否应该提供这样的信息，还有些夸张地说："如果真要简单叙说我的求学生涯，那会让我成为英国-南非社会游戏中的一个棋子。甚至，可以被解读成对那些统治了我11年的虐待狂们的一种恭维。"

库切始终对阿非利堪人和他们的地位心存芥蒂。阿非利堪人经过大迁徙，经过在马约巴战役和英布战役的胜利，无疑已经在南非取得了史诗般的、英雄般的地位。相比之下，那些讲英语的南非人，带着自己那种"家"在外地的心态，当初并没有经历过相同程度英雄般的滋味，更没有史诗般的感觉了。年轻的库切知道1948年大选之后开始实施的种族隔离的恐怖，当时议会通过了一系列歧视性的种族隔离法案。南非国民党胜利后，库切周围弥漫着民族主义的狂热情绪。当时，库切与父母同住在开普敦，他们既不接触阿非利堪人，也不接触亲英群体。他发现自己所在的学校，在一定程度上，是处于南非现实之外的。所有这一切都增强了他的社会边缘感，让他觉得自己在文化和社会上都处于劣势。

他对南非语言的态度也是矛盾的。2008年，当被问及他的双语背景时，他这样回答：

> 从1948年直到60年代这段时间，对于阿非利堪斯语，我有两种截然不同的态度。在开普敦学校期间，我的阿非利堪斯语学得很好。我是唯一一个通过学院双语考试的学生。对于自己擅长阿非利堪斯语，我从没觉得有什么不好。但是我也从没有发现，用阿非利堪斯语读杂志和书籍有任何乐趣。我没想到自己是一个阿非利堪人（虽然很难认为自己是"英国"人）：我并不质疑南非国民党关于阿非利堪人的定义，但同时也很自豪自己并不符合那个定义。[36]

三

翻阅库切在圣约瑟夫就读期间的校刊，会发现他并没有多少诗文发表。2008年10月20日，在被问询这方面的内容时，他的回答是："我没有任何未发表的诗歌，也不记得有过。"[37]

唯一现存的他发表在圣约瑟夫校刊的一首诗叫作《世之初》（*In the Beginning*），这首诗有147行，副标题是"根据希腊和罗马神话所涉及的起源"。似乎很令人难以置信，这是库切在校期间，写的唯一一首雄心勃勃的诗。很可能，他当时也写了一些其他的诗歌，但并没有保留下来。在《青春》中，他说他会写济慈体的十四行诗，但后来不再写了。在学校学习过程中，他发现T.S.艾略特的诗歌类型是非个体化的，于是他很快放弃他原来的济慈风格。他在《青春》中写道："济慈像西瓜，鲜红的，又软又甜；而诗歌应该像火焰一样猛烈清晰。读六页济慈的作品等于屈服于诱惑。"[38]后来，是庞德的诗歌让他学会不相信浪漫主义和维多利亚时代那种轻易可得的情感。[39]

刊登在1956年校刊上的诗歌《世之初》在开普敦诗歌比赛中获奖，这也是库切所获众多文学创作奖项中的第一个。[40]

《世之初》让年轻的诗人崭露头角，因为它表现了一种广阔的视野，令读者印象深刻。这首诗让库切在不知不觉中表露了西方文化和文学传统对他的影响。

约翰开始开发其他的兴趣。刚满15岁时，他说服父母让他学音乐课程。于是，母亲买了一架钢琴。他有成为一个伟大音乐家的野心，但是循规蹈矩的教学方法让他感到厌倦，所以上音乐课对他来说没有多大作用。[41]但是，他并没有失去对音乐的兴趣。尼克·斯泰撒基斯多年后回忆，他们是如何疯狂地阅读并沉浸在古典音乐之中。斯泰撒基斯在2008年10月27日的一封信中写道："由约翰带头，还有一个叫托尼的希腊男孩（已故）[42]和我跟着，我们深入阅读19世纪到20世纪初的欧洲文学，尤其是俄语文学。约翰和托尼还特别喜欢英国和现代希腊诗歌。我们着迷于古典音乐，比如贝多芬和巴赫。约翰通过自学在钢琴上演奏巴赫。我在这方面是落后的，但是还是被他这种对古典音乐的热爱感染了。"

这种对音乐的敏感引领着年轻的约翰迎来了他学生生涯中最重要的一次体验。他1991年在奥地利格拉茨所做的题为《何为经典》"的演讲中提到这次具有启发性的经历：

> 1955年，我十五岁。这年夏天的一个星期天下午，我正在位于开普敦隆德伯西我们家的后院里闲荡，当时不知做什么好，内心烦闷是当时的主要问题。可就在我闲荡时，突然听到从隔壁人家传来的音乐，这音乐勾魂摄魄，直到曲终，我都待在原地，不敢呼吸。音乐如此打动我，这还是我平生以来从未有过的事情。我当时听到的录音是用羽管键琴演奏的巴赫的《平均律钢琴曲集》中的一首。我也是后来比较熟悉古典音乐时，才知道那首乐曲的名字的……[43]

隔壁人家住着学生，时常有人搬走也有人搬来，那个播放巴赫唱片的学生后来一定是搬出去了，要不就是不再喜欢巴赫了，因为后来库切再也没有听过。在库切家族中，除了他外祖母会弹钢琴，库切没有什么音乐的渊源，他所上的学校也没有提供过音乐教学。在殖民地，古典音乐常被视为"娘娘腔"的东西。在他们家，之前从未有过任何一种乐器或唱片机。在听过巴赫的音乐以后，他央求他的母亲让他上音乐课，学习演奏贝多芬的《月光奏鸣曲》和舒伯特的《B大调奏鸣曲》等。他自学五线谱，从省图书馆借来许多唱片，与朋友尼克和西奥一起欣赏。

听到巴赫音乐的那一个下午对库切有启示性的意义。他第一次明白了经典的影响力。在那一刻，他下意识地做了个人的象征性选择。他是这样描述这个选择的：

> 我想问自己一个不够成熟的问题：假如我说，巴赫的灵魂越过两个多世纪，漂洋过海，将某些理想放在我的面前；或者说，那重

大时刻来临之际所发生的一切，恰恰就是我象征性地选择了欧洲高雅文化，并掌握了这种文化的代码，从而使自己走上了一条道路，这条道路将我带出了我在南非白人社会所属的阶级地位，并最终使我走出了一条历史的死胡同（以我个人当时的感觉，一定会以为自己正身处这样的死胡同），不管这样的内心感觉在当时有多模糊不清——这条道路领着我，最终同样具有象征意义地使我登上了这个讲台，面对一批来自不同国家的听众，谈论巴赫……[44]

在格拉茨这次演讲中，库切解释了经典作品超越百年对人产生影响的可能性。感性的或浪漫的解释是不够的。经典作品在历史中定义自己，往往是政治和文化运动的符号文本，并最终继续通过强大的文艺批评获得了新的意义。对经典的历史理解是对过去的认识，然后又会成为塑造当下的力量。

库切认为，对于经典的艺术体验没有利益驱使，是一种非个体化的审美方式。同时，那天下午，他无意识地做出要与欧洲经典传统保持一致的决定，使得他不会被卡在南非的一个小角落里，从而可以进入更大的大都市世界。他下定决心脱离外围，奔向中心；摆脱殖民限制，并加入西方文明的主流。

四

库切想逃离的另外一个原因是要摆脱生活的束缚，找到一个小的胶囊空间来生存。[45]

维拉再次登上讲台教学，以维持家庭开销，这种情况一直持续到杰克在古德伍德的事务所立住脚，并开始有所收益。一开始，事务所的生意似乎很好。杰克雇用了一个打字员和一个秘书。他帮客户立遗嘱，还把钱借出去。但是，他的事务所并不赚钱。杰克似乎交了一些酒友，并在他们身上花了大量金钱。他沉迷于奢侈的快活气氛中，搞大手笔，花大量资金，也喝了很多酒。当事情没有按计划发展时，他就关闭了他的事务所，然后到温贝赫开了第二家事务所，但也只营业几个月就关闭了。维拉绝望地惊呼："杰克看到钱就像个孩子似的。"[46]最终，他从信托账户非法挪用资金的行为暴露：好望角律师协会发现他没有遵守协会法规，他在信托账户里没有详细的存款记录，也没有为存款开收据；这些挪用款项被用于物业交易和每月的租金。

杰克没了工作，家庭又陷入长期的财务困境之中。他早上七点离开家，表面上是为了找工作，但一个小时左右以后，当所有人都离开了家，他又回到家中。约翰之所以发现这种情况，是因为有一天他没去上学。杰克"会套上自己的睡衣睡裤躺在床上做《开普时报》上的填字游戏，旁边搁着一小瓶白兰地，一大杯水。下午两点，在别人回家之前，再起身更衣去俱乐部……在那儿吃晚饭、喝酒，消磨整个晚上"。有时，他午夜后才归家，他的两个儿子会沮丧地听到父母卧室里传来的"一阵激烈的悄声吵骂"。[47]

杰克面临人生中的第二次遭到起诉和监禁的危险。对于百鸟喷泉农庄的库切家族，这是一场灾难。他们家反对任何形式的不诚实。两名银行官员到他们的房子里将财产编制清单。不过，在家具被卖掉之前，问题得到了解决。格里——住在威利斯顿的杰克的姐姐——将钱先垫上，条件是杰克要保证再不做律师，还要签署一份文书承诺偿还所有债务。根据调查人员的报告，一个有助于减轻杰克·库切罪责的原因在于他本人提供了很多相应信息："他似乎对自己的不端行为相当坦白，他向我们保证，他没有隐瞒任何相关信息。"不过律师协会认定杰克·库切不专业的渎职行为是存在的，他被认为"不是律师的合适人选"。除了他姐姐格里不希望他再从事律师行业，此后律师协会也没有再承认杰克的法律专业认证。[48]

约翰和大卫能够感到事情发展的不济。那时大卫正在上七年级，约翰"见证这样的耻辱"[49]时正要完成他的中学学业，并准备去上大学。

家里的一些亲戚认为，在这样的经济情况下，约翰应该出去工作。他的母亲还在教书，为家里提供唯一的经济支持。但约翰知道，她会做出任何牺牲，以确保他能够接受高等教育。

他觉得自己不可以再依赖母亲，在家里做一个全职的学生。他决定搬出去，自己赚钱养活自己。

第4章

开普敦大学求学时代

(1957—1961)

一

对于约翰·库切来说，他该上的大学毫无疑问是开普敦大学，因为
这所学校与他家所在的隆德伯西营地路81号很近。1957年初他
开始在该校上大学。

　　开普敦大学的前身是南非学院（SACS，South African College
School），成立于1829年。1874年，该校开始承办大学教育。开普敦
大学是南非的第一所大学，但是它在1918年才得到正式的大学办学许
可。最初，学校的教学地点在市中心圣乔治大教堂附近的维多利亚女皇
街，但是后来搬到了橙街，比较靠近山的地方。这个校园以后成为黑丁
校区，兼职学生可以在这里上傍晚和晚上的课程。现在这里仍然是米氏
学校、戏剧表演系和小剧场所在地。格鲁特舒尔校区是在1928年至1930
年之间在魔鬼峰山坡上建立的。该校最初的校园可以俯瞰罗斯班克，建
筑物上爬满蔓藤，是南非最迷人的校园之一。

　　库切上课的地方在文科楼，那里是英语系、其他语言系以及哲学系
所在地，附近的贾格尔图书馆位于大学路的另一边，很方便。离他要去

上课的数学楼只有一步之遥。在不远处的詹姆森厅的台阶附近是学生会所在地，可以吃些茶点。学校原来的两个学生宿舍，一个是斯穆茨男生宿舍，一个是富勒霍尔女生宿舍。行政大楼位于校园中区，接近罗斯班克的区域，库切就是在那里登记入学的。这个校园里还包括南非音乐学院，但是设备齐全的巴克斯特剧院是在20世纪70年代建立起来的，那个时候，库切已经被任命为英语系的讲师。[1]

库切稍有一点经济能力以后，他就搬进了莫布雷公主街杰弗林4号的公寓里，那里是中产阶级居住的区域。莫布雷有汽车直达校园，也有火车直接进城。他只是在冬季坐公共汽车去校园，因为那时南非冬季的疾风和暴雨让他根本无法步行。由于他在英语考试中获得了最高分，1956年，库切在开课前就获得了来自I.M.萨克斯的奖学金88英镑16先令3便士。他又成功地从大学申请到30英镑的助学金。这笔助学金是每年都发的，到了1958年涨至50英镑。在第一学年年底，他又获得了30英镑的怡和奖学金，该奖学金用于奖励贫困家庭的子女。1961年，他又申请了数学荣誉学位课程，并获得了100兰特[2]的国家奖学金，并于同年获得了400兰特的壳牌奖学金。这一奖学金他连续获得了两年。他将这笔钱部分用于申请攻读英语文学硕士学位。

租住莫布雷的公寓，库切付给开普敦房产中介每月11畿尼[3]的租金。他不得不打零工，以补充收入。从大学一年级起，他就受雇于一个补习学校，给那些数学不好的学生补习。[4]他的补习班里有一个英国学生，叫约翰·肯施（John Kensch）。他1958年搬到开普敦生活，但是需要补习才能通过大学录取考试。约翰·肯施写道：

> 我与隆德伯西的一个数学补习学校签署了合同，约翰·库切是学校派给我的导师。我们一起学了三个星期以后，他提出在莫布雷的公寓里教我，这样他就不必向补习学校支付一大笔费用了……我每周一次到他的住处学习纯数学教程。……作为一个数学家教，他的水准一流。他的教学中也包括他自己的数学课题，其中有一个课

题让我们两个都很感兴趣。他喜欢给自己找难度高的数学题，越难越好。曾经有一次，解题用了一英寸厚的稿纸，结论是该命题不可行。就我所知，任何一种复杂抽象的问题都会引起他的兴趣，不过好像在我们的谈话中没有涉及任何文学的东西。……他很有趣，带着一种苦笑自嘲的方式，很有自己的特色。我的数学补习持续了一年，然后我去了米氏艺术学校，然后就与约翰失去了联系。[5]

库切打过各种各样的工。在放假期间，他为政府公共房屋管理部门整理调查统计数据，这一项目是由开普敦大学社会学学院发起的。[6]从1958年起，他在贾格尔图书馆值夜班，那时，图书馆的永久雇员，特别是女性，都不敢在黑夜独自一人走在这偏远的校区里。他这份工作的报酬是每月10英镑。[7]1960年，在学习英语荣誉学位期间，他在开普辅导学校任教，报酬是每月20英镑。[8]他还在数学系指导数学小组的学习，每周的报酬是30英镑。每周五下午，他还帮助戏剧文凭课程的选修生学习莎士比亚的喜剧。用这些兼职收入，库切可以轻松地支付他的学习和住宿费用。他每周末用腔骨、豆子和芹菜煮一大锅汤，够他吃一个星期的。水果则在每周五到盐河市场买回来。[9]至于衣服，他有一件夹克和一条裤子，上课时才穿。1958年，他甚至还攒了足够的钱去买一辆二手菲亚特500型号的小汽车。[10]虽然他绝不是一个喜欢派对的人，聚会时也不喝酒，但他还是决定去上几次舞蹈课，好让自己更容易在聚会时与女性交往。[11]他的生活风格再一次向他证明，他可以自己活得不错，"每个人是一座孤岛，你不需要父母"。[12]

尽管在《青春》中有这样的语句宣告他的独立："他利用自己的独立把父母排除在了他的生活之外。"[13]但是他并没有真正与他的父母，尤其是他的母亲划清界限。当他的教母安妮姨妈1958年在开普敦去世时，他与母亲、弟弟一起参加了葬礼，并回忆了安妮姨妈说过的话：

"你知道得真多啊。"安妮阿姨曾有一次对他说。那不是赞扬：

虽然她撮起嘴唇露出微笑，一边却在摇着头。"你小小年纪却知道那么多。你怎么能一直把那些东西都装在脑子里呢？"她弯下身子，用瘦骨嶙峋的手指往他脑门上戳一下。

这个男孩挺特别的，安妮阿姨对他母亲说，母亲后来告诉了他。可究竟特别在哪儿呢？没人说起过。[14]

安妮姨妈被安葬在沃尔特梅德的墓地。葬礼之后，承办葬礼的人让他们搭车回镇上，并在路上告诉维拉说，死者曾是他的老师。是的，母亲说，她教了40多年的课。他评论道："那她身后名誉一定不错。"库切问他的母亲，安妮姨妈写的书怎么样了？他指的是那印了一大堆的《从不治之症到永久痊愈》。

母亲也不知道，要不就是不想说。从在公寓里摔坏髋骨到送进医院，后来又送进斯蒂克兰德养老院，最后进了沃尔特梅德陵园的三号墓地，根本没人在意过那堆书，除了安妮阿姨本人，那些书也从没人看过；现在安妮阿姨躺在雨中等待人家有空时来埋了她。只有他一个人在惦记这些事儿。他脑子里怎么会一直盘桓着这些事情，所有那些书，那些人，所有那些故事？如果他都记不起来了，谁还记得？[15]

库切在大学期间所打的所有零工是他的炼狱，正如他在《青春》中所说，因为经历了所有这些困难遭遇，他最后将进入光辉的艺术殿堂：

他将会成为一个艺术家，这是早就已经确定了的。如果目前他必须是微贱可笑的，那是因为艺术家的命运就是要忍受微贱和嘲笑，直到他显示出真正的能力，讥笑和嘲弄的人不再做声的那一天。[16]

阅读《青春》时，读者会惊讶地发现，库切如此诚实地展现自己。他的形象展现原则是无所畏惧，很可能还带着些许"宽容"。[17] 在那一阶段，他经历了最初的性经验：雕像般的桑迪，运动型的阿德里安娜，敏感的来自大洋彼岸的乔安妮，还有神秘的玛莉。[18] 他坦率地描写这些关系，没有丝毫隐瞒，甚至连怀孕和流产都写出来。[19] 如果《青春》可信的话，他在此期间所经历的似乎只是生理方面的爱情，好像几乎没有任何一个女人和他有真正意义上的关联。他不断地提醒自己，他要经历这样的洗涤成为一个新人：一个他要成为的人和作家，不受家庭和过去的影响。他痛苦地意识到自己作为一个情人的失败。他认为他的女朋友并不理解，作为一个作家，他所需要的内敛与孤独。他问自己的主要问题是如何将他的性经验转换成文学："那么这样的感情又怎么可能加以变形使之成为诗歌呢？"[20]

他的这个问题揭示出，作为艺术家的库切有猎人的一面，他要把猎杀经验用于创作，他要把这些经验提炼为诗歌。[21] 很明显，他欣赏艾略特的名言："诗不是放纵感情，而是逃避感情，不是表现个性，而是逃避个性。"[22] 他意识到，真正的艺术品必须忠实于自己内在的戒律，诗人的任务就是要永远"与词汇和韵律斗争"。这一提法表明，库切知道艾略特的《四个四重奏》（Four Quartets）。艾略特认为诗人的活动就是"始终留在一场跟语言和含义／作无法容忍的扭打中"，它要求诗人"驾驭语言"。诗歌是：

> 向无法言述的事物发动的袭击，最后总是溃不成军，
> 只留下不准确的感觉乱作一团，
> 一群没有纪律的激情的乌合之众。[23]

库切认同艾略特对直接情感的回避和艾略特所坚持的"诗人必须经历艰辛"的观点。这让人猜测（尽管没有什么长诗可以用来证明）库切学生时代所写的《世之初》不是任何直接的忏悔诗。他宁愿将影像伪装

起来，为其找一个"客观对应物"[24]来隐瞒个人在背后的困惑。值得注意的是，在这个阶段的库切认为自己是一个诗人。事实上，他在开普敦大学期间的学生时代，是他为了实现诗人梦而做的最后努力。

二

1957年，库切就读于开普敦大学之时，南非国民党已经执政近九年，并已部署了一系列歧视性法案。

此时，大学教育的法案扩充正在审议之中。1959年，该法案颁布实施，开普敦大学和威特沃特斯兰德大学不可以继续接受混血人种学生和黑人学生，有色族裔的年轻人只能参加由其他机构专门为有色族裔设计的部分课程。两所大学都认为这项法案违背了全球公认的学术自治原则，也就是说大学有权决定教什么、谁来教，或者去教谁。1957年在开普敦举行的一个会议上，校方发表了题为《南非开放大学》（"The Open Universities in South Africa"）的文章。与会者认为一所大学可以有许多功能，但其中最主要的是对真理的追求：

> 在一所大学里，知识就是目的，而不是一种达到目的的手段。如果大学变成教会或国家或任何部门利益的工具，那大学就不再是真正的大学。大学的特点是自由探索的精神，其理想就是苏格拉底的理想："跟随着辩论走。"这意味着大学有权力审查、质疑、修改或拒绝传统观念和信仰。教条和假设是不相容的，一成不变的教条是与大学精神相违背的。其学者关注的不仅仅是增加和修改既定框架下的事实，更是研究既定框架本身，并不断修正它。[25]

正是因为这个寻求真理至上的原则，开放型大学反对这个法案：

开放型大学不认为大学的大门应该对非白人学生关闭，他们忽视已经建立的南非传统，以确保"开放"。种族隔离不是唯一在南非建立的传统。开放型大学的传统在开普殖民地的历史中有着深厚的渊源，它符合基督教义。[26]

库切对这一观点的态度不得而知，但是可以猜测他是了解这种情形，并赞同这一观点的。1959年该法案通过之时，开普敦大学发起了一系列的"学术自由讲座"，并持续到该法案废止。被邀请的发言人将重点放在，当大学的自主权受到政府的威胁时，大学在一些方面面临的特殊任务。

然而也有一些政治运动和骚乱是库切没能绕过去的。1959年总理H.F.维沃尔德博士（Dr. H.F.Verwoerd）推出"班图斯坦（Bantustans）自治法"，将特兰斯凯选出来作为"独立发展"的样板。黑人可以在南非继续工作，但他们将生活在自己的"国家"里，由自己的"政府"代表。表面上看，这一法案似乎能解决种族隔离政策所带来的问题，但在实践中，强制家庭搬离以及随之而来的腐败注定这个思路的失败。维沃尔德反对白人资本的投资使事态更为严重，因为这可能导致特兰斯凯经济动荡。[27]

这些措施加之法案的通过让黑人越发不满。1960年3月21日（周一），在德兰士瓦沙佩维尔，抗议导致暴力冲突，警察对和平示威的人群开火，导致69人死亡，200余人受伤。[28]在宁静的开普敦市黑人区尼扬加，6人被枪杀，其中包括一个蹒跚学步的孩子。诗人英格丽德·约恩克（Ingrid Jonker）为此写了一首诗《善意死去》（*Die Kind*，1960年3月22日）[29]。大屠杀遭到美国、英国、挪威、加拿大和荷兰等国的强烈谴责。在《青春》中，库切这样表达他对这种暴力行为的意见：

在德兰士瓦警察向人群开枪，然后疯狂地继续对着逃跑的男人、女人和儿童的后背开枪。这种事自始至终使他感到厌恶：法律本身；

流氓打手警察；拼命喊叫为谋杀者辩护、谴责死者的政府；以及报纸，吓得不敢站出来说明只要长着眼睛的人都能看得见的事实。

　　在沙佩维尔大屠杀以后，一切都和以前不一样了。即使在平静的好望角省，也有罢工和游行。无论什么地方，只要有游行，就有持枪的警察在周边守候，等待有个借口好开枪。[30]

　　库切间接地经历了一个抗议活动。在3月30日（周三）凌晨，警方对兰加发动了一场残酷的突袭。他们破门而入，把人们从床上拖出来，袭击他们，把他们追赶到街上。这引发了20万人的游行。抗议者聚集到市中心卡利登广场警察总部前，要求与司法部长F.C.伊拉斯谟（F.C. Erasmus）谈判，让他释放前一天被拘捕的示威领导人。上校特波兰茨（Colonel I.P.S. Terblanche）出面安抚群众，承诺安排人们与司法部长会面。然后在警察的监视下，人群和平地散回兰加。这次没有伤亡事故，但是伊拉斯谟从未出面。这次示威游行是过去几个星期以来，黑人城镇爆发的各种游行事件的最高潮。库切的朋友，诗人兼小说家乔迪·德莱弗（Jonty Driver），在帕特里克·邓肯（Patrick Duncan）的传记中描述道："非洲人中日益高涨的政治热情，不光源自警察在那天清晨的暴行。"[31]

　　库切在数学系做助教的时候，经历了游行的后续影响。他在《青春》里这样介绍：

　　　　一个下午，当他正在上辅导课的时候，形势发展到了紧急关头。辅导课的教室很安静，他正在书桌间走动，检查学生的指定练习做得怎么样，尽力帮助有困难的人。门突然打开了，一个高级讲师大步走了进来，敲着桌子。"请注意！"他大声说道，声音里带有一丝不安的沙哑，脸上通红，"请放下笔，注意听我讲话！就在此刻，在德瓦尔大道上有工人在游行。为了安全的缘故，叫我来宣布，在得到进一步的通知前，谁也不许离开校园。我重复一遍：谁

　　　　　　　　　　　　　　　　　　　　J.M.库切传

也不许离开。这是警方的命令。有问题吗？[32]

库切不禁要问自己，这个国家已经到了什么样的状态，可以让这样的声明打断数学辅导课。他根本不相信警方封锁校园——这个左倾思想温床[33]——是出于对学生安全的关心。他们真正的目的是防止学生中的同情黑人者参加游行。

乔迪·德莱弗曾写过一篇引人入胜的文章，讲述开普敦大学的学生在20世纪50年代末和60年代初在校园进行抵制政府的行动。校园确实被警方视为左派的温床。对于很多学生来说，参加学生运动的部分原因就是抵抗种族隔离。德莱弗本人曾因为参加此类活动在出国之前被关进监狱一段时间，之后他被禁止返回南非，在长达20多年的时间里不能回国。在开普敦学生时代，德莱弗是一个非常积极的演员和演讲家，也是学生报纸的编辑，偶尔也做学生文学杂志《格鲁特舒尔》（Groote Schuur）的编辑。他还是文学期刊《狮子与黑斑羚》（The Lion and the Impala）的合伙创始人。这两本出版物刊登库切和其他年轻诗人的作品，比如杰弗里·哈里斯奈普（Geoffrey Haresnape）、丹尼尔·哈钦森（Daniel Hutchinson）、布莱顿·布莱顿巴赫（Breyten Breytenbach）等。

艾伦·布鲁克斯（Alan Brooks）是德莱弗的一个朋友，他强烈反对种族隔离。和德莱弗一样，他加入了南非全国学生联盟（National Union of South African Students，NUSAS）以及艾伦·佩顿（Alan Paton）和帕特里克·邓肯领导的自由党。布鲁克斯被NUSAS学生代表理事会主席艾德里安·莱夫特威克（Adrian Leftwich）出卖，被指控为颠覆国家罪获刑两年[34]，最后他永远地离开了南非。德莱弗文章中涉及的大多数学生最后都走上了自愿流亡国外的道路，即使在实行民主选举的1994年之后也从未回过南非。对于南非这样缺乏专业人才的国家，失去了这些有强烈道德原则和高超智慧的模范人物，损失是无法估量的。德莱弗认为：

一个主要的原因是，他们不希望自己的儿子到南非武装部队服役。流亡者有时发现他们在新的落脚地也不能完全安定下来。他们可能又回到南非，或尝试去另一个地方，比如澳大利亚、加拿大、美国或英国。但更多情况下，他们很好地安定下来，只是在有家庭婚礼或葬礼的时候回南非。最终，他们——特别是他们的孩子们则完全融入了一种新的文化，只是有时说话的时候带着一种消除不掉的口音。[35]

除了德莱弗，库切在学生时代不知道遇到过多少类似的人。20世纪60年代初，司法部长B.J.沃斯特（B.J. Vorster）颁布法令，可以不通过起诉或审判直接扣押被拘留者，警方也可以随时继续他们的审讯和拷打。这时，库切已经离开了南非。

尽管库切与乔迪·德莱弗友谊深厚，但他没有参加任何形式的示威或抵抗活动。在学习期间，他我行我素，既避免国民党的右翼政治（这在校园几乎是不存在的），也远离左翼政治以及学生们的暴力政治话语。与他的《男孩》和《青春》一样，他的《双重视角》也用客观化的第三人称清楚地表明他避免加入任何激进的活动，包括学生的政治运动：

在伍斯特，当他还是一个孩子的时候，他已看透南非白人右翼是如何的夸夸其谈、自以为是、残忍暴力，这足以让他终生难忘。事实上，即使是在到了伍斯特之前，他或许就已经看过更多不应该给孩子看到的残忍和暴力。因此，在学生期间，他游离在左翼的边缘，而没有成为左翼分子。他同情左翼的人性关怀，但当危机来临的时候，他对所有的政治语言都有一种异化感。其实，从很早的时候起，他就对法律条文有一种不适感；当人群涌动的时候，他感到恐慌。他不能或不想跟着喊或跟着唱。他的喉咙发紧，他会感到厌倦。[36]

库切永远是一个局外人，他喜欢作为一个观察者而不是积极参与者来思考和判断。

三

早在1957年，库切就已经打定主意在完成学业后离开南非，并定居海外。他厌倦了父亲乱花钱的坏习惯和酗酒的行为，这些给他的家庭带来了耻辱；他厌倦了他们所经受的贫困；他对政府以种族隔离的名义对国家和人民所做的一切都感到震惊。

他打算把自己的时间用于创意写作，但要通过"体面的"职业来赚他的生活所需，至少在一开始他就知道，他是不能够通过写作来谋生的。他在《青春》里这样写道：

> 当他在国外完善他的诗歌技巧的时候，他将以默默无闻但体面的工作维持生活。既然伟大的艺术家命中注定会有一段得不到承认的时期，他设想自己将作为一个在后屋里恭顺地把一行行数字加在一起的小职员，服满见习期。他肯定不会做一个放荡不羁的人，也就是说，不会做一个酒鬼、寄生虫和游手好闲的人。[37]

正是出于这个原因，库切决定在学习英语、古典文化和拉丁语的同时，也修纯数学的课程。最终他选择双修英语和数学。在二年级时，他选修了逻辑和形而上学的课程，作为对数学课程的补充；三年级选修了应用数学。因为拥有了数学这一学校里的强项专业知识，同时配合他的英语专业，他今后便可以在国外顺利展开职业生涯。保罗·雷蒙特在《慢人》中修科学课程的原因也可以解释库切为什么主修数学：

> 所以我在上大学的时候我就选定了科学。在那时候科学似乎是

一种很好的赌博。那看上去前程似乎很有保证很安全，而那是我母亲为我姐姐和我想要的高于一切的东西：在这个外国的土地上，我们为自己找到某种安全的工作。[38]

对于像库切这种不是特别容易和别人打交道，也不关注周围环境的人[39]，数学是一个很好的领域，可以让他独处。正如亨利·庞加莱（Henri Poincaré）所说的，抽象的几何数学思维可以渗透到人类意识层面的精髓处。[40] 在数学系，库切的其中一位老师是非常著名的数学家道格拉斯·西尔斯（Douglas Sears）。他不仅耐心地教授学生数学知识，还教学生如何成为数学家。[41] 教授库切数学逻辑的斯坦利·史丘斯（Stanley Skewes）也是一位出色的数学家，曾同A.M.图灵一起工作，因1933年发表的关于"最大数字"的文章而备受数学界推崇。他是一个乐于助人、不矫揉造作的人，但要他忍受一个傻瓜他也不会高兴。库切做事情的系统化方法，还有他在学校的勤奋和努力，都说明他有数学的头脑和对完美的追求。不过人们还是会奇怪，数学的思维推理是怎么和语言艺术的思维融合的？玩文字的人是怎么从具体的世界中收集原材料，然后根据自己的感觉来理解的？

对于库切来说，这两者的明显冲突不构成问题；事实上，他曾经给哲学学会做过题为"诗与数学的语言"的演讲。他接受记者采访时说，他从来没有后悔过攻读数学学位。他享受到了学习的乐趣。他还说，那时候他如果了解一点国际象棋，也可能会学国际象棋。[42] 在出版于2007年的《凶年纪事》中，第一部分"危言"的第18章"芝诺悖论"表明了他对数学学习的终身兴趣。[43] 另外的一个例证是在2009年，他为萨拉·格拉兹（Sarah Glaz）和乔安妮·格鲁尼（JoAnne Growney）的文集《奇怪的吸引者：爱情诗与数学》（*Strange Attractors: Poems of Love and Mathematics*，2008）写书评时，他在首段就通过亚里士多德的一段话谈到诗歌。这一联系对于他的小说创作也是至关重要的：

亚里士多德说，智力的最高类型体现在能够看到前人看不出的类比关系。根据某学派诗人的观点，真正的诗意的火花迸发时，就是诗人把以前从未一起出现的事物合起来的时候。科学发现往往开始于一种预感，认为两个看似无关的现象，其实是有关联的。[44]

虽然库切赞赏拉丁语的句法逻辑，但是他在学习拉丁文记述的历史和地理的过程中，在处理那些史实和数据时，会遇到困难。他不能理解"维吉尔和贺拉斯的任意性词序和令人讨厌的个人语型的词汇"。[45]在拉丁语一级的课程上，他们学习卡图卢斯的爱情诗，还有翻译过来的塔西佗诗句。虽然没有能力阅读拉丁原文，翻译版中"对帝王肆无忌惮的暴行的枯燥叙述"[46]还是让库切有些许感触。他很欣赏两位古典文化教授：安东·帕普（Anton Paap）和莫里斯·蒲伯（Maurice Pope）的课程，所以，交给他们的论文作业，他总是整齐手写，精心编辑注脚，通常老师给他的成绩是A或B。这些论文的题目包括哲学家赫拉克利特和巴门尼德、古典戏剧中合唱的功能、斯巴达教育、荷马的《伊利亚特》等。

在库切学习期间，开普敦大学英文课程包括两部分分量相当的必修课程，分别是文学和语言。在语言部分，第一学年，学生们学习高级英语文体学、英语语言的历史、乔叟的选篇等；之后第二学年学习古英语和英语语音、英语语言学的课程。到了第三学年，学生可以选择专注于语言或者文学方向，但所有学生必须上语言部分的有关乔叟和朗兰的课程。在文学部分，学生一开始是学习英语文学入门（包括英美文学和英联邦国家文学），阅读各种流派的文本选本，然后在第二学年进一步选修诗歌、戏剧和小说。在第三学年，所有学生都必须阅读悲剧和现代诗歌，然后，文学方向的学生还要学习日记文学和现代小说。1957年，库切的必读文本，除了莎士比亚和弥尔顿之外，还包括萧伯纳的《芭芭拉上校》、艾略特的《大教堂谋杀案》、奥斯丁的《理智与情感》、狄更斯的《尼古拉斯·尼克尔贝》、勃朗特的《简·爱》，以及麦克纳布（Macnab）和格斯顿（Gulston）主编的《南非诗歌：新选集》（*South African Poetry:*

A New Anthology）。在第二学年必读的文本中除了有弥尔顿和蒲伯的作品以外，还有菲尔丁的《约瑟夫·安德鲁斯》、斯特恩的《项狄传》、康拉德的《黑暗之心》、詹姆斯的《螺丝在拧紧》、福斯特的《印度之行》和劳伦斯的《儿子与情人》。1959年的第三学年课程书目包括华兹华斯的《前奏曲》、庞德的《诗集》、霍普金斯的《散文诗集》、叶芝的《诗选》、艾略特的《四个四重奏》和托马斯的《诗集》。1960年，文学专业荣誉学位的学生要学莎士比亚以及其他古典和现代文学课程，同时还要学文学批评原理与实践。有单独一组课程涉及旧手稿研究的目标和方法，以及旧文本的编辑。[47]值得注意的是，詹姆斯·乔伊斯所写的重要的小说《尤利西斯》并不在本科生必读书目之内，但1959年英语三级课程的学生曾经讨论过这本书。2000年8月21日，库切在一封给德里克·阿特里奇的信中说："你可能有兴趣知道，为什么在我的学生期间（1957年至1959年），开普敦大学英语三级课程会要求读《尤利西斯》。事实上，如果有父母或监护人写一张免读条，学生就可以选择不读它，或不上关于这本书的课。"这可能是库切第一次经历文字审查制度，而这种制度将很快在南非正式实施，它将给南非文学带来巨大的损害。

在库切就读于开普敦大学之前，该校英语系的W.S.麦凯（W.S. Mackie）是英语语言方面的教授，奥斯瓦德·道蒂（Oswald Doughty）是英语文学方面的教授。英语系长久以来一直存在两派的摩擦，因为两位教授在教学方法和几乎其他一切方面都各持己见。道蒂是一个典型的传统的英国学者，注重作品的版本和传记，所以他的课程讲述的是伟大作家的生平与不同作品。[48]而高级讲师菲利普·西格尔（Philip Segal）受I.A.理查兹和F.R.利维斯（F.R. Leavis）的影响而在课上倡导的"文本细读"，对于道蒂来说是难以接受的。他说："我非常怀疑不成熟的批评。我让学生成为批评家的最好的方法，是让学生享受过去传递下来的最好的东西，而不要（如哈代说）'如此细读文本，以至于不见了诗意'。"[49]麦凯则认为道蒂的讲课风格"太严肃和沉闷，全都是一些人名、日期、阶段、影响和趋势什么的"[50]，这对于学生来说是过时的，他们要了解文本本身。学生都更加喜欢菲利普·西格尔。他以"旺盛的精力和雄辩的语言，向学生展现英语文学"[51]，完全迷住了他的学生。"我们可以连续听他讲上几个小时，着迷于他完美无瑕的语言、他的睿智机智和难以抗拒的幽默。"[52]

1957年库切开始他的大学生涯时，英语系的钻石级英语语言教授是刘易斯·卡森（Lewis Casson），而英语文学的第一把交椅是出生于澳大利亚的盖伊·豪沃思（Guy Howarth）主任。英语系的派系斗争似乎根深蒂固，卡森和豪沃思几乎不与对方说话。如果非要沟通，他们就用写信的方式，或者通过迷人的高级讲师多萝西·卡弗斯（Dorothy Cavers）来传递。库切这样写道：

> 卡森，驼背、白发，以严格著称。我穿着靴子，嘎吱作响地去上他的乔叟课，可他根本不看我，也不看其他任何人。他讲课的样子似乎是对着空房间，根本不提任何问题。他说话的语气传递着一种暴躁和不屑。对于我来说，他对中古英语语调的精通让我着迷。[53]

库切与卡森的唯一接触是听他讲课。卡森确实是一个强大甚至让人害怕的人。但在多年以后接受采访时，库切表示，他认为卡森是一位令他佩服的很专业的老师。[54]他后来发现他在卡森的英语二级课上所记录的笔记，完全涵盖了英语音韵学的历史，这本笔记库切在2009年时仍然保留着。

库切与豪沃思的联系开始于1957年。因为库切双修英语和数学，而这两个专业的课程都是从上午10点35分开始。他能够两面兼顾的办法是上午10点35分去听数学一级课程，然后下午坐校车或火车到黑丁校区去上6点05分的给商学专业学生开设的英语一级课程。上这门课的老师都是系里年轻的讲师，因为资深的教师不愿意开车费时来上这门课。[55]这门课需要交三个报告才能得到学分。第一份作业是初级文学讲师B.琼斯（B. Jones）博士布置的，是对安德鲁·马韦尔（Andrew Marvell）的一首诗进行批判性分析。尽管库切在这上面花了很多时间，但他最后得到的成绩是C。他发现，做琼斯布置的批判文章作业是不会有好成绩的。于是他的第二个选择就是跟着豪沃思的课程走，学生可以提交创意写作的文章来替代批判性分析的文章。所以在接下来的英语一级课程必须完成的两个作业中，库切选择交给豪沃思他所写的诗，结果两份作业都得到了A的好成绩。得到这样的肯定，他更积极地去上豪沃思的课。他继续将创意写作的文章交到豪沃思那里，最后豪沃思把他收在门下。到了1959年，他上英语三级课程的时候，豪沃思为他提供了助教的机会，并持续到他拿荣誉学位的那一年。这样一来，他与豪沃思就更为熟悉了。

豪沃思是一个业余诗人，在每周五下午开一门没有学分的创意写作课程，选课的学生都是对创意写作感兴趣的人。库切从他大学一年级起就开始参加这些课程。他写道：

> 我第一次接触盖伊·豪沃思时，还是一个一年级的文科学生。我听说有一门所谓创意写作的课程每周上一次课，于是我就提交了一首诗（因为那时的规定是你不写东西就不能参加课程），然后去上课了。教室里有十几个学生，我谁也不认识。到了下午三点的时候，一个很矮很胖的穿着深色西装和学术袍的男老师匆匆地走进来。他的脸长长的，表情较为严峻，但他说话的方式很柔和，将他的澳大利亚口音都掩盖住了。
>
> 我们提交的作业被返还回来。豪沃思坐在一个角落里，要求我们走到讲台上朗读自己的作品，然后互相讨论。豪沃思会时不时地加入进来发表意见。下午四点，我们的课程结束。
>
> 在我的本科四年中，豪沃思读了我写的许多诗，有时我用诗替代批判性分析文章。在这期间，他从来没有告诉过我他对那些诗或我这个诗歌作者的具体评论。我的作业发回来时，有他用铅笔整齐地写着的A……我感觉到了来自他的亲切鼓励，但也毫不怀疑任何其他的年轻诗人也从他那里得到同样的鼓励。[56]

在大四荣誉学位课程那一年之前，除了创意写作课程以外，库切只上过豪沃思英语三级这一门课程。该课程讲授的是16和17世纪的作家，大多数学生都觉得这门课很无聊。豪沃思会拿着他的笔记来上课，然后在课上将笔记上的东西读出来。这种上课方式与学生们所喜欢的菲利普·西格尔的讲课有着鲜明的对比。后者只会在笔记上写上几个要点，然后来课上即兴发挥，讲一首诗或一本小说。但库切觉得西格尔的风格有点像耍宝，他还是更喜欢豪沃思的专业上课方式。大四时，库切是唯一选修豪沃思的早期英语散文课的学生：

> 他们每周在豪沃思的办公室上一次课。豪沃思大声读讲课稿，他记笔记。讲过几次后，豪沃思干脆把讲课稿借给他拿回家自己看。
>
> 讲课稿是用色带已经很淡的打字机在脆而发黄的纸上打出来的，来自一个似乎存有包括了从奥斯丁到叶芝之间的每一个英语作家的文档的橱柜里。要想成为英语系的教授是不是必须这样做：阅读所有被社会承认的作家，就每一个作家写一篇讲稿？这要吞噬掉一个人多少年的生命？这对一个人的精神会有什么影响？[57]

虽然豪沃思被大多数学生认为是一个平凡的讲师，但却被像库切和乔迪·德莱弗这样的学生欣赏。他们感激这位老师对他们在创意写作方面的鼓励。库切对于笨拙尴尬的弱势者总是心怀善意，他觉得能理解这位温柔、和善的老师，他在那些不愿意听他课的法律或商科学生面前显得那么忐忑，他只是想传达诗歌的某种意义：

> 当他站在这些无聊、粗俗的年轻南非白人面前，用他那敏感、抒情的方式背诵诗歌，当诗达到了高潮，他的激动似乎传递到了脚趾，然后他停下来邀请我们思考诗这里的快行连续，那里的交错法。我的心在为他流血，但我一直保持与他的距离，希望他能明智一些。[58]

豪沃思专注研究两个互不相关的领域。他在悉尼大学上学时，学的是澳大利亚文学。他创立了杂志《南风》（*Southerly*），这本杂志现在仍然存在。他主编了企鹅图书版的《澳大利亚诗歌》（*The Penguin Book of Australian Verse*, 1958），为祖国他那一代人所创作诗歌的发展做出了贡献。他也是研究澳大利亚诗人肯尼斯·斯莱塞（Kenneth Slessor）的权威。除此之外，他继续了他在牛津大学的研究：从杂散的资料里收集文本。他的这门课可能是英语系最不受欢迎的，目的是让他的荣誉学位学生可以像他那样成为从事文学研究的专业人士。他自己在这方面的研究重点是17世纪英国剧作家约翰·韦伯斯特（John Webster）。他的戏剧作品有《白色恶魔》（*The White Devil*）和《马尔菲公爵夫人》（*The Duchess of Malfi*）。他专注韦伯斯特传记的创作，虽然该书已被剑桥大学出版社拒绝出版，但是他仍然沉浸于研究之中。库切后来在伦敦生活的几年中，曾帮助豪沃思做一些研究，到大英博物馆收集关于韦伯斯特的资料。豪沃思的专业研究聚焦在一个日益过时的领域，但是从学术上来讲，这些研究实际上在某些阶段还是很重要的。另外，由于他讲课风格不好，又与卡森一直存在分歧，因此他在英语系一直不被尊重。[59]

不过，有些学生确实欣赏豪沃思，特别是因为他的课程中包括了南非作家，如萨拉·格特鲁德·米林、罗伊·坎贝尔（Roy Campbell）、波林·史密斯（Pauline Smith）、威廉·普洛默（William Plomer）、劳伦斯·范德普斯特（Laurens van der Post）、艾伦·佩顿和纳丁·戈迪默。除了设立创意写作这门课程以外，他还与乔迪·德莱弗创办了杂志《文学杂记》（*A Literary Miscellany*），并安排每年从美国请老师来讲美国文学。在库切求学期间，来自美国的学者是得克萨斯大学的约瑟夫·琼斯（Joseph Jones）教授。这位老师在库切之后申请留学美国的奖学金时，成为他的一位重要的联络人。豪沃思对南非文学表现出谨慎的态度，这对库切也或多或少产生了影响，让他在创作中不要局限于某一种特定的事实：

J.M.库切传

现在和未来关于白人和非洲黑人之间的种族关系问题是如此的重要，以至于像佩顿这些作家在书中所描述的那样，可能暂时高估了一个地方或一段时间的重要性，在美国人看来，这些问题和美国发生的问题都是相似的。[60]

1960年4月12日，在另一个场合，豪沃斯对南非民族精神和政策法规的评论对库切的创作应该也产生了影响：

这个国家需要从殖民抗争和自相残杀的斗争思路中解放出来，当然如果这种思路可以出现的话。重新确立早期土著人和殖民者的界限比关注蒙昧主义与开化更重要。[61]

当豪沃思教授1971年辞职回到澳大利亚时，他创意写作课的一个学生，也是开普敦大学英语系高级讲师杰弗里·哈里斯奈普是这样向他致敬的：

豪沃思教授来这里[南非]创办了创意写作课，这门课程开设至今。它的影响力是不能用冷冰冰的统计数字来衡量的。但是可以非常令人高兴地看到的是，这门课的很多早期成员，现在在这一领域都表现得非常好。小说家C.J.德莱弗和诗人斯蒂芬·格雷（今年州级诗歌奖的获得者）就是两个例子。谁知道现在这个班年轻的学员们在未来会产生多么大的影响呢？[62]

库切也对豪沃思教授培养年轻作家以及在文学上的奉献表示了敬意：

很多年轻的南非作家都上过豪沃思的创意写作课，得到过他善意的帮助。很多人在努力取得成功。对于我来说，他让我知道，也许一个老师本身没有许多的内在价值意义可以传递，但他仍可以塑造他的学生，对他们发挥影响力。他是我遇到的第一个全身心投入文学研究的人。[63]

四

库切在学校试图借助语法、磁带和练习册，自学法语；虽然他在《青春》里说自学并不成功，但是他还是学到了足够的知识，足以流畅地用法语阅读。他学习西班牙语也没有遇到多大困难，但是学德语对于他来说是最容易的："在南非荷兰语［阿非利堪斯语］仍残留耳际之时，他感到德语的句法很熟悉。"[64]

库切不希望等他到了欧洲，显得像个来自殖民地乡间的愚笨文盲，所以之前他就大量阅读各种经典文学作品，其中包括福楼拜的《包法利夫人》，以及詹姆斯、康拉德和福特·马多克斯·福特的作品。[65]最吸引他的诗人是庞德。比起艾略特来，现在的他更喜欢庞德。在《荒原》的前言中，艾略特将庞德称作更好的匠人。他以休·肯纳（Hugh Kenner）所写的关于庞德的书为指导来理解"诗章"系列。庞德的信件也让他有所收获，特别是1915年1月写给哈里特·门罗（Harriet Monroe）的那封信，给库切留下非常深刻的印象，他将其大段地誊写在自己的笔记本中，这些段落对库切后来的文风有很大的影响：

> 诗必须写得像散文一样好。它的语言必须是美好的语言，用词正确且简洁。诗中不应该有书面语，不应该有模棱两可的话，也不应该有倒装的话。它必须像莫泊桑最好的散文一样简洁，像司汤达的文章一样强硬。
>
> 诗中不应该有感叹词。每个词都应有所指。当然人无完人，但是这种意图每个诗人都应该有。

节奏必须用得有意义。它不能只是一个粗心的使用，和词与意没有任何真正的联系。

诗中不能有陈词滥调、固定短语，或形式化的词语。诗歌必须精准，诗人必须把注意力集中在他到底要表达什么上。不论一首诗是两行，还是两百行，对于一个诗人的考验就是他是否有这样专注的能力，是否能用这样浓缩的能力一直写到诗的最后。

客观，再客观，表述不要遮遮掩掩，不要乱用形容词，不要用丁尼生式的语句。不要用任何做作的表述。每一个文绉绉的词，每一个书面语，都可能让读者失去耐心，从而无法感觉你的真诚。如果一个人真正感觉到了或想到了，他会尽量地往简单说。而只有一个人的慌张了，不淡定了，他才会觉得很容易——哦，那是多么容易！——写出那些我们已经读到过的书或诗歌。

语言来自于具体事物。不具体的泛泛的语言是懒惰的。那只是说话，而不是艺术，也不是创造。那只是作家反应上的，而不是作家的创造性的行为。"词语"通常是抽象的，我指的是他们在讲述诗歌的书籍中所谓的"词语"。唯一值得用的形容词是那些表达必不可缺的词语，而不是那些用来做装饰的词语。[66]

另外一篇对库切的创作产生影响的作品是艾略特所写的一篇关于约翰·德莱顿（John Dryden）的论文。库切将文章中的部分内容誊抄到他的笔记本中。艾略特对德莱顿在诗歌中对词语的高超控制能力感到震惊。与爱用花哨词语、言之无物的斯温伯恩（Swinburne）不同，德莱顿的词语使用相当精准，他能将事物具体化，而不是简单地指涉一下：

考利的诗，聪明人就可以写出来，德莱顿的诗只有真正的诗人可以写出来。他的诗没有众多诗歌所必不可少的惊喜的元素……德莱顿的杰出在于他的诗意能力……德莱顿的独特之处在于他有能力让小变大、让平淡无奇变得富有诗意，让琐碎变得气势磅礴……德莱顿有智力，也有一颗平常心。我们认为，他的能力不是比弥尔顿更强，而是比他更宽广……斯温伯恩也是一个用词高手，但斯温伯恩用词言之无物。他之所以言之无物，是因为他言之过多。而德莱顿的用词则很精确，那些词语涵盖无限，却不空洞无物。[67]

在开普敦大学，库切属于一个小的诗人圈子。该圈子包括乔迪·德莱弗，杰弗里·哈里斯奈普、丹尼尔·哈钦森和哈罗德·贾乌瑞克（Harald Jawureck）。他们的部分诗歌最早出现在豪沃思的创意写作课上。杰弗里·哈里斯奈普后来回忆说，库切对人际关系的处理是十分审慎的，有时也是令人不安的：

他会读几首短诗，通常都是T.S.艾略特或庞德风格，但是在随后的讨论中绝对保持沉默。他的沉默会让人感到不安，而他却沉默得特别淡定。[68]

所有这些学生最初写的诗，包括南非诗人布莱顿·布莱顿巴赫，都刊载在《格鲁特舒尔》或其他的学生刊物上。人们总觉得库切是一个孤僻、强调自己隐私的人，但是他在学校期间，与其他人打交道时，特别是对年轻的作家，是非常友善和乐于助人的。圈子里的其他成员都很佩服库切杰出的智力，他是这个圈子的中心人物，是领导型成员。德莱弗写道："尽管我们没觉得他会成为小说家，但是约翰绝对是一个非常聪明和有才华的人。我怀疑他自己当时是否看得到自己将会成为作家。"[69]他以一种安静的方式，发挥着他的主导作用。这一点可以从他为1959年的《文学杂记》所写的前言中看出来。他是这样评价豪沃思教授指导下的创意写作课程的：

该课程的目的一个是让学习文学的学生尽可能多地看到作家将面临的基本问题，另一个目的是鼓励年轻作家产生自我批评的意识。

所以学生分为两种类型：一种是为自己的作品找批判型的听众，另一种是通过倾听和批判，让文学有更多的活力。不论是作者还是评论者都感到受益颇大。特别重要的是，学生中的核心成员——那些对自己还不自信的新手已经获得了他们所需要的鼓励。

后来记者们描述的库切好像不是很好打交道，但实际上库切是一个非常睿智、幽默、让人喜欢的朋友。德莱弗和当时的女朋友简·帕里（Jann Parry，她后来在英国为《观察家报》写了多年关于芭蕾的评论）经常去库切在莫布雷的公寓探访他。库切是一个好厨师，那时候，大多数南非男人也就会在露天烤些肉，而库切做的煎蛋却非常好吃，即便过去50多年德莱弗依然记得。帕里是英语系一年级的学生，曾是库切做助教的那个班级的学生，好像也不知道如何去了解他或让他加入谈话之中。她在2010年3月8日的信中写道："我记得他说话轻声细语，很严肃的样子，长着棕色的大眼睛。"

1957年，库切在开普敦大学念一年级期间，没有在任何学生刊物中发表诗歌，但是在1958年至1962年间，他发表了五首长诗和一系列短诗，他将其称为"平凡小诗"。"平凡小诗"是献给"一位女士"的，带着温文尔雅的侠义风格，里面引用了很多神话和小警句，而这位女士似乎并没有表现出要回报他的感情或满足他的欲望。我们这位自我意识极强的诗人大声地宣称："你几乎不值得被编织到/我细腻的诗义之中。"在1958年的《文学杂记》中，库切发表了一首长诗，名为"情歌"（The Love Song），文字由古英语和现代英语交织而成。里面除了有一些自由体诗行以外，还有一些具有讽刺意味的韵律诗行。库切在这里也涉及莎士比亚，比如"没有任何意义"或"你没有阳光一般明亮的眼睛"之类，而标题和某些诗行（"那时候我该开口吗？/可是我怎么开始？"）让人不禁想起艾略特的《阿尔弗雷德·普鲁弗洛克的情歌》。这并不是一个浪漫情人向自己心爱的人诉说爱意，因为他知道，如果他那样做，她就成了"凡尘俗人"会慢慢老去、衰弱。他真有点像"哈姆雷特"，如此踌躇且自恋:"对着空无/诉说奇形怪状之事"。除了库切的一首短诗《从普罗丘拉至彼拉多》("Procula to Pilate")以外,同一期中还刊登了他写的一首长诗《阁楼》("Attic"),里面提到他所在的写作群体——"一个游荡着伟大诗人灵魂的区域"。在他改写《普鲁弗洛克》和《前奏曲》时,这些幽灵马上出现了:

> 雾并没有光临我们的窗棂,
> 它只是挡住了我们看烟囱的视线。
> 幽灵的音乐从未引导过,
> 古时旷野中的妇人。

1959年,库切在《格鲁特舒尔》发表《真相沉没》("Truth Lies Sunken")一诗。这首诗指涉了厄科和那喀索斯,并得到了当年到南非访问的路易斯·麦克尼斯(Louis MacNeice)的盛赞。诗的开篇很不错,它所创造的意境是一口锁住了真理的井,从井里散发出水声在水的表面泛起涟漪。这些涟漪向正在聚精会神地等待着的人类传达一个信息。罗德尼·埃奇库姆(Rodney Edgecombe)在一篇文章中引用了这个诗节,他认为库切通过这种表述,说明真理如同希腊的神谕,只有通过回音、嘲弄,或近乎羞辱的反应方式来回应,因为神谕不会提供直接明确的答复,它更倾向于谜语和令人沮丧的暧昧或晦涩:

> 真理陷在井底,
> 在我们呼唤时发出两个回音,
> 呼唤吧,就是在现在,呼唤吧。
> 看水中你的影像在颤抖;
> 站立;
> 站立,如果你不能呼吸,
> 观看,它会跟着你,

虽然在井底。

模仿着你的仪态。

因此，这些符号在向你闪耀，

反射着你更强的光芒；

所以，将我们的脸贴在水面上，我呼唤，

等待着我呼唤的回音，

收集着我们的流浪。

1959年库切在《文学杂记》上发表了一首三联诗《寒冷气候诗三首》（"Three Poems from a Cold Climate"）。在这首诗中他几乎是在写一首明确的爱情诗，虽然关于爱的表达仍然隐藏在意象之中：

如果现在你会爱我，

我们不应害怕

美洲豹，

因为在我们上方的

拱形，

是爱的象征。

如果现在你会爱我，

我们不应害怕

沙子，

因为在我们前面行走的，

将是一个拿着水罐的男孩

罐上镶着橄榄石，

那是爱的象征。

如果现在你会爱我，

我们不应害怕

石头，

因为在我们前面将站着

一个蒙面女子，

她的手中有一颗心，

心是碧玉制成，

那是爱的象征；

各种奇妙人物将来光顾

恋爱中的人。

    在1959年出版的《格鲁特舒尔》杂志中，库切发表了诗歌剧《最后的春天》（*The Last Spring*）中的两场戏。这是一部讲述塞万提斯笔下的堂吉诃德的诗歌剧，库切在大学毕业前便开始写，但最终并没有完成。在《青春》中，他写道："这个古老的西班牙人的思想离他太遥远了，他怎么想也没法进入其中⋯⋯"[70]

    在此期间，约翰遇到了一个人——菲利帕·贾伯。关于这个人，他在《青春》中没有提及，在后来写的《夏日》中也没有提及。菲利帕·贾伯出生于1939年12月13日，比库切大两个多月，高中就读于圣温贝赫女子中学，与库切同一年上大学。但是大学期间因为骑马事故，在三年级时辍学一年，当时在英语系做助教的库切给她辅导过英语二级课程。她有一个年长11岁的哥哥，叫塞西尔·贾伯（Cecil Jubber），是约翰内斯堡SABC电台广播剧制作人。他在公司里是一个比较有创意的人，在20世纪50年代，他的广播剧赢得了令人钦慕的意大利大奖（Prix Italia），但是后来，因为觉得工作条件越来越差，他的创作日渐减少，再也没有过去那些创造性作品出现。[71]菲利帕受哥哥的影响，学的是戏剧和表演专业，并在梅纳德韦尔出演莎士比亚戏剧，之后获得了教师文凭。她向库切介绍了阿努伊（Anouilh）和尤奈斯库（Ionesco）的作品，当时的戏剧学校经常研究并表演这些作品。可能是由于菲利帕的影响和鼓励，库切开始着手诗歌剧的创作。这是他唯一一次在该方面的尝试。但他很快发现自己为剧院创作的兴趣不大。菲利帕是一个黑发的美丽女孩，身材修长，眉清目秀，他们的约会渐多，最后成了很好的朋友和恋人。

1960年的一个傍晚，豪沃思教授邀请库切去他们家做客。他和妻子要去海外6个月，他们需要有人来照看他们的房子和其他事务。这意味着库切可以住进来帮着稍微打理一下，同时不用付房租。库切马上高兴地接受了这个提议。如果他不用再花钱租莫布雷的房子，他就可以节省更多的钱，更早地攒够去英格兰求学的费用。

库切住在豪沃思教授房子期间，丹尼尔·哈钦森发现了他幽默的一面，并在那时成为他的好朋友。之后当库切留学海外时，丹尼尔接替了看房子的任务。关于他看到的库切幽默的一面，哈钦森写道："他开玩笑不是戏谑、俏皮话，或让人出糗，而是反讽某种特定的窘境、令人尴尬的经历，或社会的谬误，这些都是常人所会面临的，总是有人占上风，有人占下风。他对人与人之间动态的权利变化、他们的动机和借口有着极为敏锐的洞察力，但他会把这种能力巧妙地隐藏起来。"[72]在豪沃思的房子里，他们分享了很多乐趣：

> 他记得在那房子里干过一些恶作剧，比如访客的车胎不知道怎么回事就瘪了，或者踏板被卸掉了。有一次，约翰和当时的约会对象（令人难忘的利西翠妲）为工程专业的学生举办了一个烛光晚会。他们一个接一个地被骗进黑暗的房间和衣柜，然后后门在他们身后砰地锁上。等他们满脸通红、恼怒地出来后，为了报复，他们偷偷地将楼梯上的地毯钉拔掉。豪沃思返回后，地毯滑脱，他重重地摔到地上，伤了脚踝，从此一直都需要用拐杖……我们每周都到镇附近的餐厅用餐，每人轮流挑选用餐的地方。（后来，他被诊断患有乳糖酶缺乏症，从而成为素食者。）有时我们开着他那辆破旧的小菲亚特车去看朋友。其中大多数是他的朋友，访友目的通常都很奇

怪，比如：去看某人耳朵后面那个存在了三周的黑点是否洗掉了，或者去验证另一个人是否仍然穿着风景图案的睡衣睡觉。

库切和同学一起吃饭或恶作剧从不涉及酒精滥用问题。在搬到豪沃思家的第一个月，他要和豪沃思来自新西兰的朋友和她3岁的女儿共处一栋房子。那位女士是一个酒鬼，一天晚上，她来到他的房间，提议上床，被他拒绝。之后他们就相互回避，"偶然碰上也是把目光转开"。在《青春》中，库切讲述这个情节，坚定地指出他反感酗酒和醉酒：

> 他此生还从来没有喝醉过酒。他憎恶醉酒。他提早离开聚会，就是为了躲避喝多了的人那结结巴巴的无聊谈话。在他看来，对醉酒驾车者的刑罚应该加倍而不是减半。但是在南非，人们宽宏大量地看待人在酒精作用下干出来的每一件过火行为。[73]

很可能是因为他父亲的酗酒和酗酒对他家庭生活的破坏性影响，库切终身滴酒不沾。乔迪·德莱弗在2009年5月1日的信中写道："我觉得库切家族的人有酗酒倾向，所以我欣赏约翰的原因不仅仅是因为他是一位作家，还包括他坚定的自律。"[74]

五

1960年，在修完英语荣誉学位课程之后，库切又申请了数学荣誉学位，他是通过开普敦大学的大学理事会特殊批准才得以申请英语与数理统计两个荣誉学位的。[75]到了年底，他英语荣誉学位的成绩是优异，数理统计荣誉学位是一等。 1960年1月数学系的S.史丘斯教授写了一份证明，大赞库切的学习能力和勤奋。他所选的十门课程中，五门的成绩是一等。史丘斯知道库切在二年级时可以很轻松地在纯数学课程中获得一等的好成绩，却不得不在三年级学习英语三级和纯数学三级课程的同时，另修一门一年级的课程：

> 学业量之大导致他无法兼顾两方面。就我所知，他今年年初的首要任务是学习英语三级课程，同时还要学数学。结果英语成绩得了一个一等，但数学三级课程的成绩却是二等。我知道他如果将时间花到数学上，也会得到一等的成绩，因为他并不缺乏数学学习的能力……库切先生是一个平和、勤劳的公民，并不爱出风头，几乎是默默无闻。然而，他的沉稳干练是常人所不能比的。对于一年级最差的学生，他可以用他的耐心和恰当的演示给以指导。所以，我不遗余力地推荐他做任何人的数学助理。

库切在完成英语荣誉学士学位课程后，豪沃思也给他写了一封充满赞誉的推荐信。豪沃思提到在选修他的课程的六个学生中，库切是唯一的一个认真研读整个课程——涵盖从1500年到当代的作家和作品，并能够回答出考卷中所有问题的学生。"他确实是1955年设立荣誉学位以来阅读最为广泛的候选人。"他还继续说，

> 库切先生学识渊博，表达完美独特。他有独立思维的态度。总之他是完全合格的英语专业学士学位（毕业时是一级）获得者，并有继续进行学术研究的潜力。
>
> 库切先生完全值得获得奖学金，所以我大力推荐此名学生，希望他能够得到此项奖学金，以便让他继续到国外大学进一步学习和研究。
>
> 另外，他完全可以胜任文学、编辑或其他学术职位。作为一个富有想象力的散文作者和诗人，他已经显示出卓越的才华。他成功地参与编辑《格鲁特舒尔》这本学生杂志，并曾协助我本人编辑和出版1959年的《开普敦大学员工和学生文学杂志》。他也有一定的

教学经验，曾承担过英语文学课程的教学任务，目前也正负责这一教程的大部分助教工作。如果可能，我建议他申请贵系的研究生助教职位。

从我个人角度讲，库切先生是一个值得尊敬并在各方面都可以信任的人。

我相信不论他将来的职业是什么，他都会取得巨大成功。

库切在1961年12月被授予数学荣誉学士学位。但毕业那天，他没有参加典礼，因为1961年12月15日，他已经登上了从开普敦开往英国南安普敦的轮船。

他离开的一个原因是南非政治局势的恶化，他随时都有被要求服兵役的可能。他中学毕业时，国防军要求在每三个白人男孩中征募一名服兵役，他曾有幸被豁免。但现在事情可能会改变，他可能在任何时候收到一封信，要求他某个早上九点到比勒陀利亚附近的兵营报到。"他面前只有一条路：逃走。"[76]但是，除了不愿当兵以外，库切还觉得他在南非所接受的学术训练，在各方面都还有所欠缺。在1984年写的一篇文章中，他是这样表述的：

> 在我待过的殖民地，我接受了传统的英语本科培训。也就是说，我已经学会了如何正确地朗读乔叟的诗句，辨别伊丽莎白式的手写体英文；我熟悉珍珠篇诗人，托马斯·莫尔（Thomas More）和约翰·伊夫林（John Evelyn），以及许多其他作家。我可以"做"文学批评，尽管我不清楚它与书评或礼貌地谈论书籍有什么不同。总而言之，这种高仿的牛津式英语研究，已经被证明是很沉闷的。[77]

他始终希望提高自己在文学方面的学术功底，而所学的数学知识让他有了谋生的手段。他痛苦地意识到自己在（前）殖民地的局限性，他向往大都市，希望在那里摆脱所有限制。他在《青春》中写道："南非是一个不好的开始，是个不利因素。一个平凡的农村家庭，不佳的学校教育，南非荷兰语［阿非利堪斯语］……"[78]在《夏日》中他这样写，阿非利堪人统治着南非，"会说一种孑遗于世的语言，他们不赞赏1945年以来扫荡老殖民世界的多种强势力量"。[79]

对于库切来说，地球上只有两个或三个地方可以让他充分感受生活，一个是巴黎，情爱与艺术之都；一个是维也纳，逻辑实证主义之城，有勋伯格（Schönberg）的十二音音乐和弗洛伊德的心理分析，第三个城市则是伦敦。但是，他发现他的法语水平不足以让他留学巴黎，而维也纳属于犹太人，他们要返回那里，争得他们的生存权。于是就只剩下了伦敦，南非人去伦敦是不需要签证的，而且那里也说英语。此外，这里是艾略特和庞德曾经生活过的城市。

1961年11月20日，他拿到了一本南非护照，并在12月坐船离开开普敦奔向南安普顿，然后从那里乘水陆联运列车到达伦敦。他还不知道等待自己的是什么；他曾很喜欢百鸟喷泉农庄贫瘠的土地，他还未能预见伦敦的冬季会如何影响他；他也不知道一个来自"殖民地"的人，尤其是知识分子，在这个英国的首都往往是一个孤独的局外人。

英国间奏

(1962—1965)

第5章
伦敦与布拉克内尔

（1962—1965）

一

约翰·库切1962年抵达伦敦的时候，与其他年轻人，包括英国本土的年轻人相比较，有着智力上的优势。但是他知道自己在殖民地所受的学术训练也存在劣势，他把自己看成一个"身在大英帝国、处于弱势和社会边缘的青年知识分子"。[1]他在许多方面，特别是情感上，还是新手。当时他只有21岁，他的生活经验主要来自于书本。但是他是一个有进取心的人，希望"抖掉脚下乡野的尘土"。[2]后来，在《彼得堡的大师》（*The Master of Petersburg*，1994）一书中，他将这种情感投射到主人公陀思妥耶夫斯基的身上：

> 人们年轻的时候对周围的一切都觉得烦。人们烦自己的祖国，因为祖国好像老旧没劲。人们要求新景象，新思想。人们以为在法国、德国或者英国能找到未来，而自己的国家太沉闷，不可能找到。[3]

在第一次世界大战之前，维也纳是施特劳斯家族的居住地，他们的华尔兹被认为是哈布斯堡宫廷风格与魅力的象征。20世纪20年代，随着海明威、毕加索、菲茨杰拉德和乔伊斯的到来，巴黎成为文化的桥头堡。到20世纪40年代中后期，它又成为战后艺术家和知识分子的学术圣地，他们在那里探索新的哲学运动，比如存在主义，还尝试不同的艺术形式，从超现实主义到荒诞剧不一而足。伦敦是20世纪50年代末和60年代初赶上来的。虽然直到1966年，《泰晤士报》上才刊登了那篇著名的文章，将伦敦称为"摇摆之城"，之前那个寒冷、正统的英国首府在1962年时已经发生了不少根本性的改变。这个城市21岁以下年轻人有500万，他们中的一些被垮掉派诗人和剧院中的愤怒青年所鼓动，正在推翻英国社会的传统。

继保守党内阁部长约翰·普罗富莫（John Profumo）因为性丑闻而下台后，保守党的统治也暂告一段落。1964年，工党的哈罗德·威尔逊（Harold Wilson）在竞选中险胜。当时他年方五十，是有史以来最年轻的英国首相。1965年1月24日早晨，正是星期日，温斯顿·丘吉尔逝世，整个英国陷入悲痛之中。他的遗体被放置在威斯敏斯特大厅三天，320万人排队几个小时，向他致敬。1965年1月30日星期六，丘吉尔的国葬仪式在圣保罗大教堂举行，之后他被埋葬在布伦海姆附近。英国历史学家多米尼克·桑德布鲁克（Dominic Sandbrook）认为"这是近十年来国内发生的最重大的事"[4]，但也是一个历史的转折点。帕特里克·奥多诺万（Patrick O'Donovan）在丘吉尔葬礼后第二天在《观察家报》发文指出：

这可能是最后一次发生这样的事情了。……伦敦最后一次作为世界的首都。这是在哀悼一个帝国的过去。这标志着伟大英国的结束。

《时代周刊》是这样描述20世纪60年代英国首都所面临的变化的：

伦敦已经出现摇摆，其深刻的意义远远超过流行文化本身的丰富多彩。伦敦已摆脱了过去的那种嚣张气焰，那种妄自尊大和长期以来一直保持的特权感和自豪感。这是一个令人耳目一新的变化，而让人看到这一点的正是伦敦人那特有的庆祝方式。[5]

按照《青春》的描述，库切这个在学校时完全不喜欢摇滚乐的人，也开始饶有兴趣地观察街头和地铁中的年轻人：长发男子，"穿黑色窄腿裤子，尖头皮鞋，有许多纽扣的盒子形的紧身上衣"；女孩则"来自世界各地：以服务交换免费食宿的互惠姑娘，学语言的学生，或就是来旅游的。她们的头发从两侧耷拉下来盖住面颊，眼睛涂黑色眼影，神态温文神秘"。[6]

在《男孩》里就有记述，库切自从16岁以来，就对女性和她们神秘美丽的光环感到着迷。他很疑惑且不满地发现英国在试图模仿美国的音乐和来自美国的最新潮流：

通俗报刊上登载着音乐会上大声尖叫的女孩子的图片。头发长及肩膀的男人用装出来的美国口音又是喊叫又是低诉，然后把他们的吉他砸烂。他简直无法理解。[7]

库切对于城市尘嚣的态度是退出，而不是参与。他不去妓院和酒吧，在一家名叫昂角街角的小饭馆里吃便宜又管饱的餐食。库切的另一个变体——伊丽莎白·科斯特洛在2003年作品中讲述的经历很有自传性："但就是这个女人，四十年前，日复一日，把自己藏在罕普斯戴德的卧室兼起居室里，自言自语；傍晚时分，她慢慢地出去，到雾蒙蒙的大街上，去买她赖以为生的鱼和油煎土豆片，夜里则和衣而睡。"[8]

库切所在的英国社会珍视个人的自由与国家的自由，这与他所离开的南非是不同的。英国是第一个向西印度群岛的殖民地公民敞开国门的西欧国家，以至于伦敦这个城市的人口状况已在逐渐改变，而有时这个改变是英国人所不愿意看到的。库切在报纸上读到诺丁汉和诺丁山的种族骚乱，但是他至多只是一个观察者，而不是一个参与者。

在国际大环境下看，20世纪60年代是一个动荡的年代。1961年，共产党建起柏林墙，阻止难民流入西方。比利时属刚果于1960年获得独立，其他非洲国家纷纷效仿。刚果独立后的动荡拉开了20世纪60年代其他形式的暴力行为的序幕。1962年法国总统戴高乐被迫在殖民地阿尔及利亚停火，并与被取缔的政府进行谈判。美国自由主义者约翰·F.肯尼迪在1961年当选为第35任总统，却在两年后被暗杀。

《青春》中并没有反映这些事件。不过库切确实提到了核裁军运动在伦敦市中心组织的游行，反对在英国奥尔德马斯顿（Aldermaston）建立原子武器基地。

库切表达了他的困惑：英国总是与美国人站在同一边对抗俄罗斯，而自1854年以来，就他所知，在所有战事中俄罗斯一直都是站在英国一方的：

> 又不是英国人真喜欢美国人。报纸上的漫画家总是挖苦美国来的旅游者，抽着雪茄，大腹便便，身上是印花夏威夷衬衫，挥舞手里攥着的大把美金。依他之见，英国人应该效仿法国人，退出北大西洋公约组织，让美国人和他们的新朋友西德人去抱着他们对俄国的怀恨不放好了。
>
> 报纸上满是关于核裁军运动的消息。报上刊登的骨瘦如柴的男人和头发蓬乱、相貌平平的女子挥舞着标语牌喊口号的照片，没有使他先入为主地对核裁军运动有好感。另一方面，赫鲁晓夫刚刚实现了一招战略高招，在古巴建立了导弹舱以对抗包围俄国的美国导弹。现在肯尼迪威胁，如果俄国导弹不从古巴撤出去，就要轰炸俄国。核裁军运动鼓动人们反对的是美国在英国的基地将会参加的核攻击。他不能不赞同他们的立场。
>
> 美国的间谍飞机在俄国货船横跨大西洋向古巴行驶时拍摄了照

片。美国人说货船运载着更多的导弹。在照片上导弹——防水帆布盖着的模糊的外形——用白色圈了起来。在他看来这些形状也完全可以是救生艇。报纸对美国的说法没有任何怀疑，这使他感到惊奇。

觉醒吧！核裁军运动的人叫喊道，我们正处于核灭绝的边缘。这会是真的吗？他想每个人，包括他自己在内，都会灭亡吗？

他去参加了在特拉法尔加广场举行的核裁军运动大会，小心地待在外围，以表示他只是一个旁观者。这是他第一次参加群众大会：挥舞拳头，喊口号，总的来说是在煽动情绪，使他反感。他的看法是，只有爱和艺术才值得无保留地为之献身。

群众大会是核裁军运动的坚定分子一个星期前在奥尔德马斯顿城外英国原子武器基地开始的五十英里大游行的高潮。几天以来，《卫报》一直在刊登湿漉漉的游行者行进中的照片，现在，在特拉法尔加广场上，人们心情很沉重。他听他们讲演时渐渐明白，这些人，或他们之中的一些人，确实真的相信他们说的话。他们相信伦敦将会受到轰炸，他们相信大家都会死去。

他们正确吗？如果他们是对的，那就显得太不公平了，对俄国人不公平，对伦敦的市民不公平，但是对他最不公平：由于美国的好战，他将被烧成灰烬……

跳出油锅又落进了火坑！多么大的讽刺！逃脱了要抓他壮丁的南非白人和要把他赶进大海里去的黑人，结果发现自己在一个不久将被烧成灰烬的岛屿上。他生活的是个什么样的世界？人在哪里才能找到没有狂热政治的地方……

群众大会结束了。他回到自己的房间……

几天以后危机突然过去了。在肯尼迪的威胁面前，赫鲁晓夫投降了。货船被命令掉头返航，已经在古巴的导弹被拆除了。俄国人提供了一种形式的话语来解释他们的行为，但是他们显然丢了面子。从这一历史事件中，只有古巴人胜出。他们毫不气馁地说，不管有没有导弹，他们发誓要为保卫自己的革命流尽最后一滴血。他赞成古巴人，赞成菲德尔·卡斯特罗。至少菲德尔不是一个懦夫。[9]

虽然库切一再宣称，他希望能够超越殖民地出身者心态，做一个世界公民，或至少做个英国大都市的市民，但他仍然关注南非的动态。他意识到，没有人能逃脱出身——他至少部分地属于南非白人。20世纪60年代，在国民党的统治下，南非变得越来越孤立。1960年2月，英国首相哈罗德·麦克米伦在开普敦议会发表了他的题为"风向变化"的演讲，表达了他对南非"独立发展"政策的忧虑。他表示，英国接受民族解放运动和非洲国家独立斗争的现实，英国将促进英属殖民地的政治解放，并从非洲大陆撤出。在全民公决中，南非白人选择共和政体，H.F.维沃尔德总理带着南非离开了英联邦，因为后者对南非的内部种族政策表示强烈反对。联合国和世界基督教协进会（World Council of Churches）多次对南非实行的种族隔离政策进行了激烈的批评，南非被各种国际组织和体育机构拒之门外。在南非境内，种族隔离政策同样受到强烈批判，这些批判首先来自说英语的神职人员，接着是荷兰归正会，律师和哲学家也表达了反对态度。政府宣布国家进入紧急状态，来对付黑人民众的动乱，动员警察和公民力量进行反击，限制人身自由，未经审判就可以拘留公民。

关于南非被排除到英联邦之外以及英国对南非政权的态度，库切这样写道：

> 作为南非人，现在待在英国不是个好时候。南非表现了巨大的自我意识，宣布自己是一个共和国，很快被开除出了英联邦。开除所包含的信息是清楚明确的。英国已经受够了布尔人和布尔人领导的南非，一个从来麻烦多于其价值的殖民地。[10]

按照《青春》中的记述，库切在写给母亲的信中，对南非发生的动乱、警察对黑人的暴力和政治犯所谓的自杀表达了极为愤慨的态度：

> 俄国人不应在联合国发表一个又一个的演讲，而应该立刻入侵
> 南非……他们应该派伞兵降落在比勒陀利亚，俘虏维沃尔德和他那
> 帮人，把他们靠墙排成一排，枪毙他们。
>
> …………
>
> 南非是他无法摆脱的沉重负担。他想除掉它，他不在乎怎么个
> 做法，除掉了以后他才能够开始呼吸。[11]

库切在英国期间，46岁的纳尔逊·曼德拉被判处无期徒刑，另外还有他七个南非非洲人国民大会（简称非国大，ANC）同事都被指控在境外力量的协助下招募和培训人员，准备发动战争和阴谋侵略共和国。在法庭上四个小时的陈述中，曼德拉没有谈论黑人的民族主义和国际社会主义运动，而是希望南非创设新宪法，形成新的态势，消除种族界限和阶级差别，致力于经济整合，允许民营企业的发展。

剧作家阿索尔·富加德（Athol Fugard）在写给他住在伦敦的朋友玛丽·本森（Mary Benson）的信中是这样看待曼德拉和他同伴的入狱的："这个可怜的、无望的国家还曾有过更丑陋的时刻吗？这种不公正的污点在这个世界上还能印得更深吗？我想不可能了……是的，南非是丑陋的，她是如此丑陋，连真正爱她的人现在都开始恨她了——这是个悲剧！她从来没有像现在这样更需要爱。"[12]

在《青春》中库切并没有对里沃尼亚审判和非国大成员被判刑的事做出评价，也没有谈论过1964年6月13日非国大同情者从布莱顿到伦敦的夜晚游行。那次，被告确实已被判有罪，并可能被处死。不过后来，库切在《纽约书评》评价一本有关曼德拉的书时，对此事做出评论。他说，如果南非政权在20世纪50年代已与非国大达成谅解，那么出现的将是一场由小资的社会民主党领导的和平主义者运动。结果，政府将其定性为颠覆性运动，领导人是国际共产主义的工具。这步棋让南非、特

别是南非白人，最终付出了沉重的代价。[13]

　　库切是摆脱不了南非的。举例来说，如果他想申请英国公民身份，需要到南非办公室去办理。他通过什么来申请身份呢？他既不是难民，也不能说自己是难民。他们不会接受他是被压迫的说法，或者说，他不想返回到南非是出于无聊，或者是因为那里的道德价值观已经崩溃。他们会接受他说那是因为耻辱吗？因为他的父辈在种族隔离制度下耻辱的历史，让他想逃离自己的国家？

　　他对南非的矛盾感觉又回来了。虽然南非是他"内心的创伤"[14]，他不能无视自己祖先的坚韧与无畏，还有他们曾在卡鲁流过的汗、吃过的苦。他的祖先不是为了欢笑快乐而生的，他本人也不是。在大英博物馆的阅览室里，他读到早期开普开拓者的探险笔记，看到熟悉的南非地名，他感到一种亲和力，并意识到，"他读到的是他的国家，是他心中的国家"。他问自己："爱国精神，开始折磨着他的是爱国精神吗？他是不是在证明自己没有祖国不可能生活？"[15]

二

　　离开南非去伦敦时，库切已经计划好用他的数学背景找一份工作，有一份稳定的收入后，就可以有时间去开展自己的写作计划。他在写作生涯一开始就意识到，仅凭写作是无法生存的。因此，他向卡夫卡、艾略特和华莱士·史蒂文斯这些先辈学习，先找一个安静的办公室安顿下来，再利用空闲时间来提高文学素养，并坚持写作。

　　起初，库切与另一个来自开普敦的朋友保罗住在一起。他住的是一个单间，配备了燃气灶和水槽，但只有冷水。他尽管打算通过数学技能获得收入，但只申请了代课老师的工作，并对这工作没有兴趣。后来，他成功地申请到了罗萨姆斯特德农业站的工作，在那里用一台计算机进行数据分析。但是，当他得知自己必须住在农业站，而这样可能会错过诗歌朗诵会、电影、与伦敦诗人和画家的聚会，甚至恋爱的机会时，他拒绝了这份工作。

后来他在报纸上偶然看到了IBM公司招聘计算机程序员的广告，于是，他便去了这家行业里最大，显然也是最好的公司求职。经过一系列面试和智商测试，几天后，他就得到了这个年薪700英镑的工作机会——在伦敦西区中心牛津街附近的纽曼街的办公室里做程序员。他是第一代计算机程序员，坐在巨大的霍尔瑞斯机器前工作。虽然工作时间是朝九晚五，但他发现公司的男性员工往往很晚还留在办公室里，很少会在晚上十点前回家。他与另外九个同事共用一间办公室，里面摆放的都是灰色家具。同事中有一个新西兰女子，年轻貌美，还有一个年轻的伦敦男子，名叫比尔·布里格斯（Bill Briggs）。午饭时，他和他们会有一些交流。每月有了固定收入后，他有了经济能力在北伦敦牌楼路附近租了房子，在那里他可以吃自己做的饭了：燕麦粥、苹果、面包、奶酪和香肠，有时可以见到其他房客。

至于娱乐方式，库切会去罕普斯特德的人人电影院，看安东尼奥尼（Antonioni）的电影，其中一部名叫《裂片》（L'Eclisse），意大利女演员莫尼卡·维蒂（Monica Vitti）在里面扮演在一个日照过度、被遗弃的城市的街道上彷徨的女人。他幻想着她那"完美的腿、性感的嘴唇和心不在焉的神情"。[16] 他也看英格玛·伯格曼（Ingmar Bergman）的电影，如同报纸所评论的那样：寂寞的人物，时刻面对着核毁灭的恐惧或上帝死后的不确定性，虽然《观察家报》认为，人们对这些担心并没有太认真对待，认为那些感觉是"生活在北欧漫长的冬天、晚上过量饮酒和宿醉的结果"。[17] 库切很喜欢英国广播公司（BBC）三台的节目，里面会讲到艺术发展的新方向，如最新的美国诗歌、电子音乐和抽象表现主义等。他听到了以前从未听到过的音乐，也了解了很多有价值的讲座和讨论。例如，他从一系列讲俄罗斯诗人约瑟夫·布罗茨基的节目中了解到，布罗茨基曾被判处在冰天雪地的北方服五年的苦役，罪名是社会的寄生虫。通过英国广播公司的节目，他也知道了英格堡·巴赫曼（Ingeborg

Bachmann）和波兰诗人齐别根纽·赫伯特（Zbigniew Herbert），他们的作品"再一次告诉他诗歌可以是什么样子的，因而他自己可以是什么样子的"[18]。他听到了勋伯格和贝尔格（Berg）的音乐，也头一次听到安东·冯·韦伯恩（Anton von Webern）的音乐。他到泰特美术馆参观抽象表现主义艺术家作品展览。他站在杰克逊·波洛克（Jackson Pollock）的画前足足一刻钟，却不知道作品要向他表述什么。但是，在另一个展厅，他深深着迷于一幅画：白色的背景上，仅有一个长方形的黑色色块。这是罗伯特·马瑟韦尔（Robert Motherwell）的《西班牙共和国的挽歌》（*Elegy for the Spanish Republic*）：

> 它的力量是从什么地方来的？这既不像西班牙也不像任何别的东西的不规则的形状，却在他内心激起了丰富的神秘的感情。它并不美，然而毋庸置疑地表达了美……这个力量是不是和使他的心在看见一个女人而不是另一个女人时狂跳一样的力量？《西班牙共和国的挽歌》和存在于他灵魂之中的某种幻象是一致的吗？那么将会成为他的命运的那个女人又怎样呢？[19]

库切在周六逛书店、美术馆或电影院。每逢星期天，他先在自己的房间里读《观察家报》，然后在汉普斯特西斯公园散步，或再观看一部电影。他在查令十字街上的书店浏览，那里一直开放到晚上六点。福伊尔书店号称出售地球上的每一本书，实际上那里很让他失望。他更喜欢高尔街的迪龙斯书店，在那里，他找到了一些小众的诗歌杂志：

> 他每样买了一本，把这堆杂志拿回家里专心阅读，力图弄明白谁写了什么，如果他也想出版东西的话，什么最适合于他。
>
> 英国的杂志里面主要都是关于日常思想和经历的令人感到气馁的一般性小诗歌，半个世纪前这种诗歌不会引起任何注意。英国诗人的雄心壮志到哪儿去了？……难道他们没有从庞德和艾略特，更

不要说从波德莱尔和兰波、希腊讽刺短诗家、中国人那儿学到什么吗？[20]

难道这些年轻的诗人不学习艾略特的"客观对应物"和他远离自我的写作戒律吗？库切的数学背景促使他很欣赏休·肯纳在一本关于庞德的书中所说的话：

> 诗是一种带有灵感的数学，它会给我们方程式，但不是抽象的数字、三角形、球体什么的，而是人类情感的方程。如果一个人的头脑倾向于魔法，而不是科学，那他会喜欢讲这些方程式的咒语，它们听起来更玄奥、更神秘、更高深。[21]

逛过书店后，库切可能会加入星期六晚上狂欢的人流，假装在外流连或去约会。不过，最终，他还是要坐地铁回到牌楼路他孤寂的房间里，问自己："那么他在英国干什么？到英国来是犯了一个大错误吗？换地方是不是太晚了？"[22]

如果《青春》讲述的内容可信的话，年轻的库切是郁闷的，正试图在寒冷的、迷宫般的伦敦寻找出路，正致力于创造伟大的艺术理想，等待完美的神秘女性来点燃他男性神圣的艺术火花，开始他的艺术生涯。在千篇一律的牢笼般的计算机编程生活中，他和许多女性发生性关系，但获得的只是生理的满足，并没有激情。按尼采的话说，他必须拥有艺术，才不会被真相击垮。他梦想着自己能成为像庞德一样的诗人，但是却发现自己处在一个创作和心理的僵局之中。他在惨淡的天气中，漫步在伦敦惨淡的街头，无人相约，无从交友：

> 他沿着大拉塞尔街跋涉到托特纳姆大院路，然后往南向查令十字街走去。在人行道上的人群中，多数是年轻人。严格地说，他和他们是同时代人，但是他却没有这种感觉。他感到自己已是中年，

过早到了中年：那些苍白、谢顶、筋疲力尽的一碰皮肤就会起片剥落的学者中的一个。但深层的他仍是一个孩子，对自己在世界上的地位十分无知，充满了恐惧、不知所措。他为什么会在这个巨大而冷漠的城市里，在这里，仅仅为了能活下去就意味着需要永远死命拼搏、力求不要倒下？[23]

在地铁上，他有意地读着诗集，希望有女士可以看到他那少有的艺术品味，但希望总是落空。

他收到开普敦大学的一封信，通知他，因为成绩优异，他获得了200英镑的克罗尔研究生学习助学金。用这笔钱在英国大学学习是不够的，所以他申请在异地完成开普敦大学的英语硕士学位，由盖伊·豪沃思做他的导师。他打算写关于庞德的《诗章》的论文，但最终决定写福特·马多克斯·福特（Ford Madox Ford）的小说。庞德认为福特是最伟大的散文作家，但被文学界所忽略。在读过五本福特的小说之后，库切完全同意庞德的判断："福特的复杂、时间上交错排列的情节，和他随意做出的、毫无雕琢痕迹加以重复的暗示，这些在许多章以后显露出是一个重要的主题的暗示在创作手法上之巧妙，都使他倾倒。"[24]他花了许多个星期六，以及大英博物馆阅览室夜间开放的两个晚上，研读了福特的所有作品。他觉得福特的早期作品是令人失望的，很难从中找出杰作。福特的《汉普蒂·邓普蒂先生》（Mr Humpty Dumpty）是如此乏味，以至他读着都快睡着了。他唯一擅长做的事似乎就是应对痛苦：

> 他能够引上身并且承受的痛苦似乎是无限的。甚至在这样的时候，当他沉重而缓慢地、无目的地在这个外国城市的寒冷的街道上行走，仅仅是为了把自己走得筋疲力尽，以便回到住处以后至少能够入睡，他都没有在自己心里感到哪怕是最微小的、在痛苦的重压下垮掉的倾向。痛苦是他的生存环境。他在痛苦之中犹如鱼儿在水里那么自在。如果废除了痛苦，他就会不知道该把自己怎么办。[25]

有证据表明，库切在伦敦的经历并不是完全像《青春》里所说的那样一直忧郁和痛苦。在接受记者乔安娜·斯科特（Joanna Scott）的采访时他表示，从数学领域以及与之相关的程序员工作中，他也发现了一定的喜悦，并乐在其中：

> 数学是一种游戏，智力游戏。我对数学的应用——那些将数学应用到工作中的方式——从来就不太感兴趣。对我来说，游戏是人类的特征之一。我用怀疑的眼光看"工作"这个词。当人们谈论自己的工作时，我问自己：以工作的名义，有什么要被出卖，被牺牲？[26]

使用计算机工作还教会他更简洁、更浓缩的表达方式：

> 我花所有的时间去写系统程序……好处就是精练。人们都会很合理地希望程序员在结束一天的劳动时，可以完成五行代码。这五行指令将非常巧妙地以自己的方式节省空间和时间。这对二十出头的我产生了很大的影响。每天写几行的观念，让那个年轻的我习惯了花费无尽的时间去修改和削减，而这正是我写作的方式。[27]

这期间，库切也劝他的弟弟大卫来伦敦尝试新闻工作。大卫曾就学于开普敦圣约瑟和隆德伯西男子中学。由于经济原因，大卫不得不中断学业，到帕丁岛的羊毛局工作。其间，他利用业余时间在米氏艺术学院学习，打算做一个艺术家。但他最终放弃了这个打算，这让母亲维拉很欣慰。和他的哥哥一样，他是一个很能干的人，心灵手巧：他可以把一辆汽车拆了，然后重新组装。他花了很短的时间就学到了一个修车师傅的全部手艺。周末，他同不同肤色的年轻人混在一起醉酒，生活很不着调，在法律的边缘行走。按照他自己的说法，交白人女朋友、从事"白人"的职业、过"正常"的中产阶级生活，对他来说意味着自己被种族隔离所劫持。他回到开普敦大学师从非洲研究教授杰克·西蒙斯（Jack Simons）。但最终这位老师被认为是共产主义者，不得不放弃自己的工作，并离开了南非。[28] 大卫在1965年也离开了南非，绕道希腊到达伦敦，成为一名记者，后来得到了北伦敦报业的一个重要职位。因为两个儿子都在伦敦，维拉在此期间来到英国。

在IBM工作之余，库切通过在大英博物馆的阅读来扩展他的文学知识。除了阅读福特·马多克斯·福特的小说以外，他也读到了塞缪尔·贝克特中期的小说，从《瓦特》到《无名氏》。他写道："我一遍又一遍地读那些书。那种反复的文本细读几乎影响到一个人说话甚至思维的习惯。"[29] 他也阅读了很多亨利·詹姆斯和D.H.劳伦斯的小说，不过劳伦斯小说中的女性人物让他感到不安，他从未成为劳伦斯派的成员。住在伦敦期间，他写了大量的诗歌，另外还写了一篇故事，但没有写任何散文。

在《青春》中，库切只是淡淡地提到他写的诗歌，这些诗都不曾在杂志上发表，也没有保留。但是1963年4月，他确实在开普敦大学戏剧社出版的杂志《狮子和黑斑羚》中发表了一个有趣的实验性创作，表明他在做电脑程序员期间所做出的成绩。该诗也曾发表在《开普敦时报》上，标题是《电脑诗》（"Computer Poem"）：

> 黎明，鸟，一条小溪，一个平静的早晨，
> 你站在树木之间，孤独又紧张。
> 你哭过。
> 夜晚你不在我身旁，
> 恐惧，迷茫
> 在猫头鹰和黑人之中，
> 渴望暴力。

库切这样描述该诗的成因：

J.M.库切传

这首诗是在伦敦西一区纽曼街58号的1401号计算机生成的，后由我编辑。我在编辑中试图尽可能少地减少那些"独创性"诗句（就电脑版本和编辑版本的关键词而言），但是如果没有我的编辑，（用我设计的程序）生成的电脑诗歌将很简单、很无聊。

　　我使用"简单"这个词的意思是，如果用一个更复杂的程序，现在大多数编辑能做的工作都可以由电脑来做。这包括规划诗句的结构，选择相应语词，并从最终产生的数据中筛选。显然，在低级别的复杂程序的使用中，还需要有基本评判能力的编辑来创造诗歌。总之，我为本诗设计的程序如下：

　　1. 结构：这首诗由八部分基本陈述组成，每个陈述都基于以下模板：

你躺	现在时动作
在床上	地点
单独地	过去时动作
你思考	现在时动作
在卧室里	地点
阴沉地	方式
无望	方式

　　这里的每一个陈述的初级形式都没有"你/我/他们"，这些人称是随机添加的；然后再随机（有点玩世不恭地）插入带有自然性质的描述。

　　2. 词汇：如果编辑懒惰但很明智，他会迅速选定一个生活区域，找出这一区域的几个关键词，然后使用罗杰特词库提供四种——表示动作词汇，表示地点词汇，表示方式词汇，玩家随机的自然性质词汇。这里所选择的生活区域是和个人疏离的。词汇总计约800字。

　　3. 选择：电脑根据被提供的词汇、诗的结构和程序生成诗歌，直到所有的词汇用尽，也就是去说，直到用词汇和结构所能生成的所有可能的诗都已经写入。编辑通读所有已经打印出来的诗歌（在这种情况下，以每分钟75首诗的速度生成2 100首诗），做出选择和删减，最后发给出版编辑。

在一篇发表于1968年的文章中，杰弗里·哈里斯奈普以幽默诙谐的笔调回忆了在盖伊·豪沃思创意写作聚会上是如何朗读和讨论诗歌的。他用一位名叫博费德福莱德·琼斯（Perfeddwlad Jones）的人物来影射库切——一个喜欢酸奶、鸡蛋，笑容高深莫测的家伙，"像霍迪尼（Houdini）①一样神秘"。他还提到了库切的电脑诗：

> "你可能不知道，"他说，"一台电脑可以将我们不同的经验关联起来。能生成这种例子的机器起码有350 000的内存。"
> "你的意思是它确实能写作吗？"汉娜急切地问道。
> 这给了博费德福莱德一个机会可以显得像德尔斐神谕一样高深莫测。他悄悄地说："这取决于你所说的写作是什么意思。"
> 他接着解释说，自己已经将所有必要的数据输入到机器中，并指令它写一首激情诗。如果不是那么正统地想，创作的结果可以被看作是一部简洁的杰作：

> 我的红色嗝（hic）
> 在树的蓝色阴影中
> 我们堆砌（caboobled）着
> 迷人的嗝花。

> 博费德福莱德赶紧向我们保证，他绝对没有使用一台喝醉酒的

---

① 美国著名魔术师、遁术师，20世纪早期以能从各种镣铐和容器中脱身而成名。

电脑。"hic"只是一个技术故障。"Caboobled"应该拼写为"consid-
ered（考虑）"。

他总结道："使用这种方法，我们可以超越詹姆斯·乔伊斯的自
由联想和意识流文学流派。"这里面有无数的可能性。[30]

库切在伦敦除了写诗以外，还在短时间内完成了关于福特·马多克
斯·福特的硕士论文，这进一步证明，他在《青春》中说自己在英国期
间一事无成，是不对的。论文题目是《福特·马多克斯·福特作品，特
别是小说作品研究》，于1963年11月向开普敦大学提交。

福特在20世纪初与约瑟夫·康拉德密切合作，早期创作的都是轻
小说和历史小说。他早期创作的最高成就是《好兵》（ The Good Soldier，
1915），内容来自作者本人的经历和苦难，库切在论文里将这部作品描
述为"英文作品中最好的纯数学文本"。小说详尽叙述了四个人的生活
经历，他们一起和谐友善地居住了十余年，但小说的结尾处透露出完全
不同的实情。福特比较在意要在正确的地方使用正确的词语，字斟句
酌，所有元素要完全整合。这为库切后来的文学创作提供了范例。

论文结构严谨，引用翔实，对作者背景足够重视，这些特点也体现
在库切后来为《纽约书评》写的文学评论中。该硕士论文显示出他是一
个成熟的文学评论者。下面的硕士论文节选显示了库切早期完美的写作
技巧，以及他进行评论时的自信：

直到最近，美国以外的国家对福特·马多克斯·福特的介
绍似乎仍停留在文学教科书中的脚注上："康拉德还与F.M.惠弗
（F.M.Hueffer，福特曾用名）合作了三部作品。"去世23年后，福特
依然被含糊地称为亨利·詹姆斯的拉斐尔前派[①]朋友、一位美国纯

----
① 1848年在英国兴起的美术改革运动，目的是为了改变当时的艺术潮流。他们认为拉斐尔时代以前古典的
姿势和优美的绘画成分已经被学院派的教学方法所腐化，主张回归到15世纪意大利文艺复兴初期画出大量
细节并运用强烈色彩的画风。

文学作家或庞德曾短暂迷恋过的作家。他的书根本无人关注。

　　除了上文所提到的，完全被忽略的命运对于这位优秀的作家来说有些不公平。他出生于一个著名的拉斐尔前派家庭；17岁时就发表了一部小说；詹姆斯是他的朋友，也是他一本作品中的人物原型；约瑟夫·康拉德是他多年的合作者；他本人是一本著名评论杂志的主编，该杂志在几个月内连续出版詹姆斯、康拉德和劳伦斯（首次出版）的作品；他也是另一本评论杂志的主编，该杂志出版了乔伊斯、庞德和海明威的作品；他是本世纪最好的浪漫历史小说作者，是英语界最优秀的法国小说作者；他写过关于一战最好的小说；他对海明威和格雷厄姆·格林产生的影响世界公认；福特似乎不仅应该被评论，而更应该被认可。

　　然而，对他的忽视是可以理解的。他早期的职业生涯也许是太辉煌了，他45岁从战争中回来时，发现自己几乎被人遗忘了。他早期与康拉德的合作对他很不利，因为他的名字一直处于康拉德的阴影之下。作为《英国评论》的主编，他无私地给其他作家写评论，结果只是得到"青年精英前辈"的头衔，自己的成就倒被忽略了。他大量的创作将他最好的小说掩盖了起来，而后者是成功的关键。

　　大概还有一些和写作无关的原因：他的姓惠弗很难发音；他于1919年又改了名字；他的德国父亲；他无法谨慎处理自己的私人事务；他给自己的作品选择品位不佳的名字；康拉德的妻子和前情妇对他的人身攻击；他生命最后17年自我流亡，离开了英国；他转向了美国大众，加上他头尾循环的名字，在一般英国读者眼中，他属于美国作家的范畴。

　　尽管在英国几乎被人遗忘，福特得到了美国人的重视。自1950年以来，他最好的两部小说《好兵》和《游行的结束》（*Parade's End*）在美国得到广泛阅读。从1948年以来，批评家马克·肖勒（Mark Schorer）、R.P.布莱克默（R.P.Blackmur）、休·肯纳和罗比·麦考利（Robie Macauley）等开始研究他的作品；在过去两年里，美国已经出版了四本关于他的批评和学术书籍。其中，理查德·A.卡塞尔（Richard A. Cassell）的《福特·马多克斯·福特》和约翰·A.梅克斯纳（John A. Meixner）的《福特·马多克斯·福特的小说》属于介绍类，第三本保罗·L.威利（Paul L. Wiley）的《三个世界的小说家》则是一本相当深入透彻的评论书籍，将福特放在了一个历史学家的独特位置上。加之最近由格雷厄姆·格林编辑的、在英国出版的《博得里·海德版福特·马多克斯·福特》，所有这些迹象表明福特没落的日子可能即将结束。

三

1963年初，库切在伦敦的第二个冬天，他发现，从自己在IBM所挣的每月60英镑的收入中，他只能勉强节省10英镑。另外，他还发现，IBM的客户之一——庞弗雷特先生，在用数据为英国皇家空军开发一种新型轰炸机。这意味着，库切"极其偶然地、在极小方面……成为英国防务努力的一个部分，他促进了英国轰炸莫斯科的计划。这是他到英国来的目的吗？参与恶行，一种没有回报的，连最最虚幻的回报也没有的恶行"。他甚至想偷偷地篡改数据，"尽一份力量使俄国不受轰炸"。但是，《青春》中指出，这导致了他的另一种困境："他有权利在享受英国的款待的同时破坏他们的空军吗？"[31]

库切在1963年的春天辞去他在IBM的职位。尽管他质疑自己在军工方面可能发挥的作用，但这样做最主要是为了能有更多的时间写他的硕士论文。他不想一心二用。他告诉IBM的管理层，他辞职的原因是不能与同事们很好地相处。他们对这种解释不怎么接受，也导致了对他的一丝不满。因为没了收入，他不得不在住的方面精打细算。他为一个去希腊度假的女士看房子。后来，他与一个马拉维妇女和她的小女儿共住一栋房子，还得保护房子不被房东前夫破坏。这时的他开始戴眼镜，留胡子，并从此保持这样的形象。在业余时间，他会去伦敦的公园散步，就像小时候他的父亲失业期间在开普敦的酒吧消磨时间一样，他也要走很长时间再回家。[32] 很快他发现，他的工作许可不允许他随意换工作，他的每一个变化都需要得到内政部的批准。他收到一封公函，要求他在21天内更新工作许可，否则他将不被允许留在英国。一定是IBM里有人告发了他，他不知道自己是不是该回到南非去。他曾这样写道："事实是，如果他回到南非，他就再也不能从那里摆脱出来了。他会变成和晚上聚集在克利夫顿海滩上喝酒、互相讲述过去在伊维萨岛上岁月的那些人一样了。"[33] 他对那些聚集在克利夫顿海滩上的作家和艺术家是颇为嘲讽的，尤其是尤伊斯·克里格（Uys Krige），他曾在20世纪30年代长期居住在法国和西班牙，并翻译了维隆（Villon）和洛尔卡（Lorca）的作品，为南非文学带来了地中海的新鲜风情。

在《青春》中，库切以疏离的第三人称视角叙述，始终回避自我。库切在这里更进了一步，开始选择忽略某些事实。按照《双重视角》和他在开普敦大学的就职演说中所说，他在保持自传的性质。在《双重视角》的一个采访中，他指出自传是"一种自我的写作，在其中你要尊重你自己的历史。但是要讲什么样的事实呢？要讲所有的事实吗？不需要，如果要讲所有的事实，那事实就太多了。你要选择那些符合写作需要的事实……从生活的记忆中选择内容来讲你的故事，在选择的过程中，你会漏除一些东西"。写自传者有权选用材料来写，因为他要从个人角度或故事结构角度做判断和删减。在接受采访时，库切说："选择是很重要的一点。一本自传可能完全出于事实，然而，事实是可以经过选择的，因为你不可能将所有的事实都写进书中。所以真正的自传和虚构的自传之间的界限并不像人们认为的那样明确。真正的自传取决于数据的选择和遗漏。"[34]

库切在《青春》中遗漏的事实有一部分是关于1963年的春天的。在他到达伦敦大约一年零三个月之后，他又回到了南非。他经喀土穆和坎帕拉中转飞回南非，并住在开普敦格拉德斯通街林登阁202号。他在那里完成了硕士论文。他再度与大学同学菲利帕·贾伯交往，当时她在拉罗谢尔女子中学教书。他们于1963年7月11日在约翰内斯堡结婚，因为当时菲利帕的父母和哥哥塞西尔都住在约翰内斯堡。库切还是决定返回英国，但他们不得不等到年底菲利帕在拉罗谢尔的合同到期之后。婚礼后，他们返回开普敦，菲利帕上班期间住在帕尔，周末到林登阁与库切相聚。[35]在硕士论文的致谢中，库切感谢妻子"帮助完成这份打字稿"。

他们结婚的决定很突然，之前没有漫长的求爱阶段。菲利帕比沉默寡言的库切更善于社交。她通常是快乐的，虽然并不总能保持冷静、平和。似乎她的社交技巧与库切是完美的补充。她是否从一开始就佩服他的智慧和才华，知道他要成为作家？无论如何，他们结婚时还都非常年轻，男方只有23岁，女方也只稍大几个月。他们两个都不可能预见婚姻会给他们带来什么。

四

婚礼后不久，库切在开普敦时就开始尝试找英国的工作。他咨询了英国教育部，并在1963年8月28日收到回信确认，他因为有开普敦大学的毕业证而被允许在英格兰和威尔士的小学和中学工作。他进一步希望自己的申请可以换来一份雇佣合同，让他在过海关时可以出示给移民官员看，以保证他留在英国。在后续的11月19日的信上，他被告知，赫特福德郡沃特福德的维多利亚中学缺一名英语代课老师，校方邀请他去面试，这一邀请可以让他在英国停留14天。学校的任命委员会秘书写信道："我们受内政部批准，起草该信件并发送给您……凭此信您可以进入英国。它将证明您有可能担任教职。我们建议您将此信与教育部承认您可作为一名合格教师上岗的信件一起出示给移民官员看。"他又补充说："虽然沃特福德有着乡村小镇的气氛，但它是一个宜人的地方，有市场，另外印刷业蓬勃发展。它位于赫特福德郡，距伦敦约18英里，有火车直接连通两地，交通便捷。"在一封写于1963年12月2日的信中，维多利亚中学的校长请库切于1964年1月13日去见他。

但这个职位并不像库切在1962年做的那份工作可以让他在伦敦享受那里的城市生活设施。这时，另一个机会出现了。他在1963年10月16日收到IBM在英国的竞争对手——国际计算机与制表有限公司（ICT）人事主管写来的信。信中说他们可以帮助他，但他们得先见他一面。他随信寄了一张申请表，让库切填好，并发回给他。

1963年12月30日，库切和菲利帕坐上了从开普敦开往南安普敦的轮船，并于1964年1月10日到达。库切在一封1978年1月25日写给迈克·柯克伍德（Mike Kirkwood）的信中将此次航行描述为"漫长、炎热而无聊"的旅程。和他们一起乘坐这艘轮船的还有他的同学里克·特纳。特纳要去巴黎，他醉心于萨特与诺曼·梅勒。他借给库切一本书，是梅勒的文论集《我自己的广告》（*Advertisement for Myself*）。特纳娶了美丽的芭芭拉·哈伯德（Barbara Hubbard），后来他们带着第一个孩子到库切在萨里郡巴沙特的家中拜访。"他们落下了一个半品脱容量的锅，我一直没有还回去。"

库切很可能是在1月13日与维多利亚中学的校长见了面，但他并没有接受这个职位。这个结果的原因不明。可能是库切不想教这个水平的英语，或者可能是校长有另一名更好的人选。

1964年2月10日，库切开始在伯克郡的布拉克内尔为ICT工作，年薪1209英镑，工作条件要比在IBM时好些。布拉克内尔位于伦敦以西33公里处的牧场森林里，始建于第二次世界大战后的1949年。库切和菲利帕不住在布拉克内尔，而是住另一个小镇上——萨里郡的巴沙特。该地距布拉克内尔约一个半小时的巴士车程。库切发现，这个小城镇比城市更适合他。ICT总部设在一座庄园里，他可以与其他程序员在午餐时间打板球，就像在中学时那样。他的工作让他有机会与剑桥大学伟大的数学家打交道。他经常去剑桥，公司会为他支付在那里过夜的费用。

然而，他很快就发现，剑桥大学的数学实验室与奥尔德马斯顿的核设施有牵连——该实验室在冷战中站在同盟国一方。如果与奥尔德马斯顿合作，他将与邪恶同流合污，在英美对抗俄罗斯的冲突中，他成了参与者。与此项目相比，IBM那边鲍姆弗莱德的项目显得微不足道。他要继续参与这个项目，背叛他的道德原则吗？他回想起T.S.艾略特《大教堂凶杀案》中一句很有名的话：

> 最后的诱惑是最大的背叛：
> 为错误的因做正确的事。[36]

按照这话提供的思路，库切写道："要紧的是做该做的事情，不管是出于正确的原因还是错误的原因，还是根本没有原因。"[37]

在ICT的日子里，库切结识了一位程序员同事——来自印度的甘纳帕西（Ganapathy）。甘纳帕西藐视关于英国的一切，更喜欢美国，因为他曾在美国生活和工作过很长一段时间。库切也在问自己，他要在这个气候恶劣的可怜岛屿上做些什么？有一天，他们走在萨里郡乡间，甘纳帕西表示，这样的环境对他们两个都毫无意义。他说，在美国至少还有通宵营业的汉堡包店铺。库切并不在意汉堡包，但他朋友所描述的美国环境比他所知道的英国要明显好一些，尽管报纸上长篇累牍地报道了美国发动越南战争的暴行。库切被美国人如此骇人的行径震惊了，他写信给中国驻伦敦使馆，希望通过当一名英语教师做些贡献，但这封信没有任何回音。

在接受肖娜·威斯克（Shauna Westcott）采访时，库切说，他在英国为两个不同的公司工作了两年多，"这意味着生活在一群对技术进步、文明开化等等没有任何批判信念的人中间。此外，作为英国人，他们从不怀疑他们所知的世界会持续相当长时间。这让我感到非常异化与短暂。但他们也有让人佩服的地方，比如辛勤工作的习惯。此外，他们大多数都很聪明，特别是我在剑桥大学遇到的并共事过的那些人"。[38]他过度谦虚地声称："这最终让我决定退出：我的智力不在他们那个量级上。"

在接受记者费尔南多·利马保罗（Fernando de Lima Paulo）采访时，他说："我不是一个有创造性思维的数学家。我发现（为时已晚），我并没有真正的天赋。"[39]

他在英国的生活也没有给他带来创作灵感。两年来，他等待创作灵感来临，将他变为诗人，但他准备写作的纸仍然一片空白。[40]尽管如此，库切在英国的状态也绝不像他在1983年2月25日接受《淑女》（Fair Lady）杂志采访时说的那样失败。除了继续研读庞德的诗以外，他进行关于福特·马多克斯·福特的硕士论文创作。[41]他开始了解贝克特的小说，特别是《瓦特》，他后来学术生涯的最初几年一直在研究这部小说。他在报纸上读到关于越南的暴力，并在大英博物馆里探索开普敦早期定居者的日记，这些都是他为第一部小说做的初步研究和准备。他多年程序员的经历为他将要从事的研究提供了数学和文学的连接。

库切真的像《青春》里所说的那样对南非感到非常反感吗？住在伦敦期间，他见到了南非诗人西德尼·克劳茨（Sydney Clouts），后者曾在1961年定居英国。他们见面谈文学，克劳茨给库切看了一些他翻译的南非诗人范维克·洛（Van Wyk Louw）的阿非利堪斯语诗。后来，库切写信回南非，让母亲给他寄范维克·洛的诗集《提茨亚》（Tristia）。拿到书后，他很快被吸引了。[42]

尽管按照他自己的说法，他这期间没有阅读其他南非人的作品，但是西德尼·克劳茨对范维克·洛的高度赞扬让他开始关注南非作家。诗集会让他头脑中浮出某些景象，尤其是关于他心爱的卡鲁，那里是他心爱的百鸟喷泉农庄所在地，比如关于卡鲁镇一个夏夜的描写："傍晚到来，远处呼啸的列车，青涩惨白的麦穗警觉地矗立在土块上。"[43]

他是否与范维克·洛有着共同的向往：在他那贫瘠、荒凉的土地上，橄榄也可以生长，那些小小的白色建筑也应该有一个拉丁名字，也应该与旧的文化传统保持一致？[44]

库切对他自己的国家有一种矛盾的心态，对他逃离到的新城市并没有感到多少喜悦。然而，是否如《青春》里所说，他真是如此不快乐，这是值得怀疑的。比如，他曾写道，一个星期天的下午，他到外面溜达，迷迷糊糊，但还能意识到自己周围的事物：

> 这是他以前没有经历过的一种状态：在他的身体里，他似乎感
> 觉到地球的不停旋转。儿童们遥远的喊叫声，小鸟的歌唱，昆虫的
> 嗡嗡声越来越大，集合成欢乐的颂歌。他的心中充满了激情。他想
> 道，终于！终于来到了，和宇宙狂喜地结合的时刻！[45]

这里有必要提及当时在英国的库切的同龄人对他的印象。莱昂内
尔·奈特（Lionel Knight），现已退休的教师，于1962年的冬天，在大英
博物馆的阅览室里认识了库切。库切和菲利帕在巴沙特居住期间，他们
经常一起散步或去拜访奈特的父母家。当库切的母亲来英国看望她的两
个儿子时，她与奈特的父母一起住了一周。在一封电子邮件中，奈特用
很长的篇幅描述了库切留给他的印象。其中所呈现出库切做事周到、充
满人情味的形象，在后来对库切的采访中不太常见：

> 我没想过他未来会成为一个作家。我依稀记得他曾向我展示
> 他写的东西。但我的确记得他获得一些数学奖项的自豪劲儿。他从
> IBM离职前跟管理层有过一个面谈，然后我们一起吃午饭。IBM的
> 人想知道他辞职的原因。我想，他一直是想礼貌地回避这个问题，
> 他觉得可以有更好的机遇。他后来为ICT工作吗？还是在加入IBM
> 之前为ICT工作？我记得，他认为ICT管理太松散，但是正因如此，
> 他在出差去剑桥的途中或在那里等待任务的时候，可以有时间读
> 书。我猜，他似乎不满意那里的工作，所以申请去布法罗[46]学习。
> 他很赞许某人说的一句话，认为英国是一个"渐冷的星球"。
>
> 当然，他给我看他正在写的关于F.M.福特的论文，我记得他
> 回南非是为了最后完成这篇论文。说到福特时，库切称赞福特所写
> 的"句子质量很高"。我记得和库切一起走在国王十字火车站附近
> 拥挤肮脏的街道上，听他谈论《瓦特》和《墨菲》，这两本书他经常

提到。我记得有一次，我们坐在我父母的花园里，听库切激愤地评论——他很少这样激烈地谈论任何人或事——可能是关于一篇报纸上的文章，或有人问为什么有些作家要写那么多，为什么不少写一些却写得好一些，等等。我记得他生气地回应说：就好像任何称职的作家都会写个不停，就好像他们愿意这样似的。

在我的印象中，他是个离群索居的人。我没怎么见过他的朋友或熟人。偶尔见过南非人，比如乔迪·德莱弗，还有他的弟弟大卫。大卫那时是一个狂热的共产主义者，说话很直接，但像约翰一样很注意倾听对方说话。有一个小伙子[47]来自印度马德拉斯，约翰前几年还问到他。我告诉约翰我在一个公共图书馆见过这个人，但是，我们的友好交谈并没让我更多地了解马德拉斯或他的生活。他可能是个对文学感兴趣的数学家，但总归是一个相当神秘的人，30多岁了还没有正式工作，日常生活慢条斯理，但说话很直接。约翰喜欢他。我不记得约翰提及他的父亲，但他提到过他的母亲。她曾住在我母亲那里，一次或两次？她是一个非常强势而直接的人，心地善良，举止得体。她很为自己的两个儿子，尤其是（当时）约翰的成就，而感到自豪。

我知道，他会给任何见过他的人留下很深的印象。我把他介绍给我在剑桥的一个学者朋友。当时我朋友年轻的博士妻子在给尖叫着的儿子洗澡，浴盆就放在地毯上，我们也围坐在周围。在这样嘈杂的环境，约翰能够继续谈话，指尖并拢，安静而体贴，给他们留下深刻的印象。约翰有时会很俏皮。他脑子反应快，会问一些不寻常的问题，把人当场镇住，然后他仔细地观察他们的反应。我还记得我们在小镇弗吉尼亚沃特徒步时，他会突然从树后跳出来，有时会拍些照片。（我们一般是长途跋涉，后来我的未婚妻加入我们的行列。走的时候菲利帕会开玩笑地说自己累了，然后我和约翰一人出一个肩膀，扛着她走。）我记得，他对照片很感兴趣（他后来还要我将我们家人的照片发给他），但是当时我没有意识到这个。他还有很多其他的审美表现。有一次，他到我在伦敦北部的海格特住处做客（那时他住在一栋都是非洲，或许是尼日利亚的租客的房子里），他看到了两张唱片，是拉维·香卡（Ravi Shankar）和乌斯塔德·维拉耶甘（Ustad Vilayat Khan）的歌。那时我们都没怎么听到过印度音乐，但他问我更喜欢哪张唱片。我选择的是相对肤浅的香卡的唱片，他则很老到地告诉我他更喜欢维拉耶甘的演唱风格。我花了很长时间提高自己的音乐品味。

他是一个说话、思考都很严谨的人，我必须得说，他也是一个很善良的人。他对菲利帕和我的妻子都很好。当我们在开普敦见面时，他绝对不是一个冷淡质疑的旁观者。他给我和妻子提供了很多关于开车和旅行的建议，当时我的妻子穿着纱丽，这在南非还是很显眼的。我还记得一个灰色的黄昏，在牌楼路我和可爱的菲利帕聊天，约翰外出有事。然后我发现他的新婚妻子刚刚到达英国仅几个小时。[48]

莱昂内尔·奈特在邮件中给我们所展现的生活在伦敦的库切与《青春》里展现的有很大不同。邮件中展现出库切嬉闹、幽默和人性化的一面，这一般不会出现在其他对库切的采访中。库切在接受肖娜·威斯克的采访时说，他觉得英格兰是寒冷和灰色调的，并补充道："我不知道，除了学会去自助洗衣店，我在这里还学会了什么东西。"[49]他这么说确实有些夸张。他在英国三年半的时间，以及他在大英博物馆里所做的研究都为他进一步发展奠定了基础。

但事实是，尽管库切在英国扩展了自己的视野，他总是感到不开心。他期待着变化，特别是可以完全献身于文学和创意写作的工作机会。没多久，他想到，他可以参考甘纳帕西的意见，探索申请助学金到美国学习的可能。

美国

（1965—1971）

第6章

得克萨斯州奥斯汀

(1965—1968)

一

到 1964年年中，库切已经开始感到，在布拉克内尔的ICT做计算机程序员对他来说将是一条死胡同。在后来接受大卫·阿特维尔的采访中，他说："1964年，我住在英格兰，在计算机研究实验室工作。我无处可去，我需要改变方向。"[1]他觉得有必要参考他的朋友甘纳帕西的意见，探询在美国一所大学获得助学金的可能性。

但是，他的主要兴趣仍然是诗歌，特别是庞德的作品，尽管他的硕士论文写的是福特·马多克斯·福特的小说，但那正是因为庞德曾推崇这位作家。现在他对塞缪尔·贝克特从1947年至1951年的文学创作比较了解，这些作品爆发了现代文学的一系列伟大的创意:《莫洛伊》、《马龙之死》、《无名氏》(三部曲)、戏剧《等待戈多》(他曾经在开普敦看过该戏剧的上演)，还有《无意义的片段》(*Texts for Nothing*)。给他留下最深印象的贝克特的小说是《瓦特》，他觉得这部作品与贝克特其他的戏剧有很大不同。他问自己，为什么没有人告诉他贝克特也写过小说？在对福特的研究中，他总有一种不愿意承认的"自命不凡的元素"；而贝克特，特别是在《瓦特》中，所指出的方向就是他自己创意写作希望遵循的方向：

> 《瓦特》和贝克特的剧作很不一样。没有冲突，没有矛盾斗争，仅是一个流动的声音在讲述一个故事，声音一再因怀疑和顾虑而突然中断，故事的进度完全符合他自己心理的进度。《瓦特》还很有趣，使他笑得打滚。他读完后又从头读起。[2]

因为现在要认真考虑进一步做文学研究了，库切写信给他在开普敦大学的硕士导师盖伊·豪沃思教授，请求他帮忙咨询哪些学校可以提供助学金。库切仔细分析了所有可能的学校：美国加州大学伯克利分校、得克萨斯大学奥斯汀分校、罗切斯特的纽约州立大学、劳伦斯的堪萨斯大学、圣路易斯的华盛顿大学、厄巴纳的伊利诺伊大学、新奥尔良的杜兰大学、布卢明顿的印第安纳大学和柯林斯堡的科罗拉多大学。

虽然没有亲自见过面，但是库切知道美国加州大学伯克利分校杰克逊·伯吉斯（Jackson Burgess）教授曾在1962年任教于开普敦大学。另外他在1961年见到过得克萨斯大学的约瑟夫·琼斯教授，参加了他在开普敦大学的课程。

豪沃思教授可能建议他亲自给这些学校和教授写信打听奖学金和助学金的事宜，库切照做了。1964年1月22日，他写信给伯吉斯教授，他想必也给其他学者和机构写过这样的信：

> 1962年，当您在开普敦大学做客座教授讲授美国文学时，我因为获得了大学奖学金——就是那一年以及之后的1963年，在伦敦撰写关于福特·马多克斯·福特的硕士论文。去年我已经以优异成绩获得了硕士学位。不过我的主要兴趣是研究20世纪诗歌。现在，我正在英国工作，同时正在阅读庞德的作品。盖伊·豪沃思教授建议我在继续研究的同时尝试申请美国大学的助教岗位。我现在没有

资格申请专为南非学生设置的国家政府奖学金，因为我目前没有居住在南非共和国。豪沃思教授告诉我，您可能会给我提供一些建议。如果您能告诉我，我是否可以申请在加州大学的助教职位（应该是1965—1966学年，因为目前我还要在英国待上一段时间），我将不胜感激。我需要养活两个人，同时要继续学业。我的妻子是一所高中的老师，但我不确定，根据美国的法规，她是否可以在美国就业。

不久，库切正式收到加州大学助教的申请表格。如果他的申请成功，他将注册成为一名学生，并有2 750美元的助学金。1964年1月24日，来自得克萨斯大学的约瑟夫·琼斯教授的回复信件如下：

得州是学习现代美国诗歌的一个不错的地方。我们有两三位教师本身就是诗人，而且这里有大量的手稿资料。我猜你会继续攻读博士学位。你会发现我们的教员中也有和你一样搞福特研究的人，阿姆布鲁斯·戈登（Ambrose Gordon）教授本人也写过关于福特的书籍。

我建议你在申请助教岗位的同时也申请奖学金……人们通常两个都申请，最后获得助教岗位，因为奖学金的机会相对少些……

你妻子的工作问题将需要与美国领事馆沟通。他们有时很不好说话，所以你们最好来之前把这个问题问清楚。

相比较而言，奥斯汀是个生活费用不高的地方，我认为你会喜欢这里的。它并不像人们通常认为的那样平坦、沙化和干旱，也不是一个文化沙漠。

库切申请的大部分大学都给他提供了1965—1966学年的助学金，数额从2 200到2 800美元不等。这与他在接受采访时经常说的有些不同[3]，种种迹象表明他的申请给这些学校留下很好的印象。库切特有的模式就是贬低自己的成就，然后与自己获得的奖励和奖项保持安全距离。比如，布卢明顿的印第安纳大学就曾告诉他，他是从"一大群格外强劲的申请者中被筛选出来的"。

他最后决定在美国得州大学奥斯汀分校学习，那里给他提供的助教报酬是2 300美元[4]，条件是他要申请入学登记做学生。为了申请签证，1965年6月4日，他在英国给美国领事馆写信，说明他已经获得并接受了"得克萨斯大学的交换访问者项目"的富布赖特奖学金（Fulbright Scholarship）。该奖学金规定，获得奖学金的候选人学成后必须返回自己的原籍国为祖国的文化贡献自己学到的知识和价值观。在库切收到的来自得克萨斯大学的信件中，他的责任被清楚列明：

> 美国得克萨斯大学签发该证书是希望你在美国学习的同时记得自己要负的一定责任。在美期间要遵守所有相关的移民归化局法规。来到美国后要第一时间到相关办公室报到，并通报有关居住地址的任何变更情况。

1965年8月30日，库切和菲利帕坐上从南安普敦开往纽约的"水母"号轮船。他们乘坐的这艘意大利轮船在第二次世界大战期间曾为部队服役，但是现在挤满了从国外去美国求学的年轻人。库切当时25岁，为进入他生活的新阶段做好了准备。9月8日，他们在纽约下船，前往奥斯汀。

库切对得克萨斯大学所知甚少。他只知道这所大学的语言学研究是强项，另外这里有50万册藏书，图书馆收集了大量的手稿和英国文学的珍本。但他不知道，这些手稿将会对他的将来产生什么影响。他不知道大学校长哈里·兰森（Harry Ransom）在几年前就开始让图书馆大量收集珍贵书籍。多年以后，库切在接受采访时说：

> 我选择去得克萨斯大学，是因为他们的语言学和文学方向很强

大。当然还因为他们给我资助。那是一所规模很大、发展并不均衡的大学，但语言学系是非常优秀的，在美国即便不是数一数二，也不出三四名。[5]

2 300美元的津贴对于库切和菲利帕来说绰绰有余，因为他们习惯节衣缩食，生活并不奢华。他们搬进学校附近的格鲁姆街708号，后来又搬到了里约格兰德大道2815号。

二

在他们逗留奥斯汀期间，这个得克萨斯州首府的人口约186 500人。该城市当时并不是一个时髦的新技术的中心，而是各种工业和农业活动（包括从小麦到畜牧业，尤其是养牛业）的中心。得克萨斯大学创建于1881年，库切就读期间，主校区的学生有23 000名。行政大楼位于校园的中心，楼高32层，带钟楼。在那里，游客可以将全市的景致尽收眼底。

库切不喜欢汽车，所以他骑自行车探索全城，然而，他并没有考虑到得州的夏季通常很热。有一次，他曾被困在奥斯汀以东约30公里、巴斯特罗普附近的一个农场的道路上。他带的水温度已经达到体温，根本无法为他降温。虽然他曾经在大卡鲁的百鸟喷泉农庄经历过夏日的炎热，但是与得克萨斯州的炎热有所不同：

> 得克萨斯州中部的夏天，黎明的时候温暖而潮湿，云聚拢覆盖在土地上，就好像壶上的盖子。到十点，日头照得你四肢沉重。这样的太阳，将白色的皮肤晒成木棕色，从浅橡木色到深核桃色，不是不好看的颜色，但绝对不是和煦阳光晒成的那种蜂蜜金色。
>
> 这里的太阳也不像非洲高地的太阳，后者会让身体干到骨子

里。在这里，人好像处于一个潮热的袋子里，毛孔都冒着汗。[6]

抵达奥斯汀的时候，库切认为自己缺乏足够的语言背景。他读书时除了学习英语和阿非利堪斯语，就只有拉丁语。他在开普敦大学一年级时学的拉丁语，但是觉得并不感兴趣。在开普敦和英国期间，他学习了一些法语和德语知识，甚至还可以借助词典读西班牙语文献，但仅此而已。他在这里遇到的问题与中学学历史和地理的经历是相同的：需要背诵基础知识，现在，基础知识就是词汇。他在接受大卫·阿特维尔采访时说：

> 我想通晓多国语言，但我做不到。我与语言的关系是亲密但令人沮丧的。我不善于听，又不喜欢记忆。我可以很快地学会一门新的语言的原则，甚至会很有感觉，但之后就想寻找捷径，然后就会感到厌倦。因此，我学语言的模式就是先集中精力学一段时间，通常出于一个非常直接的原因，然后又把它放在一边，去做别的事情，结果也没有学成什么。[7]

库切在奥斯汀修了德语和法语课程。因为钦佩陀思妥耶夫斯基和托尔斯泰，他甚至尝试学习俄语。在德语学习中，他研究语法和文体、德式抒情的问题，以及拉丁美洲中世纪文学与欧洲文学的关系。因为他能用阿非利堪斯语读写和交流，他认为自己应该利用这个本领研究一下荷兰和荷兰文学。在伦敦，他开始接触西蒙·温肯努赫（Simon Vinke-noog）的作品。西蒙·温肯努赫曾是荷兰新一代诗人——无调诗人的发言人和辩护者，但自己的诗歌创作很快被同时代的诗人吕斯贝特（Luce-bert）和赫里特·高文纳尔（Gerrit Kouwenaar）超越。在《青春》中，住在伦敦的青年约翰认为温肯努赫的诗歌"喧闹、粗俗，没有任何神秘性"。他认为"如果温肯努赫是荷兰唯一能够拿得出来的诗人，那么他最坏的猜想得到了证实：在所有的民族之中，荷兰人是最乏味、最和诗

146   J.M.库切传

歌相左的民族"。[8]然而，在奥斯汀的库切对荷兰有了一个完全不同的态度。他上了弗朗西斯·布尔豪夫（Francis Bulhof）教授的荷兰语与荷兰文学课，该教授是非常著名的荷兰和佛兰德语诗歌的译者，翻译过佩龙（E. du Perron）的小说《出生国》（Country of Origin）。库切在时间允许的情况下尽可能多地阅读荷兰文学，并参加了19世纪和20世纪荷兰文学的考试。为了加强语感，他甚至开始自己翻译荷兰语作品。

库切也通过研究古英语和中古英语，奥古斯都时代的讽刺作家、拜伦、亨利·詹姆斯以及詹姆斯以来美国的小说来扩充自己的英语文学知识。他修了一门有关美国文学中的哥特元素的课程。在开普敦的时候，他研究的主要是诗歌，而现在他开始研读现代文学，特别是散文。这表明他的文学创作重点发生了转移。他对拜伦的兴趣为他后来的小说《耻》（Disgrace，1999）的创作提供了内容。他进一步学习了文体学、词法和句法，英语作为第二语言的教学，以及美国政府要求外国学生必修的课程。

库切在得克萨斯大学的导师是20世纪60年代在语言学和文学领域很有威望的威廉·B.托德（William B. Todd）教授。他负责文献书目教学，教授库切如何借助辛曼校对机比较两份手稿，用计算机分析文体差异，这种方法有效地和他在英国的电脑方面的工作经验联系起来。在修温妮弗雷德·莱曼（Winifred P. Lehmann）的早期英语课程时，他写了一篇论文研究中世纪主教伍尔夫斯坦（Wulfstan）的修辞技巧。他的风格并没有打动她，得到的成绩是A-。用她的话说，他这样的研究会给语言学带来坏名声。[9]他把这个批评记在了心上，也为此改变了他后来的科学研究方向。

20世纪60年代，美国语言学的重心正逐渐从布龙菲尔德（Leonard Bloomfield）的结构主义转型到乔姆斯基（Noam Chomsky）的转换生成语法。欧洲的结构主义，尤其是罗兰·巴尔特和克劳德·列维-施特劳斯（Claude Lévi-Strauss）的观点也开始得到注意。罗曼·雅各布森（Roman Jakobson）人类学结构主义在民间诗歌的研究让库切看到区分所谓"高雅"的欧洲文化和"原始"文化是错误的。[10] 他在得克萨斯大学语言学大师——阿奇博尔德·希尔（Archibald Hill）教授的课程上，写了一篇文章，比较那马语、马来语和荷兰语。这三种语言本来彼此不相关，但在荷兰殖民者带着来自东方的奴隶到达开普敦时，他们开始发生联系。这篇论文将他带入异域语言的句法之中，并发现"原始"这个词对于语言来说毫无意义。例如，700多种婆罗洲语言都像英语语言一样连贯和复杂。他在1984年所写的《回忆得克萨斯》（*Remembering Texas*）一文中这样回顾他在奥斯汀的岁月：

> 我读了诺姆·乔姆斯基、杰罗德·卡茨（Jerrold Katz）和一些新的通用文法学家的著作，并开始问自己：现代要是再有一艘方舟，可以将人类最好的精华带到其他星球重新开始，我们会带什么？我们会不会留下莎士比亚的戏剧或者贝多芬的弦乐四重奏，而把船上的位置留给最后一个澳洲迪尔巴尔族土著（Dyirbal），即使这个说迪尔巴尔语的人是个浑身发臭、老是挠痒痒的胖老太婆？[11]

他开始注意英语语言和其他的可能对他而言完全陌生的语言之间的关系（而英语是他研究的语言，是他希望有一天能运用来进行创意写作的语言）：

> 对于一个学习着英语这门世界上最广泛语言的学生，这似乎是个古怪的立场。而对于一个具有文学野心的人来说，这种立场就更离奇了——尽管他的这种野心是如此模糊，以至于将来有一天，当他能够发出自己的声音时，他发现自己甚至开始怀疑语言究竟能否让人充分表达。[12]

他在同一篇文章中回忆，有一次，一个星期六的下午五点，他路过负责教授乔叟以及英语音韵学课程的詹姆斯·斯莱德（James Sledd）教

J.M.库切传

授的办公室，听到里面传来打字机的声音。多年后，在接受《淑女》杂志采访的时候，他说在美国做学生期间，"学到了很多，特别是美国人的精力充沛和勤奋"。他一定觉得很奇怪，他的那些在殖民地的老师慵懒的生活方式与此真是迥然不同。他在美国目睹的活力和奉献精神与他在南非农村看到的那种懒惰、空虚又是多么不同。库切后来在文集《白人写作》中就关注了这个主题，用一章深入介绍了"南非的懒惰"。[13]

人们不禁感到惊奇：库切在准备博士论文期间还上了如此多的课程，而且还取得了很好的成绩：在他所有参加考试的课程中，他总是能得到A。除此之外，他竟还有时间骑自行车和参加周日下午的板球赛。1968年奥斯汀得克萨斯大学年鉴的第321页上有一张照片，是一张校板球队合影，球员主要都是印度和巴基斯坦人——"都是来自殖民地怀旧的弃儿"[14]，库切位于左起第三位。那时他是一个戴眼镜的年轻人，个子几乎是最高的，深色的鬈发，络腮胡修剪得整整齐齐的。他带着这一运动项目特有的护具，右手拿着一双手套。这在得州可是一个不寻常的景象。

在《回忆得克萨斯》一文中库切写道，他周围都是博士生，都租住公寓，公寓里满地婴儿玩具。大家都在忙着完成课程或准备口试或写博士论文。他们的目标是怎样赚钱，"到亨茨维尔或特克萨卡纳找一份工作，真正赚些钱"。[15]库切并没有他们这么多具体目标，他对研究古英语课本和德语语法书很满足。2003年被授予诺贝尔文学奖时，他在奥斯汀的同龄人儿乎都不记得他了。这是可以理解的，在一个有23 000名学生的大群体里，他足以消失。但是他在开普敦的数学老师史丘斯教授确实记得这个"平和、勤奋、不显山不露水的学生"。得克萨斯大学的同学托马斯·凯博（Thomas Cable，后来在该校任教）记得库切，他记得和库切一起上令人害怕的希尔教授的课，并共同讨论乔姆斯基具有挑衅性的理论。凯博在这位安静同学身上看到了一丝光彩。[16]

用库切自己的话说，库切在那里教的学生对他来说像陌生人。他不了解他们的生活方式——他们的文化娱乐、他们的期望和他们的选择。

他觉得自己就像他所崇拜的贝克特——作为一个年轻人却不得不在一段时间内说服那些来自爱尔兰中产阶级新教家庭的少男少女，让他们明白罗萨德和司汤达是值得研究的。这里，库切又一次以他特有的愤世嫉俗的讽刺贬低自己作为讲师的业绩。事实上，他准备课程非常充分、知识讲解也非常清楚，所以给那些对他所教课程感兴趣的学生留下了深刻印象。英语系对库切担任讲师期间所做的工作也是非常满意的，一个显而易见的实例是：在第一学年，他就被指派在暑假期间指导三个学生，他的奖学金和助学金都被续到了1966—1967学年。1967年3月30日，他获悉自己得到了由院长办公室颁发的"研究生奖学金"，该奖项于1967年9月起生效。这让他不用担心自己的学费和其他所欠费用，也让他能够全力以赴投身他的学术工作。 1967—1968学年，他被提升为"校级优秀研究生"，这一荣誉让他的奖金也得到进一步的提升。

三

因为之前所做过的研究，库切得以很快地开始他的博士论文写作。他感觉到可以将语言学、数学和文本分析放到一起，也可以充分利用他在计算机领域的经验。[17]

在伦敦时，库切就已经开始大量阅读塞缪尔·贝克特的散文，非常敬佩其文字的简洁。在2007年出版的文集《内心活动》(*Inner Workings: Essays 2000–2005*)中，他这样总结贝克特的全部作品：

> 这是一个要么空间逼仄要么荒凉不毛的世界，居住着不合群的、实际上是厌恶人类的独白者，他们无助地想终结他们的独白；他们是一些撑着衰弱的身体和不眠的头脑的流浪者，被罚去踩炼狱的踏车，反复排练西方哲学的伟大主题。一个贝克特以独特的散文呈现给我们的世界，他这独特的散文虽然也有乔纳森·斯威夫特在

他耳际鬼魂似的低语，但主要是以法国文学为楷模，而他正以抒情和讽刺并重的手法使其臻于完美。[18]

人们很容易看出，库切的创作，尤其是后期的创作确实在参考贝克特的观点："生活没有安慰，没有尊严，没有仁慈的承诺，我们所面临的唯一的责任——尽管莫名其妙又很徒劳，但仍然是我们的责任——是不要对我们自己撒谎。"这也可以在他《双重视角》中得到进一步证明，他认为写作和文学批评都是一种自传：

> 贝克特初出道时是一个不安的乔伊斯风格和甚至更不安的普鲁斯特风格的作家，但他最终在哲学喜剧中安顿下来，把它当作他的媒介，传达他那独一无二的性情，这性情是忧烦的、傲慢的、自我怀疑的、一丝不苟的。在大众心目中，他的名字是与那个神秘的戈多联系在一起的：戈多也许会来，也许不会来，但不管怎样，我们等待他，同时尽可能精彩地消磨时间。依此看，他似乎代表了一个时代的情绪。但他的幅度要广得多，他的成就也要大得多。贝克特是一位着迷于这样一种人生观的艺术家……他正是以具有勃勃生机的力量和细致入微的才智的语言来表达这种人生观，而使自己成为20世纪一位散文文体大家。[19]

库切在伦敦时就开始对贝克特的《瓦特》表露出浓厚兴趣。贝克特在20世纪40年代住在法国南部的一个农场里，边躲避德国人边写出来这部作品。现在，在奥斯汀的图书馆里，他极偶然地发现了一些贝克特的手稿。他在来得州之前，完全不知道可以在这里找到手稿。在这些手稿中，有一些练习册，上面有贝克特写下的《瓦特》。库切花费数周的时间研究页面空白处的草图和数字，对作品的创作过程留下了深刻的印象。他后来说："看到一本书怎么从一个不可能的开始发展出来，真是令人振奋：开始的出师不利，需要划掉的陈词滥调，没有灵感的煎熬。"[20]

当读到迪尔德丽·贝尔（Deirdre Bair）在《贝克特传记》中认为贝克特的《瓦特》不值一提时，库切难以抑制他的不耐烦，甚至是愤怒。他罕见地、措辞激烈地提出批评：

> 这是恶劣的文学批评。说贝克特写《瓦特》时是"糊涂"的，这简直太愚蠢了。说贝克特"削弱和掩盖任何意义和审美"，简直是无稽之谈。《瓦特》是一本非常重要的书，有很多的研究可能帮助贝尔更好地理解和/或欣赏这部小说，当然前提是如果她真正查阅过这些资料（我没发现任何证据证明她曾这样做过）。至于说"进入温暖而舒适的阅读"，难道这真是她想要从贝克特那里得到的东西吗？[21]

得克萨斯大学保存的《瓦特》手稿包括了小说创作的三个阶段：首先是在1941年2月至1943年10月间，贝克特在法国鲁西永亲笔草拟了大纲框架；然后是一份不完整的打字稿，上面有贝克特的亲笔修改；最后是1945年2月，一份新的打字稿校对稿，上面有作者本人的亲笔校对。库切认为，对这些手稿和其文本历史的研究可以帮助读者了解为什么贝克特本人对写完的文本不满意，为什么花了八年的时间此书才得以出版。[22]《等待戈多》的作者在向劳伦斯·哈维（Lawrence Harvey）描述他的《瓦特》创作过程时，说那"只是一场游戏，一种保持理智的手段"，并将成果发给卢比·科恩，说那只是一个练习，创作该作品的目的是应对长时间的无聊，除此之外别无他求。在法语版《瓦特》出版时，C.J.阿克雷（C.J. Ackerley）这样介绍：

> 在作为手稿和书籍存在的前60年里，《瓦特》这本书一直处于混乱之中。致命的问题就是存在错误。《瓦特》在质疑理性探讨的基础过程中，到处都有错误：故意的错误，作者的错误，出版商的错误，加之意图的变化和其他的不清楚，导致问题越来越大。如果

不能区别故意的错误和无意的错误，那么所有对文本的解释都是不可靠的。在某种程度上，《瓦特》可能将永远处于这种状态中，因为其文本的历史是如此复杂。但是从学术上讲，第一步是要决心尽可能出一个最好的文本（如果不能保证是最好的文本，至少应该是可能做到的最好的文本）。[23]

库切1969年被授予博士学位，他的博士论文标题是《塞缪尔·贝克特英文小说文体研究》（*The English Fiction of Samuel Beckett : An Essay in Stylistic Analysis*）。为了能够得到许可引述贝克特的《徒劳无益》（1934），他于1968年3月19日写信给查托温达斯出版社。然而，贝克特严格对待他的作品，所以他们在库切不能说明要引用哪一部分之前拒绝给他许可。库切收到回信后，告知了查托温达斯出版社确切引用部分，然后收到回函，他们允许他将贝克特的部分内容放在他论文的附录部分，但是还有一个附带条件，如果以后库切要考虑将博士论文出版，需要再次征询他们的意见。贝克特对版权的保护可以从出版社发给库切的信中引用的贝克特的要求中看出："允许你引用（最多）十次，每次不可以超过十行（查托温达斯版为准）。"这可能是库切第一次体验到一位著名作家是如何严格地保护自己的权利，这将引导他学会如何在后来保护自己的创作权益。

在博士论文中，库切采用的其他方法包括数值方法，也被称为风格统计法分析。论文中有无数图、列表和表格，（只有）懂电脑的人才能看得懂。希尔热烈赞赏这一研究，但该论文是在英语教授托马斯·惠特布雷德（Thomas Whitbread）的指导下完成的。库切后来说，他的文体分析和数值统计法是没有出路的，是他职业生涯的"错误拐点"，"是职业生涯的错误，也是文体学历史上的一个错误"。[24] 尽管如此，研究让他意识到小说形式的多种可能性，意识到创作语言可以成为一个自成一体的游戏，这种观点对他几年后开始的散文创作有决定意义的影响。

在论文最后，库切几乎反对用风格统计法作为研究手段。他写道：

我比较喜欢一个更极端的解决方案，那就是将数据统计限制在比较陈述中。我选择这一解决方案，就是拒绝用风格统计法来分析单一文本。我这样做的原因不是因为我反对量化，而是因为我相信，目前应用在文学作品分析中的统计技巧本质上使得文学作品简单化，因此是错误的。

除了反对风格统计法使文本简单化以外，库切认为这种方法没有任何新的见解。惠特布雷德后来回忆说，当他们讨论到这一部分时，库切顽皮地笑了笑，让他看到这位博士候选人的幽默和他对自己研究工作相对价值的洞察力。[25]

毕业之后的几年里，库切曾四次返回奥斯汀。1979年，他当时是一位客座教授，致力于了解语言学的最新发展，并利用这个机会来完成他的第三本小说《等待野蛮人》（*Waiting for the Barbarians*，1980）。后来，在1995年的秋天，库切开设了一门创意写作课程。根据瑞伊·纳德乐-奥林尼克（Rae Nadler-Olinick）的陈述，奥斯汀米切纳写作中心的主任詹姆斯·马格努森（James Magnuson）认为库切对学生"无比认真和慷慨地贡献自己的时间"，提出很多"非常精辟、透彻、发人深省"的问题让学生思考。[26]在后来回到奥斯汀时，库切着迷于奥斯汀的中央市场，这一市场在库切学生时代就已建立起来了。从1974年起，库切已经成为一个严格的素食者，他为不同的市场大厅的鲜明对照而震惊。在1995年的一篇题为《食肉的国度》（"Meat Country"）的文章中，他写道：

> 中央市场的店铺有两三个足球场那样大，这是美国人，至少富裕的中产阶级美国人都熟悉的状况。这样的规模是基于经济规模本身，同时给客户一个承诺：一切你想买的，不论吃喝，这里都有，甚至更多。所以你不需要去别的地方。
>
> "甚至更多"是非常重要的。丰饶角（copia），神话传说中象

征丰饶的羊角，溢出来的各种物品，比顾客需要买的要多得多。中央市场的店铺最根本的是保证食物取之不尽、用之不竭。这不仅仅表现在量上，还表现在种类上：各种风味、颜色、大小，不同产地，不同养殖方法。完全达到了计划中的目的之一——令人目不暇接。

中央市场的第一大厅是水果和蔬菜中庭，在那里转悠一圈，就像走在神话中的鱼米之乡。那么，为什么到了下一个大厅——肉类大厅（肉、鱼和家禽），感觉就不同了呢？也许，部分的原因是气味已经发生改变。空气中保持的不是瓜果梨桃的香味，取而代之的是血腥和死亡的气味。尽管所有微笑的伙计在柜台后面卖力地擦洗和消毒，但是那气味就是无法赶走。

问题不仅仅是要在地狱般的气氛中操作。不论他们多么乐意给你建议，并将肉切片、称重、包装，但作为展示，他们就永远无法与水果和蔬菜摊竞争。现代营销手段与他们不同。现代的食品大厅摆放的只有一排排闪闪发光的冷藏台面，上面放着防腐包装，标识和定价清清楚楚，这些正在变得不合时宜。新的时尚是粗糙、平常、质朴：水果和蔬菜，层叠着摆满蒲式耳篮子，上面是手写的标识，说明从哪里来，味道怎样，如何烹调。换句话说，是起源的展示。[27]

他不知道肉类大厅是否将适应时代的变化：

美国得克萨斯州的肉类大厅不可避免地在转向中国广东市场的模式，在那里你可以挑选出一只鹅，让卖家在你面前砍掉它的头；或海滨餐厅模式，打着氧气的水缸里龙虾正等待着被挑选下锅；甚至香港饭店模式，黑脸猴会被当场带到您的餐桌，开颅，然后您可以用勺子品尝其温热的大脑（对您的性功能、长寿或智力有好处，我忘了到底是哪一个好处了）。换句话说，就是走向剧场化。

然而，在英美的生活方式中，人们对这样的前景感到犹豫。几个世纪以来，欧美的餐桌文化已走向相反的方向，人们更加审慎，屠宰场和厨房里那些令人不舒服的景象正在往优雅的方面调整，佩特洛尼乌斯（Petronius）的《萨蒂利孔》（Satyricon）中，盛宴的高潮：巨大的鹅出现在猪肉盛宴中，鹅的腹中还放着鹌鹑，这种景象如今已经换不来欣赏的掌声，相反，会被视为庸俗，甚至令人反感。整只猪——包括猪尾巴、猪蹄、眼球，猪嘴里还放着个苹果——都已经从桌面子上消失，取而代之的肉块有着或委婉或比喻的名字，让人已经看不出肉是来自动物身体的哪一个部分了。砍切的技能在过去是男人需要的本领，证明他是一个猎人，并知道如何处理动物尸体，现在已经成为圣诞节或感恩节推出的一个古朴、有点滑稽的技能；食客的个人用刀已演变成餐刀，一个钝的工具，只是用来推动盘子中的食物。按照美国人现在的心态，他们根本无法忍受将肉类大厅变形为杀戮、剖腹、剥皮、分块的展示厅了。

人们会说，尊重生命……死亡并不让人反感。让人反感的是杀戮，对某类生灵的杀戮。杀戮伴随着"不必要的痛苦"。不知怎的，人们可以想象出别人的痛苦是什么样的……想象力所不能涵盖的是死亡。[28]

2001年，库切获得得克萨斯大学的名誉博士学位，同时获得了研究生院的杰出校友奖。与此同时，约翰·M.库切奖学金被设立以支持博士研究。对此，库切说：

从我在1965年到达这里的那一刻开始，得克萨斯州与得克萨斯大学给予了我无限的热情和慷慨。作为一名学生，另外还有后来的两次学术访问，让我在这里学到了很多。我一直非常高兴与得克萨斯大学保持联系至今。[29]

然而，他在得克萨斯州思念的是空旷的景致：空旷的土地、空旷的天空，就像他所经历的卡鲁一样。在图书馆里，他阅读伯切尔的南非旅行记录，发现他对南非荒芜平原和荒凉卡鲁的描述，是风景如画的欧洲传统描述中所没有的。[30] 得克萨斯州的绿色山丘与他在英国萨里郡看到的景观一样让他觉得陌生。他还怀念过去的语言——可以描述不同阴影和色调的变化。在他看来，得州的讲话方式缺乏细微的差别，或者有，但他还不会。[31] 在《凶年纪事》中他讲到美国英语：

> 在美国的大街上，你听到的不堪入耳的声音就太多了，那是出自对歌曲的恨意，出自被歌者压抑的冲动，出自被禁锢的灵魂。但是在美国，年轻人却经受着那种机器腔的军事言语模式的反复灌输。灌输，来自拉丁文calx / calcis，其意是"脚后跟"。灌输：就是踩进去。

> 在世界各地，你肯定都能听到那种发育不良的机器腔的说话口气。可是，对此竟引为自豪的似乎美国是独一份。因为在美国，自我意识都是一个模子里翻出来似的，就像一部带魂儿的机器，毫无疑问几乎都处于同一流行阶段。这种美国孕育成长的美国身体，是一部精密复杂的机器，其中包括了发声模块、性模块，以及其他一些模块，甚至还有处理心理问题的模块。在这个人体机器里，那魂灵似的自我会检索数据，敲下按键，发出让身体执行的命令。[32]

尽管讨厌美国的景观和语音，库切对得州一直保留着温暖的感觉。在2010年，70岁的他再次访问奥斯汀，并接受邀请做了一次演讲。在演讲中，他再次感谢得克萨斯大学让他获得知识和全面发展。图书馆给他提供了无法在任何其他地方找到的书籍和手稿，还有他的老师让他有机会自由发展。

四

不用去上课或不讲课的时候，库切就去奥斯汀宽敞的图书馆看书。几年以后，在《幽暗之地》的第一部分，库切这样描述尤金·唐恩在一个图书馆地下室的工作，这与书生气的库切自己的经验很相近：

> 在那儿，埋头书堆之中，我时而体验到一种朦胧的幸福，一种极乐的、心智的愉悦……我坐在图书馆里头，浮想联翩。我属于体面的读书人，端坐图书馆中，却有十分清晰的视野。[33]

尤金·唐恩说他不能在图书馆继续有创意的工作了，必须把清晨在家中的时间留出来进行写作，这与库切自己的创作经历是一样的：

> 我的创作冲动仅仅在一大清早发作一阵子。那时我的躯体还未睡醒，还产生不出反对我大脑萌发的念头的敌意……天不亮我就起床，蹑手蹑脚地走到书桌前。外面，鸟儿还没有开始叽叽喳喳地鸣叫……我把已经完成的章节按在激动起伏的胸前，做了个感恩祈祷，然后把它们放回一个小箱子里。接着，我开始继续写，没有回顾昨天写的东西。新的文字从笔端流出。我脑海里的冰河融化了、开裂了，灵感涌动。我是这家里生气勃勃的勤奋的天才，正在编织着我的保护伞。[34]

令库切惊讶的是，他在图书馆里竟然发现了早期去开普旅行者的游记。其中很多都是由范瑞贝克学会（Van Riebeeck Society）发表的。这是一家历史学会，成立于1918年，出版或重印一些关于南非历史的稀有书籍和手稿。其中有一些，他在大英博物馆里读到过，但是在这里他有了更多的发现，特别是利希滕斯坦、戴普、科尔贝、斯巴曼、巴罗和伯切尔的游记。他大量阅读关于南非和西南非洲土著人历史的书籍，比如

H.韦德（H. Vedder）关于赫雷罗的章节，和C.H.L.哈恩（C.H.L. Hahn）的《西南非洲的土著部落》（*The Native Tribes of South West Africa*）。[35]他研究了南非的早期语言，这种语言的语法由像科伊这样的传教士编辑整理，但如今已经消亡。

在约翰·巴罗（John Barrow）的日记里，他读到内陆农民是如何屈服于空虚的生命：女性丝毫不追求精致与文化，男性迟钝而且缺乏野心。"很少有人拥有像欧洲许多地方的农民那样开朗天真的面容，可以表达他们的简单和纯真。"[36]根据巴罗的记述，这里的许多农民在与土著人打交道的过程中，尤其是在对付那些因为饥饿，或养家糊口而偷牛或羊的布须曼人时，极其残忍。另一方面，利希滕斯坦在《南非游记》中，讲到自己在洛基韦德旅行的途中，在德克·维克先生的农场被告知土著人是多么的极端残酷。让库切最感兴趣的是游记中说到一个人是库切的远祖。利希滕斯坦曾经遇到了一个人，该人见证了一个农场谋杀的事件，这在后来成为库切小说《耻》中讲到的一个情节：

> 这个人已经上了年纪，很胖，他的大女儿是我们特别感兴趣的一个人，因为她两年前经历了可怕的事情。她嫁给了一个名叫库切的人，住的地方跟她父亲的房子不远。她的家庭生活前景美好，已经有孕在身，就要成为一个母亲了。她就快生的一天，一个漆黑的夜晚，一些奴隶和霍屯督人（后者中，很多是布须曼人）突然出现，当着她的面残忍杀害了她的丈夫、她的公公和婆婆、她丈夫的一个妹妹，然后抢走一切值得抢的东西。她幸存下来。可能这些野蛮人看到她的情形也都产生了怜悯之心。但是她被堵上嘴，掠走了，他们带着她，赶着牛车拉着抢来的货物和金钱，走了很多天，到了一个隐蔽的地方后才放了她。[37]

1799年，《亨德里克·雅克布·维卡游记》[38]记录了雅克布斯·库茨在1760年沿西海岸，途经纳马夸兰，到达奥兰治河和更远地方的经历，这部分内容成为库切之后就要开始创作的第一部小说《幽暗之地》的故事来源。

但库切不只对南非的历史和早期旅行者的记录感兴趣。当他在图书馆学习的时候，美国正陷入越南战争之中。他和菲利帕每天晚上在电视上都可以看到美军在空袭越南首都河内。1974年，《幽暗之地》发表后不久，他在接受《星报》彼得·坦普（Peter Temple）的采访中说：

> 我在想电视转播的空袭在小屏幕上产生的效果。暴力在你面前展现，成千上万吨的高爆炸药被投掷下去。战争成了一种发泄渠道，许多被压抑的感觉，虐待狂都通过战争来发泄，它不仅发生在战场上，也发生在人们的起居室中。[39]

库切的同胞布莱顿·布莱顿巴赫在编辑诗集《遗迹》（*Oorblyfsels*）的过程中，要写一首题为《为河内祈祷》（"Bid vir Hanoi"）的诗（他娶了一名越南女子为妻），但是这首诗和其他的政治诗歌一样，最初不能在南非发表：

> 为他们祈祷，呛在苦烟中的人们
>
> 他们躲藏在黑暗的洞里
>
> 不要被歌唱的死亡天使追赶
>
> （这天使满腹苦难和燃烧弹）
>
> （1967年3月的春天，70 000吨的炮弹）
>
> 大地上孩童的尸体像血淋淋的牛排
>
> ……
>
> 你们这些不信主的人
>
> 也会
>
> 像我们其余的人一样
>
> 必然惊恐得跪地呕吐

面对着巨大腐溃

新世界民主的

杀人机器

为河内祈祷

希望它快些结束[40]

在《幽暗之地》的第一部分中，库切讲到这场战争。他自己在做计算机程序员时，也曾不知不觉地参与到战争之中——在奥尔德马斯顿所研发的核武器已经让他看清楚美国打着道义的幌子所进行的军事侵略。《幽暗之地》包含两个故事，一个以越南战争为背景，另一个以他的祖先雅克布斯·库茨为题材，两个故事都在平行地记录着不同年代、殖民统治下的道德沦丧。

在《得克萨斯日报》中，库切以书信的形式写了一篇讽刺越南战争的评论。因为他的观点很微妙，一些读者甚至误解了他的反战立场。他的同龄人托马斯·凯博觉得这篇文章如此优秀，以至于后来他让自己所教的一年级学生将这篇文章与乔纳森·斯威夫特18世纪的杰作《一个温和的建议》（*A Modest Proposal*）相提并论，后者曾提出一个建议解决爱尔兰的乞丐问题。后来，他开玩笑地说，他是第一个将库切作品介绍到课程中的教师。库切的文章标题是《误解》，内容如下：

> 这封信的目的是回应约翰·摩比（John Morby）在10月20日《得克萨斯日报》中提到的认为越南战争是"失误"和"罪行"的表述。他关于战争是误解这样的结论在我看来过于天真。我希望表明的是，无论是从世界的战略格局，还是从更小范围的越南方面来看，美国所采取的政策都是聪明人的行为。
>
> 首先，从世界战略方面考量，可以看到越南采取的强硬立场已经向世界各地民族解放运动表明，苏联是缺乏意愿的，而中国是没有能力在它的势力范围之外施加重压的。随着越南民族解放阵线

的失败，美国大可以信心满怀地期待着亚非拉友好政府结成巩固联盟，悄无声息地消除各地发生的民族解放运动（正如在印尼所发生的那样），让中国难以成为可能的世界强国。这是沃尔特·罗斯托说越南是最后一个重要战争时，所要表达的意思。

在美国制定的越南战略中，我们再次看到了清晰和系统化的思维迹象。1965年南越民族解放运动组织（NLFSV）有许多优势：1）它有革命运动的热忱，认为自己的运动符合历史的潮流；2）它已经成功制定了一项打败殖民军的战略；3）它在南方拥有唯一的各层次政治组织；4）它有人民的同情；5）它可以寄希望于西方人的一个信念，那就是白人男子的生命如此珍贵，以至于不该与黄种人的生命一对一换。

简单地说，美国在开始的时候有技术的优势，但美国所采纳的战略已经证明：1）如果一方足够有力量，"历史的大潮"可以被逆转；2）有无限空中支持的军队是不会被没有空中支持的军队打倒的；3）不管一个政治组织多么根深蒂固，如果由受过培训的人用现代和传统的方法审讯那些涉嫌政治利益者，那么它就可以被瓦解；4）如果面临残酷的报复，大众的支持也会退却；5）白人可以想办法用自己的一条命换10个黄种人的命。

正是在这样的背景下，摩比先生坚决反对使用的武器——诸如凝固汽油弹、杀伤炸弹、气泡炸弹——却在被使用。对付那些手无寸铁的敌人，使用这些武器是恰当的。那些越南村庄的居民看到家人死于凝固汽油弹，就会明白民族解放阵线是不可能实现保护他们的承诺的。一个已经看到现代科技如何运作的越南人一定明白真正的"历史潮流"的发展方向。这样的越南人更有可能去投奔西贡政府，因为他们提供了和平，并可以让他们返回祖祖辈辈生活了近千年的家园。

我不明白，为什么这样精心算计的策略被认为是一个"失误"。历史会向林登·约翰逊总统证明，经过第二次世界大战之后的几年挫折，美国将再一次得到巩固和扩展。至于在越南的"罪行"，一个脸上满是汽油弹伤的死者和被箭射在肚子上的死者不是一回事吗？

菲利帕一直没能找到一个教学工作，所以在库切每天在图书馆做研究时，她会去古典语言系做半天的秘书。这个系是奥斯汀最好的院系之一，提供各种课程。其中有一门是现代希腊语，菲利帕选修了这门课，希望能找到一个适合自己的工作。她试着翻译伊利亚斯·维尼吉斯（Ilias Venezis）的13个故事，后来她返回南非之后，其中有一个故事——《海鸥》在杂志上发表。她似乎很羡慕她丈夫对事物的处理和天主教式的接受态度，但是她从未成为他为自己所创造的生活的一部分，她觉得自己无所适从。库切在《双重视角》里公开承认他在各方面的吝啬一定程度上导致了他们关系的恶化："我通常会激怒那些不得不与我一起生活的人，这是我身上非常不可爱的特点。"结果是，菲利帕和库切都不能在婚姻里给对方情感上的安全感。

1968年4月，菲利帕带着他们不到两岁的儿子尼古拉斯飞回南非，看望了她在约翰内斯堡的父母和库切在开普敦的父母。他们曾谈到离婚，但菲利帕决定继续维持婚姻。8月10日，菲利帕带着尼古拉斯回到库切身边。那时，他已经搬到布法罗。当尼古拉斯年纪稍大一点的时候，痴迷于漫画，库切也与他分享这种热情。在给孩子读19世纪美国小说的同时，库切对美国船长小说也做了一定研究。这类小说在当时的孩子中风靡一时。[41]

库切在美国对南非的情况仍然很关注。随着南非政府颁布的应急条例，南非进入最黑暗的时期。因为政府对黑人政治组织的禁止，南非国内对种族隔离的反抗被迫转入地下。1966年9月6日，在开普敦，一位希腊议会信使在众议院为下午的会议做准备期间谋杀了总理H. F.维沃尔德。《奥斯汀政治家》当天下午就在头版报道了这一事件：

总理H.F.维沃尔德今天死于一白人暗杀者手中。

行凶者身着议会信使的制服，在议会手刃维沃尔德。他举刀刺向南非白人至高无上统治的象征，拔出后又刺了两刀，维沃尔德瘫坐在他的办公桌旁，伤口鲜血直流。绿色的地毯上形成一摊红色血泊……南非通讯社说，刺客是一名希腊血统的白人男子。根据南非广播的报道，他的名字是德米特里·特萨芬达斯（Dmitri Tsafendas）。

库切本人在奥斯汀也经历了一场暴力行为。1966年7月31日，得克萨斯大学建筑系25岁的学生查尔斯·约瑟夫·惠特曼（Charles Joseph Whitman），到戴维斯五金店买了一架望远镜和一把刀，将他的妻子和母亲杀死在各自的房子中。第二天，也就是1966年8月1日，他租了一辆推车，又回到戴维斯五金店买了一把M1卡宾枪用于"野猪狩猎"。然后，他到另一家店买了一把霰弹猎枪。除了这两件武器以外，他又将其他三把手枪和设备装上推车，并在上午11时30分进入中央行政大楼。他乘电梯到27楼，也就是钟楼下面的一层。当接待员问他要学生证时，他用枪托把她击倒。他用力太过猛烈，该接待员后来重伤死在医院。然后，惠特曼到了上层的钟楼——狙击手的首选位置，在那里他疯狂扫射，打死10人，打伤31人。受害者不仅是在校园里的人，也有街头的行人和校园办公楼玻璃后的工作人员。除了接待员以外，塔楼上还有2人死亡，他们只是欣赏美景的游客。死伤人数总共是45人。

下午1时22分，惠特曼被两名警察放倒。在尸体解剖时发现，他的脑部长了一个恶性肿瘤，这可能是引起他反常行为的原因。他很可能活不了多久。

奥斯汀事件上了国内与国际报纸头条。那时库切是助教，与另外两名成员共享帕林大楼的一个办公室。那时是夏季放假期间，校园里没有太多活动。他听到了枪声，但不知道发生了什么事。枪声持续了很久，他把头伸出窗外，但看不到任何情况，于是回头继续进行他的工作。突然，一名保安出现在门口，说："趴在办公桌下面，有人在从窗外往里射击。"过了一会，该建筑物的所有人都被带领到了地下室。那里没有窗户，他们在那里一直待到枪击案结束。库切后来发现有人和他一样从窗口伸头往外看，结果被枪击中。

这对于库切是一个令人震惊的经历。今天如果有谁经历了同样的事件，是需要接受心理辅导的，但当时心理辅导的概念还不为人所知。[42] 1966年8月2日，库切写信给南非作家杰克·考普（Jack Cope），他曾在当年5月，通过卡内基奖学金访问奥斯汀。库切告诉他，他在奥斯汀认识的人没有在这次大屠杀中遇害，并这样描述：

> 我竟然像傻瓜一样，有五分钟的时间站在办公室的窗口，不知道枪声从哪里来。
>
> 整个奥斯汀都被吓休克了。现在是上午11点，南广场根本没有人，昨天大多数死者都躺在那里。大概他们正在学习如何防范周围的人。[43]

库切于1968年离开了得州。在《回忆得克萨斯》的文章中，他说，不知道得克萨斯大学和美国纳税人为什么花了这么多钱让他放纵自己的奇思怪想。他去那里学习是富布赖特交流计划的一部分。现在回想起来，这个项目是很有远见的，它并不要求获得奖学金的学生能即时做出反应，或有任何经济意义的回报。库切享受着奥斯汀给他的学术自由：

> 没有人想要教我，对此我很感激。我在这三年过程中所学到的内容是不可忽略的，尽管大多数收获都是不经意间得到的。那里给我提供了一座伟大的图书馆，图书馆里藏书如此之多，这是我之前从未能想象得到的。[44]

第7章
纽约州布法罗

（1968—1971）

一

库切的博士论文是在1967年下半年与1968年上半年的头几个月写成的，在此期间他仍然很关心国际大事。1968年初的两个月是血腥的，总统约翰·F.肯尼迪的兄弟罗伯特·肯尼迪——未来可能的总统候选人及黑人活动家马丁·路德·金被暗杀。在东欧，1968年发生"布拉格之春"（Prague Spring）运动，其间，亚历山大·杜布切克（Alexander Dubcek）徒劳地尝试进行议会民主改革，希望缓和与西方的关系，从而摆脱俄罗斯的统治。在美国，20世纪60年代中后期的社会改革尝试导致纽约和底特律爆发种族骚乱，人们对变革步伐缓慢感到沮丧，并通过激进的黑人权力运动来发泄这种沮丧。1969年，美国人成功载人登月，过去通常颁发给受共产主义或其他独裁政权压迫作家的诺贝尔文学奖，这次授予了库切所敬佩的作家——塞缪尔·贝克特。

电视屏幕上每天播出的影像让库切被一件事情困扰，那就是美国卷入越南战争。在伦敦，他已经意识到战争的恐怖。在《青春》中，他这样写道：

在《卫报》头版的一张照片上，一个穿着美国式军装的越南士兵无助地望着一片火海。"自杀炸弹袭击者在南越造成浩劫。"大标题说道。一队越共地雷工兵割断了波莱古美国空军基地周围的有刺铁丝网，进入了基地，炸掉了二十四架飞机，放火烧掉了燃油储存罐。在这个行动中他们献出了自己的生命。[1]

1966年，绝大多数美国公民仍然相信他们国家在越南北部进行的军事斗争是有道理的，反对这一行为则是错误和不爱国的。但是，到了1967年初，民意调查显示，57%的美国人反对总统林登·约翰逊的政策。约翰逊面临着两种对立的要求：一种是希望将战争升级，一直到最终的胜利，另一种是要求美国停止介入越战。校园里的抵制非常强烈，最终引发学生大规模的抗议和示威，但约翰逊还是下定决心将战争进行到底。 1965年，美国在越南的军队人数约为25万，但是到了1967年，这个数字猛增到486万。约翰逊将他的国防部长罗伯特·麦克纳马拉（Robert McNamara）免职，原因是后者不同意继续进行这场战争。麦克纳马拉只用25个英文词语明确阐明他的观点："美国必须小心，不要用自己的历史、政治、文化和道德标准来解释发生在他国的事件。"[2]1968年1月30日，北越军队进入越南第二大城市岘港，以及越南南方其他七个较大的城市，越共开始扭转颓势。美国公众一直相信美国会稳赢这场战争，现在对电视出现的画面大吃一惊。很多人的标准反应是："这到底是怎么回事？我还以为我们赢得了这场战争。"[3]反战情绪高涨，学生的抗议行动不断升级。

库切对物理学家赫尔曼·卡恩（Herman Kahn）的诡辩感到反感。该人此前曾参与策划核战争计划，是哈德逊研究所的创始成员之一，从事政府政策研究，并担任国防部顾问。他与同事编写了《我们在越南能赢吗？》（*Can We Win in Vietnam?*）一书。在书中，卡恩为战争的不人道行为进行辩护。在后来创作的《幽暗之地》中，库切也引用了《我们在越南能赢吗？》一书中内容：

当目睹影片上的战斗轰炸机飞行员们用凝固汽油弹成功地对越共目标实施轮番轰炸后一脸的兴奋，那些欧美观众深感惊骇和憎恶。他们的这种反感很难不令人产生共鸣。不过，想指望美国政府手下的飞行员里头会有人被他们一手制造的灾祸震慑而执行不了任务，或者良心不安，甚至有负疚感，也是不切实际的。[4]

这部分摘录之后的内容说明了卡恩的意图和心态：

我们都生活在不同层次的意识和约束之中。对于飞行员来说，着重于完成他的任务似乎是合理和道义的行为，是在传统或广泛认可的法律和战争习俗范畴之内的，他不应该病态地想着人类遭受的苦难。

在上面两段引文之前，卡恩阐述了他的观点。尽管他也承认，他的同事与他有不同意见，但是他认为美国的军事干预出于美国对政治和道义高标准的坚持：

当然，在许多情况下，政治上和道义上的要求往往是重叠的，而且它们可能要有不同的侧重点。但是在某些特殊情况下，特别是在可接受武器和目标合法化的问题上，政治和道义要求之间的差异就没有那么明显。但我们所有的人都知道，除了核武器和致命生化武器之外，道德问题更多地在于限制目标，而不是关于特定武器的使用。比如，如果涉及生化制剂的使用，那情况则更为复杂。目前我们的目的在于尽量避免使用可能失控的武器。不过，如果事态需要，似乎没有什么理由可以阻止军队使用某些民警在防暴控制中使用的化学物质，因为如果不用这种手段，问题就会变得更棘手……我们可能要非常谨慎地引入镇静剂、LSD（致幻剂），或类似的让敌人瘫痪的制剂，另外，我们对目前所运用的一些技术，比如大规模森林生化落叶、细菌战或化学战也感到矛盾，因为这会对农作物不利。当然，我们有足够有力的论据说明有必要使用这些策略。

正是在这种美国内部冲突不断的背景之下，库切完成了他的博士论文，在1967年的年底，他决定在美国高校中申请一个可以给他提供更高报酬的职位。得克萨斯大学没有空缺，但他的一位老师告诉他布法罗可能有空缺。布法罗是纽约州的一个海港城市，位于伊利湖附近，尼亚加拉大瀑布以南约24英里，纽约市西北400英里。当时的人口大约为53.3万，是一个比奥斯汀更大的城市，也一直是大湖航运中心，即使每年有长达四个月的冰冻封港期。然而，自20世纪20年代以来，由于严重的经济衰退，这个曾经繁荣的海港城市有所衰败。1968年的布法罗情况仍然很糟，失业人口众多，特别是这里较多的波兰罗马天主教成员面临很大困境。[5]

纽约州政府部门对布法罗的困境深表同情，并希望采取措施恢复此地昔日的辉煌，让其重新成为美国商业和工业重镇之一。其中一个振兴城市经济的措施就是在这里大规模兴建一所新的大学。布法罗大学（UB）成立于1846年，当时是一所私人医疗学校，后来在1891年，法律系并入进来。到了1915年，该校有了更多的其他院系，其中也包括文科系。布法罗大学从成立之初就有学术自由的传统。布法罗市的罗马天主教教徒占总人口的50％左右，布法罗大学信仰天主教的学生也占全校学生人数的一半。大学强调学术自由，和一些学生的宗教信仰发生冲突，神父和修女就会建议高中学生的父母让孩子去该区域一个较小的天主教教育机构上学。但是尽管如此，布法罗大学仍然坚持学术自由。

1962年布法罗大学濒临破产，于是，在国家的干预下，它成为纽约州立大学59所分校中的旗舰校。在1968年1月12日版的《时代周刊》中，美国纽约州立大学被描述为具有"全美发展速度最快、资助最多、最雄心勃勃的公立高等教育体系"。关于布法罗大学的发展，校长马丁·梅耶森（Martin Meyerson）的目标是"打破传统学术结构"，打造

"一个公共高等教育模式的典范"。根据《时代周刊》的报道，"为了达到这样的目的，梅耶森将大学分为八个主要的跨学科的学部"。大学很快就吸引了很多学业优秀的年轻学生：在1968年，超过85％的新生在高中期间都是班里的尖子生。当年的学生人数为21 735人。

随着布法罗大学并入纽约州立大学体系，该校学生的构成发生明显变化，部分的原因是越来越多的犹太学生从纽约市来到布法罗，也带来了令人兴奋、充满创意和活力的犹太文化的内容。不幸的是，他们的到来在布法罗社区引发了强烈的反犹情绪，特别是波兰天主教工人阶级。过去，他们的子女上布法罗大学很容易，但现在却要与犹太学生竞争。他们的子女也不能再指望可以在布法罗大学或布法罗市找到很好的工作职位了。

这就是布法罗当时所处的状态，库切在那时对布法罗大学的一个教职很感兴趣。当时，除了在全国范围内有两派在争论美国是否应该退出越南，各个城市也以不同的方式存在着分歧，布法罗市也是其中之一。比如，布法罗的犹太人明确站在反战抗议活动的一边，而许多波兰天主教徒的儿子正在部队服役，因此他们赞成越战。1968年，战争进入了最糟糕的阶段，因为除了越南战争在继续以外，美国本身也在发生着"战争"：一种民事冲突。反犹太主义的升级是这些年来两极分化的表现之一。在布法罗占多数的白人与占少数的黑人群体之间的关系也很不好。库切在奥斯汀也经历过这种状态。奥斯汀被称为极端保守的得克萨斯州之中自由主义的温床，支持林登·约翰逊和他所倡导的越战。在接受记者采访时，库切是这样描述1968年他所在的美国的：

> 空气中有一种偏执，尤其是如果你觉得自己很容易被认定为知识分子、左翼人士、世界主义者，因为得克萨斯州和布法罗的普通百姓憎恶这几类人。[6]

在申请布法罗的职位时，库切知道他是在冒险进入一个马蜂窝，但是他先前所做的调查让他深知，如果应聘成功，他会在一个处于前沿地位的英语系，与一些高水平的同事共事。他也知道，布法罗对学术自由的尊重意味着他的研究和教学不会被干扰。根据他在开普敦大学的经历，他知道一个独裁政府可以如何影响一所大学，而要想在这种情况下争取学术自由是多么艰辛。早在1922年，布法罗大学还是一所私立大学，当时的校长塞缪尔·保罗·卡彭（Samuel Paul Capen）就发布了一份学术自由声明（库切是完全赞赏的）：

> 一个机构接受学术自由的原则就意味着，在该机构的教师可以自由研究任何主题，不论该主题如何违反禁忌；他们可以自由地在课上或其他场合，以口头或书面的形式发布研究调查结果和自己的想法；他们有权在课上或其他场合表达与同事不同的意见；作为公民，他们可以自由参加任何机构之外的辩论；不论他们的观点多么不受欢迎、与强大的利益或既定的偏见多么唱反调、在机构同行和朋友看来多么错误，他们都不可以受到任何直接或间接的压制；他们将根据现行终身教职条例的规定继续任职；他们的学术提升取决于他们的科学学术能力，而绝不会因为自己的观点或意见多么受欢迎或不受欢迎而受到任何影响。[7]

库切在他的申请中不得不提到，按照富布赖特奖学金明确规定，他在学业完成后，必须回到自己的原籍国服务。在申请该职位时，他在奥斯汀的博士论文还没有写完，尽管他肯定一定能圆满完成。1968年1月12日，他收到了英语系主任诺曼·N.霍兰（Norman N. Holland）的信件，信中写道，经过与教务长的讨论，他可以提供给他一个"为期一年客座助理教授的职位，年薪9 800美元"，并表示："由于您的国籍情况的复杂性，只能给您访问头衔。"霍兰教授和他的同事们想必对库切的研究成绩以及他在奥斯汀的论文很在意，所以给他的职位是临时的，希望这能帮助他解决永久居留问题。霍兰继续写道："请明白这一任命将取决于在9月1日前您是否能取得博士学位。如果届时您没有拿到学位，本聘任将转为讲师合同，但工资和教学责任维持不变。"

霍兰表示，在通常情况下，这样的合同为期三年，但是因为库切复杂的身份问题，只能先签一年，但有延期的可能性。他预计一周将要教九个课时，三门课程，其中一门高级课程由他自己设计。霍兰最后总结说：

> 我想你会发现布法罗是一个令人愉快的居住地，有学术自由和发展空间。我们系有各种不同类型的优秀人才，包括创意作家：比如罗伯特·克里雷（Robert Creeley）、杰克·巴特（Jack Barth）；学者和评论家：像C.L.巴伯（C.L. Barber）、乔·瑞德尔（Joe Riddel）；通用型人才[8]：比如蕾斯莉·费德乐（Leslie Fiedler）和阿尔伯特·库克（Albert Cook）。这里每个人都有自己全面发展的空间。我希望您能决定加入我们的行列。

能够获得这一任命库切感到很荣幸。1月12日，他在电话里表示接受该职位，并在同一天写信给霍兰确认了这一点："我非常高兴接受您在1月2日来信中提到的职位。

库切在离开奥斯汀之前完成了他的博士论文，但是在1969年1月12日毕业典礼上被授予的博士学位。虽然他没有达到聘任书上要求的1968年9月这一最后期限，但是布法罗大学还是聘任他为助理教授。库切在1968年5月27日写给新同事维克·多伊诺（Vic Doyno）的信中（在信中他亲切地直接唤他的名字而不是姓）说，康诺利教授已经为他安排了入职后最初几天或几周的住处：

> 我想我会尽快，特别是在我妻子和孩子到来之前，找到一间公寓。他们大约8月10日到。我不知道在布法罗找住处有多难，但是理想情况下，我想租一套距离校园一英里以内的、不带家具的两居室公寓（如果是独栋的房子，价格便宜也可以）。我不知道具体

价格是多少。我猜要比在奥斯汀高一些，大概65到90美元……只要价格合理就行。我们作为租户的缺点是，有一个2岁的顽童。就是因为他，我希望租一个不带家具的地方，这样我可以放一些破家具，不用担心他破坏。

库切于1968年7月15日正式接受布法罗的职位。他与菲利帕住在萨科帕克大道24号的一栋房子里，后来搬到西奥克伍德广场127号。 11月10日，他们的第二个孩子出生了，是女儿，他们给她起名为吉塞拉·加布里埃莱（Gisela Gabriele）。两个孩子都在美国出生，自动成为美国公民。1971年，菲利帕带着两个孩子回到南非，库切自己生活在杜威大道334号的5号公寓。

库切到布法罗以后很快与新同事熟悉起来。继诺曼·N.霍兰之后出任系主任的是马库斯·克莱恩（Marcus Klein）。讲师中有创意写作作家，如约翰·巴斯（John Barth）和霍华德·伍尔夫，库切和他们成为好友，并一直保持联系。很明显，从他后来接受的采访可以看出，他在布法罗大学英语系的经历是非常愉快的：

> 我在纽约州立大学布法罗分校的三年非常有趣。那是60年代，我所担任教职的英语系是全国最有声誉的系别。我见到很多优秀的人，有同事也有学生，他们教会了我很多东西，让我在各个方面，特别是当代哲学和批评领域开阔了视野。我想任何在那一阶段与那个系打过交道的人再回想，都会觉得那是一件非常幸运的事。[9]

二

在接受了布法罗教职以后不久，他被问及想教授哪些课程。1968年1月19日，仍然在奥斯汀的时候，他写信告诉未来的同事维克·多伊诺他的意愿。对大二的课程，他说他想教的课程按照偏好程度排列是：批判方法、英国文学概览、美国文学概览、经典阅读。对于高级课程，他想试试诗歌与散文的内容与结构，这也是他过去一直研究的内容。这些他希望放进课程讨论的内容后来也被作为一种文学批评的范本。他脑海中有一些从20世纪文学中汲取的例子，这使这个课程带有语言学倾向。此外，他打算开设散文小说风格与结构研究的课程，包括英国和美国实验小说，以及其他国别小说的英文翻译文本；英联邦国家英文文学，主要是澳大利亚和非洲文学，这可能会为布法罗大学英语系的课程体系增添新内容。还可以开一门关于庞德和贝克特的课程。

信的后半部分也表明他希望为自己的研究腾出一定时间：

> 课表里如果能有几天是没课的最好，当然如果不能这样安排我也不会抱怨。我不知道你们是否有周六的课程，如果没有，这是否意味着周二和周四的课程时长是90分钟？我特别不喜欢做的事情之一就是在傍晚时分去给那些精疲力竭的学生上90分钟的课。我不介意在周六或晚上教学（学生不用坐在那里盼着下课就立刻跑出去）。如果可以在周一、周三、周五各上1个小时课和周二、周四各上90分钟课之间选择的话，我选前者。

> 不知道你们的图书馆是否有指定书目阅读区，这样教师可以将一些书籍或文章放在那里，供学生短时借阅（1小时、2小时、3小时）。如果您能在方便的时候发给我目前二年级学生的阅读书目，我将非常感激，因为这样我就知道他们大概读过些什么了。

1968年3月22日，维克·多伊诺告诉他，他未来的教学任务是两门讲述英国重要作家的课程。第一学期通常涵盖从《贝奥武夫》到乔叟、蒲柏和约翰逊这些作家，要向学生介绍各种批评方法。另一门课叫作"文学、修辞与知识传统中的问题"。这门课针对每个人心中喜爱的不同主题。

在布法罗大学任教的三年中，库切所教授的课程涵盖大范围的文学方向与作家。他教授19世纪美国小说、文体学、语言学与翻译课程，涉及燕卜苏、叶斯柏、森威姆塞特和比厄兹列。在有关隐喻研究的课程中，他给学生介绍卡希尔、乔姆斯基、雅各布森和里法泰尔的作品。对于翻译课程，学生必须提交一篇或多篇翻译，最好是诗句，可以来自拉丁语、法语、德语、荷兰语、俄语或西班牙语。在这门课的介绍中，他写道："如果学生自己没有从事过文学创作，我不建议该同学选这门课程。另外请注意，我的俄文和西班牙文不是很好。"在"伟大作家"这门课程中，他讲到《天路历程》《格列佛游记》和《鲁滨逊漂流记》等。他对这些书的思考也体现在后来的批评文章中。而《鲁滨逊漂流记》则是他1986年所写小说《福》(*Foe*)的互文对象。库切给学生布置的关于《鲁滨逊漂流记》的作业的独特性明显表明他已经准备好背离那些老生常谈：

> 写一篇五页左右的《鲁滨逊在慧骃国》，在这篇文章中，鲁滨逊从另一次船只失事中漂流上岸，发现自己到了斯威夫特在《格列佛游记》第四部分中描述的那片土地。(《格列佛游记》是17世纪20年代的作品，那时候《鲁滨逊漂流记》还未诞生。)
>
> 如果你在文章中，根据自己的角度努力对笛福或斯威夫特的方式加以模仿，这对你是大有益处的。
>
> 我不想强迫你陷入任何一种文体的束缚，但是我得提醒你，笛福与"现实主义"的字眼相关，而斯威夫特通常与"讽刺"这个字眼相关，这是有根据的。
>
> 你的文章可以节选克鲁索的任何经历让其发生在慧骃国。如果你愿意，你可以添加注释来解释他在你描述的故事之前或之后发生了什么。

库切是布法罗大学英语系唯一来自非洲的教员，所以他被邀请讲授非洲文学这一门课程。这一安排很具有讽刺意味。他离开南非是为了成为一个更广阔的世界的一部分，放弃他那殖民地的过去，但是他发现，他在接受大卫·阿特维尔采访时说，他的新奇价值却恰恰在于他的非洲出身。他那时已经读过知名南非作家的英语作品，但认为他们中没有可以达到世界一流水准的。现在他要重读这些作者，并大量阅读在美国能找到的非洲文学作品。他发现戏剧，尤其是西非戏剧，比诗歌和小说更吸引人，但并没有什么真正迷住了他。但是，如果他想留在美国，他认为，他不管怎样要成为非洲方面的专家——一个他本人不会有多大热情的研究范畴。[10]

他还教授亚历克斯·拉古玛（Alex La Guma）的作品，这位作家在写作生涯早期被判处叛国罪，被拘留和软禁在家中多年，并于1966年永远离开了南非。库切的第一篇正式发表的学术文章就是关于拉古玛的[11]，他的授课内容为他的文章提供了丰富素材。库切在给他的学生讲述南非文学的特色时，能够感到一种与同时使用欧洲标准衡量南非文学之间的张力。毕竟，在他生命的早期阶段，在隆德伯西家中的后院，他听过巴赫的《平均律键盘曲集》，如果要进行文学创作，他希望加入传统欧洲经典的行列，而不是拘泥于一个小殖民地的束缚。因此，他必须摆正自己非洲专家身份和对古老文学经典的推崇之间的关系。他之所以专门写了关于亚历克斯·拉古玛的文章，大概是因为拉古玛文字所描述的世界与大多数南非黑人作家所描述的不同，他写的是开普。[12]库切的根就在那一块狭长地带——从干旱的卡鲁的百鸟喷泉农庄，延伸到海边的开普敦。南非其余的地方对于库切来说，从很大程度上讲都是未知的土地。2009年出版的《夏日》是他部分虚构的自传体小说：一位虚构的传记作者要研究已故作家J.M.库切。这是开普敦大学的法语讲师苏菲给这位传记作者讲述的内容，和真实生活中，库切在《双重视角》中的陈述有着微妙的一致：

　　他就像许多白人一样，把开普，西开普，或许还包括北开普，视为与南非其他区域不同的地方。开普是一个自有特点的地区，有着自己的地形地貌、自己的历史、自己的语言和文化。在这个神奇的开普省，有色人种根基很深，还有少数阿非利堪人，而非洲人却是外来户，是迟到者，还包括那些英格兰人后裔。[13]

库切在布法罗大学的授课笔记[14]显示，他开设的非洲文学课程（从书目上看都是英文书）的主题是探讨和分析非洲和美国社会制度的差异。他希望学生广泛阅读关于南非历史的书籍，并给他们列出书目。每个学生要交一篇和课程阅读书目有关的一个议题的论文。在南非作家方面，他建议除了亚历克斯·拉古玛以外，还应该阅读阿伦·佩顿、刘易斯·恩科西（Lewis Nkosi）、多丽丝·莱辛（Doris Lessing）和纳丁·戈迪默。在这个课程列表里，还有盖伊·巴特勒（Guy Butler）、杰克·考普、丹·雅各布森（Dan Jacobson）、索尔·普拉杰（Sol Plaatje）、威廉·普洛默、理查德·赖夫（Richard Rive）、奥立弗·施赖纳（Olive Schreiner）、波林·史密斯和劳伦斯·范德普斯特。他还建议学生读尤伊斯·克里格的英文作品。至于南非布尔文学，他让学生读《阿非利堪斯语诗歌英译》（*Afrikaans Poems with English Translations*）中A.P.格罗维（A.P. Grové）和C.J.D.哈维（C.J.D. Harvey）的诗，以及安德烈·布林克（André Brink）、艾蒂安·勒鲁（Etienne Leroux）和F.A.凡特（F.A. Venter）已被译成英文的作品。

这门课的讨论或作业设置表明库切在教学中所要发展的方向："传统祖鲁诗歌的社会功能；南非作家传记普及性的思考；战后阿非利堪斯语诗歌的逃避主义和/或参与倾向；西非文学中的知识分子和群众运动；非洲葡萄牙语诗歌革命主题的处理；英语/法语版非洲作家传教主题的处理；奥立弗·施赖纳小说《非洲农场的故事》的社会背景；波林·史密斯世界的社会结构；劳伦斯·范德普斯特的长者态度（布须曼人、俄国人）；艾蒂安·勒鲁对社会现实的态度；杰克·考普小说中的南非洲社会；南非文学审查制度。"这其中许多主题在后来库切的论文中都有涉及。在讲述南非文学中缺乏革命文学的问题时，他在发给学生的介绍中写道：

> 为什么尽管政府对知识分子大规模镇压（教育部落化，文字审查，等等，等等），南非没有革命文学（即以语言为媒介的革命艺术）？为什么南非写作变得如此重复，以至于刘易斯·恩科西（Lewis Nkosi）呼吁如果不能写出一些关于目前政治局势的内容，南非的写作可以停下来，暂时不要发展了？
>
> 两个较为明显的答案是：第一，读书在南非是中产阶级的事情；第二，一本书很轻松地就可以在南非被停止印刷和/或流通。进一步的答案更有趣，对它们需要做更多的解释。那就是成名作家（至少作为作家）是缺乏政治好奇心的，而且，在他们的内心有一种潜在的反对革命的悲剧模式占了主导地位。
>
> 所以，这里有一个巨大的问题没有被触及，那就是，革命文学如何开始，什么时候开始，最后的终点在哪里？
>
> 在现存制度消亡之后，文学的本质可能会出现。我猜那时它会以松散的形式在自传和现实描述中寻根。

1970年春季，在讲完塞缪尔·贝克特的课程之后，他请16名上课的学生对课程发表意见。在这门课程的整个过程中，反对越南战争的抗议和游行进行得如火如荼，课程不时地被中断，有的时候甚至无法在校园上课，只能转移到库切的家中上课。从他收到的学生反馈中可以清楚地看出，学生不仅觉得上课时很快乐，也认为他是一名出色的老师。一个学生写道：

> 我认为贝克特的课程是我在布法罗大学英语系里上过的最有趣的课程之一。我认为，文学应该被作为一种艺术形式进行研究，我们就是这样做的，没有说教或形而上的规矩。在这门研讨课上，我

头一次明白艺术家、艺术和读者之间的关系，也学到了一种研究文学的新视角，并把这种所得放到其他阅读之中。我认为这门课程的高质量不仅来自教授这门课的老师，还有课堂讨论……当然最重要的是源自作家贝克特本人。

除了教学以外，库切从早期就一直参与英语系举办的非正式跨学科会议和专题讨论会。例如，1969年10月，他参加了议题为"语言理论与符号理论的美学问题"的会议；1970年4月，他发表了两篇论文：《南非革命文学的真空》和《文学中的语言研究》。另外，他受系主任邀请负责英语教师培训计划。他和布法罗的一些同事积极推动邀请尼日利亚作家沃莱·索因卡（Wole Soyinka）访问布法罗。索因卡是后来1986年诺贝尔文学奖的得主。库切在给校长马丁·梅耶森的信中写道：

> 我郑重地认为索因卡是世界最重要的两位非洲英语作家之一。他的突出成就在于为世界戏剧引入了复杂而生机勃勃的非洲约鲁巴戏剧。我相信，索因卡将是我校重要的财富，特别是对英语系、戏剧系和非洲研究项目尤为重要。

在这段时间，库切出版了他的第一批论文。除了关于拉古玛的文章以外，他根据博士论文写了关于塞缪尔·贝克特的文章。他对荷兰文学的兴趣一直持续着，这一点可以从他翻译的《煤气修理工叙事曲》（*Ballade van de Gasfitter*）中看出。这一叙事曲包括赫里特·阿赫特贝尔（Gerrit Achterberg）写的14首十四行诗，发表在期刊《匿名者》的1970年秋季刊中。多年以后，他将其大幅修改，并收录在他翻译的荷兰诗歌集《划船者的风景》（*Landscape with Rowers*，2004）中。在《双重视角》中，他有一篇文章是关于这一叙事曲的，时间可以追溯到1977年，最初出现在《现代语言协会会刊》（*Publications of the Modern Language Association*，PMLA）第92辑上。这是自1941年以来，这本著名杂志首次刊登有关荷兰文学的文章。在《划船者的风景》中他援引阿赫特贝尔的诗歌的一个特征：

> 他所有的作品都是由一个单一的、高度个性化的神话为主导：寻找那位弃他而去的心爱之人，这一找寻之路会将他引向死亡之地。阿赫特贝尔用一种典型的现代风格，对读者提出严格要求：俄耳甫斯神话进入《煤气修理工叙事曲》的方式本身似乎就是神秘的。

库切在《煤气修理工叙事曲》研究中并没有提到这个中心主题。这一主题在过去曾引发批评家们进行作者生平的研究。对于这组十四行诗，以及寻求用"我"来替代无效的"你"，库切将其引到存在的不完整性，正如马丁·布伯（Martin Buber）在《我与你》（I and Thou）文章中所说的，当"我"与"你"的基本关系丧失，这种存在的不完整性就出现了。[15] 关于这种"诗化的失误"，库切从其他文本中也找到了相似的发现。19世纪现实主义小说在纳博科夫和巴尔特笔下转化为"虚拟自我的元小说评论"，并在贝克特的《无名氏》中发挥到极致。[16]

关于翻译，库切的评论非常前卫。他认为阅读文本的本质就是翻译，而每种翻译最终就是一种文学批评。[17] 但是，文学作品本身的文学性本质会给翻译带来问题，"找到这些问题的完美解决方案是不可能的，部分的解决方案则包含了批评的行为"。[18] 库切以他翻译十四行诗集的第四首为例，该诗的前四行是：

> Eindelijk is het kleine lek gedicht.
> Ik zoek de spullen langzaam bij elkaar.
> Mijn benen zijn als buizen lood zo zwaar.
> Zweetdruppels lopen over mijn gezicht.

库切的翻译如下：

最后小的漏洞被找到并密封。

我慢慢地收集起工具。

我的腿已如铅管一般沉重。

大滴的汗水从我脸上滴落。[19]

库切指出翻译第一行遇到的关于"gedicht"的翻译问题：

英语中并没有一个同形异义词平行于荷兰语单词"dichten"：（1）修补窟窿（hole），（2）作诗（不过，从另一方面讲，如果用"hole"就可找到"whole-hole-holy"这些谐音词了）。所以原诗就是围绕"gedicht"这个中心词的，表示：煤气修理工修漏洞的工作就如同诗人作诗的工作。[20]

很显然，从这个复杂的文本翻译讨论中体现的对词语准确含义的敏感性，可以看出库切对荷兰语和广泛文学知识的掌握。像所有译者一样，他发现不可能在英语中找到一个类似的相同的同形异义词替代荷兰语词语"dichten"，但是他马上在翻译第四首十四行诗前引入了"hole"这个词，从而期待诗和"洞"（hole）的愈合过程："我是不是要敲击充满小洞的煤气管道？"[21]库切这种处理荷兰语与英语翻译之中的问题和关于hole和whole的文字游戏仍然可以从他的第二本小说中看到。在《内陆深处》中，玛格达是这样描述自己的生活的：

我在这天地之间挪行并非像刀锋划空而过，或者是一个生有两眼的高塔，像我父亲似的，这儿如同一个洞孔，一个裹着身躯的洞孔，两条纺锤形的细腿悠悠荡荡地悬在下边，两条瘦骨伶仃的手臂左右摆动着，一颗大脑袋耷拉在上头。我是一个洞洞，哭着喊着想要填满自己的洞洞。[22]

1968年，库切开始了一项更大的翻译项目，翻译马塞卢斯·艾芒兹（Marcellus Emants）于1894年发表的杰作：《死后的忏悔》（*A Posthumous Confession*）。该小说后来出现在由波士顿德威恩公司出版的1975年第7卷《荷兰文学系列》中。第二版刊登在1986年伦敦出版的杂志《四重奏》上，库切为此加入了一篇介绍性的文章，这篇文章后来收入了库切本人的文集《异乡人的国度》（*Stranger Shores*, 2001）。第三版刊登在2010年的《纽约书评》上。

小说的主人公叫威廉·泰米尔（Willem Termeer），是他所在家族几代的生理和心理产物，同时他又注定与前代割裂。他的父母之间没有一丝爱意，母亲刻薄，父亲堕落。按照库切在文章中所说，他注定成为一个酒色之徒和施虐受虐狂。"从一开始，泰米尔就像个受害者，遗传法则、达尔文所谓丛林生活法则以及非人性化的社会机器，都使他成了一个受害者。"库切写道，"他的忏悔，他的自我分析，敲骨吸髓，撕心裂肺，其中虽也有诡谲、狡黠的自曝成分，但基本上是他向世人发出的痛苦的呐喊，目的是乞求世人的怜悯。"[23] 艾蒂安·布里茨（Etienne Britz）在介绍该小说时写道："泰米尔自我堕落的程度让人惊讶，就好像这种自我毁灭的程度可以让他得到愉悦的自我认识。"[24] 库切将这一忏悔与让·雅克·卢梭的《忏悔录》联系起来，认为卢梭在圣奥古斯丁之后，开创了"现代"个人忏悔的传统。而陀思妥耶夫斯基《地下室手记》中的匿名叙述者以及艾芒兹的《死后的忏悔》都是这样的例子。库切认为，在威廉·泰米尔身上，我们能发现，"他在激情恐惧和嫉妒所造成的苦海中，无助地漂泊着，痛苦地挣扎着；最后一逃了之，他不敢面对自己的生活轨迹向其揭示的所谓真正的自我，因而变得瘦弱、怯懦而可笑"。库切也认为，"马塞卢斯·艾芒兹和威廉·泰米尔是分不开的：艾芒兹所创造的人物原本是块顽石，但偏要实施其乖张的计划，想把自己点石成金"。[25]

当被问及他为什么翻译艾芒兹的小说时，库切在2009年10月20日的一封回信中这样回答：

我在布法罗大学开始艾芒兹的作品翻译工作。这其中有多种原因：一、我对自然主义流派的作家感兴趣（包括左拉、吉辛、德莱塞，从一定程度上讲还有哈代），而艾芒兹属于这一流派；二、艾芒兹的作品还没有被翻译成英文（已经翻译成了法文和德文）；三、我想保持和提高我的荷兰语水平，而在布法罗那时的环境中，没有人对荷兰研究感兴趣。

　　然而，知情的读者会发现库切无论是在翻译，还是自己创作的小说中，总显现出一个模糊的、他自己生活的轮廓，和他一直感兴趣的主题：（通过萨拉·格特鲁德·米林和阿尔伯特·杜比尔）父辈的堕落和罪行，"盼望着能弄清楚我是谁的过错"。[26]库切在翻译泰米尔对童年的回忆时，熟悉《男孩》的读者可能会觉得有些像约翰对他母亲和同学保密的倾向：

　　　　做任何事，我都尽量冷静地考量。如果让我觉得该做一件事，那这件事必须足够有分量，能超越我的内在惰性，因为我总是更喜欢不做事。我的这种谨慎琢磨，与我那些精力充沛的同学格格不入，还有我总是怀疑地不愿屈从于任何一种冲动，自然给人的感觉是我守口如瓶，不动声色，不可靠。我是在长大以后发现这一点的，但即使是在孩童时代，我就觉得没有人能忍受得了我。[27]

　　《死后的忏悔》中的局外人威廉·泰米尔在布鲁塞尔和巴黎孤独徘徊的场景令人想起约翰·库切曾绝望地徘徊在伦敦街头，不论在文学方面还是在处理同女人关系的方面都没有能够取得任何进展。泰米尔也有想写出一些实质性东西的冲动，但是他的手稿被出版商退回来，被认为内容太琐碎。库切那时是不是也感觉到了像他所描述的泰米尔那样的"最大危机"呢？[28]他现在30多岁，除了学习成绩很好，在奥斯汀完成博士论文以外，他尚未取得任何他认为在生活中真正有意义的、他要达到的目的：创造出来某种东西，这种东西要能超越他的自我，能作为他所创造的艺术作品展现给世界，并能给他带来生活的内容和意义。

　　库切选择翻译这篇小说的原因，除了因为艾芒兹与法国自然主义流派的联系，以及这部小说尚未被翻译成英文的事实，还有一个很可能的原因，是他对泰米尔这个人物的个人兴趣。从艾芒兹的叙述者那里，库切已经发现了他内心最深处的东西：写作的高强度，自己与泰米尔之间的相似之处——事实上，他和泰米尔都困在不幸的婚姻之中。在1969年，他给参议员雅克布·K.贾维茨（Jacob K. Javits）写信寻求在美国永久居留的可能性，并得到了参议员助理玛丽·埃伦·麦克法兰（Mary Ellen McFerran）回复。几个月后，他写了回信。在这封写于1969年10月16日的信中，他说："自从2月份我收到您非常有益的长篇来信以来，我经历了一些家庭问题，以至于一段时间内，我不知道是否有必要因为我孩子的美国国籍而争取改变我的签证类型。因为有一段时间，似乎我和我的妻子有可能分居。但是现在家庭问题已经过去了。"

　　《死后的忏悔》开头是妻子去世，泰米尔在她的葬礼之后独自待在家中。库切的翻译如下：

　　　　我的妻子死了，被埋了。

　　　　我独自在家，和两个女仆在一起。

　　　　所以，我再一次自由了。然而，这种自由对我又有什么好处呢？我现在可以够得到我在过去的20年里一直想要的东西（我现在35岁了），但是我一直没勇气抓住它，也不会多么喜欢它了。

　　　　什么让我兴奋，我就特别恐惧什么。我恐惧一杯葡萄酒，我恐惧音乐，恐惧女性。我只有在常态的早晨，才能控制好自己，确定自己的行为不至于夸张。

　　　　然而，恰恰是这种常态早晨的情绪，让我不能容忍。

　　　　没有兴趣——对任何人、任何工作，甚至任何一本书都没有兴趣。在空荡荡的房子里毫无目的地踱步，两个女仆漠然且高度警觉的低语飘过来，就像被隔离的疯子听着远处看守的谈话，在高度神经质的生活中，带着最后一丝的渴望，只想着一件事，在这件事前颤抖，就像松鼠在蛇催眠般的凝视下发抖，这种可怕的生存环境，一天又一天，我怎么能忍受？

每当我看着镜子——这仍是我的一个习惯——我就会感到震惊，一个如此苍白、纤细、不起眼的小男人，目光呆滞，嘴形软塌塌（有人会说，真够难看的），竟然能够谋杀他的妻子，一个他毕竟以自己的方式曾经爱过的妻子。[29]

三

库切在布法罗大学教学过程中，他在美国的居留签证仍然是一个恼人的问题。1968年11月11日，在给英语系新任主任马库斯·克莱恩教授的信中，他写道：

当我申请现在这份工作时，我曾说我在美国的居留时限不能超过一年。三个月前，我给司法部写信，询问是否有机会获准再留在美国一年（1969—1970），如果不行，是否有任何的可能，将我的18个月逗留时限分成两份9个月，这样就可以覆盖1968—1969和1969—1970两个学年。

我现在已经收到了答复，指出允许我逗留的最长时限是从1968年9月1日开始算起的之后的18个月，而且这段时间不能被分成两段。这就意味着我将不得不在1970年2月28日前离开美国。

因此，我决定申请加拿大一所大学的教职，开始时间是1969年9月。对于这一做法，我是不得已而为之，因为我非常高兴在这里工作。但是我不知道还有什么办法可以继续待在这里。

库切决定向多所加拿大的大学探询可能的教职空缺。他写信给维多利亚大学和英属哥伦比亚大学，也发信给香港大学（有一个空缺）。在这些信件中，他都提到，他在美国的居留签证将在1969年8月到期。他补充说："我是南非公民，但是南非共和国目前的局势让我非常不愿意回到那里。"他也随信附上个人简历。

在他收到这些大学的回信之前，布法罗大学开始代其申请在美国的永久居留身份。英语系想留住他，纽约州立大学布法罗分校校长的华盛顿代表已经同意将其教育签证延长。但是，正是因为他所持有的是教育签证，这要求他在签证到期前离开美国，并且两年以后才可以再次申请。而要解决这个问题的唯一办法是在国会里找到一个人，递交提案为他申请豁免。这是一个多么不寻常的过程，申请人必须找到一个有政治影响力的人提出个人提案，并进行游说。布法罗大学找到了纽约州资深参议员贾维茨，他愿意提起个人提案，申请允许库切无限期留在美国。[30]

为了说明自己的情况，库切在1968年12月11日，给布法罗大学校长助理罗伯特·欧奈尔（Robert O'Neil）写信介绍了自己的背景以及妻子和孩子的信息。他写道，他正计划在英语语言和文学领域从事讲师和研究员的学术生涯。他在得克萨斯大学和布法罗分校学到了很多东西，并已经开始了深入研究。如果他不得不离开美国，这一切都将被中断。

在得到欧奈尔回复之前，1968年12月13日，库切收到加拿大温哥华英属哥伦比亚大学英语系G.H.达兰特（G.H. Durrant）教授的信件。达兰特给他提供了一个助理教授的职位，年薪为10 500美元。达兰特说，他希望库切能讲授现代英国文学的课程，同时他也希望听听库切自己对其他什么课程感兴趣。库切觉得这份工作非常有吸引力，但也愿意继续留在布法罗，因为这里有良好的学术环境和舒适的工作条件。他的同事也非常希望他能继续留在英语系。在1968年12月23日写给达兰特的一封信中，他说自己不得不在接受温哥华的工作机会和在布法罗待到1970年之间做出选择。他说：

在您给我这个机会的时候，我还没有做好准备接受它，因为我还没有从华盛顿收到任何关于签证申请的消息。我现在已经得到一些消息，但还不是非常确切，但至少让我可以权衡可选方案。我被告知，因为这次延长逗留期限只有三个月，所以我的申请很可能获得成功。但我得在1969年7月到8月间才能得到官方答复。根据现有信息，克莱因教授给我提供了续约一年的合同，尽管事实上，很可能在这一年年中，我就必须要离开。

在经过长时间的思想斗争之后，我决定留在布法罗。这个决定的主要原因是，我觉得还有很多要向这里的同事们学习。

库切于1969年4月收到加拿大维多利亚大学的来信，问他是否还需要求职。他答复说，他本人已经被安排了1969—1970学年的教学任务。1969年2月27日，他收到香港大学的一封电报，该校给他提供一个讲师的职位。3月13日，他给这所大学回信，内容与给维多利亚大学的回复一致。

他觉得香港大学提供的职位非常有吸引力，并问及是否有可能在同年晚些时候重新给他这份合同。 1969年4月10日，香港大学回复说，他们愿意继续为他保留这一职位，但他必须在1970年3月1日前表明是否接受。

在此期间，欧奈尔联系了玛丽·埃伦·麦克法兰，她同时也是参议员贾维茨办公室的移民专家。她认为库切的最佳策略是基于"移民法规的艰难条款"，申请免除两年回国居住的要求。另一个方法是提供有力的论据证明为什么把库切留在美国是有利于国家利益的。但麦克法兰警告库切，国会在审议此类提案时非常严格，不会轻易授予这样的权限。因此，她更倾向于使用前一种策略。在写给库切的信中，欧奈尔援引了麦克法兰信件的相关部分：

论点应该是强调返回到南非共和国对库切的两个美国出生的孩

子而言将非常艰难。应该给出所有可以想到的、正当的理由，也就是说，在这样的一个年龄被放置到充满种族歧视、缺乏平等机会的环境里会影响孩子的学前教育。他们母亲的艰辛，相应生活水准的经济因素，库切回去后的就业条件和专业发展可能对其产生的不利因素等都应该被提到。

欧奈尔建议库切在发出正式申请之前，将草稿发给麦克法兰过目。如果申请的理由是基于"艰难条款"，库切就必须提供相应的证据支持。

1969年2月6日，库切按照欧奈尔的要求将草稿发给麦克法兰，同时抄送布法罗大学在华盛顿的代表罗文·韦克菲尔德（Rowan Wakefield）。在信中，库切大概介绍了他在得克萨斯州的短暂停留、他的求学生涯和他在布法罗大学的工作。他申请豁免外国人的居住要求条款，主要依据是他的两个孩子都是美国公民：

> 我不希望我的孩子，特别是我的大儿子被放置在南非种族隔离的环境中，而种族隔离在教育系统和社会总体结构中无处不在……南非法律要求所有的教育必须实施复杂的种族隔离，纯种白人孩子、混血的孩子，和"纯种"黑人孩子要在不同的学校学习。此外，它要求每一个种族群体内每个孩子用本群体的语言学习知识……这些法令的官方理由是，使孩子处于"自己的"群体之中，但很显然，其中真正的原因是：一、保持完全的种族隔离；二、为维持布尔人在白人中的优势，阻止新一代从阿非利堪斯语到英语的自然过渡。在20世纪50年代后期，南非通过大量的法规推进种族和语言的分裂。我在很大程度上已经逃脱其影响（我出生于1940年），但我的儿子逃脱不了。从种族上讲，他是白人，因此，将被放置在一个独立的白人的学校。他现在在家里说的语言是英语，不过，他很可能会被要求去上一个阿非利堪斯语的学校，因为，尽管事实上我是一个专业的英语老师，但我的前辈都一直是阿非利堪人。我妻子的家

庭也是这样的情况。

因此，这种双向隔离的结果是，我的孩子在早期、最易受影响的年龄，接受了一种纯白人教育，但学的语言很可能是一种陌生的语言。我不用强调后种可能性会产生令人不安的结果。我想强调的是种族隔离教育的影响，在一个社会里，种族隔离被接受为生活的一种常态方式。种族隔离是南非政府的官方意识形态。它的背后是非官方的白色优越的意识形态。几乎所有的白人都会认同这两种观点，唯一的例外只存在于学术团体之中。在南非是没有办法让孩子远离种族隔离的日常表达的，也无法摆脱它越来越明显的表现（隔离的住宅区，隔离的就业和教育，隔离的公共汽车和火车，日常白人对非白人的非难，各种族间交流的缺乏，宵禁等等），更不要说黑人怨恨的表达。当他去学校，他不仅不会听到任何人批判种族隔离的意识形态——国家雇员因为自己的官方身份自然不会提出批评——他反而更可能听到他的老师在接受和加强这种意识形态。

我无法想象一个孩子被暴露在这种环境下，不论时间长短，这个不幸的孩子心灵上能不受到影响。而我在上面谈到的对我的大孩子的影响，对我的幼子也有同样的影响，只是程度会低一些。

在讲述了他的孩子如果返回南非可能面临的艰辛以外，库切也介绍了自己的情况：

尽管这一申请是代表我的两个孩子提出的，但是我还想补充一点，我将不可能被允许长期在南非拥有学术职位。南非只有四所英语高校。和所有的其他大学一样，他们处于国家控制之下，其中一个学术职务的要求是不可以教授"共产主义"。因为在南非官僚的脑海中，"共产主义"这个词的意思就是"推广共产主义目标"，而南非共产主义者公开声明其目标是实现成人普选，根据这个定义，我就成了一个共产主义者。（应当指出的是，在过去的两年，法律越来越严苛，其中的一个结果是大学水平的明显下降。）

最后，我要说明我的两个专业领域之一是非洲文学，目前我在纽约州立大学教授这门课程。在南非大学是没有这样的课程可以教授的，而我课程里讲到的大多数南非作家的作品在南非本土是被禁止的。

库切的结论是：

> 总之，我申请豁免海外居住要求的理由有二：一、如果我的两个在美国出生的孩子长期居住在南非并在那里接受教育，他们在心理上和道德上产生的困惑将是有害的；二、我可能不能从事我在美国所从事的职业，这也会给我的孩子造成困难。

虽然有人会觉得有些夸大，但库切在信中有理有据地说明了为什么他希望自己的两个孩子继续在美国生活。夸大的例子也有，比如说：尽管是在严格的种族隔离时代，但很难想象南非政府将不顾外交反响，强迫一个拿美国护照、以英语为家庭语言的儿童到一所用阿非利堪斯语教学的学校去学习，原因只是孩子的祖先是阿非利堪人。但库切现在是在与政客打交道，他们与学者的角度是不同的。

1968年2月13日，麦克法兰给库切回信。她指出，他并没有明确说明他回到南非是不是能找到学术工作。如果能找到，他的薪水将是多少。他要出示证据证明，他曾为此写过信件并在这方面得到过答复。他还应该提供证据，比如报纸剪报或朋友的信件等，说明他很可能找不到工作：

> 你有举证的责任……不仅需要信件，还需要证明文件。你必须有文件显示政府会歧视你和你的妻子，但最重要的是……请记住我们的法律规定是美国公民将面临的特殊困难。您必须出示文件证明，

即便是具有美国公民身份的孩子，回到南非也会受到这种歧视教育。

他还必须提供证据说明南非的四所用英语教学的大学，会根据国家法规将他列入共产党员的类别，并会因此拒绝雇用他。因此，她建议他向这几所大学申请，然后将申请结果交上去。此外，他还需要用相关档案证明，南非的学校教育对于一个美国出生的孩子将会有多么不利："幼年期的儿童是最易受影响的。他们是美国人，美国人不应该被放到这样的环境中。不要那么正式地像写书……高举美国国旗，祝你好运气！"另外，他还应该申请改变他的签证状态。

对此，库切向四所南非大学（威特沃特斯兰德大学、罗德斯大学、开普敦大学和纳塔尔大学）发出问询信，询问他们讲师的薪级。1969年10月16日，他提交了一份经过修改的申请。库切这个时候省略了相对站不住脚的说法，就是他的两个只会讲英语的孩子可能会因为出身而被放到阿非利堪斯语授课的学校。他引述了肯尼思·B.克拉克（Kenneth B. Clark）书中的发现。该作者在《偏见与你的孩子》（*Prejudice and Your Child*, 1963年第二版）中曾进行一项研究，研究种族偏见对美国儿童的影响。克拉克声称，除去其他方面，在美国社会中经历过种族偏见的白人儿童会被教导出一种优越感：

> 这种文化许可，有时甚至鼓励他们敌视和侵犯整个群组的成员，因为那些人被视为比他们自己要弱势。他们往往会产生不同模式的罪恶感，进而将其合理化，或者采用其他必要的机制，使自己无法认识到对少数群体产生不切实际的恐惧和仇恨的不公正性。

如果这些针对美国群体的研究结果是真实的，那么库切在他的信中辩称：

> 不言自明的是，他们在南非更将是百倍真实的现实，在那里，

白人人口中大部分都觉得自己是陷入困境和受到威胁的少数人群体，因此每天都处于偏执妄想的精神状态之中。

那么，在此证据基础上，我想说将我的孩子们暴露在南非种族隔离的氛围中，对于他们来说将充满伤害和艰辛。我想再说一次，我的两个孩子是美国公民，我希望，上帝保佑，他们都能在美国长大。在我看来，暴露在现今南非之中，他们将处在精神暴力和错误的教育体制之中。

他的第二个论点是，他还不肯定能否在南非找到一个等同于布法罗大学的学术职位。尚有空缺的学校是威特沃特斯兰德大学和纳塔尔大学。他们提供的薪金是他目前收入的54％左右。此外，他在1963年离开南非后所表达的观点和立场，按照南非的法律属于犯罪行为。根据南非在1962年和1963年通过的法律修正案，他将面临的最低刑期是五年监禁。库切说，他曾于1969年4月14日，在克拉伦斯高中演讲时指出南非的政权对世界和平构成了威胁，南非的内部变化有利于国际社会的利益，如果联合国能够介入干预，这种变化的暴力成分将有所减轻。比如干预的方式可以是对南非港口全面封锁等。因为他所公开宣扬的这些意见，如果他回到南非，起诉将不是唯一的惩罚，南非内政部长已授权禁止任何人表达他认为有颠覆性的政治观点。他附上了一篇约翰内斯堡《星报》的文章：关于三位被禁讲师的命运。他的总结与最初的申请有所不同：

总之，我申请豁免外国人居留要求的主要理由有三个。第一个也最重要的一个是，我的孩子。他们是美国公民，将因为被暴露在南非的种族氛围中而深受其害。第二，作为他们的抚养人，如果我回到南非，我抚养他们的能力将非常明显地减弱。第三，鉴于我公开表达的政治观点，如果我回到南非，将受到起诉或查禁。

库切发现，要得到当局的答复需要很长的时间。直至1969年底，他申请永久居留或公民身份的事宜没有任何进展，而他的签证就要到期了。因为情况不明朗，10月29日，他为自己和家人申请了加拿大的永久居留。1969年10月13日，他给英属哥伦比亚大学的英语系负责人R.M.乔丹（R.M. Jordan）教授写信询问前一年12月份为他提供的助理教授职位是否还在。但那一职位已经没有了。显然，他不太打算接受在香港的职位，但他申请了在荷兰海牙的一个语言学家的职位。不知道他的申请是否有回音，如果有，那也没有保留在现存文件中。

　　1970年2月13日库切收到美国司法部的裁决。他的申请被拒绝，原因是他所提出的理由每一个来自南非的游客都可以使用，他的案例并不适应法律所规定的"特殊困难"。1970年2月25日库切对这一决定提出上诉，详细陈述了他上诉的三个理由。同年4月2日他收到司法部的回信，该信一一反驳了他所陈诉的理由，并驳回他的上诉。

　　人们可能会奇怪，库切本来可以预见，延迟批准他的申请是一个不好的兆头，他为什么还要拒绝加拿大和香港为他提供的职位？这大概是因为他对布法罗的忠诚。他很高兴与他的同事（自由主义者们）在一起共事，他从中找到了友谊。他们最终对结束越南战争无能为力，就像在库切自己的国家，那些自由主义者对强制的限定以及种族隔离无能为力一样。不管什么原因，当时他的签证仍然有效，他别无选择，只能等待接下来几个月的到来。

四

　　美国卷入越南战争引发的局势在全国各地都出现了明显恶化。现在大多数美国人反对战争，只有26％的人支持约翰逊的政策。校园里不断发生抗议和骚乱。约翰逊也不妥协。越南战争升级。美国用最现代化的武器部署，破坏了越南大部分的区域，但是并没有动摇共产党人的意志。除了从空中轰炸，美国人也发动化学战，这引发了来自其他国家和美国内部的强烈批评。约翰逊的继任者，尼克松总统，继续维持攻打越南的政策。美国公众要对这场战争的道义问题进行令人不安的考量。每天晚上，美国人民可以从电视上亲眼看到越南发生的暴力与邪恶。作家斯坦利·卡诺（Stanley Karnow）写道："观众可以从他们的屏幕上看到，（攻击结束后）南越士兵咧嘴傻笑着，洗劫越共士兵尸体上的钱财和其他贵重物品，他们还洗劫广播电台，偷走里面未损坏的设备。"[31]

战争结束多年以后，住在当时交战区域的居民霍谭丹（Ho Thanh Dam）仍记得美国轰炸机袭击广宁的情景：

> 轰炸在早上8点左右开始，持续几个小时。在听到第一个爆炸声时，我们跑进掩体，但不是每个人都可以跑得进来。在轰炸暂停期间，我们中有些人爬出来，看我们可以做些什么，结果发现场面十分可怕。尸体已经被炸成碎片，四肢挂在树枝上或散落在地上。然后轰炸又开始了，这次用的是凝固汽油弹，整个村庄陷入火海之中。凝固汽油弹击中了我，我一定是疯了。我觉得自己好像是被烧了个透，像木炭一样，我失去了知觉。同志们把我送到了医院，我的伤口直到6个月后才开始愈合。这次突袭中有超过200人丧生，其中包括我的母亲、我的嫂子和3个侄儿。他们是在掩体坍塌时被活埋的。[32]

随着战争的升级，布法罗校区几乎每天都出现冲突，不仅有针对战争的抗议，也有对布法罗大学当局的不满。1969年9月8日，当时的校长马丁·梅耶森宣布，他将在1969—1970学年长期休假。后来他因为在紧要关头放弃了大学的行为而被人痛骂。布法罗大学助理教授布鲁斯·杰克逊（Bruce Jackson）写道："坏人横行的时候，他扔掉自己的工作，躲开了。他再也没有出头。在过去的几年我们一直帮助他，现在他根本不支持也不帮助我们中的任何人。"[33]一个没有经验的管理者，副校长彼得·F.里根（Peter F. Regan）接管了梅耶森的职位，成为执行校长。早在1969年11月，里根发出过一个通知，就已经表明他不是合适的人选。他在通知中说，校园无节制的暴力、骚扰和恐吓处于"邪恶且令人不安的趋势"中，并表示担心言论自由受到暴力的损害。他警告说，为了维持校园秩序，他会毫不犹豫地"采取可能必要的、外部或内部安全部门介入的措施，以防止……入侵"，这一方案并不排除警方的介入。

1970年2月25日（星期三），校园骚动升级，27人严重受伤，一些人被送往附近的医院。其中5人是警察。当时校园局势非常紧张，出于安全考虑，在海耶斯楼里的工作人员以及行政部门都搬到了一个新租用的建筑里临时避难，等待校长的指示。然而校长里根根本没有露面，在之后的几周内，他也没有任何指示或建议。当一群学生聚集在大楼前面，并开始高呼"我们要找里根"时，他们发现30名学校保安堵住了大学校园的一个入口。学生们用石块和其他武器驱散了校园的保安，结果布法罗警方赶到平息骚乱。2月25日，在里根的要求下，400余名警察戴着头盔，手持警棍和对讲机进入学校以防止进一步的破坏性示威。[34] 20名学生被停学，并被禁止进入校园。

纽约州立大学布法罗分校被封校。3月5日，人文学院理事会召开会议。通过激烈辩论，以压倒多数票通过几项决议。其中包括：

（1）鉴于3月5日代理校长里根的做法明显侵犯了被停学者的学术和政治权利，我们要求立即解除对学生的停学决定，在被裁定违反法律之前，不能对学校任何成员进行惩罚。

（2）鉴于学校当局在2月25日，即上一个星期三晚上将警察召来的鲁莽行为，鉴于一直以来，校方拒绝或未能与校务会成员进行坦诚有效的沟通……我们对代理校长里根的管理能力表示不信任。

里根毫不理会这第二项决议，但法院颁令废除了对于学生的停学惩戒。1970年3月9日（星期一）历史系教师要求里根引咎辞职，原因就在于他不按照学校规定程序，擅自将警察召入校园，让某些学生停学，不与老师及学生沟通，缺乏诚意。历史系教师声称，警察驻扎校园在学术上是不能容忍的，这导致教师无法继续教学。[35] 尽管有这些批评意见和解除封校的要求，警方仍然留在校园里。

经过两天相对平静的日子，1970年3月15日，一个寒冷但晴朗的星期天，12点45分，45位讲师聚集在海耶斯楼前和平抗议警方驻扎校园。他们在校长办公室静坐，并要求与校长谈判，以解决学校内部政策处理中的问题。库切是这45名教师中的一员。他的英语系同事威廉·邦恩（William Bunn）教授后来回忆说，库切在政治讨论中并不健谈，但对他和其他44位教师来说，大家都相信言论自由是问题的关键。[36] 45位教师向当时的副校长爱德华·多提（Edward Doty）提交了声明：

> 彼得·里根和他的管理机构蔑视教师教务委员在3月11日星期三向校方所提出的建议：马上将警方从校园撤出，必须为周四的事件负责。因此，我们这些学院成员将占据这些场所直到1）警方从校园中撤出，2）解除禁令。

多提打电话给当时在家的代理校长寻求指示。然后，他告诉等待中的教师说，校长不会见他们。他又补充说："如果你们不在五分钟内离开，会因擅闯罪被逮捕。"大家仍在那里静坐，并告诉多提，如果代理校长不答应他们的要求，他们将继续留在那里。接着，他们被警方逮捕。虽然他们并没有戴上手铐，但所有45个人都被逐一拍照，留取了指纹。他们的口袋被掏空，所有个人物品被没收，包括皮带和领带。他们可以系着鞋带，但所有的眼镜都被拿走，这对近视的老师非常不方便。[37] 1970年3月16日星期一，在监狱里待了一天之后，45个人被控告蔑视法律和非法侵入，可能的惩罚是监禁一年或罚款1 000美元。进一步的刑事控告由纽约州立最高法庭审理，他们可能会被判入狱三个月或交250美元的罚款。最后，汉密尔顿·沃德（Hamilton Ward）法官认定他们都

J.M.库切传

有罪，判处30天的监禁，可以上诉。在他的判决中，法官非常激动：

> 我希望你们深深记住这里是有司法的；我希望你们记住是法院
> 在做出命令。你们更应该遵守法律，因为你们担负着教育我们的年
> 轻人的责任。[38]

整个事件充满政治色彩，显示了里根右翼管理机构的实力，他表明如果校园还不能恢复秩序，警方会采取更有力的行动。在这45位老师被捕之后，他们收到了威胁信件和骚扰电话。当地的报纸刊登了一些读者对这次逮捕事件表示愤怒的来信。然而，在这些声音之中，大多数对讲师的行为持批判态度："为什么现在的学生会如此思考和行动，看看这些被捕的45个老师就知道了……他们应该是煽动目前校园动乱的始作俑者，应该被指控……其他大学的书呆子和'知识分子中的势利小人'也受到了影响……他们应该被解雇……这45个老师一定是有意为恶，要么就好像在炸药厂点燃火柴的家伙一样蠢。不论是哪一种情形，他们都必须承担一定的道德责任——应该把他们从我们的教育系统中踢出去。"[39]

约翰·赫德尔斯顿（John Huddleston）捍卫他的同事们："我为我的45名同事感到自豪。他们愿意牺牲自己，让人们关注到校园所发生问题的真正原因——校方对大学社区、学生和教职员工的需求毫不关注。在利用当地政客和警察官员的残暴时，校方已经将镇压升级到将大学变成警察国家的危险地步。"[40]历史系发出信件呼吁大家给予经济支持以应对未来的审判。该信指出这是美国历史上第一次一所大学的讲师在和平抗议之后被逮捕和羁押，而代理校长却对此事保持沉默。莱斯利·费尔德（Leslie Fiedler）是一位有影响力的评论家和小说家，当时是布法罗英语系讲师，他说那时对45位教师采取的行动"完全是前所未有的"。[41]在1970年3月19日写给里根的一封信中，本校13位著名教授表示了他们对45位教师的同情：

根据我们对这些教师能力的了解，和对于他们的尊敬，我们认为，他们这样做主要原因是出于他们对学生的同情，出于要证明那些根深蒂固的信念的愿望。如果大学要继续生存，我们必须区分清楚暴行与有良知的行为之间的区别。我们坚信，这些人当日的行为是有良知的行为。

1970年5月5日，人文学院理事会得出以下结论：

目前校园处于法律体系下，州最高法院法官汉密尔顿·沃德发布强制文书，运用仲裁和判决的手段来解决纷争。这就意味着，这个校园实际上已经没有了自治，没有管理机构能够做出重要的行政决策，更重要的是，没有行政部门愿意并能够积极调解和解决纠纷。本届管理层的姿态已表明并将继续持续下去："如果遇到麻烦，我们处理不了，我们就打电话给警察，逮捕鼓动者和挑衅者，然后让法官判他30天监禁或更长时间，把他们打发到伊利县监狱去。"

学院理事会认为用强制令来执行法律和维护社会及大学校园治安是一种笨拙、不妥的方式："强制令往往是在恐吓和镇压异议的声音；用标准的法律语言来描述，它们有一个'寒蝉效应'……人们不敢就美国宪法赋予的公民权利做出任何谈论。"出于这个原因，学院理事会要求想办法减轻这一禁令给45位教师带来的明显损害。具体来说，学院应该追究行政部门不作为的渎职行为，追究（数名）懦弱的官僚管理者的责任。此外还建议如果行政人员被指控的罪名成立，他们应被要求立即辞职。

一年后，45名教师被法院裁定罪名不成立。（1970年4月，里根被迫辞去代理校长的职务，同年8月底生效。）纽约州最高法庭也驳回了对大学制止和干预聚会违法的指控。1971年6月8日，代理教务长托马斯·康诺利（Thomas E. Connolly）写信给库切表示祝贺，因为"布法罗45人"案的所有指控被撤销：

在面对严厉的处罚和财政负担之时，您和您的同事们表现出了极大的勇气，站在道德立场直面这一严重的问题。在那个时刻，和平示威、反对压迫是正确合法的观念几乎消散，您所遭遇的一切几乎要证明一切在往反方向走。现在和平集会的权利得到维护，我们都松了一口气。

《夏日》里指出这次逮捕是库切职业生涯中的一个转折点，扼杀了他留在美国的机会。国会里没有人敢在政治上与任何被指控抵抗战争和公共暴力的人发生关联，为其提出个人议案。在该事件后，参议员贾维茨通知学校，他不会继续为库切的事情申诉。尽管对他的指控全部撤销，但是他的逗留延长申请也失败了。[42] 库切在1989年写给理查德·A.西格尔考（Richard A. Siggelkow）的信中说：

在静坐事件之后，我在布法罗教书一直到1971年5月。和45人中的其他人一样都被撤回指控，但是因为我的违法案底（尽管后来上诉成功），我的签证在移民和入籍当局看来极为复杂。我的再入境签证被撤销，使得我不能再回美国。很大一部分是因为这个原因，我在1971年决定辞职，并离开了美国。[43]

1997年，他在接受记者乔安娜·斯科特采访时说：

1970年，在反战示威的高潮时，我确实在布法罗被捕，但并不是因为参加了这样的反战示威。当时纽约州立大学布法罗分校的校长弄来数百名警察驻扎在校园，然后他自己从办公室撤退到一个秘密的地方。我和40多位教师对此表示抗议。在我们看来校长这样管理学校是一种不负责任的行为，因为这会形成一种高压气氛，教学和学习无法进行。一个星期天的早晨，我和同事去校长办公室，在校长同意来与我们见面之前拒绝离开。结果，他没有来，警察倒来了。我们都被逮捕，被控非法侵入，且被判罪名成立。一年后，经过上诉，罪名被推翻。这就是事件的历史……如果我现在仍在美国，我应该是另一个不同的人。我将有一段不同的历史。我可能就不会坐在这里回答你的问题了。[44]

当库切在等待当地法院和纽约州最高法院的判决结果时，菲利帕却不知道该怎么做。库切的未来，以及她和孩子们的未来，一直都被蒙上了不确定性。比如，按照最初的想法，他们可能会在布法罗再待上一年，然后去别的地方，比如加拿大。接下来，又有可能继续在布法罗，因为参议员贾维茨会为库切提出永久居留申请。然后他们的整个生活因库切的被逮捕以及接下来如果他被定罪将被驱逐出境的可能而被统统打乱。当贾维茨决定不再为库切出头，他们都不知道将会发生什么。库切不再有留在美国的有效签证了。但是，如果他现在离开这个国家，就可能被理解为逃避法律。因此，他们处于两难之中。菲利帕决定带着孩子返回南非与她在约翰内斯堡的父母待在一起，等着库切把这些烂摊子解决好。作为孩子的母亲，她被允许合法离开美国。1970年12月，她和孩子们离开了美国。

库切已经从布法罗大学申请休假一段时间，他以为他可以在重新拿到签证之后，回来继续供职。因为他的情况未定，他给美国当局写信承诺，如果他的上诉失败，他会返回服刑。在此基础上，他被允许在1971年5月离开美国。到了1971年11月，他仍然不能确定他是否能重新回到美国，于是他问询当时英语系的新任主任J.I.弗莱德林（J.I. Fradlin）教授，他的无薪休假是否可以进一步延伸："我最近正完成一本书稿，内容关于非洲研究。另外正着手开始写作第二本关于语言文体学的书籍。现在我想全身心地投入这项工作之中。"

五

校园里一片动乱，是否能被授予永久居留权也充满着不确定性，在这样的状态下，库切开始了他的第一部小说创作。1983年12月4日，接受《星期日泰晤士报》记者詹妮弗·克鲁伊斯-威廉姆斯（Jennifer Crwys-Williams）的采访时，他说："1970年1月1日，在纽约州布法罗市，我开始写自己的第一本小说。1970年我的新年计划就是写一本书。我对自己说，如果不在今天坐下开始写，什么时候才能真正坐下来写？"

在这次采访后不久，他的第四本小说《迈克尔·K的生活和时代》（*Life & Times of Michael K*，1983）出版，为其赢得英国布克奖。他还表示："我的第一本书《幽暗之地》是最难写的，因为我不知道自己在做什么。自从写出了那本书，一切就变得容易了些，但仍存在困难。这不是一个坏兆头。因为如果一本书很容易写，那一定有什么东西出错了。"

在布法罗，库切开始了《幽暗之地》的创作。在大英博物馆的阅览室里他曾着迷地研究了南非过去几个世纪的历史，在奥斯汀的图书馆里，他继续全神贯注地从早期书籍收藏中继续这项有趣的探究。他阅读两个世纪之前，荷兰、德国、英国出版的旅行日记。坐在伦敦或奥斯汀的图书馆里阅读着关于开普敦街头，那些他曾走过的街头的故事，这种感觉很奇怪。更让他感兴趣的是那些关于老开普敦的记录，讲述旅行者坐着牛车向卡鲁的半沙漠内陆深处挺进，可能接连几天看不到任何生命的迹象。还有一个幸运的巧合，他在早期书籍中遇到了一个与他同姓的人的记录：雅克布斯·库切。该人在18世纪后半期，沿好望角北部的西海岸向纳马夸兰挺进，并穿过奥兰治河。如果他要使用这材料作为小说的素材，他在开始写作之前就要确定自己所看到的是那个世界的真实反映，他要让自己的写作源自这些材料，尽管同时要插入一些材料中出于各种原因而闭口不谈的东西。但即便如此，他也不能够超越那个时代的知识视野。他要体现的是"过去了的世界的通识"。[45] 他必须知道如何忘记某些事情，但他还必须知道要忘记什么。

但是在同一时间，他又想以布法罗日常发生的事情为基础，根据眼前他不得不面对的残忍现实，创作一些东西。奇妙的是，布法罗发生的事情与200多年前南非内陆探险者所经历的内容可以产生共鸣。他在电视里看到的越战的恐怖给他提供了关联的连接点。

在布法罗，他开始这第一本小说的创作，最终它由两部分组成，其中包含着许多微妙的并行事件、交叉引用和相关的场景。1971年5月，他登上了飞机，飞往他曾不惜一切代价想要逃离的祖国，带着一份完成了一半的手稿，走向一个不确定的未来。

第四幕

南非

(1971—2001)

第8章
开普敦大学讲师与
《幽暗之地》

一

J.M.库切1971年5月离开美国回到南非。那时的美国处于该国现代历史上最危险的阶段。美国利用空袭和化学战卷入一场不得人心的越南战争之中。美国公众通过电视随时了解着战事，也看到成吨的炸药对手无寸铁的平民所产生的破坏性影响。1968年，尼克松总统上台，他与前任总统林登·约翰逊属于不同政党，后来他叫停了越战，循序渐进地从越南撤军。由于共和党非法干预民主党的总统竞选活动，1974年8月，尼克松引咎辞职，1975年越战才得以全面结束。

在库切人生的重要关口，他所关心的政事是美国的越南战争，而不是南非的局势。在美国，他从报纸和电视上看到，战争的概念以及赫尔曼·卡恩所残暴倡导的大规模伤亡的理念(《幽暗之地》"越南计划"的题记引用了卡恩的话)，是如何被"卖"给容易上当受骗的普通民众的。丹尼尔·C.哈林（Daniel C. Hallin）在电视中宣称："要让敌人非人化，抽除他们所有的情绪和动机，并将他们从政治领域以及人类社会中驱除出去。北越和越共是'狂热的''自杀式的''野蛮的''半疯狂的'。"[1] 1971年库切在接受彼得·坦普的采访时谈到这场战争："战争给人们提供一种途径去释放大量被压抑的侵略性与暴虐性。这不仅发生在战场上，也发生在人们的客厅中。"[2]

库切在日常生活中就经历着这种令人精神分裂的现实。尽管他在美国的日子眼界大大开阔了，并与布法罗的学生和同事建立了良好的关系，但他一直保持着局外人的心态。在写给迪克·彭纳（Dick Penner）的一封信中，他说到了"丑陋、肮脏的布法罗"。[3] 布法罗的冬天是寒冷的，他不喜欢那里总下雪。而待在大城市里，他也没有那种在家一样舒服的感觉。1966年5月6日，他写信给当时获得卡内基奖学金待在美国的杰克·考普："我去年9月在纽约待了16个小时，我再也不想看到那个地方了。"正如他在英国灰蒙蒙的萨里郡感到不舒服一样，他怀念奥斯汀（在那周围他可以骑自行车欣赏绿色山丘），还有卡鲁的空旷与苍凉。1985年8月13日，他在给希拉·罗伯茨（Sheila Roberts）的信中写道："我在美国连续待了六年，但我一直觉得自己是个异乡人。我想原因有两个：一、我与他们有着完全不同的童年回忆，因此缺乏他们成长中形成的文化厚度；二、我对任何美国景观都没有感觉。"在接受福尔克·瑞丁（Folke Rhedin）的采访时他说："我相信，人在其一生中只能爱一道风景。人们可以欣赏许多景物，但是那种深入骨髓的感觉只能属于一个地方。"[4]

那么库切在1971年离开美国返回南非时，他返回到了什么状态中呢？在他回到南非之前，他已经经历了南非20世纪50年代实施的旨在保障非洲南端白人文明的种族隔离政策，而事实上，这种政策却违反了西欧文明最珍视的基本原则，也是南非本该仿效的原则。他在1962年曾试图逃离的制度，在他回来开始他的写作生涯时，仍然是一个既定的事实，他将不得不与之并存。南非非国大（ANC）和泛非大会（PAC）仍在流亡状态，他们重要的领导人都身处监狱之中。国民党对国家实施着严格控制。1975年，南非引进电视，库切就像在美国要忍受电视节目中越战的恐怖一样，现在每天也要在南非电视节目中忍受政客的游行。想当初在学生时代，他在伍斯特早已经忍受过这一切。这段经历反映在《铁器时代》卡伦太太的痛苦描述中：

> 从童年时代起，我就只能看着那些熟悉的呆脸，那些让人感到阴沉又恶心的形象。那些坐在教室最后一排的男孩，功课一塌糊涂，却仗着自己体格强壮而欺凌弱小，现在长大成人了，开始统治这块土地。他们和他们的父母，他们的叔伯姑姨，他们的兄弟姐妹一同上阵：就像一群蝗虫，就像一场遮天蔽日的蝗灾袭扰着这个国家，无休无止地大嚼大咽，贪婪地吞噬生命。干吗呢，既然一见到他们就感到恐惧和讨厌，我干吗还要打开电视看他们的臭脸？我干吗要让他们出现在自己家里？因为这蝗虫家族的统治正是南非的真实状况，又是这种现实让我得了病吗？他们已经不再为什么合法性大伤脑筋了。他们耸耸肩，什么理由之类都给抖搂掉了。吸引他们的是权力，以及对权力的迷恋。[5]

库切回到南非后不久，非洲南部的地缘政治发生了巨大的变化。1974年，一小撮官员从马塞洛·卡埃塔诺（Marcelo Caetano）手中夺取政权，而马塞洛·卡埃塔诺是葡萄牙安东尼奥·萨拉查（Antonio Salazar）的继任者。这一事件引发了葡萄牙属非洲殖民地的独立热潮，包括安哥拉和莫桑比克。20世纪70年代，随着国际社会对南非的武器禁运措施的实施，南非北部边界的游击队活动猖獗，另外，由于俄罗斯的影响和介入，在安哥拉部分地区活动的古巴军队，令西南非洲（纳米比亚）、罗得西亚（津巴布韦）和南非的军事局势更加动荡不安。当安哥拉政府与游击队之间的冲突到了不可收拾的境地时，南非秘密地——但已经得到华盛顿福特政府和两个非洲国家的首肯——出兵对抗共产主义势力，其结果是一场漫长的丛林战争，这在许多年轻一代南非作家创作的边境小说中都有体现。南非付出的代价是巨大的：一方面损失了大量年轻的生命；另一方面在1976年灰溜溜地撤军。

这些年来，国际社会对南非的批评之声日益强烈。国民党中间的知识分子开始越来越认识到这种状况是不道德的。虽然很多黑人领袖在监禁或流亡之中，但是很多军事独立运动开始出现，特别是黑人工人发动的运动，这导致了1973年纳塔尔大罢工的爆发。英国圣公会大主教图图（Tutu）提请大家注意黑人的愤怒和绝望情绪；东开普省的年轻黑人领袖史蒂夫·比科（Steve Biko）呼吁黑人在黑人觉醒运动的范畴内摆脱桎梏。学生的抵抗情绪也越来越强。20世纪60年代中期，拜尔斯·诺德（Beyers Naude）成立基督会，发起"种族隔离社会基督教研究项目"。其目的是调查南非社会中的基督教原则，制订长期的、可接受的社会分配目标，并考量如何实现这样一种新的分配。该项目得到了来自不同背景的自由主义者的支持，包括库切在开普敦大学的同学理查德·特纳，以及黑人学者及政治领袖，如比科、本·寇帕（Ben Khoapa）、恩加布鲁·恩德贝莱（Njabulo Ndebele）和曼戈苏图·加查·布特莱奇（Mangosuthu Gatsha Buthelezi）等。[6]最后基督会被禁止活动，拜尔斯·诺德被软禁在家中。

1976年6月16日，约翰内斯堡黑人城镇索韦托（Soweto）的两千名学生游行抗议"班图教育法"强迫部分黑人学校使用阿非利堪斯语进行教学。警察动用警车和催泪瓦斯对付游行的人群。13岁的黑人学生海克特·彼特森（Hector Pieterson）后背中弹，其他几个孩子被枪杀。由此引发大量的学校、诊所、图书馆和行政大楼被烧毁，骚乱蔓延到其他乡镇和省市。政府回应这些骚乱的方式是动用警察力量，颁布国家紧急法案，动员民兵组织，延长兵役时限和增大警察权力（包括不经审判就可禁闭审讯、拘留、监禁或软禁）。根据当时恐怖法案的规定，他们更加严格地处理破坏和其他颠覆活动。其中最轰动的一个诉讼案件是关于诗人布莱顿·布莱顿巴赫的：他于1975年被判处九年监禁，理由是涉嫌恐怖活动，最终他实际服刑七年。

库切返回到南非，将用未来30年的努力，通过他的创造性写作来了解南非到底在对自己做什么。他的小说《夏日》背景是20世纪70年代，开篇是一篇新闻报道，出现在1972年8月21日的《星期日泰晤士报》头版。[7]在博茨瓦纳首都城市弗朗西斯敦，一辆白色美式汽车半夜停在了一栋住宅区的房子前。戴着头套的几名男性跳下车，一脚踢开房子前门，开始扫射，然后开车扬长而去。凶手似乎是黑人，但一个邻居听见他们说阿非利堪斯语，所以他们相信，是白人在假扮黑人。受害人是南非难民，几个星期前刚刚搬进这栋房子。南非外交部长通过发言人表示，这起事件无法得到证实。南非国防军否认与此事件有任何牵连，并指责是南非国大党的内讧。一周又一周，事件过去了，相邻区域也出现这类事故的报道，然后又被公然否认。读这样的报道，主人公的感觉是"被玷污了"。他想知道，"在这个世界上，你还能上哪儿去找一个能把自己藏起来不受玷污的地方？难道跑到白雪覆盖的瑞典，远隔千山万水从报章上了解他的同胞和他们最新的恶作剧，能让他感觉好受些？"[8]

库切本人领教过警察和他们手下，尤其保安部门的卑鄙伎俩。1979年的一天晚上，库切和菲利帕以及斯拉伯特和他的妻子马纳，被邀请到凯瑟琳和伊恩·格伦位于克莱蒙特的家中赴宴。伊恩·格伦是库切在开普敦大学的一个同事。库切将他的大众牌汽车停在了格伦家房子的外面。当他们在大约11点半出门上车的时候，发现了子弹穿越前后车窗留下的窟窿。库切认为，大概枪手觉得这辆大众汽车是属于斯拉伯特的。在20世纪80年代，斯拉伯特的书房就曾被公然纵火烧毁。[9]

很多年以后，在2002年，当电视主持人维姆·凯泽（Wim Kayzer）在节目上问库切他在南非种族隔离时期经历的具体暴行时，他回答说：

种族隔离特有的残酷和恐怖并非非洲化的一面，而是非常严格有序的，从某种意义上说，来自欧洲的体系被强加给了一个国家和社会，而这个国家或社会对这个体系是麻木的。更令人恐怖的是，它就好像是纳粹在欧洲恶行的再一次可笑的上演。这似乎是历史令人可笑的重复，本来那应该是早已经成为过去时的历史。所以，你看到的是在这个充满生命的社会中，生命是卑贱的，而且一直是卑贱的，但这种卑贱并不以系统化的虐待或灭绝的方式存在。所以，这就是在过去的半个世纪里，这个国家最奇特的丑恶。在这个国家和大陆上，人性也许不是美丽的，但是……却有着一种狂野的、壮观的、令人难以忘怀的壮美。就是一种这样的对照：特别丑陋、平庸和系统化的环境，同时又是如此的壮美。

在采访中，他详细介绍了开普敦附近，没有被污染的迪亚斯海滩所具有的独特美感。尽管距离这个海滩15分钟左右的步行距离外，旅游业已经发展起来了，但是那个海滩看起来几乎仍然和第一个欧洲殖民者到达非洲时看到的一模一样：

> 这条海岸线的美丽并不是一种安静的美，它崎岖不平且危险，它并不符合初来定居者对美的感知。在他们的日记中，他们不断地用"狂野"来形容这段海岸线。当然，这对他们这些航海家来说是危险的，到处都是散落的沉船。但是你可以摆脱现实，撤退到这里来，它存在于时间之外，也被剥离于历史之外。

这个非洲既有惹人迷恋的、未经任何破坏的原生态的美，也有让人心生恐惧的、残忍的冷漠和敌意。许多南非诗人的诗歌，不论是英语的还是阿非利堪斯语的，都对此有所反映。正如库切在他后来编辑的《白人写作》的介绍中指出：

> 他们将南非看作一个巨大、空旷、宁静的空间，它比人类的年龄还老，甚至比岩石里的恐龙化石还老。尽管有人在它表面走过，它注定巨大、空旷、恒久不变。

如果作家将非洲这一空间想象为一位母亲，"她往往是一位严酷、干涸的母亲，没有曲线或凸凹，贫瘠，甚至当她的孩子请求回来安葬在她的怀抱中，她也不愿意欢迎他们的归来"。[10]

库切在《白人写作》中详细介绍的一些诗人，也可以在库切的早期文章《非洲意识的负担》（"The burden of consciousness in Africa"，1977）中找到。这篇文章被收集在《双重视角》中。他在文中谈论了罗斯·达文尼希（Ross Devenish）导演的电影《客人》（*The Guest*）。影片根据现实生活中诗人兼自然主义者尤金·N.马雷（Eugène N. Marais）遭遇的事件改编。库切写道：

> 尤金·马雷几乎就是南非产生的天才。想想马雷的情况吧。他火眼金睛。他喜爱女性。他住在野外危险的地方。他沉迷于异国情调的药物。他写作关于死亡的诗，他拥有病态的想法。他总是不开心，最终结果了自己。与扬·霍夫迈尔（Jan Hofmeyr）和克里斯蒂安·斯穆茨这些聪明人相比，他简直属于完全不同的类别。

在简洁地介绍了电影的浪漫原型之后，库切展示了非洲白人意识的悲剧概念是如何在电影的最后一幕里戏剧化展现的：马雷的朋友，医生兼诗人A.G.维瑟（A.G. Visser）用汽车将他带出他所待的农场。马雷让维瑟停车片刻，因为他想在草原上祈祷。在维瑟的注视下马雷磕磕绊绊地爬上山脊，从视线中消失了，然后又从另一侧慢慢地消失了。虽然可以这么说，是非洲把他吞噬掉了，但人们可以听到马雷在朗诵他自己创作的《非洲之歌》里的诗句，观众看到的是空旷的草原，南非在他的诗歌里说话：

> 她说："我要求神圣的权利
> 关于无尽痛苦的果实；
> 我将它们投掷到山巅
> 我将它们扼杀在沙漠中。"[11]

库切问，这个南非人是谁？让马雷能够向他祈祷？他继续说：

> 这首诗告诉我们，她是一个充满杀气的母亲之神，吞噬了她的孩子，对于他们爱的回报只有"无尽的痛苦"。马雷的诗是非常强有力的，但我怀疑他的诗能否唤醒大多数的南非人，他们中大多数人（让我们不要忘记了这一点）认为非洲是一个母亲，数百万年来滋养了他们与他们的祖先。南非，痛苦之母，这种表述只有那些觉得非洲给自己的爱不够多而感到"痛苦"（"异化"是一个更恰当的词语）的人才能觉得有意义。电影的结尾描绘的是马雷——痛苦折磨的更高意识的承载者、天才和圣人成为英雄：他放弃了文明，将自己祭祀到他所珍爱，但难以抚慰平和的非洲母亲的脚下。[12]

库切在国外待了超过八年——首先在英国，然后在美国，不仅养成了对发达国家大都市的感受力，也知晓了欧洲现代主义和现代语言学，现在他回到了他年轻时希望逃离的南非。他在英国或美国并没有待得特别安心。在内心深处，不论南非发生的"耻辱"多么折磨他，多么让他感到厌恶，对南非他总有一种牵挂，他是无力逃离他的存在和出身的。他本不想回到南非来，但是他也没有接受加拿大和香港给他提供的机会。这种矛盾心理的原因可能是出于直觉，他知道作为一个作家，作为一个人，他真正的任务不是待在国外，而是留在他本来要逃离的南非。在奥斯汀大学宽广的图书馆里，他曾有机会读那么多可供选择的其他书籍，但他选择沉浸在一星半点的、曾到南非开普漫游的游客所写的游记中。在这些游记中，他看到了一种可能性，作为之后的作家，他可以与这些早期的记录者进行交流，并与他们的作品产生联系。他就是这样写出了他的第一部小说。另外，从这些早期的史料也逐渐发展出另一种类型的编年史——对一个地方的历史危机更清楚、更敏感，同时对这个地方独特的物理存在，诸如景观、人类和国家关系也充满迷恋，而这就成了一种独特的意象和表述。

后来，在《内陆深处》（*In the Heart of the Country, 1977*）的女主人公玛格达说："这个世界被遗弃的美与我同在。"[13]《铁器时代》中，当卡伦太太凝视着距离迪亚斯海滩不远处、福尔斯湾对面的山巅时，说道："这些海，这些山：我想让它们在自己眼前焚烧的欲望如此强烈，不管我到什么地方，它们都会在我面前出现。我饥渴地爱着这个世界。"[14]在他的大部分作品，一直到《耻》中，库切利用他那带有欧美知识分子立场的作家身份，用一种残酷的冷漠进行创作。

正是因为迷恋这个荒凉世界的美，库切回来了，带着他学到的最新的文学理论知识。在后来，他曾反复地说（也许是为了舒缓自己内心深处的矛盾），他没有把自己放在南非作家的身份上进行写作，或者带着任何与该国有关的特定任务来写作。他在一次采访中表示："我忠诚于小说的话语，而不是政治话语。"[15]但是，在他后来的写作中，他对南非——他要生存的土地做出了很多相当有意义和相当深刻的评论。他将要成为欧洲传统和大都市文化的一部分，但不是通过否定自己的殖民背景，而是通过对其文化危机有意识的、细致入微的思考。

二

库切回到南非，与前一年12月就回来的菲利帕以及他们的两个孩子——尼古拉斯和吉塞拉住在了一起。那个时候，库切已经失业了一段时间，身上并没有多少钱。他不得不努力想办法养活一家人。

在约翰内斯堡菲利帕的父母处短暂停留后，他们来到开普敦，看望了库切的父母。尼古拉斯与母亲去了花园区的博物馆，并迷上了恐龙展。在他那个年纪，他已经知道了很多关于恐龙的知识。[16]在此之后，他们去了百鸟喷泉农庄——库切在这个世界上最喜欢的地方。那里孤寂的卡鲁农场是他在《男孩》和《夏日》中用充满温暖和亲情的笔调描述过的地方。不清楚库切家里的亲戚是否知道他为什么离开美国，在《夏日》中，一个虚构的线人告诉传记作者，库切离开美国是因为"某种令人不安的事情，某种耻辱"，而且比库切家族曾出现过的喝多了点酒或宣告破产什么的更糟糕、更令人恐怖：他曾经在监狱里待了一个晚上。[17]但是，这部分情节属于小说戏拟的一部分。

因为库切一家人没有钱，所以杰拉尔德·库切（库切的伯父桑和伯母希尔维亚的儿子）安排他们免费住在邻近农场空置的房子里。这所房子在马莱斯代尔农场上。这个农场本属于一个叫德里克·苏恩（Derek Scheun）的人，但他已经不再居住在那里。[18]房子的居住条件比较简陋，没有电，水要用桶去挑。因为他们几乎买不起任何的家具，孩子们不得不睡在地板上的报纸上。尼古拉斯和吉塞拉觉得这是一次神奇的冒险。吉塞拉后来回忆说，在那里她可以与所有的动物保持亲密距离，她还回忆了他们是如何给每个动物起名字的。当然，有时她也会害怕爬到屋子里的大蟋蟀，它发出的声音很让她感到恐惧。住在马莱斯代尔农场期间，他们经常去百鸟喷泉农庄玩。她后来还能回想起那时玉米餐的味道，以及男人们如何在早晨出去狩猎雄鹿，还有羊是如何被赶进羊圈消毒、剪毛，甚至被屠杀的。[19]

尽管生活不方便，但这段时间是这个家庭的幸福时光。这一点可以从1972年1月12日菲利帕发表在《淑女》上的文章中清楚地看出。文章标题是《卡鲁游记》：

> 我想呼吁大家去卡鲁度假，而且不要只待一个周末。我和我的家人刚在一个卡鲁农场待了三个月。那所房子以前无人居住，所以我们不是一下子就住进了一个万事皆方便的住处。我们不得不一切都自己来，比如自己砍柴，明火烧热水，每天清空垃圾桶，用煤油炉做饭，夜晚在煤油灯下阅读。我们给孩子们弄来一些动物，一起过了一段既有趣又有意义的时光。我们的母鸡要孵小鸡。美特尔自己躲在一个角落孵在八个蛋上，我们祈祷着黄鼠狼不要发现她。小狗懒洋洋地躺在阳光下，卡鲁猫爬上荆棘树，自豪地展示着自己

J.M.库切传

抓到的带条纹的卡鲁鼠。农舍的附近有一条河流（发洪水的时候，我们曾被隔绝了八个小时），那是数以百计的野生鸟类安家的地方，其中包括鹅、鸭和鹰。我们还认识了一种过去都没见过的甲壳虫。我们发现这个无人居住的农舍的原因很有意思。羊毛养殖的利润不再像过去那样丰厚了，所以许多农民选择了离开。在这个区域，我还看到了其他三个被遗弃的农场。在春季和秋季，卡鲁农场的生活是很理想的。天气既不太热也不太冷，花在春天开放，在秋季凋谢。这个世界是如此美丽，没有任何无聊的感觉。在最近的镇上（西博福特），我想找到一张卡鲁风景的明信片，但是一直没有找到。卡鲁在很多方面是被忽略的，不过我大力推荐大家到卡鲁来度假。如果谁愿意来试试，开车沿着尘土飞扬的乡间小路，到卡鲁找一所无人住的房子。会有一些农场主，就像我们遇到的那样，愿意让你免费居住。[20]

夫妇俩在开普敦的朋友有时会来拜访，比如像克里斯·帕洛德（Chris Perold）和他的妻子桑德拉。克里斯·帕洛德是一名英语老师，与约翰和菲利帕在同一所大学待过。他先前并不认识约翰，但一直是菲利帕的好友。他们与她再次见面是在1968年，当时她带着尼古拉斯回到南非。尼古拉斯后来与他们的女儿丽莎成了好朋友。库切全家回来后，帕洛德夫妇才认识了约翰。他们在马莱斯代尔农场住了好几天，虽然条件简陋，但他们很享受卡鲁清新的空气。尽管还没找到工作，但库切至少还负担得起一辆菲亚特。他问帕洛德，如果成为一名乡村教师，是不是会有牧师常来拜访。帕洛德安慰他说，当他在威廉国王镇教书时，并没有被牧师烦扰。周日时，库切一家邀请帕洛德夫妇一家一起到百鸟喷泉农庄吃饭。当时，羊毛的价格不如之前几年那么高了，希尔维亚也要依靠在利乌哈姆卡酒店打工赚一些额外的收入。但是尽管这样，他们还是不惜破费，慷慨地为客人准备丰盛的饭菜。

帕洛德夫妇访问马莱斯代尔时，库切正在农场附近、他自己搭建的一个圆形茅草屋里写他的第一部小说。库切让帕洛德读了他的部分手稿，并请他提些意见。帕洛德在后来接受记者采访时坦言，库切也许高估了他的文学能力：他读着觉得直发懵，不懂得尾注的作用，不太能理解里面虚构与现实的相互作用，以及小说中奇特的异化感。他认为，库切让他读这部手稿是一个错误的决定。他不是一个可以对这样一类创新小说做出评判的人。[21]

　　库切在马莱斯代尔农场重新开始他的小说创作。关于《雅各·库切之讲述》可以溯到他在布法罗的岁月。1970年1月1日，作为新年愿望，他决定开始一个已谋划很久的项目。现在，《幽暗之地》的手稿，已经被永久保存在得克萨斯大学奥斯汀分校哈利雷森人文研究中心。之前库切所有的手稿，包括《男孩》，都被收藏在哈佛大学霍顿图书馆。他用黑色圆珠笔在横格纸上开始了《幽暗之地》的创作。每天开始写作之前，他都会将日期写在上面。库切的这种创作习惯贯穿整个写作生涯，迄今为止，他的每部作品手稿都有这种时间记录节点。库切会在改稿的时候用红色笔，甚至也标出修改的日期。这种做法使研究人员能够非常精确地看到作者是如何一天接着一天创作出一部小说的。在开始第一部小说创作之前的几年，库切在得克萨斯大学奥斯汀分校的大学图书馆众多关于老开普的游记中，发现了关于库切家族在南非第三代的短篇记述。这份记述的手稿被保存在海牙，最早出现在1916年出版的《荷兰时期南非游记》（ *Travels in South Africa in the Time of the Dutch* ）中。1935年，第二版与另一篇有关南非的早期游记一起出版于《亨德里克·雅克布·维卡游记》（ *The Journal of Hendrik Jacob Wikar* , 1779 ）中。[22]

　　好望堡秘书所记录的"叙述"讲述了雅克布斯·库茨，带着12个格里夸和纳马族劳力从他的农场（位于皮凯特贝赫附近）出发。在象河、绿河与布法罗河附近，他猎杀了两头大象，弄拔下它们的象牙。他发现凯米斯伯格地区是荒原中的一片绿洲。他从那里越过铜山区——也是西蒙·范德斯泰尔在1685年到达的地方，并闯过干燥荒凉的寇阿谷。经过12天的旅程，他到达了艾恩或葛瑞普，他将其命名为格雷特河，后来这个地方又被罗伯特·雅各戈登在1799年更名为奥兰治河，目的是纪念荷兰王室成员。在格雷特河流域，他们发现了放牛的草场，也可以好好休息一番。格雷特河以外的区域被称作古德豪斯，不是一个宜居的地方。他沿着狮河前行，时刻要提防布须曼人和野生动物的攻击。五天之后，他们到达大纳马夸人的领地，后者将他们的到来看成一次不受欢迎的入侵。因为库茨精通小纳马夸语言，而这种语言也是大纳马夸人能听得懂的，所以他能够让他们明白他的旅程是经开普总督批准的，目的是猎取大象。他的解释如此有说服力，加之他强悍有力的个性给他们留下深刻印象，所以最后大纳马夸人让他不受阻碍地继续旅行。一天后，他到达了瓦姆巴德的温泉，第二天到达斯瓦特贝赫（黑山），他在那里的一个天然泉眼旁休整了一番。之后库茨决定返回，因为他当时离自己的农场已经有680公里的距离。回程他走了不同的路线，朝东南方向行进，遇到了另一个部落的因妮卡人，还遇到了一些狮子和犀牛。

返回开普之后，库茨对人提起纳马夸人曾告诉他有一个部落叫达姆洛夸，那个部落中的人皮肤黄褐色、长发、身穿亚麻衣服。这些内容导致当时的总督瑞克·图尔巴下令进行另一次远征。这次远征由亨德里克·霍普领导，目的是核实是否存在这样一个部落，以确定是否有可能与他们建立贸易关系。与上一年的远征不同，这次规模更大了：包括17个白人、68个纳马族人、15辆车与150头牛。白人中有各种专家：绘制地图的、研究植物的、测试铜矿含量的。库茨在前面为远征队伍探路，并送回关于土壤以及供水的信息。到达温泉后，远征队向东挺进到卡拉斯伯格河与萨姆伯河，最远到达现在的基特曼斯胡普。库茨和另外两个人到达了鱼河形成的峡谷。他们没有发现达姆洛夸族的踪迹。而最初，库茨曾在大部队之前探查过一番，在回来的路上又探索了那里的环境，特别是格雷特河附近区域，并结识了一些当地居民。

这就是《雅各·库切之讲述》的背景材料。很快人们发现，这个创作18世纪猎象历史的作者，不仅是一个熟悉小说历史的人，也是一个可以娴熟运用现代文学理论以及所有叙事策略的作家。《雅各·库切之讲述》的呈现方式是原荷兰语记述新的"完整翻译"。作者以后记的方式补充了他已故父亲向凡·普列登堡学会所做的介绍，随后附录雅各·库切的复述。因此，J.M.库切将典型的18世纪的游记转换成了20世纪的浪漫冒险发现之旅。他同时也戏拟地颠覆了传统的现实与虚构，让他的文本区别于其他的19世纪末20世纪初殖民文学的侧重点：比如非洲，尤其是土著动物与人民。

从标题页（S.J.库切编著，附后记，J.M.库切翻译）开始，所有的前言、叙述、后记与附录都是有疑问的。整个的"讲述"是J.M.库切的创作，但在前言中，他介绍自己是译者；他的父亲，S.J.库切是历史学家和后记的作者。然而，所有这一切都是虚构的，因为J.M.库切的父亲并不是历史学家，也并不存在一个凡·普列登堡协会，更别提在1951年出版过什么《雅各·库切之讲述》。

J.M.库切将他对一篇18世纪叙述的翻译展现为他对原型的更正，因为"迄今为止所获得的确凿的库切本人的叙述是总督府的一个雇员记录下来的，以官僚的态度不耐烦地听取了库切的讲述，潦潦草草一挥而就写成纪要，递交到总督的办公桌上。里面只记录下这位雇员认为可能对东印度公司有用的信息"。[23] 省略了丰富多彩的冒险，也省略了雅克布斯经历与行动的残酷。雇员注重的是"矿石储藏，以及内陆部落作为物资供应来源的潜力"。雅克布斯说到的奇怪的北部部落的故事，被添进来纯属商业考虑。与此相对照的是，S.J.库切在后记中想将雅各·库切提升到具有英雄主义色彩的"我们的先辈"之一。J.M.库切通过他的"翻译"进行的"修正"很具有讽刺意味地讲述了另一个故事。在这个故事里，雅各被描绘成一个残暴者，而且对自己的暴行乐在其中。因为他是从欧洲人的视角看霍屯督人和布须曼人的，所以他们的价值仅限于满足他的好奇心，比如对于他们性器官不加掩饰的迷恋。随着"修正"所增加的内容，"翻译"变为一种尝试，要让叙述背后的真相见光。在关于阿赫特贝格的文章中，J.M.库切指出，文本的阅读在本质上是一种翻译，就像所有翻译在最后都是一种文学批评。[24] 如果一个人顺着这样的线索去阅读，那么关于18世纪的原始文本的"翻译"就变成隐藏历史片段的重新发现与重新书写。

苏珊·范赞腾·加拉格赫尔（Susan van Zanten Gallagher）曾经就库切对多重文本的使用，以及他所采用的对原文本的多重过滤手法进行过评述。[25] S.J.库切的后记强调"新"版的真实性，声称它比以前的版本更完整，也因此更能全面准确地描述库切的经历。[26] 但是，正如加拉格赫尔所展示的，这些只不过是对范瑞贝克学会版本的戏拟，S.J.库切是一位典型的保守、专制、不加批判地信仰基督教的民族主义历史学家，他提供研究的目的是为了向"我们"的先辈，一个刚毅的男人致敬。加拉格赫尔写道：

> 虽然他的叙述有学者的样子，带着许多脚注和外来词，但是他所使用的材料，说好听的是很松散，说不好听的是在故意误导读者。他的许多脚注都有不准确的地方：引用页数的错误，引用中省略了一些单词，两种叙述混为一谈，合二为一……S.J.声称雅克布斯自己的儿子是被他的奴隶谋杀的，他援引了利希滕斯坦的《南非游记》。利希滕斯坦确实说过库切的死亡，但那并不是雅克布斯·库茨的儿子（利希滕斯坦124—126）。稍微做一点历史研究就很容易发现，即使用最传统的方法来判断，S.J.库切也不是最好的学者。[27]

整个作品的结尾是一份自称真实的文件，由J.M.库切翻译的"讲述"。自从彼得·诺克斯-肖（Peter Knox-Shaw）发表了关于库切作品来源的文章后，人们普遍接受的观点是：《雅各·库切之讲述》是《幽暗之地》中的一个真实文件。[28] 但是这种错误假设表明诺克斯-肖以及其他的评论者没有比较《幽暗之地》与原荷兰文本。与莫索普1935年的英语翻译版本比较就可以揭示出：库切是故意误译的。有些事件被加入，有些被省略，日期也被改变了，某些短语被修订，脚注有时是错误的。大卫·阿特维尔指出，纳马族人的友好态度、他们允许雅克布斯穿越其领土，以及交换礼物等情节都在J.M.库切的版本中都被省略了。另一方面，又有两个实例在原来的"讲述"中并不存在，但是在J.M.库切的版本中出现了。最重要的不同是，亨德里克·霍普的远征，原本目的是到北部部落考察易货贸易的可能性，在这里被扩展到雅各·库切找那些弃他而去的仆役兴师问罪。官方文档与新版本的区别在于文官仅关注事实本身，而没有考虑过长官或那时的荷兰国王希尔十七世。[29]

从《雅各·库切之讲述》的手稿看，很显然，J.M.库切在1970年1月1日开始（根据他自己的记录）写第一个词句时，那既不是前言，也不是叙述的开始。他标记着"引言"的第一部分，在最终出版时成了"后记"，历史学家S.J.库切所说内容的附录。最初的"引言"与最终文本之间的比较可以揭示出库切如何精心地锤炼了他的手稿，直到他的意图得到确切表达。在第一个版本中，开头是这样写的：

> 在早期深入南非腹地冒险并给我们带回消息的那些英雄中间，雅各·库切一直据有一个小小的值得尊敬的地位。我们研究早期历史的学者们认定，是他发现了奥兰治河和长颈鹿。但他也被描述为一个不识字的布尔人。他向总督瑞克·图尔巴报告那个杜撰出来的故事，声称在遥远的北方居住着长毛生番，结果导致亨德里克·霍普的远征队里很多好男人都没了命。

但是库切对这个版本进行了修订，出版时是如下的样子：

> 在早期深入南非腹地冒险并给我们带回消息的那些英雄中间，雅各·库切一直据有一个小小的值得尊敬的地位。我们研究早期历史的学者们认定，是他发现了奥兰治河和长颈鹿。可是从我们的象牙塔里，我们也宽容地嘲笑这位轻信的猎人，他向总督瑞克·图尔巴报告那个杜撰出来的故事，声称在遥远的北方有长毛生番，

结果导致亨德里克·霍普进行了1761年至1762年的探险，却毫无成果。

根据手稿的时间记录，库切1970年1月1日写下的小说开头，在1974年出版时成了"后记"。然而，他的创作工作很可能因为在布法罗发生的事情被中断过：签证要延期，他又陷入法庭案件，他的家人离开，他要回到南非。直到一家人在南非的马莱斯代尔定居下来，他才能够恢复他的写作。手写稿件于1971年8月19日开始，并于1971年11月30日完成。在创作期间，他也从1971年10月1日开始在打字机上敲出稿件，上面有很多手动改写的地方。

事实上，手稿上最初的"引言"最终成了"后记"的一部分，让人不禁有疑问。库切在最开始想写的可能是一部关于18世纪先祖雅克布斯·库茨的历史叙述，而不是一本小说。这种猜测的一个例证是：库切住在马莱斯代尔时，曾在1971年11月12日，给布法罗分校英语系的弗莱德林教授写了一封信。他在信中提到，他最近正在完成一本关于"非洲研究"的书，另外他还打算进行语言文体学的批评分析。也许库切想要向弗莱德林教授表达这样的想法：他仍然在文学领域工作，但并不想透露他在进行创意写作的信息。

但是，将原来的前言转换为后来《雅各·库切之讲述》的后记，这很清楚地表明，他从一开始就打算将事实重铸为小说。在这里"重铸"是一个适当的用语，因为它将整个创作介绍为一个新的"翻译"，这同时也是一种新的解释、一种对原文本的补充和批判，涉及复杂的现实与虚构的相互作用，这在单纯的历史记述中是无法实现的。雇员在官僚懒散中所忽略的内容，变成了"讲述"的核心。1993年2月在接受BBC电台3频道克里斯托弗·霍普（Christopher Hope）的采访时，库切说："关于发现和探索的古老故事在某种意义上抹杀了一些更加黑暗的故事，所以回到过去就成为重新发现被掩盖问题的过程。"

用小说人物S.J.库切的话说，雅各·库切的故事需要"积极的想象力"[30]，小说家的想象力可以解释历史数据，揭示隐藏材料的本质。出于这个原因，J.M.库切可以运用东印度公司经济暴政、无情的征税来解释雅各离开开普、向北扩张的原因，尽管这一动机在60年后才出现全面发展的势头，出现大规模移民的所谓大迁徙（Great Trek）。此外，库切对雅各的谵妄和狂热梦想的描绘要比雇员好得多。也正是因为这个，雅各能够拥有敏锐的洞察力，当霍屯督人在他患病期间照料他时，他发现霍屯督人并不是真正的野人：

真正的野蛮是什么呢？野蛮是一种生活方式，蔑视人的生命的价值，从别人的痛苦中得到感官的快乐。[31]

雅各说的话事实上就是对他自己的谴责。J.M.库切看到，他的人物仍然沉浸在历史中，封闭在18世纪之内，身上没有一丝的欧洲启蒙运动的影子，显然启蒙运动在那时还没有达到开普。

当时，库切向弗莱德林教授谈及的语言文体研究还没有成形。根据手稿上的信息显示，他在1972年1月2日完成了《雅各·库切之讲述》的最终稿。但那时，库切和他的家人已经不住在马莱斯代尔，他的生活将再次朝学术方向发展。

三

在布法罗期间，库切曾写信给盖伊·豪沃思询问在开普敦大学英语系工作的可能性。豪沃思回信说，他将在1971年底退休，所以在决定系里教师聘任方面不太会有发言权。[32]

1971年8月25日，《开普阿格斯报》上刊登了开普敦大学招聘英语系高级讲师和讲师的广告。申请者要说明他们希望只被聘任为高级讲师或亦可被聘为讲师。1971年9月30日，库切申请了高级讲师职位，同时表示也可以做讲师。他将自己详细的学术资历、过去的任职和发表的文章都随信附上。关于推荐人，他写了布法罗大学的S.纽曼（S. Newman）教授，奥斯汀的阿瑟·诺曼（Arthur Norman）教授，以及他过去的同学、当时正在开普敦大学任职的杰弗里·哈里斯奈普。库切对他感兴趣的学科领域概述如下：

> 关于申请高级讲师的职位，我的资格和兴趣在于美国的现代语言学研究，而不是德国传统的历史语言学。因此，在英语语言研究领域，我对一般语言学、现代语法理论、英语的结构、中古英语和文学教学感兴趣。

中古英语这门课一直由刘易斯·卡森教授承担，一直到他退休，而库切提到的其他领域的课程，在他回国时，南非英语系的教师很少或根本没人感兴趣。至于20世纪文学，英语系普遍青睐的是I.A.理查兹的原则和F.R.利维斯制定的"伟大的传统"，特别关注的是D.H.劳伦斯的小说。而库切回来时，有着多年在美国的研究经验，可以带来更新的知识。考虑所有实际因素，库切都是一个出色的候选人。

库切在11月5日收到大学教务主任的电报，邀请他于11月10日到学校进行面试，来回费用由学校出。另一个申请空缺职位的候选人是乔纳森·克鲁（Jonathan Crewe），他后来成为库切很好的朋友。但他在开普敦大学待到1974年，就去美国学习了，后来再也没回过南非。在《夏日》中虚构传记作者曾对一位和"已故"作家库切一起参加过面试的马丁进行采访，这个马丁的原型被普遍认为是克鲁。在《夏日》中，克鲁，而不是库切，成为最后成功的候选人。事实上，他们两个人都得到了工作。不过小说中其他面试情节是否与事实符合，我们并不清楚，但据传记作者说，他是取材于库切的笔记本，所以至少与面试的具体运行有一定的联系。当被问到可以教授哪些作家时，"库切"回答说："差不多从古到今的我都能教。我不是研究某一方面的专家，我想我是那种通用型人才。"对于他来说，长久以来习惯于惜字如金，尽量言简意赅地回答。他想：

> 那些人不想要简短的回答。他们要的是更放松、更宽泛的回答，这样能使他们了解到自己面对的是什么样的人。作为同事，他会是一个什么样的新入行者，他是否适合这个即使在困难时期也尽力维持标准，不让文明之火熄灭的省属大学呢？[33]

显然，没有足够的时间来咨询库切在海外的推荐者，而哈里斯奈普当时也正在海外。出于这个原因，盖伊·豪沃思请求丹尼尔·哈钦森——当时在场的唯一一位（也是要离开的）教职人员为库切写一份报告。豪沃思本人，作为即将退休的教授是不能参加任命委员会的。当时委员会的会长是前法语教授唐纳德·因斯基普（Donald Inskip）。他曾在戏剧系的小剧场活动中发挥过重要作用，并担任开普敦大学副校长多年。在报告中，哈钦森是这样描述库切的："看似温和，对别人的错误不会大惊小怪……说话简洁，智慧卓越，他……将大大提高我系的教学、学术和研究水平。"[34]当时并不知道这样的描述将具有的预言性，但因斯基普教授选择这句来总结库切的候选人素质。

1971年12月21日，开普敦大学教务处给库切去信为他提供了一份1972年临时讲师的职位。当时库切住在西蒙镇附近格伦凯恩的肯普斯路。最初只给他一个临时讲师职位是因为豪沃思的继任者大卫·吉勒姆（David Gillham）要在1972年1月1日才能到任，那之后才有可能审批新的任命。大卫·吉勒姆教授之前曾在斯泰伦博斯大学和纳塔尔大学（彼得马里茨堡）工作过，在英国布里斯托尔大学攻读的博士学位，专业方向是威廉·布莱克。他热衷于简单但过时的英国"实用批评"方法，并希望全体员工都能坚持这一方向。他希望系里设置的课程主要致力于英国经典文学，虽然整体课程设置也可以包括一些美国作家。在他看来，南非文学以及来自其他英联邦国家的文学完全不值得教。

因此，新官上任表现出与前任豪沃思教授完全相反的风格。吉勒姆教授对现代文学理论没有兴趣，也不重视现代语言学研究的发展，根本不欣赏他的前任关于"书目学"的工作。在吉勒姆到来之前，豪沃思已经帮他的继任者清楚地准备了学生的作业安排和他多年教学中用过的考试卷。库切这样写道：

> 豪沃思教授的继任者做的第一件事情，就是让校工清除和烧毁豪沃思教授多年留下来的成吨的学生的散文和诗歌作业。这些材料原本塞满了办公室的所有橱柜。豪沃思教授设计的荣誉证书学位课程、长长的阅读书目以及对参考书目和文本研究的重视都被抛出了窗外，取而代之的是稀疏的利维斯教学大纲。[35]

当校工用卡车将豪沃思留下的学生作业运走时，路过的丹尼尔·哈钦森碰巧注意到里面有一套完整的库切答的考试卷，整齐地用绳子捆着，关于《项狄传》的半页纸答案也放在其中。哈钦森认为这太宝贵了，不应该被破坏。他写道：

> 真是宝贝！当我告诉库切我的发现时，他的脸都发白了。我将材料给了他，毫无疑问，如果让这些材料进入火海将是文学的损失。[36]

吉勒姆的这种截然不同的教学方法不可避免地导致一些摩擦和对立，不仅是库切，也引起其他教员的反对。即便如此，吉勒姆也不能阻止1972年开普敦大学永久性聘任库切的决定。1974年，库切根据他的授课和学术成绩申请晋升为高级讲师，但没有成功。1976年再次申请时，获得通过。1976年11月11日，副校长M.F.卡普兰（M.F. Kaplan）教授写给他的信中有这样的话："学校高度认可了您的学术成就和所做贡献，我相信，您对此感到满意并受到鼓舞。"

库切在开普敦大学得到教职后，就搬进了文科楼一间设施简陋且毫无吸引力的小办公室里，从窗口向外望去可以看到大学路和贾格尔图书馆。他又高又瘦，穿着简单且无任何装饰的长裤和深色外套，留着中规中矩的胡须，讲课并不夸张，与他的同事菲利普·伯金肖（Philip Birkinshaw）慷慨激昂的舞台式上课方式不一样。库切对事件、人的行为和文本会提出睿智的问题。他的开场白经常是："我问自己的问题是……"然后，他会揭示，当一个俗套定论从另一个陌生的角度看就会产生疑问。和他打过交道的人对于他对待文学的坦诚有很深刻的印象。丹尼尔·哈钦森这样评价他的讲课："他说话轻声细语，重点处会带着讽刺意味地强调，句子结束时用上升的语调，偶尔耸耸肩或向上翻开手掌。讲课时，虽然他的声音不大，但学生都听得很清楚，他讲的深刻的内容总能让学生全神贯注地倾听。"[37]

尽管有吉勒姆盯着，库切还是很快在他的课程里讲授他在美国学到的知识。他会提到索绪尔和其他理论家，给学生讲述美国严格、专业的研究生教育的好处。这与其他大多数同事不同，他们着重讲述如何在英国大学做进一步研究。[38] 库切的同事伊恩·格伦（Ian Glenn）在一篇文章中提到，库切从美国回来：

> 关于西方思想发展最新的知识。换句话说，库切的学术轨迹反映了当代文学研究，美国模式占主导地位，同时受到法国很强的影响。在南非的文学知识领域，面对着英国传统文学批评，他提出了新近的结构主义和后结构主义理论。他与英国模式和价值观保持着距离，他在美国所受的教育属于日益重要的语言学领域，加之他20世纪60年代在美国居住的经历让他对国内的南非文学研究有一套独特的观点和意见。且（大）部分归功于他的努力，这种方式已经在南非占有主导地位……在他的理论模型中，他谈到的文学影响（卡夫卡、贝克特、乔伊斯、纳博科夫、博尔赫斯）并不只属于某个单一的民族传统，而是属于一个更重要的、现代的、无国界的、难以分类的国际传统。[39]

1974年6月19日在接受《开普阿格斯》记者彼得·坦普采访时，库切谦虚地说："我并不特别擅长教学，备课也不充分……总体上说，我是怕上讲台的。"但是，他在格雷厄姆斯敦国家英语文学博物馆里的教案表明，他备课非常仔细、非常敬业，对自己讲授的课程也有强烈的兴趣。他教过的一年级学生都会拿到一份认真打印的列表，上面有诗歌和苏格拉底式的提问及评论，引导他们进行深入的调研，对此努力学习的学生会有很热情的回应。莱斯利·马克思（Lesley Marx）是英语系的资深教师，她记得库切是一位很优秀、具有启发性的教师。当她在该校就读本科时，库切给他们讲授亨利·詹姆斯的《华盛顿广场》、T.S.艾略特的诗歌和帕特里克·怀特的《沃斯》。她写道："我还在三年级的时候上了他和其他老师合教的'19世纪美国小说'这门课程，荣誉学位学习时选修了他和其他老师合教的'小说中的现实主义'课程。这两门课程都很棒……约翰是一个友善的朋友和非常合作的同事，这在我后来负责英语系期间尤为明显。"[40]他的很多学生做证，他随时准备为学生付出一切，他会想尽办法提高他们的学习兴趣，为他们未来的职业生涯提供帮助。

然而，他对学生的要求很严格，在他的诗歌指导课上，他明确说明，如果学生没有准备就不要来上他的课："如果没有完成作业，请不要来上课。所有的作业都算成绩。"1974年他在给申请荣誉学位学生开设的一门课程中强调，该课程是致力于"艺术以及艺术的目的：庞德、福克纳、史蒂文斯、贝克特"。他概述了该课程的目标和涵盖范围：

> 在本课程中，我们将跟踪艺术家的社会作用，想象的本质以及语言的本质，观察这些方面发生的某些变化。首先，我们将阅读三位作家的文本，他们以各自不同的方式展现创造性的想象力：庞德，古人智慧的传递者、语言大家；威廉·福克纳，将记忆转化为狂喜，摆脱历史束缚的艺术大师；华莱士·史蒂文斯，对世界进行新的命名的艺术家。除此之外，我们还会读一些里尔克的诗。然

后，分析纳博科夫的《微暗的火》和豪尔赫·路易斯·博尔赫斯的小说，探寻他们对艺术力量所表现出的日益增强的矛盾情绪。我们会从萨特的《恶心》中体验语言与事物之间的断裂。然后，我们将阅读塞缪尔·贝克特的后期小说，看其艺术作品如何摆脱形而上学的限制。读过贝克特之后，我们会接着学习阿兰·罗伯-格里耶和约翰·巴思。

库切关于T.S.艾略特的教案（为1974年所教授的一门课程而准备）不仅显示出他对于诗歌及其作者全面的知识掌握，还有他能带给学生的见解的深度，完全显示出他本人的诗歌研究功力。我们甚至可以推测，这些教案的部分目的是让艾略特"利维斯化"，能让他与劳伦斯一样得到膜拜。库切写道：

> 历史会证明，是艾略特而不是劳伦斯在20世纪20年代首次有效地使用"荒原"的意象来描述社会的衰弱、阳痿、无聊，以及模糊的威胁。当诗人艾略特遭遇大量的二手模仿和疯狂的谩骂时，一定有一些深层次的神经被触动了。劳伦斯似乎就是这样被触动的。为什么这么说呢？艾略特在后期诗歌中，将艺术家比喻成受伤的外科医生。一个受伤的外科医生，一个自己遭遇着问题的医生，这个比喻显现了艾略特对他那个时代深刻的洞察力和产生的深远影响：在一个后工业化时代、后帝国时代、萎靡不振的后基督时代，也许只有他才能够处于最好的位置，观察到文明出了什么问题。

库切后来作为作家在自己的创作中进一步表明，他所写过的关于艾略特的教案笔记非常具有自我特色化的元素。艾略特在关于玄学派的文章中引用了邓恩的重要观点："当诗人的心智为创造做好完全的准备后，它不断地聚合各种不同的经验。"[41]知情的读者可能会发现，在库切的评论中隐约可以看到他本人的自我形象。他对艾略特诗歌创作的评论也适用于他自己的创意写作：

> 艾略特真是很神奇：他如此严重地自我分裂，他的大脑总是濒临崩溃，但他却能够以如此完美的方式经历一切。他关于邓恩的评论完全适合于他自己。他的诗歌是丰富的，充满了过去，但这些丰富的内容从来不是做作地添加上去的。对于艾略特来说，智能体验、情感体验与感官体验都在同一平面上。

在开普敦安顿下来之后，库切开始了他的文学研究生涯，并发表了一些早期学术文章。1978年，他与马克·斯威夫特一同做英格丽·琼克奖（Ingrid Jonker Prize）的评委，最后这一奖项颁给了科林·斯泰尔（Colin Style）。库切的评论清晰而简洁："科林·斯泰尔最好的一些诗歌是完美、透彻和富有同情心的。他知道生活在非洲意味着什么。他给我们展现了生活的景色与气味，也包括其中意外的神秘。"1971年，他在《风格：V》第一期中发表文章评论威廉·法克斯的《所有的艺术规则》（Nach allen Regeln der Kunst），简单介绍了风格统计分析法——也是他在得克萨斯大学进行博士论文创作时所使用的方法。该分析法运用一系列的数据衡量单位（字的长度，句子的长度，语法功能等）来分析文学作品。1973年，他在《开普敦大学英语研究》（UCT Studies in English）上，讨论了由休·肯纳所写的《庞德时代》（The Pound Era），他早在学生时代就对这位评论家的研究印象深刻，他将其称为"他所在那一代中最有成就的读者，甚至优于罗兰·巴尔特"。1974年，他在同一期杂志上发表了一篇很短的关于纳博科夫《微暗的火》的研究。他在布法罗大学期间就对该小说中多层次的现实以及小说对自身"虚构前提"的质疑感到着迷。在这本杂志的第二篇文章中，他讨论了乔治·斯坦纳的《论难度及其他杂文》（On Difficulty and Other Essays）。他很佩服斯坦纳在语言学和语言哲学领域对文学技巧以及欧洲文学的掌握。1974年，他发表了关于亚历克斯·拉古玛的文章，哀叹这位南非同行的命运："这么多的知识分子处于监禁或流亡中，这么多严肃的作品被查禁，南非黑人作家的作品已经成为流亡者为外国人所写的流亡文学。但是不容置疑的是，在独立的非洲，一个重要、可能不那么精致的写作流派会形成并最终与读者互相教化，因为现在的南非流亡文学失去了其社会功能，也没有读者与作家之间的交汇点。"[42]

库切在此期间用阿非利堪斯语写了两篇文章。在评论斯蒂芬·格雷（Stephen Gray）的小说《乡土颜色》（*Local Colour*）时他指出了该小说与梅尔维尔作品《白鲸》之间的关系，并介绍了一些他人关于格雷小说的评论。他写的关于亚当·斯矛（Adam Small）的戏剧《橙色大地》（*The Orange Earth*）的评论（这是他职业生涯中唯一一次就戏剧做出评论）追踪了一个经历过情感伤害的男孩到最后被定罪为恐怖分子，并等待着死刑的故事。他的这篇文章很有洞察力，但是他的读者也会发现库切用阿非利堪斯语写作并不得心应手，因为有时他的用词并不恰当。[43]

在评论迈克尔·韦德所写的纳丁·戈迪默研究[44]中，库切指出，戈迪默在她的写作生涯的第一阶段，探究了占主导地位的南非白人精英的民族精神，表明其中缺少他们祖先从英国带来的19世纪自由主义的道德基础。在她的小说《已故的资产阶级世界》（*The Late Bourgeois World*，1966）、《贵客》（*A Guest of Honour*，1971）和《环保主义者》（*The Conservationist*，1974）中，她认为找寻欧洲的过去是在找寻错误的过去，非洲的未来在于直面非洲的过去。根据韦德的观点，戈迪默的小说中有一种"新的历史感"。库切也赞成韦德的判断，但他也指出了一些问题：人们以为他们相信的价值观与他们真正社会行为（喜欢安逸、探险与歧视）之间存在差异。关于这一点，库切写道：

> 我希望……关于她接受自由神话的出发点可以有更多的研究……关于南非的过去，南非白人必须接受的是：那个过去是建立在殖民主义、新殖民主义、剥削和镇压基础之上的。

在成为开普敦大学讲师之后，尽管要面对一个喜欢将自己的文学批评方法强加给同事的领导，但总体来说库切还是处于幸福的学术环境中的。不可否认，他非常吃惊地发现，与奥斯汀和布法罗相比，南非图书馆里的资源是那么有限。跟之前1961年12月他离开南非的时候不同，现在南非电台里播送的所有歌曲都来自美国，而报纸对美国影星的时尚和癖好津津乐道，盲目地模仿着美国时髦的东西，比如呼啦圈。

库切和菲利帕都反对这些肤浅的影响，他们所带回来的美国反主流文化，给英语系大多数以英国为导向的同事带来了令人耳目一新的变化。起初，他们住在格伦凯恩一座建了一半的房子里，后来搬到温贝赫的展望山24号。再后来，他们居住在托开区的托开路。[45]除了缺钱以外，还因为库切反对统治黑人，所以家里没有雇女佣或园丁。如果可以相信《夏日》中的细节，他们在托开路的房子以前是一间农舍，房子年久失修。作为娱乐的一部分，库切在工作之余自己花时间和泥砌砖，将其修缮。无论事实是否如此，这都不重要，重要的是这种行为所要传达的精神。在《夏日》中：

> 一周接着一周，他挥动着铁锹，推着手推车，把沙子、石子和水泥搅拌到一起，一小片一小片地把融蜡状的混凝土砌上去，再抹平整。他的背脊扭伤了，胳膊和手腕都僵硬了，几乎捏不住一支钢笔。他忍受着这一切劳作。但他并没有感到不快。他觉得自己正在做着像他这样的人自1652年以来就应该做的事情，也就是说，在干他自己的脏活。事实上，一旦忘记了自己正在放弃的时间，劳作就会呈现其本身的乐趣。把混凝土墙面抹得那么平平展展只是为了让人观看。他正在铺砌的混凝土墙面会比房子的租赁期更长久，甚至比他活在世上的时间更长久。这样一来，他将有了某种踏实的感觉，认为自己已经骗过了死亡。你的余生也许就是铺砌混凝土墙面，然后，每天晚上带着辛勤劳作的酸痛沉入极度酣恬的梦乡。[46]

由于对希腊文化和文学的兴趣，菲利帕将房子命名为伊萨卡。这是一个地名，根据康斯坦丁·卡瓦菲（Constantine Cavafy）的诗，是所有人一生都在寻找的地方，"直到一个夏天的早晨……你出现在港口，第一次进入视线"[47]。

四

1972年初，在开普敦大学开学之前，库切将他在美国就已经翻译完的马塞卢斯·艾芒兹的小说《死后的忏悔》发给伦敦威廉·海涅曼出版社。不久之后，海涅曼的W.R.史密斯通知库切，他们已经仔细阅读了稿件："这是一本很不错的书，但是在我们看来，在这个国家现在的情况下，只有少数的人会想购买和阅读它。所以我们不能出版它。"

1973年，这本书才被荷兰文学作品翻译促进基金会接受和出版。该基金会的D.J.J.D.德威特在写给库切的信中提到，读者说库切保留了"艾芒兹的风格和氛围"，同时又很"生动有趣"。《荷兰文学图书馆》的编辑也认为，这本书应该被收入系列之中。1975年，波士顿的韦恩出版社也出版了这本小说。

但库切目前的主要兴趣是出版他的最新作品——一篇很短的小说。大约在他将《死后的忏悔》译稿发给出版社的同一时间，他将《雅各·库切之讲述》的手稿寄给了总部在纽约的詹姆斯·布朗文学代理公司。从一开始他就明确要将自己的作品投入国际市场，他不想被定义成一位来自殖民地的作家。赫尔曼·维滕贝格（Hermann Wittenberg）曾仔细地研究"考证"过《幽暗之地》，他认为从写作生涯的开始，库切就"多次表示，不愿意被局限在狭隘的、带有国别定义的南非写作或乡土写作范畴之内"[48]。值得注意的是，他所提供的只是雅各·库切的故事，而不是后来发表的完整的《幽暗之地》。那个时候，第一部分《越南计划》还未开始写。

库切想在国际市场推销他作品的另一个原因，是基于当时非洲图书市场的现实。那时，纽约、伦敦和巴黎被视为大都会，非洲作家一般会将手稿发给相应大都市的出版商，由他们出版后再出口到大行政区或其他地方。[49] 詹姆斯·布朗文学代理公司的大卫·斯图尔特·赫尔（David Stewart Hull）在1972年1月12日写信给库切，说该作品是"杰作"，他会出版它。但是他又补充说："我必须很诚实地说，原稿是如此不同寻常，因此要找一个合适的出版社并不容易，另外一个难题是故事的长度不是很长，但我会试一试。"

可能是因为南非主题，以及现实和虚构关系的奇怪实验，赫尔并没有成功地把库切的作品推销给美国的出版商。在接受开普敦大学《周一报》（Monday Paper）的一次采访中，库切说，《雅各·库切之讲述》曾经被四家出版社拒绝，但他没有提具体名字。安德鲁·范德福莱斯也在文章中提到，《幽暗之地》的原稿曾被多家外国出版社拒绝，但也没有具体说是哪些出版社。据维滕贝格所说，库切的原稿被所有"常规的"南非出版社拒绝。他提到艾德·唐克（Ad Donker）曾在床上阅读该原稿，发现这不是他喜欢的类型。除了唐克以外，维滕贝格没有明确说是哪些出版社。他唯一说出名字的是开普敦的休曼卢梭（Human & Rousseau）出版社。这家出版社自1959年成立以来，以出版南非新一代前卫作家反抗保守社会禁忌的作品而闻名。库切认识其中的一些作家，知道自己与他们的创作目标是一致的。1972年12月28日，他将《雅各·库切之讲述》的稿件发给了休曼卢梭出版社，结果再次被拒绝。

鉴于所有的拒绝，我们不得不同意维滕贝格的观点：《幽暗之地》最初的被拒反映了20世纪70年代南非出版界的糟糕品味……但它也将库切放入了一份著名的长长的名单之中，这个名单包括所有曾经费尽努力想将自己的第一本书出版的知名作家们。

在将《雅各·库切之讲述》的原稿发给休曼卢梭出版社之前，库切将他的《英雄诗》发给了《边界2》（boundary 2）杂志的编辑，该杂志由纽约州立大学宾汉普顿分校英语系出版发行。他于1972年4月14日提交了原稿，但到了8月28日，仍然没有得到该杂志的回音，所以他再次发信询问，并补充说：

> 我投稿的杂志似乎总会停办。所以，如果您还不能就我的这首诗做出任何决定，至少您可以告诉我，《边界2》仍然健在。

对于他幽默的责备，编辑回答说，他们仍然"活蹦乱跳"，但是已决定不能出版该诗："很难说为什么，可能是因为诗中有一些词语堆砌的痕迹。"

1972年10月24日，库切以《贝奥武夫》为题所写的一首长篇实验诗也被纽约的《扩展》(Extensions)杂志拒绝了。至此，库切可能已经认识到，他在诗歌方面的尝试不见成效。然而，值得注意的是，他再次选择将他的作品提交给国外期刊，而不是开普敦的杂志，例如，《对比》(Contrast)或《观点》(Standpunte)。他也确实和丹尼尔·哈钦森一起写过一些关于西德尼·克劳茨和亚历克斯·拉古玛的文章投到他的同事艾伦·里诺克斯-肖特(Alan Lennox-Short)负责的杂志《英语与南非》(English and South Africa)。[50]

很显然，大卫·斯图尔特·赫尔对于《雅各·库切之讲述》长度的评论和艾德·唐克的拒稿让库切进一步思考，到了1972年6月11日，在做了一学年讲师之后，他开始写第二个故事，一直写到同年的9月12日。1994年在俄克拉何马州塔尔萨大学的英语系所做的讲座中，库切说，他先写了"讲述"，但是觉得它不能独立存在，于是就开始了它的"姊妹篇"——尤金·唐恩的故事。[51]

第二个故事的写作进展相对缓慢。初步写作开始后中途出现中断，这可能是受库切在第二学期教学任务的影响。1972年12月至1973年4月期间，他重新设计了文本，然后最后修订和打字，全部完成于1973年5月24日。最终打字稿共50页。

《越南计划》与《雅各·库切之讲述》两部分一起合成了《幽暗之

地》，但前者侧重于完全不同的背景与时代。《越南计划》的叙述者叫尤金·唐恩，在1970年前后服务于美国国防部。他要写一份关于如何在越南战争中利用舆论心理战打击敌人的报告，并要将报告提交给一名叫库切的人。根据唐恩的观点，这个人没有任何想象力，也不相信"魔力"，而他自己是一个有艺术气质的人。他将报告写得很前卫，但上司库切却觉得太花哨和不正统。尽管上司库切口头上说很满意他的报告，很高兴周围有写得这么好的人，但唐恩还是要修改他的报告，让那些"反应磨蹭、疑神疑鬼而且行动保守"的军方"能接受而不丢面子"。在新的报告，也就是这个故事的核心中，唐恩建议应该考虑越南人的集体心理，而不是将他们看作单独的个体。他认为，如果指控美国人的残酷行为而没有任何证据，这是毫无意义的——这让人想起了对南非政府在20世纪70年代立场的反应，刚从美国回来的库切，在广播新闻里经常可以听到和感受到这些。唐恩说："假如无法被证实，那么对罪行的指控毫无意义。我们从地图上抹去的村庄，百分之九十五都永远地消失了。"当唐恩研究美军在进攻中打死或毒死的敌军尸体照片时，他并不感到厌恶，而是具有讽刺意味地觉得，真遗憾，敌人并没有让美国人成为他们的解放者。读者可能会意识到，库切文本的有力之处就在于他的描述可能就是对南非正在发生的令人发指的事实的比喻：

　　他们为何不能接受我们？我们原本可以喜欢他们：我们对他们的敌意仅仅出于破灭的希望。……我们在越南的海岸上登陆，紧握武器、巴望能有人无畏地站出来面对这个对现实的探索。我们嘶喊：你能证明你自己，你也就能证明我们。我们会永远爱你，送给你许许多多礼物。

　　然而如同其他事物一样，他们在我们眼前枯萎了。我们让他们身陷火海，祈祷奇迹的发生。在火焰的中心，他们的身体闪耀着天国的光芒；在我们的耳朵里，他们的声音回响着。可当火光熄灭后，一切都成了灰烬。我们在壕沟里把他们堆起来。如果他们当时冒着枪林弹雨、唱着歌朝我们走来，我们会跪拜他们。可是子弹将他们击倒在地，他们死了，正如我们担心的那样。我们把他们的身体切开，我们伸进他们的尸体，拽出他们的肝脏，希望他们的鲜血能洗刷我们。可他们尖叫着、号哭着，像是最不起眼的魅影。我们强暴他们的女人，插进她们的深处。可当我们苏醒过来后，我们依旧孑然一身，而那些女人像石头一样冰冷。[52]

尽管《幽暗之地》的两个叙事在时间上相隔近两百年，但是讲述的都是一群陷入某种特定态势的人，想要征服和利用那些他们认为低等的人。雅克布斯·库切的故事发生在1760年左右，欧洲人征服南部非洲的时候；尤金·唐恩的叙述涉及的是美国政府策划的对越南的剥削和征服。这两个故事都在讲述侵略，讲述占主导地位的一方如何对其他文化强加干涉，甚至由此导致大规模谋杀也在所不惜。唐恩如此专注于他的计划，以至他不能与自己身为泳装模特的妻子维持良好的关系，虽然他对她的身体是着迷的。并非巧合的是，她的名字叫玛莉莲·梦露——与20世纪最伟大的性感女神之一同名。

《幽暗之地》的奇怪结构导致了一个问题：这两个叙事是否可以合并为一个整体，被称为一本小说。在接受乔安娜·斯科特采访时，库切说：

> 《越南计划》是我对越南所发生事情的感想。因为我住在美国时，美国正处于战争状态，这种感觉非常强烈。……这两个叙述在观点上是一致的，除此之外，在其他关系上则是松散的。如此松散的两部分是否会成为两份独立的出版物呢？我不知道。我不想回避你的问题。但是小说不过是一个有一定长度的散文化虚构作品，它并没有非要满足什么形式的要求。关于X或Y是否"真的"是一本小说的问题，就其本身而言，《雅各·库切之讲述》就像笛福的《瘟疫年纪事》，在写作中笛福也花了一些精力伪造了权威记录。[53]

尽管两个叙事在时间和空间上有很大的距离，但是在两者之间有一种二元对立的关系，比如题材、道德问题和主题，另外还有两部分之间的交叉引用。[54] 在这两个故事中，虚构的叙事信号通过"库切"这一名字的使用而显现。18世纪殖民者在南部非洲的暴行与20世纪美国陷入的越南战争是平行的，并相互呼应。唐恩说，他本来也可能是一个先行者和探险家："假定我生活在二百年前，我肯定会去探索一块大陆，去勘测、去开发、去殖民。"[55] 帕斯卡尔·卡雷（Pascal Carré）也引用这句话，并补充说："雅各·库切体现了唐恩的梦想：他就是唐恩想成为的那个探险家，那个殖民者，在二百年前穿越那片未经征服和规划的土地。"[56] 两个解说者都有点像《鲁滨逊漂流记》中的主人公。《鲁滨逊漂流记》是第一本反映欧洲为经济利益而扩张和征服新领土过程的书，但这一过程往往被伪装成基督教十字军东征的样子。用批评家皮埃尔·马舍雷（Pierre Macherey）的话来说，雅各和唐恩的祖先就是鲁滨逊。[57] 虽然如此，两部作品的手法是不同的，库切对于鲁滨逊式人物的更为突出的体现，要在他后来的作品《福》里才能看到。《幽暗之地》介绍了库切作品中主仆关系的主题，库切将这一主题直接与黑格尔的哲学联系到一起。在《幽暗之地》的两个叙述中都有负罪感的迹象：在唐恩的故事中，是对美国在越南暴行的负罪感；在雅各的故事中，是对祖先在非洲压迫他人历史的负罪感。[58]

但是，在德里克·阿特里奇看来，《幽暗之地》中还有别的东西存在：

> 两项创作都自称是某种类型的记录，第一项是心理战专家的自传叙述，其中包括为美国军方准备的带编号的逐字逐句的书面报告；第二项是由一个叫J.M.库切的人翻译自阿非利堪斯语的学术出版物。[59]

在雅各的故事中，J.M.库切设计了一个现实与虚构之间复杂的游戏，他重写了18世纪库切的旅程；而尤金·唐恩必须提交其报告给一个叫库切的人（但这个库切并没有被进一步辨别）。两部分文本都包含着含混与伪装，一些自传体的细节，尤其是在唐恩这个人物身上，可以看到作者库切本人的影子。少年时的唐恩习惯于"谄媚"他的母亲，是一个乖巧的孩子，"勤于做事而从不多说"。像在奥斯汀的库切一样，唐恩会待在杜鲁门图书馆里，书生气十足，有着铁一般的自律，总是尽量做到最好。像库切一样，唐恩在清晨状态最佳："我的创作冲动仅仅在一大清早发作一阵子。那时我的躯体还未睡醒，还产生不出反对我大脑萌发的念头的敌意。"像库切一样，唐恩年轻时也写诗——"虽然是模仿他人，却并非一无是处"，他认为自己最好的作品是"新生活计划"——这也是诗歌的一种形式，就像数学家库切在英国做程序员时的作品一样。这也是为什么在最后，当他病得厉害，被送到精神病院时，他说自己仅仅是一个代码、一个数学家。正是通过检视内心，才获取认知，因为"如果我们不衡量，我们就不会明白"。[60]

五

在《幽暗之地》的两部分都完成之后，库切再次认真考虑出版事宜。他美国的代理并没有跟进《雅各·库切之讲述》，南非的出版社又已经拒稿。他在1973年5月26日给时任《对比》杂志编辑的杰克·考普写信，希望他能帮这本书找到一个出版社。这时是他第一次用《幽暗之地》做两个故事统一的书名。这个书名让人想起斯宾格勒的《西方的没落》（*Der Untergang des Abendlandes*），尼采的《诸神的黄昏》（*Gotten-Dammerung*），或W.E.B.杜波依斯的《黎明前的黑暗》（*Dusk of Dawn*）。在给考普的信中，库切讲了他在试图发表此书过程中的多次碰壁：

> 我今天寄给您的是一本126页的书稿，书名是《幽暗之地》。

它由两部中篇小说，《越南计划》（约1.9万字）和《雅各·库切之讲述》（约2.9万字）组成。

您是否可以把它刊登在《对比》杂志上？如果无法刊登——我知道长度是一个很大的问题，那么如果您能给我的作品提出宝贵意见，或给我一些如何能将其出版的建议，我将不胜感激。

《雅各·库切之讲述》是我很早就写完的一部分，自1972年初就被放在纽约的文学代理詹姆斯·布朗公司那里，同时也在他们伦敦的子公司劳伦斯·波林格公司的手中。但是现在并没有人回应，事实上他们对此书似乎也不怎么感兴趣。它被寄到南非出版商休曼卢梭出版社，但也被退回，而且没有任何评论。[61] 除了文章的长度问题（2.9万字有点不长不短），加之题材是雅克布斯·库茨1760年前往奥兰治河的远征，海外读者可能不会很感兴趣。所以，这部小说似乎更适合在南非出版。我是不是应该把它翻译成阿非利堪斯语？这个想法真可笑。

《越南计划》是关于美国的内容，我花了一年时间写完。我在接下来的几天里会将副本发送到纽约和伦敦。

我将这样长度的手稿推给您，真是感到很不安。但是坐在这里，看着自己写的东西，不知道它的价值何在，我真需要一个可以信任的人来帮我判断一下。

库切的信件表现出他的沮丧情绪。至少就第二个故事而言，他已经多次试图向市场推销，但一直无果，他开始怀疑他作品的质量。证明他这种心态的一个显而易见的事例就是他甚至想把这种长度的文学作品放到期刊上发表，即使他明知道《对比》杂志是不适合发他这样长的作品的。考普的答复并没有留档保存，但是很显然，他对这两个故事并不感兴趣。1973年7月25日，库切写信给他，感谢他阅读了《幽暗之地》以及"您及时的、令人沮丧但很有善意的意见"。绝望中，他于1973年7月25日将原稿寄给麦克米伦公司在南非约翰内斯堡的分公司，然后在10月15

日收到了他们粗暴的回绝:"经过仔细的考虑和长时间的讨论,对于发表您的稿件我们持否定态度。特此返还您的稿件。"

库切现在束手无策了。在这个时候,乔纳森·克鲁——1972年年初和库切一起在开普敦大学开始做讲师的同事——意识到,库切除了在写文学评论之外,也在从事文学创作。克鲁读过他写的一些评论文章,并提出过建议,但库切从没有给他看过《幽暗之地》的手稿。这很可能是因为现在库切自己都不确定其质量的优劣了,并开始对自己的创作能力不自信了。多年后,克鲁回忆自己是怎样读到库切的稿子的:

> 向他要稿子读的时候,我还是有点不安的,因为对学界同仁的虚构或诗意创作做相应回应往往不是很方便。读过几页《幽暗之地》之后,我感到震惊和兴奋。在我看来,这是那一时代南非英语写作的巨大突破。当时南非英语写作的重要人物有佩顿、早期的戈迪默、杰克·考普和丹·雅各布森。在那个时候,我还无法明确定位这部小说的地位,但是现在回头去看,《幽暗之地》标志着南非后现代小说创作的开始。(我相信库切的《青春》也很好地描述了现代主义给那个时代有抱负的作家带来的绝境感。)

> 《幽暗之地》在出版的时候,可能给很多读者留下的印象是像一个巨型怪兽。(想到现在南非人,包括作家,一谈起文学就会很快提起库切,我真是觉得可笑。)[62]

因为确信这是一部高质量的作品,克鲁找到了彼得·兰德尔,他当时刚刚与丹尼·范泽尔(Danie van Zyl)和拜尔斯·诺德(Beyers Naude)成立了一个名叫拉万的小型出版公司(Ravan Press),附属于基督教学院的SPRO-CAS项目。[63]兰德尔自从1953年就开始在南非的牛津大学出版社工作,后来离职专攻教学参考书。在1972年成立拉万出版社的时候,兰德尔希望专注于发表社会历史研究中的对比写作,但他也对发表诗歌和小说有兴趣。与另外两家小出版社——开普敦的大卫·菲利普出版社和约翰内斯堡的艾德·唐克出版社一样，兰德尔敢出版有风险的书籍。同时也像菲利普和唐克一样，兰德尔在安全警察的监视之下，受到过各种恐吓和骚扰。

拉万出版社在成立的那一年，出版了由詹姆斯·马修（James Matthews）和格拉迪斯·托马斯（Gladys Thomas）联合创作的抗议诗歌，总标题是《号啕大哭》（*Cry Rage*），第二年出版了沃珀寇·詹斯马（Wopko Jensma）的《为我们的死刑歌唱》（*Sing for our Execution*）。《号啕大哭》出版后不久便成为禁书，拉万出版的很多书籍都是这样的命运。1997年，在一篇关于拉万出版社的文章中，兰德尔写道：

> 从一开始，出版社的原则就是只发表与当代南部非洲问题有关的内容，并促进新的黑人作家的创作。不论是文学还是社会政治的手稿，选择的主要标准就是看它的价值……出版社不断面临经济困境，再被查禁将可能是灾难性的。有些书店根本不敢卖我们的书，还有一些特殊机构会去查访这些书店，警告他们不要销售我们的图书。[64]

库切非常感谢克鲁帮助他找到拉万出版社，并准备好了将自己的手稿交给这个新的出版社。他后来对牛津大学教授彼得·麦克唐纳说："我对拉万出版社一无所知，除了知道它和政府不对付。这是一个好兆头。而这个出版社有某种基督教的背景，这却未必是一个好兆头。让我惊讶的是，他们答应出版这本书。实际上，《幽暗之地》是一本'文学'书籍，而拉万并不是一个'文学'出版社。"

1973年10月22日，库切将《幽暗之地》邮寄给拉万出版社，同时还有一份附函。赫尔曼·维滕贝格认为："（附函）写得彬彬有礼，很正式，带着疏离感，加之简洁的词汇，让人看不出这是一个将自己的第一本书投稿过来的人。最后一句短短的话表示他愿意接受一个拒绝的答复。"库切是这样写的：

我给您寄上题为《幽暗之地》的原稿。它由两部短篇小说组成：《越南计划》（1.9万字）和《雅各·库切之讲述》（2.9万字）。

我随信附上回邮费用。[65]

在1973年11月2日的回信中，彼得·兰德尔写道，就手稿而言，他"毫无疑问地确信它的质量和意义"，所以他非常愿意发表这部小说。但是，小说对于他们出版社来说是"新的领域"，所以他想让库切告诉他，这本书是否也会由英国和美国的出版社出版？鉴于他们是一个非营利的、资本较少的出版社，他是否要版税？他是否介意出平装本？他是否一定要坚持美式拼写？是否可以改变成英式拼写？在版税方面，他指出拉万出版社在出版沃珀寇·詹斯马的诗集《为我们的死刑歌唱》时，是在书出版并扣除所有已产生的费用后，才给作者报酬的。最后兰德尔总结说："让我再强调一遍，我愿意出版你的这本书。公平起见，我先将我们的立场向你解释清楚，也想知道你对这些的态度。"

1973年11月5日，在答复中，库切对拉万出版社想出版他的《幽暗之地》表示高兴，但很显然，他希望非常精确和细致处理他的作品。他写道：

让我尝试尽可能清楚地回答您的问题。

1. 我当然希望该书既能在海外出版，也能在南非出版。但只要贵社允许我保留海外出版的权利，先在南非出版至少对美国出版商没有任何问题。拉万出版社是目前南非国内唯一正在考虑出版该书稿的出版商。我在纽约的代理人那里还有另一个副本，他将会审核这个合同，但我认为不会存在任何阻碍。

2. 关于版税。我对第一本小说在南非市场获得收益不抱任何幻想。您提到在出版沃珀寇·詹斯马的诗集《为我们的死刑歌唱》时是出版之后付酬，我对类似的方式没有意见。至于平装本，我没异议：在我看来，詹斯马的诗集是一本出得很好的书。

3. 我不介意将《雅各·库切之讲述》部分改为英国式拼写，但关于"越南项目"，我更愿意保持美式拼写方法。

对于拉万出版社不能在1974年以前出版此书，库切表示失望。但如果出版社能承诺在1974年4月出版，他将不胜感激。

1973年11月5日，兰德尔给库切寄送了《幽暗之地》的出版合同草案，其中他将该书的国际版权让给库切，并承诺印刷4 500本，在书出版后，扣除出版和营销费用，他将分给库切销售收入的15%。另外他要求库切承诺，在未来的两年中，如果库切要发表类似作品，要首先考虑拉万出版社。

至于15%的版税，在维滕贝格看来，这证明了"拉万出版社商业经验的不足"[66]，15%的版税是出奇慷慨的，此外，4 500本的印数，对于一个还不知名的作者，也是相当雄心勃勃的。1973年12月19日库切将签过字的合同副本发回给兰德尔。在附函中，库切指出他已经放弃了在《越南计划》部分保持美式拼写的荒唐想法。虽然书的封面不是他该关心的范畴，但是他建议封面设计师看一看L. 舒尔茨（L. Schultze）《从纳马兰到卡拉哈里》（*Aus Namaland und Kalahari*，1904）的第12幅插图，里面有两个霍屯督人的正面和侧面图。他希望书籍上面的内容介绍能够恰当总结书的内容。这是库切在很礼貌地表示，他希望出版商在这些方面能与他商量。

在另一封信中，很显然是应兰德尔的要求，库切提供了一段200字的内容简介，并表示兰德尔可以再添上他想放进去的内容。兰德尔还要求库切提供一张照片用作宣传，以及一些生平细节：

您是否可以提供一些更加个性化的细节以供使用 —— 经常有人批评我们没有告诉读者关于作者的详情。虽然我不希望过分透露您的隐私，但是还是需要一些，比如您的教育经历，您的家庭背景等有关信息。具体内容由您自己来决定。

对此，库切在1974年1月17日做出答复：

> 我在犹豫要不要提供您所说的个人信息，这不是因为我反对无聊的好奇心，也不是因为我觉得一个作家的背景与作品无关，只是因为您建议我提供的信息会让我进入一种不舒服的特定身份中。比如，如果我说几句关于教育经历的信息，就会让我成为一个英国-南非社会的成员，这将会被视为我对那些统治了我生活11年的虐待狂的恭维。至于我的家庭背景，我是一万个库切中的一员，除了说雅各·库切是他们的先祖，还有什么其他的内容可说的呢？

他总结说，他的兴趣是"群众体育运动；其他人的疾病；猿和人形机；影像，特别是照片，以及它们在人心中的力量；还有所赞同的政治活动"。

可以看出，库切不仅不愿意提供个人资料，而且，从一开始，他就不愿意被介绍成一个殖民地作家，一个有"特殊身份"的人。在接下来的信函中，他提醒兰德尔，赫尔曼·卡恩的题词是受版权保护的，需要获得许可。3月6日，他要求将一些书分发出去，主要是寄给美国的朋友。他还提醒兰德尔，应该给一些国际期刊发赠阅本。至于他的署名，他建议道："我希望扉页上写的名字是J.M.库切。"3月29日，他寄回了校对好的文稿，上面的批注显示了他对自己书稿的谨慎。他将寄给他的书籍内容介绍又做了修改。他又补充说："我觉得应该避免'库切博士'的称呼。"这个时候，尽管还没有出名，但很显然，他是一个非常有自我意识的作家，知道自己要走哪条路。

乔纳森·克鲁根据《幽暗之地》的原稿写了一篇评论。库切在1974年2月13日写给兰德尔的一封信中将该评论描述为一篇"学术的、善意的评论文章"。克鲁希望这篇文章能发表在《对比》或其他相关的杂志上。出于这个原因，库切询问兰德尔该书是否会在预定的4月出版。兰德尔证实该书4月初发布，并索要了一份克鲁文章的副本。他同时提到，

J.M.库切传

因为很难采纳库切对图书封面设计的建议，他们已经仔细研究了非洲艺术品博物馆的图片目录，找到了一些可以用于封面的图片。

1974年4月18日，首次印刷的《幽暗之地》精装本面世。在新书发布会上，兰德尔称赞这本书是"在南非国内创作的、南非文学最重要的文学作品之一"。该书的零售价为4.80兰特。[67] 图书内容简介中选用了乔纳森·克鲁文章中的一句话（那篇文章也很快在《对比》杂志上发表）：

> 《幽暗之地》是一本非常卓越的处女作。其一丝不苟与充满力量的写作是南非文坛，或者任何文坛都少有的。

图书内容简介的大部分内容是库切本人应兰德尔的要求撰写的。这是他唯一一次同意以这种方式对自己的作品发声。他同意的原因可能是愿意帮助这个相对缺乏小说出版和营销经验的出版社。库切这样写道：

> 一位战事心理专家濒临崩溃。他受到的致命压力来自他所参与的一个旨在摧毁越南的冷血RAND型项目。
>
> 一个狂妄自大的拓荒者惩罚他的霍屯督人俘虏，因为他们竟然敢把他看作会犯错误且荒谬的人，而不是白人神明。
>
> 在《越南计划》和《雅各·库切之讲述》中我们看到，1970年正如1760年一样，探险家、征服者和政府的亡灵，正在将野生生命吸入西方的幽暗之地。是什么让他们成为冷酷无情的怪物？难道是因为他们对受害者的蔑视吗？是担心爱会对他们赖以看世界的那层薄幕产生损害吗？他们只是一群"进步"的野蛮人吗？他们是铁了心要让人类遭受厄运的大灾难吗？信奉枪的哲学家雅各·库切说："我并不比别人更性嗜杀戮，只是担当起一个扣动扳机的人，我为自己也为我的同胞做出牺牲而扮演了这个角色，实施了我们大家全都渴

望的事：杀死那些黑人。"

　　拉万出版社在书的封面上用的是托马斯·贝恩斯（Thomas Baines）的一幅纳马夸兰风景的水彩画，展现了南非内陆早期的殖民风貌——小山和沙滩上有一匹马和一辆车，一小群霍屯督人和一个白人车主。大概是因为这个封面会给人殖民地的假象和田园诗的感觉，库切认为它不是很恰当，另外他还觉得这个封面对该书的销售不利。作为封底文字的一部分，兰德尔提供了作者兴趣爱好的详细信息，而且还未经库切许可，将他是雅各·库切后裔之一的信息（也是库切本人不希望给读者提供的信息）也放入其中供读者消遣。直到1978年，在兰德尔被政府封杀、无法公开地履行其在拉万出版社的职能后，库切对封面表示了反对，表明这些生平信息是从他的信函中提取的，但未经其许可及授权。对此，赫尔曼·维滕贝格在文章中这样写道：

　　　　很显然，《幽暗之地》封面上不正常的自我描述与库切一直要将自己的个人生活及观点与其作品分割开来的风格完全不一致，这不是作家的问题，而是出版商的一个失误，很可能兰德尔是出于好意，但他小说出版经验不足。在所有后续版本的《幽暗之地》，以及库切其他的小说中，作者的信息一直少之又少。[68]

　　《幽暗之地》出版后，库切写信给拉万出版社询问为什么在隆德伯西的CNA书店里没有销售这本书。这个书店是大部分开普敦大学学生买书的地方。在1974年10月10日的一封信中，他询问了销售情况，以及有没有什么可以让《幽暗之地》参加的比赛。兰德尔在10月16日的信中说，这本书已被提交给CNA年度文学奖的评审。他们已经销售了1 300本《幽暗之地》，1975年会销往德班的纳塔尔大学和约翰内斯堡的兰德南非大学。兰德尔在该书出售2 500本之后将会收回成本，所以预计库切将在出版后的第一年年底收到版税。1975年2月20日，兰德尔给库切写信告知：在第一版的4 800本书中，160本用于推广和赠阅，到12月31日止，库存为3 046本。因此，在4月到12月1日期间已经售出1 594本，收益为5 101兰特，印刷成本为8 400兰特。所以等到收益与成本间的3 299兰特的差额入账，作者就可以开始收稿酬了。

从库切和兰德尔之间的书信往来可以清楚地看到，从《幽暗之地》的出版开始，库切就投身于图书出版的每一个环节，这表现在他对每一个细节的问询以及对校样的细致精确对待中。还有一点很清楚，那就是从早期开始，库切就意识到他的原稿对后来研究人员的价值；因此，图书出版期间的所有文档，他都有保留，而且还多次请兰德尔在图书出版之后返还给他。维滕贝格在文章中指出，对于其他拉万出版社的作者，如纳丁·戈迪默和恩加布鲁·恩德贝莱，可以找到的与他们相关的文档要比库切的少得多。维滕贝格写道：

> 从库切保留的这方面的大量信件表明，这位作者对自己的书的出版实施了不同寻常的全面监管。兰德尔曾表示，《幽暗之地》的手稿是"[他]曾经收到过的最整洁的手稿"。[69]

六

乔纳森·克鲁于1974年2月14日向杰克·考普提交了他所写的关于《幽暗之地》的评论，并说明该书的正式出版时间应该是4月，而他的文章是基于该书原稿所写。他要求该论文在小说出版时再发表。一周后，在这本书的校对阶段，他又写信要求在文中做些修改。

考普起初并不是很喜欢《幽暗之地》，他觉得这篇七页的评论文章篇幅过长，希望克鲁能做删减。他同时也反对将《幽暗之地》与康拉德的《黑暗之心》做比较。考普在1974年3月25日写信给克鲁：

另外一个值得注意的问题是，我认为要再考虑一下，是否将此书与康拉德的《黑暗之心》做比较。我个人不觉得比较可以将评论做得很深入，另外将任何一本书与康拉德的作品做对比都是在自找攻击，结果会让人们忽略了对约翰·库切作品本身的研究。

尽管后来克鲁不得不将他的文章缩短了几乎三页，而且于1974年8月才发表在《对比》杂志上，比其他一些评论要晚，但这是第一篇对库切作品的严肃探讨。克鲁对库切的这部作品有准确无误的洞察力，对作品的评论也很透彻。很久以后，在接受采访时，库切表示"非常感谢克鲁对这本书的热情，是他帮忙找到了出版商，并为该书做了宣传"。[70]克鲁并未将《幽暗之地》局限在南非英语文学的范畴内，而把它看作是对整个当代小说的巨大贡献。尽管考普曾经有过警告，但是克鲁仍然将其与康拉德进行了比较："虽然与康拉德的作品有所不同，但这是南非的《黑暗之心》。将两部作品并置在一起并不可笑。"

他的结论是：

> 这两个独立的个体：雅各·库切与越南计划的工作人员，极有趣地代表着历史和心理范式。前者是后者的历史先行者，但两个故事在发表时间顺序是反向的，这是在提醒我们，实际上我们在观看同一枚硬币的两个面——西方意识的外爆（exploded condition）与内爆（imploded condition）。这是一个促发严肃思考的看点，而这本书能够做到这一点，因此我很高兴地向它致敬。

其他评论也称赞了该书。1974年4月24日彼得·威廉（Peter Wilhelm）在《星报》中写道："不论是从技巧上还是从道义上看，这本书做到了大多数南非小说所没有做的。它没有打着横幅说：'我抗议，故我在。'要想看出其中的隐秘可没有那么简单……有些人可能会觉得《幽暗之地》有些荒凉和困惑，但正是这些荒凉和困惑之感才彰显其深意。小说本身是对我们自己的隐喻,绝对很有力量,甚至可以说很宏伟。"5月1日,彼得·坦普在《开普阿格斯报》上称该书作者是"一个天才"。他说,很难相信这样一本雅致且"让读者震撼"的书竟然是一部处女作。他写道:"作者的视角并不那么愉悦,但它有令人叹服的力量、真正的洞察力、柔顺的格调和钻石般坚硬的语言。"在1974年5月19日的《报告》(Rapport)杂志中,南非小说家安德烈·布林克(那时他并不知道库切是谁,也不知道其背景)以为库切是说阿非利堪斯语的,认为如果他能够用阿非利堪斯语写这本小说,就可以成为新阿非利堪斯文学的中心人物。布林克认为《幽暗之地》是一部令人印象深刻的处女作,将库切称为南非当代英语创作最优秀的文体家之一。相比较而言,他不太喜欢尤金·唐恩的故事,在他看来,尽管这部分"令人不安地研究了人类在暴力重压之下的解体",但还没有逃脱情景剧式的做作和肤浅的牢笼。他更喜欢雅各·库切的故事:不是因为其中的多视角,而是因为报道部分具有迷惑性的简洁。他认为《幽暗之地》提供了"一种让人看着不安的诸神的黄昏,以及西方的没落",所以是一份重要的"南非及当今世界不可缺少的宣言"。

2003年库切获得诺贝尔文学奖后,布林克在《星期日泰晤士报》上写了一篇文章称赞库切对质朴语言的使用,以及他的冷幽默。对于《幽暗之地》,他再次指出它与斯宾格勒的联系。很显然,他已经克服了对《越南计划》的不喜欢,因为他现在对整本书都表示赞赏。《幽暗之地》是"通过后殖民的视角对旧殖民地世界的重写,着迷于神话是如何在人类社会中作用、符号是如何交换的,探究了权力以及它对社会和个人的作用……持久专注于南非的历史、道德和心理层面"。

1974年6月5日在《开普时报》(Cape Times)中,弗朗西斯·鲍尔斯(Francis Bowers)指出"《幽暗之地》读起来令人刺激和不安,其文字优美,表现出作者鲜活、独特的才华"。1974年7月3日,波林·弗莱彻(Pauline Fletcher)在《现实》(Reality)杂志中说:"《幽暗之地》是一本非常有力且令人不安的书,但特别有趣的是,它引发震颤的力道不是来自'强有力'的写作或高度情感化主题的探究，而是来自作者深邃的智慧。"在1974年7月刊的《管理》（*Management*）中，菲利普·伯金肖（Philip Birkinshaw）提出了一些有争议的解读，但也表示了他对《幽暗之地》的钦佩："小说的场景惨淡、悲怆，并带有讽刺性的滑稽，令我想起这种情绪的表现大师们：斯威夫特、伏尔泰和卡夫卡。该书创作深刻，选材出人意料，文字具有独创性。很明显，J.M.库切写了一本重要的书。"1974年8月1日，在《咆哮》中，莱昂内尔·亚伯拉罕斯（Lionel Abrahams）也赞扬说："很难说《幽暗之地》在哪方面做出了最重要的贡献。它运用现代主义模式，大胆地增加小说的多样性。它像其他小说一样，有说服力地揭示了南非道德的沦丧。它再一次展现和证明了我们当中白人思想者和黑人思想者所做的对西方文明的批评。"托尼·墨菲特在1974年12月刊的《闪电》（*Bolt*）中很赞赏地写道："读《幽暗之地》，是一个痛苦、不安，但最终令人振奋的过程。这本书确实是自丹·雅各布森的早期作品以来南非最好的英语小说。它无疑是南非小说中公认的最具文学性和思想性的作品。书中的先人并不是南非人。尤金·唐恩在汽车旅馆床头柜上放的是《赫尔佐格》和《沃斯》，因此人们可以猜测在J.M.库切的书桌上，除了这两本书之外，还应该有巴尔特、品钦、纳博科夫和博尔赫斯的小说。"

出版商和一些读者对《雅各·库切之讲述》中的一部分提出疑问，这些疑问出现在一篇该书的书评中，而库切的回信又一次表明库切作为作者的基本立场。在书中，雅各讲述了在渡格雷特河过程中，克劳厄用一根棍子探测河底的深度时，没有探测到有一个河马坑，结果失去了平衡，被卷进深深的激流之中冲走了。但在第二页上，似乎克劳厄仍然活着，但病得太厉害了，最后他们的向南行进不得不停下来，雅各被迫放弃他，让他在山上自生自灭。

兰德尔在他的第一封信中询问这是不是"一个有意为之的手法"，他没看明白。库切简洁地回答说："不是，就我个人而言，这里没有任何疏忽。"这个答复并没有解决兰德尔的疑惑，所以他在1974年2月18日的信中又提到此事：

> 顺便说一句，我们的两个审稿人都对我之前提到的关于克劳厄死亡这个细节感到困惑。我无法解释你的意图，不知道你是否可以再给我一个解释。我相信评论者们还会注意到这个地方，并会提一些不相干的意见和问题。最好届时我能回答相关问询。

但即使在职业生涯的早期阶段，库切的原则就是不对他的作品提供解释，而是将其留给读者和文学评论者自己判断。出于这个原因，他在2月24日的信中附上了克鲁关于《幽暗之地》所写文章的副本。至于兰德尔的问题，他的答复如下：

> 关于克劳厄两种死亡的可能：我遵循作者不应该做出解释的原则，所以我所能做的是让克鲁——一个读过该作品的、在我看来非常好的回应人——来解释他对那几页的理解。他建议我读一下他所写文章的第二页，在那里他讨论了"舞台机械的暴露"，认为可能的原因有两个，一个是雅各·库切在讲故事来掩盖克劳厄死亡的"事实"，另外一个是某人（是谁呢？）在撰写一份被称为《雅各·库切之讲述》的文档，在重述中，有一些矛盾的地方被发现了。我不知道你怎么看待这种解释，但我觉得这种解释很有道理。

兰德尔别无选择，只能接受这个解释。但是，克劳厄两种死法的问题又有了一个后记。1974年6月5日，弗朗西斯·鲍尔斯在《开普时报》中讨论《幽暗之地》时写，有"证据表明是编辑的粗心"而不是作者的错误，但她没有具体解释她到底是指什么。[71]由于此评论反映他的编辑水平不佳，兰德尔写信给鲍尔斯要求她解释她所指的是什么。1974年7月12日，她在回信中表示，克劳厄的两种死法确实是疑问。她补充说：

我（和其他看过这几页书的人）认为作者在写作中，关于克劳厄的命运有了不同的想法，但没有删除第一个版本。如果我是正确的，这无疑首先是作者的错，但出版人能让此通过，他是要对此负责任的。关于这部分，我通读过几次，但没有找到任何其他可能的结论。还是我有点愚笨了？我只是觉得如果看出来了一些我认为的疏漏，就应该在评论中指出。不过我得说这本书正如您所说的"花费了很大精力"，因为它确实是一本制作精良的书。

在答复中，兰德尔告诉鲍尔斯，他就怀疑她是因为克劳厄死亡的问题说了那番话。他向她保证，那个地方是作者仔细考虑过的，是特意为之。第一次收到手稿读完后，他曾与作者提及此事，因为作为出版方他也觉得那是一个问题。他补充说："即使是现在，我也不完全理解作者的意图是什么。但是，作者的想法是必须要尊重的。"在1982年的一篇文章中，彼得·诺克斯-肖认为，故事的叙述者雅各·库切通过提供两个版本的克劳厄死亡方式，向读者表示他才是故事叙述的控制者，同时他也在"提醒我们，当只有唯一一个证人时，带着自己的偏见伪造事实是一件多么容易的事。"[72] 加拉格赫尔也认为："作为一个全权的历史编撰者，雅各可以任意构建自己的叙述，我们读者在他强势的叙述前无能为力。证词中关于克劳厄的两种矛盾死法和完全不同的故事在提醒我们，实际上，我们对雅克布斯的旅程中到底发生了什么一无所知，我们只知道他选择告诉我们的故事。"[73]

<h1 style="text-align:center">七</h1>

在《幽暗之地》第一版发行的那一年，很多人就该作品的各个方面发表文章。那么，库切这本处女作的发表给其他年代的读者留下的印象是什么样的呢？

1999年，南非电视台有一档栏目叫《通道》（*Passages*），在其中一期名为"耀眼的简约蒙太奇（Dazzlingly Minimalist Montage）"的节目中，曾写过《幽暗之地》评论的莱昂内尔·亚伯拉罕姆斯说，第一次见到库切，他对其并没有留下很好的印象：

> 我第一次遇到库切是在1974年。在南非开普敦的一次诗歌探讨会上，他发表了一篇简短的论文谈论诗歌的学术用途。我发现他用的评论方法很冷漠，令人望而生畏、浑身发冷。由于这样的偏见，一两年后，当我拿到他的第一本书《幽暗之地》时，我也没有带着任何喜欢它的倾向去读，但是该书的原创性与宏大力量给我留下了深刻印象，我开始接受他了。[74]

莱斯利·马克思要比库切年轻得多，她在开普敦大学时曾经是库切的学生。在同一节目中她说：

> 我读到的约翰·库切的第一部小说是1974年出版的《幽暗之地》。我认为，那时我们中许多人都是大学新生，之前谁也没有接触过那样复杂的文学。那个时候，在英语系，最现代的作品是D.H.劳伦斯的《儿子与情人》。因此，我们还真没有被训练到足以对付这种涉及复杂叙事声音、叙事视角和叙事策略的作品的水平。但是到了后来，我们再回头读它，非常惊喜地发现，这本书可以算是南非许多作品的前辈，其中关于殖民主义、阿非利堪人的历史都是库切后来小说作品里的主题。[75]

斯蒂芬·沃森（Stephen Watson）是库切的一个年轻同事，他后来写了一篇精辟的论文来分析库切的作品。在其中，他简要讨论了《幽暗之地》的影响：

以前的南非小说从没有像这部作品一样，如此明显地打破——甚至有些自觉地——与现实主义的约定，如此坦率地宣布自己的非事实性。小说下半部的伪学术研究部分，豪尔赫·路易斯·博尔赫斯和纳博科夫的例子明显表现出来。两个叙述非常好的衔接似乎表明，它们与现实之间的关系（我的意思是历史现实）是有问题的，绝不是简单的陈述或模仿。[76]

多年以后，在2004年4月，库切获得了诺贝尔奖之后，《当代世界文学》出版了一个他的专刊。在标题为《在南非读库切》一文中，托尼·墨菲特（Tony Morphet，库切发表首部小说时，他是德班纳塔尔大学的英语讲师）写了他对库切小说的回应：

1974年，《幽暗之地》出版后不久，艾伦·佩顿送给了我一本。出版社要推广年轻无名的作家，将这本书寄给了他。我那时是他的一个审稿人，所以他把这本给我，还没好气地说他看不明白这书到底要说什么。他希望我读一读，然后在下次会议上讲一讲。

我一口气将该书读完，很激动又很困惑。该书的叙述是紧张而吸引人的。但是在我阅读的过程中，我感觉到有某种形式的深意在躲避着我。我知道它就在那里，在某处，但究竟在何处、是何种形式，我仍然弄不清楚。我把自己的阅读感受告诉佩顿，他不屑地一笑，说这本书不适合他。

然而，这次阅读让我确信《幽暗之地》是一个先驱使者，一种新的叙事形式，一种新的想象方式——一种新的文体已经进入南非文学。它强烈要求学术界的高度重视。当时在英语系的23位教师之中，只有两人读过这本书。但是，我们的热情说服了大多数教师将这本书放入当代文学课程中。教师们同意阅读此书，以此确定教学内容。

系里教师的阅读结果是令人吃惊的。老师们有很多异议，包括政治、历史、晦涩的心理、令人不安的观点以及用词方面——尤其是关于身体与种族的词汇。所有人都同意这个文本非常杰出，但是它对文学研究的自由与人文的标准的反叛性深刻而激烈。这位作者不能被信任：在恐怖的世界里，他的"立场"是难以捉摸和不明确的。这本书对学生来说很危险。不过，尽管如此，我们还是将其用在教学之中。

这些都是早期对库切作品非常小规模的反应，但它们显示了库切作品对南非文学的影响。之后，他的作品即使在世界上取得了声誉，也总是毁誉参半。

库切的处女作并没有得到一致的赞赏。在以后的几年中，《幽暗之地》一直被看作是对其他诸如纳丁·戈迪默那样的南非作家所写的、积极参与政治的现实主义文学作品的反作用力。有人抱怨说该书太现代派了，理智且冷感。迈克尔·沃恩（Michael Vaughan）从马克思主义的角度来分析，认为库切的作品没有紧密跟进南非种族隔离时期斗争和压迫的物质层面。[77] 在他看来，语调的矛盾和模糊消解了必要的政治紧迫性，且没有涉及历史"事实"。类似的还有彼得·诺克斯-肖，他在《幽暗之地》的评论文章中批评库切说："令人遗憾的是，这样有多样才华的作家竟然淡化历史中的政治和经济层面，转而关注西方的精神病理学。"[78] 苏·柯修（Sue Kossew）认为："库切作品中主人公的后现代主义焦虑和弄巧成拙的叙述，不能应对南非特殊的政治压迫情形。"[79] 当时许多作家和活动家不是被禁就是已经移民，留下来的知识分子都责无旁贷地要表达自己反对种族隔离的观点。根据阿拉斯泰尔·布鲁斯（Alastair Bruce）的观点，这些批评者根据他们自己头脑中想当然的东西评价库切该做什么，用这些来分析库切的作品，而不是思考库切为什么要那样做。[80] 相反，迪克·彭纳在他的专著《思维的国度：J.M.库切小说》（*Countries of the Mind: The Fiction of J.M. Coetzee*）中指出：

J.M.库切的作品要求从世界的角度看南非的政治和社会。然而，由于小说自身的艺术性及其将迫切的社会问题转换成诸如殖民主义、不同文化与个体之间的主仆关系等更持久问题的特点，库切小说的重要性是跳出了南非语境的局限的。[81]

《幽暗之地》参评每年一度的南非CNA文学奖，但最终该奖由纳丁·戈迪默获得。她是一位已经成名的作家，获奖作品为《环保主义者》。在这两本书之间选择，戈迪默的书获奖也并非是大家都认可的。这可以从评委之一的阿诺德·本杰明（Arnold Benjamin）与杰克·考普的通信中看出来。本杰明写道："也许会有一个时候——如果必要，得是喝过一些红酒之后，我倒是想和你谈论一下《幽暗之地》的优点。我是将这本书放在《环保主义者》之前的，但是有人告诉我，另两位评委投票给了后者。现在这都过去了，但我觉得库切的书真是很棒，而且纳丁的书——好吧，按照一位美国评论家所说的那样——'她的通常风格就是隐晦，而这本书隐晦到看不懂了'。"对此信，杰克·考普回信说：

> 我对你所讲述的CNA评奖很感兴趣，因为我们对获胜者的选择是不同的。我不知道自己是否能系统地比较《幽暗之地》和《环保主义者》各自的优势。我想我的判断方法，如果要你说的话，也许是主观的。正如劳伦斯说过："你必须从这里感受它"——抓住他的神经。我知道纳丁的写作风格有点像刺绣。但简·奥斯汀曾经写道，她的写作是在一块小象牙上雕琢，但是，历史已经表明她的作品绝不是微雕。我对《幽暗之地》的感觉是不知道该怎么评判。它不是小说，也不是回忆录，两部分也不切合。写作风格既不是现实的，也不是超现实的。我的感觉就是抓不住它。我觉得库切可能还会写些更个人化的东西，但他是一个写得很慢的人，还特别在乎自己的风格。而纳丁是一个地地道道的成熟作家，即

使她的人物往往是负面的，但她在《环保主义者》中的总体呈现是精致的，是一部杰作，虽然我会批判这种细节化的作品。她只不过不是我喜欢的那种作家，但这并不代表我不能认同和欣赏她的巨大成就。

《幽暗之地》出版之后，库切寄了一本给美国的詹姆斯·布朗文学代理公司。大卫·斯图尔特·赫尔感谢他的赠书，并表示很遗憾，因为书稿的长度，他没有能够为其找到一个出版商。库切还收到穆雷·波林杰公司西莉亚·卡奇普尔（Celia Catchpole）的友善回信。她感谢他能够寄来样书，并告诉他，她一直努力尝试将此书卖给麦克米伦出版公司和查托温都斯出版社，但是因为作品分两部分，加之篇幅问题，尽管作品很好，还是没有为他找到出版社。不过，她希望如果库切将来还有其他书稿，可以寄给她。

1975年，《幽暗之地》得到很多好评后，在纳丁·戈迪默的热心推荐下，兰德尔也尝试将此书卖给英国的格兰兹出版社和美国的维京出版社。维京出版社的艾伦·D.威廉姆斯（Alan D. Williams）对该书的评价很高，但是他预见到该书在美国市场营销的一些问题。他在1975年12月9日写给兰德尔的信中说：

> 我们中的大多数人都读过J.M.库切的《幽暗之地》，很佩服其原创性以及作者高度个人化和男性化的风格。库切先生在用一种声音传达不满与愤怒，并希望被大众听到。不过，我们觉得这本书作为整体而言，倒不如分成单独的两部更有分量。我们认为让美国读者从第一部分过渡到第二部分将很困难，他们会觉得，尽管前半部分是关于美国的，但两部分都有一种让他们不易接受的异国情调。虽然文本非常好，但是我们认为如果它的整体目的是隐藏的，那就不会太好卖。

在当时那个阶段，《幽暗之地》尚未能被美国和英国的出版社接受，但这种状况很快就将有所改变。

第9章

《内陆深处》

与文字审查制度

一

早在20世纪50年代，当库切还是隆德伯西圣约瑟夫马里斯特中学的一名学生时，实行种族隔离的政府任命了一个委员会来调查"因那些不雅的、令人反感的或有害的读物而带来的罪恶"。该委员会的主席是杰夫·克龙涅（Geoff Cronjé）教授，一个支持种族隔离的理论家。该委员在1957年的报告中建议采纳严厉措施，比如出版前审查，废止向法院提出上诉，要求所有印刷商、出版商和书商领执照——所有这一切据称是为了确保"国家的精神福利"。

克龙涅委员会的极端建议被政府拒绝。不过，从20世纪60年代初至80年代南非建立起一套后来被库切称为"世界最全面的审查制度之一"的制度——尽管审查人员希望用一个更好听的词："出版管理"。与现存的由警察贯彻执行的审查制度相比较，1963年的立法（最终将审查的权力下放给出版物管制委员会）从字面上看，不是那么极端。但是那时文字审查的压抑氛围四处弥漫，很多出版社已经开始自我预先审查，目的是避免将来出版了的书被取缔。

与先前的建议相比，1963年的法律表现出了一些让步，比如可以上诉法院，还有规定出版物管制委员会的成员应该有相关的艺术、文学、语言或法律专业知识。这一松口让N.P.范维克·洛（N.P. van Wyk Louw）——一位备受推崇的诗人，也是阿非利堪斯语文学的著名人物——能够与部长斡旋，避免一些野心勃勃的小人，如阿贝尔·库切（Abel Coetzee）和亚伯拉罕·H.约恩克（Abraham H. Jonker）入主委员会，他们将是灾难性的选择。根据范维克·洛的建议，刚从波切夫斯特大学退休的文史学家格里特·德克尔（Gerrit Dekker）教授被任命为委员会主席。德克尔让3名他以前教过的学生A.P.格罗夫（A.P. Grove）、T.T.克卢蒂（T.T. Cloete）和莫维·舒尔茨（Merwe Scholtz）在保留自己各自大学职位的同时在委员会兼职。斯泰伦博斯大学的C.J.D.哈维（C.J.D. Harvey）当选为英文刊物管理专员。范维克·洛与政府达成这种妥协是否明智，是一个有争议的问题，但它让一些在阿贝尔·库切或约恩克管制之下一定会被禁的阿非利堪斯语图书得以出版。德克尔退休之前，没有阿非利堪人所写的图书被禁过。但1975年，安德烈·布林克的《看黑暗》（*Kennis van die Aand*）被禁。关于这一制度最奇特的现象是，国民政府给审查人员无限的权力，一些阿非利堪斯语文化人物与作家的参与也给了这种体系表面的合法性，因而使这些审查人员的地位由敌人转变为同盟。彼得·麦克唐纳对种族隔离年代出版管理进行了广泛而深入的研究，将这些人称为"文学警察"。[1]

　　从一开始，对于该法规最激烈的批评在于它的查禁标准可能只因为一个字眼或一个段落就认为整部文学作品对公众道德是有攻击性或有害的，而从不考虑那字眼或段落所属上下文。学者和作家们担心，这样一来，如果其成员的文学鉴赏能力有问题，那出版物管制委员会的权力就会被滥用，高质量的文学作品可能被禁止。范维克·洛的行动似乎避免了这种危险，但人们很快发现"文学警察"不遗余力地行使自己的权力。审查制度这一法律的出发点是错误的，因为它认为对文学的性质和评论可以有一致的判断，都可以运用一套已知的有关作用、结构和自证的原则。审查者们根本没有对这些错误观点产生任何的疑虑。他们的报告往往唯我独尊地判定一些文学评论者一直以来非常谨慎对待的问题。[2]

外国出版商也遭受到这种审查者不可预测的文学"管理"。严格的立法加之对盈利的担心导致一些英国的出版商向作者施压，要求他们自查，并删除作品中可能被认为不当的地方。南非出版商，就像彼得·兰德尔所说，为了生存下去也被迫实行自我审查。按照审查者的观点，轻松逃避现实的文学——比如威尔伯·史密斯（Wilbur Smith）和斯图亚特·克卢蒂（Stuart Cloete）等作家的书，不适用"文学"的字眼，会因为道德原因被查禁。他们认为伟大的文学作品应该超越当代政治，所以查禁了布林克的《看黑暗》、杰克·考普的《黎明降临两次》（The Dawn Comes Twice）、C.J.德莱弗（C.J. Driver）的两部作品《革命挽歌》（Elegy for a Revolutionary）和《主呀，给我们发送战争》（Send War in Our Time, O Lord）以及纳丁·戈迪默的早期作品。戈迪默相对无害的讲述多种族交流的小说《一个陌生人的世界》（A World of Strangers）精装本在文字审查法律出台前的1958年被允许出版，但之后企鹅出版社推出的平装本就被查禁了。到了20世纪80年代，随着戈迪默的国际地位日益提高，对她作品的审查变得更加小心和宽容。但是审查制度对黑人诗人所写的那些针对审判和在白人城市经历的种族隔离的抗议类诗歌特别严厉。所以黑人作家，如彼得·亚伯拉罕姆斯（Peter Abrahams）、阿尔弗雷德·哈钦森（Alfred Hutchinson）、亚历克斯·拉古玛、艾斯基亚·慕帕赫列列（Es'kia Mphahlele）和托德·马特什基萨（Todd Matshikiza）的作品总是不断地被查禁。整整一代的黑人作家成为受害者，他们中间大部分人被堵住嘴巴无法发声。

在文字审查制度实施和出版物管制委员会建立的同一时期，一些南非作家发表了他们的早期作品，比如：简·拉比（Jan Rabie）、艾蒂安·勒鲁、巴尔托·斯密特（Bartho Smit）、安德烈·布林克，还有后来的布莱顿·布莱顿巴赫，他们的作品与传统的阿非利堪斯语文学常见的人物刻画形式和温和的主题相脱离。1962年，委员会成立的前一年，安德烈·布林克的《生活的财礼》（*Lobola vir die Lewe*）和艾蒂安·勒鲁的《希尔波斯泰恩斯七日》（*Sewe Dae by die Silbersteins*）面世，再加上布林克1963年出版的《大使》（*Die Ambassadeur*）很快引起了文学界的关注，并被翻译成英文和其他语言。这些作者在不同方面进行尝试，在性和政治方面的创作更加公开化。

除了新一代作家以外，20世纪50年代末至60年代，许多南非白人青年也反抗既定的南非白人社会的道德观、价值观和政治做法。这一时间点与整个西方世界，特别是年轻人的态度发生变化的时间点正好重合。来自南非白人家庭认真严肃的学生，除了少数以外，都受到了南非大学里面来自欧美新的哲学、艺术和政治思潮的影响。非正式化、自发性与自由化、摒弃传统禁忌、拒绝传统对差异的偏见、宽容个人主义以及非常规的行为等观念影响了年轻一代的南非白人，特别是城市和大学里的年轻人。

在这个观念发生变化的时代，许多新一代的南非白人作家不论是在作品之内，还是在作品之外，都在抗议他们所经历的南非社会的不公正。用布林克后来的话说，60年代的革新（20世纪60年代的南非文学运动）带来了"一种勇气，一种诚实，一种形式的实现，和尝试创新的愿望"。[3] 如勒鲁所说的那样，他们是"压迫中浴血奋斗的兄弟，共同反抗着旧一代"[4]，对抗着教会、国民党和大学的教授们不容置疑的法令。他们在抵制审查制度可能带来的危险的同时联合起来。布林克是主要发言人，他不断反复地向新闻界解释他为什么抵抗审查制度，也为此付出了高昂的政治代价。2004年11月，在接受《洞察》（*Insig*）杂志记者采访时，J.M.库切说："曾经有一段时间，布林克几乎每天都与审查制度发生冲突。他被追捕、被小人陷害、被恶人恐吓。尽管那个时候我不认识他本人，但是我知道那需要极大的勇气和正义感，他展示了一个知识分子在面对强权之时，应该如何去做。"

詹尼·克鲁格（Jannie Kruger）接替德克尔出任出版物管制委员会主席。从他发表的作品看，他并非一名文学学者，也无法像前任那样得到相同的尊重。20世纪60年代，该委员会多次查禁《范畴》(*Scope*)杂志，最后只能由最高法院来驳回这些查禁。除了引发公众的不满，出版审查制度和出版物管制委员会也成为人们激烈批评和讽刺的对象。 1972年，当时库切已经在开普敦大学当上了讲师，政府责成对审查法律的实施情况进行调查，但是在提出修正案之前，开普最高法院判定布林克的《知识之夜》(*Kennis van die Aand*)为禁书，这是第一本被判为禁书的阿非利堪斯语文学作品。

1974年的出版物法取代了1963年的立法，给这一体制带来了根本的改变。出版物管制委员会被取消，取而代之的是指挥部，由部长、常务部长和一些副部长组成，将作为一个行政机关实施法律。指挥部会从由内政部提供的名单里选出部分人员，组成委员会，其主要功能在于决定哪些作品是不适宜的。向法院提出上诉的制度被取消了，取而代之的是成立上诉委员会。上诉委员会的主席由国家总统任命，主席又可以任命两名成员。像以前的法案一样，任何民众都可以从委员会那里拿到对出版物的裁决。如果对委员会的决定不满意，出版商、作家，或指挥部可以向委员会提出上诉。部长有权要求上诉委员会重新考虑决定。就所谓"不适宜"的定义而言，新的法案与1963年的措辞一字不差，除了里面没有了"可能的读者"这一字眼。

这一立法存在很多问题：现在委员会也可以禁止出版物的出版了；部长可以授权任何人进入某地没收某书；向法院提出上诉的权利被废除了；部长获得了太多的任意权力。除了管理不善等诸多因素之外，从文学角度看，这一体制的最大问题是文学作品不被当作一个整体来判断，并且在该法律看来，文学作品的审美层面是无关紧要的。拉米·斯尼曼(Lammie Snyman)法官被委任为上诉委员会主席。他的态度和傲慢从他在报刊上的声明中传递出来："每一个南非白人不可能去购买并阅读每一本出版物，以决定他是否喜欢。现在有一个机构来代表他。我们会告诉他，他是否会喜欢这本书。"

《知识之夜》被禁后，一些更加年轻的南非作家，如安德烈·勒鲁、威尔玛·奥达尔（Welma Odendaal）、约翰·迈尔斯（John Miles）的作品也遭禁。其中最轰动的一次查禁是在20世纪70年代，它导致了两场法庭诉讼，这部作品就是艾蒂安·勒鲁的《马赫斯方丹，马赫斯方丹！》（Magersfontein, O Magersfontein）。拉米·斯尼曼的话表明审查法案僵化又无创意。他说，大部分文学专家认为，"这本书的目的是以英雄般的过去来讽刺我们这一时代的愚蠢、铺张浪费、讲排场和道德沦丧"，而他要质疑："社会是否准备容忍让这种手段达到目的？"他认为文章的语言肮脏、亵渎神明。用他的话来说，"如果作品的语言不是有教养人士会在聚会时使用的，那也是粗俗的。"休曼卢梭出版社在这次的初次庭审中损失了20 000兰特。

对勒鲁《马赫斯方丹，马赫斯方丹！》这本小说的查禁是一个分水岭。1990年的一篇讨论布林克的文章中，库切讲到了这次查禁：

> 在"马赫斯方丹"事件中，对那些为勒鲁小说声援的南非知识分子，委员会采取一种高度对抗的姿态。对该书的查禁表明，委员会下定决心继续运用最保守的标准，甚至扬言要异化南非学者和知识分子的中间派。[5]

该法律实施的拐点出现在1980年，这一年上诉委员会暂停了对出版商的禁令。此时，该委员会的主席是相对开明的J.C.W.范鲁因（J.C.W. van Rooyen），他是比勒陀利亚大学刑法学教授。库切在那篇关于布林克的论文中指出，很明显，越来越多的知识分子和学者可能要改变他们对政府的支持立场，这促使政府最终任命范鲁因为主席。[6]上诉委员会的决议指出，要考虑到的是可能的读者，而不是所有人。另外，在1978年出版的修订法案中首次提到了"文学、语言和艺术"的概念，这意味着上诉委员会在判决中可以将这些因素考虑在内。这样，在新的法规之下，上诉委员会将受到专家建议的引领，不会有很大的偏颇。在范鲁因的管理之下，上诉委员会对审查法规的应用与斯尼曼当政时有了些许不同，大多数在《马赫斯方丹，马赫斯方丹！》之后对阿非利堪斯语文学作品的禁令都被撤销。即便如此，南非作家还是不得不等待一个新的民主体制，1994年，它终于到来，这一年该法案被从国家法规中全面剔除。

在斯尼曼的黑暗岁月之后，范鲁因时代审查制度的变化也受到库切的欢迎。像其他很多本国作家一样，库切也强烈反对文字审查制度。1983年8月18日，在接受《比勒陀利亚新闻》（Pretoria News）记者休·罗伯顿（Hugh Roberton）的采访时，库切说，在新的法规之下，审查者对那些可能破坏社会习俗或颠覆国家的作品所采取的方式更为宽容和文明。他认为，仍然感觉严重受阻的作家将是那些不能区分写作和直（间）接政治行为的人。这并不意味着法律已经废除或消失，只是一个更宽容的体制已经建立。"一个结果是，读者群与令人不安的新创作之间的障碍不是严峻的审查者，而是图书贸易经济。后者决定了南非图书销售商只能进口安全的、有市场的图书，而不是需要自己再寻求市场的图书。"根据他的观点，图书销售经济上的现实是南非作家寻求在国外出版图书的主要原因。

然而，在1972年，年轻的作家在南非的前景是完全不同的。库切和纳丁·戈迪默以及安德烈·布林克不同，他从未有过一本书被禁过，也不像阿索尔·富加德，他从来没有受到当局的审查或软禁。1992年接受大卫·阿特维尔的采访时，他说："我认为如果一本书在南非被禁，那是一种荣誉，如果作者还被惩戒过，那则是更高的荣誉。富加德等一些人被官方正式惩戒过，布林克等被非官方惩戒过。而我，坦率地说，一直没有得到这一荣誉。除了我所处的时代太迟了以外，我的书太间接、太玄妙，以至于不会被看作将对国家秩序产生任何威胁。"[7]不过，作为一个作家，他的首部作品要在出版前提交审查，他的反应还是很激烈的：

> 文稿要让审查者过目是一种羞辱的，甚至令人愤怒的经历。这就和脱衣搜查没有什么不同。但同时，它也是一个标志，证明一个人的写作是被重视着的。……我毫不怀疑从尼古拉一世以来俄国文

学作品的强度、针对性以及严肃性部分地反映了每一个出版的文字所承担的风险。相比较而言，我认为东欧战后写作也是如此。……（英语）作品可以轻松地在国外出版的事实让南非的文字审查制度变得相当空洞。然而，没有人能否认自1948年以来最好的南非作品的针对性与严肃性……但是在威胁下写作会产生一种令人很难逃脱的、丑陋、变形的副作用。某些话题被禁止的结果是人们对其产生不正常的关注。举一个例子来说：官方禁止黑人和白人之间性交的描写，结果小说中出现更为广泛的此类行为的描写。[8]

除此之外，他还指出，他对审查制度不信任，主要是因为以他本人的实际经历看，审查的名义是治病，可是治疗的手段比疾病本身还有问题：

审查机构将权力下放到一些人的手中，而这些人的判断能力和官僚心态对社群的文化甚至精神生活都是不健康的。[9]

此外，库切继续指出，他对他本人所接触过的审查人员的能力很少有好的感觉，"文字审查需要吸引聪明的、敏锐的心灵"。他接着说：

审查者必须或者至少相信自己是从社群的利益出发进行审查……我本人不能与审查者苟同，这不仅仅是因为我从情感到职业所要求的怀疑态度出发，觉得那是一种冒犯；还因为我在实际经历中，看到了文字审查制度一旦被确定和使用后所产生的后果。[10]

库切曾将文字审查制度作为一本书的主题进行专题探讨。但早在这之前，在1972年成为大学讲师之后不久，对于文字审查制度本身及其实施的全盘质疑已经成为让库切担忧的现实。1972年10月19日，开普敦大学各部门负责人收到学校教务委员会秘书长下发的通知，要求他们向其汇报："文字审查制度对这所大学的学术影响程度，以及为了正确地研究某一科目或主题所需要的被禁图书。"各系主任被要求务必在1972年11月30日前说明审查制度对教学和研究的影响程度；列出一个名单说明哪些被禁的图书、出版物或其他材料对相关主题的深入研究是必要的。

英语系主任大卫·吉勒姆将通知转发给库切并要求答复。库切在10月27日用三页的篇幅加以回应，这封信不仅表现出他为此所花费的精力，还有他对文字审查制度的关注。他所提供的信息是令人震惊的。在给吉勒姆的信中，库切如是说：

> 最近，我正致力于一件令人相当沉闷和沮丧的事情：通读出版物管制委员会在南非禁止的约16 000本出版物。我这样做的部分原因是我不想成为一个不慎犯罪的人，但更主要的原因是我自己也希望弄清楚我的阅读和教学需要被限制在何种范围之内。您可能会有兴趣来看看，这些审查者如何让我们的生活变得更加贫瘠：毕竟作为教师，我们的职业和私人生活都离不开书。

然后库切提供了一份已被禁止的作家和书籍的列表。他将其划分为美国文学、英国文学、南非英语文学和"世界文学"。

尤其美国作家已经引起了审查者的不满。下列是已经被列入禁书名单，但库切认为选修他的"20世纪美国文学"课程的学生应该阅读的作品：威廉·福克纳的《圣殿》、纳撒尼尔·韦斯特的《寂寞芳心小姐》和《蝗虫之日》、詹姆斯·法雷尔的《斯塔兹·朗尼根》三部曲、理查德·赖特的《土生子》、弗拉基米尔·纳博科夫的《洛丽塔》和《艾达》。在他希望给学生介绍的当代美国文学作品中，如下被禁：加里·斯奈德的《守候地球屋》（*Earth House Hold*）、诺曼·梅勒的《一场美国梦》和《我们为什么在越南？》、詹姆斯·鲍德温的《另一个国家》、马拉默德的《店员》、约瑟夫·海勒的《第二十二条军规》和约翰·巴斯的《路的尽头》。被禁的图书还包括一些他希望学生做背景阅读的：诺曼·梅勒（4本被禁）、马拉默德（4本被禁）、特里·索泽恩（1本被禁）、约瑟夫·海勒（1本被禁）、威廉·巴勒斯（5本被禁）、勒罗伊·琼斯（LeRoi Jones，2本被禁）、约翰·巴斯（1本被禁）、詹姆斯·珀迪（James Purdy，1本被禁）、菲利普·罗斯（2本被禁）、纳尔逊·艾格林（1本被禁）、威廉·斯泰伦（1本被禁）、埃德蒙·威尔逊（1本被禁）、亨利·米勒（5本被禁）、罗伯特·库弗（Robert Coover，1本被禁）、耶日·科辛斯基（Jerzy Kosinski，1本被禁）、詹姆斯·鲍德温（5本被禁）、罗伯特·佩·华伦（1本被禁）、玛丽·麦卡锡（3本被禁）、约翰·厄普代克（4本被禁）、杰克·凯鲁亚克（3本被禁）、罗伯特·戈弗尔（Robert Gover，2本被禁）、约翰·奥哈拉（John O'Hara，5本被禁）、杜鲁门·卡波特（1本被禁）、R.V.卡西尔（R.V. Cassil，5本被禁）、伊文·亨特（Evan Hunter，2本被禁）、保罗·鲍尔斯（1本被禁）、詹姆斯·琼斯（1本被禁）、戈尔·维达尔（2本被禁）、约翰·莱彻（John Rechy，1本被禁）和莫德凯·里奇勒（加拿大，1本被禁）。

英国文学中，有两部重要的文学作品，约翰·克莱兰的《欢场女人回忆录》（*Memoirs of a Woman of Pleasure*）和D.H.劳伦斯的《查泰莱夫人的情人》仍然被禁，尽管劳伦斯的小说十几年前在英国经历了一场著名法庭辩论之后已经被解禁。在禁书名单上的重要英国作家还有克里斯托弗·艾什伍德（Christopher Isherwood）、大卫·考特（David Caute）、西蒙·雷文（Simon Raven）、弗雷德里克·拉斐尔（Frederic Raphael）、科林·威尔逊、多丽丝·莱辛、布里吉德·布罗菲（Brigid Brophy）、布兰登·贝汉（Brendan Behan）、保罗·埃布尔曼（Paul Ableman）、金斯利·艾米斯、安德鲁·辛克莱（Andrew Sinclair）和艾伦·西利托。

南非黑人作家所受打击尤为严重。库切写道："审查让南非黑人英文写作领域成为一片空白。"被禁的作家及作品有：艾泽基尔·穆法莱尔（Ezekiel Mphahlele）的《非洲的形象》（*The African Image*）和《流浪者》（*The Wanderers*），理查德·赖夫的《非洲歌曲》（*African Songs*）和《紧急状态》（*Emergency*），亚历克斯·拉古玛《在黑夜中行走》（*A Walk in the Night*）、《三股合成的绳子》（*And a Threefold Cord*）和《石国》（*The Stone*

Country)，布洛克·穆迪塞恩（Bloke Modisane）的《我为历史负责》（ *Blame Me on History* ），刘易斯·恩科西（Lewis Nkosi）的《家庭与流放》（ *Home and Exile* ）和《暴力的节奏》（ *The Rhythm of Violence* ），彼得·亚伯拉罕斯的《他们自己的夜晚》（ *A Night of their Own* ）、《告诉自由》（ *Tell Freedom* ）和《给乌杜莫的花环》（ *A Wreath for Udomo* ），阿尔弗雷德·哈钦森（Alfred Hutchinson）的《前往加纳之路》（ *Road to Ghana* ）。南非白人作家作品被审查的有：C.J.德莱弗的《革命挽歌》，大卫·利顿（David Lytton）的《该死的白鬼》（ *The Goddam White Man* ）、《自由的笼子》（ *The Freedom of the Cage* ），还有纳丁·戈迪默的《曾经的资产阶级世界》。戈迪默的《陌生人的世界》平装本全部被禁，但是精装本还找得到。

在"世界文学"课程中，以下作者都至少有一本书被禁：彼得罗·阿雷蒂诺、尼古拉·果戈理、萨德侯爵、高尔基、阿瑟·施尼茨勒、纪尧姆·阿波利奈尔、让·谷克多、亨利·德·蒙泰朗、尼科斯·卡赞察斯基、阿尔弗雷德·雅里、马雅可夫斯基、巴勃罗·聂鲁达和让·热内。除了上面这些古典或新古典主义风格的作家之外，一些当代作家的作品也被禁：费尔南多·阿拉巴尔、菲利普·索莱尔斯、波琳·瑞芝、阿兰·罗布-格里耶、卡尔维诺、胡安·戈伊蒂索洛、皮埃尔·保罗·帕索里尼、罗歇·瓦扬、卡洛斯·富恩特斯、阿尔贝托·莫拉维亚、谷崎润一郎、何塞·何依格雷西亚斯、薇奥莱特·勒迪克（Violette Leduc）、耶日·彼得凯威兹（Jerzy Peterkiewicz）和肖洛霍夫。

在名录之后，库切在给吉勒姆的信中如下总结：

鉴于这样的名单，我将准备指控出版物管制委员会在如下三个特定方面有渎职行为：

一、他们所依赖的是一个错误的规则："如果我不明白一本书，我就禁止它。"可以举两个例子：果戈理戏剧《钦差大臣》的俄文版被禁，而英文版并没有被取缔；聂鲁达的《诗歌总集》法语版被禁，而西班牙原文版和英文版没有被禁（顺便说一句，聂鲁达是名单中提到的四个诺贝尔文学奖获得者之一）。

二、这个规则所采取的尽量简单着来的态度也是错误的："如果我禁止这个作家过去的作品，我也可以在完全没有阅读过的情况下查禁该作家每一本新的出版物。"这个弊端的最严重受害者是詹姆斯·法雷尔：就我估计，他有15部小说被禁，而没有一部被禁止得有任何道理。（权威的《企鹅出版社文学指南》称他的作品像"一条巨大的罗马长河，有效地展现了20世纪美国跌宕起伏的历史"。）其他以此态度被大规模查禁的作家有理查德·赖特、伯纳德·马拉默德、玛丽·麦卡锡和R.V.卡西尔。

三、它的第三个错误是根据出版社的广告推销内容来查禁一本书，但是他们忽略了一个事实，如今的出版商总是在图书简介中夸大色情与暴力的成分，其目的是卖书，而不是准确地概括其内容。例如，在加里·斯奈德的《守候地球屋》图书封面上是斯奈德写的革命诗歌，所以审查者查禁了该书，但是他们显然不知道，斯奈德的革命是指新石器革命。

正如你所知道的，出版物查禁影响了我们英语系开设的许多门课程。在全面看过委员会列出的查禁名单后，我相信，美国严肃作家的作品被查禁数量如此之大，会严重影响我们所开设的20世纪美国小说的课程。

除了写了这样的一封信痛陈审查制度对南非文学阅读和教学可能产生的恶劣影响，库切还曾参与了一个事件，如果不是其结果不怎么样，本来也可以很轰动。1974年在新的立法通过后，内政部长康尼·穆德（Connie Mulder）博士，也是负责出版物管制的官员，要求任命一些人加入委员会。他声明，新的管理体制很宽松。但从内政部那里可以拿到的申请表格来看，申请人不仅要写明他们的学历、所掌握的语言和专业经验，还要写清楚他们的种族、宗教和文化联系。彼得·麦克唐纳是这样描述这一表格的：

很明显，这是要进行仔细审查的，正如J.M.库切所说，他，与大多数像他一样的人都"相信"，"资格适当"的意思就是"与政府的观点一致"。尽管如此，1976年年初，当政府打算招聘更多说英语的人员时，库切还是决定亲自申请来检验政府的诚意。作为开普敦大学年轻的双语教师，另外还能说三门欧洲语言，他是非常合格的。[12]

1975年3月17日，库切收到了一封内政部的回信：

> 关于您的申请，我很遗憾地通知您，您的名字没有被列入最后名单。该名单的生成根据1974年通过的"出版物法"第5条条款，人员任期从1975年4月1日至1976年3月31日。
>
> 我想补充的是，因为申请该职务的人数量众多，所以我们不可能将所有申请人的名字列在其中。

库切后来在接受记者采访时详细叙述了这件事情：

> 我从来就没有期望被录取。我这样做是因为他们声称，他们的审查制度变得更宽松、更接近作家和知识分子。我不相信他们说的话，所以提出申请。我想，如果把我的资历放在纸面上，我是非常有资格的，但是他们拒绝了我。这正是我所期望的。我已经写了一整本关于文字审查制度的书，一遍又一遍地探讨一个问题：作为一个作家、作为一个知识分子，我们对审查应该站在什么立场上？一个人是不是要从一开始就采取强硬路线，与体制内的人员不做任何沟通？如果一个人可以进入体制内部，至少可以有一个人阻止这项制度变得更加苛刻。19世纪在俄国就有过这样的情形。如果我们在1960年的时候就知道将要发生什么，我们也许会表现得有所不同。[13]

关于他的不成功申请，库切在1976年3月26日写给彼得·兰德尔的信中简洁地说了一句："我申请做一周只工作一天的审查者，但已被拒绝。"

多年以后的1982年，出版委员会主席A.库切教授邀请约翰·库切就威廉·巴勒斯的《城市红夜》（*Cities of the Red Night*）写一份报告，明显是希望将这本书解禁出版。但是从库切在1982年11月29日交出的报告中可以看出，库切并没有像出版物管制委员会其他成员那样去粉饰一些内容，而是以文本的文学水平和道德素质为依据，让书得以出版。他甚至直白地说，作品中有许多段落确实很龌龊，但它们既不是淫秽的也不是色情的。他指出有些段落是亵渎的，有同性恋性交过程的详细描述。此外，他不认为这本书具有很高的文学价值。他几乎是在大胆地挑战国家机器来禁止该书。库切对巴勒斯小说毫不含糊的评价代表着他对南非审查制度的蔑视和间接的嘲弄：

> 我发现我无法总结本书的内容，因为它的结构有意地运用现代主义的或先锋派的方式，并不遵循叙事脉络。然而，为方便起见，这本书可以被看作是一系列围绕生化投毒以及对全球化心理/政治控制而展开的幻想的交织。
>
> 里面有无数的段落描述是龌龊的，比如在第23页、121页和175页对同性恋性交过程的描述。
>
> 我不认为这本书是不可取的。它描述的内容一直是很龌龊的，但既不淫秽，也不色情。如果说这本书有一种精神的话，其背后的精神是绝望和厌恶，还带有一点讽刺幽默的元素。该作品的关键短语在第13页上："一切都是可以允许的。"这个观点改编自陀思妥耶夫斯基："如果上帝不存在，一切都是允许的。"巴勒斯所有的作品反映的是一个没有神的宇宙，没有任何超验的原则。在这样的世界里，人类就像昆虫一样互相猎杀，为的是（通常是虐待狂式的）痛快。这是一个无情的唯物主义的宇宙。人们没有灵魂，但被大脑中

的生物电波传输所控制，因此巴勒斯所强调的是毒品和毒瘾。

我无法想象任何读者在阅读巴勒斯的作品时可以得到非法的性快感。

尽管巴勒斯被普遍认为是一个重要的作家，也许是美国20世纪50年代重要的散文作家之一，但是我不把他看作是一位主要作家，因为他在过去的25年里一直在重复自己。

我感谢出版物管制委员会给我机会对巴勒斯的作品提出我的意见，很抱歉这么久才提交报告。我没有填写1G表格的反面部分，因为我不希望被支付报酬。像我们这个国家许多（也许是大多数）作家和文学学者一样，我不认为现行的出版物控制体系是一个可取的政策，也不希望成为其中的一部分。

二

随着《幽暗之地》的出版，以及对作品总体肯定性评论的出现，库切确立了自己在南非文学中的地位，他是可以发出强大声音的新生力量。尽管该作品还没能在国际市场进行销售，但库切的南非出版商拉万出版社对销售结果还是很满意的。1974年4月至1976年2月，该书共售出2 300本，以后又逐年增加。当彼得·兰德尔问库切是否趁此机会再写一部长篇作品延续《幽暗之地》的成功，库切在1975年3月8日的信中谨慎地回答："我希望我能提供些东西，但是，说句不好听的话，我真是卡壳了。"

但是根据手稿上的记录，1974年12月1日，他已经开始了第二本小说的创作，并在开普敦大学放假期间取得了飞速的进展。第一稿雏形已经完成，后来又用打字机打出来。他在1975年2月26日开始手稿的誊写，并于1976年1月25日完成。两个版本的最后打字稿是在1976年4月完成的。他这次写的稿子，和创作《越南计划》一样，是在开普敦大学考试用纸上面书写的，并在1975年到美国进行短暂访问期间又对其进行了大幅度修改和删减。

在《幽暗之地》中，库切追溯了18世纪殖民历史中的一部分内容，在其中他的祖先发挥了部分作用；在第二本书《内陆深处》中，背景是卡鲁的空旷世界，就如同他在儿童时代所经常去的百鸟喷泉农庄。其中有些部分甚至能让人想起年轻的约翰·库切关于每年一次的家庭聚会的回忆。当读到一个农民穿着夹克，戴着领带，像真正的绅士一样巡察他的农场时，知情的读者就会想起作者的祖父——格里特·麦克斯韦尔·库切。叙述者与雇农的孩子们一起在草原上寻找卡玛根、喂没有母羊的羔羊喝牛奶、坐在栅栏门上看绵羊过消毒水、看圣诞宰猪。叙述者与黑孩子一起坐在他们祖父的脚边，听他讲述昔日带着动物如何在冬季找寻低洼农场以确保可以放牧："在老人跟前，我沉浸在往昔神话般的岁月之中，那时候牲畜也好，佣工和主人也好，日常的一切简单得就像天上的星星，我大笑不已（第16节）。"[14]这里所描绘的是库切在《白人写作》中所描画的伊甸园——田园般的生活，人们诚实地劳动："田园生活的作品是看不到黑色的。其核心主题是确保（荷兰）农民的乡村秩序，或至少是那种秩序的价值观。"[15]而在《内陆深处》的展开过程中，这种牧歌风情变成了一团混乱不堪的关系。

与库切的第一部小说相似，第二部小说也采用了第一人称的叙述方式，但两者间又有明显的不同之处。在"叙事"中库切是第一次，也是最后一次让说话者使用暴力、打造痛苦、充满欲望和强权。在后来的小说中，正如大卫·阿特维尔所指出的：这类人物将成为与叙述者对立的反面人物。[16]与雅各·库切不同，《内陆深处》中的叙述者玛格达是痛苦的受害者，她霸道的、重男轻女的父亲是反面人物。

玛格达是一个未婚女子，在19世纪末20世纪初孤独地生活在卡鲁的一个农场上。尽管玛格达的特点不能提供任何确切的信息，但小说的时代背景可以通过房子没有电力和自来水，以及运输靠驴和马的情况猜测出来。因此，那个时候她会问是否有自行车（第5节）或照片（第83

节）。在小说第238节，玛格达收到的信由两种文字打印而成，还有在空中飞来飞去的机器（第240节），这些都说明故事发生在1925年之后（1925年，阿非利堪斯语才被接纳为官方语言）。[17]

小说外部结构的一个突出特点是全文被划分为266个小节，并不按时间顺序排列，但与时间有关，且常包含有关同一事件自相矛盾的版本，就像一个万花筒一样，一会儿变换一个场景。小节数字在该书的第一稿中并没有出现，而是在第二阶段对手稿进行修改时被添加上去的。库切在接受乔安娜·斯科特的采访时说，数字可以让他不用伪造连续性的幌子，让他能够制造突然的转变，或更方便做转换。数字还让他能够将存在尖锐矛盾的事件并列到一起，将同样的故事，在不同的版本里讲述两次。[18]《双重视角》中，在与大卫·阿特维尔的访谈中，库切说《内陆深处》与法国的罗马风格比较相似，尤其像阿兰·罗伯-格里耶的作品，但他的小说也显示了电影和摄影的影响。他继续指出，在现代主义的全盛时期，先是诗人，然后是小说家都试图从电影中的蒙太奇手法中寻找灵感，试着尽可能快地进行叙述，通过跳跃和松散的方式将长叙事中的短叙事串起来。这与19世纪的小说有很大的不同。19世纪的小说通过悠闲地逐步展开材料的方式进行小说的叙事。对于小说与一些导演的电影（比如克里斯·马克和安杰伊·蒙克的电影）在创作手法上的相似性，库切说：

这些电影给我留下的最深印象是一种很矛盾的感觉，他们通过带画外音解说的静止摄影所达到的效果如此强大：视觉的高度集中（因为眼睛对静止图像的搜索方式与对动态图像的完全不同）加之简洁的叙述。不仅仅是简洁，那是一种急速，甚至是有点踉跄的叙述。[19]

虽然玛格达是自己写了日记还要将其上锁的"老处女"，努力抗争着不希望"成为被遗忘的人"（第10节），但编号的小节不应该被看作是她的日记篇章。在作品结尾处，她哀叹自己不知道该怎样"像那些获救的海上遇难者那样留下自己的航海日志"（第237节）。库切对遭遇船难的荒岛余生类人物很着迷，后来他在《鲁滨逊漂流记》的改编版《福》中也表现过这类人物。然而，很显然，从一开始，玛格达就是在使用书面文字努力在那片无情无义的土地上寻找生机，努力与那种死了都没人记得、没有任何历史的消失状态做抗争。在她所生存的孤独的沙漠世界中，正常的家庭关系和婚姻幸福对于她来说遥不可及，所以她要为自己创造生活。她在第27节中问道："其实，我不可能不是荒原上这处石砌农舍里孤独的囚徒，难道我能从这僵化的独角戏里逃脱吗？"从这个意义上说，每一个带数字的小节是她自己叙述和思考的交替（但是在有些部分，她放弃独白，直接与其他人物对话）。还有一点是值得注意的，那就是，玛格达随着事件的展开用现在时叙述，而很少用过去时叙述过去的事件。这种在写作中与历史同步的技巧是库切在后期作品创作中也一直坚持的一个技巧。从玛格达这个人物身上可以反映出库切自己对阿非利堪文化遗产的矛盾态度：一方面他迷恋那里的景致、人物、民间传说与语言习惯，另一方面他反感在那里所经历的家长制度以及主仆关系。

　　小说一开始就直奔主题，这与传统的农场小说，无论是英语的（如奥立弗·施赖纳和波林·史密斯的作品）还是阿非利堪斯语的［如若尚·范布鲁根（Jochem van Bruggen）、D.F.马勒布（D.F. Malherbe）和C.M.范登西弗（C.M. van den Heever）的作品］，都有明显的不同：

　　　　今天我父亲带着他的新娘回家了。他们乘坐一辆双轮轻便马车，拉车的马匹前额舞动着一支鸵鸟羽毛，咯噔咯噔地穿过旷野而来，身后拖曳着一长溜的尘雾。也许他们是乘坐插了两支羽毛的驴车，这也有可能。我父亲身穿黑色燕尾服，戴着高筒大礼帽，他的新娘戴一顶宽檐太阳帽，穿着腰部和领口束紧的白色礼服。更具体的细节我说不上来，除非添枝加叶，因为我根本没留意他们。我把自己关在房间里，午后半明半暗的光线呈现翡翠绿的色泽，我在那儿看书，或者更确切地说，我仰面躺在那儿，脸上蒙着一条湿毛巾，忍受着偏头痛的煎熬。我总是一个人待在房间里，看书，写作，要不就是跟偏头痛较上劲儿了。这个聚居地的姑娘全都这样，可我想，没有谁像我这么过分。我父亲总是在地板上来回走动，穿着黑靴子拖着缓慢的脚步，走过来又走过去。现在，来了第三个人，来了他的新妻子，那女人很晚才起床。那都是我的对头。

这样的开场白清楚地表明《内陆深处》与现实主义农场小说完全不同。与那些受传统约束、具有高尚精神、勇敢且愿意自我牺牲的女人有所不同，玛格达是一个患有偏头痛的女孩，只藏在她自己的房间里看书，而不像其他能干的农妇一样在厨房里摆弄着锅碗瓢盆。继续读下来会发现，库切小说与传统现实主义农场小说的场景也不同。玛格达连新婚夫妇坐的车是驴拉车还是马拉车都没有弄清楚，因为她根本没有亲眼目睹他们的到来，而只是依靠自己的猜测和幻想，正如文中所用的词语"添枝加叶"，来进行叙述。然后文本又出现了时间的跳跃，因为她说的新娘子"很晚才起床"，这是只有在等新来者居住过一段时间以后才可能得出的判断性结论。最后，她认定她的父亲和他的新婚妻子是反面人物，在这个时刻，小说叙述结构的基调已经确定，这些描述就好像在强调事件的虚构性。

所有的事件，包括新娘子的到来与存在，只是存在于玛格达的想象之中，这一点从第38节可以看出。在这一章节的开头，这一场景又一次出现，但是这次是黑人长工亨德里克，将他的新婚妻子克莱恩-安娜[20]带到农场：

六个月前，亨德里克把他的新娘带回家了。他们坐着驴车咯噔咯噔地穿过田野，身后扬起从阿莫埃德一路带来的长长的尘埃。亨德里克身穿黑色西装（那是我父亲给他的二手货），戴着宽边毡帽，衬衫扣子一直扣到领口。新娘站在他身旁，紧紧揽着自己的披巾，似乎意识到身上裸露太多。亨德里克以六头山羊外加一张五镑钞票（还保证再付五镑，或是再多给五头山羊）作嫁妆，把她从她父亲那儿娶了过来，对这样的事一般人总是难以弄得很清楚的。

一如既往，文中有驴蹄子的"咯噔咯噔"的声音，尽管这一次没有再提及马拉车的可能性。与穿着时髦燕尾服外套的父亲不同的是，亨德里克保持着他卑微的地位，身上穿的是从农场主那里得到的西服。这套衣服尽管是二手的，但还算得体。另外，他戴着的老毡帽与她父亲娶亲时戴着的帽子也不同。这一次玛格达的观察没有像之前那样充满不确定性，但是对于亨德里克付了多少彩礼，她有些不确定。在本节后面，她又描述克莱恩-安娜的家乡——阿莫埃德。她自己从未到过那里，这次她再次开始编造，生动地描绘那里的破旧房子、饲养的鸡和流着鼻涕的儿童。小说中现实和想象不断交织在一起，让人难以区分。很难说小说里面哪些事情是真正发生了，哪些是玛格达不安且过度活跃的想象。在列克星敦的一次演讲中，关于这部小说中叙述者不可靠性的问题，库切是这样回答的：

> 当你选择从一个单一的人物的内部视角来叙述时，你可以选择心理现实主义来描写这个人的内在意识。我要强调的是心理现实主义中的"现实主义"。我想，《内陆深处》中所进行的现实主义就是那种被颠覆的现实主义。因为，你知道，她杀死了她的父亲，然后她的父亲又回来了，于是她又杀死了他；然后在小说进一步发展中，他又再次地回来。所以这是一个别样的博弈，是一种反现实的博弈。[21]

故事的开始，在她的父亲和新娘子到来之后，玛格达的嫉妒如此之强，她像一个偷窥狂一样偷窥他们的亲密行为，然后又用斧头谋杀了他们。但是，这是另一个虚构，因为后来她父亲在亨德里克接来自己新娘以后的行为证明了这一点。他对克莱恩-安娜的兴趣越来越大，最终导致他强奸了这个年轻女子。而玛格达此前是如此近乎乱伦地渴望他的身体，她通过卧室窗口对着他的后背开了致命的一枪。（显然）她的父亲死了，玛格达希望安抚亨德里克和克莱恩-安娜。她想摆脱她从出生时就被赋予的等级差异，希望反转传统的主仆关系。她邀请他们到她居住的房子里面，试图与他们做朋友。她羡慕克莱恩-安娜的身体，因为它散发出十足的女人味，她想完全进入它（"我很想在她睡着的时候顺着她的喉咙爬下去，在她体内轻轻地舒展自己"，第211节）。然而，克莱恩-安娜对她的奉承没有回应，而亨德里克则强暴了她。这种强奸被描述了五次，每次从不同的角度（见第205—209节）[22]，以至于有人会问这是否是玛格达自己的愿望和欲望。比如她说："我是一个洞洞，哭着喊着想要填满自己的洞洞。……我两腿之间有一个从未填满的洞洞（第87节）。"在第217—219节中，亨德里克不定期地在夜间来找她（在现实中，还是在她的想象中？），但是时间很短，没有任何爱意。正如苏珊·范赞腾·加拉格赫尔指出的：在她的父亲（第二次）死亡，以及她与亨德里克的关系中，玛格达意识到她无法摆脱等级制度的桎梏。[23]在接受福尔克·瑞丁的采访中，库切也指出："在某一点上，她是在试图消除主仆关系，建立一种平等。我认为她完全是真诚的，但是她失败了，因为她单纯的意志与努力是不足以克服几千年来的文化与精神畸形的。"[24]

亨德里克也在延续着宗法制度：他要求主人为他的工作支付报酬，而玛格达希望他们共存于一个伊甸园中，不要有任何的商业价值或需求。当邻居开始问及她的父亲时，亨德里克和安娜逃跑了，将玛格达留在这个废弃的农场上——虽然读者从来不知道虚构的是这一部分还是另一部分。幻想与现实处于不断交织之中，正如德里克·阿特里奇在他对该小说的评论中指出：

各章节的风格是一致的，之间也没有任何明显的信号转换来区分什么是幻想、什么是现实，而且很可能是非现实的（特别是在小说后面，玛格达的父亲再一次复活了，也许他从头到尾都是活着的）：所有这些使得明确区分成为疑问。结果，亨德里克和安娜仍然是谜一般的存在，从没有完全融入文本框架中，也从来没有一个确定的位置。[25]

尽管玛格达住在农场上，但她与诗人们所歌颂的那种有勇气、有信心而纯洁的南非传统女性在各方面都有所不同。当然，南非农场小说中那种族长专制的传统仍然可以看到，比如晚上当父亲从田地里干完活回来，女儿要默默地为其洗脚。但是在玛格达眼中所看到的这个父亲与其新婚妻子，以及后来自己与和工妻子的关系与南非农场小说中的描述相距甚远。在传统小说中，传统观念很强，雇主与雇员之间是要保持距离的，正如加拉格赫尔指出的：

玛格达的性格与叙述……重写了民族神话，颠覆了南非白人男权话语的主导。通过围绕玛格达的叙述，库切重新描绘了一个女人形象。南非神话通常要通过女人的形象来验证，而［玛格达的］女性化史却试图摆脱南非传统的等级观念。她的叙述代表着南非民族意识的另一个版本，她努力寻找她的身份——她与土地、与她的父亲以及其他南非黑人的关系。[26]

典型的南非农场小说向读者介绍的通常是一个以男性为主的世界，女人处于外围，起着不显眼的作用。库切在《白人写作》中指出，每一个南非农场都是"一个独立的王国，由一个善良的族长统治。在他之下，是如金字塔般一代代知足且勤劳的子女"。[27] 在这样的微观世界里，黑人和其他有色人种是缺失的。库切认为奥立弗·施赖纳和波林·史密斯的小说没有给劳动者以值得一提的空间。南非农场小说也是如此。有的时候也许确实提到了劳动者，比如在若尚·范布鲁根、D.F.马勒布和

C.M.范登西弗的小说中，但是那只局限于一个漫画般的章节，例如描述紫花苜蓿的收获或葡萄园的翻土，以及工人开始即兴比赛的场景。在库切看来，这些小说中劳动者位置的缺失，表示作者对于如何将被剥夺土地的黑人与南非牧歌生活融合到一起，缺乏想象的能力。阿特里奇评论认为：

> 在库切的小说中并没有交际上的突破。小说中有的只是这样的一些时刻，人物说服自己进入一种新的思维态势、一种新的思维与感觉，而这一些内容是接受者不一定能感受得到的。事实上，有可能接受者的改变将获得加倍强调。[28]

在她最后的沉思（第230—266节）中，玛格达生活在农场，照顾她中风后不能说话的父亲，相信从空气中传播过来的信息具有神圣的起源。在多米尼克看来，她的反应，以及对整个西方文学和哲学的表达与引用是相互交织的，强化了她性格中不真实的元素：

> 玛格达的构建最终将是一个文本问题，因为她是不同文本影响下的产物。她的叙述点缀着许多对当代西方文学与哲学的重要人物的引用与指涉，比如布雷克、黑格尔、克尔恺郭尔、弗洛伊德、卡夫卡、萨特和贝克特。事实上，用伊恩·格伦的话来说，她如此深谙当代文学理论，这让她看起来像是"艾米莉·狄金森，带着一种批判理论的疗法与观点"。[29]显然，玛格达的心智格外丰富多样，突显了她作为元小说手法的作用，促进了小说中对性格构建的探究，以及"我"这一人物的本质。[30]

她与"天神"沟通，用石头上的字母向他表示自己是灰姑娘，这些让人们将其与贝克特的《等待戈多》联系到一起。库切在《白人写作》第二章中详细分析了诗人托马斯·普林格（Thomas Pringle）、简·塞利尔斯（Jan F.E. Celliers）、图恩·范登西弗（Toon van den Heever）和盖伊·巴特勒。但这些诗人在传统诗歌中所描写的孤寂原野对于玛格达而言，在修辞与情感上都太浅显了。她承认她对这片土地的大爱。对她来说，这里就是一个伊甸园，她是如此喜爱这个地方，所以她从未想过与"天神"一起飞走：

> 我确信，诗歌是有的——歌吟哀怜Verlore Vlakte之心，歌吟丘峦夕照的忧思，歌吟羊儿挤在一起抵御夜晚的第一阵寒意，歌吟远处风车的轻鸣，还有第一只蟋蟀发出的第一声喔喔声，相思树上鸟儿最后的啁啾，农庄大宅石墙上仍然留着的太阳的暖意，厨房里透出的安详的灯光。这些都是我自己所能写出的诗歌。城市人花了几代人的时间才从心里积攒起如许乡愁。我此生永远不会求人原谅我的过失，我也不想这样。我已邪恶入骨，这个世界被遗弃的美与我同在。说真的，我永远也不想和天上那些神祇一起飞走。我一直都希望他们降临地面和我一起在这儿过着天堂般的生活，以他们馨香的呼吸补偿我所有的缺失——我知道那天晚上我所认识的最后的幽灵般的棕色人影溜走后我就失去了一切。我一直都没有感觉到我是另一种人的产物（此刻他们来了，渐近渐响的轰鸣声多么甜美），我已经用自己的心声原原本本地讲述了我自己的生活（这是何等的安慰），我在我自己命运的每一时刻都做出了选择，那些选择就是死在这石化的园子里，在那些紧闭的大门背后，挨着我父亲的骸骨，在一个回响着赞美诗的地方，那些赞美诗我本来可以写出却没有写，因为（我以为）它太容易了。

《内陆深处》之所以值得注意，首先不是因为它对殖民主义或早期主仆关系的批判性探索，而是因为其散文的抒情品质达到了一种近乎神奇的程度，将现实与梦幻编织到了一起。德里克·阿特里奇是这样评价《幽暗之地》和《内陆深处》在库切所有作品中的重要性的：

J.M.库切传

《幽暗之地》与《内陆深处》的重要性不在于它们批评殖民主义以及其各种化身。我们并不需要库切来告诉我们，白人对其他种族的压迫，不论对人还是对己都是残酷而不人道的。这两本小说与其他被放置在"后殖民"分类标题下的小说不同，它们没有提供有关西方统治惨痛历史任何新的或富有启发性的细节。小说中当然包含着对这一切残暴和剥削的感想与谴责，但这并不是让这两部小说独树一帜、充满力量的地方。真正重要的是它们做了什么，以及它们是如何发生的：他者是如何介入，上位，拉开距离，相互辉映，是如何在断裂的叙事话语中、长久不确定的指涉中、在对小说家权威性的展示与怀疑中展现自身的。最终我们是将其称为现代主义还是后现代主义，这都是无关紧要的，最重要的是它们记录了事件的意义，让这事件成为文学作品。事件原本被称为"形式"，但是它被现代主义作家赋予了新的潜力。在库切的笔下，文学事件展现了对他者所承担的复杂且负重前行的责任，这种责任是南非历史一直以来都在否认的。由于其对文学形式与传统独特的再次创造，让读者不只是观察小说中这些发挥着作用的责任，还通过一种既愉快又令人不安的方式感受到了其不可逃避的要求。[31]

三

1975年6月27日，当《内陆深处》已经有了切实的进展之后，库切写信给彼得·兰德尔（在这一时期，拉米·斯尼曼主席正以其严格的审查制度，统领着政府出版指挥部）：

> 我正在写一本小说，如果在南非出版，可能预见的被禁理由有两个，或两个中的一个：一、它损害良好的种族关系；二、它是淫秽书籍。

a.假设拉万出版社有意出版该书，假设我也没有异议，您能准备好向出版物管制委员会提交手稿申请审议吗？而且，如果他们要求删节，您会做什么反应？

b.如果原则上您不准备向出版物管制委员会提交任何原稿，但在您看来一本书有文学价值，却很可能被官方查禁，您是否准备出版这样的一本书？这类的考虑在多大程度上会影响您关于出版形式、印刷多少的决定？在多大程度上，对海外出版与销售禁令的影响（想必是有利的）会被考虑在内？换句话说，要在何种程度上同海外出版商预先签订协议才能为这样一个冒险行为，做一定保障？

在这个阶段，库切只是在询问如果拉万出版社接受了他这本跨越不同人种，且部分会被看作是道德败坏，甚至根据法律认定包含色情内容的书籍，出版社可能面临的经济问题。库切担心，如果手稿被查禁，给拉万出版社带来的财务风险会很大。

虽然拉万出版社在1975年6月出版的詹斯马的第二本文集《白色是一种颜色，黑色是一个数字》（*Where White is the Colour, Where Black is the Number*）已经被查禁，但出版社坚决反对向出版物管制委员会提交任何申请。在1975年7月21日写给库切的信中，彼得·兰德尔写道："我们已经采取了一个政策性决定，那就是我们在任何情况下都不会向出版物管制委员会提交任何书稿。"关于库切信中提到的b项问题，兰德尔写道，这将完全取决于对书稿价值的评估：

如果我觉得作品有很大的价值，那么不论出版物管制委员会可能怎样禁止，我们都将出版它。我们唯一要考虑的是具体关于淫秽、诽谤、国家安全和抵制共产主义法案（比如，官方查禁的人员）等具体的法律。

不可避免的，如果我认为一本书很可能被禁，那会影响我投入多少资金的决定。例如，我们可能选择限量发行平装本，而不是通常的精装本。

所有这些措施不适用于版权的海外销售，不过海外版权对我们也是很重要的。

拉万的财政还是很紧的，但是我也知道如果我们不冒一些风险的话，我们也没有什么存在的理由。我希望我们最近将要出版的一些新书会给我们带来足够的收入，从而应对进一步的检查。

几个月后，库切告诉兰德尔他的书进展顺利，他希望在学生考试周和大学放长暑假期间全力以赴创作。 1975年9月30日，他写道："我仔细地查看了自己在写作的时候是否有那种臭名昭著的感觉：写字的手好像被文字审查制度控制似的，好在我还没有发现这种迹象。"尽管这是一种幽默的表述，但是它也说明文字审查制度以及可能的查验对20世纪70年代的作家创作影响到了什么程度。在1996年的文集《冒犯》中，库切这样写道："暴君和他的走狗并不是唯一患上偏执狂症状的人群。在这种偏执状态下，作家的警觉性也达到了一种病态的边缘。要想找到证据，人们只要看看作家自己的证词。一次又一次，他们记录了那种被病态影响和传染的感觉。在典型的'权威'的偏执狂举动中，他们声称自己的头脑已经被侵入，他们所要表达的就是对这种入侵的愤慨。"这显然也与他的《内陆深处》有关，在几页之后库切又写道："在文字审查制度之下，写作就像有一个不爱你的人待在你旁边，你不想和他（她）有任何的亲密关系，但你却没办法摆脱这家伙。审查人员是一个入侵型读者，他擅自闯入，还要与写作发生关系，将真正有爱意和虔诚的读者赶出去，用不赞成和挑剔的方式审读你的文字。"

1976年3月26日，在给彼得·兰德尔的信中，库切说他正在完成的手稿中有部分对话用的是阿非利堪斯语。因为他们想出版这本书，库切想知道关于拉万出版社要破产的传言是否为真。他还想知道从出版商的角度看，他的作品里包含有阿非利堪斯语的对话是否有任何问题？鉴于拉万出版社对出版物查禁的立场在上一封信件中已经阐明，库切接下来的问题是："如果你认为出版是值得的，但确实会有风险，那么是否会采取任何特殊的举措，比如像在出版安德烈·布林克的作品时尝试预先订购的方式？[32]或者来一个小型的试印刷？拉万出版社能够从查禁那样的经济打击中……幸存下来吗？"他还想知道拉万出版社是否有印刷商愿意冒着违法的危险来印刷一本被查禁的书籍。他写道："当一本书可能处于被查禁的状态下，我们就进入了整个关于出版和海外销售查禁的道德雷区。这种影响显然是我所关注的。他们是否也将关注这一点呢？一旦被查禁，拉万出版社会不会永远消失呢？"

在1976年3月29日的答复中，兰德尔首先对有关拉万的财务状况传言做了回应："请不要相信那些谣言。现在的拉万，比过去两年中在任何时候都更不可能关门。"至于在对话中使用阿非利堪斯语，这对于文学来说没有任何区别，但是对销售可能会产生负面影响。他只有在读过手稿之后，才能决定如何应对可能的查禁。找印刷商应该没有问题。"印刷商不受出版物管制委员会的影响，但会害怕事关诽谤、煽动叛乱或淫秽的起诉。"关于海外营销和拉万应占份额的问题，兰德尔写道："我们能够在被查禁后联系海外销售（即重印/翻译等权利）。很显然，只要我们努力弥补一些开销，我们还是很愿意继续做下去的。另外，南非的查禁还可能会激发海外对此的兴趣。"

他指出，阿非利堪斯语的对话可能会带来一些问题。但是因为库切在此期间已经完成了纯英语版本的《内陆深处》，他在1976年5月21日将手稿发给兰德尔，请求他对手稿发表意见。1976年6月29日，兰德尔写信给库切说，他读了小说，毫无疑问，他们愿意出版此书。

因为害怕该书的出版在南非被查禁，这将给国内的出版商带来很大的财务损失，库切在1976年3月与纽约詹姆斯·布朗代理机构的大卫·斯图尔特·赫尔联系。此前他曾将《幽暗之地》的手稿投递给他们寻求出版未果。另外他也联系了伦敦穆雷·帕林格的西莉亚·卡奇普尔。他给他们两人分别邮寄了《内陆深处》英文版的副本。他说，如果不能在美国或英国出版这本书，尽管有审查问题，他还是能够找到一家国内出版商来出版此书。他补充说："如果我必须在国内出版此书，版本会有些许不同，里面会有方言版的对话。"

5月5日，他收到了西莉亚·卡奇普尔的回信。她所在的机构有两个成员读过了《内陆深处》，毫无疑问，在他们的心目中，这是一部"相当辉煌，引人入胜的"作品，特别是小说的背景是如此阴冷，而"人物又如此缺乏有吸引力的特质"。"我不知道这其中究竟是什么让我能继续如饥似渴地读完该作品！"虽然她认为很难将该手稿卖给英国出版商，但是她希望会找到一个能被小说"错综复杂的精湛技艺"所吸引的编辑。5月10日，库切也收到了来自大卫·斯图尔特·赫尔的回信，说他对该稿件印象非常深刻："书稿写得很美，这在现在已经很少看得到了，我非常喜欢这部作品。"赫尔写道，他收到了一封来自美国出版商的信，该出版商在访问伦敦期间听说了库切的这一作品，并希望看到原稿。

5月25日，西莉亚·卡奇普尔欣喜地告诉库切，她关于该书稿在英国的营销前景判断错误，因为英国非常重要的塞克沃伯格（Secker & Warburg）出版社的汤姆·罗森塔尔（Tom Rosenthal）鉴于该书的质量，同意马上接受该书，而且他确信该书不会通过南非的检查制度。后来罗森塔尔写信给库切，将他的书描述为一篇"小杰作"。在5月31日的信中，库切表达了他对卡奇普尔的营销取得成功的喜悦，并心怀感激地接受塞克沃伯格出版社的报价。在南非可能遭遇的禁令让库切考虑进行战略上的调整。库切对原作品中阿非利堪斯语对话的解释表明了他的原本用意：

> 除了我发送给你的小说版本之外，我有另一个版本……其中所有的对话都是由阿非利堪斯语写成，大概占所有文字10％的篇幅。南非方言与阿非利堪斯语文学用语的关系就如同福克纳作品中，漂亮女孩和贫困黑人所说的方言与美国英语之间的关系。在英文版本的创作中，我无法找到一个非区域性但却有着乡村传统风情的文体，因此，我将其翻译成相当没有特色的干巴巴的英语口语。

出于这个原因，还有一些其他原因，比起英文版本，我更喜欢混合的或者说双语的版本，虽然这样的版本显然除了在南非本土外，不适合在任何其他地方发表。虽然目前还没有人看到双语版本，但是我已经与拉万出版社（《幽暗之地》的出版商）的彼得·兰德尔讨论过了。兰德尔说，如果他很看好此书的话，不论该书是否被禁止，他都将准备出版双语版，当然出版数量的多少将取决于该项目的风险程度。

鉴于此，库切询问，如果拉万出版社不在乎被查禁的危险，想继续出版该书的双语版，塞克沃伯格出版社是否会愿意放弃该书在南非的版权。如果该书英国版在南非被禁，他想知道，塞克沃伯格出版社是否同意拉万出版社在南非出版双语版。他提出这些建议的背景是当时作者与某些出版商以及审查委员会的对立情绪日益高涨。他觉得该书有必要在南非市场推出，这是一个原则问题，另外他也觉得双语版本是最权威的版本。

卡奇普尔答复说塞克沃伯格出版社不打算放弃该书英文版在南非的版权，但是同意拉万出版社发行双语版本，条件是它必须在英国版本出版九个月之后进行。在6月9日的信中，库切请卡奇普尔确保出于书目原因，英国版的版权页上要印上"英文版由作者提供"的字样。[33] 他还指出，根据南非新的立法，作者或出版者可以根据自己的意愿决定是否向出版物管制委员会提交书稿。而就他所知，作家和出版商都拒绝提交，因为该委员会严格执行审查制度。但是，因为是塞克沃伯格出版社在投资出版此书，将由他们决定具体怎样做。

在这封信发出后不久，南非的政治局势急剧恶化。1976年6月16日，索韦托爆发骚乱，南非黑人学生反对在一些科目中强制使用阿非利堪斯语的政策。不久，骚乱在全国蔓延。在对《内陆深处》的出版史的详尽研究中，赫尔曼·维滕贝格指出，除了书中涉及种族关系的内容可能带来被查禁的危险之外，动荡的局势使得《内陆深处》的前景越发不乐观，在国外出版此书成了库切唯一的选择。[34]

库切认为有必要告知彼得·兰德尔，塞克沃伯格出版社有兴趣出版此书的英文版，并保有该书英文版的南非版权。在1976年7月9日的信中他写道，他面临的选择是要么请拉万出版社出版双语版，再由他们负责海外版发行；或者将英文版版权交给海外的出版公司。他说：

> 我本想拒绝塞克沃伯格出版社的报价，但是考虑到我下一部小说将要面临的同样窘迫的境地，我不得不跳出国内市场。对于一个写小众作品的作家来说，为了在海外市场发行，他不得不牺牲国内市场。
>
> 不过塞克沃伯格出版社同意，此书英国版在出版九个月之后，另外一个单独的南非版可以在不低于他们版本售价的情况下在南非出版。很显然，我似乎不应该向您转达这个提议，因为从出版商的角度来看，这个提议不可行。然而，在我看来，有两个可能发生的事件可以证明值得出一个后续的国内版。第一，英国版因为被查禁或可能被查禁，在南非国内并没有销售，在这样的情形之下，另外一个版本，即使偶尔有几页空白页，也是值得出版的。第二，这本书销售稳定，能平稳度过九个月的期限。

库切询问兰德尔是否仍然希望看他的双语版书稿。

对兰德尔而言，库切的来信让他大吃一惊，因为他已经接受了，并打算出版《内陆深处》。虽然库切在与拉万出版社签订《幽暗之地》的合同条款中已经习惯性地加上了一条，他的下一个作品应该首先提交给拉万出版社，但是兰德尔决定不去阻挡一位作家的作品在国际上获得认可并进行销售。在7月21日的信中，他写道："我很高兴地得知塞克沃伯格出版社已经接受了《内陆深处》的书稿。但是，你事先没有告诉我，你在与他们谈判，这让我很失望。"他希望，在塞克沃伯格出版的小说中，可以在什么地方印上他的第一本书是由拉万出版社出版的。但是在《内陆深处》最后发行的版本中，并没有提及拉万出版社。后来在回首拉万出版社早年的历史时，兰德尔写道："作为一个小出版社，我们深感痛惜地发现，我们无法与国际大出版社竞争，挽留我们曾经冒着风险帮助其出版图书的作家。"[35]

对于库切而言，他的书稿能够被英国接受，他得以与塞克沃伯格出版社发生联系，对于他作家事业的发展而言是非常重要的。他一直希望他的作品可以在国际市场上销售，但是他的《幽暗之地》并没有找到一个美国或英国的出版商愿意冒险接受一位完全不知名的作者的非常规类型的手稿。随着他进入国际市场，塞克沃伯格出版社允许他保持"纯粹而简单"的小说家身份，而不是像拉万出版社那样，将他定性为"南非小说家"，他曾不止一次地拒绝这种身份。

在此期间，库切也收到了来自美国的经纪人大卫·斯图尔特·赫尔的反馈，克诺夫出版社（Knopf）拒绝了《内陆深处》，理由是创作手法过于理智化。之后不久，赫尔又发电报说，哈珀罗出版社（Harper & Row）愿意接受该书稿，并提出报价。1976年10月21日，哈珀罗出版社的科罗娜·麦克赫默（Corona Machemer）来信提到一个问题，几年前哈珀罗出版社曾经出版了威廉·加斯（William Gass）的一本书，题目是《内陆中心之心》（*In the Heart of the Heart of the Country*），该书出的是平装本，当时仍然是大学书目列表中的一本书。她担心的不仅仅是读者可能产生混淆，更担心的是电脑订单上会出现混乱。她想知道是否可以将书名改为《在这里的内陆深处》（*Here in the Heart of the Country*）。在信的结尾，她总结道："这是一本极好的小说，我真希望我能读阿非利堪斯语，这样我就可以阅读你喜欢的那个版本了。"在10月29日的答复中，库切说书名的问题是"一件不幸的事"：

> 要改书名，对于机器来说这没什么（我是了解电脑的），但对于一个爱做梦、整天敲键盘的人来说，是件非常痛苦的事。《内陆深处》这个名字不是我完稿后，随便找来的一个短语，它是整个

　　　　　　　　　　　　　　　　J.M.库切传

文本不断反复的一个主题。我不能接受《在这里的内陆深处》这样的书名，因为它实在是太长了，（我想你会同意）不容易被记住。我想到的最好的折中办法是将其改成《来自内陆深处》（*From the Heart of the Country*），这样，起始字母是F，与先前的那本书就不会混淆了……

我觉得你们的书封上的介绍要比塞克沃伯格版本更具信息量。我可能要有点吹毛求疵的是关于"棒极了的土地"（第4段处）这一短语的应用。南非这个国家的地貌并非棒极了，而且整本书也没有这样的暗示，所以我不建议用这个词。你或许可以改用荒芜、广袤之类的词。

伦敦塞克沃伯格出版社的汤姆·罗森塔尔仍然在担心《内陆深处》在南非可能被禁的问题。出于这个原因，库切联系了约翰内斯堡海涅曼的安德鲁·斯图尔特（Andrew Stewart），他负责塞克沃伯格出版社图书在南非的管理与销售。1976年7月30日，在给斯图尔特的信中，他写道："我的感觉是，虽然这本书可能会得罪一些人，但它可能会得罪的人并不一定会去读它。因此，出版物管制委员会如果稍有常识的话，就不会采取任何行动。不幸的是，他们并不总是用最明智的方式处事。"

尽管有种种不确定性存在，伦敦那边已经着手排版了。然而，1977年5月，库切收到塞克沃伯格出版社艾莉森·塞缪尔（Alison Samuel）的一封信，有一个坏消息：他们的销售总监认为根本没有机会在南非发行《内陆深处》：

即便是此时，审查人员不是特别严格——事实确实如此——但是书封面的简介里提到不同种族之间的通婚，这是一个无望的主题……即使不是这样，即使我们设法说服一些书店接受该书，有人告知我，他们会马上被要求将书退还给我们，之前发生过这样的事情，整个过程很浪费精力，还会损害塞克沃伯格出版社与书店和经销商之间已经建立起来的良好关系。

库切在1977年5月26日的信件中做出答复。他请她提醒那些做出这样判断的同仁，他们是在犯双重错误。首先，根据南非的审查制度，出版商就要自我审查，这是一个战术错误：

> 当局要在这里形成的一种态势，就是让出版商觉得，如果出版了冒犯白人主导道德观念的图书，他们在经济上就会遭受致命的打击，因此他们不能冒这样的险，而必须按照当局的玩法来运作。当局不喜欢禁止南非作家的作品。在报刊上总有一种令人不愉快的喧嚣，喧嚣的程度取决于作家的新闻价值。英语和阿非利堪斯语的媒体在对严肃文学的查禁问题上是非常团结的。因此，有充分的理由要求当局做出决定。
>
> 还有，我并不需要指出，这种自我审查将塞克沃伯格出版社和我本人都放在了一个站不住脚的道德立场之上。

另外，他认为塞克沃伯格出版社可能错误地判断了在南非销售的可能性。他们在南非的海涅曼分公司的顾问更了解的是学校教科书在当地的销售。他本人认为《内陆深处》不太可能会被查禁。他们还应该牢记，拉万出版社没有任何大型的分销和营销系统。在《幽暗之地》的发行中，南非连锁书店CNA并没有销售此书，但是全南非不超过七家或八家销售此书的"严肃"的城市书店仍售出了2 700本。塞克沃伯格出版社猜测的被书店怨恨地退书的可能性是没有的。因此，他建议，他们向审查机关提交审查申请——这证明了审查制度是如何让一个像库切这样诚信的作家绝望地采取自己极为憎恶的行动的。"采取这一步骤不需要任何成本。如果你不准备这样做，我可以亲自去提交申请。"如果这本书并没有被禁止，他建议他们再重新去考虑分销问题。

1977年6月1日，汤姆·罗森塔尔本人回信给库切，表示了对库切的同情，因为他本人也与库切一样饱受审查制度之苦。但是他安慰库切说，这不是一个自我审查的问题，而是他们是否应该花上大笔费用将图书邮寄到南非，然后可能又要付费给分销书店，让他们将书退回来。他们可以随时准备向委员会提交申请，"但是，除非审查委员会在过去的几年里发生了根本上的改变，否则，在我看来，因为书中涉及异族通婚，那是南非共和国最终要进行道义谴责的问题，所以他们会别无选择地查禁这本书"。所以，除非库切本人坚持，否则他认为向审查局提交申请书是不明智的决定。他的结论是：

> 因此，我向您保证，我们并没有自我审查，也不是懦弱。我们只是想要知道我们实际会遇到的问题。如果您可以告诉我们，我们的观点是错误的，没有人会比我更感到快乐，我们会做任何您想要我们做的事情。我们和您一样想销售这些书。我像您所期望的那样热切致力于促成此事，我会在经济状况许可的范围之内，做您所希望的一切。

库切6月8日给罗森塔尔的回信中写道，他意识到南非的审查制度会令塞克沃伯格出版社面临巨大的财务风险，这是他最不希望看到的。他同意将此书提交审查，这样即便结果是被查禁，也会让目前各方更轻松些。如果该书被禁，任何人要将其进口入南非，那都将是犯罪行为。不过，他认为艾莉森·塞缪尔在1977年5月的信中，对书店可能采取的审查态度过于悲观。CNA书店可能会退回此书，但是其他的城市书店不会这样做。罗森塔尔很可能是正确的，那就是这本书可能会因为不同肤色人种之间的性行为场景而被查禁。但是，他也想指出，安德烈·布林克的小说《风中一瞬》（'N Oomblik in die Wind, 1976）英文版由W.H.阿伦出版社（W.H. Allen）出版，在南非可以随处找到，而小说讲述的是一个白人妇女和黑人之间的风流韵事。库切说："从我得到的信息来看，如今的审查制度更严阵以待的是对'警方的不利描述'，而不是'异族通婚'。"他继续说："最后，我必须说，如果出现这样的一种情形：这本书既没有被查禁，也不能在这个国家发行，出现任何一方都没有任何作为的停滞状态。那将是我不能接受的。如果我能知道并非由于我才导致这本书不能在这唯一一个彰显其全部意义的国家发行，至少会让我感到一丝安慰。"

出于这个原因，他提议通过他所认识的一些渠道，打听一下审查机构对《内陆深处》可能采取的行动。一旦他得到这方面的资料，他会再次写信告知罗森塔尔。同时，他建议罗森塔尔将书评发给南非的主要报纸。因为如果是在该书被查禁之后，再讨论该书内容的优点将是非法的。因此，如果在之前没有任何相关评论，那么可能没有人会知道这本书的存在。通过告知公众相关的评论，至少也让审查人员不能肆意地压制这本书。

由于罗森塔尔对书籍被查禁后退回可能带来的费用而感到犹豫不决，库切再次联系彼得·兰德尔。1977年6月14日，他告诉兰德尔，该书的英国版已经在前一天正式出版，但是，"在最后时刻，塞克沃伯格出版社临阵退缩，不打算在南非推销此书。他们甚至都不想尝试一下"。就在同一天，他写信给罗森塔尔说，他一直在联系的作家艾尔莎·朱波特（Elsa Joubert）的丈夫是克拉斯·斯泰乐（Klaas Steytler）。他是一位作家、记者，也是南非作家协会这个持有不同政见组织中的一员，为桌山出版社（Tafelberg Publishers）工作，他也是出版指挥部的成员之一。根据斯泰乐的观点，《内陆深处》将能够通过审查，因为审查的是内容有没有涉及警察的酷刑，这是"当前不可言说的内容"。斯泰乐建议将该书尽可能快地送到审查委员会手上，这样他们以后不会觉得压力过大。库切说，他让罗森塔尔决定是否要这样做。兰德尔在此期间也一直与罗森塔尔接触，他告诉库切，如果塞克沃伯格出版社不打算将此书进口到南非，拉万出版社可以出版1 000本平装双语版。他警告库切不要继续向出版署提交图书审查申请，这是一个原则问题，即便没有查禁，拉万出版社的出版书籍也不应受到英国版书籍的影响。

1977年6月28日，罗森塔尔写信通知库切，他们已经决定不提交审查申请，另外，根据安德鲁·斯图尔特的调查显示，他们会给南非的书店提供少量的书籍。在出货前三周，他们会向南非报纸发送该书的书评，这样一来，当报纸介绍该书时，读者可以在书店买到此书。各书店也可以在之后选择订购更多册。罗森塔尔也给兰德尔发了该信的复本。同时他在6月28日给兰德尔的信中表示，他同意拉万出版社出版该书的前提条件是他们的版本是完全的重新排版，加入阿非利堪斯语方言对话后，与塞克沃伯格出版社的版本要有明显不同。拉万出版社要与作者签订恰当的合同，以明确版税。罗森塔尔唯一的让步是，鉴于拉万出版社的经济风险，他不要求拉万出版社做出任何赔偿。在随后的信中，兰德尔表示他很后悔没有能够阻止将英国版进口到南非，因为该书的书评已经发送出去了。

塞克沃伯格出版社将书投放到南非分销给拉万出版社带来了更多的风险，因为如果该书没有被禁止，没有任何障碍可以阻止英国出版商继续向南非提供大量册数的该书。尽管这样，兰德尔还是准备出版拉万的版本。他让库切尽快给他原稿。7月8日，在给兰德尔的信中，库切告诉他自己很确信这本书将不会被查禁。为了避免问题，兰德尔可以考虑用一个不张扬的封面简介（不提种族越界的问题），他的版本里可以将四五个段落删去。兰德尔让库切提供简单的封面介绍，并向他询问哪些段落应该被删去。库切回答：

> 关于删掉一些段落的问题，我想您误会了我的意思。在现在这个阶段，我不建议您删掉段落。但是，如果一旦您的版本面世了，而塞克的版本被查禁了，那我会建议把其中比较具有"冒犯性"的四五个段落删掉（如果有必要，先提交审查人员查验，但是我知道您是不会做这样的妥协的）。

> 至于封面介绍，塞克沃伯格出版社认为现在的封面介绍不适合在这个国家销售；他们后悔最初使用了这样的简介。如果您觉得他们

的想法是正确的，我很乐意起草一个不那么具有"攻击性"的图书介绍。当然，在阅读第一批英国版的书评时，我就强烈地意识到在读者还没有读到该书时，准备一个书评一样的图书简介是多么重要。

在此期间，1977年7月12日《星期日论坛报》（*Sunday Tribune*）刊登了关于英国版《内陆深处》的文章，大张旗鼓地宣称南非的审查者一定会对该书感兴趣。很明显，塞克沃伯格出版社的策略是强调黑白人种之间的性事，以引起公众的兴趣。封面书籍简介特别强调玛格达的父亲，以及他那种"希望在黑人小妾的臂膀里得到个人的拯救"的绝望。赫尔曼·维滕贝格对这样的营销策略表达了如下意见："塞克沃伯格出版社不是要悄悄地在南非卖出几本书，它是要让所有人知道它给南非市场带来了一本政治上存有争议的小说，制造了一场审查人员不能忽视的争论。很难判断塞克沃伯格出版社这样做的动机是什么，很可能是要高调地与南非政府抗衡……这将使他们占据道德的制高点——提升该书的国际销售与宣传。"[36]

兰德尔给库切写信，告诉他现在可能已经没有任何其他选择，只能向审查机构提交南非版书稿，最后在提交版本中删除库切曾建议去掉的部分。这样就有一种可能是拉万版可以通过审查，而英国版被禁止。

但是，时刻警觉的审查机构已经开始采取行动。1977年7月11日，开普敦港海关没收了运到南非并计划到各书店进行销售的英国版《内陆深处》。7月19日，罗森塔尔写信给库切：

> 恐怕审查人员已经开始对付《内陆深处》，该书已经开始被禁运，没有人确切知道在未来还会发生什么。
>
> 你知道，一旦该书被禁运，任何人都没有办法合法地将该书弄进来。
>
> 所以，我们必须等待，静观其变。

兰德尔与罗森塔尔是在同一时间得到这个消息的。在7月20日写给罗森塔尔的信中，他写道："我有时觉得只有疯子才会在这个国家尝试出版旅行指南或园艺以外的任何书籍！"在开普敦，在7月的《开普敦大学报》中，库切发表声明表示怀疑这本书是否最终会在南非面世。但在同月接受记者采访中，他收回了这份声明，说那只是自己的个人想法，结果却被当真了。

7月19日，库切回复了兰德尔在7月13日信中提到的关于哪些段落应该被删掉的问题。库切建议采取三种可能方案：第一个方案是兰德尔在排版时仍然用当前的版本，然后进行相应的校对，到最后一刻再选择怎么做。如果，在所有的制作工作都已经完成时，对英国版的书籍没有反对行动，那就可以假定一切在掌控之中；如果该书被反对了，那他可以删掉第206、209和221节，然后交给审查机构审查，并解释这一版本与英国版是不同的。第二个方案就是什么也不做，等待塞克沃伯格出版社版本的最终命运。还有一个就是它可以马上提交南非版以供审查，删不删都可以。库切的唯一要求是删节要看起来是真正的删节，也就是说在第206节后要有43行的空白，在第209节后要有32行的空行，在第221节后要有4行空白。

库切选择要删除的三个段落都包含有玛格达被强奸和性羞辱的内容，根据法律这会被看作是色情或有损公共道德的内容。第206节描述了属于有色人种的工头亨德里克对玛格达的公然强奸；第209节是关于她不愿意被他口交刺激；第221节讲的是她如何被他羞辱："他把我的脸部朝下翻过去，像牲畜似的从后面进去。当我不得不抬起自己丑陋的屁股对着他时，我心里的一切都死去了。我羞辱难当；有时候，我觉得他要的就是我的这份羞辱感。"

维滕贝格指出，即使在这里进行删减，读者仍然会通过小说中的其他部分知道玛格达这里发生了什么事，因为第205和206节在通过不同方式描述同一件事情。[37]

1977年9月，《内陆深处》的禁运被解除。但这仍然不意味着可以随时在书店找到这本书。1977年12月6日，库切在给美国作家希拉·罗伯茨的信中抱怨道：

> 分销商不愿意出资将该书带入国内（他们觉得书一面世，审查机构的决定就会改变），所以这本书在书店里还是找不到。事实上，情况已经变得很荒谬，因为这边有两份报纸已经发表了书评（评论者通过非正规渠道拿到这本书——一个人读的是该书的原稿；另一个读的是给审查机构的副本）。

被指定来决定《内陆深处》命运的小组成员并不是像库切在《冒犯》中所说的"身着黑衣，双唇紧闭，手拿朱笔的光头御史"[38]，而是一些学者和作家。该委员会的主席是莫维·舒尔茨（Merwe Scholtz）教授，他是开普敦大学阿非利堪斯语教授，也是库切的同事，另外还有F.C.芬尚（F.C. Fensham）——斯泰伦博斯大学闪米特语言方面的名誉教授，以及作家安娜·M.洛（Anna M. Louw），他们都提交了报告。所有这三个人都对该小说的文学品质表示高度赞赏，并建议让该书通过审查。不过他们在自己详细的报告中也指出了某些段落有性描述。舒尔茨指出，关于不同种族之间越界的性描写场景发生在历史的早期，因此并不违反国家现存的法律，他也强调该小说的读者群并不是所有普通读者，只有那些高度成熟的阅读者才会对这本小说感兴趣。舒尔茨写道：

> 在许多方面，这是一部阴暗的、情节密集编织、格外难读的小说。根据三位（有经验的）读者，特别是根据其中一位读者的观点，这是"一部南非英语文学中少有的精品"。文本中确实有不同肤色人种之间的性行为，但是由于这些人物在历史上或地理位置上的特殊性，这些描写是完全可以被接受的。此外，性行为的描写并不是刺激的、挑衅的或有欲望诱导的。对于这个问题，读者并不总是知道老处女叙述的哪些是事实，哪些是她备受折磨的幻想。如上所

述，在任何情况下，这本书都是一本难读的、不好理解的多层次作品。他的读者只会是知识分子，甚至他们都不一定能清楚地分清其中所有的"层次"。所以委员会建议通过对该书的审查。

芬尚发现某些描述性行为的段落有问题，并指出第259节可能会因为亵渎神明而冒犯一些读者。不过他认为这本小说如此"优秀"，"有强烈的知识性"，只有知识分子才会阅读和欣赏它。

安娜·M.洛的报告最详尽。她对该小说印象非常深刻，并基于此书写了两篇评论，并将其选为她的1977年年度书籍。彼得·麦克唐纳在他的《文学警察》（*The Literature Police*）一书中，详细描述了库切前三本小说遭到的攻击，他认为小说中奇特地融合了文化假设、审美、民族主义和无意识的人文性，这一点在有关《内陆深处》的报告中表现得尤为明显，特别是报告为不同肤色人种之间的性描写做辩护：

> 正如莫维·舒尔茨在他的报告中指出的，所有的读者都同意，该小说复杂的叙事模式让读者不能确定"现实世界与老处女叙述者想象世界之间的界限"，这就意味着它不会冒犯或威胁既定秩序。然而，洛在她自己的报告中将她的审美观点更提升了一步，与普适性标准相联系。她声称："由于作者采用了特别的技巧，读者好像是在通过灯罩观察正在发生的事件，以至在不同的背景下，那些细节与事件会通过拉开距离、单独作为人类神秘的部分而被质疑是没必要的。"这样读来，该小说的第一人称叙事模式大概起到了中和作用，因为它可以同时起到美化性与普适性的作用。而这两种被推崇的文学力量之间是相通的。她认为，通过标题，叙述的普适性增强了，"内陆深处"的"陆"从"根本上"说是"人类内心神秘的部分，包含着人类的情感与意识，而不仅是一个特定的时间或地方"。在一个荒诞的转折中，芬尚认为不同种族间的通婚场面也可以有更狭义的现实主义理由。"老处女不能拥有生活中所有的舒适，她独

自待在一个农场上，因此在她所处的如此环境之下不同种族间的越界事情是可以发生的。"这一情形也同样适用于玛格达那孤独的父亲。[39]

随着塞克沃伯格版本的官方发行，它的南非代理机构也在欢欣鼓舞地推广着英国版，兰德尔依然计划立即着手出版包含阿非利堪斯语对话的版本。在兰德尔的请求下，库切给他发送了内容简介。该简介实际上摘自米芙·肯尼迪（Maev Kennedy）发表在《爱尔兰时报》上的书评。库切认为该书评"似乎睿智地概括了本书，对其特点的评价很到位"。英国版的图书简介强调不同肤色人种之间的性越界，但肯尼迪的书评提请读者注意中心人物的错觉、幻想，她的情感、她的孤独，以及她的人生颓废感：

> 书的表现形式相当艺术。文字被划分成单独的部分，像展览中悬挂在墙上的图片。只要读过几页，就可以认识到这里并不会出现客观的真理。女人自己的生命就如同热浪中的海市蜃楼在她的脑海中浮现起伏……她关于自己生活的想象混乱不堪，能将这些不同版本的想象联系起来的线索就是她的孤寂、她不断拒绝加入生活的表现。这其中浮现出来的真相是她生活的极端孤寂，痛苦而生动地回响着她的颓废感。这是一本非常内敛、吝词的书，只描述了四个人物，很少的事件，用简洁的词汇描述了强烈的情感。这本书给人留下的印象是深刻的，它描绘了人类几个常见的恐怖场景，并把它们扩展到整块画布，结果是即便你合上书，也能够回想起那令人不安的场景。

在该书的南非版出版事宜还没有多大进展的时候，当局根据国内安全法，给了兰德尔五年的禁令。他被剔除出出版界，不能再继续做出版商。10月28日，库切将信发到兰德尔的住处：

我不知道是要恭喜您，还是要同情您。也许两者兼而有之。回望这些年，您的作为令人佩服。不过生活在这样的境地下，可真不是闹着玩的。

最初是由吉尔·博策维兹（Gill Berchowitz）代替兰德尔处理《内陆深处》拉万版事宜。拿到校样时，库切沮丧地发现，每个小节的编号被取消了。1977年12月1日写给博策维兹的信件再次彰显了库切对他作品各个方面的维护，包括平面设计，以及如何以他的高标准来编辑此书：

> 将每一小节的编号去掉是一个严重的错误，必须予以纠正。我不知道是谁做主去掉了这些号码，但是没有人问过我，我也肯定不会授权这样做。在原稿中，编号与间距明确区分了各章节与段落。现在的文本甚至连条状分布都没有了，我不知道您要如何引入间距。编号必须要恢复，这一点没有商量余地，即便是（一个建议）段首采用粗体字，这些编号也应该加上。
>
> 我已经在校对稿中加入了编号。您还需要仔细检查，看编号所对的位置是否正确对齐。除此之外，该稿没有其他严重问题。由于您的文字编辑将美式拼写改成了英式拼写，我将全文都改为了英式拼写。

之后，曾任纳塔尔大学英语讲师的迈克·柯克伍德接任兰德尔，成为拉万出版社的负责人。1977年12月1日，库切在写给迈克·柯克伍德的信中再次表达了他对编号遗漏的失望："不知道怎么搞的，有人命令删除所有的数字编号。我已经写信给吉尔·博策维兹说明了这件事。她在明天早上会收到这封信和校对稿。所有的编号都得恢复。我不知道这会不会影响他们的进度安排。至于封面，我希望您的朋友安德鲁·沃斯特（Andrew Verster）可以在拉万发挥一定作用。从各个角度来看，包括营销角度，我认为《幽暗之地》的封面设计是一个错误。

经过进一步修改后，库切在1978年1月9日将校对稿返还给柯克伍德，包含阿非利堪斯语的拉万版《内陆深处》在2月面世。因为有英国版的竞争，该书印数减少到700本。1月19日，在给库切的一封信中，柯克伍德加入了他对小说已取得业绩的喝彩之声：

> 经过《幽暗之地》之后，这本书的成功就像是从笛卡尔走向了帕斯卡尔。时至今日，您的小说能从南非走出来，我将其看成是个小小的奇迹。

由于塞克沃伯格出版社出版了《内陆深处》，库切现在有了一个英国出版商用其他语言推广他的作品，但是他并没有终止与拉万出版社的合作。维滕贝格认为，这可能部分是因为，在范鲁因相对宽松的审查制度之下，对勒鲁的《马赫斯方丹，马赫斯方丹！》的禁令已经解除，另外，库切也可能觉得他应该对拉万出版社表示忠诚，他也很喜欢与新的编辑迈克·柯克伍德合作。柯克伍德与库切一样，曾是英国文学方面的讲师，有一些共同的观点，比如他们都反对当时在许多南非大学仍然占主导地位的利维斯学派的文学研究。因此库切在20世纪80年代的三部小说都是由塞克沃伯格出版社与拉万出版社合作出版的，尽管这意味着国内市场的分销与换封面的问题。1978年，柯克伍德开始创建杂志《记者报》(*Staffrider*)时，他的主要目的是为南非黑人作家提供一个平台。库切在该杂志创刊号上发表了一首诗，题为《史诗中的英雄与恶母》("Hero and Bad Mother in Epic")，使用的是维拉内拉诗体(16世纪法国的一种19行二韵体诗)。这是库切最后一次公开发表诗歌。这也是他唯一一篇被查禁的文字，但不是因为该诗本身有任何"攻击性"或"不当"的内容，而是因为这期整本杂志都被审查机构查禁。按照出版物管制委员会官员的话，部分内容是不妥的，"对那些受国家委托正在维持法律、国家安全和秩序的权威机构以及警察形象有所破坏"。

库切对于年轻作家和小出版商所带来的革新是很感兴趣的，他想成为其中的一部分。1971年他回到南非时，他的兴趣也扩展到20世纪60年代以来开始在南非出版作品的作家。1973年，作为一年一度暑假学期课程的一部分，南非开普敦大学组织了一系列讲座，总称为"60年代人（Sestigers）"，大多数60年代的作家都参加了这一系列讲座。这些讲座也在新闻报道中大规模出现。其中，诗人布莱顿·布莱顿巴赫所做的讲座最为吸引人。他在与越南人约兰德结婚后，首次获准进入南非。库切也参加了他的讲座。库切在后来写道，观众对这位南非文学"浪子"给予了"热烈的欢迎"。在小说《夏日》中，他还回忆了布莱顿巴赫对南非的访问：

> 布莱顿巴赫几年前离开这个国家，定居于巴黎，不久娶了一名越南裔女子，也就是说，娶了一个非白种人，一个亚裔，因而使他声誉受损。他不仅和她结了婚，而且（如果你愿意相信那些诗歌中描绘的就是她）还对她充满了激情之爱。尽管如此，《星期日时报》说，部长以他富有同情心的善意准许这对夫妇在这个国家逗留三十日，在此期间，所称布莱顿夫人的那位将享受白人待遇，作为临时的白人，名誉性的白人。
>
> 从他们抵达南非那一刻起，布莱顿和约兰德（一个黝黑英俊，一个俏丽标致），马上就成了媒体的追逐对象。变焦镜头捕捉着他俩每一个亲密瞬间，无论是与朋友野餐还是在山涧小溪戏水。
>
> 布莱顿巴赫在开普敦的文学会议上正式公开露面。会议厅里挤满了目瞪口呆的观众。布莱顿在发言中称阿非利堪人是杂种。他说，因为他们是杂种，为自己是杂种而感到羞耻，所以他们才炮制了强制实施种族隔离的乌托邦计划。[40]

在20世纪70年代，库切写了多篇有关最新南非文学的书评与评论。维滕贝格写道，随着双语版《内陆深处》的出版，库切在探索"一种与南非英文小说传统（例如佩顿、巴特勒和戈迪默）所不同的作家身份，并与前卫的阿非利堪斯语文学文化站在一起……正如一些批评者指出,《内陆深处》是'农场小说'的一种重写,库切从阿非利堪斯语作家C.M.范登西弗的农场小说中看到了范例"。[41]库切该部小说的部分摘录被刊登在1976年8月的《观点》中。该文学期刊成立于1945年,主要特色是弘扬阿非利堪斯语文学,尽管从创刊之初他们也接受英语和荷兰语的作品。

四

《内陆深处》出版后不久出现了首批书评。在1977年10月版的《报告》中安德烈·布林克最先指出在玛格达与亨德里克及克莱恩-安娜之间有一种关系的转换。玛格达成为她昔日奴隶的奴隶,让自己随时被亨德里克施以性霸占与欺辱。这部小说"通过多样化的形式寻找一种真理",所有的事件都是出自玛格达"狂热的嫉妒"心理所形成的"海市蜃楼",这种心态紧张和扭曲就如同罗伯-格里耶的《嫉妒》(Jalousie)。他得出的结论是:

> 说到底,我不知道还有哪位南非作家,包括戈迪默,能像库切这样运用语言。他的语言可以像亨利·米勒或罗伊·坎贝尔一样如火山般华丽壮观,也可以像贝克特一样短小精悍。

12月2日在《市民报》(Die Burger)评选年度图书时,布林克将《内陆深处》放在第一位,称该小说述说着"寂寞、对爱的渴求、主仆之间的关系、黑人和白人之间的关系、人类的世俗忧虑,以及对救赎的渴望"。与这篇赞誉有加的书评相反,罗姆尼在11月24日的《早报》(Oggendblad)上写了一篇相当负面的评论。他认为库切"在操纵人物进行无休止的哲学及神学探究",所以觉得这本书不是令人非常满意。他继续说:

这是一本文学书，我赞赏其创作的学识、努力与技巧，但我的赞扬就如这部小说的本质：只是两只手鼓掌的声音。

巴里·龙格（Barry Ronge）与罗姆尼的观点一样，1978年4月22日，他在《德兰士瓦人》（Die Transvaler）上发文称该故事只是一个"老套的浪漫故事"，玛格达是一个讽刺性人物，风格做作，"只不过是技巧上的尝试"。最负面的评价来自彻丽·威廉（Cherry Wilhelm），她在1979年6月的《观点》中哀叹库切糟糕地表现了他的"知识分子精英主义"和"令人不舒服的炫耀方式"。斯蒂芬·沃森曾写过一篇文章仔细研究了库切的前四本小说，他认为恰恰是库切的知识分子素质——"南非最具书卷气的作者"——让他写出来与众不同的《内陆深处》。他指出了库切所借鉴的作家，将该书描述为"借鉴的成果"，因为它涉及了黑格尔（主仆关系）、卡夫卡、康拉德、贝克特和萨特。"库切与他的书来源于'全欧洲'（包括北美）。他的作品是南非作家或非洲作家中最为知识分子化的作品。"[42] 1978年1月18日，乔斯·贝克（Jos Baker）在《开普敦时报》上形容该作品是一部"辉煌的书"：读者被"感性的意象浪潮所席卷"，作者"使用着音乐的语言、句子与短语交相呼应，形成一种节奏，在此期间女主人公在筹划着她的报复"。在1978年2月15日的《开普安格斯报》上，斯科特·黑格（Scott Hague）写道："库切先生的散文笔调与戏剧感抓住了读者，一气读到最后一页。"在1978年3月的《南非展望》（SA Outlook）中，菲利普·科恩（Philip Cohen）指出，在玛格达这个人物创作上，库切对准了西方的史诗传统，从荷马到索尔·贝娄，再到帕特里克·怀特，但是他也部分使用了本区域所特有的、具有原创性的阿非利堪斯语对话。《内陆深处》是一部"扣人心弦的书"，作者将文学传统与这个分裂国家的共同特点相联系。在4月28日的《早报》上，吉恩·马夸德（Jean Marquard）的结论是：

毫无疑问……库切的语言资源与他的实验能力是超乎寻常的。

他将小说当作一个批判工具，不仅要批判南非的生活方式，也批判反映生活的南非文学。他为传统文学开辟了一个新方向。

在1978年5月3日的《朋友》（*The Friend*）中，署名MHF的人写道，J.M.库切是南非拥有的世界一流的英语作家，完全可以匹敌阿索尔·富加德，也有潜力匹敌最伟大的作家，诸如格雷厄姆·格林和约翰·厄普代克等。托尼·墨菲特对《幽暗之地》的评价非常好，但是他认为，在这种情况下，库切的文笔虽然有"精确度、坚固性和力量"，但是它缺乏大师的那种对"层次和相对意识"的掌握。然而，他确实认为：

> 只有在他的文本中，人们可以看到这样一种具有渗透性的力量，一种创建事物的形状与感觉的能力；这样一种情感和思想的内在运作；尤为重要的是这样一种进入心灵黑暗深处的经历（特别是这种心灵还是我们自己所继承的）。

安娜·M.洛重读了这本她曾写过审查报告的作品。在1978年1月23日的《镜报》中，她认为，尽管国内英语文学正在努力摆脱欧洲的"神秘黑色非洲"的观点，或者用政治术语简化种族发展状态，但是从库切的小说中，人们可以"马上看到在宽敞明亮的石坎土地上，新教的人生观仍在精神的角落负隅挣扎"。她认为，读者可以这样推测文字的多层含义：

> 它基本上是对一个孤独的、毫无吸引力的老处女的个案研究，带着弗洛伊德式的对父亲的渴望，加之热切的想象力与非凡的表述痛苦的能力。是不是像封面介绍里所说的，它是一个"意识流"的寓言？对于我来说，作为一个读者，我认为有种种迹象表明，它的含义不止如此。于是就由此产生如下问题：玛格达片刻不停的情感生活是不是可以看作清教徒的对神的形而上学的寻找？在小说开始

后不久，玛格达的（想象的？）继母到来之后，玛格达说她认识到了"上帝塑造的洞"，加尔文在他的《教义》中也提到同样的基本前提："我是一个内部有洞的自我"。玛格达在第9页说"我代表着一些东西。但我不知道是什么。"……我不想犯过度诠释的错误，但玛格达独自孤寂地待在几近荒芜的农场上时，能否将她明显的精神错乱看作是"上帝的丑角"的一种情况？在这种情况下，是一位新教丑角在孤独地寻找、分析并尝试理解生命的事实吗？她通过祈祷来质询。这种质询不是出自神秘的信仰，而是理想的缘由。玛格达在小说倒数第二页问道："我将会屈服于理性的恐惧，以我们新教徒所唯一知道的告白方式进行自我阐释吗？"

安娜·M.洛认为："库切的这部作品精心打造了一个不朽的隐喻，这是在任何当代文学中都很难找到的一个成就。"

在1978年5月15日的《兰德每日邮报》（*Rand Daily Mail*）上，莱昂内尔·亚伯拉罕斯（Lionel Abrahams）认为库切的风格有着"闪亮的风采"，"其艺术造诣为思想与哲学领域添砖加瓦，给南非英语小说带来了一个新天地"。后来莱斯利·马克思在电视节目《通道》中说："在我看来，库切作品中迷人的张力是文章潜在的暗淡与细腻之间的张力。尽管《内陆深处》是昏暗的，但其中的句子完美地展现在那里，给我一种审美的喜悦。而且我认为，在某些方面，这些句子在美学完美的同时，也有着一种道德的范畴。一个人只有将灵魂与想象力、与艺术家的技巧完美地结合起来，才能够写出这样完美的句子。"[43]

《内陆深处》在英国首次出版后的评论大多是根据小说梗概写的小文章。该作品并没有得到那些塑造着英国文学品味的评论家的关注。他们的关注始于库切的第三本小说《等待野蛮人》。《等待野蛮人》如此成功，以至企鹅又出版了平装本。在美国，对《内陆深处》的反应也是不冷不热。不过南非诗人巴伦德·J.托里恩（Barend J. Toerien）在1978年夏的《当代世界文学》（*World Literature Today*）中强烈推荐此书："我很难找出一部比它更能深刻反映南非历史与时局的作品。小说有一种张力，同时还夹杂着一种疯狂的幽默。"约瑟芬·多德（Josephine Dodd）在1978年的一篇文章中指出了该小说中殖民剥削的主题，以更严肃的角度探讨了这本小说。[44]

《等待野蛮人》所取得的国际声誉促使纳多出版社在1981年出版了《内陆深处》的法文翻译版本。法国著名的周刊《快讯》认为该书是一部杰作；文学杂志《文学半月刊》用了整整两页的篇幅讨论此书。在1979年10月2日写给法文翻译索菲·马尤（Sophie Mayoux）的信中，库切解释了一些词的意思，比如muishond表示"臭鼬"，karos表示"毛皮毯"，sening表示"肌肉"，koppie表示"山冈"，Verlore Vlakte表示"荒凉的平原"。1985年，本书的荷兰语版在荷兰面世，翻译为彼得·伯格斯马（Peter Bergsma）。库切在奥斯汀所学的荷兰语仍旧很好，所以他能够检查该版本的翻译并回答了翻译的问题。在1984年11月15日的一封信中伯格斯马说他"非常感谢"库切的合作。

五

早在1975年6月，兰德尔已经提醒库切，莫夫洛-普洛默奖（Mofolo-Plomer Prize）在邀请作家投稿。库切在1976年4月26日的回信里写道，他希望上交两本《内陆深处》来申请这一奖项。但是这里面出现了两个问题。首先，他听说评委之一奇努阿·阿切贝（Chinua Achebe）认为书中的阿非利堪斯语部分不知所云。另外，该奖项专为35岁以下的作家而设，但是他在当年2月已经36岁了。他写道：

> 如果我把现在的《内陆深处》提交上去，阿切贝可能会回避，或给予有条件的判定，也可能会拒绝考虑该作品。如果有必要，我可以将阿非利堪斯语部分翻译一下。但是，这将需要做大量的工

作，而且大部分文稿会受到影响。我不知道这一赛事是怎样运作的，因此，能不能从比赛组织者或者什么人那里找到比赛要求，让我了解一下关于语言的规定，以及年龄的要求？我不希望为了参加比赛花了大量时间去改稿，结果却发现自己根本没有资格参加。

兰德尔回复说，该奖项由纳丁·戈迪默发起，她会就此事做出决定。她当时在海外，到5月底才会返回。他建议库切提交带阿非利堪斯语对话的手稿，然后在附信中说明，如果有必要，他会提供该部分的翻译。

但是，最终《内陆深处》未能在1976年提交。1977年6月9日，彼得·兰德尔问库切，由于莫夫洛-普洛默奖已经取消了年龄限制，他们是否可以考虑提交书稿参加当年的评选。9月20日，兰德尔告诉库切，他已经获得了500兰特的奖金，评审者是安德烈·布林克和彼得·施特劳斯。库切在1977年10月6日写信给塞克沃伯格出版社的罗森塔尔，告知该书已经被解禁，并获得了莫夫洛-普洛默奖。"该奖在南非是仅次于CNA大奖的第二个最负盛名的英语小说奖项，将在12月份颁奖。从某种程度上说，CNA奖是一个'成就'奖，而莫夫洛-普洛默奖则不是。"

1978年3月，库切收到了一封信，通知他《内陆深处》获得了1977年度的CNA奖。2 500兰特的奖金，将在约翰内斯堡乡村俱乐部举行的仪式上颁发。在获奖感言中，库切讲述了审查制度下南非作家的辛苦应对：一个人花大量的精力去写一部作品，然后接受一些对此毫无兴趣的人的审查，这是一件让人羞耻的事情。这些人不明白，为什么上辈子就关闭的大门现在应该打开。他们仍然让这扇大门紧紧地关闭，直到世界末日；对这些人来说，得体、礼仪和体面才是最基本的美德。在未来，当人们想知道南非共和国曾经的生活是什么样子时，他们就不用找信息部，而应该去阅读作家亚历克斯·拉古玛和纳丁·戈迪默的书籍。"这并不是因为这些作家垄断着任何真理，而是因为首先他们写的东西是为了记住过去，其次，历史最终是由那些处于阴影中的人、那些忠诚的知识分子所书写的。"[45] 1979年，开普敦书展的时候，玛丽莲·霍妮克曼（Marilyn Honikman，当时已经嫁给了迈克·柯克伍德）看到拉万出版社的两个展台上没有摆其他任何书，而只摊着库切的《幽暗之地》和《内陆深处》。"通过这种营销方法，我们想要表达的就是：这是南非一位新的伟大作家。"[46]

在20世纪70年代，除了从事创作与学术工作之外，库切在其他相关领域也很活跃，尤其反对文学或个人自由受到威胁。当作家西弗·塞巴拉（Sipho Sepamla）在1976年第二次申请南非护照被拒时，库切于11月签署了一份由理查德·赖夫和纳丁·戈迪默发起的请愿书，指出拒发护照"严重侵犯"了塞巴拉的自由，尤其值得注意的是相关部门并没有给出令人满意的解释。还有许多其他作家也签署了请愿书。1980年底库切加入了南非作家协会，但他在这个组织中从没有活跃过。在此期间，他写了很多评论和随笔，但很显然，他更愿意分析流行文化，如分析罗斯·德夫尼什（Ross Devenish）的电影《客人》。当迈克·柯克伍德请他为《记者报》投稿时，库切在1977年12月1日的信中这样回答：

> 我目前感兴趣的是对那些通常得不到关注的文本做尽可能详尽的分析……换句话说，我感兴趣的是找到一种方式，智慧地谈论当代流行的文本，而不是那些"高雅"文学。我很乐意为杂志写一些关于电影或流行作品的文章。

然而，《记者报》不是让他为当代流行作品研究做出贡献的地方。库切那种既学术又稍微"轻松"的文章还没有找到用武之地。

除了与开普敦大学同事，比如约翰·范德韦斯特休森（John van der Westhuizen）和杰弗里·哈里斯奈普等定期打板球之外，库切对橄榄球也保持着浓厚的兴趣。他为《言说》（Speak）杂志的7月和8月刊写过题为《橄榄球四音符》（Four notes on rugby）的文章，后来文章又被收到了《双重视角》中。这篇文章的读者群显然更广泛，但是库切仍然在文章

1

1. 巴尔萨泽·杜比尔（左）和安娜·路易莎·布雷赫尔是约翰·库切的曾外祖父母。杜比尔曾担任过礼贤会的传教士，同时他是一位作家。他的其中一部作品《从不治之症到永久痊愈》被女儿安妮从德语翻译成阿菲利堪斯语。在《男孩》中，库切这样写道："安妮阿姨卧室的照片上，巴尔萨泽·杜比尔瞪着一双冷酷的眼睛，紧紧抿着那张无情的嘴巴。在他旁边，是他那看上去无精打采满脸愁苦的妻子。"

2. 格里特·麦克斯韦尔·库切和女儿艾琳，约1902年。他是约翰·库切的曾祖父，也是百鸟喷泉农庄的所有人。他在J.M.库切的人生中扮演了非常重要的角色，常出现在他的作品里，诸如《男孩》和《夏日》。

3. 第一任妻子去世后，格里特·麦克斯韦尔·库切同玛格达莱纳·卡特琳娜·德比尔（昵称列尼）于1905年结婚。列尼年轻时在斯泰伦博斯学习钢琴、风琴和小提琴。她是一位出色的钢琴家，一直弹到90多岁。

4. 巴尔萨泽与安娜的儿子约翰·阿尔伯特·恩斯特。在20世纪二三十年代，他以阿尔伯特·杜比尔为名出版了许多阿非利堪斯语小说。

5

5. 百鸟喷泉农庄里的开普-荷兰式房屋。在《男孩》中，库切写道："……简直不能想象还有谁会像他这样钟爱这个农庄。"

6. 马莱斯代尔农场里的空置房子。1971年从美国回到南非后，库切一家借住于此。在那里，库切完成了他的处女作《幽暗之地》中的《雅各·库切之讲述》部分。

7. 维拉·希尔德雷德·韦梅耶，约翰·库切的母亲。

8. 杰克·库切，约翰·库切的父亲。在《男孩》中，他被描写成"留着神气的小胡子，一副神气活现的样子"。

9. 桑·库切、希尔维亚·库切夫妇和他们的孩子。这张照片是约翰·库切于1954年在他们的位于开普敦普拉姆斯戴德区的房子前拍摄的，那时他已然是一名不错的摄影师。

10. 约翰·库切和他身着制服的父亲。照片摄于1943年，约翰内斯堡，当时，他的父亲作为南非军队的一员参加了第二次世界大战。

11. 约翰·库切的父亲杰克（前排左一）和他的五个兄弟。

10

11

12

12. 维拉和她的两个儿子，约翰（左）、大卫。

13. 10岁的约翰·库切在伍斯特，1950年。

14. 身着童子军制服的约翰·库切，伍斯特，1949年。

15. 圣约瑟夫圣母学校1956年的毕业班合影。第三排左三为约翰·库切。

16. 圣约瑟夫圣母学校的板球队成员合影。第二排右一为约翰。

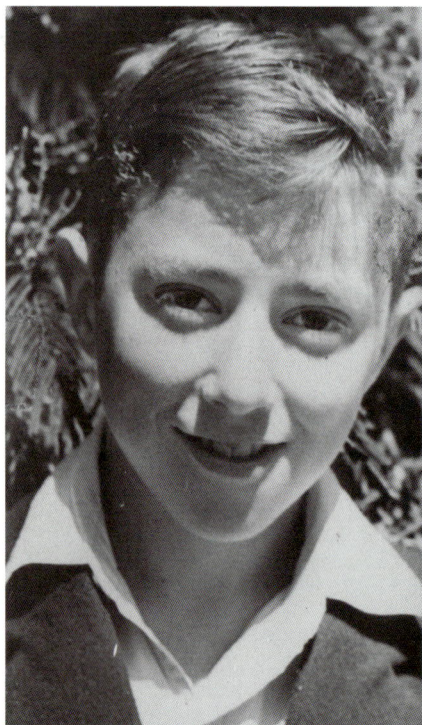

13

14

15

16

17

18

17. 开普敦大学主校区的文科楼。约翰·库切自1957年起在开普敦大学学习，他的大部分课程都在这栋楼里。1971年，库切回到南非，得到了开普敦大学英语系讲师的职位，他的小办公室就在这栋楼里，从窗口向外望去可以看到大学路和贾格尔图书馆。

18. 盖伊·豪沃斯，开普敦大学英语系教授。库切上了他的创意写作课，并和他有着长久的联系。库切这样评价："他是我遇到的第一个全身心投入文学研究的人。"

19. 菲利帕·贾伯，1963年同库切结婚。此照片摄于1976年。

20. 库切在开普敦，1963年。

21. 库切和菲利帕在英国剑桥，1964年。

19

20

21

22. 开普敦大学主校区。1957年至1961年，库切在那里读书；1972年至2001年，库切在那里教书。

23. 大卫·库切，约翰的弟弟。

24. 约翰·库切（左一）同母亲和弟弟大卫在伦敦。

23

24

25. 菲利帕在英国萨里，1964年。

26. 在萨里，1964年。

27

27. 布法罗学生游行示威。

28. 1970年3月15日，星期天，布法罗大学的45名讲师来到学校行政楼进行和平抗议，并要求同校长谈判。但他们却被警方逮捕，在监狱里待了一夜。约翰·库切是这45名讲师中的一名。照片里的是当时正被关押的几名讲师。

28

29

29. 菲利帕和她的两个孩子，吉塞拉（左）和尼古拉斯（右）。

30. 吉塞拉和尼古拉斯。

30

Among the heroes who first ventured into the interior of Southern Africa and brought us back news of what we had inherited, Jacobus Janszoon Coetzee has hitherto occupied an honorable but minor place. He is known to students of our early history as the discoverer of the Orange River and the giraffe; but he has also pictured but from our ivory towers we have also indulgently smiled at (him as) an credulous hunter who brought back to Governor Rijk Tulbagh those fables long-hand of white men living in the far north that led to the loss of so many good men on the expedition of Hendrik Hop (1761-62) Various circumstances have conspired to maintain this stereotype and thus to hide from us the true heroic stature of the man. The most notable of these has been the truncated account of Coetzee's explorations which has hitherto been current. This account, the work of a Castle clerk back who doubtless heard out Coetzee's story with ill-concealed impatience and wrote down a hasty précis for the desk of the Governor, has hitherto been received as definitive.   *1   It records only such information as might have been of interest to the Dutch East India Company, that is to say, information about the disposition of mineral ores and information about

*1
This document, prepared by the Political Secretariat at the Castle of Good Hope on November 15, 1760, has been transcribed from the archives by E. C. Godée Molsbergen and published in his Reizen in Zuid Afrika in de Hollandse Tijd, vol.2 (1916), pp. 18-22.

31.《雅各·库切之讲述》的第一页手稿。根据标注，
该页手稿写于1970年1月1日，这标志着库切小说家生涯的开端。

32

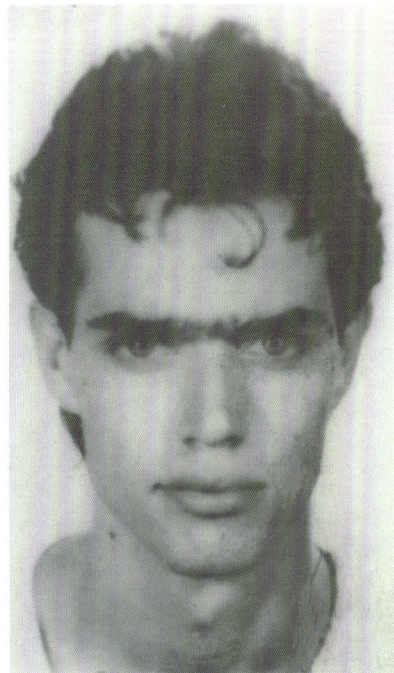

33

34

32. 20世纪80年代早期，约翰·库切和吉塞拉在开普敦梅曾贝赫海滩。

33. 尼古拉斯·库切

34. 多萝西·德莱弗

35

36

35. 1986年，多萝西·德莱弗和约翰·库切访问巴尔的摩的约翰斯·霍普金斯大学。

36. 从20世纪80年代开始，库切便将骑自行车当作常规的运动和消遣。他曾15次参加开普敦一年一度的阿格斯自行车赛。1991年，他取得了他的最佳成绩：用3小时14分钟骑完了104公里的路程，后来1994年又取得了同样的成绩。

37. 1987年，约翰·库切和童年时的朋友尼克·斯泰撒基斯同游瑞士。

38. 1994年6月至7月，约翰·库切和女儿吉塞拉以及另外六人在法国进行了一次长途骑行，从巴黎出发往南到阿维尼翁，然后往西去图卢兹。最后，队伍只剩两人。库切和吉塞拉于7月13日到达图卢兹，全程1 250公里。照片上是正在骑行的吉塞拉，她的右边有一大片向日葵。

37

38

39. 效仿T.S.艾略特1944年的文章《何为经典》，库切于1991年在奥地利格拉茨发表了同名演讲。

40. 约翰·库切在一旁观看考古学家简·克洛斯给收集到的沉积物分类。

41. 一行人在开普敦银矿自然保护区。从左至右：多萝西·德莱弗，约翰·库切，朱利安·贾德，吉塞拉·库切，托尼·墨菲特，布莱顿·布莱顿巴赫，佐伊·威克穆，英格丽德·菲斯克。

40

41

42. 2000年在阿姆斯特丹，约翰·库切同一批前来参加电视节目《美丽与舒适》的作家、艺术家、科学家合影。倒数第二排左三是乔治·斯坦纳，倒数第三排左二是沃莱·索因卡，库切坐在这一排最右侧，他身旁站着的是荷兰画家卡雷尔·阿佩尔。坐在库切和索因卡之间的是克罗地亚作家杜布拉芙卡·乌格雷希奇，索因卡前面的是荷兰诗人拉特格·考普兰德。右下角坐着的是匈牙利作家杰奥杰·康拉德。

43

44

43. 2000 年 6 月，库切被授予当年的"英联邦作家奖"。在伦敦的白金汉宫，英国女王伊丽莎白二世亲自给他颁奖。

44. 2005 年 9 月 27 日，库切在比勒陀利亚接受由当时南非总统塔博·姆贝基颁发的马篷古布韦国家勋章金质奖章。

45

NOBEL 2003
John M. Coetzee

46

45. 2002年，牛津大学授予约翰·库切荣誉博士学位。

46. 2003年12月10日，约翰·库切从瑞典国王卡尔十六世·古斯塔夫手中接过诺贝尔奖。

中保持了他强大的逻辑结构，甚至还有数学的精确性，像他写"严肃"论文时一样精雕细琢。他指出，像板球和橄榄球这样的体育运动先在伟大的英国公立学校站稳脚跟，然后从那里出口到殖民地。在南非，橄榄球给了占经济弱势地位的南非荷兰裔一个机会战胜英国人。橄榄球爱好者对比赛的狂热不亚于信教的人。经过一周紧张的劳作之后，星期六的下午在体育场看场比赛，比星期天早上的布道还令人放松。

就像他在高中时写的一篇关于板球的文章一样，库切也是先对这项运动的历史进行调研，然后总结其主要特性：

> 橄榄球这项运动历史悠久，分布范围极广：两队手无寸铁的男子争抢一个物体，并将其带回自家终点。这种比赛天生就具有暴力性质，曾经在不同的时期被取缔过（"绝对是野兽般的狂野和极端的暴力"——托马斯·埃利奥特爵士，1531）。现今的橄榄球规则试图将非暴力的变体隔离出去。特别是按照英式橄榄球的规定，禁止攻击（"阻截"）任何一个没有携带球的球员。关于如何将带球人员的球截下来，如何由另一名球员带球，都有一套复杂的，甚至让人迷糊的规矩。尽管经过多次删改，目前的规则仍然不尽如人意，其中有许多原因：一、因为他们允许有多种解释，所以规则是不准确的；二、这种规则下的比赛没有审美趣味；三、他们不能预防伤害，有时甚至允许一些隐蔽的暴力行为；四、他们根本就无法像他们打算的那样，让球玩"活"了；五、他们做出的重要贡献是让橄榄球比赛的结果由射门的实力来决定。

库切在《夏日》里描述了南非人在没有电视之前，是如何观看每星期六下午举办的橄榄球比赛的：主人公约翰的父亲穿上大衣，就像一个孤独的孩子，一言不发地赶往纽兰兹。他写道："星期六的纽兰兹体育场里都是这样的人，那些灰色华达呢雨衣下笼罩着孤独的男人迟暮的人生，他们闭口不谈自己的事儿，好像他们的孤独是一种说不出口的疾病。"[47]

六

1979年6月，当库切在加州伯克利大学进行语言学的教学与研究期间，他收到詹姆斯·波利（James Polley）的一封信。他是开普敦大学非全日制教学进修部的人员，是开普敦电影节的总监。波利表示了他对《内陆深处》的欣赏，并询问关于购买该作品电影版权的可能性。因为事情紧迫，他希望库切能够尽快答复。他打算与南非最好的电影创作人员与演员合作，制作出一部最好的南非电影。

库切在1979年6月19日的回信中告诉波利，英国广播公司的导演弗朗西斯·杰拉尔德（Francis Gerard），也是南非系列片《白色的非洲部落》（The White Tribe of Africa，曾经被南非广播公司SABC拒绝播放）的制片人，曾经与他就该问题有过接触，并与各种各样的机构谈判申请资助，但还没有成功。尽管杰拉尔德没能筹集到资金，协议另当别论，但库切认为自己与杰拉尔德有着非正式承诺。现在的问题是，波利是否有兴趣让杰拉尔德做导演。与杰拉尔德的协议是库切将提供电影剧本的第一稿。他想知道，鉴于可能面临的审查，波利是否考虑过国外市场；另外他打算如何处理书中两种语言的问题。

实际上波利并没有考虑杰拉尔德，他想用南非人来拍电影。波利后来写信提议让马内·范伦斯堡（Manie van Rensburg）做导演。库切对这个提议不是很赞同，他在1979年12月6日的回信中说，他觉得马内·范伦斯堡对该项目并不是很热心，他希望剧本能被西德电视台接受，还想做一个不冒犯当局的国内版本供南非市场消费。他再次呼吁波利考虑一下弗朗西斯·杰拉尔德，因为他真正关心这本书，希望以一种严肃的态度来做这个项目。如果波利觉得这条路走不通，那么进一步的谈判都是毫无意义的。

库切也收到了来自约翰内斯堡的另一个电影拍摄请求。1980年4月，经过漫长的谈判，他与克莱夫·莱文森（Clive Levinson）签署了一份合同，条件是在两年内，莱文森找到必要的拍摄资金。但是，没过多久，两人之间就出现了重大分歧，比如是否应使用画外音。莱文森认为，这部电影可以像《天堂之日》（*Days of Heaven*）一样，受益于"卡鲁的民间智慧与方言"，库切则强烈反对。在一封长信中，我们可以再次看到他是多么关心自己作品被恰当展现。他写道：

> 我这里有三个想法。第一，很多人对《天堂之日》中小姐姐的解说印象深刻，所以我们可以肯定，在今后的几年里，会看到很多类似的模仿，那么我们现在最好不要跟风；第二，她有现成的口音和芝加哥下层阶级的俚语，但是在南非并没有这样的语言，除非我们退而求之于仿造的南非布尔土语，这是长久以来南非电影及戏剧一直存在的一个症结；第三，我在卡鲁生活了很长时间，知道那里没有什么特别的民间智慧或土语：所有细微的方言差异在阿非利堪斯语之中才可以找到。

库切在《白人写作》第5章研究了波林·史密斯和艾伦·佩顿将阿非利堪斯语与祖鲁语分别放入作品中的案例，他写道：

> 在《内陆深处》中，我很刻意地避免像前人那样：在英语中引入阿非利堪斯语，而这种尝试从波林·史密斯那里就已经开始。这部小说，除了对话是用阿非利堪斯语写成（在英国版中使用了翻译），所使用的语言是国际化的、非国家化的英语。我刻意选择这样的标准的原因是：第一，伪阿非利堪斯语是媚俗的；第二，在书中没有任何地方我声称自己描述的是现实，需要你去确定一个行为具体的时间、地点、社会与环境等。

至于主题与人物的"重要性"，他并不喜欢将自己束缚在那个框框里，因为在写作中，他并未将此考虑在内。他也不想就现实与想象之间的关系做任何的评论：

我的"核心问题"不是"讨论现实与想象"。我写的是从第1页到第134页逐页展开的一本书。书中的某些页面修订着其他若干页面。这本书并未声称要展现事实，相反地，通过修订自身，它甚至也不声称要模仿现实。现在我们要拍电影，其过程也将是从左至右地展开。同样一系列的内容修订另一系列的内容。您反对说："观众会不明白是怎么回事。"很好，我建议可以用一些在书中未曾使用的信号，来标志场景的互相修订，甚至可以表明哪些场景是更加值得信赖的，尽管实际上，到了结尾，没有什么或很少有什么，是真正值得信赖的。

　　所以，我们不用讨论主题，我们最好花时间讨论这种方法是否可行。如果可行，那应该怎样做呢？如果不可行，是否有别的更好的选择？

　　关于后者，在我看来目前还没有可以替代的方法。因为电影的基础是本书，而书是一个相当单薄的东西，如果一个人要试着使用自然主义的叙述手法，会发现其中有很多缺口与自相矛盾的内容。

　　现在说说玛格达的疯狂。当然，这世上根本就没有疯狂的人，只有认为人疯狂的不同方式。两个"时间块"之间的区别在于它们代表了两种看待玛格达的不同方式：第一种是被暴力和色情想象困扰的玛格达，第二种是发疯的玛格达。

从库切在这封信中的结论可以推断，他和莱文森之间的差异是巨大的，甚至是不可逾越的：

　　也许我误读了您的来信，但在我看来，我们的思维相距甚远。也许您能够对我在先前提出的一些想法做出回应，然后我们再确定见面。如果您觉得有可能达成一个折中的方案的话，6月的某个日子我们可以见个面。

在答复中，莱文森详细解释了为什么要使用画外音，他是要将其用在他觉得不甚理想的剧本部分。此外，该文本只够拍摄一期长达1小时的电视节目，而不是一部故事片。出于这个原因，他提出对合同进行修订：库切将获得全球电视放映净利润的10％，余下的90％将回馈投资者（他估计大概需要100 000兰特的投入）。从答复中，库切似乎不准备做出这样的让步。他觉得电影主要是应对那些无聊的人，在一个缓慢而扩展的空间世界运转，恰恰是不用急急忙忙的。他提出，他们继续保持原有协议，除非最后真的证实该故事不适合拍成故事片。如果那样，合同则必须修改，他要求得到10％不可退回的预付金。

接下来的谈判让库切明白了，他与莱文森脑子里想的关于电影的理念是完全不同的。他写信告诉莱文森，如果他早知道所签订的合同是要在电视与电影之间做出选择，他很可能不会签署这个合同；另外，新合同的收益分配对他也是不利的。出于这个原因，他希望尊重原来的合同，他不能接受莱文森提出的修正版。在1980年6月25日写给弗朗西斯·杰拉尔德的信中（库切当时又与他接触讨论将书拍成电影的可能），库切更详细地叙述了他与莱文森之间的差异：

> 一、莱文森似乎不懂我所说的非写实主义手法，他几次要求我"解释"这个概念。我不愿意这样做（那不是我的做事方式），只是建议他像写的那样拍，但是这显然是不能令人满意的。如果他有积极的建议，我也许会更加同情他的处境，但他实在没有，他只是把这些插曲排除出去。我曾向他指出，在这种情况下，根本没有足够的东西给他拍电影。僵局。
>
> 二、莱文森希望有更多的幽默，更多朴实的手笔，和民间人物等。而我最不喜欢把任何人转换成一个令人熟悉和舒适的典型人物（虚张声势的布尔拓荒者等）。这本书讲述的不是阿非利堪人或阿非利堪斯文化，它对社会身份其实是故意含糊其词的。
>
> 三、莱文森希望玛格达成为一个明显值得同情的人物，如找

一个"漂亮的"而不是"普通的"女人来塑造这个形象，并删除所有……对她不利的场景。

1980年9月，库切与莱文森之间的协议终止。[48]库切再一次开始与杰拉尔德谈判。在1981年1月11日的一封长信中，杰拉尔德对库切发给他的剧本文字做出评价，并提出有建设性的建议来丰富电影，让其达到足够的长度，可以让发行商接受。比如在开始的场景后可以跟进一些关于农场生活和人物的细节。库切表示接受大部分建议，但是关于屠宰羊和固定风车的场景，他不赞成，因为那会影响情节的发展，让观众觉得没用。关于杰拉尔德提到的如果加入小说没有写到的宗教或信仰的场景是否会影响到故事叙述的问题，库切的反应很坚决："我不认为应该有任何关于宗教的内容，如果这样就是打开一罐蠕虫罐头。"杰拉尔德认为这部电影将耗资约35万英镑。

在这些谈判进行过程中，库切收到了一封穆恩因·李联营公司（Moonyeenn Lee Associates）的切斯特·登特（Chester Dent）写来的信，他也有兴趣将该小说拍成电影。谈判在早期阶段就宣告破裂，因为两者之间有难以逾越的差异：制片人不想把时间花在一个他们没有得到书的授权的项目上，而库切也不准备给他们一份不受制约的合同。尽管杰拉尔德在某种程度上已经开始规划电影，并已争取到让南非著名女演员珍妮特·苏兹曼饰演玛格达的角色，但是他找不到资金支持。在1983年1月4日的信中，杰拉尔德告诉库切，他非常沮丧地发现一个事实，他不得不承认失败——"我脑子里想了这么久，它都成为我的老朋友了。"

这时又出现了另一种可能。翻拍过多米尼克·罗兰（Dominique Rolin）小说的比利时导演玛丽昂·汉赛尔（Marion Hänsel）与库切的经纪人穆雷·波林格（Murray Pollinger）联系，希望得到拍摄电影《内陆深处》的授权。她很喜欢这部小说，并觉得可以感受到玛格达的声音，认为她是一个孤独、绝望、不幸又受伤的女人。库切在9月26日写给玛丽昂·汉赛尔的信中提供了一些他本人对电影拍摄的意见，做出了一些评论，帮助她更好地理解《内陆深处》。对于他来说，玛格达、亨德里克和安娜的语言关系是该书的核心内容：

> 对我来说，如果让观众觉得亨德里克与安娜所说的语言不是他们唯一的语言，他们还会讲其他的语言，那是我不能接受的。亨德里克与安娜的语言必须是他们可以拥有的唯一语言。至于电影中是用英语还是阿非利堪斯语，这是次要的问题（虽然很重要）。关键的一点是：亨德里克和安娜不应该用另一种语言（比如说科萨语），与他们的主人只说英语或阿非利堪斯语，因为如果给了他们自己的语言，那就让他们有了一个属于自己的天地，而他们是没有的。正因如此，我认为电影演员的选择至关重要。不能找土著非洲人来饰演亨德里克与安娜，因为对于这样的人来说英语或阿非利堪斯语是他们的第二或第三语言，聪明的观众会知道的。

他希望汉赛尔对小说的背景不要有任何的误解：

> 您不了解南非，所以用了"草原"（veld）一词，就好像意思都一样。事实上，这本书的背景是南非一个巨大的干旱区域，名字叫卡鲁。我希望这本书在卡鲁拍摄。但我知道由于现实的原因，人们喜欢在"温顺"的、与城市较近的乡间拍摄，这样剧组的成员可以放松一些，等等。

库切给汉赛尔发去了剧本。她在1982年12月28日的信中做出了回应。她认为在电影一开始，人物的细节都要表现出来，重点应该放在主角玛格达身上。父亲与新娘的到来，以及亨德里克与克莱恩-安娜的到来在电影中可以重复与平行。她表示了对画外音技术的疑虑：

> 就我而言，画外音的使用必须非常谨慎，因为它几乎总是失败

的。很多电影在不知道如何表达的时候会使用它，我通常对此表示反感，因为它显示了小说结构上的薄弱。

汉赛尔在1983年4月访问了开普敦，在开普敦电影节上介绍了她的电影《床》（*The Bed*）。她访问了卡鲁，与库切见面，进行了讨论。1984年3月，她告诉库切，她将在9月开始拍摄。因为她没有能够从南非找到任何资金，加之小说中不同肤色人种之间的亲密关系会令当局不安，更何况当时比利时对南非的文化抵制也禁止她前来南非拍摄，所以她已决定将西班牙南部的一个农场作为拍摄地。对于玛格达的扮演者，她曾考虑用格伦达·杰克逊（Glenda Jackson），但遗憾的是她的档期不对。简·伯金（Jane Birkin）有时间演玛格达，特雷弗·霍华德（Trevor Howard）可以扮演父亲。至于亨德里克，她已经找到了南非人约翰·马茨齐扎（John Matshikiza）来扮演；纳丁·尤万帕（Nadine Uwampa）和卢尔德·克里斯蒂娜·萨约（Lourdes Christina Sayo）分别饰演安娜和克莱恩-安娜。从库切的信件中很容易看出，他对电影在西班牙取景的情况不是特别满意，另外他觉得简·伯金是一个非常有吸引力的女人，不像玛格达那样普通。在1984年4月29日写给汉赛尔的信中他说，没有了真正的南非风景和小说中所反映的老式的社会，也没有了玛格达的亚文化独白，最终剩下的也就是情景剧，除此之外没有什么别的了。库切没有意识到，为了确保电影的经济收益，汉赛尔已别无选择，只能找国际知名的女演员来担纲。

虽然库切有所保留，但是最终电影［片名为《尘》（*Dust*）］还是取得了很大的成功。汉赛尔没有将小说扭曲为一个政治声明。她在一次访谈中说："我想做的是一部关于人的电影。"[49]随着1985年8月《尘》在威尼斯电影节的放映，电影的两位女主角：简·伯金和约翰·马茨齐扎获得了全场的起立鼓掌。该电影被形容为是对"寂寞和性绝望的惨痛研究"。电影在南非的首映时间是1985年9月23日，地点是开普敦的派恩兰茨。在一份影评中，珍妮特·马斯林（Janet Maslin）盛赞其"故事偏远、贫瘠的背景"，尽管电影是在西班牙而不是南非卡鲁拍摄。简·伯金与特雷弗·霍华德的演技给她留下了特别深刻的印象：

> 伯金女士素颜的角色从木然到歇斯底里的过程，忘我地表现了她憔悴与美丽的形象。特雷弗·霍华德所扮演的父亲，也肯定要以一个更加被动的形式来诠释，因为他的角色几乎没什么话可说。在影片的开头段落，汉赛尔女士只是记录了他们一起安静单调的生活，观察他们的日常礼仪以及没落的优雅，似乎与这荒芜的环境格格不入。这些无言的场景既缓慢又简单，但是它们创造出一种强烈的没落感。

七

约翰·库切在南非的学术道路和创作道路上用他的两部小说打出一片天地的时候，他的弟弟大卫短暂回到南非，接受了《开普阿格斯报》的一个职位。但是有一天，他突然被解雇，并被监视着离开工作场地。虽然没有明确的解雇理由，但是大卫知道那是因为他在伦敦参加反种族隔离运动的消息传到了董事会的耳朵里，他们认为这有违报社的利益，所以解雇了他。由于他现在是英国公民，所以他回到伦敦，在那里依然做编辑，与关注非洲的报纸和杂志进行合作。1980年，他与人合办了《今日非洲》(*Africa Now*)杂志，那是一本尼日利亚出资、总部设在伦敦的杂志。这本杂志刊登了他多篇有重大影响的、关于非洲国家政府与政治事件的开创性文章。他与艾琳·菲克(Irene Fick)于1979年生有一子塞缪尔。当他们的关系破裂后，1982年他开始与阿克薇·阿姆苏(Akwe Amosu)同居。他们二人在1994年结婚，他们的儿子科林也于同一年出生。2000年，大卫以优异成绩获得了伦敦大学东方与非洲研究的硕士学位。同一年，他与家人搬到了华盛顿，2004—2005年他们到埃塞俄比亚待了两年的时间。[50]

在开普敦，约翰和大卫的母亲维拉仍然在继续教学，因为她与杰克的薪酬很少，还不得不省吃俭用。被律师协会除名之后，杰克失业了一段时间，但随后找到一份薪水微薄的销售汽车零部件的工作。认识他的人把他描述为一个不起眼又很内向的人，这与他先前呼朋唤友的生活方式形成了鲜明对比。他必须努力克服酗酒问题，在库切的表妹阿格尼斯·海因里希（Agnes Heinrich）看来，他就没戒酒成功过。[51]作家阿尔伯特·杜比尔的一个孙子内利斯·杜比尔（Nellis du Biel）后来回忆说，他和兄弟那时去杰克和维拉·库切在隆德伯西的家中拜访，他们和杰克一起玩室内保龄球，他对杰克"歪斜的黄牙，嘴里发出威士忌的气息"印象深刻。对于约翰和菲利帕的朋友来说，杰克是一个无足轻重的人，维拉是婚姻的主导者，但从未感到多么幸福。她是一个身材高大、性情温和的人。她对自己的两个儿子，特别是约翰的成就非常自豪，她也是尼古拉斯和吉塞拉的好奶奶。

虽然约翰·库切是一个非常喜欢独处的人，但他仍然参加在百鸟喷泉的家庭聚会。表弟卡罗尔·古森（Carol Goosen）仍然记得他亲切、自然、温和的谈话方式和非言语的沟通。[52]表弟杰拉尔德·库切也记得约翰来到百鸟喷泉农庄后，经常会在早上5点开始往农场防豺狼的篱笆那里走，一直走到中午11点再回农场。[53]在他小的时候，家人们会聚集在美丽的门廊处，右面是三角梅，前面是橘园。农舍上方是大坝，但是欧塔·夏侯家什么都没剩下了。布卢姆霍夫家，第一栋农舍所在的地方也只剩下地基和棕榈树了。

20世纪70年代后期，库切和他的家人曾住在温贝赫和托开，然后搬到罗德波茨托尔路11号的一栋坐落在角落门前长着一棵鳄梨树的房子里。他日常的工作程序是在早上5点起床写两个小时的文章，7点半送孩子上学，之后去大学上课。然后，他会回来，批改作业，准备第二天的讲座。每天严格地进行这样的程序是很辛苦的，他要承担全职讲课的工作量，而创意写作又是没报酬的。[54]

菲利帕是一个比较外向的人，非常大方、善谈，与人相处很融洽。但是在某些方面，她也是一个比较难以理解且不正常的人。这可以从她衣服的选择、奇怪的发型和"疯狂"的想法中清楚地看到。她与同性恋哥哥塞西尔·贾伯的关系非常密切，塞西尔控制着她。塞西尔为约翰内斯堡的南非广播公司工作，是一位非常成功的广播剧制作人。他在20世纪50年代，曾获得意大利大奖。他是一个活跃的人，但后来完全成了一个酒鬼，屡次因为酒驾被捕入狱，最后驾照被吊销。[55] 由于父亲的酗酒，约翰深知其危险性。除了偶尔与朋友喝点葡萄酒以外，他避免碰任何酒，后来干脆完全戒酒。1974年，他决定将肉类和鱼类从自己的饮食中剔除，成为一个素食主义者。这很可能是出于他有关动物权利的道德信念。他的自律为他赢得了学生乔迪·德莱弗的敬仰，尽管后者在英国生活多年，但一直与他保持着友谊。

对于孩子来说，菲利帕是个有爱心的母亲。她关心他们的学业和教育，但是崇拜奇怪的"美国"式教育，让他们自己做决定，不给予太多的帮助。在开普敦大学，她曾担任化学工程系的秘书。她仍然对所有关于希腊的东西饱含激情，自己努力学习现代希腊语，尽管她从来没有真正掌握这门语言。这也可能是她觉得自己不如她聪明丈夫的原因之一。约翰是一个致力于工作的人，对自己的写作守口如瓶。那是一个她进不去也不能获准进去的世界。她有时可能会发现他很忧郁，自己消受悲哀苦恼，正如后来他在《慢人》中引用约翰·克莱尔的话：是个"把书看得太认真"的人。[56] 与她的丈夫不同，菲利帕有宗教倾向，后来加入了罗马天主教。两人都强烈反对种族隔离政策，反对20世纪70年代政府所采取的剥夺人民自由的措施。在这一方面菲利帕更为明显地表现了自己的态度，她是黑绶带运动（Black Sash）[57]的成员。

约翰·库切虽然忙于工作，但是他也给自己的孩子们以足够的重视。他与内向的吉塞拉关系很紧密，儿时的吉塞拉与库切长得非常相似。当朋友来访时，她喜欢坐在库切大腿上陪伴着。从儿童时期起她就抵制吃东西，逐渐发展到有厌食倾向。约翰的一位朋友给了吉塞拉一件法国夹克，她不论冬夏经常穿着它，仿佛要抵挡外界的冲击。尼古拉斯更像菲利帕，外向、自信，相当勇敢且敢于冒险。两个孩子之间的关系并不好。吉塞拉是她父亲的宠儿，不得不忍受尼古拉斯的嫉妒、坏脾气和非身体上的暴力。有时，吉塞拉很怕她哥哥。[58] 在温贝赫，还有后来在托开，约翰·库切给他们和他们的玩伴建造了一个游戏房。他在房子的后院挖了一个1.5平方米的深坑，四角支起柱子，屋顶扣着镀锌铁的盖子。他们关在笼子里的兔子在土地上挖的洞让克里斯和桑德拉·帕洛德的孩子非常着迷。当时两家住得非常近。后来克里斯觉得地下通道可能会坍塌，就禁止他的女儿丽莎和她的妹妹钻进去。丽莎·帕洛德是个假小子，和尼古拉斯玩得来。她后来回忆他们两个是如何打板球和玩赛车的。她发现尼古拉斯对板球历史知识的掌握令人不可思议。他能记得多年前比赛的所有细节，击球的顺序是什么，在哪一天，哪一个人的个人得分是多少。他们的童年时代是狂野的，他们反抗各种形式的权威，特别是反抗老师的压迫。

作为父亲，约翰·库切回避他的权威地位。丹尼尔·哈钦森后来回忆，有一次，他和妻子在库切位于托开的家中做客。小尼古拉斯很晚才回家，脾气还很大，心情烦躁不安。菲利帕心烦意乱、精疲力竭，央求约翰管教一下孩子，但是没有用。丹尼尔听到约翰忧郁地回答说："你知道我不能。"[59] 1976年，凯瑟琳·洛加·杜普莱西斯到库切位于托开的家中拜访，当时她与第一任丈夫伊恩·格伦在一起，后者是约翰在开普敦大学的同事。库切一家人非常好客，约翰很谦逊，菲利帕非常愉快地在厨房帮忙。但是她确实觉得约翰不喜欢发号施令这一点让他不适合做家长。菲利帕告诉10岁的尼古拉斯该上床睡觉了，但是他不肯去睡。约翰一个手指都没动，后来是伊恩·格伦抓着挣扎不停的尼古拉斯，把他按到了床上。[60] 虽然如此，在紧急情况下约翰还是会采取果断的行动。丹尼尔·哈钦森回忆道，有一次他们到库切家做客，大家躺在游泳池边，全神贯注地谈话。突然，丹尼尔的妻子喊道："我的考利亚在哪里？"那是他们2岁的儿子。每个人都惊慌地跳起来，而约翰第一个从泳池里拖着孩子的头发把他拽出来，及时地救了他一命。[61]

　　约翰与菲利帕·库切之间缺乏沟通导致他们的婚姻很紧张，他们的亲密朋友都觉得他们会分手。菲利帕和朋友帕洛德夫妇抱怨说约翰有时的行为很残酷。帕洛德夫妇记得住在温贝赫的那些年里，约翰有时会用猎枪打猫。在托开，库切家有一只狗，菲利帕很喜欢它，但约翰不喜欢。由于房子坐落在繁忙和危险的托开大道上，所以狗被锁在后院的大门后。据菲利帕对帕洛德夫妇的描述，有一天，约翰故意让门开着。狗溜了出来，被路上的汽车碾轧，最后爬回来死在了菲利帕的床上。

　　如果说这次的狗事件是约翰的一个蓄意行为，而不是菲利帕的误解，那它可能代表着库切人生中的一个转折点，因为他后来坚定地站在保护动物权利的立场上。与此相关的可能还包括他后来开始吃素，以及他反对一切形式的暴力，即使暴力可以解决政治问题。1992 年在接受大卫·阿特维尔采访中，他说："只要我感觉到我体内暴力的存在，暴力就变成了内向的、好像是在侵害我自己的力量，我不能向外投射。我不能够，也无法设想暴力释放。"对于这种声明，我们也可以回想他在《幽暗之地》中创造的人物：尤金·唐恩——坚定选择以暴力对抗越南的设计师，以及 18 世纪的雅各·库切——他怪异的针对纳马族的复仇。

　　库切夫妇从美国还带回了开放的婚姻观念：双方都可以有各自的方式，自由追求其他的关系，并在觉得合适的时候回归对方。菲利帕在这一点上是非常开放的，会与帕洛德夫妻这样的朋友交流。逐渐地，库切夫妇开始分道扬镳。约翰不止一次到美国上课，而菲利帕则花时间去探访希腊。在某个阶段，约翰甚至对丹尼尔·哈钦森（当时在开普敦大学英语系工作）说，如果他与菲利帕关系密切，他是不会反对的。约翰曾经考虑离婚，但他担心这会对母亲产生影响。尽管听到哈钦森讲述了母亲是如何轻松对待他离婚事宜的，库切却丝毫不觉得乐观。1974 年，在《幽暗之地》出版前夕，约翰与同事的妻子卷入了一场三角关系。菲利帕并不知道这一点，两个男人都不敢向对方承认发生了什么事。很奇怪的是，整个事件让人想到福特·马多克斯·福特的小说《好兵》，而库切正是选了这位作者作为他硕士论文研究主题。涉事方经过一个令人催眠般的麻痹阶段，库切的同事与妻子移居美国。约翰留下来照顾他的那些兔子，那位丈夫在美国继续他的学术生涯。

最后，他们的婚姻触礁。一天晚上约翰来到帕洛德家，拿着一份打印的文件，提了一个有些奇怪的要求。他说，菲利帕和他已同意离婚，他希望帕洛德夫妇在离婚协议上签名见证。他们的离婚对于尼古拉斯和吉塞拉来说，是他们生活中的一个糟糕的阶段，因为当时他们分别只有14岁和12岁。库切一家很少坐在一起吃饭，有很多年没有真正家庭的感觉了。约翰和菲利帕也没有坐下来与尼古拉斯和吉塞拉讨论离婚的过程和可能影响。因此，孩子们没有得到任何人的帮助来更好地理解这种情况，他们的反应是强烈的愤怒。[62] 他们对父母的离婚感到很沮丧，特别是尼古拉斯，他认为约翰和菲利帕最终将复合。离婚后，菲利帕在开普敦天文台区的一所房子里住了一段时间，然后就回到约翰内斯堡与自己的父母和兄弟塞西尔团聚了。当父母双方都在开普敦的时候，两个孩子相处得并不好，他们轮流与约翰和菲利帕居住，吉塞拉主要与约翰在一起，尼古拉斯与菲利帕在一起。

对于约翰来说，这是一段艰难的日子。除了在开普敦大学的教学任务，以及他想投入的写作，他还不得不照顾两个需要关注的孩子。在离婚后的几年里，他与菲利帕的关系发展良好。约翰的印象是，她待他很得体，并祝愿他成为一个好作家。[63] 尽管重视自己的隐私，但他也喜欢朋友的意外来访。1983年，在接受《淑女》记者的采访时（很显然，这个访谈从未发表过），他说："我心目中美好的夜晚是，饥寒交迫的朋友们意外来访，于是我快速地给他们准备一份简单且有营养的饭菜。他们将盘子里的东西一扫而光，恭维过我的厨艺之后，早早地回家，而不需要我与他们进行任何谈话。"

孩子们逐渐意识到，他们的父亲将要成为一位在国际上非常重要的作家。与他最亲近的吉塞拉仍能回忆起他打字机的声音，以及库切夫妇少数好友的来访，他们可以从外围见证他知识分子的生活。吉塞拉在接受记者采访时说，成年之后，回望儿时，她觉得库切作为父亲的角色是经常缺失的，但她并不责怪他。不管怎么说，现在指责已经太晚了。他并不适合做一个家长，但是，她对约翰·库切充满敬意地说："他尽他所能，全力以赴，同时没有牺牲自己。"[64]

第10章

《等待野蛮人》

与国际认可

一

1962年，约翰·库切在伦敦开始计算机程序员的工作，希望远离南非，"南非是一个不好的开始，是个不利因素"。[1]他的祖国通过了阴谋破坏法（the Sabotage Act），目的是限制黑人的政治活动，阻止英语校园的学生与学者参与涉嫌煽动叛乱或颠覆国家的活动。这一法案给司法当局无限的权力，比如：可以不经审判拘留犯罪嫌疑人，对其进行审讯并施以酷刑。不少被拘留人是库切早就认识的开普敦大学的同学。许多人被审讯、羞辱、折磨和单独关押，有些人，像乔迪·德莱弗，则永久地离开了南非。

库切回到这个他一直想与其断绝关系的南非后不久，特别是在1976年索韦托起义（Soweto Uprising）[①]爆发，黑人城镇的反抗更加激烈的情况下，警方的安保措施更加升级。海外电视台播放着警方粗暴地对待逃

---

① 爆发于1976年6月16日，该事件与南非其他的屠杀所造成的流血事件，引起国际社会的关注，因而引发对南非的制裁措施，迫使南非结束其种族隔离政策。

散学生群体的画面，有时他们表现出的虐待狂式的快感和凶残远远超越了维持秩序所必要的程度。[2]学生们不想再继续忍受种族隔离的压迫，他们罢课、破坏公共建筑、在街上游行，甚至组织逗留行动。玛丽·本森写道："在16个月的混乱中，记录的死亡人数有600多，但人们认为应该已经接近千人。死者中，只有两人不是黑人。其中大部分是被警察开枪打死的在校学生。近4 000人受伤，还有数千人被拘留，有一些人一关就是5年禁闭，还有一些学生，父母再也没见到他们。"[3]安全态势的恶化也导致了18个组织和3家报纸被禁，47名黑人领袖和7名白人持异见人士被扣留或禁足。安全机构记录至少有64名被拘留者在身体和心理受到虐待之后死亡。

在那些可疑的死亡案例中，最为特别的是1977年9月12日的史蒂夫·比科案。他是东开普省一位有影响力的黑人觉醒运动领导者，他的死亡激起了世界公愤。当局针对他是因为他们认为比科与1976年索韦托起义有关系。1977年8月的一个晚上，安全警察在伊丽莎白港附近设置路障拦住了他的车，并将他带到审查室问话。比科之前曾经被捕过，可以应对警方对他的审讯。安全警察后来发表声明称，比科曾殴打一名警员，并在随后的争斗中头部撞墙。没有人知道到底发生了什么，但他陷入昏迷，头部在攻击中受到致命损伤。审讯人员声称，他们觉得他是假装受伤。他们把他铐起来，让他赤裸着身体，昏卧在牢房的垫子上三天，周围到处是他的尿液。警方命令前来检查比科身体的医生保持沉默，不可以说出他们所看到的景象。他仍然赤裸着被戴上手铐，塞入路虎车的后座，在没有任何医疗报告的情况下，被送到1 000公里外比勒陀利亚的一所监狱医院。到达那里的第二天，他就去世了，生前没有得到任何医疗救治。[4]后来，在拘留所给比科做检查的三名医生承认，他们曾提供虚假证据。行政长官认定比科的死亡原因是头部受伤，可能是在与伊丽莎白港办事处安全警察的争斗中受伤。在当时现有证据的基础上，比科的死亡不能归咎于任何人的疏忽或犯罪行为。[5]

南非政府不顾国际抗议试图伪造医疗报告来掩盖这一事件。警务部长吉米·克鲁格（Jimmy Kruger）极力否认警察串通一气。他说比科是在绝食后死亡的，他的死亡令他难过。他威胁关闭《兰德每日邮报》，因为他们发布了事件的真实过程。威胁非常严重，编辑迫于压力，不得不刊登了道歉启事。但是，在世界其他地方，谴责声一片。伦敦《泰晤士报》在头版头条写道："比科事件之后，吉米·克鲁格先生这样的行为在任何一个坚持文明规范的国家看来都是一种耻辱，他应该立刻被革职。"在南非，南非荷兰裔评论员也表示强烈谴责。记者瑞琪·范瑞宁（Rykie van Reenen）写道，她曾经与比科进行过一次长谈，在她看来，比科是一位建设者，而不是一个破坏者，他希望通过社区服务提升黑人的地位。他给她留下的是"一个新式黑人的形象，他正试图尽他所能，带着无畏的献身精神，准备为自己和人民承担更大的责任"。让她感到不安的是，"像他那样的声音从我们国家的批判性对话中消失了"。[6]

由比科死亡事件引发的最尖锐的表达是，审问者与被审问者的对抗演化成了黑格尔哲学主仆关系中最令人骇然的形式。报纸前主编唐纳德·伍兹（Donald Woods）曾在史蒂夫·比科死亡案中做证，他后来写了一篇关于这次审讯质询的文章，第一次将酷刑室的黑暗暴露在大庭广众之下：

> 这些人，这些南非白人民族主义传统的继承者与产物，第一次从他们的警察局和小审讯室中现形。这一次，他们要对一件事情负责了。这些人表现出极端的偏执。他们一直被教导着要时刻牢记并维护他们权力的神圣，在这一点上，他们是无辜的人——无法进行不同的思维或行动。最要命的是，他们的职业给了他们表现偏执性格的机会。多年以来，他们受到国家法律的保护。他们已经习惯了在小黑屋中，不受任何干扰地将他们所能想象到的所有折磨行为发挥到极致。他们有法律的隐形批准，政府给予了他们极高的地位，因为他们是"保护国家免受颠覆"的人。[7]

库切没有在公开场合回应比科的死亡，但在1977年9月20日写给希拉·罗伯茨的信中，他表达了自己的失望与怀疑，他认为政府将竭力掩盖暴行：

比科的死亡给大家心头蒙上阴影。病理学家大概会出报告说，他是被谋杀的。我猜测政府会厚颜无耻地否认，拒绝组织进一步查询或进行某种拙劣的掩盖，如来一个"内部"质询。他们才不会管人们是怎么想的。

库切对比科案以及其他被拘留人员，如艾哈迈德·提姆（Ahmed Timol，1971年）和尼尔·阿杰特（Neil Aggett，1982年）死亡事件的触动可以从他在20世纪80年代和90年代所写的两篇重要文章中看出。一篇是收入《双重视角》中的《进入小黑屋》（*Into the Dark Chamber*，1986），另一篇是收入《冒犯》中的《布莱顿·布莱顿巴赫与镜中的读者》（*Breyten Breytenbach and the Reader in the Mirror*，1991）。在第二篇文章中，库切指出像约翰·沃斯特这样的安全警察会对拘留期间的死亡案件编出各种各样的谎话，比如疑犯踩到"一块肥皂"滑倒了，实际上，在极权主义语言实践中，这是"死于酷刑"的隐语。这些谎言证明了某些人对真相无耻的蔑视。在《双重视角》中，库切引用了克里斯托弗·范维克（Christopher van Wyk）的诗歌《拘留》（*In Detention*）来显示人们是如何操控真相的：

他从九楼跌下
他上吊自杀
他洗澡时滑倒在一块肥皂上
他上吊自杀
他洗澡时滑倒在一块肥皂上
他从九楼跌下

他洗澡时上吊自杀

他从九楼滑下

他从九楼上吊

他洗澡时在九楼滑倒

他滑倒时，倒在一块肥皂上

他从九楼上吊

他滑倒时，被从九楼冲下

他洗澡时，在一块肥皂上上吊[8]

  当法院责成那些施暴者离开自己的暗室，像在纽伦堡审判中，或在耶路撒冷受审的阿道夫·艾希曼（Adolf Eichmann）[①]那样讲述他们的行为时，这些被指控者的渺小与他们所犯罪行的巨大是如此不成比例，这让库切感到震惊。他发现在审查史蒂夫·比科和尼尔·阿杰特之死的两个案件中存在同样的悖论，其间，"安全警察从小黑屋中出来了片刻，暴露在公众的目光之下"。[9]

  因为一套腐败的法律，在约翰·沃斯特广场的刑讯室里的折磨取决于施刑者的怜悯。在《双重视角》里的一篇文章中，库切谈到西弗·塞巴拉、末甘尼·沃利·塞罗特（Mongane Wally Serote）和亚历克斯·拉古玛的作品。因为酷刑只有亲身经历者才能体会到，所以这些作家就必须使用他们的想象力来描绘种种折磨。库切写道："黑暗的、外人不得进入的禁室本质上是小说幻想的起源。在制造这些卑劣行为、增加其神秘的过程中，国家本身在不知不觉中为小说的再现创造了先决条件。"[10]布莱顿·布莱顿巴赫从监狱里出来之后写了一篇题为《一位白化恐怖主义者的真情告白》（"The True Confessions of an Albino Terrorist"，1984）的文章，描述了审讯过程，那时折磨者与被折磨者的关系是如此紧密，

---

① 纳粹德国的高官，也是在犹太人大屠杀中执行"最终方案"的主要负责者，被称为"死刑执行者"。

如此亲近，又最具破坏性：

> 审讯者从外表到行为看起来都很正常。他过着普通的家庭生活……这些人不是怪物：他们知道，自己被强大的力量包容与接受。他们甚至天真地认为自己是被所谓的沉默的大多数暗中支持的。他们大多数人认为自己所做的"肮脏的工作"是必要的……囚犯最终将坦白……囚犯终于知道自己是被当成一种工具利用了、被人冷酷且熟练地操纵了，他也知道了自己的弱点。糟糕的，甚至更糟糕的是，最终他把折磨他的人看成了一个祭司，甚至一个朋友……你们两个，违法者和受害者（合作者！小提琴手！），被联结到了一起，也许是永远地联结到一起，通过你们所看到的卑劣，通过悲哀地了解人类所能做的事情。我们所有人都是有罪的。[11]

库切在《冒犯》里的一篇文章中详细研读了《给屠夫的海外来信》（*Letter from Abroad to Butcher*）这首诗歌，他认为这是布莱顿·布莱顿巴赫的"重要诗歌"之一。布莱顿巴赫将该诗"献给"了"巴尔萨泽"——约翰·沃斯特的第二个名字。所写内容是关于他在牢房中，对囚犯与"屠夫"行为的思考。该诗收录在诗集《隐秘》（*Skryt*）中。该诗集在荷兰出版，但在南非被查禁。在这首诗中，囚犯所说的语言具有戏剧性的发展：从"囚犯说"到"宣称"，再到"承认"。它描述了囚犯最初意识到恶化与腐败的迹象（"第一次飞跃"）所感受到的痛苦，当"他的梦想被粉碎"，他准备着走向死亡之路；他准备着"到地下去抖动/喂食昆虫"。死神降临时，他想起政治犯提姆"从天堂的第十层上翻滚/到街上拯救那里站满的人群"，然后犯人直接询问"屠夫"在折磨他时是否也会显露真实情感：

> 而你，屠夫
> 你负责国家的安全

当夜幕开始降临，

囚犯

发出凄惨的号叫

就像生孩子羊水破了一样，

你有何感想？

看着血腥的人形，

恐惧而战栗

他残喘着，在你的双手之间

行将死亡，

你不觉得卑贱吗？

当你那曾抚摸你自己妻子私处的双手，

触碰着死去的躯体，

你喉咙下的心肝就不颤抖吗？[12]

关于"你自己妻子的私处"，库切认为：

布莱顿巴赫应该写"隐私部位"。暴露在公众目光下的不只是
酷刑室不被人所知的秘密，不仅仅是（假定的）沃斯特自己感到的
反感（这里具有复杂讽刺意味的是：布莱顿巴赫断言沃斯特是有良
知的，他敢肯定沃斯特不敢否认），还有沃斯特婚床的秘密（根据
公众禁忌，这部分是不可以暴露在公众目光之下的）。这首诗攻击
手法低劣，挖苦的不是沃斯特，而是他毫无防范能力的妻子的隐私
部位。这有辱男性的荣誉，鉴于事主的年龄（1972年时，巴尔萨泽
和迪尼已经50多岁了），这绝对是一种冒犯。该诗的过分之处在于
它太突出隐私。[13]

值得注意的是，库切在《冒犯》中关于布莱顿巴赫的文章里相当关
注《给屠夫的海外来信》这首诗歌。就如同在《双重视角》中的《进入小

黑屋》一文中，他全文引用克里斯托弗·范维克《拘留》中的内容。他很着迷于《一位白化恐怖主义者的真情告白》一文，因为该文章再现了安全警察的精神状态。他们可能会在早上离开餐桌前，亲吻自己的孩子并与之告别，然后开车到办公室去作恶。[14] 在《进入小黑屋》中，库切也提及了他自己的小说《等待野蛮人》。该作品1980年出版，讲述的就是酷刑室给一个有良知的人带来的冲击。虽然这两篇文章都是在小说出版后刊登的，但它们可以被有效地用来帮助理解《等待野蛮人》以及该作品成型的影响因素。库切的文学创作与文学批评经常互相影响与渗透。尽管库切在小说的空间和时间设定上尽量虚化，但他还是会考虑让南非成为背景的可能性，比如小说中乔尔上校在给地方治安官的囚犯死亡报告中所使用的数据就来自南非官方对比科的折磨，以及关于他死亡原因所用的谎言。报告的写作加之其他小细节，比如重复"囚犯"这一字眼，是典型的安全警察的写作风格。报告中的谎言与克里斯托弗·范维克在他诗中所暗示的一样：

> 在审讯过程中，囚犯的供词显然漏洞百出。这些漏洞百出的供词被揭穿后，囚犯变得狂怒起来并且攻击进行案件调查的长官。接着在发生扭打的过程中，囚犯重重地撞在了墙上。经抢救无效死亡。[15]

小说中，当地方治安官后来检查尸体时，发现犯人嘴唇是肿的，牙齿被打碎，一个血淋淋的眼眶里完全是空的，这样的伤害让人联想起比科所受的酷刑。

《给屠夫的海外来信》中犯人问行刑者的问题在小说中又一次被地方治安官问及乔尔：如果一个犯人说了真相，但是发现不被相信，他会怎么办？在这种情形下，审讯者要承担什么（道德上的）责任？乔尔说，从犯人说话的"声调"里，他一定可以推断出这个人说的是不是真话。他还必须尝试通过施加压力来获取真相。带着一种安全人员训练有素的无情，乔尔说：

> ……首先是说谎，然后才是强制手段，再后来，又是说谎，于是再施压，崩溃，再施压，然后才是真话。这就是你得到真相的方式。[16]

在考虑乔尔的战略战术时，地方治安官问自己，在秘密折磨犯人的时候，折磨者本身在经历什么样的情感历程？与布莱顿巴赫有关"屠夫"的诗中做出的回应一样，治安官在想：

> 作为一个新手，一个学徒，他不过是被叫来拧拧钳子扳扳螺丝或是其他什么别人也在做的事儿，而他却擅自闯入了禁地，不知他在那一刻是否会有点儿不寒而栗？我发现自己对他的好奇太多，想知道他是否有一个闭门自省的洗罪仪式，以使他自己能回到其他人中间与别人一起共同进餐。在那一刻他非常仔细地洗了自己的双手吗？他所有的衣服都换吗？还是局里造出了一种新人，不管洁净也好还是不洁净也好他们都能够心安理得地过下去？[17]

在小说的结尾处，当治安官受尽折磨，重新成为自由人的时候，他问乔尔的助手迈德尔，他如何在完成那些罪恶的任务之后回家与朋友和家人待在一起，还能吃东西：

> 如果这问题太放肆的话得请你包涵点，但我实在忍不住要问一下：我想知道，你事后——就是做完修理人的活儿之后——你是怎么吃东西的？这是我对行刑者和这类从业人员一直百思不得其解的问题。等等！再听我说一句，我是诚心向你讨教，这问题弄得我好苦，可我不敢冒犯你，不敢问你——你心里对此肯定很清楚。你觉得干完这事后对吃东西没什么影响吗？我想象过大概你们得洗一

下手，但一般的洗好像还不够吧，可能还得要一个牧师来帮一下忙，弄一个清洗仪式吧？类似净化灵魂似的——这是我脑子里想象出来的。还有，回到一般人的日常生活里是否觉得别扭？比方说一家人坐在一起或是和同事们一起吃饭？[18]

二

1977年8月，库切访问加拿大，参加在安大略省滑铁卢大学举办的第三届人文学科电脑化国际会议。作为一个曾在英国工作过的程序员，他多年来对此一直保持着兴趣。在回程途中，他在布法罗停留了几日，见了一些他以前的同事。1977年9月20日，从加拿大返回南非后不久，库切开始了《等待野蛮人》的创作。在这本小说最早的版本中，他将故事背景放在了南非，特别是开普敦。但是后来他放弃了这样的想法，而采用了一个更加不确定的时空背景。该书的早期版本也是在开普敦大学的考试用纸上撰写的，记录日期从1977年9月20日至1978年3月28日。一个月后，在1978年4月28日，他开始了第二个版本的创作，并于1978年10月28日完成。接着，他又利用1978年11月1日至1979年4月8日的时间创作了第三个版本。在这个版本开始的时候，他还待在开普敦，但在写作过程中，他已经到了美国，先是在得克萨斯大学，然后在加州大学伯克利分校讲学。

在接受大卫·阿特维尔的采访时，库切是这样评论此次访问的：

我1979年从开普敦大学休假，进行《等待野蛮人》的创作，同时重新拾起语言学。虽然在开普敦曾断断续续地教过语法与文体学，但我已经跟不上语言学新的发展了。我在得克萨斯大学语言学系待了一个学期，旁听了劳里·卡尔图宁（Lauri Karttunen）关于句法学的研讨课，进行了大量的阅读，尽量寻找自己在这门学科中的定位。语言学分支的发展如此之快，以至没有人能期望掌握超过一或两个分支的研究。得克萨斯大学之后，我又去伯克利分校待了三个月……这是一段孤独时光，但成效很大。[19]

在奥斯汀期间，库切写完了3篇关于句法学的论文，主要是关于英语中被动语态的修辞性问题以及无主句的修辞作用。这些文章都被收录到《双重视角》中。其间，他继续创作《等待野蛮人》。1979年4月和5月间，他用红色字迹编辑了手稿。1979年6月1日，他完成了打字稿，并用黑色墨水笔加入了一些进一步的修订。塞克沃伯格出版社的校对稿（与该小说其他版本一起存放在得克萨斯大学的哈里·兰塞姆中心）只有几处黑色笔的更正。

与《内陆深处》的小节编号方式不同，小说《等待野蛮人》按时间顺序分为六个章节。但是在拉万出版社的版本中，分割更多，并用较短的星号做标识（在以后的版本中，因为排版的原因，出版商用空白取代了星号）。

这部小说的故事时间跨度一年多，通过季节的变换来标识。相比较而言，它的"实验"性略逊于先前的两部小说。《幽暗之地》包含不同身份的库切；《内陆深处》的场景可以说是重复的，时间也是紊乱的。《等待野蛮人》的背景设置与前两部小说不同，既没有一个可识别的世界，也无法确定事件发生的时期。小说背景是含混的，一方面有盐田和沙漠；另一方面有湖泊和白雪覆盖的高山。城堡以及马匹和刀剑的设置让人想起罗马帝国，但浩瀚无垠的大地又让人想起中亚草原或南非卡鲁。酷刑和暴力的主题，让人依稀想起纳粹统治下的德国，沙皇统治下的俄国，或共产党人统治下的苏联，另外，20世纪60年代和70年代南非局势与这一主题的平行联系也是不可能被忽视的，特别是"紧急时期权力"，与20世纪80年代及早先的南非如此类似。1982年8月31日的《新闻周刊》中引述了库切对彼得·扬哈斯本所说的话："我想创造的人物与背景不属于当代任何情况。但是，熟悉南非的人可能会觉得是在说南非。"在接受记者乔安娜·斯科特采访时，库切说，创作《等待野蛮人》的挑战不是来自"描述一个陌生的环境，而是在于构建一个他自己从未见过也不存在的环境"[20]，而对于这一点，在小说创作的整个过程中，他都不曾忘记。在接受大卫·阿特维尔的采访时，库切说："如何描述野蛮人的土地是对我想象力的挑战。"[21]因此，这部小说中的虚构事件显然植根于非现实，不能"直接"追踪到包括南非在内的任何特定国家。正是这种不确定性，让许多评论家将该小说称为寓言体的小说，从中可以看到故事与其他国家和事件的相关性。如果宽泛松散地使用这个词，我们可以说《等待野蛮人》是关于种族隔离时期南非暴行的一个寓言版本。[22]

故事的讲述者没有名字，他在帝国的边缘区域做治安行政官。作为帝国的官员，他维持治安与法律；但同时他也是一个老人，希望在边境上和平地生活，尽管有些不情愿，但还是要履行他的职责，等待着退休，拿退休金。他的业余生活是安静地阅读经典作品，破译他在考古发掘过程中发现的一些木简上的怪异文字。为了放松，他也会到小客栈二楼去召妓。

在小说的开始，凶残的乔尔上校来到边境小镇，他是从帝国首都国防部第三局来的绝情官僚，这个安全警察有些像盖世太保或克格勃。[23]他的特点是易怒，戴着的暗色眼镜不仅挡住了他的眼睛，也遮盖了他的邪恶本质。乔尔是堕落的政治制度下扭曲人性的原型，但是治安官从他那不透明的眼镜中看到自己的影子，表明他也受到了这个腐烂体系的影响。乔尔声称野蛮人正准备反抗。他发起了对他们的突袭，然后抓回来一群游牧民，审问并折磨他们。优柔寡断的治安官不希望涉足这些调查，于是对帝国来客和他们的手段敬而远之，尽管后来受良心的谴责，他被强迫承认，作为帝国的仆人，他自己与那些人一样是有罪的。在小说的结尾处，他说：

> 但我并非如我所希望的那样，是冷冰冰的乔尔的对立面——一个宽容的欢爱制造者；我是帝国的一个谎言——帝国处于宽松时

期的谎言；而他（乔尔）却是真相——帝国在凛冽的寒风吹起时表露的一个真相。我们正好是帝国规则的正反两面。[24]

库切的这部小说与约瑟夫·康拉德和卡夫卡的作品之间存在互文性。就像《黑暗之心》中的青年库尔兹一样，行政长官相信开明、自由的政府，爱上了一个有色人种，结果被怀疑脑袋出了问题。与卡夫卡的作品，特别是《在流放地》（"In the Penal Colony"）这一故事互文则更清晰，比如卡夫卡笔下地方官的暴虐。[25]库切小说的标题让人想起塞缪尔·贝克特的《等待戈多》，但是该小说首先是来自康斯坦丁·卡瓦菲的同名诗——《等待野蛮人》，该诗的结尾与小说有很强的呼应：

> 夜幕已经降临，野蛮人还没有来。
> 有些人已经抵达前方，
> 并说不再有任何野蛮人。
>
> 而现在，没了野蛮人，我们该怎么办？
> 这些人曾经是一种解决方案。

在小说的结尾处，帝国的士兵追踪野蛮人来到帝国的边界之外，但最后士兵们丢盔弃甲地返回来，说敌人引诱他们进入沙漠，然后就消失了。乔尔和他的手下等待着野蛮人，结果什么都没等来。他们所预期的野蛮人并没有出现，因为野蛮人是他们自己想象的内容，就像南非白人一直恐惧的"黑人的危险"。这些人不会带来什么"解决方案"，因为他们从来就不会出现。角色互换，真正的野蛮人是乔尔上校领导下的帝国士兵。

随着故事的展开，治安官开始对受害者感到同情，特别是一个女孩，她在遭受酷刑的过程中断了腿，眼睛半盲。当上校离开哨所之后，治安官将女孩带到自己的房子里和他睡在一张床上。他照顾她，每天晚上给她涂抹杏仁油，并帮她洗脚。对于他来说，这是一种仪式和忏悔，他希望这样可以洗净他给自己假定的罪行与同谋。治安官与女孩之间只发生了一次关系，而她仍然是一言不发，保持着神秘，甚至像一场幻觉。治安官与她的关系不同于他与客栈妓女的关系，在那里他花钱买性，还伴随着谎言。后来，在两名士兵的伴随与引领下，他开始了一项穿越沙漠的艰巨旅程，希望将女孩带回到族人那里。这部分让人想起南非早期的开拓者记录的故事，但库切仍成功地将故事限定在虚构的世界里。

回到边境军营——"文明的黑暗之花"[26]，治安官发现，他不在的时候，军队已经与野蛮人交战。他被抓起来，因为他涉嫌与敌人谈判，被控犯有叛国罪，受到监禁、折磨和羞辱。他被"推进不公开的紧急审判庭，一个呆板的小个子上校在那儿主持，他的助手向我宣读我的罪状，还有两个下级军官权作陪审推事，为使整个把戏看上去像是一种合法程序"。[27]他的情况很有讽刺性：他曾是殖民秩序的一部分，现在却被标记为帝国境内的敌人。在库切的前两部小说中出现的主仆二元对立，在本书中通过角色的逆转，变成了一件特别复杂的事情：比如，治安官与乔尔之间的关系（以及他的手下迈德尔），还有治安官与女孩的关系。用德里克·阿特里奇的话来说，治安官的情况是"孤独的个体在一个充满敌意的环境中，提出了关于文明与人性的一些至关重要的问题"。[28]监禁期间，治安官开始有了略微的反思："如果什么人在遥远的将来对我们的生活有兴趣作一番探究，以帝国前哨基地的视角来看这个老人，也会觉得他内心并不是一个野蛮人。"[29]后来，他告诉乔尔："你是敌人，你挑起了战争，你给第三局找到了他们所需要的替罪羊——这事情不是从现在才开始的，是一年前你把第一批蓬头垢面的野蛮人带到这里时就开始了。历史将证明我说得没错！"[30]然而，对于乔尔来说历史不过是个小玩意，因为他所在的帝国与历史的进程背道而驰，是要密谋反对历史的。这个帝国至高无上的规则，也是20世纪70年代和80年代南非所执行的，那就是："如何确保政权的长治久安，避免分崩离析。"[31]

《等待野蛮人》展现了库切最漂亮清爽的文风。作品所表现的文体的灵活性让他从容地从剧情高点过渡到适合人物性格的对话部分。支撑着屋顶的立柱垮塌了，芦苇和黏土合成的屋顶上，男人从窟窿里掉下来，他骂骂咧咧的话语反映了一个士兵的粗糙：

> "该死！"他骂道，"该死！该死！该死！该死！"他的同伴都哄然大笑。"有什么好笑的！"他叫道，"我他妈的大拇指给弄伤了！"他两手夹在膝盖中间。"真他妈痛！"他抡起一脚踢在草棚上，我又听见里面泥灰脱落的声音。"我们本来应当把他们一个个排在墙根，和他们的同伙一道毙了！[32]

当治安官在被拘留期间遭到传讯时，乔尔上校要求他解释其所拥有的木简上文字的意思，认为其中包含来自一种未知语言的隐含信息。实际上治安官也不知道木简上文字的含义，但是，在一个重要段落中，治安官利用这个机会向审讯者展示了一些挑衅的可能，其中微妙地涉及乔尔新近折磨犯人的暴行。正如库切的小说不包含直接、简单或单一的政治"信息"一样，治安官推测的"翻译"，提供了对木简上文字进行不同解释的可能：内务记录，帝国未来的攻击计划或是帝国最近几年的历史。在这些五花八门的选择背后，知情的读者会发现"含混的七种类型"，库切是一位精通文学理论与文本细读的学者，当然也熟悉这一点。治安官的解释在玩味含混以及文本各层次的可能性解读，他并不是要得出一个单一、特定的明确含义：

> 现在让我们来看看下面一片怎么说。看，这只有一个字符，是野蛮人的字符：战争。这字符也有另外的含义，就是：复仇。如果你把它倒过来看，也许可以读作：正义。内中的深意无从知晓。这是野蛮人智慧的一部分。
>
> "其余的木片说的是一回事。"我把那只不带伤的手伸进箱子里

搅了一下。"只是一种寓意，这些东西可以用许多种方式来读。或者说每一片木简都可以用许多方式来读。合在一起可以看作是一部家庭日志，也可以看作是一份战争计划；横过来可以读作帝国最后时日的一段历史——我说的是旧的帝国。专家学者在研究古代野蛮人遗迹时众说纷纭……"[33]

在一系列相关场景中，有一群孩子反复出现，有时是在现实中，有时是在治安官的梦里。他们建立防御的堡垒、城堡或者整座城市：这意味着一个社会制度。在小说的结尾，这些孩子重新出现，但是这是在一个重要桥段出现之后发生的。这时，治安官已经恢复了他先前的合法地位，也重新开始写作了。但是，他没有任何进展。这个哨所最后几年的史册记录并不是他想要的记录，因为他已经成为历史之外的存在。他想等到冬天，当真正的野蛮人来到小镇大门口，他会向大家告别，卸下公职，然后开始说真话。但这个时候，他再次看到广场上的儿童。与早期看到的情形不同，他们并没有在建造一个堡垒或一座城堡，而是在堆一个雪人。当他看到这一点时，他感到"莫名其妙的喜悦"。尽管他注意到那个雪人堆得很笨拙，但是并没有指出来让他们扫兴：

> 他们忙着自己手上的事儿都顾不上瞥我一眼。硕大溜圆的身子已经堆起来了，这会儿他们在滚一个雪球要做雪人的脑袋。
>
> "谁去找点什么来做嘴巴、鼻子和眼睛。"他们里边一个挑头的孩子说。
>
> 我想起雪人还得要有两条胳膊，但我不想掺和他们的事儿。
>
> 他们把脑袋安在雪人的肩上，又用小卵石给雪人安上了眼睛、耳朵和嘴巴。有个孩子还给雪人戴上他自己的帽子。
>
> 真是个不差的雪人。
>
> 这不是我梦里所见。就像如今经历的许多事情让我感到很麻木；就像一个迷路很久的人，却还硬着头皮沿着这条可能走向乌有

之乡的路一直走下去。[34]

虽然雪人没有胳膊，但是治安官不干预，因为，按照加拉格赫尔的观点，手臂的另一个负面含义是武器。[35] 相反，他为孩子们的创作而感到莫名的高兴，因为孩子们的创作暗示着下一代蕴含的希望。尽管根据最后一句，那希望不会为他带来曙光。这种试探性的让下一代充满希望的形象得到了进一步的证实，因为库切将此书献给了他的两个孩子——尼古拉斯和吉塞拉。

与《内陆深处》一样，有无数的人急着要将《等待野蛮人》拍成电影，其中包括詹姆斯·波利，他想带上马内·范伦斯堡和穆尼因·李（Moonyeenn Lee），与导演切斯特·登特合作。弗朗西斯·杰拉尔德也很感兴趣。但库切让他在美国的新代理彼得·兰姆派克（Peter Lampack）与那三个曾向他寻求电影版权的人士联系。兰姆派克决定将版权给维兰德·舒尔茨-凯尔（Wieland Schulz-Keil），因为他打算请杰克·尼科尔森（Jack Nicholson）饰演治安官。库切在1984年10月26日写信给舒尔茨-凯尔，认为尼科尔森是一个非常有才华的演员，但他继续解释了他眼中治安官的性格特点：

> 很难将尼科尔森从他曾经饰演的角色中剥离出去。我只想说，要演好治安官，尼科尔森将不得不放弃他的那种（我会称之为）狡猾和颠覆性的幽默，在其他角色中，这是他的标志性特质……一般来说，我觉得欧洲人会比美国人更容易进入角色。饰演这个角色一方面需要智慧与自我怀疑的能力，另一方面，还需要一种真正的责任担当感。而且前者不能颠覆后者。这也就是说，他需要有两方面的综合，而不是从一种情绪转换到另一种情绪。这真是不容易。

最终，这部电影不了了之，可能是因为舒尔茨·凯尔无法筹集到必要的资金。在2005年，《等待野蛮人》以另外一种形式再现于一家德国剧院。埃尔福特歌剧院（Theater Erfurt）将其改编为歌剧，菲利普·格拉斯（Philip Glass）作曲，克里斯托弗·汉普顿（Christopher Hampton）作词。该歌剧也在阿姆斯特丹和奥斯汀上演。2007年1月，在库切曾经求学过的奥斯汀，该剧被改编成影射当时伊拉克局势的寓言。这是一个具有挑衅性的行为，因为当时的总统乔治·布什曾担任得克萨斯州州长。

三

1979年7月24日，库切将《等待野蛮人》的手稿从伯克利分校寄给纽约詹姆斯·布朗公司的经纪人大卫·斯图尔特·赫尔。库切提醒赫尔，他已经收到了哈珀罗出版社克科罗娜·麦克赫姆的信，问他是否有新的作品准备出版。该公司在美国出版了《内陆深处》。他推断，他们也可能对这份新的书稿感兴趣。他也给伦敦的经纪人穆雷·波林格发了一个副本，后者帮助代理了库切第二本小说在法国的销售权。

显然，波林格几乎立即成功地向塞克沃伯格出版社推销了该书稿，因为库切在1979年10月8日返回开普敦时，就收到了该出版社汤姆·罗森塔尔的一封信。他将《等待野蛮人》描述为"一本具有毁灭性的力量"的小说。同时他还提到了库切"无比清晰"的散文风格：

> 你所描述的是一个噩梦般的世界，治安官这个人物塑造得如此真实、写得如此恰到好处，让人觉得这个可怜的人儿就在身边。

对于南非市场，罗森塔尔安排迈克·柯克伍德以拉万出版社的名义发行1 000本精装本和2 000本平装本。1980年10月16日，英国版问世，几个月之后在1981年，南非版也问世了。1980年11月2日，库切写信给柯克伍德，说到塞克沃伯格版本的封面上，一个叫马丁·西摩-史密斯（Martin Seymour-Smith）的人称库切是"过去十年中南非出现的最好的小说家"。对此，库切写道：

> 他们没有让我看封面，所以我没有办法。但是在您的版本中，
> 要是将这个放在封面上，我们就都显得太愚蠢了。

11月29日，库切告诉穆雷·波林格，对于法国出版商莫里斯·纳多（Maurice Nadeau）购买了《内陆深处》的版权两年了还没出版，他很是不满意。他还说，自己正在进行第四本小说的创作，他希望在1982年上半年完成。

英国大多数的评论都盛赞库切的这本新小说，但是彼得·刘易斯在1980年11月7日的《泰晤士报文学副刊》上发表文章称，尽管该小说有"扣人心弦的叙述和道德洞察力"，但是在丹·雅各布森发表过《约瑟夫·贝兹的忏悔》（The Confessions of Josef Baisz）之后，它并没有为传统政治寓言带来任何实质性贡献，人物过于定型化。伯纳德·莱文（Bernard Levin）在《星期日泰晤士报》上坚持《等待野蛮人》的重要性。他热情洋溢地评价这本新书，并将库切定义为国际舞台上的作家。莱文认为库切是一位"有分量、有深度，优于常人的艺术家"。他继续说：

> 从表面上看，这个故事是一个暗喻，但是它直接指向一个（库切所在的）国家，在那里"人们声称有比个人体面还重要的考量"。但是在这种表象之下，它超越了时间、空间、人名，甚至宇宙。库切先生看到了所有社会的黑暗之心。接着有一点会逐渐变得清晰：实际上库切不是在讲政治，他在探究我们每个人内心潜伏的兽性，这种兽性根本不需要集体刺激就会转身撕裂我们……似乎，我们每个人都在等待野蛮人。如果库切是正确的，我们不用等待很久。

莱文指出，库切唤醒了卡夫卡那具有欺骗性和难以捉摸的焦虑，但是治安官人性的削减要比约瑟夫·K.的命运更进一步。当治安官将自己

J.M.库切传

与乔尔上校比较时，他说："我是帝国的一个谎言——帝国处于宽松时期的谎言；而他却是真相——帝国在寒风吹起时表露的一个真相。"

莱文还认为：

> 我从来不知道还有这样一个作家愿意袒露自己的后背，用自己手中的棍棒打自己，宣称自己是人类苦难的一部分，也是让人类遭受苦难之源的一部分。

> 我认为没有几个作者能像他这样，在人的内心中唤起这么一个荒凉的旷野，而野蛮人正坚持不懈地向这个荒原挺进。这本书像先知的《旧约》。先知已经看到火雨即将来临，即便是那些发出警告的人也无路可逃。这个先知明白尽管"在遥远的帝国前哨，有一个人，他的内心并不是一个野蛮人"，但是这既是重要又是徒劳的。在读库切的书稿时，耳边都是凄风苦雨。最让人觉得痛苦的是他看不到任何希望，人类永远不能成功地关上潘多拉盒子，而凄风苦雨正是从那里出来的。

1982年4月21日，在接受《开普阿格斯报》的采访时，库切被问及如何看待莱文的评价。他说莱文高度赞扬他的小说，并认为该小说超越了南非的悲惨困境，这让他有点不知所措。莱文认为库切小说"超越时间、空间、人名，甚至宇宙"的观点，促使库切强调国内批评家应更严肃地对待国内成果，不应该等待那些成果被海外发现。至于莱文的好评，库切认为像"宇宙""超越"这样的字眼对于他来说太大了。他所做的一切就是写作而已。对于他的写作是否是被种族隔离的"悲惨困境"所触发的问题，他回答说，没有人在开始写作前就有深思熟虑的动机，一个人写什么取决于他对自己写作动机的探究与发现。

当塞克沃伯格出版社的《等待野蛮人》运抵开普敦码头的时候，像对待《内陆深处》一样，海关官员将其查封，然后将样书送到指定的委员会审查。1981年，一位热心的警察G.J.皮泽（G.J. Petzer）少校将拉万版的《等待野蛮人》提交委员会审查，但是被退回，因为审查机构说他们已在审查这本书。雷金纳德·莱顿（Reginald Lighton）是开普敦审查委员会的一员，负责审查这本书。在报告中，他指出，一些场景诸如迈德尔当场宣读对治安官的指控——从无能到叛国罪；尤其是当治安官说，他们将用法律手段对付他，因为这样对他们适合，他们还会采取其他方法。这些都可以解释为在影射政治动乱。另外，莱顿认为迈德尔这个人物有问题，他可以在为帝国服务的同时通过犯罪来谋生。尽管此书的背景不是当代南非，但是还是有一些问题不能令莱顿满意。不过，他认为，小说的背景是不明确的，干燥地区中的绿洲位于赤道以北，而不是南非附近。因此，他强调，尽管某些地方有相似性，但是小说在背景上没有明确表示发生在南非。在他的总结中，他认为迈德尔和乔尔可以被理解为代表着"国家资深思想家的傲慢专制——带着狭隘的思想和冷酷"。[36] 即便酷刑的手段与南非密切相关（鉴于比科的死亡情况），但是莱顿在他的报告中努力地强调该小说的普适性题材。他补充说："虽然这本书有一定的文学价值，但是它缺乏号召力。它的读者可能将主要局限于知识分子，有辨别能力的少数人。小说中没有多少'冒犯性'的词语，所用语言在上下文中都是正常的。所以并没有足够的理由认为该小说不宜阅读。"因此，该书最终得以在南非发行。[37]

令库切不安的是，1980年12月12日的《每日经济新闻》与1981年3月26日的《阿格斯报》都转载了伯纳德·莱文的书评。在拉万版的小说出版前，《纳塔尔目击》（*The Natal Witness*）就宣称这本书让"库切先生走到南非杰出文学人物的前列"。《纳塔尔水星报》（*Natal Mercury*）在1981年2月5日发表的书评中声称："我怀疑自己是否读过比这本书更强有力的作品。"在1981年2月6日的《金融邮报》（*Financial Mail*）中，彼得·威廉认为很多人会将此书作为一个南非寓言来解读："小说文字优美精当，人物和地点被有意地、技巧性地赋予了普适性，它让读者沉思文明本身的意义，思考在面临内部的或是外部的威胁，以及野蛮入侵时它是何等脆弱。"

威廉在书评结尾处高度赞扬小说对读者的影响：

> 奇特的风景，有点像非洲，又有点像想象中的国家；行为与思想几乎没有干扰时间的流淌；语言清晰明朗——读者在读过小说之后，还会品味这些内容。

与此相比，切瑞·克莱顿在1981年3月8日的《兰德每日邮报》上对该书的赞誉还是相对节制的。在她看来，库切是一个冷静的知识分子型作家，尽管在当时的文坛有一些大胆抗议的简单文本有时会被给予过度的赞誉，但是她还是很欢迎库切的作品可以纠正这种文坛现象。与此不同，吉恩·马夸德表示钦佩他"具有迷惑性的散文风格"以及"在一个超越时间的背景下呼唤人们注意残酷与痛苦"。

从美国经纪人大卫·斯图尔特·赫尔那里[38]，库切得知《等待野蛮人》的书稿已经提交给哈珀罗出版社、霍顿·米夫林出版社（Houghton Mifflin）、维京出版社（Viking）、道布尔迪出版社（Doubleday），另外还有企鹅出版公司。而企鹅出版公司不仅希望买下新书，还希望补发《内陆深处》。

赫尔并没有在他的信中解释为什么手稿会被提交给这么多的出版商。但是在1981年11月20日发行的《出版商周刊》的一篇文章中，乔安·戴维斯（Joann Davis）讲述了当时的情形。当时，赫尔在与企鹅出版社的凯瑟琳·科特共进午餐，讨论物业和在美国购买房子的事情。在谈话中，他告诉科特英国出版了《等待野蛮人》，他说：

> 这就是一个很好的例子，书稿很好，但是一些美国出版商却都拒绝出版。作者在国外已经获得三个文学大奖，但美国这里没有人对他感兴趣。

英国和美国出版商的不同反应引起了科特的兴趣，她同意在接下来的假期里，带上一本英国版的《等待野蛮人》。"这真不是一本适合在海滩上阅读的书，"她后来对《出版商周刊》说，"但是，我仍然把它带上了，我要自己感受一下。"科特在采访中指出，她以前从来没有听说过库切，但她被这个南非人的作品打动了：

> 说起来都是陈词滥调了，但我觉得这本书给我的深刻印象是，它能让读者看到人灵魂中的黑暗处，并可以用一种感性的方式理解政治局势带来的道德困境。我还真不知道有多少作家可以不用过多修辞，就能塑造一个能够从深层次审视自己信仰与道德的人物。

尽管还是在度假期间，但是科特通知赫尔，她将非常愿意出版《等待野蛮人》，他应该不遗余力地帮她拿到版权。距离前一封信没有几天，1981年5月6日，赫尔给库切带来了来自企鹅出版社的好消息。他们已决定接受《等待野蛮人》和《内陆深处》两部作品，将出版平装本，并为此提供7 500美元预付款。赫尔建议库切接受这一开价。尽管哈珀罗出版社拥有《内陆深处》的重印权，但他会与其协商，修改版权，因为他们出版的精装本已经绝版。

从大卫·赫尔处拿到库切签名的合同之后，科特在1981年11月6日写信给库切，说企鹅出版社将在1982年4月出版《等待野蛮人》，她和很多同事都为此感到非常兴奋。她继续说：

> 这是一本非凡的小说，不仅仅是因为您写作的质量和精当，以及您想象力的强度，更是因为它让我做出了某种"情感上的飞跃"——以一种非智力的方式来了解选择其令人敬畏的本质。
>
> 正如您所知道的，小说将以质朴的平装本形式面世。这可以使我们获得更大的读者群。这是企鹅出版社首次以这种方式出版一本小说，这必将吸引更多人对此书的注意……
>
> 我还想让您知道，我们已经提前印刷了一些试读本，以帮助宣

传和推广。我也将其发给了一些人让他们做一些可以引述的评价。下面是纳丁·戈迪默、格雷厄姆·格林（Graham Greene）和迈克尔·阿伦（Michael Arlen）分别给我们的回应：

> J.M.库切的眼光触及神经中心。他的发现要远远超出大多数人对自己已有的理解范畴。他才华横溢地用作家所掌握的张力与优雅来传递了这一发现。

> 这是一本非常优秀、具有原创性的图书，也是一本非常有勇气的图书。

> 这是一本惊人的书。我希望它在我的头脑里再停留长一点的时间。

科特总结说："当然，我肯定这仅仅是一个开始，我将让您知道一切进展如何。"

美国版的《等待野蛮人》在1982年4月面世，首印3万册。由于企鹅出版社在该书出版之前，已经做了广泛宣传，将试读本发给了许多期刊，很多编辑也开始对库切产生了兴趣。1981年11月6日，大卫·赫尔告诉库切，他收到了很多电话询问库切是否有短篇小说可以发表在他们的杂志上。有一个电话来自《纽约客》——"这个国家最难打进去的市场"。哈珀杂志社的梅利莎·鲍曼（Melissa Baumann）在1981年12月2日写信给库切，她说《等待野蛮人》是一本精彩的书，很早之前就应该在美国出版。她询问是否可以从小说中摘一部分放到她的杂志上发表。如果不行，她想知道，库切是否能提交一篇短篇小说作品，比如《南非来信》，或鉴于南非日益增长的右翼运动写一篇关于当代南非文学的文章。在1981年12月20日的回信中，库切说，他很乐意让她发表该书的部分摘录。他继续说：

至于您所建议的另一种可能，我恐怕目前没有什么适合的短篇。用一封《南非来信》来讲述一下马雷（Marais）、特雷布兰奇（Terre'blanche）和他们的追随者，将是有趣的，但是我对他们的了解仅限于报纸上所读到的。我觉得一个人需要更多的第一手资料才能写出那样一篇文章。至于说南非文坛，实际上，目前是相当沉闷的——至少，我的印象是这样。此事容我再思考一下，几个星期后再与您联系。

这次库切没有立即跟进"南非来信"这个议题，但是这一事件很可能给他日后要写的一篇文章提供了灵感。

1982年4月26日，安东尼·伯吉斯（Anthony Burgess）在《纽约时报》上称《等待野蛮人》是一个"沉重但令人钦佩的故事"。作品"强有力的叙述不仅控诉了库切所在国家种族隔离的意识形态的愚蠢，也控诉了我们周遭的愚蠢，它的表述特别具有破坏性"。乔治·斯坦纳是一位杰出的文学评论家与哲学家，代表作品有《悲剧之死》（*The Death of Tragedy*, 1961）和《语言与沉默》（*Language and Silence*, 1966）等作品。1982年12月2日，他在《纽约书评》上的一篇评论中先提出了黑格尔关于主仆关系的概念作序曲。他印象特别深刻的是库切小说中治安官与女孩之间的恋情的描写：

> 这里精美地展现了黑格尔关于主仆之间的模棱两可性——服从者如何掌控自己的主人。治安官对黑女孩所遭遇的痛苦既感到痴迷，又感到道义上的谴责。他清洗和揉捏她那被伤害的脚，寻找暴虐伤害的根源。库切先生为我们塑造了一个最初对酷刑一无所知的男人是如何在他人身上寻求忍受与恢复的生机……库切先生非常成功地诠释了这种爱，以及认为解放可能带来的徒劳。

美国《纽约时报书评》非常重视《等待野蛮人》：在1982年4月19日

版的封面页上，欧文·豪（Irving Howe）也发表了一篇书评。豪在书评开头讲述了作家所在地南非的局势，他认为每天都在发生的、到处都存在的种族冲突的喧嚣占据了作家的心灵，左右着他的创作。库切在《等待野蛮人》中发现了一个让环境与作者之间充满张力的叙事策略，他将故事设置在一个假想的帝国，没有确定的时间，但同时又可以被认出是一个南非的"普适"版本。这种方法使他能够与自己的作品保持一定的审美距离，而不至于被当今时代的混乱与丑恶所淹没。与斯坦纳的观点一样，豪也认为治安官与野蛮人女孩的关系是小说中最出彩的一部分。他对故事的总结性介绍相当精辟。在书评的结尾处，他指出尽管他认为《等待野蛮人》是一部"杰出的小说"，但是其运用想象帝国的策略可能会无的放矢。他提到了莱文的评论：

> 其中一个可能是失去具体历史地点和时间所能提供的紧迫性和痛楚。创建一个"普遍化"的帝国是有风险的，尤其是对于那些老到的读者来说，现代主义的信条已经成为令人厌倦的公理，所以这种带有强烈政治和社会影涉的叙述会被"架空"为对人类生存条件的非常贫瘠的反思。库切先生的美国出版商对伯纳德·莱文所写书评的引用好像也帮助我说明了这一点。伯纳德·莱文说："库切先生看到了所有社会的黑暗之心。接着有一点会逐渐变得清晰：实际上库切不是在讲政治，他在探究我们每个人内心潜伏的兽性……"
>
> 这深刻的评价蕴含着我们时代的精神，但是请原谅我这么说，这种深刻的评价也是肤浅的。我们为什么要假设《等待野蛮人》这本小说不是在"讲政治"呢？难道这是小说的一种美德吗？小说当然是在指涉政治：难道乔尔上校和治安官不代表两种不同的政治类别吗？政治并不像莱文先生所暗示的那样，像表象那样琐碎，是生活中的糟粕；政治是一项基本的人权活动，构建着我们共同生存的方式。如果说库切的小说没有政治，那简直像是拔掉了它的牙齿。
>
> "黑暗之心"无处不在，"我们每个人心中都潜伏着"兽性也很

可能是真的。但是诉诸这种普遍的罪恶可能偏离了库切先生所描绘的，特别是至少可以部分修正的社会错误。所以这种说法不仅会误导人们的注意力，还会鼓励读者在寻找自己内心的野兽的时候产生一种保守默许的情绪和社会被动性。

我不觉得这会是库切先生的意图，或者更为重要的，它是小说本身所要确保的内容。诚然，帝国是抽象的、永恒的、无处不在的，但是通过帝国的纱幕，《等待野蛮人》呈现了我们政治的某一个片刻，一种不公。正是这种历史直接性给小说带来了新颖的推力，以及您所希望的，更大的"普适"的价值。

《等待野蛮人》给库切带来极大赞誉。他的一些好朋友通过电报、信件或电话向他表示祝贺。他收到了一封来自南非政治家丹尼斯·沃拉尔（Dennis Worrall）的信。丹尼斯·沃拉尔在信中表达了他对小说的钦佩："我刚才带着极大的兴趣和愉悦读完了您写的《等待野蛮人》，觉得有必要向您表示祝贺。"沃拉尔问库切是否可以推荐一篇相关书评。库切将欧文·豪发表在《纽约时报书评》上的文章发给了他。库切认为这篇书评"至少涉及小说的一些核心问题"。库切的旧同事约翰·巴特也从巴尔的摩的约翰斯·霍普金斯大学发来了贺信："恭喜您，《等待野蛮人》在这个国家受到了高度瞩目。再次祝贺您写成了这本书，可以当之无愧地接受这些瞩目。我们在霍普金斯大学已经将其放入20世纪小说这门课程的教学之中。"巴特询问库切是否会在1984年春天回到布法罗，并想知道他能否来巴尔的摩给他们创意写作课的学生做一个公开演讲。库切回复说，春季学期他确实会在布法罗，在此期间，他将讲授一门有关现实主义（或别的什么内容）的课程，他希望去巴尔的摩拜访乔纳森·克鲁。因此，他很乐意给巴特创意写作的学生讲一讲。

英国企鹅出版社决定仿效美国的姊妹公司，也出版该书的平装本。小说翻译权也出售给了许多国家的出版商，有法国、瑞典、丹麦、德国和荷兰，后来还有许多其他国家和语言地区。尤其是在荷兰，库切积累了一个极其庞大的读者群。最初，他的书由安博出版社发行，后来由寇斯出版社发行。后者将库切的早期小说重新出了一套很漂亮的版本。荷兰语版本的《等待野蛮人》受到空前的好评。在1983年6月24日的《人民报》上，埃纳·詹森（Ena Jansen）认为《等待野蛮人》是因其精准描述与反思的融合而引人入胜：

> 对风景和人的描述是非常具体的，但是对于原始场景的展现有时很奇怪，它强调的是对于人生无法摆脱命运的深深的忧郁，以及一个孤独个体的抵抗。小说的主题具有普遍性：关注那些在任何时候都不希望成为专制政权同谋的人物。

1983年6月24日，在《新鹿特丹商报》（*NRC Handelsblad*）的文化副刊上，弗兰斯·凯伦敦克（Frans Kellendonk）认为库切的创作运用了"一种非比寻常的朴实且不羁的方式"，《等待野蛮人》所包含的是"隐含的、寓言化的"信息：

> 如果将库切的作品过于局限地与他祖国的悲剧相联系，那是错误的。他所描述的种族隔离是非政治的，是存在主义的。种族是一种迷信，种族主义与反种族主义都是错误的陈述。它实际上在讲述承认与尊重真正的差异，这是文化的问题。人只有在保持不同的情况下，才是平等的。

在1984年1月28日的《自由荷兰》（*Vrij Nederland*）上，艾德·纽伊斯（Aad Nuis）评价了库切前4本小说的英语版，认为《等待野蛮人》是最杰出的一部作品——尽管现实是被剥离的，但小说的叙事采取了传统的方式，与《内陆深处》有所不同。在小说开始时，来自帝国的乔尔上校是新的野蛮人，他对人类文明所产生的威胁比以往任何时候的野蛮人都更为巨大。纽伊斯认为，与以往的小说不同，这部小说里有自由化的治安官与作者本人的呼应，这有助于"人物的丰富"：

> 对于南非局势的批判，这本书不仅是谨慎的，也是具有权威性的。它的力量恰恰就在于这样的一个事实：统治集团的善意（作者本人也属于其中）被无情地放置在想象的聚光灯下。南非的名字并没有被提及，这一方面是自我保护的问题，但也有其积极的一面：小说的影响范围因此而更为广泛。

《等待野蛮人》的出版使库切获得了国际声誉。除了小说的内在质量之外，小说的出版时机也是十分恰当的，因为随着很多关于南非状况书籍的出版，国际社会对南非种族隔离政策的愤慨不断升级。《等待野蛮人》入选《纽约时报》1982年的最佳图书。根据他们的观点，这本小说"在国际话语层面，发出了一个关于80年代酷刑的强大且感人的声音"。

随着库切受到日益关注，在出版《等待野蛮人》的当年，企鹅出版公司还补充发行了《内陆深处》。该书在1977年已经由哈珀罗出版社在美国出版，书名为《来自内陆深处》。1982年库切的成功也促使他在英国和美国的出版商发行了他的第一部小说《幽暗之地》。该书之前只有南非版。早在1978年4月，雷米尔·A.约翰逊（Lemuel A. Johnson）就已在《非洲图书出版录》（*The African Book Publishing Record*）中评价过拉万版的《幽暗之地》，认为雅各·库切在格雷特河区域的长途跋涉"既是巴洛克式的、噩梦般的远行，也是一次对种族差异、文化不平衡，以及'扩张'信仰所引发困境的深刻探究"。

在1983年1月23日的《星期日泰晤士报》上，维多利亚·格伦（Victoria Glendinning）表示了对《幽暗之地》的赞赏：

> 作品散发出一丝康拉德、纳博科夫、戈尔丁，以及《蚊子海岸》（*The Mosquito Coast*）作者保罗·泰鲁（Paul Theroux）的风采。但他与他们又完全不同，他发出的是一种严酷的、引人注目的新的声音。与他的

角色一样，库切有着"一种探索的气质"，他带领读者一起去感受那些不那么让人舒服的片段。我希望每个人都能读他的书。

四

随着《等待野蛮人》的出版，以及在其他国家的销售，库切开始收获国际奖项。他获得了来自苏格兰的詹姆斯·泰特·布莱克纪念奖（James Tait Black Memorial Prize）。该奖项是英国最古老、最有影响力的奖项之一，1919年由A&C布莱克出版公司发起，以纪念他们的合伙人詹姆斯·泰特·布莱克先生。奖项由爱丁堡大学负责管理。在爱丁堡大学的A.D.S.福勒（A.D.S. Fowler）对库切的介绍中，他将其描述为过去十年南非最好的小说家。库切在英格兰获得了杰弗里·费伯纪念奖（Geoffrey Faber Memorial Prize），该奖项设立于1963年，以纪念费伯出版社的创始人和首任主席——杰弗里·费伯。该奖项隔年颁发，面向英联邦国家未满40岁作者的诗集或小说。

像1978年的《内陆深处》一样，《等待野蛮人》获得了1979年的CNA奖。评审团的成员有南非大学英语系的D.R.比顿（D.R. Beeton）教授、阿格斯印刷及出版公司的查尔斯·巴里（Charles Barry）、约翰内斯堡的一位著名作家塞尔玛·古奇（Thelma Gutsche）博士。1980年4月23日，颁奖仪式在约翰内斯堡奥克兰公园的乡村俱乐部举行。

这一次库切所做的公开演讲是他做过的最重要的演讲之一。他在演讲中提出了什么是"民族文学"这个问题，以及是否可以在南非用英语讨论民族文学。库切从他的写作生涯开始就对自己的南非起源有着非常含混的感觉。在出版《幽暗之地》时，他曾反对拉万出版社给他钉上南非作家的标签。《幽暗之地》所包含的两部分故事分别发生在美国和南非，但是该书的封面是19世纪非洲画家托马斯·贝恩斯（Thomas Baines）的水彩画，描绘的是殖民时代南非的风景，有牛车和远山。图书简介称赞这本书"可能是第一本真正重要的南非小说"。如果人们还记得，库切在完成开普敦大学的学业后，曾计划永久地离开南非，逃脱殖民地并定居大都市。他关于什么是民族文学的观点对于了解他如何看待自己作为作家的任务，有着非常重要的作用。

如果想要把库切对于什么是民族文学的理解放在更大的南非文学的背景下，就应该注意到1936年3月，N.P.范维克·洛从阿非利堪斯语作家的角度在斯泰伦博斯所做的相关讲座。在这个讲座中，范维克·洛反对之前一直主导阿非利堪斯语文学的那种"随意的本地现实主义"，尤其是它的各种散文变体。按照他的观点，这样所形成的是一种殖民地的、"片面"的不能包含完整人性的文学。[39]

在接受CNA奖时，库切说，一年一度的CNA颁奖是南非文化日历上的一个重要事件，因为他们描绘着（英语和阿非利堪斯语的）南非文学的发展。无论委员会是否意识到，但是至少他们在不自觉地发挥着如下的作用：

> 记录着南非作家与评论界不断变化的口味与关注点。尽管他们也是凡人，选择可能也会出错，但是仍然记录着南非在过去几十年中不断增多的重要图书的出现。

库切还表示，颁奖委员会的决定可以被看作一个更大的公共项目：定义南非的民族文学——现实中实际有两种南非文学：一种是英语的，另一种是阿非利堪斯语的。在他的演讲中，阿非利堪斯语文学属于外围，因为他要谈论的是英语的南非文学（包括黑人的英语写作），他想问一问将其看成民族文学或者正在兴起的民族文学，是否是一个好且正确的想法？正是在这一方面，业已成型的关于英语和阿非利堪斯语文学的理解方式特别引人注目：

> 在20世纪70年代，阿非利堪斯语作家与阿非利堪斯语当权派

之间的战斗可以被看作一场关于在南非的民族传统中书写什么的战役；而用英语写作的作家与南非英语当权派之间的战争是令人难以想象的……

但是，如果说现在讨论南非英语写作是否构成了民族文学的问题似乎是纯粹的学术问题，那么在南非的未来，情形将有所变化，因为英语将很可能是压倒性的主要文学语言。关于什么是民族文学的问题，有一个更为激进的观点，且为阿非利堪人所赞同：民族文学体现着民族的期望，从普遍意义上讲是民族斗争的一部分，关于生、独立、统一、霸权等等。种种迹象表明，南非文学在英语范畴内所面临的这种压力在未来将会更大。

我今晚想问的问题非常简单，但是又很激进：我们是否有足够的理由，将从非洲走出来又在国内销售的英语作品称为民族文学？或者更确切地说，将其视为民族文学的动机，是否只是出于政治目的，希望作家把精力投入到为国家本身服务上？

库切说，他并不想纠缠更大的诸如作家的任务这样的问题，也不希望讨论民族和国家是否相同的问题。他希望将问题限制在更小的层面，从文学史的角度来看，将一部用英语写成的南非文学作品称为民族文学是不是一个错误称呼？在他看来，作家在写作过程中，脑海里每天要思考的是如何将内容与形式联系到一起的问题。内容很容易，只要一个作家拥有必要的激情、想象力和一些其他素质就可以。但是没有形式，内容就不能独立存在。人的所言、所想与所感是由表达所需要的形式来限定的。不论是文学的，还是语言的，这些形式都是不容易改变的，也不可能总是发明新的形式。库切惊奇地发现，为了表达新事物而需要的重要形式上的改变并不经常会发生在文明的边缘，它们通常会发生在一个文明的文化中心，库切将其称为"大都市"——尽管20世纪后期，通信网络的发展使得大都市不必被限制在一个单一的定义化的位置上。就南非的位置而言，库切说："与占世界文明主导地位的西欧以及北美相比较，它们是大都市，而南非是外省，南非的文学是外省文学。"

库切正是希望逃脱这个"外省"，所以他先去了英国。从他1974年
发表文学作品以来，他也不希望被特别称为南非作家。但是，他对什么
是外省文学的想法也是复杂含混的：

> 如果我可以说，我们不是在建立一个新的民族文学，而是在
> 建设一个业已形成的外省文学，那么在我看来，最有建设性的行
> 为——无疑比哀叹我们的外省命运、谋划着逃到大都市要更具建设
> 性——是恢复重建外省的概念，让外省作家的命运变成作家可以毫
> 无耻辱感地拥抱的命运。外省主义通常带着落后、自以为是、市侩
> 的内涵，还带着自卑的烙印。但我不觉得真有必要如此。外省文学
> 不一定就是渺小的。陀思妥耶夫斯基和托尔斯泰时代的俄罗斯文学
> 就是外省的，但同样是重要的。外省主义还有许多其他可以培养的
> 地方，例如，普通人生活的文化与历史连续性，对地域、手艺和持
> 重的尊敬。

库切认为做一个外省艺术家并不是很容易，特别是有的时候，他与
大都市文化传统的联系使他与乡土风俗发生冲突，比如南非作家每天都
在经历着文字审查制度。还有一点也是不易接受的，比如南非作家可能
认为自己发明了一种新的形式，但是实际上只是大都市里已发生过的行
为的重复。大都市的批评者们吹着号角呼吁外省艺术家通过自己的艺术
创造真正"南非"的东西，而不是单一模仿欧洲或美国的形式，外省艺
术家必须学会适应这些。库切说："这样的要求来自一些天真、悠闲、典
型的大都市群体对异国情调的向往。我们没有必要重视它。"库切在结
论中说了这样一个想法（几年后，他将在另一个重要演讲中进一步详细
阐述）：

> 我记得一个英国同事说："在南非当一名作家真好！其他一切

都可能是错误的，但至少你有一个伟大的主题在你眼前！"也许情况的确如此。南非确实提供了一个很好的主题，但是好的主题不能产生伟大的小说。大规模的压迫与剥削、大规模的反压迫与反剥削——这些肯定不是一个新的主题……我今天晚上的建议是，南非作家必须要学会谦虚，明白他的历史命运，以及他所在社会的命运是没有什么特殊的，除了国旗、国歌以及其他的国家装饰，他与大都市的关系，就像其他用英语写作的非洲作家一样，与70年前的情况没有什么不同。

《等待野蛮人》获得CNA奖之后，南非学生联盟（SASPU）的一本杂志刊登了一篇梅南·杜普莱西斯（Menán du Plessis）所写的书评。她当时还是一名学生，后来成为知名小说家。她不仅批评该作品缺乏与南非当时惨烈现实的政治相关性，还猛烈攻击作者的人格："正如CNA奖本身所表示出来的，这本书将被热切地同化为它（依稀）谴责的系统。到最后，它既不是一本令人不安的书，也不会挑战任何的东西。库切是一个很精细的作家。但是很遗憾，他不是一个有胆量的作家。"在之后的一篇文章中，她却又表达了完全不同的意见，并勾勒出让她做出这个判断的环境。[40]审查人员从书中找不到什么具有冒犯性的内容，该书又得到了保守派的大奖，让那些希望从书中读到马克思主义思想的学生感到失望。然而，现在，她对库切这本书的观点变化了："（库切）的精细和胆量是不矛盾的。如果读者没有感觉到他强烈而灼热的直接挑战，我恐怕要说，那不是库切的错。"

五

20世纪80年代库切仍然是一位活跃的译者、评论家，偶尔也是一个演讲者。1981年10月，他受邀到德班参加南非教师工会会议。然而，当他得知除了要朗读自己作品以外，还要谈一谈"作者对于主题和技巧的观点"，并要按问题清单回答一些提问时，他表示反对。他写信给工会的副主席M.F.卡塞姆（M.F. Cassim），说其中有三个问题需要他谈论自己的作品，而这是他不希望做的事情。他接着说道：

> 我发现接受报纸访谈是件痛苦的事情，所以尽量不接受任何访谈；我觉得对着一大群听众来谈论我自己的作品是更痛苦的事情。（不用依赖写作谋生的一个好处就是一个人不用特意去"推销"自己的作品）。因此，我们能不能更泛泛地谈一点南非写作的现状呢？

1981年12月，休曼卢梭出版社的库斯·休曼请库切将威尔玛·斯托肯斯托姆（Wilma Stockenström）的阿非利堪斯语小说《猴面包树之旅》（Die Kremetartekspedisie）翻译成英语。这本小说与库切的《内陆深处》有一定的相似性：主人公曾经是一个女奴，她所说的语言就是某些声音以及不常见句法的组合，与《内陆深处》的玛格达很像；小说不确定的背景环境又会让人想到《等待野蛮人》，尽管库切写的主要是沙漠地区，而斯托肯斯托姆写的是热带区域。最重要的是，两个人的小说都是在等待什么事情发生。

库切被斯托肯斯托姆的小说所打动，他立即准备进行翻译。他写信向斯托肯斯托姆询问小说中一些关于植物和树木名称的翻译。[41]库切的翻译除了有南非版以外，还由费伯出版社拿到英国发行，之后此书又在其他几个国家发行。在意大利，它被评为当年最佳非意大利语小说。

瑞亚·范德若维拉（Ria Vanderauwera）是荷兰安特卫普大学的一名女博士生，她在做荷兰小说的英国与美国版翻译研究时曾写信给库切询问他的翻译原则与方法。在1981年6月3日的回信中，库切说，理论上，他更强调忠实于原文，而不是追求目标语的流利表达，但是他发现在散文翻译中，他可以同时实现这两个目标：

我不会将一本19世纪的小说随便翻译成像20世纪的作品一样的英语。另一方面，我不会刻意模仿19世纪后期英语用词和语法的特点。我的总体目标是让读者对我翻译所用的英语视而不见。

由于文化差异，有时原文在目标语中没有完全的对应物，译者就面临着一个问题：

比如：衣服和厨具的用语，以及专有词汇（如银行和金融）。只有在高度学术化的翻译中，译者才可以用大量的注脚。我所做的是大多数翻译通常会做的：将其翻译成我认为目标语文化中相对而言对等的词语。在社会文化相似的情况下，这一原则所造成的误译程度实在是微不足道。但是在社会文化差异较大的情况下，当然，这一原则（通常被称为所谓的"创造性"翻译）可能会造成很大的问题。

通过翻译《猴面包树之旅》，库切与库斯·休曼有了联系。当时库斯·休曼在与费伯出版社联系一个新项目，时任格拉罕敦的罗德斯大学阿非利堪斯语及荷兰语教授的安德烈·布林克也有参与其中。受费伯出版社的罗伯特·麦克拉姆（Robert McCrum）的邀请，库切和布林克着手编撰自1976年以来南非文学的选集。库切负责从英语作品中选择，布林克负责阿非利堪斯语部分（然后由作者或译者将其翻译成英语）。编者选择了反映当代南非的故事和诗歌，没有考虑审查制度所规定的一切限制。因为其中的一个供稿人马兹斯·库涅内（Mazisi Kunene）居住在美国，违反南非有关压制共产主义的法律条款而不能在南非被提及，所以休曼卢梭公司不打算在南非出版该书。1986年8月4日，在写给迈克·柯克伍德（Mike Kirkwood）的信中，库切写道："您可能已经听说，休曼卢梭已经停止了他们与费伯出版社合作出版南非版的安排，主要是因为担心会被应急条例法案起诉（这本书里有马兹斯·库涅内写的一些诗）。"这本文集最终确定的书名是"分离的土地"（*A Land Apart*），1986年由费伯出版社发行，荷兰版书名是"我们的耐心有限"

（*Ons geduld heeft zijn grenzen*，1987），书中的序由库切和布林克撰写。总的来说，这本书的反响很好。在1986年8月29日的《新政治家》（*New Statesman*）上，大卫·考特称该书"生动再现了当代南非写作的非凡活力，其灵感来自日常生活的怪诞"。

20世纪80年代库切写的评论既关注南非英语文学，也关注阿非利堪斯语文学。他对理查德·里夫的《书写黑人》（*Writing Black*，1981）和阿索尔·富加德的《1960—1977年笔记》（*Notebooks 1960–77*，1984）这两本书的评论最显著之处在于他描述了这两本书是如何帮助他理顺他自己与南非关系的问题。在对《书写黑人》的评论中，他对理查德·里夫的生平做了评价，尽管该书是单方面的、有选择性的，但是它反映了一个南非黑人的愿望：不希望自己生活在任何种族隔离的社会，希望有朝一日"黑人写作"这样的字眼会消失。库切对自传的评价很有趣，因为后来他自己也写了自传性的作品："写自传就不可避免地会走入自我辩解的程序。"他讨论的一个最重要的主题就是长期查禁对一位作家可能产生的影响。对于作家来说，如果让他远离自己真正的读者，撤销他的公民权，这会令人沮丧，让他不能正常工作，创作灵感也会被耗尽。去加拿大访问期间，赖夫发现那里有一群来自南非的有色人种，他们处于一种中下阶级的心理状态，尽量保留一丝南非的痕迹：晚上吃南非的咖喱肉末，试着说点阿非利堪斯语。流亡，除了带来贫困以外，还让人失去根基，丧失创造力。除了这些以外，库切发现赖夫的书有些肤浅，过多集中于他的海外旅行，对于他自己在南非的作家生涯却讲述得太少。

阿索尔·富加德的《1960—1977年笔记》对于库切来说是"自我意识的内在体验和外在创新意识的记录……是一位有智慧和良心的人的自传。他在大多数作家选择（或被迫）流亡国外的时候，仍然坚守在南非"。面对着一个明显的用无情手段对付臣民（或者部分臣民）的政府，富加德仍然揭示了居住在这个可爱国家的那些臣民心中那丝丝的爱意。对于富加德来说，生命的尊严，尤其是黑人生活的尊严受到影响是一个很大的问题。库切写道：

富加德与南非白人关系很近，他知道恃强凌弱是南非白人在自己文化圈里的一个行为特色。这种做法也许是因为他们错误地研读了圣经（过于强调权威与卑微）。儿童屈膝于家长，学生屈膝于教师，年幼的屈膝于年老的（后来的屈膝于先来的），这种卑躬屈膝一直持续下去，直到脸丢尽了，这就是大多数南非白人生活经历的一部分，而且现在还存在反对自由化的作用力，并受到军队的保护，渗透到大多数的白人家庭之中。在地球上有很多专制的社会，但南非白人社会的这种阉割，还在特别明目张胆地发挥着作用。

在他看来，正是这种心态催生了白人至上主义的想法。

20世纪80年代南非出版的小说中，有一本受到库切的高度评价，那就是卡雷尔·肖曼（Karel Schoeman）的《另一个国家》（*Another Country*）。[42] 这部小说讲的是一个荷兰人维萨里的故事。他患有肺结核，便前往南非布隆方丹，希望在干燥的气候里找到一种治疗疾病的方法，结果却根本没有治愈的可能。寄居在这陌生的、最初还充满敌意的国家，他最终发现南非的风景永远扎根在自己心中，并认识到，在人们文明的外表下还有一个更深层次的精神的自我。库切发现这本小说几乎没有任何戏剧性的事件，只是在讲维萨里眼中看到的日常生活和社交场合。这部小说的"结构像乐章一样和谐，前面缓慢、庄严的负重就是准备着为恰当的结尾做必要的铺垫"。在库切看来，小说的高潮部分发生在一天晚上，维萨里被迫守在年轻且粗鲁的荷兰人盖默斯（和他一样有肺病的人）床边，结果盖默斯最后死在了他的怀里。在与两个德国人——舍夫勒和他的妹妹阿黛尔交谈时，维萨里一直在问一个问题：欧洲文化在南非处于什么位置。对库切来说，这也是一个至关重要的问题，比如，他在《等待野蛮人》获CNA奖的颁奖演讲中也在考虑这个问题。

库切认为，欧洲意识与非洲现实、非洲的意义以及如何获知非洲意义之间缺乏重叠。他写道："很明显，这部小说的主题是，一旦你接受了将会死在非洲的事实，那就有了生活在非洲的可能性。但是，读者在阅读中不会将这样的主题记在心中。读者所感觉到的是交响乐般的进程，从疑问和异化阶段，再到和解与接受阶段。"库切接着提到了肖曼的高级艺术，"其优点在于它是一种将艺术隐藏起来的艺术……我想不出还有哪部阿非利堪斯语作品，在最后几页会如此冷静与宏伟"。1985年12月，当他被《每周邮报》(*Weekly Mail*) 邀请提名当年最佳图书，库切选择的是《另一个国家》："这是很长一段时间以来，我读过的最优美的作品之一。"

那些年是库切最专注于文学批评的时期，他撰写了一系列文章，被他称为"南非文字文化"。其中最早的发表于1980年出版的《非洲英语文学》中，这些文章最终收录在1989年的《白人写作》中，由耶鲁大学出版社和瑞迪克斯（负责南非市场）联合出版。与理查德·赖夫的《书写黑人》相对应，库切这本书的特点是"关注那些不再是欧洲人，也还没有成为非洲人的群体"[43]。这本书由七篇文章组成，主题包括关于"悠闲南非"、"风景如画、伟岸崇高的南非风情"、南非在诗歌中的表现方式、波林·史密斯和艾伦·佩顿对语言的使用、萨拉·格特鲁德·米林小说中描绘的种族退化，以及农场小说（plaasroman这个阿非利堪斯语词语正是库切在研读C.M.范登西弗以及其他作家作品的过程中将其国际化的，后来其他批评家也沿着这个方向进行探究，关于C.M.范登西弗农场小说的论文让他获得南部非洲英语学会颁发的托马斯·普林格尔奖的二等奖）。

库切在《白人写作》中研究的一个问题是当欧洲人在非洲南端定居之后，这里的文学从来没有出现花园神话、重返伊甸园等类似的字眼。非洲与美国也不同，到达美国的探险者非常兴奋，因为他们认识了一群"生活在原有纯真"状态的土著人。[44]非洲是已知旧世界的一部分，"居住在此的当地人的生活方式，有时让人好奇或厌恶，但从来没有让人感到钦佩"。[45]19世纪，英国人探索南非内陆的时候，他们发现当地人和南非布尔人处于野蛮状态，懒惰且愚蠢。在田园小说中，农场是展现人们所熟悉的封建价值观的堡垒，由一个善良的族长统治，是一个白人的世界，黑人或有色人种的劳动者大部分处于外围，抑或为了喜剧效果而出现。所以在奥立弗·施赖纳的小说中，农场是殖民地南非的一个缩影，一个与大自然抗衡的小社会，"是烟波浩渺之中，微不足道的一点"[46]；在波林·史密斯的作品中，农场是英格兰乡村秩序在南非的移植。在C.M.范登西弗的作品中，乡村价值观与"邪恶"的城市相对，先驱遗留下来的遗产，即便债权人（那些找不到传统或祖先的人）希望得到它，也必须要对它继续保护。

另一方面，这片土地有时是空无的、安静的、苍老的，只有石头和阳光，充满敌意，贫瘠不堪。J.H.皮尔尼夫（J.H. Pierneef）的作品里就有对"空旷的平原、荒芜的山脉、高耸的天空"的描绘。[47]库切提出的问题是，欧洲后裔是否有一种可以谈论非洲的语言——对他来说，这是一个核心问题。在他所研究的诗人中（不论是英语诗人还是阿非利堪斯语诗人），他也从他们的作品中发现了这个问题。

库切后来在对19世纪英国南非诗人托马斯·普林格尔（Thomas Pringle）的研究中也用了同样的笔调："普林格尔在将故事变成诗时，只是把他所用的材料纳入了当时当地占主导地位的现成诗歌形式范畴之下，这种做法谈不上有多少创意。"[48]在《读南非风景》（"Reading the South African Landscape"）这篇论文中，库切更进了一步。他说："南非白人诗人面临的最大问题是：这片土地是否讲一种通用的语言，欧洲人在非洲是否有在家的感觉。"或者说，"是不是像欧洲语言一样，非洲本土语言也未能与景观保持和谐。"[49]有没有一种语言，让欧洲人或麻烦的殖民者后裔可以用来对话非洲？对此，库切创建了一个意象：孤独的诗人尝试用英语与非洲对话，他们说的"芳草丘陵与沼泽地，橡树与水仙花，罗宾鸟与獾子"[50]，让人想起一个完全不同的自然世界。库切写道："真正的南非景观是岩石，而不是树叶。"[51]这时候，他想到的是卡鲁，是他的祖父库切的百鸟喷泉农庄，而不是开普半岛。在开普半岛的冬雨会让人陷入"绿叶梦"中，让人想起潮湿的萨里景观。关于施赖纳《非洲农场的故事》，库切谈到"非洲岩石般的真相"，[52]南非是一个苛刻而不富庶的母亲，有一种史前的危险力量时刻威胁着要从历史中爆发出来，正如罗伊·坎贝尔在《环绕开普》（*Rounding the Cape*）中所写：

> 咆哮的大风将低垂的太阳吹得惨淡发白，
> 灰色的海浪翻卷拍打着悬崖
> 亚当阿斯托在他的大理石大厅
> 威胁着老鲁索斯的子孙。[53]

库切在书中用如下段落总结南非的缄默：

> 在所有记录南非的静默与空旷的诗歌中——必须得说——很难不读到某种历史意志：希望看到一片空寂的土地，不是充满人的形迹，但也不是完全没有；也许那里干旱贫瘠，但也不是人类无法生活的贫瘠。从威廉·伯切尔（William Burchell）到劳伦斯·范德普斯特，帝国写作中已经出现了真正土生土长的南非布须曼人，他们的浪漫已经融入他们所属的即将消失的种族。官方历史早就讲过这样一个故事：在19世纪基督教时代到来之前，南非内部是无人居住的。歌唱空旷空间的诗歌有一天可能会被指责为同样的谎言，为官方历史的故事推波助澜。[54]

三位评价《白人写作》的学者指出，有时库切的论点是建立在他自己选择的文本引用之上的，尤其在试图证明关于南非被视为空地的概念时，他所选的例子比较主观。[55]但这并不有损于一个事实，即南非诗歌确实经常提到非洲的荒凉。一些评论家认为《白人写作》是关于南非文学最好的评论集之一。肖恩·厄拉姆（Shaun Irlam）在1988年的《现代语言注释》（*Modern Language Notes*）中指出：

> 库切文集的力量在于他简洁而尖锐地质询"白人作家"在言说

南非时，所使用的预设。他以警觉而敏感的视角，揭示了欧洲思维在思考非洲时所固有的迷惑与无知。

从美国返回南非后，库切所写的另一组"流行文化"类的文章收录在由大卫·阿特维尔编撰的《双重视角》中：比如讲述橄榄球与美国队长的文章，库切本人自贬地称其"不值一提"。在他看来，这段时间写的另一些有关南非白人的论文应该"安静地死亡"。这些文章可能是当初哈珀杂志社的梅利莎·鲍曼建议并邀请他写的。1985年5月28日，《淑女》杂志重新发表了一篇文章，文中库切采访了斯泰伦博斯的很多南非白人。根据库切的观点，早些时候，人们还不知道那是一个很自由化的地方。他当时很惊讶地发现那里的人们对南非即将到来的变化，非常开放，并具有很强的接受力。他们时刻准备着改变自己的态度和生活方式。登在1986年3月刊《时尚》的另一篇文章《白人部落》(The White Tribe)中，库切严厉批评了一些南非白人的观点。这些人认为变化将给他们的"部落文化"带来缺失，将导致身份的融合或流散。但是库切自己并不太喜欢谈这些文章。他对大卫·阿特维尔说："我很担心，在我职业生涯的某一个阶段——20世纪80年代中期——我有点像当时南非事务的评论员了。我没有那种做政治／社会学新闻的才能。更具体地说，我比较质疑这种文体，它限定了从业者的视野，所以我还不能全身心地投入。而且我缺乏足够的热情去彻底颠覆既存现实。总之，我太书生气了，对真实的人类并不了解，不应该让自己成为一个翻译，更不应该充当什么法官，来评判他人的生活。"[56]

六

当库切开始在开普敦大学做英语讲师的时候，系里当权的是大卫·吉勒姆，他试图强行推进一种过时的"实用批评"方法，让系里所有老师遵循F.R.利维斯的教学方法。作为一位学者，利维斯曾激烈反对在剑桥盛行的文献学研究，而吉勒姆的前任盖伊·豪沃思则是文献学研究的拥护者。利维斯以及在他之后的吉勒姆都认为文献学研究是徒劳无益的。利维斯还认为，如果没有批评实践，任何文学理论的讨论都不会走得很远。吉勒姆的观点更夸张。他认为他所在的系不需要关注文学理论。像利维斯一样，他希望讲座课程能够致力于"伟大的传统"和英国文学的伟大作家，根本没有必要关注起源于殖民地的文学。

可以预料，对文学理论的最新发展趋势有着丰富知识的库切，对此不会感到高兴。令他感到震惊的是，南非所有的文学以及其他前殖民地著名作家的著作几乎全部被排除在外，可能只剩下第一年书目中的几本。吉勒姆本身没有出版过很多作品：他唯一的主要出版物是《布雷克的对立状态：作为戏剧诗的"天真与经验之歌"》（ *Blake's Contrary States: The "Songs of Innocence and Experience" as Dramatic Poems* ），还是他在博士论文基础上再加工而成的。另一方面，除了创造性写作之外，库切进行了许多重要的批判性研究。如果说吉勒姆很快意识到库切可能是他领导职位的一个威胁，甚至开始嫉妒他的突出成就，这也不足为奇。吉勒姆显然没有意识到，库切根本不会对任何行政职务感兴趣，更不会喜欢它所带来的繁文缛节的束缚。他所希望的就是坐到现在这个位置，可以平和地用自己的见解教自己的课程，并继续进行自己的文学创作和研究工作。

同事们抱怨说吉勒姆在与他们打交道时很专制。例如，他会检查他们的订书单，然后在没有告知有关讲师的情况下，画掉上面的一些书目。有时候，如果在他看来一位教师给学生打的分数过高，他会去干涉相关教师，给学生降分。当一位讲师反对他这样的做法时，吉勒姆建议他们向院长或学校高层反应，此事也就不了了之了。[57]

尽管与吉勒姆之间有摩擦，库切还是被晋升为高级讲师和研究员，并于1981年被破格晋升为副教授。库切能在英语系的紧张态势中生存下来，可能要感谢他长期在美国各大学做客座讲师的经历。1984年第一学期，他到布法罗纽约州立大学进修和讲学；1985年和1989年，他都在约翰·霍普金斯大学度过了一个学期。

然而，吉勒姆强迫实施的文学教学方法有违库切关于学术自由的每一个原则。1971年回到南非之前，库切在布法罗所工作过的院系中，所有教学人员，包括初级讲师，都能参与决策。但吉勒姆要树立的是绝对的个人权威。据说，他曾宣称民主模式在大学院系是不可取的：有清晰等级结构的教会模式，才是更合适的。[58] 在任命新讲师时，他要确保那些奉承他、不质疑他权威的人能得到职位。

库切和吉勒姆之间的不和谐是在意识形态上的根本不同，但它也往往造成两人间的摩擦。库切满工作量讲课，他还要想着自己的研究与文学创作。随着他和菲利帕婚姻的解体，他还不得不照顾两个年幼的孩子，而且每天上学放学都需要接送。而吉勒姆固执己见，丝毫不给库切减少上课量，即使是在库切出版了《等待野蛮人》，已经得到国际认可之后，吉勒姆仍然不松口。

但是，学校看到了库切的工作以及他发表作品给学校带来声誉的重要性。1983年8月4日，教务处发信给他：他已经被破格提升为正教授。吉勒姆没有选择，只好默认给库切的升职。当然如果说是他启动的这一动议，这很值得怀疑。

为了继续创作和研究工作，库切开始考虑减少工作量，以兼职为基础，但是吉勒姆不允许这样。这促使库切在1984年7月从美国半年访问回国后，直接绕过吉勒姆给负责学术事务的副校长A.D.卡尔（A.D. Carr）教授写信。在1984年7月24日的信中，他写道，他在美国期间，已接到多所大学的邀请，希望他加入他们的教师队伍，无论全职还是访学方式都可以。他答应在9月份再给他们回应。他继续说：

> 我个人的倾向是拒绝，以继续保持与开普敦和开普敦大学的联系。然而，事实上，我从来没有喜欢过在英语系的教学工作；我怀疑是否有可能换一个新领导让一切有所改善，因为有些人已被授予

终身教职，在系里待了12年。此外，对我来说，花大部分精力进行本科教学没有任何经济意义。系里任何有能力的年轻讲师，都可以做到一样好，甚至更好。

所以我想找到一个权宜之计，能够让我：

1.保留在开普敦大学的位置；

2.请假，包括定期缺席；

3.尽量减少与外文系管理机构和日常运作的接触；

4.减少教学工作量。

我不知道是否有这样安排的先例，但我觉得也不是不可能，尤其是如果我接受减薪。

现在卡尔意识到开普敦大学面临失去库切的危险。他知道这将是一个无法挽回的损失，是一个不折不扣的灾难。卡尔将此事转告当时的校长斯图尔特·桑德斯（Stuart Saunders）博士，他在1984年8月23日与卡尔和库切召开了一个紧急会议。会议后的第二天，库切将他为自己设想的在英语系的职位内容诉诸纸上：

我会在英语系教授以下课程，并指导学生：

1.同时指导最多两篇博士论文。

2.同时指导最多四篇硕士论文。

3.每年教授两门荣誉课程。（这些课程将涉及每周90分钟的上课教学，外加答疑时间。）

4.每年指导最多四篇荣誉学位论文。（每篇论文相当于五分之一荣誉学位项目的工作量。）

（上述内容加起来大约是现在英文系全职工作量的一半，并略有超出。）

同时：

1.我将不用参加系里的日常管理工作，但我继续拥有教职与代表的权益。

2.我会保留教授的头衔，我作为全职学术人员的终身教职权利将不受影响。

3.像任何其他学术人员一样，我将进行学术研究。

4.我仍然拥有获得系、学院和大学科研奖励的资格。

5.我偶尔可能会申请特别无薪假，去进行研究和文学创作工作。

6.我的工资将是高级讲师薪酬档最高档。

库切在信中这样总结：

> 我想借此机会感谢您和卡尔教授给我这个机会，重新定义我与英语系的关系。同时，考虑到在减少在此教学工作量的同时，我的薪酬也有下调，所以我提议的这个安排对学校也不是不公平的。

就在同一天，他写了一封信给吉勒姆。他说，从美国回来以后，他发现自己不能在继续承担一个完整的授课量的同时从事研究和文学创作工作。出于这个原因，他已经向学校副校长卡尔提起诉求，希望能重新审核他与学校的合同条款。这之后，他与卡尔以及校长正式面谈，决定从1985年开始，减轻一定的工作量。他认为有必要向吉勒姆通报这方面的发展。

也许出于审慎，吉勒姆没有进行书面答复，但是很显然他对库切建议减少自己教学任务一事并不满意。从库切在1984年9月3日的一封信中的反应，可以推断出吉勒姆的反对态度：

> 对于您对我提出的降低教学和行政工作量的建议所持有的具体以及总体保留的意见，我已经进行了思考。
>
> 您说如果我不教本科课程，就会导致没有学生知道我是谁，因此，也不会有多少学生选我所教授的荣誉课程。我不能同意您的这

个看法。荣誉学生必须提交选课表给系里审批，而系里的政策是必须要保证他们所选课程具有学术性。因此，我看不出有任何原因让学生不选我的课程，这些课程都是他们感兴趣的。

您还说，我的建议会引起系里高级教员的不满情绪。事实是否会如此，我不好说。但是在改变我在大学里教学、管理与科研的工作量的同时，我的工资也一并进行了削减。我希望校方能够看到我的薪酬改变是合理的。因此，如果有人不满意，我觉得那是不合理的。特别是大学事实上也雇用一些研究型教授，他们的薪酬是正教授的薪酬，但是他们要做的是在完成一些研究的同时，做少量的教学。他们的教学工作量要比我所提议愿意承担的工作量小得多。

我理解您希望系里的教师能教从英语1级课程到荣誉课程的全方位课程，同时平均分担系里的行政杂务。谁都知道，我自1972年以来一直是这样做的。不过，现在我处于职业生涯中的一个拐点，如果广泛而无成效地分散精力，对我来说毫无意义。我的建议是让我把今后的教学重点放在荣誉学生和研究生上面，那将与我的科研兴趣直接相关。

在我看来，在这一点上，我的职业发展与您作为系主任的出发点出现了不吻合的地方。我理解您的观点，甚至深表同意。不过，我仍强烈希望您考虑我原来提出的建议。

今天，很多大学都会聘请，甚至全薪聘请富有创造力的艺术家进行创造性工作，而无须他们承担大量学术任务。奇怪的是，吉勒姆可能没有或不想看到库切的存在大大提高了他所在院系和大学的声誉。即使库切与卡尔和桑德斯进行了谈判，吉勒姆仍坚持原来的态度。在此期间，库切写信给卡尔教授，告诉他因为与他和校长令人鼓舞的谈话，他已决定拒绝在布法罗纽约州立大学工作的机会。他这样做是充分相信系里会找到一个权宜之计，在1985年前任命一位新的讲师来接替他的本科教学工作。

J.M.库切传

在1984年9月25日卡尔写给库切的信中显示，吉勒姆不同意库切工作量的改变：

> 我们（吉勒姆和卡尔）在这个问题上已经进入了一种有点令人不安的休战状态，但重要的是我们可以按照您可以接受的条件让您在未来的一年继续在英语系任职。如果届时因为种种原因不能继续下去，我们会寻找其他您可以接受的方案。
>
> 我非常高兴地看到您说已经决定不接受布法罗的工作机会。我们需要您这样有能力的人，并期待您可以在这里继续您的写作。

同日，卡尔写了一封信给吉勒姆，从字里行间可以看出他或多或少要迫使吉勒姆接受库切关于工作量改变的协商。卡尔指出，校长桑德斯认为库切继续参与大学的研究和教学工作很重要。他了解吉勒姆不同意给予库切区别于英语系其他成员的特殊庇护的想法，但是，虽然这样的安排得不到吉勒姆的支持，卡尔仍要求他将此事留给自己和校长桑德斯来决定。为了细节的完整性，他附上了详细的库切工作量清单，并指出这种安排是暂时的，直到库切与大学成功地找到双方都能接受的替代方案。

到1986年吉勒姆退休的时候，有着长期的同事分歧和摩擦历史的英语系已经通过了多项改革措施，成为一个快乐的工作场所。多年来，它已经逐渐成为南非最突出的英语系之一，教员有杰弗里·哈里斯奈普、伊恩·格伦、凯文·索尔（Kelwyn Sole）、斯蒂芬·沃森、莱斯利·马克思、罗德尼·埃奇库姆和多萝西·德莱弗。英语系还开设了创意写作的本科课程，由斯蒂芬·沃森负责，像盖伊·豪沃思曾在20世纪50年代初做过的那样，给有抱负的作者提供一些指导，尽管那时这并不是学术课程的一部分。从1993年起，库切设立了一门关于创意写作的荣誉课程，后来逐步扩大到硕士及以上年级，英语系又聘请了安德烈·布林克为该课程授课，他曾是罗德斯大学南非语与荷兰语教授。库切与布林克的合作就是从这个时候开始的。后来在接受记者采访时，库切这样详述他们之间的关系：

> 我从70年代中期就认识了安德烈，曾和他一起编辑文集。虽然我们身处两地，但我真的很享受与他一起工作。他是一个高效、重实践的聪明人，绝对不是那种你需要通过周遭对他的谈论来了解的人。后来，他加入了开普敦大学英语系，我们再次一起工作，给文学硕士（通过硕士课程获得学位）、创意写作硕士生上课。我去听他上的一些课，他也来我上的一些课。学生对他的好评总是给我留下深刻的印象。在我看来，他似乎比大多数同事都更为称职。他读得多、想得也多，他是一位出色的老师，我很高兴与他共事。我们还会在一个圈子里见面，这个"圈子"在法国大使馆周围，包括那些对文化生活感兴趣的外交人员……我们相处得非常融洽。我很喜欢他，和他处得来，也很欣赏他。[59]

七

在20世纪70年代，当约翰与菲利帕的婚姻瓦解时，乔迪·德莱弗的妹妹多萝西·德莱弗正在格拉罕敦罗德斯大学学习英语文学。她1946年7月22日在格雷厄姆斯敦出生，比库切小6岁。[60]

1974年，多萝西在罗德斯大学一位美国讲师尼克·维塞尔（Nick Visser）的指导下，完成了她的硕士论文，并与此人结婚。尼克后来到开普敦大学英语系任教，在那里他因患胰腺癌很早去世。

1973—1976年间，多萝西是罗德斯大学英语系的一名初级讲师，也是《非洲英语文学》的助理编辑。之后，她曾在国家英语文学博物馆工作过。她的任务之一就是为博物馆寻找作者的手稿，但是因为她胆小的性格，在这方面不是非常成功。由于多萝西的哥哥乔迪与库切从学生时代起就是很好的朋友，尼克·维塞尔在1979年写信给库切询问他们是否可以去开普敦拜访他。这次拜访很成功，多萝西读了《内陆深处》，对库切的智慧、魅力、友好的态度和帅气的外表印象深刻。他很乐意给她一本《幽暗之地》的校对稿，纳入国家英语文学博物馆藏品中。

作为国家英语文学博物馆的雇员，多萝西不得不在1980年参加在开普敦大学举办的一个有关文字审查的会议，而库切也参加了那次会议。当时库切的婚姻已经名存实亡，多萝西与尼克·维塞尔的婚姻也触礁。这次会议让约翰和多萝西互相有了更多了解，他们双双坠入爱河。12月，库切开着一辆皮卡车到格雷厄姆斯敦，将多萝西所有的物品装上车，并在圣诞节那天开车回到开普敦。多萝西确定库切就是她的梦中情人。在开普敦，他们各有自己单独的住处，但经常在一起。

在开普敦时多萝西为马斯库·米勒出版社工作，主要负责学校教材的预订。虽然她很高兴能在开普敦生活，但是这一年对她来说是很不愉快的一年，因为她发现整个机构体系是腐败的。1982年，她被任命为开普敦大学英语系助理讲师，后来晋升为讲师和高级讲师，1993年晋升为副教授，并在1997年成为教授。1986年，她在罗德斯大学完成了博士论文，研究对象是波林·史密斯。多年来，她经常在会议上发表论文，并做过美国和澳大利亚大学的客座教授。她的出版物主要关于南非英语文学以及妇女和性别研究。

约翰·库切终于找到了合适的与他互补的伴侣。多萝西永远是他的第一个读者，她会告诉他，在哪里她的阅读注意力减弱了、在哪里他可以稍微收紧内容、在哪里可以加强自己的措辞。他会听取她的意见，虽然有时也会跟着自己的感觉走。他们经常就相关主题互相打趣。除了专业联系以外，他们在感情上也是很匹配的，共同兴趣爱好不仅仅局限于文学。让多萝西很感动的是，当她见到菲利帕时，菲利帕对她说，自己真的希望约翰一切都好，并希望看到他快乐。

第11章

首获布克奖与一个
《鲁滨逊漂流记》式船难故事

一

20世纪80年代，南非黑人的抗议活动不断升级，刺激因素有黑人教育危机、三院制议会在黑人事务上的无作为所引发的敌意，以及信誉扫地、腐败堕落的地方黑人行政委员会的增收租金。在非国大及其军事机构"民族之矛"（Umkhonto we Sizwe）内部，有些成员被打上政府间谍或叛徒的标签，然后被残忍地杀害。黑人警察成为被攻击的主要目标。1985年，非国大的"人民战争"策略，使国家到了无法治理的程度。早期的游击活动与群众运动息息相关。[1] 罢工、游行、抵制和攻击事件激增，黑人警察的房子被燃烧弹焚毁，警方线人的脖子上被套上一个充满汽油的汽车轮胎"项链"，然后被活活烧死。

1982年，纳丁·戈迪默在纽约人文研究所做题为《生活在过渡政府时期》（"Living in the Interregnum"）的演讲。在演讲的开头，她描绘了当时约翰内斯堡有如狂风暴雨般的氛围："整个社会在革命性变革的大潮中翻转、挤压、飘摇不定，我则置身于这个社会六万英尺的高空……我选择葛兰西的话作为我的小说《七月人民》（July's People）的题词是有充分理由的：'旧的在消亡，而新的尚未诞生；在这个空位期会出现各种光怪陆离的病态症候。'"[2]

为了遏制暴动、焚烧学校、"失落的一代"的帮派暴力、"项链"杀戮及其他激进行为，南非时任总统P.W.博塔（P.W. Botha）在1985年宣布某些区域进入紧急状态，几乎赋予了政府无限的权力。1986年，全国都进入了紧急状态；1988年联合民主阵线（UDF）和其他附属机构被禁，南非工会大会（COSATU）被禁止参与政治活动。干预的程度可以从1985年治安部长的声明中推断。该声明指出，1985年，近19 000人因与骚乱相关的指控被捕（其中72%的人年龄在20岁以下），指控内容包括公众暴力、纵火和谋杀。尽管政府拥有绝对的权力，可以扣留组织活动的嫌犯，却依然无法遏止各种抵制行动。这导致很多平民被视为国家的敌人，而遭到清算。据大卫·威尔士（David Welsh）所述：

> 许多敢死队的杀手成员都是有犯罪记录的精神病患者，他们似乎从杀人的行为中获得相当大的工作满足感。最臭名昭著的敢死队营地叫"非水准（Vlakplaas）"，位于比勒陀利亚附近的一个农场。这个地方在20世纪70年代后期被警方征用，用于"转化"所谓的"冲锋者"，其中包括被俘获的黑人游击队员，让他们为安全部队工作，当然他们所用的方法都不会太温和。两个"非水准"的指挥官德克·库切（Dirk Coetzee）和尤金·德科克（Eugene de Kock），成了传奇杀手。在1983—1993年间，德科克……参与谋杀了大约70人。[3]

南非的形势促使德斯蒙德·图图呼吁国际对南非实行制裁，以迫使政府进行谈判。图图是1984年诺贝尔和平奖得主，1986年以来任开普敦圣公会大主教。20世纪80年代中期以后，国际上反对南非政府种族隔离政策的浪潮越发高涨。在世界范围内掀起了呼吁释放纳尔逊·曼德拉及其他被扣留领袖的运动。美国大通曼哈顿银行宣布不再向南非提供短期贷款，其他组织也纷纷效仿，取消了相应的贷款，南非面临更加严重的经济压力。当时的外交部长皮克·博塔（Pik Botha）主张对政府的政策取向进行重大调整，人们当时普遍认为P.W.博塔将在纳塔尔国民党的代表大会上发表讲话并宣布新政策。国际社会期望当时已经承担了执行国家主席职务的博塔宣布彻底的变革措施并释放曼德拉，但博塔的"卢比肯"讲话最终让人大失所望。按照他的解释，他并不准备把南非白人交给共产党人，让他们走上投降或自杀的道路。曼德拉和他的支持者们可以被释放，但前提是他们必须发誓放弃暴力。这次讲话后不出几日，南非的货币单位暴跌到历史最低点，美国国会禁止在南非进行任何新的投资，英联邦国家也纷纷效仿这一做法，禁止从南非进口任何商品。

20世纪80年代后期，除了来自内部的动荡，政府还要在其北部边界打击西南非洲人民组织（Swapo）的活动。1986年，范泽尔·斯拉伯特（Van Zyl Slabbert）辞去国会议员和反对党领袖的职务。他认为，白人统治的议会已经无心解决南非的问题。在斯拉伯特和布莱顿·布莱顿巴赫的动议下，1987年阿非利堪人社区领导人和被放逐的非国大成员在达喀尔进行了首次会谈。之后，南非白人作家和知识分子在津巴布韦的维多利亚大瀑布举行集会，商讨与非国大进行对话。

尽管J.M.库切在意识到政治局势之后一直反对一切形式的种族隔离，但他并没有直接回应这场20世纪80年代的政治活动。在南非白人政党的帮助下，国民党在成立八年的时候成为执政党，开始扭转历史的进程。在1991年写的一篇文章里，库切针对20世纪40年代种族隔离理论家杰夫·克龙涅的心态指出"种族隔离是一个关于纯洁的梦想，但它又是一个不纯洁的梦想。它包括了很多东西，是很多东西的混合物；其中有一点就是它设立了一系列障碍，让人们无法通过混合找到解决方案"。[4]1992年，在接受大卫·阿特维尔的采访时，他说：

> 种族隔离的内容激进地割裂了时间发展的连续性，它（以规范为由）在殖民社会里试图阻止死亡或扭曲事物的正常发展态势。它还试图建立一个静止的无时间区，让已经不合时宜的宗族和部落专

制秩序被冻结在那里。我就是在这样的政治秩序中长大的。

此外，在他所受教育的文化中，充满着怀旧情怀的"家"要追溯到英国的一个小角落，与南非的现实没有一点关系。

在评论玛丽·本森1986年所写的《纳尔逊·曼德拉：伟人与运动》（ Nelson Mandela: The Man and the Movement ）时库切写道，如果南非政府在20世纪50年代与非国大达成某种一致，那么接下来他们将要对付的只是以小资产阶级社会民主人士为主导的和平运动。但是，他们没有这样做，相反，他们将运动定性为是颠覆政府的，说运动的领导人被国际共产主义所利用。到了20世纪80年代，政府发现自己处在了一个具有讽刺意味的位置，它不得不没面子地释放他们曾在1964年抓起来的那些领导人。种族隔离政府是否打赢过非国大，这是值得商榷的，因为在1986年，他们所面对的是比25年前更具反叛性和煽动性的大规模群众运动，而运动者又有国际舆论殿后。库切提出一个问题，南非国民大会的长老们被释放之后，是否有力量控制黑人社区如火如荼的局面，并带领人们走向自由、友爱和平等的乌托邦，走向自由宪章中所说的繁荣。他对此问题的回答是具有预言性的：这将在很大程度上取决于曼德拉的个性，以及他被释放后如何行事。被监禁一事无疑已使曼德拉在公众视线中消失。

根据玛丽·本森的观点，1980年的时候，"罗本岛的曼德拉"这个概念已经取得了近乎神话的效力。他的面容在T恤和海报上到处可见，"给曼德拉自由"的口号涂抹在监狱和公共建筑物的墙壁上，到处都是。然而，美国里根政府和英国撒切尔政府都认为，南非的经济力量越强，博塔就有更大的能力来实施新的管理体制。相反的观点认为，只有将南非孤立起来，对其实施军事和经济压力，它才会准备谈判。那些将博塔看作改革者的人推出他们的说法：只有通过表面不妥协，背后谈判权力分割，误导南非白人选民，才能够让那些被吓坏了的白人选民接受改革。那些将博塔看作是挑衅好战的阿非利堪民族主义者的人则指出其豪言壮语与其微不足道的成就之间的差距。库切认为，这两种解释都将博塔变成了一个公共骗子，要么误导南非公众，要么误导国际舆论。

在评论克里斯托弗·霍普（生在南非，但自从1975年以来一直住在英国）的《奔跑的白人男孩》（*White Boy Running*）时，库切谈论了南非当时的政治。1987年P.W.博塔请白人选民进行选举，批准他逐渐改革种族隔离政策，按照库切的说法，这个渐进式改革的速度将是蜗牛般的。这次选举没有任何争斗，也没有任何问题，国民党赢得选举的胜利。唯一令人惊讶的是，极右翼的保守党远远超出了进步的联邦党，成为南非第二强的政党，其成员背景是说英语的白人。克里斯托弗·霍普在作品中认为：并没有南非民族这样一个群体，只有由对立群体组成的联合体。可以说，库切从一定程度上是认同霍普的观点的，他说：

> 在他的记录中，他（霍普）在南非成长过程中的部分创伤使他意识到在这个南非白人和加尔文主义盛行的祖国，没有任何位置属于他这个说英语的天主教徒。他略带反社会倾向，尤为痛恨先要被"单调乏味，无聊至极地放入某一组织的事情……我们在自己的国家体会到流亡感，而至今我也没能摆脱这种流亡感。我们在离开家乡之前就已经开始了流亡"。

然而，就像库切在1971年回到南非一样，霍普也从来没有割断他同南非的联系。他写道："这个地方是一场热病，一场感染，一个挥之不去的、从儿童时期就患上的疾病，我根本没办法被治愈。"这些话让人想起库切自己对卡鲁的荒凉以及开普半岛粗犷之美的留恋，正如伊丽莎白·卡伦在《铁器时代》中所表达的："这些海，这些山：我想让它们在自己眼前焚烧的欲望如此强烈，不管我到什么地方，它们都会在我面前出现。我饥渴地爱着这个世界。"[5]

库切并没有在文章或声明中回应20世纪80年代的骚乱、暴力和民族之矛的行动。但是，他的下一部小说（最终名称为《迈克尔·K的生活和时代》)再现了他对20世纪80年代的感觉，尽管名义上，它的背景被放置在不久的将来，国家处于种族战争的边缘。据第一版手稿所记录的日期，库切从1980年5月31日开始这部小说的创作。起初，他运用了不同的故事线索，设置了众多的人物并频繁修改。其中曾用了第一人称叙述者，后来他又放弃了这种想法。两年多后，到了1982年7月12日，六份手稿形成了最终的完整稿，手稿的第一份打印稿完成于1982年9月29日。更精当的进一步的终稿完成于1983年2月28日，上面有铅笔的更正。

库切在《等待野蛮人》出版前的四个月就开始创作这本小说，这表明了一个事实，文学创作已经成了他日常必做之事。在采访中，斯蒂芬·沃森曾问库切，他是否有种被迫进行文学创作的感觉。他回答说："远不只被迫。如果我写，我觉得很糟糕；如果我不写，我会觉得更糟糕。"他必须遵守某些人为的规则，以确保写作紧凑地进行，"比如一天都不能不写，因为如果有一天不写，第二天也不想写。"[6]他告诉埃德温·哈特（Edwin Hart），他的写作速度非常缓慢，大约两年写一本小说，首先是用钢笔写，然后再进行修改。[7]就拿他写第一本小说为例，他的习惯是在清晨，头脑还是清醒的时候，用笔写出大概，然后再一遍又一遍地重写，频繁反复直到故事有了一个良好的形状。到这时候，他才开始用打字机打手稿，然后在上面进行进一步的修改。在这个阶段，库切发现他很难一边进行文学创作，一边又要同时照顾家庭和孩子们，还要完成在学校作为教师的工作任务——他还没有从吝啬的大卫·吉勒姆那里争取到减少工作量。他通常在早上5点开始写作，一直写到7点半，然后送孩子去学校，之后到大学讲课，完成行政工作，晚上回家批改作业，准备第二天的课程。[8]

当被问及某部小说是在哪里开始写的，或者为什么他会选择那样一个特定的主题等问题时，库切几乎无法回答。在接受乔安娜·斯科特的采访时他说："我根本不记得我写的那些书是如何开头的。部分原因是，在修订的过程中，开头部分就被放弃了。如果进行有关本书的考古学，那么它的开头部分是在表面之下、土壤深处的。"[9]他的观点是，作品应该为自己发声，否则作家就是没有完成他的职责。当被问及是否有一个时刻，他会知道某个故事是值得写的，他回答说："是的，有。当我投入了这么多时间，我实在无法将它停下来，我无法面对这样的事实：浪费了六个月的生命，或诸如此类。所以，我努力坚持下去，然后书就写出来了。"[10]

二

《等待野蛮人》的背景没有特定的地方或特定的时间，但《迈克尔·K的生活和时代》则不同。小说在一个城市开始，可以看出是开普敦，因为有郊区的名字，也有具体地方和街道的名字。在前三部小说中，他采取的都是第一人称叙事，但在这部小说中的大部分地方，库切采用的是第三人称全知叙述视角，他将迈克尔·K设为主人公。[11]

故事发生在不久的将来，因为不断的暴力和公共服务体系的崩溃，国家处于内战的边缘，但故事没有明确说是哪些政党或具体是哪些政治冲突。在接受记者托尼·墨菲特采访时，库切说，小说发生的地理位置并非像它最初表现的那样准确，因为他的首要任务不是要创建一个精确版本的"真实"世界。创建一个想象的世界，就像他在《等待野蛮人》中所做的那样，那样做需要"巨大劳动力投入"，而这在《迈克尔·K》的小说中就没有那么必要。[12]

虽然他没有明确表示，但在多米尼克·海德（Dominic Head）看来，故事直接背景是1976年索韦托起义导致的社会解体，人们对种族隔离制度的忧虑和恐惧，以及1980年发生的旨在让国家陷入混乱而对石油、煤炭等行业发起的攻击。[13] 在小说中，为了遏制不断升级的混乱和违法行为，国家强制实施了各种措施，比如戒严，用许可证限制自由迁移。在《等待野蛮人》中，邪恶体现在具体的个人身上，但是在这部小说中，邪恶的载体是制度本身。因为压迫迈克尔的人代表着南非的机构暴力，他们大多都是无名无姓的。与他们在权力体系中的作用相比较，他们的个人身份并不那么重要，因此他们只是用职业来代替：铁路职员、服务台边的女警、护士、士兵、店员。与这些匿名的官僚相对照的是，他们所属的所有机构都有具体的名称。

迈克尔·K（鉴于库切钦佩卡夫卡，读者不应错过一个典故——《城堡》和《审判》中有约瑟夫·K）[14]父亲早亡，兔唇，也不怎么聪明。他在孤儿院阴暗的、令人窒息的氛围中长大。后来，他在市政园林处做园丁，然后又做了广场公厕的值夜人，之后又返回到园林处，在德沃尔公园扒树叶。与库切其他的小说不同的是，这部小说的中心人物来自一个弱势的背景，尽管作品中没有明确提到他的肤色，但他很可能是一个有色人种。

迈克尔年迈的母亲（比尔曼家的女仆）开始全身浮肿，行动不便，她的工资被雇主削减。她告诉迈克尔，她想回到她的世界——她年轻时生活的位于阿尔伯特王子区的一个农场。因为他们需要的许可证没拿到，如果他们乘坐公交车或火车可能被警察拦下，所以迈克尔决定自己做一辆手推车，送他生病的母亲回老家。手推车对一个漫长的旅程来说是一个完全不切实际的工具，这也再次证明，库切小说的目的并不是要延续其前辈的现实主义传统，讲述一段游历经历。他们走到了斯泰伦博斯，他的母亲死在了那里的医院。他带着母亲的骨灰，希望能将其撒在她出生的农场，于是他继续他的旅程，穿过卡鲁，结果满眼都是被破坏的痕迹。他被拘留了一段时间，与一群囚犯一起将铁路上的石头清除掉。然后，他继续上路，沉浸在卡鲁的安静之中，他打算在这片土地上定居下来，建起一个平和的、田园般的避难所——这一主题是当时库切所研究的农场小说的典型情节，比如当时奥立弗·施赖纳、波林·史密斯和C.M.范登西弗的作品。库切本人也喜爱这一区域，这一点在他后来的小说《男孩》还有其他作品中都可以看到。

正是在这个地方，迈克尔才有在家的感觉。"我能够在这里永远生活下去，他想道，也许直到我死去。"[15]当他到达了自认是母亲出生地的那个农场的时候，园丁的使命感回来了，他在土地里种满了南瓜种子。根据库切在《白人写作》中提到的，神话般的花园，回归本真的伊甸园，这是当初来开普敦的荷兰殖民者从未感受过的，现在它却体现在迈克尔耕种土地的冲动中，他能感受到其中的联系。大坝在对他说话："在水坝前他感到像在家里一样自然亲切，这是在那栋房子里从来没有感受过的。他躺下来休息，把那件黑色短大衣卷起来枕在脑袋下面，看着上面如盘的天空。我要住在这里，他想道：我要永远住在这里，这是我母亲和姥姥生活过的地方。"[16]

他希望自己拥有一片土地的愿望被一名年轻男子的到来所打破。这个人是原来农场业主的孙子，是军队的逃兵。他向迈克尔回忆维萨基全家每年在这里过圣诞节的情形，房子里到处都是来宾："我从来没有看见过像我们那时候那么吃东西的。成天的，我奶奶总是在桌子上堆满了吃的，都是乡下的好吃东西，而我们总是把它吃得一干二净。那种卡鲁草原羊羔肉那个香，是再也尝不到了。"[17]在这里，库切是在回忆他儿时在百鸟喷泉农庄的经历。他后来在《男孩》和《夏日》中也写过这样的记忆。

当年轻的维萨基试图将他当仆人用，并派他到阿尔伯特王子镇购物，迈克尔预见到自己即将失去他在卡鲁刚刚品尝到的自由，面临着成为主子的仆人的危险。这里又重复了库切在前三本小说中涉及的主仆关系的主题。迈克尔在斯瓦特贝赫逃跑了，在那里，他能继续保持他的自由，靠根茎和昆虫过活。他变得如此憔悴最终被迫返回，但他在阿尔伯特王子镇附近被士兵抓获，并被送到了一个难民营。在那里，他知晓了其他囚犯的生存条件。监狱长漫骂，指责囚犯们不感激统治者为他们做的一切，听起来不仅像尤金·唐恩在责备"忘恩负义"的越南，也像在种族隔离的年代，人们常可以听到的说黑人并没有感激政府给他们建造民房、学校和医院的话语：

"是的，你们这些恩将仇报的无赖，你们，我正在说你们！"他喊道，"你们什么都不感谢！在你们没处住的时候，谁给你们盖了房子？在你们冻得哆哆嗦嗦的时候，谁给了你们帐篷和毯子？谁护理你们，谁照顾你们，谁每天带着吃的到这儿来？可你们是怎么报答我们的？好啊，从现在开始你们可以饿肚子！"[18]

迈克尔设法逃脱，返回到农场，但他发现自己种的植物已经死了。于是他隐藏在一个地洞里并重新种植蔬菜。在饥肠辘辘的时候，他被士兵发现了。他们认为他在给叛军游击队提供粮食。

小说的第二部分由一位在凯尼尔沃斯医院工作的军医来叙述。迈克尔在那家医院康复。医生发现迈克尔拒绝吃东西，感到很好奇，开始研究他，并试图让他吃些东西。但他没有意识到正是因为被"拘留"在医院里，迈克尔才没有了任何吃的意志，除了偶尔吃点南瓜。当诺埃尔对医生说，如果迈克尔不吃东西会被饿死时，医生回答说："这不是一个要死的问题，并不是他想要死。他只是不喜欢这里的饭食。确实极其不喜欢。他甚至不愿意吃婴儿食品。也许他只吃自由的面包。"[19]医生如此痴迷于他的这个病人，甚至想象迈克尔是神笨拙的产品："好像某个人把一捧尘土拨拉到一起，把唾沫吐在上面，把它拍成一个基本的人形，犯一两个错误（那张嘴，无疑还有头脑中的内容），忽略了一两个细节（性），但是最终形成一个真正的小泥人儿……"[20]在大卫·沃德（David Ward）看来，有关《荒原》的典故[21]不是偶然的，因为，像T.S.艾略特一样，库切将他的人物送上沙漠探寻之旅。尽管他的身体有畸形，尽管他是无性的，但是他在卡鲁花园中让沙漠中开出花来。"再一次，像艾略特一样，"沃德写道，"他［库切］将人物派上了旅途，面对着邪恶的历史，人类机构在无政府和野蛮状态中崩溃。最后，像艾略特一样，最终在追求废墟中绝望地保全最低程度的自我。"[22]

根据阿利斯特·斯巴克斯（Allister Sparks）提供的权威信息，库切让迈克尔绝食的灵感来自一个报道：一只习惯于吃竹笋的大熊猫拒绝吃任何其他食品，它宁可死去。[23]迈克尔拒绝了医生所有的治疗方法，逃跑了，他要再次寻找自由。在小说的第三部分，他逃到了母亲生前居住的房子。他心里想："我已经逃离了那些营地；也许，如果我躺得位置很低，我也能逃过人们的博爱。"[24]他认为博爱是另一种形式的压迫，又将他降低为一个奴隶，让他被迫接受一种关系，像医生在他身上发挥过的权威。现在小说再次回到了第三人称叙述，迈克尔回到了开普敦，在战争后的废墟之中，他遇到了几个妓女。她们像医生一样，想把他当作一个博爱对象。他孤独地想到他母亲空无一人的房间里睡觉，他认为也许会有人愿意加入他的行列：

> 尽管他那么舒舒服服地睡在这个发臭的角落里，但是如果有人不理会宵禁令来到这里，似乎也并非不可能（K想象那人是一个驼背的小老头，衣服的边兜里揣着一个酒瓶子，长满胡须的嘴总是在嘟嘟囔囔地说着什么，是那种警察不屑理会的老头），他可能会对海边的生活厌倦了，想要到乡下度个假期，如果他能找到一个认路的向导的话。他们今夜可以分享这个床，这种事情过去就发生过；在早晨，当第一缕天光照亮时，他们就能够出去，在偏僻的小街上寻找一下，看看有没有人家不要的独轮车；如果他俩运气好，他们到十点钟就能推着小车沿着公路前进。记住在路上停下来买些种子和一两件别的东西，也许要避开斯泰伦博斯，那儿看来是个背运的地方。
>
> 如果那个老头爬下小车伸个懒腰（现在各种事情正在加速），并且看着当年水泵矗立的地方（那个水泵被士兵们炸掉了，所以那里什么也不会留下来），并且抱怨说："咱们没有水怎么办？"而他，迈克尔·K，就会从自己的衣兜里拿出一个小勺，一个小勺和长长一圈绳子。他会从升降机口里清理掉碎石，他会把小勺的柄弯成一个环，把绳子系在上面，他会把它放到深入到地下的升降机里面，当他把它带上来的时候，在这个勺子里就会有水；他会说，用这个法子，人就能活。[25]

就是在这样感人的、想象的场景中，小说结束了。接受斯蒂芬·沃森的采访时，库切反对将《迈克尔·K的生活和时代》放置在某个国家或地区的语境中：

> 我没觉得它有任何前辈可追寻，我这么说没有什么骄傲的意思。这不是一部伟大的文学作品，其中也没有伟岸的人物。对那些伟岸的人物，比如施赖纳或坎贝尔，我碰巧又没有多大的兴趣。至于现在人们的写作……实际上，人只能读这么多。我读的大多数东西都是，请允许我粗鲁地说，我能消化得掉的东西。我觉得没有多少南非作家是这样想的。如果我想好好吃一顿，我会去别处。我读纳丁·戈迪默的书，因为我觉得她的作品格外精湛。[26]

如果人们读《迈克尔·K的生活和时代》时考虑到在此期间库切正在研究农场文学以及景观对南非文学小说的影响，如《白人写作》，那么很显然，他吸收了这一领域前辈们的成果，然后在逆着传统写。[27]

尽管《迈克尔·K的生活和时代》与农场小说和旅行故事有相似之处，主角都向往着人间天堂，但是库切与他的前辈有很大分别，因为在他的作品中传统成了警告性的反例。在接受休·罗伯顿的采访时，库切说，在南非文学中，有许多虚构场景已经成为模型被无数次重复，比如：白人女子与黑人男子陷入爱河，被警方通缉，或者黑人爱国者反抗虐待狂般的审讯者。[28] 对"邪恶城市"的描绘以及返回农场的避风港也是常见的套路。

库切着迷于南非文学景观，这对他影响很大，他在自己的文学写作中也会考虑到这一点，并与之背道而驰。正如特丽萨·多维所说，《迈克尔·K的生活和时代》首先来自对卡夫卡作品的仔细阅读，这一点可以通过将作品与寓言式故事《审判》以及短篇小说《洞穴》比较得到验证。苏珊·范桑腾·加拉格赫尔写道："库切完全知道，对于南非作家来说，他的虚构模式是相当不寻常的。他声称，他没有看到任何南非前辈作家写过这样的书。相反，他列出了贝克特、纳博科夫、庞德、里尔克、赫伯特、聂鲁达和巴尔特[29]，说受到了他们的影响。然而，影响可以是正面的，也可以是负面的，库切对南非写作传统的认识，以及他所关注的话语如何影响思想的问题，表明南非文学对他的实际影响比他承认的要多。"[30]

三

1982年5月19日，库切写信给拉万出版社的迈克·柯克伍德："我现在正煎熬着写一部小说，我已经写了几年了，希望能在今年年底前完成。"虽然他的最终修订稿是在1983年2月完成的，但他对1982年10月的第一版打字稿已经很满意，他决定将其发给出版商。1982年10月28日，在写给柯克伍德的信中，库切说：

> 我今天寄给您6.5万字的名为"迈克尔·K的生活和时代"的打字稿，我希望您喜欢它。我也给我在纽约和伦敦的代理寄送了稿件。在英国，汤姆·罗森塔尔对该书有第一版权。但是，如果您和他都喜欢这本书，也许你们两方可以再次协商安排一下。

出版商对他提交的手稿反应非常积极。1982年11月26日，迈克·柯克伍德写道："《生活和时代》非常棒，当一种隐含的，但不言自明的真理在轻描淡写中奇迹般地显现时，一切变得清楚明了。这些熟悉而坚定的句子所揭示的是多么的亲切……我觉得有一点让人觉得非常恰当，您的这本书在接近'真实'的氛围，是您给我们的所有手稿中最玄学的一本。这本书写到结尾一定特别困难，我想说的是，最后一部分的节奏在我看来是恰如其分的正确。"

塞克沃伯格出版社的汤姆·罗森塔尔在1982年12月2日发回的信件中更是赞誉有加。他刚从美国回来，读过库切的稿件后，立即发电报给

　　　　　　　　　　　　　　J.M.库切传

他："完全被这部高超的小说折服了。已经向穆雷提了条件。"他还说，他从来不会将作家所有的作品排名，因此判断《迈克尔·K的生活和时代》是不是库切最好的一本书，是没有意义的。他写道：

> 就我所知，读它是一个非常令人不安的过程，我还真不记得有哪一本书是如此地打动我。
>
> 您写的东西是如此普适，又直击当地政治局势的骨髓，每次要写信给您表达我的真实感受时，我总是感到十分紧张。所以等我们下次见面时，我再和您详谈我的感受吧。
>
> 不过，我从来没有读到过这么多的凶狠、残暴、肆意邪恶等，没想到它们会被如此精致地表现出来。
>
> 如果回想整个叙事，可能没有出现暴力描写，但是其恐怖景象如同库尔兹先生[31]的情形一样糟糕，二者有很大的相似之处。

他总结道："我们非常热切地（希望）发行这本书……我们想把它提交布克奖的评审，所以要在初秋，也就是大约9月的第一周出版。"

同月，1982年12月20日，纽约维京企鹅出版社的凯瑟琳·考特（Kathryn Court）来信说她对这部小说印象深刻，很受感动："这是很了不起的，您能将读者吸引到一个表面上似乎很没有吸引力的角色之中，真是了不起。我特别喜欢的部分是，他在大草原上，知晓他周围的微小变化。我对小说的结局也很惊讶，在我看来那似乎是一个真正的人类精神的庆祝。我非常希望维京企鹅能够发行这本书。"[32]

至于罗森塔尔对该书结局惨淡的印象，库切在12月8日的信中安慰他："如果我告诉您一个小秘密，也许您不会觉得那么阴沉：迈克尔·K没有死。"[33]

罗森塔尔在1983年2月11日的信中写道，手稿已由艾莉森·塞缪尔（Alison Samuel）编辑，她有几个问题需要问库切。这可能听起来有点自大，所以他先要请库切原谅，但是作为卡夫卡作品在英国的出版商、现在又是库切作品的出版商，他有责任指出，"世界上并不全是可爱的人，可能会有评论家质疑该书与卡夫卡的联系"。在1983年2月10日的信中，艾莉森·塞缪尔询问："为什么要用'K'？读过此书两遍后，我几乎被说服了。我认为名字是迈克尔的财产，但又不全是；卡夫卡仍然占据优势。这似乎是批评家们会攻击的地方。我是否错过了什么？如果是这样，您能解释一下吗？如果不是，我觉得这名字似乎蒙上了太长的阴影。"

没有找到任何信件继续谈论有关字母K这个问题。因此似乎可以假设，在与罗森塔尔计划的电话交谈中，问题已经解决。不管怎么说，库切并没有改变小说人物的名字。

在小说的第一版发行之前，英国的《泰晤士报文学副刊》、美国的《哈珀》杂志、南非的《对比》和《观点》都刊登了该小说的部分节选。当图书运抵开普敦码头，像对待《内陆深处》和《等待野蛮人》一样，海关先扣留该书，将副本提交审查。该书被送到专家委员会主席丽塔·舒尔茨（Rita Scholtz）处。她在报告中写道，该书包含有关南非敏感的政治问题。它"对国家、警察，以及警察在行使职责时的手段的看法有贬义的说辞和评价"。[34] 不过，她认为"该出版物的可能读者将是富有经验和批评能力的文学爱好者"，他们将把这部小说"作为一个艺术品来欣赏，并能够意识到，尽管迈克尔·K的悲惨经历发生在南非，但是他的问题是一个普遍的问题，不仅局限于南非"。她坚信读者会发现"这本丰富的小说可以从许多层面来解读，可以是一个寓言，可以是对南非人类生存条件的评论，也可被看作是一种抗议小说，抗议人们陷入了一种无法控制的局势之中"。她发现迈克尔·K被从世界异化出来，因此他是一个"傀儡……从一种状况被抛向另一种状况"。其中有一个场景可能与一些读者的道德原则背道而驰，而这一场景出现在小说结尾处。开普的妓女坐在迈克尔的旁边，当时他空腹喝了一些白兰地，感到头晕脑涨的：

　　　　有人低声说话的声音，然后有人解开了他的工装衣裤的最后一个扣子，一只凉爽的手滑了进来。K睁开了眼睛。是那个女人：她正跪在他身旁，抚弄他的阴茎……她弯下身子，把他的阴茎放到自己的嘴里。他想要把她推开，但是他的手指在碰到假发那生硬僵死的毛发后退缩了。这样，他放松了，一任自己迷失在自己头脑的旋转之中，迷失在那遥远而潮湿的温暖之中……她挨着他和他并排躺在那流沙上面，并且依然把他的性器握在她的手中……她微笑着。用一个胳膊肘支着身子，她的嘴完全贴着他的嘴，吻着他，她的舌头在他的嘴唇上舔来舔去。她精力充沛地在他的腹股沟和他紧紧结合在了一起。[35]

舒尔茨发现这里对口交的描述并不是道德败坏或恶心的："当迈克尔·K屈服于这种行为时，他已经到了最后的阶段，成为一个被怜悯的对象。读到这两页时，读者可能会感到怜悯与同情。"该委员会的其他成员也同意舒尔茨的观点，这本书于1983年11月在南非发行。

查禁的威胁并没有阻止拉万出版社在南非对该书的营销。类似于《等待野蛮人》的情形，汤姆·罗森塔尔和迈克·柯克伍德同意在南非发行5 000本印有拉万出版社标记的《迈克尔·K的生活和时代》，但这些书要在伦敦印刷装订。

四

早在1983年8月，出版社就已经宣布要将《迈克尔·K的生活和时代》提交布克奖评审。当时纳丁·戈迪默是南非唯一获布克奖的作家，她在1973年与J.G.法雷尔（J.G. Farrell）共享布克奖。1983年的竞争是非常激烈的，当时还有约翰·富勒、格雷厄姆·斯维夫特（Graham Swift）、安妮塔·梅森（Anita Mason）和马尔科姆·布拉德伯里（Malcolm Brad-bury），特别是萨尔曼·拉什迪，他因《午夜之子》赢得了1981年的布克奖，这次又带来了小说《羞耻》参加评奖。在评奖委员会中，小说家和女权主义者费伊·韦尔登（Fay Weldon）担任主席，成员有寓言作家兼散文家安吉拉·卡特、澳大利亚诗人兼评论家彼得·波特（Peter Porter）、《观察家报》文学编辑同时也是普鲁斯特的译者泰伦斯·基尔马丁（Terence Kilmartin），还有广播主播、文学杂志《闲谈者》前主编利比·普尔维斯（Libby Purves）。

与此同时，英国的评论界，如《旗报》（The Standard）、《卫报》和《泰晤士报》，对《迈克尔·K的生活和时代》赞誉一片。在1983年9月27日的《卫报》中W.L.韦伯（W.L. Webb）是这样写的：

> J.M.库切的《迈克尔·K的生活和时代》是一本阴郁而美丽的书，精巧地通过一个可怜的、简单的男人的眼睛、心灵和感官展现了世界。这个长着兔唇的园丁来自开普敦溃烂社会的最下层。这个世界是危机四伏的南非，即将消融在内战之中。在他逃离风暴中心的旅途中，那个病态社会司空见惯的残忍被无比清晰地暴露出来。库切向我们展示了极度筋疲力尽的人类和其不可消减的精神。文笔纯粹而简朴。

立博博彩公司（Ladbrokes）为入围布克奖的作品投注。在某个阶段，斯维夫特的作品最受欢迎，但后来他的位置从赔率7-4落到2-1，而库切的小说从一个局外人位置的4-1升到7-4，萨尔曼·拉什迪的《羞耻》赔率是5-2。[36]

鉴于库切重视自己的隐私以及他回避文学社交场合的特点，可以预料的是，这样的事情不符合他的口味。汤姆·罗森塔尔通过电话坚持让库切来英格兰接受采访并在1983年10月26日到斯泰森纳大厅出席晚

---

① 《发条橙》的作者，1980年布克奖颁奖前，他声称除非被明确告知自己的作品已经获奖，否则他拒绝参加颁奖仪式，于是在颁奖仪式开始前30分钟，评审团决定将奖项颁给威廉·戈尔丁。

宴，因为获奖名单将在那里公布。罗森塔尔甚至用安东尼·伯吉斯[1]的例子警告库切说，如果作家不参加，就赢不了，但这也没能说服库切。在1983年9月30日写给迈克·柯克伍德的信中库切说："经过一番思考，我拒绝了：我想象不出还有什么比让我进入布克奖马戏团更灾难的事情了。"罗森塔尔建议，库切至少应该用南非开普敦大学的工作压力为理由，而不是以厌恶仪式为由拒绝参加颁奖，并应表示愿意配合英国广播公司（BBC）对最终入围作家的参访节目，但后者要取决于罗森塔尔对BBC的成功游说。库切同意这样做。

10月26日，在缺席的情况下，库切被宣布为布克奖的赢家。费伊·韦尔登高度评价此小说："这是一本简洁有力的小说，具有非凡的创新性和控制精当的想象力。"关于库切的缺席，有各种险恶的谣言。伦敦广播电台的新闻公告中宣称，据猜测，该作者如果前来参加颁奖，将会失去他在开普敦大学的工作。据《卫报》的报道，南非当局（不管他们是谁）反对他在学术年期间出席这样的场合。但是参加颁奖的人看到了库切在获奖前接受记者采访时的录像。在访谈中库切说，对于能够入围终审，他很吃惊，因为他认为这本书是如此的南非化，可能很难引起外国读者的兴趣。关于缺席的原因，他提到，除了本人害羞以外，还有就是那时是南非开普敦大学考试周期间——这是一种很少会被学者型作家拿来当理由的说辞。他对《周末邮报》（Weekend Post）说："我很遗憾无法出席颁奖。但是，现在是学校里非常繁忙的阶段，我不能一连出去很多天，将工作留给我的同事去做。"

布克奖让库切的书大卖，也让他得以直接进入经典作家的行列，他的小说也因此将被列入大学和中学的书目中。事后人们了解到，布克奖评审团成员间曾进行过轰轰烈烈的讨论，有一半的人强烈建议选拉什迪的《耻辱》。但是在颁奖前最后的20分钟，主席费伊·韦尔登打破了明显的僵局，她将决定性的一票投给了库切。

10月27日，在评奖结果颁布的第二天，许多记者急于得到库切对此事的评论。当得知获奖的消息后，库切切断家里的电话，将他们位于隆德伯西的房子大门上锁，去了开普敦大学。所有来电都被转到两位"起作用"的秘书那里，他们确保一个电话也打不到库切本人那里。一个足智多谋的记者竟然出现在他的空房子门口。多年后，库切以前的学生莱斯莉·马克思（后来也成为开普敦大学英语系的一员）回忆当天获奖结果颁布时的情景：

> 每个人都非常兴奋……人们从四面八方打来电话：书店打来电话，记者要求采访。其中一个电话碰巧被转到我的办公室来。我告诉这位女士，她无法见到库切或与库切说话，因为他正在监考本科生考试。她绝对是拍案而起："布克奖得主在监考本科考试！这真是荒谬！他应该被当成皇室成员那样对待，他不应该做这些单调平淡的事情！"但是，你看，库切的敬业精神就是如此之强。就我和他一起工作的经验来看，他对工作和写作态度一直如此。

库切向记者詹妮弗·克鲁伊斯-威廉姆斯表示他不喜欢那些毫无准备的记者来采访他，他们是在浪费他的时间："他们自己不用心准备好，甚至都没有读过我书的扉页。他们甚至不知道我名字的缩写。为什么我要接受他们的采访呢？"

五

《迈克尔·K的生活和时代》获布克奖的时候，它仍处在被禁运状态，等待着审查人员的审查。1983年11月15日，该书运到开普敦一个星期后，几乎是布克奖公布一个月之后，禁运被解除，这本书开始在南非发行。

虽然按照官方的说法，禁运只是一种"形式"，所有到港的书籍在发布前都要经过审查才能放行，但是学者认为一部已经取得国际声望的小说不应该受到海关和检查员的繁文缛节的束缚。艾伦·里诺克斯-肖特教授——库切在开普敦大学英语系的一个同事说——这样的行动只能损害南非在国内外的形象。迈克·柯克伍德在一份声明中说，尽管科博斯·范鲁因（Kobus van Rooyen）声称会逐渐有选择性地放松审查，但是审查制度本身仍然在发生效力。11月9日《镜报》记者威廉·格鲁特（Wilhelm Grutter）就《迈克尔·K的生活和时代》的禁运与放行写了一封措辞强烈的信函，信中将注意力集中在了一些"有趣的原则"上：

> 其中一个有趣的原则是，禁运被用一个"纯粹的形式"来形容。这样的用词是愚蠢的，应该用一个更精确的描述。问题是所禁运的这本书是一本文学价值如此之高的作品，刚刚获得了最抢手的国际大奖。

> 在这种情况下，文化产品都可以作为形式被查禁，这真是够糟糕的。在作者的故土发生这样的事情，有损这个国家在国际上的声誉。

除了布克奖以外，《迈克尔·K的生活和时代》还获得了很多其他荣誉。1984年12月，该小说与米兰·昆德拉的《生命中不能承受之轻》、马里奥·巴尔加斯·略萨的《世界末日之战》和索尔·贝娄的《他的脚在他嘴里》（Him with his Foot in his Mouth）一起被《纽约时报书评》评为当年美国出版的15本最佳图书。1985年，他获得费米娜外国小说奖，这个新设立的奖项是颁发给以法语在法国出版图书的作者。1984年4月26日，年度CNA奖在约翰内斯堡乡村俱乐部的晚宴上颁发，但是获奖者中只有哈丽雅特·格罗夫（Henriette Grové）出席，与其共同分享阿非利堪斯语文学奖的是布莱顿·布莱顿巴赫，但他也没有出席，代其领奖的是金牛出版社的安皮·库切（Ampie Coetzee）。

举行该奖颁奖典礼的时候，库切正在美国布法罗纽约州立大学讲课，他通过朗读会的方式在纽约推广他的小说。他将自己希望讲的一份演讲稿寄给评奖工作的负责人马德琳·詹宁斯（Madeleine Jennings）。

在1984年4月15日从纽约发给迈克·柯克伍德的一封信中，库切告诉他，詹宁斯4月4日的回信他前一天才刚刚收到：

> 在这个国家之外的人没有意识到（我几个月前到达此地之前也不知道），里根政府在刻意削减美国邮局的作用，鼓励私营运营商接管其职能。在这里，如果不是想着急拿到一份东西，没有人会使用邮局。对于一个约有100万人口的城市，只有五个邮局。剩下的，你可以在一些药店买到邮票，仅此而已……不用出席宴会对我来说是极大的解脱。来美国可以错过它真是值得的。不知道是否可以请您提供善意的帮助，替我代读发言稿？

然而，发言稿没有按时到达。在代表库切所做的感谢致辞中，柯克伍德援引了库切对里根和美国邮政系统的指责，但是很圆滑并没有提到库切很庆幸不用去参加颁奖仪式一事。库切的演讲稿脱胎于之前他发给《南非领导报》（*Leadership SA*）编辑休·穆雷（Hugh Murray）的一篇文章，后经修改和扩充，被收入《白人写作》之中。文章开始对有关南非文学对话与辩论中常出现的英语和阿非利堪斯语的"大民族文学"表示了向往。在阿非利堪斯语文学中，与之相关的是一个相对有限的"民族"概念，而在当地英语文学中存在的问题是如何超越不合时宜的乡土主义。现在的问题是，能否找到一个对南非社会有足够深刻认识的人：

> 能够用一种令我们满意的大民族文学的深度和丰满度来展现它……南非社会是否已经达到了那种机制，能够从内而外地被知晓和展现？……从什么意义上讲，南非是一个单一的社会？从什么程度上说，南非只是一个多多少少单一经济体制内人的聚合？……是否有可能写出一部伟大的小说，或多或少地刻画某一特定历史时段的整个社会？而这社会的特点就是一盘散沙、分裂、

内部对立、失范，尤为重要的是有着语言的多样性。

根据库切的观点，英语与南非的风景有一种不适宜的关系，它从来没有成功地用英语命名南非风景中的某些部分。而阿非利堪斯语，从各方面结构来讲都是一种欧洲的语言，也没有从旧的、土著语言中借鉴很多，却如此适应南非的景观，以至于英语都从中借鉴了像"koppie""krans"和"kloof"这样的词语。都过了将近200年，英语在口语中仍然没有形成一种对南非景观的南非语意识。库切认为真正的南非小说很可能将由阿非利堪斯语写成，但前提条件是作者必须与传统阿非利堪斯语小说以及农场的想法做一个彻底的决裂。为了国家的自我形象着想，教育当局应该推动"伟大作家"的工程。然而，对于南非作家来说，这可能是危险的。"要是一个人在一生中一直被体制承认和利用，"库切总结说，"对我来说似乎是一个死亡之吻，因为那只能证明自己是一个骗子……如果一部大南非小说来自我们中间，那就让我们祈求它不要被太广泛或太快地认可，特别是不要被民族文化权威那样地认可。"

在赢得了布克奖和三次CNA奖之后，库切已经成为一名知名作家。朋友和同事，杂志编辑和出版商都对他的成就表示祝贺。开普敦大学的校长斯图尔特·桑德斯博士发表了声明，表达他的喜悦：

> 大学最近认可了约翰·库切的卓越成就，提升他为正教授，同时提供一笔学术奖金。他的获奖是对他非凡能力的承认，同时我个人很高兴，我相信整个大学也很喜悦。

库切既是一位著名作家，又是一位受人尊敬的学者，这是一个难得一见的组合。开普敦大学的学生得到他的教授是一种得天独厚的优势。

六

尽管并不是所有关于《迈克尔·K的生活和时代》的书评都一边倒地说好，但是大多数书评都极具洞察力。1983年11月13日在《星期日泰晤士报》上，贝里尔·罗伯茨（Berryl Roberts）写道："迈克尔·K是幸存者，他已经学会了不论多么匮乏都要依靠自己，这是人类所能拥有的唯一的未来。这是一个相当令人沮丧的信息，但是被用一种精致的文体美妙地展现出来。"

荷兰文学评论家W.布朗茨维尔（W. Bronzwaer）在1983年12月16日的《人民报》（De Volkskrant）上写道：

> 这部小说无论是在其精致的设计，还是人性化的感性方面都有着一种罕见的威力。完全理解其所有细节是不可能的，或者说是尚未可能。在它的背后，人们可以看到20世纪的伟大文学传统，这本书已经成为这种伟大传统的一部分，而且占有了一席之地。另外，它也是一本带有人类崇高精神的作品。它描述了一种生活的过程，也是经历苦难的过程。这本书回应了我们对地球上、对南非生命的殷切期望。

1984年7月13日，阿尔贝托·曼古尔（Alberto Manguel）在杂志《公益》（Commonweal）中说库切通过迈克尔·K的故事"重塑了流浪者的神话。这些流浪者——流浪的犹太人、探险的荷兰人——那些在这个世界寻找一个居所但又遭到拒绝的人"。

然而，正是迈克尔·K表现出的平静，甚至可以说是无为主义，以及他对道德的挑战、对尝试的反抗，都将其放入后殖民时代文学批评之中，并受到一个充满政治色彩的南非大环境的抵制。在1984年2月27日的《纽约书评》中，纳丁·戈迪默写了一篇关于《迈克尔·K的生活和时代》的书评，标题为《关于园艺的想法》（"The Idea of Gardening"），该文引发了激烈的辩论。戈迪默首先指出库切早在他的第一部小说中就选择了寓言的形式。她质疑库切的这种选择形式，尤其是关于作为个体的迈克尔·K能否代表南非被压迫黑人的问题。对于该小说触及20世纪80年代政治难题的这一事实，她表示欣赏，但是，对于作品"反感于所有政治与革命的解决方案"她表示惋惜。库切"没有认识到，当受害者不再把自己看作受害者之后，都做了什么、正在做什么，以及相信他们必须自己做什么"。正如帕特里克·海因斯（Patrick Hayes）所指出的那样，戈迪默指责库切"选择了一个在危机时刻置身于外、只关注于土地耕种的人物做主人公，描画了一个错误的黑人人物形象"。[37] 戈迪默在《环保主义者》中所表现的主要人物是被批评家视为代表南非白人的主要人物，她认为库切的主要问题正是核心人物的选择问题。她不认为迈克尔·K可以代表南非黑人。虽然她发现小说中有关园艺的想法很有吸引力，但在她看来，迈克尔·K的不幸被过度叠加，以致读者失去了耐心："该男子有必要一定是兔唇吗？"

新马克思主义的批评家与戈迪默有着一样的疑虑，他们对库切不使用戈迪默作品中经常采用的现实主义感到不满。迈克尔·沃恩就尝试从这个角度来鞭挞库切，他认为《迈克尔·K的生活和时代》证明库切的创作已经进入了一条死胡同。然而，库切要表现的是殖民主义整体的问题，他不希望将自己限制在南非特有的环境中。

库切隐藏了自己的态度，这并不是新鲜的举动。在南非文学，特别是阿非利堪斯语文学中，20世纪50年代及后期，作家一再被呼吁要注意自己国家的政治局势，并用手中的笔来描述，但是一些作家，如D.J.奥普曼（D.J. Opperman）和艾蒂安·勒鲁都对此进行抵制，因为他们认为那使文学陷入了被利用为宣传工具的危险。与安德烈·布林克和纳丁·戈迪默等作家不同，库切对在他的小说中表现南非政治现实的困境这种事情并不感兴趣。他没有对戈迪默的长篇批评做出回应，但是，1987年在开普敦巴克斯特剧院《每周邮报》图书周期间，他做了一场名为"当代小说"的演讲。他提到南非作家的压力是要做"文化工作者"，并被要求写出具有历史意义的作品。在他看来，这就将小说降低成了历史文本的补充。但"小说处在历史之外，会产生它自己的神话和结论。小说没有历史与历史学科树立起来的对立范畴，如阶级冲突、种族冲突，或任何其他的对立冲突"。对库切来说，小说的真相与历史的真相是互相竞争的两个真相，他抵抗历史所谓的能真实地反映"现实"的真相。后来，在1994年，他赞同地引用了多丽丝·莱辛的话："毫无疑问，小说能更好地表现真实。"[38] 库切抵制"历史话语对小说的殖民"，他强调的是"讲故事"，是"另一种思维模式"，这种观点表明了他对戈迪默和布林克的社会现实主义小说创作持保留意见。

有关20世纪80年代人们对《迈克尔·K的生活和时代》的评价，库切在接受记者采访时是这样回应的：

> 我好像有两种批评群体，一种是在美国……另一种是在南非。这两种公众群……是相当不同的……一方面，美国大多数读这些书的读者是学术型的评论者。在南非是另一种类型的阅读群，他们在很大程度上受到马克思主义，特别是第三世界的思维态势的影响。主要问题是"这本书的哪方面可以融入政治斗争？"这是一个占主导地位的问题。这些都是我身边的同胞，我不想贬低他们。他们是认真又聪明的人，但是他们阅读书籍的方式很特别。[39]

对于大卫·阿特维尔在访谈中的问题：读者是否可以将迈克尔的抵制看作小说要表达一种属于某种阵营的象征性姿态，库切提供了更全面的回答：

> 如果有人非要将迈克尔·K严肃地看作一种英雄、一种典范，那他只能是被看作抵制关于英雄的公认想法的英雄，或者更确切地说，是一种撤退或逃避工人英雄想法的英雄。但是，只要这种阻力具有社会意义和价值，我看不出其与迈克尔·K这本书本身的抵制

　　　　　　　　　　　　　　　　J.M.库切传

之间有多么大的距离，其中也包括其作者（我希望成功地）避免干预此作品的尝试。

在小说中，有一段讲在迈克尔·K藏身的"属于他的"大坝旁边是一片游击队员的营地。他想要走出来，并要求加入他们的行列，但最终他也没有这样做。

我想，这是小说中最赤裸的政治化的时刻。如果一个人简单地读这本小说，K所提供的是一个或者说是适度谨慎的，或者说是怯懦的模型，但被伪装成具有一定卑微的功能（我记得，他没加入的理由或合理化的解释，是需要有人留守在这里，为前线的人种植南瓜：这种上下文让读者将卑微理解为崇高，因为种植南瓜要比杀人重要得多）。

为什么K不与游击队一起走？他为什么不放弃他的大坝和他的南瓜地，晚上潜入窄轨火车和一袋袋的迫击炮弹一起，躲藏到斯瓦特贝赫，炸毁火车、伏击军队的车队，并最终死于军事行动？

纳丁·戈迪默在她所写的评论中，以更复杂的形式问了这个问题。我要呈现什么样的面对压迫的行为模式？为什么我不写一本不同的书（我现在用她的口吻说话），写一个不那么懦弱的主人公？

对于赞同上面观点的读者来说，小说中大部分文字在一次次逃避一个至关重要的政治问题：应如何结束种族隔离的暴政？如果从这个角度来看，那么一旦文本转向内在，开始反思自己本身的文本性时，它就开始了逃避。为什么K不和游击队一起走，以及为什么文本被给了一个象征性的意义，就成了同样的问题。

对这样的读者，我的反应是什么？

一个人写他想写的书。一个人不会写他不想写的书。重点不是落在"一个人"上，而是落在"想"字上。与游击队一起走的书、带着英雄传统的书，都不是一本我想写的书，不论我多么想去写一本这样的书，都还没有想到这本书足够被写出来的程度——也就是说，我还没足以成为一个想写出那样一本书的人。

那么，我想写的是什么呢？在本次对话中，这个问题是可以展望的、可以展开的，或许还是（不是对我而言）可以挖掘的，因为小说创作太依赖于此了。就如同想弄明白为什么一个人要有欲望这类问题的答案是没有益处的，因为回答本身就已经对欲望产生了威胁，终止了欲望的产生。[40]

<h1 style="text-align:center">七</h1>

1985年10月25日，在给迈克·柯克伍德的信中，库切写道："我一部新小说的手稿（尚未命名）已经进入尾声。您会对出版国内版感兴趣吗？您是否愿意读一读手稿？"他补充说："我必须提醒您，这是一本相当深奥的书。我是在1982年开始写这本书的，当时的气氛与现在相当不同。"

库切很可能在1982年已经开始着手研究和准备这部新小说了，但是根据手稿的日期记录，前5份手稿的时间是从1983年6月1日到10月14日。他在1984年7月28日开始大规模修改文本，后来又进一步用红笔做出了许多修改。最后的文本完成于1985年5月2日。

库切在给柯克伍德信中提到的"当时的气氛"可能是指在20世纪80年代后半段联合民主阵线对三院制议会的反对，以及因为抗议、抵制和日常暴力，南非的政治态势所处的紧张局面。1985年7月，P.W.博塔宣布南非部分地区处于紧急状态，包括东开普省和中部的比勒陀利亚-威特沃特斯兰德-瓦尔地区。几个月后，紧急状态延及到西开普省，之后在1989年6月南非宣布全国进入紧急状态，而且一直持续到选举博塔继任者之时。安全部队被赋予非凡的权力：组织、聚会，甚至连葬礼都可能被禁止，成千上万的人未经审判就被拘留；媒体如果未经书面许可而发布有关安全部队行动的照片或报告就是违法行为。关于《迈克尔·K的生活和时代》一书，库切已经被戈迪默和其他评论家指责缺乏政治承诺，现在如果再写一本玄奥更难以捉摸，从表面上看不出与南非问题有任何联系的小说，可能更会成为批评者的口实。大概因为这个原因，他提醒了柯克伍德。

该小说最终的名字是《福》。《福》的小说框架来自《约克水手鲁滨逊·克鲁索的生活与奇特历险》(*The Life and Strange Surprising Adventures of Robinson Crusoe, of York, Mariner*)。该作品作者是丹尼尔·笛福（出生时的名字是"福"，在1695年，加上了前缀"笛"），他于1719年出版了这本小说，讲述的是船难者住在一个小岛上，28年后才被一艘过往船只搭救。在岛上他以有序的方式生存：搭建庇护所，做衣服种植庄稼。黑人星期五是他从食人族那里救出的，后来成了他的得力助手。鲁滨逊的故事包含着一系列惊心动魄的冒险，从一开始就非常受欢迎，接下来的几代读者对其一直兴趣不减。但是在殖民时代，主人公的原型与西欧殖民者产生联系，他对其他种族的"不文明"行为持反对态度。例如，南非一个著名的小说家和批评家刘易斯·恩科西认为《鲁滨逊漂流记》是研究西欧文明优越论的关键文本。[41]

牛津大学出版社的世界经典系列包含《鲁滨逊漂流记》一书，库切在为该书所写的推介中提到了荷马的《奥德赛》和塞万提斯的《堂吉诃德》："就像奥德修斯为回故乡伊萨卡而四处漂泊，就像堂吉诃德乘上自己的坐骑驽骍难得，鲁滨逊·克鲁索身带鹦鹉和雨伞，成了西方集体意识中的一个人物，但他超越了那些盛赞自己冒险经历的书本……"[42] 自从《鲁滨逊漂流记》问世以来，已经有了许多版本和翻版，同时催生了许多仿写与改编。根据《男孩》中的记载，从上学起，库切就被约翰·怀斯的《瑞士家庭鲁滨逊》迷住了。那本书跟随着笛福的轨迹，讲述了一个家庭在船只失事后在东印度群岛上的一段经历。这么多年来，笛福的小说是无数鲁滨逊式人物的荒岛传奇神话的先驱，从写给男孩子的：罗伯特·路易斯·史蒂文森的《金银岛》(1883)、让·季洛杜的《苏珊与太平洋》(*Suzanne et le Pacifique*，1921)和米歇尔·图尼埃的《礼拜五：太平洋上的灵薄狱》、到后来帕特里克·怀特的《树叶裙》(1976)和布林克的《风中一瞬》。艾勒克·伯默尔(Elleke Boehmer)指出，《鲁滨逊漂流记》式的子类型的发展，表明鲁滨逊·克鲁索的功用性，也表明了笛福所激发出来的能量：在殖民叙事和探险小说范畴内产生了更多的隐喻式改编与再现。笛福的小说作为动力源，促发了许多故事：兵变和沉船、巧夺天工的荒岛定居与开发、宝藏的发现、奴隶经历以及对食人族的恐惧等。[43] 因为船难者在小岛上的故事如此吸引一代又一代的读者，以至很多人不把它当作是一个故事，而觉得是主人公的真实经历。读者往往觉得鲁滨逊是《鲁滨逊漂流记》的作者，而忘记了故事的真正作者是丹尼尔·笛福。所以库切在他所写的推介中说："尽管…… 不无讽刺挖苦之意，但说一个作家的名气竟不如他自己所创造的某个人物的名气大，这应该说是对作家的褒扬。"[44]

库切在自己的新小说中改编了这个古老的船难故事，最早可以追溯到他童年的阅读经历，以及他后来到了伦敦以及奥斯汀得克萨斯大学，对早期开普的旅居者所写的记录的着迷。他在《鲁滨逊漂流记》的序中指出，笛福强调冒险的真实性，将自己降低为事件的记录者："编辑相信这只是对历史的一个单纯的记录，其中没有任何虚构。"[45] 库切所着迷的是，《鲁滨逊漂流记》并不是他开始认为的是绝对的自传。正如他在书籍介绍中所说的，每一个单一的人都是一个岛屿，每一个生命（从寓言性的视角来看）都在孤寂中寻找上帝的关注，但不仅仅如此，让他感兴趣的是这部小说如何成为一个突出的欧洲文学原型：人类在自我的岛屿上孤独的实质。根据库切的观点，"19世纪现实主义小说兴盛的根本原因在于，作家和读者在事关如何表现'真实'的问题上，有着一些双方都承认的默契。而对笛福来说，当时并无这样的默契…… 他的小说就像自传，深受临终忏悔和精神自传等文体的影响。"[46]

很显然，从开始，《福》是一个关于笛福船难者故事的改述。然而，库切小说的不同之处在于他的克鲁索（拼写是Cruso，而不是笛福的Crusoe）提供了一个不同的视角，克鲁索不再是原来小说中的那个首要人物。克鲁索的独特位置被苏珊·巴顿取代了，后者从一个全新的维度来重述这个经典故事。她所乘坐的船遭遇失事之后，她与克鲁索以及没有舌头的星期五一起生活在岛屿上。后来她获救的机会来了,有一艘船途经该岛。克鲁索因为生病发烧拒绝被援救;星期五逃到北部海岸的岩石上面,但被水手带回,强行带到了船上。苏珊提出和水手住在一起,但船长坚决拒绝。在岛上待了一年多之后,现在她可以待在船长舱了,与其一起品味波特酒,享受"文明"的餐食。他们谈到她遭遇海难的奇特之处以及写下她经历的可能性:

> 他怂恿道:"你应该将故事写下来交给出版商。就我所知,在你之前,我们国家还没有过女性海难者。这一定会引起很大的震撼。"
>
> 我难过地摇摇头,答道:"就像我所讲过的那样,我的故事是很有趣。但我完全不懂写作的技巧,明白自己写出来的拙劣文字,会将本来很迷人的东西弄得黯然失色。任何东西一写出来就会失去一些鲜活性,这种损失只有艺术能弥补,而我对艺术一窍不通。"
>
> 斯密斯船长说:"我不过是个水手,对于什么是艺术,我没有发言权。但是我觉得你不妨试试,出版商自然会雇人对其加以调整,在各处润色一番。"
>
> 我说:"我不想里面有任何谎言。"
>
> 船长笑了笑,说道:"这我可无法担保,他们卖的是书,不是真相。" [47]

克鲁索在去布里斯托尔的路上去世,葬在大海中。苏珊受船长的建议鼓舞,到了英国后就试图找到作家丹尼尔·福(笛福的真正原名),向他讲述自己的故事。经过长时间的书信往来之后,她最终见到了他,但她发现,只有在聋哑的星期五的帮助下,她才能讲述自己的故事。苏珊对福说:

> 关于星期五舌头的这段故事是无法说明的,我也不知道该怎么

说。也就是说，关于星期五失去舌头的这段故事可以有很多版本，但是真正的故事只有星期五才知道，而他却无法说话。我们永远不会知道故事的真相，除非我们赋予星期五声音。[48]

刘易斯·恩科西指出，库切将笛福报告的潜台词放到了台面上。在库切版本的故事中，克鲁索没有故事，也确实对小说没有多大价值。相反，苏珊认为，如果将她的经历出版成书会有很多读者感兴趣。因为星期五是被奴隶贩子割掉了舌头，所以他的沉默可能被理解为是殖民者的种族主义对黑人造成的心理伤害。星期五的沉默与《等待野蛮人》的野蛮女孩在监狱中被打伤的脚具有可比性。除了创作行为（通过苏珊坚持如实供述她的经历）是小说的主题以外，库切重述《鲁滨逊漂流记》也揭示了经典故事本质上的沉默与压迫。这种沉默影响了整个星期五的人性，因为他不能用声音表达内心深处的情感，也不会用笔写。在这里，苏珊是在影射话语的力量，就如同上帝创造了宇宙的力量；然后，她又指出一种可能——星期五可以用他的手指创作出一种无词汇的写作："上帝的写作代表的是一种不需要特别的语言作为媒介的方式。言语只是文字可以被说出来的方式之一，但是言语不能代表文字本身。"[49] 为了说明这一种创造力，库切用了"在水上画圈写上帝名字"的意象——他这是在借用自己曾在荷兰诗歌研究中读到的弗拉芒语牧师兼诗人——吉多·赫泽勒（Guido Gezelle）的一首诗："水黾，是一种昆虫，无声的，在池塘的水面上追逐着上帝的名字。"

笛福和库切对待写作材料的主要区别在于对克鲁索和星期五两个角色的诠释。在笛福作品中，勤奋的克鲁索开发他的小岛，使之成为一个更好的地方，利用星期五也是出于这个目的，这些让该故事处于英帝国主义的范畴内。相比之下，库切笔下的克鲁索很少有笛福人物的那种积极性、精力与乐观。如迪克·彭纳指出的：库切的克鲁索更像是贝克特笔下那种生活在冷冷清清环境中的人物，他与星期五一起致力于修建一个完全荒谬的大规模梯田，而这种梯田与迈克尔·K的田地又有所不同，因为他们根本不能在上面种植任何东西（他们也没有种子）。所以他们砌梯田的行为注定就像西西弗斯连续将巨石滚到山顶，然后再看着它们滚下来的行为一样是毫无意义的。[50] 当更注重实际的苏珊问他们要在开垦的梯田上种植什么时，克鲁索答复说："我们没有东西可种植——这是我们的不幸。……种植是那些后来者的事。他们有先见之明，随身带着种子。"[51]

笛福和库切两人笔下的星期五也有本质区别。与笛福笔下的星期五不同，库切的星期五显然来自非洲大陆，而不是美洲土著的一员。笛福的克鲁索是世界帝国主义体制内的居民，他与星期五之间的关系是主人和执行命令的仆人之间的关系。尽管在库切的前四本小说里也采用过主仆关系作为占主导地位的主题，但星期五的奴隶地位存在问题。《福》早期手稿的注释可以证明库切对创作中的小说的担心："在笛福的文本里，星期五总是在说'是'；现在[52]，不可能再幻想星期五可以说那个'是'了，星期五可以说'不'的这一点似乎不只是定势（即我们这个时代的文本一遍又一遍地演练着），还具有破坏性（谋杀，强奸，嗜血的暴政）。对于我来说，真正缺乏的，也是非洲自黑人传统消亡后也一直缺乏的，就是非洲未来的愿景不是西方生活的低劣版。"[53] 不像笛福笔下处于从属地位的星期五，库切的星期五不具备词汇的能力。当星期五不对苏珊"去拿木头"的要求做出回应时，克鲁索改用"柴火"这个词，他就明白了。苏珊问克鲁索：

> "星期五学会了多少英文单词？"我问。
>
> 克鲁索回答道："足够应付他的日常需要。这里不是英国，我们不需要太多的单词。"[54]

在接下来的谈话中，一件事实浮出水面，星期五的舌头已被割掉，很可能是由非洲奴隶贩子干的。克鲁索继续说：

或许那些奴隶贩子是摩尔人，认为舌头很好吃；或许他们对于星期五没日没夜哭哭啼啼感到厌烦；或许他们是为了不让星期五说出自己的故事：他是谁，家在哪里，如何被带走的；或许他们将每个抓来的食人族的舌头都割掉，以示惩罚。我们怎么会知道真相？[55]

库切在《白人写作》中指出，星期五无法讲述他的故事，是对南非田园诗般的农场小说中"黑人无声"位置的一个扩展，也是南非白人作家面临的一个问题的延展——如何让非洲和非洲人民发出声音。后来，当苏珊开始教星期五单词时，她只能用一些陈词滥调来代表非洲，比如像狮子或一排棕榈树。现在的问题是，西方人是否能够拥有解释非洲的词汇。

除了使用女性船难者苏珊·巴顿为主人公以外，《鲁滨逊漂流记》和《福》之间的差异还体现在库切对笛福的生活和笛福其他小说中细节的选用。例如，他从《罗克珊娜》(Roxana)中借用了母女情节，让苏珊作为一个新的作家与著名作家福之间产生一定的张力。这个女儿的名字也叫苏珊，声称苏珊就是她的母亲。但是就像罗克珊娜拒绝了自己女儿的要求一样，苏珊也拒绝了这个女儿。然后库切重写了整部罗克珊娜的历史，并增加了笛福另一部小说《摩尔·弗兰德斯》(Moll Flanders)的细节。事实上，文本中还有其他作家的声音，甚至包括莎士比亚的《暴风雨》的细节。在这方面，《福》是一个多层次的后现代文本。朱莉亚·克里斯特瓦(Julia Kristeva)将这种效果称为"马赛克式的引用"[56]；希拉·罗伯茨指出小说中存在多种声音："我们合上《福》的封皮，一个超历史的人物拼贴面孔盯着我们，知道我们在尝试重述约翰·库切的《福》——他的敌人和我们的敌人，孕育了我们的殖民者的故事。"[57]

读者会觉得《福》的第四和最后一部分有问题。[58]事件发生在前三节故事之后的很多年。一位不愿透露姓名的叙述者现在进入"作家丹尼尔·笛福"的房子，房子门前有一个蓝白相间的门牌，在英国这种牌子表示房子具有历史价值。在里面的床上，他看到的似乎是苏珊和福的尸体，他们的皮肤干燥得像纸张，他们的骨骼绷得紧紧的，嘴唇拉回去了，露出了牙齿，仿佛是在微笑。从苏珊抵达英格兰到库切出版《福》，显然已经过去了300年。时间的流逝让这一故事变成了发生在现代的事件，因为小说代表着库切自己如何直面《鲁滨逊漂流记》，所以在叙述者与库切之间可能会有一些联系，至少在叙述开始时尚有联系。

小说的第四部分提供了两个独立的结局：一个是叙述者走近星期五，打开他的嘴，并试图使他走出沉默发出声音。然而，他首先听到的只有岛屿的声音，并没有任何星期五的声音。第二个版本再次回到先前苏珊与福的床上，星期五住在毗邻的避暑屋中。然而，这一次叙述者不再尝试让星期五张嘴说话，而是通过文本，即苏珊手稿最开始的一些话，也是小说《福》中的第一句话："最后，我的双手都起了水疱，后背灼热，全身疼痛，船是再也划不动了。"到这里，小说的第一句话似乎通过一种生命的传递，获得了动力，叙述者开始接过苏珊的话茬（"叹着气，我从船上滑进了水里，激起了些许水花。"），但也做了改变（"叹着气，我将头钻进水里面，勉强激起一点水花。"），从而确认其互补关系。

通过提出第二种结局，叙述者现在可以下沉到被比喻成星期五的嘴的沉船处。在这个水下的场景中，我们和叙述者一起发现了"星期五的家"，一个"不依赖文字"的地方，一个"身体本身就是符号"的地方。我们正在进入一个前语言时期的伊甸园。然后是《福》的最后一段：

> 他的嘴张开了，从里面缓缓流出一道细流，没有一丝气息，就那样不受任何阻碍地流了出来。这细流流过他的全身，流向了我，流过了船舱，流过整艘船的残骸，冲刷着悬崖和小岛的两岸，朝着南方和北方，流向世界的尽头。那道涓涓细流是柔软的，又是冷冰冰的、黝黑的，似乎永远流不尽，它拍打着我的眼帘，拍打着我的面庞。[59]

帕特里克·海因斯认为：

《福》的结局仍然是库切所有作品中最难解释的谜题之一：我们似乎离开了读者所熟悉的记录翔实的小说——星期五没有舌头，没有故事，没有声音——进入了一个按照另外一种完全不同的规则讲述的故事里。在这个故事里，星期五神秘地具有了一种表现能力——这是一种文学流派，在这种流派中，"身体本身就是符号"。[60]

八

即使在库切还没将《福》的手稿寄给拉万出版社之前，迈克·柯克伍德就告诉他，他们肯定会有兴趣在国内出版这本书，并更愿意与他直接签订合同，而不是与塞克沃伯格签合同。收到稿件之后，他在1985年12月17日写给库切伦敦代理穆雷·波林格的信中说："每个拉万人看过此书之后都很兴奋：我们觉得，此番关于《鲁滨逊漂流记》的叙事艺术是无与伦比的。"在次日写给库切的信中，他说："读您的书，就像做了一场梦，在梦中其他的梦境都成为可能。自从苏珊叹了一口气，几乎没溅出一点水花地出现后，我的梦境有了大幅改善。"

当时，库切正准备离开南非去美国巴尔的摩的约翰斯·霍普金斯大学，他将在那里讲课直到4月底。1985年12月24日，他告诉柯克伍德，塞克沃伯格和安德烈德意志出版社（Andre Deutsch）都有兴趣出版此书。美国的维京出版社还没有回应，可能是因为他们一直期待一本来自南非的不同的书籍。库切在去美国的途中，经过了伦敦，在那里见到了穆雷·波林格，同时表达了他的愿望：塞克沃伯格和企鹅负责在英国的出版（后者出简装本），该书在南非的版权交给拉万出版社。在1986年2月26日写给迈克·柯克伍德的信中，塞克沃伯格出版社的彼得·格罗斯表示，他们会尊重作者的意愿，但字里行间可以看出，他们也希望在南非推销他们的版本。他写道："我们必须承认，根据布克奖以及其作品的销售业绩，约翰已经在销售和价格要求上进入了新的档次。"然而，他最终接受了柯克伍德关于南非版的建议，以及给作者的预付款项，并在两者间做了必要的财务安排。由于各种原因，塞克沃伯格未能及时将书的封面寄到，导致拉万南非版不能按照协议所规定的在1986年9月8日与英国版同时出版。

《福》最终在1986年底前由拉万出版，这也是库切最后一本由南非出版社出版的作品。之后，他将把所有新的原稿都直接邮寄给英国和美国的出版商。这样做的原因是在迈克·柯克伍德离开拉万出版社后，出版社管理人员频繁更换，出现行政混乱。

随着《福》的出版，可以预计，不论是在国内还是在国外，并不是所有的批评者都会欣然接受一本与南非现状没什么关系的新书。库切这本迄今为止最具后现代主义特色的小说，其结尾为各种不同的解释打开了大门，许多评论者甚至很轻率地说他们并不明白小说的最后一部分。但是，现在的问题是库切的这本小说是否真的远离了20世纪80年代南非的热门问题？文学杂志《三季》（*TriQuarterly*）的托尼·莫费特（Tony Morphet）在采访库切时问他，《福》是否代表着他明确撤出南非主题，库切回应说："只有从一个短时视角去看，《福》才会是一本所谓远离南非情况的小说。这本小说不是要撤离殖民主义或权力问题的主题。它……提出的问题是：谁在写？谁占据了权力的位置，谁拿着手中的笔？"

并非所有的批评者都会接受这样的声明。1986年8月30日，威廉·弗伦奇（William French）在《环球邮报》（*Globe and Mail*）上发表了一篇相当积极的评价，但是还有某些保留意见：

> 苏珊作为一个女性角色是明确的，但她的符号作用是模糊的，可能是作者故意为之；通过近距离接触，她开始尊重严肃的克鲁索，甚至同情他。库切的最后一章是神秘而令人不满意的，可能他又是故意的，不让评判者非把书与南非进行联系。但这些缺陷并不会对这样一本令人难以忘怀的有胆量的小说产生严重影响，也无损于它的价值。

9月11日，尼古拉斯·莎士比亚（Nicholas Shakespeare）在《泰晤士报》的评论也不温不火：

> 《福》是一本关于无声的书——一个女人的无声，她不能书写真相；一个男人的无声，他无法言说。一如以往，库切的文笔有着真正大师的风采，超然、沉静，一点点展现出这本冷静抛光过的作品。一个让此作品不是很令人触动的原因是作者本人在探究自己与克鲁索神话之间的谜语，把这个大家都熟悉的故事搅入有关南部非洲的寓言中，其对读者产生的效果就如同听星期五的无声轻哼。

在9月12日的《泰晤士报文学副刊》中P.N.福班克（P.N. Furbank）写道：

> 库切做了我们不想让他做的事情，还设法赢得了我们的赞誉。很难说作者是用什么样的精神创作这本有创新性与挑衅性的寓言故事，但是人们倾向于认为这是种相当轻快的状态，更加具有皮兰德娄式的探讨小说创建和拥有自己生命权利之间关系的悖论，只是有时会显得略微扁平单调。不过，那些未开垦梯田的故事很有想象力。可能还会有人认为他的这本书是一本并不太糟糕的《鲁滨逊漂流记》前传——并不比那些写笛福传记的作者更出格。

与这种适度的赞美不同，哈里特·吉尔伯特（Harriet Gilbert）在12月9日的《新政治家》中彻头彻尾地否定了这本书，她气愤地问："在索韦托燃烧的时候，玩这种后现代的游戏？"这显然表现了她的反对意见。安德烈·布林克过去一直深刻地评价并欣赏库切的作品，但是这次，在10月26日的《报告》中，表现出来的对《福》的印象不像以往那么深刻：

> 《福》在写作技巧上是一部杰作：前半部分，毫无疑问，非常优

秀。但是在那之后，作品的步调，尤其是紧密度开始跟不上了。读这本书仍然是很特殊的经历，但就库切强大的所有作品整体而言，这本书没有以前的小说那么令人满意。

斯蒂芬·克林曼（Stephen Clingman）是《纳丁·戈迪默小说》（*The Novels of Nadine Gordimer*，1986）和《布拉姆费：南非白人革命》（*ram Fischer: Afrikaner Revolutionary*，1998）的作者。他在12月5日的《每周邮报》中指出：

除了它所有的现代性、对历史和叙事的玩弄（库切越发具有讲故事的本事了），这本书在很多方面是保守的：它是在经验与文字的空隙中寻找意义。这使库切不会被那些希望直接看到政治内容的读者所喜欢。但我不知道库切是否在乎；他是一种边缘处的英雄，拒绝成为别人想要他成为的人，他写的是与众不同的故事。

在1986年12月《对比》的一篇标题为《后现代主义翻版》（"Post-modern Palimpsest"）的书评中，道格拉斯·里德·斯金纳（Douglas Reid Skinner）犀利地指出："带着对陈词滥调的永不满足，《福》相当具有创造性，显示了一种对复杂和困难问题的罕见洞察力，很有深度。文章的自如，以及风格与形式的简约给我们在技巧上上了一课。这本书，对我来说，似乎是库切自《内陆深处》以来最好的作品。"

1996年3月合拍剧团在利兹的西约克郡剧场表演了由马克·惠特利（Mark Wheatley）改编的《福》，并在英国巡演，但演员们发现很难将作品的多层次展现得淋漓尽致。更成功的改编来自彼得·格雷泽（Peter Glazer），该制作2003年10月在美国加州大学伯克利分校上演。

1986年12月，库切因《福》获得了耶路撒冷文学奖。根据耶路撒冷市长泰迪·寇勒（Teddy Kollek）的话，该奖项之所以颁发给他，是为了表彰他作品的文学质量，以及他对种族隔离、一切形式的暴力和压迫的坚持抵抗。该奖项在文坛享有崇高的威望，之前的获奖者有罗素、格雷厄姆·格林、欧仁·尤内斯库和米兰·昆德拉。

1987年4月9日，库切前往耶路撒冷接受5 000美元的奖金，同时他在那里发表了职业生涯中最重要的演讲之一，这次演讲甚至比他前两次领取CNA文学奖时的演讲更重要。该演讲后来收录在《双重视角》中。在演讲中他"以一种冷静且缓慢的"语调感叹殖民主义的历史，以及其与种族隔离的关系。在20世纪50年代，南非颁布了一项法律，宣布不同肤色人种之间的性行为是一种犯罪行为。这项法律的颁布象征着恐惧和拒绝："拒绝那种不被承认的对拥抱非洲、拥抱非洲身体的渴望；还有对被非洲拥抱的恐惧。"这种拒绝的核心，在库切看来，是"爱的失败"：

> 直言不讳地说：他们现在的爱是不够的，而且从他们来到这片大陆上就没有足够过。此外，他们的谈话，他们过多的谈话都是在讲他们对南非如何地爱，而这种爱一直指向的是南非的土地，指向那些最不可能回报爱的事物：山脉和沙漠，鸟类和动物，花卉。

为此要付出的代价是一个"畸形和发育不良的内心生活"，在文学中也有所体现：

> 即便是在最辉煌的时刻，南非文学也是一种被束缚的文学，被一种无家可归的感觉侵蚀，同时渴望不可名状的解放。这不是一个完全的人类文学，其中不自然地充斥着权力和权力的扭力，无法脱离身外庞大而复杂的人类世界的基本联系、争斗、统治和征服。这种文学就是监狱里的人写的那种文学。你完全可以这么想。

两年前，米兰·昆德拉站在耶路撒冷这个讲台上，并赞扬小说家中的第一人米格尔·塞万提斯，我们后来的侏儒般的小作家就站在这位巨人的肩膀上。我多么希望在那个时候能够与他一起致敬，我要代表我自己还有其他很多南非小说家！我们多么希望能够退出这个充满病态、武力、愤怒和暴力的世界，并找到一个可以真实表达自我感受和想法的世界，在那里我们可以真正地拥有一份工作。

因此，正如欧文·豪在1982年4月18日《纽约时报书评》中发表的《等待野蛮人》的书评中说的，南非作家所面临的问题是：种族冲突如此严重，它渗透着作家的整个内心，没有给其他主题留下空间。库切问，我们如何能逃脱被暴力践踏的世界，为大都市的批评家塑造"真实"的南非？塞万提斯的堂吉诃德将炎热和尘土飞扬的拉曼恰抛在了他的身后，他要到想象的世界去旅行。在南非，作家的艺术形式太慢，太过时，以至对社会或历史的进程不会产生任何影响，那么南非作家为什么不像堂吉诃德一样摆脱这个世界？阻止他的力量来自他自己所生活的那个世界，那个世界决定并最终渗入他的想象。"南非生活的粗糙，"库切写道，"以及其赤裸裸的强权，不仅存在于物质层面，也存在于道德层面。它的麻木不仁，它的暴行，它的饥渴，它的肆虐，它的贪婪和它的谎言，既是不可抗拒的，也是不可爱的。""尼采说，我们拥有艺术，所以不会被真相击垮，"库切总结道，"在南非，有太多的真相需要由艺术来保持，一箩筐、一箩筐的真相泛滥着，侵蚀着任何有想象力的行为。"

耶路撒冷之行给了库切一个机会去了解一个他之前没有访问过的城市和国家。虽然他要见很多重要的人物，接受记者的采访，受制于分配给他的向导，但他还是访问了以色列北部的大部分区域，并与很多人交谈。1987年5月27日，在给布法罗的朋友霍华德·伍尔夫的信中，库切写道："我在这里感受到了作家和艺术家的热情，也很喜欢耶路撒冷。不过，有一个遗憾……就是极端正统派在这里如此束缚——或似乎是如此束缚——普通人的生活，以及他们的未来。"

耶路撒冷访问结束后，库切生平第一次去了芬兰。多年以来，他在这个国家已经拥有了很多读者。在1987年7月10日写给霍华德·伍尔夫的信中，库切说："待在芬兰是一种享受，一种令人惊讶的享受。因为我没有太大的预期，还因为我在的那段时间里，芬兰一直下雨。因为雨，芬兰人认为不能让他们的访客感受到芬兰夏天的味道，并为此感到痛苦，可我觉得这似乎使这里的人们彼此之间更加亲切友善。"

九

库切的文学创作除了获得国内及国际奖项以外，在20世纪80年代，他还获得了很多其他荣誉。1982年，南非英语学会授予他1980—1981年度托马斯·普林格尔奖（Thomas Pringle Prize），获奖文章是《鲜血、错误、污点、堕落，莎拉·格特鲁德·米林研究》（*Blood, Flaw, Taint, Degeneracy: The Case of Sarah Gertrude Millin*）。该文曾发表在1980年1月的《非洲英语》中。在报告中，A.E.沃斯（A.E.Voss）代表评奖委员会说，他们很赞赏"该文的敏感性、学术性和写作风格"。他还说：

> 库切教授的文章在比较文学研究领域对南非（英语和阿非利堪斯语）文学与欧洲文学提出深刻的见解。文章整体因为其语言的机智而优美，加之对神话的敏感想象而更显生动。与此同时，文章探究了文本与其所在社会背景之间的矛盾关系，其中不乏历史的敏锐性，因此也不是一读就懂的文章。

库切在1983年被英语学会授予500兰特的奖金，以表彰他的文学创作，并受邀成为学会的正式成员。

除了从事文学创作工作、讲课以及越发频繁地接受到美国大学讲课的邀请以外，库切在此期间也经常参与一些文学活动。1982年，他加入CNA文学奖的评奖委员会，并推荐了纳丁·戈迪默的《七月的人们》。1983年9月，他成为《观点》的编委，该文学期刊是在1945年由N.P.范维克·洛、W.E.G.洛和H.A.穆德（H.A.Mulder）一起创建的，自成立以来已经出版过许多英语和荷兰语作品，但其主要出版的是阿非利堪斯语作品，多年以来在南非的文学和文化生活中发挥着重要作用。1985年，他还加入了新成立的《文学研究杂志》（*Journal of Literary Studies*）编委会。因为他学术工作的原创性，以及获得的赞誉，1984年1月他晋升为开普敦大学终身成员。颁奖评述提到了他的文学作品以及各种语言译本，赞扬了他的创新性评论，其中不仅包括贝克特、纳博科夫和陀思妥耶夫斯基等作家，还延展到对纯语言学以及应用语言学和符号学的研究，他所做的大量的荷兰和阿非利堪斯语的翻译，以及关于卡夫卡文章的评论。1981年，他被邀请到香港中文大学讲授语言学和他自己的小说创作，但是因为当时他有其他安排，所以最终没有接受邀请，但他不排除未来访问香港中文大学的可能性。1983年9月，奥斯汀分校英语系的伯恩斯·林德福什（Bernth Lindfors）问他是否愿意考虑去那里教授创意写作和语言学，但在那个阶段，库切还没有准备好接受改变。布法罗纽约州立大学邀请他1984年春到他们那里做客座教授，讲授一门研究生研讨课，并做一些公开讲座，这样他就有机会旅行与阅读了，但他也没有接受这一邀请。1985年，他与布莱顿·布莱顿巴赫一起参加了在纽约召开的PEN大会，并加入了国际作家小组。该大会由诺曼·梅勒（Norman Mailer）发起，旨在将作者召集到一起，讨论他们的共同境遇。那次大会是美国和外国作家到场率最高的一次会议，与会成员包括当时重要的文学人物，特别是在小说领域，比如V.S.奈保尔、切斯瓦夫·米沃什、卡尔维诺、君特·格拉斯、加西亚·马尔克斯、卡洛斯·富恩特斯、艾丽斯·默多克、爱丽丝·门罗、格雷厄姆·格林、利奥波德·桑戈尔、米兰·昆德拉、塔德乌什·康维茨基（Tadeusz Konwicki）、乔治·康拉德、达尼洛·基什（Danilo Kis）、安东尼·伯吉斯、哈罗德·品特和安东尼娅·弗雷泽（Antonia Fraser）。

20世纪80年代，库切比以前更频繁地写出了许多文学论文。1984年，他开始在美国一些重要的学术期刊，如《新共和》（*The New Republic*）和《纽约书评》上写评论和杂文。起初这些文章主要是关于南非文学的。发表《迈克尔·K的生活和时代》与《福》之间的三年，库切的一个新的任务，就是向国际推广南非文学。[61] 他已经与戈迪默一起被封为南非文学的代言人，但是他变得越来越不愿意就自己南非作家的身份发表意见。尽管他不愿意，但是在许多国际论坛上，他总是被放在一位南非作家的位置上，被要求作为南非声音的代表，权威地解释南非及其政治局势。他在《新共和》1月第二期的评论文章《哭吧，亲爱的祖国》（"Cry, the Beloved Country"）非常有启发性："并非完全情愿地，佩顿被转化成为圣人和预言家，成为编辑和采访者寻找南非智慧的向导……其影响不仅可以从他演讲的豪言壮语中看出，他的思考、说话、书写都开始用简短的、易于咀嚼的段落，也可以从另一种倾向中看出，那就是他不再有成为一个更完善作家的新突破了。"

1985年4月，格拉斯哥的斯特拉斯克莱德大学授予库切文学名誉博士的学位，这是第一所给库切颁发荣誉博士证书的大学。尽管1983年颁发布克奖的时候，库切并未准备前往伦敦，但是这一次，在一个特别寒冷的日子，库切前往格拉斯哥接受荣誉博士学位。当时，德里克·阿特里奇教授是斯特拉斯克莱德大学英语系的负责人，他在嘉奖词中说：

> 对于一些人来说，J.M.库切的名字将会让他们想起"南非小说家"这个词。确实，他的所有作品都承载着那个非凡社会的痛苦和愤怒的痕迹，但也弥漫着勇气和同情心；同样，作为一个南非的作家，他是一群伟大而杰出的艺术家中的一员，他们面对无知和野蛮，创作着持久的美的东西。但是J.M.库切的作品——它所描绘的我们身体和精神上的痛苦——不能被轻松地归到那一个遥远的国家，它所涵盖的范围是全人类。如果这听起来像刚才说的那样轻松，请让我更详细地说一说：J.M.库切的作品提出了一个问题，而且是以最不妥协的方式提出的，那就是，什么是人性，什么是承认别人的人性。他所有的小说都涉及一个人是如何发现自己是谁的难题，比如，像迈克尔·K那样的人——面对历史的巨大变革，面对着一个要吸噬走社会中的人性与爱的历史，如何在人性的边缘处，

孤立无援地，死死抓住最后一根身份的稻草。

对于像我这样在这个领域工作的学者来说，还有另外一个 J.M.库切：他写了一系列重要的论文，示范了如何用语言学的理论进行文学批评，让这两个学科都能受益。虽然俗话说得好，鸟本身不会成为特别好的鸟类研究者，但是库切教授用他的写作证明了，小说家，如果有能力的话（库切本身确实有这样的能力），他也可以像没有想象力的评论家一样分析文学语言的过程和程序。

之后，库切继续获得各种奖项。1985年6月，因为《等待野蛮人》，他成为开普敦大学新设立的年度奖的第一位获奖者，并拿到了证书和奖金。库切是在大学半年度毕业典礼上荣获该奖的。嘉奖词说明了小说的重要性，它提到该小说已经被翻译成14种语言，包括希伯来文、波兰语和土耳其语。另外，嘉奖词还说：

> 这本小说……牢固地奠定了（库切）在当代小说中的重要地位……小说摆脱了南非背景或国情的特定限制，但却强有力地表现了现今南非的政治和社会问题。该作品所关注的主题在我们的文学作品中，在其他国别的文学中都曾多次出现，它涉及酷刑与暴力，合作与抵抗，学习与责任，监禁与自由，怜悯与赔偿。通过对人类和社会复杂性的强调，以及艺术的力量与想象的力量，库切复兴了这些主题，并创造了新的见解和解决方案。

在接受《开普敦大学周一报》（1985年6月24日—7月1日）的采访时，库切嘲弄地对这一奖项做出回应："这真是非常可喜的，但幸运的是我住在理智的非洲。"同一年，他在开普敦大学承办的大学英语教师协会会议上发言，也在威特沃特斯兰德大学的非洲作家年会上发言。1986年1月，他去纽约参加了又一届PEN大会，这一次，他与纳丁·戈迪默，西弗·塞巴拉，丹尼斯·布鲁特斯（Dennis Brutus）和布莱顿·布莱顿巴赫一起参加了作家反对种族隔离运动。该大会由诺曼·梅勒和苏珊·桑塔格发起，出席的作家有伊丽莎白·哈德威克（Elizabeth Hardwick）、玛格丽特·阿特伍德和托尼·莫里森。当时开幕式由美国国务卿乔治·舒尔茨（George Schultz）主持，但许多南非人和一大群其他作家抵制大会的开幕，他们的理由是里根政府支持南非政府用拘留和酷刑压制他们的公民，不让那儿的人们说出自己的信念。当舒尔茨赞扬里根言论自由的立场时，他多次被质问。

1987年库切接受了英国雷丁大学的邀请，成为塞缪尔·贝克特基金会的赞助人。1988年，他当选为英国皇家文学学会会员，并于同年经提名获得文学艺术类丹斯骑士勋章。1989年，他成为现代语言协会荣誉院士，并于1989年成为美国艺术和科学学院"名誉外籍成员"。反过来，1985年，库切也推荐音乐家彼得·克拉筹（Peter Klatzow）做开普敦大学的研究员。彼得·克拉筹的作曲已经将其提升到一个"超越所有南非当代作曲家"的地位。

1988年，当恩加布鲁·恩德贝莱的签证被拒时，库切和其他作家一起进行抗议。1990年，他在开普敦大学主持授予马兹斯·库涅内名誉博士学位。马兹斯·库涅内是一位用祖鲁语创作的诗人、剧作家和小说家，也有一些作品翻译成了英文，在国外受到高度重视。库涅内曾经在加州大学洛杉矶分校任南非语教授，后来在怀俄明大学做英语教授。库切安排他在1994年访问开普敦大学，并在英语系做了几个星期的讲学。

十

1988年10月31日，库切本来应该与拉什迪一起出现在开普敦巴克斯特剧院，参加为期一周的文学研讨会。拉什迪也是一位布克奖得主，出生在印度，但生活在英国。这次大会由南非作家大会（Congress of South African Writers，COSAW）与《每周邮报》合办。当时已经出现了对拉什迪小说《撒旦诗篇》的抗议，伊斯兰组织声称，它丑化了伊斯兰教的历史和先知穆罕默德。当时这些抗议活动仍处于早期阶段，没有人预料到最终真会对拉什迪发起的猛烈攻击：1989年2月霍梅尼发布追杀令。甚至在此次大会开始之前，出版委员会的一位成员就已经在南非禁止了此书，这是最后一本被审查人员查禁的重要文学书籍。很显然，该书的被禁来自南非伊斯兰社会的压力。当时，该书的印刷本尚未到达南非，似乎在有关委员会的成员还没有时间读到这本500多页的图书之前，它就已经被查禁了。

为期一周的会议一直持续到10月31日晚，正如克里斯·洛（Chris Louw）在1989年12月发表于《南非》（Die Suid-Afrikaan）的一篇文章中所描述的，大会出现了一个具有讽刺意味的一幕。号称为言论自由而战的"拯救新闻"运动的召集人曼苏尔·贾费尔（Mansoor Jaffer）因为伊斯兰社区的死亡威胁，从未出现在开幕式上。作家、非国大成员沃利·塞罗特（Wally Serote）表示自己强烈反对审查制度，但承诺，一旦他的政党执政，他们将用有选择性审查消除种族主义。纳塔尔大学讲师希尔达·格劳伯勒（Hilda Grobler）坚决反对各种形式的审查，但要求出版物上诉委员会的成员更具代表性。与南非作家大会联合举办此次大会的《每周邮报》在那天早上接到通知（根据玛丽莲·柯克伍德的一份声明），他们的报纸被查禁，为期一个月。从纳塔尔大学来的法蒂玛·梅尔（Fatima Meer）教授是一位反种族隔离活动家，她宣称自己已不再准备参加会议，因为这次的图书周已经堕落成为萨尔曼·拉什迪的演讲台。"说到底，"梅尔说，"拉什迪所攻击的是第三世界，他所丑化的是对第三世界本身以及其机构的信任……他的非凡文学技巧，加之他声称是来自内部的书写，使他的攻击尤为惨烈。"她的这些话让长街克兰福德的一个图书经销商欧文·弗里曼（Irving Freeman）无法接受，他多次大喊"羞耻！"（这恰好也是拉什迪一本小说的名字），宣称他们应该简单明了地理解伊斯兰原教旨主义观点。梅尔在结论中也承认她并没有读过那本她所谴责的书。

但是在最后时刻，与《每周邮报》的期望相反（他们是捍卫拉什迪的言论自由权的），南非作家大会决定撤回邀请，他们声称伊斯兰社区的威胁让他们不能保证拉什迪的安全。作为南非作家大会委员会的成员，纳丁·戈迪默代替拉什迪从约翰内斯堡飞来与库切一起出席这次会议。后来戈迪默说，在她从约翰内斯堡出发的前两天，她和《每周邮报》的代表以及南非作家大会的成员，已经一起与伊斯兰社区的成员辩论了六个小时。两个小时之后，他们退到各自的房间达成某种妥协。辩论结束后，伊斯兰组织代表团获悉，南非作家大会不会就拉什迪访问南非一事让步。南非作家大会承认穆斯林有抗议的权利，但要求他们不要用死亡来威胁拉什迪，也不要危害巴克斯特观众的生命安全。南非作家大会会给伊斯兰社区成员机会来宣读公开声明。但是穆斯林并没有改变他们的立场。其中一人说，拉什迪不能踏上南非的土地。如果他来了，他们就不能保证他的安全。从讨论中，很明显，没有一个伊斯兰代表曾经读过这本书。戈迪默和她的南非作家大会同僚指出，这本书在南非是被查禁的，不会造成任何伤害。然而，穆斯林拒绝接受这种说法。最终南非作家大会决定撤回邀请，因为对于他们来说，人的生命比自己的原则更重要。

当晚，巴克斯特剧院所有的门票都已经售出。穆斯林也来看会发生什么，因为可能会有与在伦敦的拉什迪电话连线（最终没有发生）。气氛很紧张。在出场之前，库切与戈迪默友好地交流了一番。

按照伊恩·格伦之后的描述，此后出现了南非文学人物最为戏剧性的公开意见分歧。格伦写道："很难不同情戈迪默和南非作家大会，但是查禁的危险以及戈迪默与政治运动的联系和承诺似乎是在往一条危险的道路上走。"[62]

库切的行为，从内心说不是要攻击南非作家大会或戈迪默，而是要就原教旨主义的精神和文学的自由精神之间的关系，说明一个原则。他说，整个南非知识界，其中包括他自己，在此事件中表现得非常愚蠢。他怀疑幕后发生了某种权衡或妥协。放弃拉什迪的访问是为了反种族隔离联盟的团结，特别是不让联盟中的穆斯林太难过：

我来到这里有三个原因。首先我要公开表明我反对让拉什迪先生的声音消失，做这件事情的首先是穆斯林团体，然后是虚伪的南非审查人员……

第二个原因是，我想说有关伊斯兰原教旨主义的事，似乎没有人着急说这事。伊斯兰原教旨主义的激进表现是不好的事。普遍说来，宗教的原教旨主义都不是好事。我们知道南非的宗教原教旨主义。加尔文原教旨主义在我国历史上曾带来彻头彻尾的愚昧黑暗。黎巴嫩、以色列、爱尔兰、南非，世界的躯壳上只要是有出血伤口的地方，那些挑剔的、心胸狭隘的狂热分子就会很忙碌。他们蔑视生命，迷恋死亡。在他们背后，总有毛拉、拉比、新教牧师，高呼他们的祝福。我不会将柬埔寨从列表中排除出去，我也不会排除疯狂的世俗世界末日论者。

这些话是特别针对南非作家大会的。请不要与这样的人打交道；不要与他们结盟。没有什么比写原教旨主义的精神更有害了。原教旨主义痛恨符号，痛恨写作的无穷无尽性。原教旨主义只是意味着回到原点，并在那里停留。它只代表着一本创始书，之后就再没有任何的书籍了……

我来站到这里的第三个，也是最后一个原因是，我也和大家一样是这次失败事件中的一员……作为松散而脆弱的联盟中的一员，我们都相信言论自由，也相信其他人拥有言论自由——然而我们已经一败涂地……我们是如此意志消沉，甚至不敢拿起电话，拨打拉什迪先生在伦敦的号码，因为我们害怕会有人向我们扔个炸弹。我们不知道拉什迪事件是否会在一年的时间里从人们的记忆中消失，或是相反的，进入历史并成为一个重要时刻。从那以后，人们就厌倦了假装相信在反种族隔离的斗争中，还有任何地方可以容纳自由主义准则、言论自由、结社自由，以及其他的内容。

当库切坐回到自己的座位上时，观众掌声如雷。这是意想不到的，甚至可能连库切本人也感到惊讶，因为之前南非作家大会的想法似乎被大部分的自由主义知识分子和文学人士所接受。

戈迪默对库切的攻击方式，以及对南非作家大会思想谬误的揭露感到震惊。当轮到她发言时，她就有些没底气了：

> 首先，我必须说，我感到非常惊讶、震惊和苦恼，因为我发现自己来到这里显然要站在捍卫南非作家大会的立场上，而不是陈述反对意见，包括我自己的、南非作家大会的，还有我们所有人对萨尔曼·拉什迪事件局势的反对意见。当我的朋友兼同事，约翰·库切，没有真正与我，与任何南非作家大会的人讨论一下就直接公开攻击我们，我感到非常惊讶。但是，这是他的民主权利，这是我们在这里所要保卫的内容。

在后来接受大卫·阿特维尔的采访中，库切在谈论到这次辩论时说："关于拉什迪的《撒旦诗篇》，我陷入了与纳丁·戈迪默的公开分歧之中，这是我所没有预见到的，且感到不安的。拉什迪被邀请到南非讲学，他已经接受，当时的分歧是：鉴于各种对他生命的恫吓（我说的是霍梅尼发出死刑追杀令之前），是否应该撤回邀请。我认为不应该。现在回想起来，我觉得戈迪默的谨慎是正确的，我是错误的。"[63]

这并不有损于库切在当晚的原则性声明。他没有被原教旨主义的威胁所吓倒，也暴露了南非作家大会对审查制度在立场上的不一致。

第12章
喜悦与哀痛

一

1986年，《福》出版的时候，约翰·库切46岁，身材很消瘦，但很精神，过早花白的胡子，戴着角质镜框眼镜，低沉的声音，有着沉默寡言的风范和清心寡欲的外观。多年来他用沉默和拒绝对公众谈论自己来保护自己不受外界的入侵，对于评论界的批评都笼统地用间接的方式回应。许多记者可能都经历过，任何涉及隐私的问题都会令他立刻关闭大门。当被问及为何在童年时期如此频繁地搬家时，他简单地回答说："我不记得了。"他的私人生活，不论是在国外，还是在南非国内，都处于公共领域之外。众所周知，他离婚了，并和他的两个孩子——尼古拉斯和吉塞拉——一起住在一个小郊区狭窄街道上的房子里。他的伴侣是多萝西·德莱弗，她自己有住处，而不是总与他住在一起。亲密的朋友都知道他是一个素食主义者。早在20世纪80年代，他曾被诊断患有乳糖酶缺乏症，不能吃任何奶制品。从他所住的隆德伯西托尔路11号到开普敦大学的距离大约是20分钟的步行路程，在过去的城市地图上，并没有标出过这个地方。他在电话簿里列出的是一个虚构的地址。当他罕见地出现在社交场合时，他宁愿站在一个角落里，仅同一个人说话。

这种保护隐私的举动让许多记者过分强调他个性中沉默寡言的一面，以及他小说中黑暗、阴沉的特点，结果就形成了J.M.库切的一种片面形象。有位叫瑞安·马兰（Rian Malan）的记者，曾在20世纪90年代采访过库切几次，他将库切称为"黑暗王子"，称他的早期作品"令人恐惧……从内部点亮寒冷且可怕的光，受无数无法回答的问题困扰"。[1]在马兰看来，以开普敦大学文科楼昏暗的小型办公室为背景，库切看起来"苍白而严肃，穿着灰色休闲裤和粗花呢的运动夹克"。[2]对于他的第一个问题，库切的回答是一段空白的沉默：库切将字写在他的记事本上，考虑了一下，在答复中对这个问题做假设性分析。根据马兰的描述，对于所有问题，库切都是这样对待的。当马兰冒险地说，在读《福》时，自己感受到的是一种令人难以忍受的寓言——白人和黑人在这个国家根本没有办法接触到对方，他问库切对此种解释有什么看法，他得到的答复是："我不希望否定您的阅读。"[3]当马兰很明显绝望地问库切喜欢什么样的音乐时，他回答说："所有我没有听到过的音乐。"[4]在一次采访中，马兰称库切是"一个有着僧侣般自律和奉献精神的人。他不喝酒、不抽烟，也不吃肉。他长时间地骑自行车来健身，每天早晨在写字台旁至少写作一个小时，不曾间断。一位与他共事十多年的同事声称只看见他笑过一次。一位库切的熟人透露，在参加的多次晚宴上，库切会经常不说一句话。"[5]

然而，库切对马兰问题的反应，还有与其他记者互动中的反应，确实表明了他的狡黠，也不是没有任何幽默感。它也确实反映了库切对记者所提的令人困扰的问题所表现的那种急躁。在与大卫·阿特维尔进行的《双重视角》的访谈中，库切曾解释过这种急躁。首先，记者经常越界，闯入他认为是隐私的区域："我不认为自己是一个公众人物，一个被公众瞩目的人物。"[6]其次，一些缺乏敬业精神的记者，根本不了解他的作品，或根本对作品不感兴趣的记者，有时会问一些答案显而易见的问题。再次，是关于对内容的控制权问题。库切说，一个作家，不要轻易地交出对自己文字的控制权，而记者，有时会粗制滥造，编辑和审查文字，删掉所有独一无二的内容。库切继续说："但我的抵制不仅仅是保护一种幽灵般的全能。写作不是自由的表达。写作是一种真正意义上的对话：要唤醒自我中的和音，然后与之言说。作家是否要唤起/调用这些和音，是一个很严肃的问题……而采访者要的是言说，不同的言说。"[7]

与瑞安·马兰笔下孤傲、沉默寡言的版本不同，库切很多朋友和熟人证明了他性格的另一面。库切的伴侣多萝西的哥哥、诗人乔迪·德莱弗曾写道：

> 我一直觉得公众对他的态度（尤其是新闻界）奇怪得令人很难理解。是的，他是一个非常注重隐私的人而且讨厌被侵扰，但是他也非常善良、乐于帮助其他作家，尤其是年轻的作家。他经常是一个机智的人，有着令人愉快的幽默感，而且可以成为一个迷人的伙伴。我的妻子——一个无可否认的健谈者——特别愿意在晚宴时被安排坐在约翰的旁边。当我去年帮助他安排参加UEA新世界写作伙伴关系会议活动时，我知道组织者很紧张，担心他是一个难打交道、爱抱怨的客人。我不认为他们相信了我的保证，但等库切离开后，有人告诉我他是一个很容易相处的人。有时候，我觉得记者可能是特意将他写成很难打交道的样子，这样就给他们一些可以写的东西了，反正他们也没有花时间读他写的书。[8]

在采访中，记者们确实会发现库切的谨慎和犹豫。库切意识到，自己接受记者采访时的情况是短暂性的，他往往会沉默一会儿，去寻找最好的措辞。不论是接受参访，还是文学创作，他都是一个完美主义者，虽然他在接受记者采访时，曾恶作剧地说，他的完美主义不会延伸到"各行各业"。[9]他确实不鼓励探询私密，对愚蠢的问题也没有耐心。但如果一个人通过展示自己的品质，赢得了他的信任，那么他就可以敞开心扉了。在他的信件中，他的平易近人更是显而易见的，但是即使这样，从他回答问题的方式看，他的用词仍然是很节制的，他的信件总是直击要害，且措辞精确。他也有很强烈的同情心。霍华德·伍尔夫是库切在布法罗英语系多年的同事，库切也曾多次去那里访问。他曾写信给库切，说觉得他的20年讲师生涯不是那么丰富多彩。在1987年5月27日的信中，库切说，我们都会时不时感到一种失望，然后我们就归咎于我们选择的职业、婚姻，或者生活的城市；"但是，人到中年，我们每个人都会深受折磨。"

当库切在家里招待朋友时，他们会不断地意识到他冷静而敏锐的智慧。然而，在这种亲密友人间聚会时所穿的休闲服装表明他可以在熟悉的环境中做到身心放松。即使在比较正式的场合，如果可能的话，他也尽量避免穿正式服装或打领带。他的朋友觉得他很幽默，热情大方。他是一个有吸引力的主人，喜欢为客人添酒（尽管他自己不喝酒）。他说："我就是不喜欢酒的味道。"[10]虽然这似乎来自他对自己童年时父亲酗酒过度的憎恶回忆。他是一个手艺不错的厨师，喜欢烹制诸如意式土豆丸子或印度菜这类口感丰富的食物。

丹尼尔·哈钦森曾是他的一名学生。说到他与库切漫长而温馨的友谊，他一直认为库切是一个诚实、坦率，有吸引力和魅力的人。[11]霍华德·伍尔夫发现，尽管库切的作品对他来说很"黑暗，压抑，痛苦和折磨"，但日常交流中的库切"相当犀利、诙谐"。[12]

在闲暇时库切喜欢去爬桌山。当初在伦敦的时候，他也很喜欢去电影院看电影。虽然他总是避开大量人群，在开普敦大学期间从来没有参加过任何政治示威，但是他非常喜欢板球比赛，也特别喜欢在开普敦拥挤的兰兹体育场看橄榄球比赛。虽然他曾对橄榄球的政治化表达过保留意见：在20世纪80年代，它被用来强化男性的权威性，成为广大人民群众的鸦片。但是他喜欢看赛场上实力的展示，他经常在周日与大学同事一起打板球。无论是作为开球手还是投球手，他都是团队中一名有价值的成员。他也是唯一经常参加训练的队员。

在这些年中，库切开始认真对待自行车运动，这一运动对于他来说既是体育运动，又是娱乐。他一直喜欢跑步，但是他发现骑自行车的优点是他可以较少遭受肌肉拉伤之苦。他买了一辆很昂贵的自行车，并在1983年和2001年间，15次参加一年一度的阿格斯自行车赛，经常与诗人格斯弗格森一起参加。1991年，他取得了最佳成绩：用3小时14分钟骑完了104公里的路程，后来1994年又取得了同样的成绩。[13]对于这种艰苦的比赛，这样的成绩非常出色。定期自行车骑行让库切身体很健康，一个例证是：他曾经骑自行车从隆德伯西出发，沿福尔特雷克路，通过北郊，到斯泰伦博斯拜访他的同事历史学家赫尔曼·吉利欧米（Hermann Giliomee），喝茶后再原路骑回来。他在海外旅行期间，尤其是在法国，经常会加入自行车之旅。1987年10月23日，在写给霍华德·伍尔夫的信中，他描述了去探访罗恩山谷时，他骑着自行车路过上千亩向日葵地的经历——那些向日葵是用于做牛饲料和生产食用油的。这条路线大概就是他在《凶年纪事》中走过的路线。那也是庞德在1912年走过的路线：沿着中世纪的行吟诗人的脚步，从弗瓦，经洛克菲克萨德，到达拉维拉尼特。

在1994年第五期《领导者》中一篇题为《在空间和时间中旅行》的风趣文章中，库切描述了一次他和另外七人的自行车之旅，其中有他的女儿吉塞拉。他们从巴黎骑到阿维尼翁，然后向西到图卢兹。最后只剩下两人，库切和吉塞拉在7月13日最终到达图卢兹，全程约1 250公里。他们在一起骑行了一个星期，全神贯注地骑行，然后在傍晚好好地吃上一顿，睡在酒店相邻的房间里。这个对于库切来说是他一生中最愉快的假期之一。这经历让他确认，不论如何，父母和子女仍然能够和平共处，并彼此相爱。库切描述了这样的自行车旅行与汽车或火车旅行的不同，骑自行车的路上会遇到什么，对法国的景观和当地人民的印象是什么，特别是在法国比在南非骑自行车旅行多么地更加容易。在法国机动车驾驶者似乎不会与骑自行车的人斗气，并承认他们分享道路的权利。在南非，骑自行车的人必须要做好防护，因为他们很有可能被车有意地刮倒：

为什么要对骑自行车的人充满敌意？一个简单的解释：因为司机具有侵犯性，他们对法律不感兴趣。一个奇特的解释：在20世纪初的几十年里，农村的南非白人都骑自行车，而不是骑马，他们一直没有洗脱那种耻辱。一个骑着自行车求婚的人是没有财产的人，一个喜剧中的人物，但也预示着社会地位的不同；在马背上的求婚者是传统价值观的体现，速度快还安全。（马和步枪总是在一起的，自行车和步枪当然不搭配。）

　　还有社会历史原因。第二次世界大战后，黑人男子开始拥有自行车，并在黑人社会中为自行车加上了一个新的意义：骑自行车是现代的，比那些步行的人要高一级。非常有可能就在那一刻，在白人看来，自行车与黑人的抱负密切相连，所以得出的结论是，如果白人骑自行车，就是在辱没自己。

　　现在，从各个方面看，自行车都被视为一种交通工具。对于黑人青年来说，骑在自行车上的男人被标记为老式的、农村的。对他们来说，要么开车，要么什么都不要用。

　　本文仅作为一篇偶然的随笔，令人遗憾地没有收入文集，但它再次证明了库切精细的观察力、缜密的思维，以及在做研究时，极度的逻辑性与创新性。他观察到，生活中的法国家庭主妇穿拖鞋，戴围裙，腰上系着一串钥匙，将种植着菠菜、豆角、西红柿和土豆的园子打理得整整齐齐，还将钱藏在床垫下——这种形象自中世纪以来就没有变过。尽管现在的酒店没人欢迎骑自行车的游客来，但库切仍然很喜欢当时在法国乡村道路上，自由骑行的感觉。他也有疑虑的时候，比如在奥兰治一级方程式酒店，客人将信用卡插入插槽滑一下就可以打开门，然后卡上就记上了135法郎的一笔费用。而这笔钱给他带来的是一个小房间，一张床，一个洗脸盆以及电视和厕所（自动冲洗，以防客人离开时忘了冲洗）。房间里的一切都像是医院里的塑料制品，没有锋利的边边角角。密码和监控客人举动的摄像机已经取代了法国老式酒店传统的礼宾员、行李员和服务员。他觉得有一点很奇怪，法国这个国家有着光荣的美食传统，但是似乎没怎么考虑到素食者。他在拉沃尔附近的一家客栈吃饭，点了一份55法郎的当日推荐菜式，要求从沙拉里去掉火腿，将羊肉换成一个煎蛋，但是上来的色拉里放了一些罐装鲔鱼，根据老板娘的解释，一个法国厨师无法想象没有肉的生活怎么过，就像中国厨师会在蔬菜上浇上薄薄的一层鸡腿肉汤汁，为了让其有肉味。像他这样想法明显与众不同的人，对于法国美食的有限要求是法国厨师所无法明白的。

尽管如此，他还是非常享受每天的自行车之旅。在他看来，与西方几乎所有其他技术的进步不同，自行车的发明完全没有消极的一面。他写道："它只带来了好处。它扩展了成千上万人的视野、体能和精神，这其中也包含儿童。它将人类携带的重量与行走的距离都大规模增加，而且在做到这一点的同时，没有给我们环境带来任何可见的危害。在一定程度上，速度可以带来喜悦，它也给世界带来了更多的幸福感。"7月10日，库切和他的女儿在朗格多克骑行："道路蜿蜒下坡，绵延数英里。我们在风中嗖嗖地穿过蜿蜒的小路。周围是浓郁的草药气味，这些草药的名字我们并不知道。道路上除了轮胎的嗡嗡声，没有任何其他的声音。上帝啊，我说，让我永远活在这个您创造的世界里吧。"

在库切的许多作品中，如《男孩》和后来的《慢人》，骑自行车时都是主人公最快乐的时候。在写给荷兰自行车骑行杂志《墙》（De Muur）的一封信中，库切指出了骑行自行车的民主本质。他说，自行车被错误地称为是一台机器。但是与自己生成能量的机器不同，自行车更多的是一种工具，取决于骑车者的力气。在同一本期刊里，荷兰自行车手（写了两本关于骑行的书籍）蒂姆·克拉贝（Tim Krabbé）写了一篇文章，讲述了他和其他几个骑行爱好者是如何带领着库切在荷兰这个自行车之国风驰电掣的：

这位已经加入澳大利亚国籍的作家从出发就显示了他的经验。库切是一个有骑车登山技术的自行车手……进入摩尼肯德姆的时候，他表现出了他的谨慎。他会认真地协商，避免任何的风险。骑在小镇铺满鹅卵石的道路上，有时他会对突然要出现的汽车表现出受惊的反应。不管是谁，只要愿意，都可以从《慢人》或他的其他作品中看到描写了这样一个受到惊吓的人。

与库切熟悉的人都会对他与众不同的原创观点有深刻印象，他经常会给出完全不同的或意想不到的见解。1983年8月28日，在接受《淑女》的采访时，对于有关他的小说"忧郁"的问题，他挑衅地回答："每个人读我书的时候都似乎看到了荒凉和绝望，但我不这样看。我觉得自己是在编写漫画书，描述普通人试图过着普通、平淡、幸福的生活，而在这时候周围的世界正在坍塌下来。"在同一次采访中，有人问他如何看待女权主义文学，他回答说："你是指女权主义作家？还是那些被当今的女权主义者定义为女权主义者的女性作家？还是两者兼而有之？我不会特意去读女人的书，正如我不会特意去读男人的书。我们周围有聪明的女人，也有聪明的男人。另外我们不应该忘记，在我们生活的这个国家，最好的小说家一直都是女性。维姆·凯瑟（Wim Kayser）在"美丽与舒适"（*Van De Schoonheid en de Troost*）系列节目中曾提出一个可预见，但有些无聊的问题："当你情绪低落的时候，你会怎么做？听巴赫、贝多芬或韦伯恩？还是开始喝酒？写作吗？会做什么？"库切思考片刻后给出了一个有悖常情的答复："我做饭。这很简单，本身又很好，其结果是立即可用的，而且它本身又是非常安慰人的。"1983年8月28日在祝贺朋友兼诗人道格拉斯·里德·斯金纳再婚的信中，他幽默地开了一个玩笑，暗指塞缪尔·约翰逊，称其为"乐观战胜经验的胜利"。库切常常从令人惊讶的角度看待事物，并持有令人意想不到的观点。他的这一倾向有些类似于C.路易·莱波尔特（C. Louis Leipoldt）。莱波尔特是一名医生、植物学家、美食家和多才多艺的作家，从20世纪早期一直到30年代，都被看作是南非最重要的阿非利堪斯语诗人，在他1947所立的墓志铭上写着："莱波尔特博士喜欢对立的观点。他是相反观点的使徒。"[14]

但从1970年1月1日库切开始创作《幽暗之地》起，对库切来说，最重要的职业和生活的重心都是文学创作。1970年1月1日是他所有作品和每一部新小说的奠基时刻。库切是这样的一种作家，他的艺术在很大程度上已经成为他生活的实质。关于将写作作为生活中心这一点，20世纪的英语作家中能和他媲美的只有塞缪尔·贝克特。而詹姆斯·乔伊斯有能力做到不论发生什么，每天都坚持写作。像这位前辈一样，库切也能抓紧生活的每一天进行写作，包括星期日及节假日。他喜欢在清晨的时候写作，那时他的头脑是清新和清醒的。他先是在纸上写稿子，然后再誊到电脑上。他曾在一次访谈中说："我并不喜欢写作，所以我必须强迫自己写作。我写的时候感觉很糟，但是如果不写，我的感觉会更糟。"[15]当维姆·凯瑟问他写作的行为是否包含着美丽和安慰，他非常决然地说："写作本身是一种行业，非常累人，需要苦思冥想，需要可验证的活动，还需要可验证的结果，需要有效率。美丽和安慰不属于活动，而是某种活动的结果。结果可能会也可能不会具有安慰性。回望写完的一本书，对于作者来说可能会是安慰，也可能不是。"[16]

每天投入写作意味着库切必须有重点地、认真规划每一天。例如，早上八点半有课时，他就会在五点半起床，先写作几个小时。如果他是下午到大学上课，那他就会多睡一会，稍晚些起床。多年下来，写作对他来说变得更加容易，已经成为一种生活方式。尽管大卫·吉勒姆极力阻拦，但他的正教授身份，以及他与校方达成的更方便的教学安排让他的生活变得容易了些，当然他仍要照顾孩子们并养活一个家庭。他在与大卫·阿特维尔的访谈中将小说写作与批评写作相比较：小说给了他更大的自由度，因为它负责的东西还处于酝酿之中，而在写文学批评时，他总是自觉有责任注意"一个既定目标，给我设定这个目标的不仅是论证，也不仅是我要将自己陷入的整个哲学体系，还包括批评本身这个相当紧张的过程"。[17]

二

　　20世纪80年代，库切仍然非常积极地参与开普敦大学的教学。他所讲授的课程以讨论材料的新颖和研究方法的原创性而闻名全校。例如，在1980年，他上了一门叫"叙事法"的课程。在该课程中，他以弗拉基米尔·普洛普的《民间故事形态学》（*Morphology of the Folktale*）为起点，研究了格林童话，然后分析了各种体裁（通俗小说、电影和漫画）的叙事元素，最后讨论了乔叟的《坎特伯雷故事集》中的两个故事。在西德尼·克劳茨去世后，他开设了一门关于这位诗人的课程，特别关注他诗歌的来源和批判性分析。这一时期，英语系设立了文学研究硕士学位。库切为研究生开设了一门文学的现实主义课程，首先对这一理论的概念进行了历史综述研究，然后分析不同作者对这一概念的解释。库切设计课程结构的用心可以从他编写的课程手册看出来。在"殖民话语"这一课程模块中，有一部分的标题是《文学的生产与消费》。在其中，他写道：

　　　　在"殖民话语"课程这一模块，我们将构建非洲文学文化的社会学基础，重点放在南非和西非说英语的区域。我们将要提出的问题有：非洲大陆的图书出版和发行的经济特点是什么？如今的写作和阅读活动在什么样的框架（审美、智力、文化）和环境（社会、经济、材料、思想）中进行？……

　　　　这是研究型模块。老师将不会有任何指令（虽然学生要与老师讨论研究的进度）。在本学期的最后几个星期（大约从9月底至10月中旬）会有一系列90分钟的研讨课。在课上，每位学生将做一个20分钟的报告，讲述他的研究内容，然后其他学生，每个人将用5分钟的时间对该报告做出评论，之后会有全班讨论。

　　　　因此，每个学生不仅是他自己所负责主题的权威，还应该了解班上其他成员所选择的主题和涉及的问题。

也欢迎［其他］模块的学生参加此研讨课，但在这种情况下，与其他人一样，他也需要提供相应的批评。

　　在研讨课上提交的研究报告应被视为研究文章的草稿，成形终稿的提交日期不迟于11月16日。论文的长度由研究的性质来决定，但是最少应该是20页（打印稿，双倍行距，包括详尽、准确的注释与参考书目）。本论文的成绩将是本模块的成绩，将占整个"殖民话语"课程总成绩的25%。

　　我想强调的是，这一模块是研究型工作。我们所探究的区域几乎没有被探索过。没有现成资料，没有方便和完整的书目辅助。资料清单……仅仅是一个开始，该部分将涉及长时间地在图书馆中耐心查找资料，但并不一定会有立竿见影的成果。我可以保证，你会通过第一手材料了解学术研究工作有时令人沮丧的性质。

　　两个模块的学习相当于整个文学硕士课程（文学研究）的1/16。经过粗略的计算，对于论文的研究、写作和修改，你应该投入约3个星期的全部时间，即大约150个小时。在此课中，你投入的时间量可能与有指导的教学课程不同。

库切给学生列出的任务表明他对培养学生的革新，为他们的文学研究指明方向：

　　1. 总体来说，非洲（图书）出版发行业发展的阻力是什么？当今非洲图书业的状况是什么？在何种程度上，南非形成了一种独立的状态，为什么？

　　2. 在19世纪上半叶，英国大众的公共阅读（根据Altick在《英语普通读者》中所描述的）与今天的南非黑人大众阅读有什么异同？英国大众阅读习惯的兴起，以及南非黑人读者大众阅读的增长之间有什么更重要的异同？

　　3. 总结以下南非文学杂志的历史脉络，并根据推断分析他们的编辑政策。这些政策对南非的文学文化发展有什么样的影响？（见《英语在非洲》7：2，1980）《闪电》《经典》《记者报》《文字》《新古典》《紫犀牛》《对比》和《新硬币》。

4. 讨论海外或全球性出版社，尤其是英国的出版社二战后在非洲的运作。他们面临的不利情况是什么？他们是如何保护自己的？他们目前在南非起着什么样的作用？

5. 参照艾德伍德·希尔斯（Edward Shils）《知识分子和权力》（*The Intellectuals and the Powers*）第335—371页的内容，从历史的角度，同时也要对照20世纪80年代后期的情况，讨论南非文学文化中大都市方向和外省人方向之间的张力。

6. 官方的美国和英国文化交流计划对于西非和南非精英的形成起到了什么作用？这些精英在各区域内是如何影响文学文化生活的？西非和南非之间的差异是什么？

7. "用英文写的世界文学（不包括英国和美国）"与"英联邦文学"的区别，特别是意识形态上的区别是什么？（讨论中应该包括《英文世界文学》和《英联邦文学》两本期刊）

8. 最早一批（大约是1980年之前）在英国和美国发表的有关非洲文学的介绍和调查的特点是什么？这些书是谁写的，他们是为谁写的？他们批判思维的出发点是什么？

9. 讨论自1960年以来美国黑人读者，特别是批评家和学者，对非洲文学的接受。美国黑人读者群在何种程度上（在1960年之前／自1960年以来）塑造了非洲写作？

库切非常有逻辑地将老师对学生的期望做了清楚的说明，这让那些用功的学生对库切倍感尊重与欣赏。在他的本科班上，一些学生知道他讨厌冗长的废话，于是会在他上课时数他说过的话。他与一些喜欢喋喋不休讲个不停的老师不同，他要说的话通常只有几分钟。他在课上可能会令人不安，因为学生总能意识到，他在说出每一个字之前都要斟酌。

库切硕士课程的学生可以做证，他会非常仔细地给他们评阅作业，评注写得工整细致。艾莉克斯·史密斯（Alex Smith）曾上过库切的硕士课程，她后来写道，为了能在课程中求得生存，在对付这个"逗号之王，简朴严厉的瘦削天才"[18]时，她不得不压抑住自己的率性和幻想。埃弗特·勒鲁（Evert le Roux）在斯泰伦博斯大学获得荣誉学士学位，然后到开普敦大学攻读比较文学（英语和德语）硕士，导师是库切和彼得·霍恩（Peter Horn）。他是非常优秀的学生，与库切的关系很好，最后以优异成绩获得硕士学位。他永远无法理解为什么人们说库切很冷漠绝情，因为他所知道的库切完全不是那样。埃弗特早亡后，根据他的母亲玛莲娜·勒鲁的描述，库切经常打电话给她和她丈夫，问候："你们现在还好吗？"[19]这是库切对失去儿子的父母的共情。大卫·阿特维尔曾是库切的学生之一，后来在威特沃特斯兰德大学做英语教授，目前在约克大学工作。他说："他对学生的课程项目很细心，指导非常精准。他在本科生中的口碑比较严厉，但就我的经验而言，如果你把自己的学业学好，他会拿你当回事。"[20]肖恩·厄拉姆是阿特维尔的同学，目前是布法罗分校比较文学系的教授，他说："他没有时间做无聊的事。但是，如果他认识到一个人在很认真地从事文学研究，他绝对会变成一个最有求必应、认真负责的导师。"[21]

库切在被任命为正教授（从1984年开始生效）时，他发表了一个就职演讲，题目为《自传中的真实》（*Truth in Autobiography*）。在演讲开始时，他引用了让·雅克·卢梭的《忏悔录》的开场白，表明他的立场——忏悔在寻找真相和说出真相之间是存在矛盾的：

> 讲述你生命的故事……不仅是陈述过去的事……也是在表达当下，你自己要费力解释那一天到底发生了什么，在表象之下（得这么说），并写下一个解释。而这个解释可能充满了漏洞和借口，但是它至少表现出在你试图解释自己的时候，头脑在怎样运作。事实上，谎言与借口可能会比重新回忆更有趣。[22]

这次演讲内容包含了库切后来自传体作品的胚芽，因为他将以疏离的第三人称形式，从20世纪90年代的角度回忆他的孩童时代以及青年时代。库切没有将此次就职演讲的内容放入他的任何文集中，但是在1985年，他确实将其融入了一个更大的框架中，完成了他的论文：《忏悔和双重想法：卢梭、托尔斯泰和陀思妥耶夫斯基》（*Confession and double thoughts: Tolstoy, Rousseau, Dostoevsky*）。这是他最重要的篇章之一，后来被收录在1992年的《双重视角》之中。

除了在开普敦大学讲课以外，库切在20世纪80年代比70年代更频繁地走访美国、欧洲，以及世界其他地方的大学，或教授课程，或在会议/研讨会上做演讲。1984年和1986年，他到美国布法罗担任巴特勒客座英语教授。他第一次去的时候取道伦敦，并带着女儿吉塞拉。在布法罗吉塞拉和他一起住，并在那里上学。

在两次访问布法罗期间，库切首次教授创意写作课程，后来在20世纪90年代，他也与安德烈·布林克一起在开普敦教过这门课。他发现美国学生会写各种各样的主题，而他们的南非学生往往是压倒一切地注重政治内容。在1983年8月28日从开普敦写给道格拉斯·里德·斯金纳的信中，库切说，在访问期间，他也会到其他大学朗诵自己的作品。"这并不是因为我想读这些东西，我觉得自己读得可能也不好，而且我特别怕这种场合变得非常政治化，但是我有两个家要维持（在开普敦和布法罗），另外还需要支付赡养费。"在国家处于紧急状态、黑人城镇出现大规模骚乱的局势下，迪克·彭纳（1989年，他出版了一本重要的库切研究作品：《国家的心灵：J.M.库切的小说》）提名他为美国田纳西州大学的杰出讲席教授，库切回信说，他发现南非的情况非常可怕，他处于愤怒和绝望的煎熬中：

> 我不需要告诉你这个国家处于动荡之中。这种动荡反映在这里的每个人的头脑中。我自己的感觉是，我想住在这里，希望尽我所能做些好事。作为一个作家，我不希望远走他乡，部分原因是我看

到流亡对作家产生的影响。[23]

在布法罗教学之后，库切于1986年和1989年两次在巴尔的摩的约翰斯·霍普金斯大学做欣克利访学英语教授。他第一次访问霍普金斯大学时，于1985年12月离开南非，到伦敦待了一段时间后，参加了在纽约召开的PEN大会，然后到巴尔的摩上春季学期的课程。这次访问期间，他还在普林斯顿大学、得克萨斯大学和加拿大蒙特利尔的麦吉尔大学发表了演讲。1986年9月，他在纽约朗读了自己的作品，巧合的是，这段时间正好是《死后告白》第二版出版，以及小说《内陆深处》的电影版《尘》在美国首映。1986年11月5日，在写给道格拉斯·里德·斯金纳的信中，他说："正如我所期望的，这里一切都静静地向前推进着。本星期早些时候我在蒙特利尔朗读我的作品，读得还不错。我对这个城市印象非常深刻。这里，冬季还没完全到来，但温度已经降到零下。这将是我连续经历的第三个冬天了。我很怀念开普敦的温暖、自行车、朋友和多萝西。"库切获得1988—1989年度欣克利访学教授的职位，任命的条件之一是，他要做一场关于文学和法律的讲座。他选择的题目是"D.H.劳伦斯和文字审查制度"，该文后来收录到《冒犯》一书中。根据他的经验，社会上总有很多关于文字审查的辩论，但人们并没有真正有逻辑地思量过此事。在演讲中，他集中讨论了《查泰莱夫人的情人》以及劳伦斯是逾矩者的问题。他不是讲具体的法律，而是讲禁忌和礼仪的逾矩者。

20世纪80年代，库切被邀请为伦敦《泰晤士报文学增刊》和《纽约书评》写评论。对于《泰晤士报文学增刊》的邀请，他在1983年12月9日的信中写道："我确实愿意为贵刊写书评，事实上，我感到很荣幸——但是得有一项规则，就是别让我写南非作品的评论（如有特殊情况，我愿意考虑例外）。我比较在意，不希望被更多地被局限到'南非小说家J.M.库切的标签'中。对于这一点，我希望您能理解。"

但在《纽约书评》中，他随后几年所写的许多重要的评论文章经常是关于俄罗斯或波兰背景、在英语界一般不为人所知的作品。那些文学理论，曾明确展现在他的早期作品中，现在已经浑然一体。在写某位作家的评论文章时，他经常先介绍该作家之前的作品，以及他所在的文学背景。作为一位敏锐的文学人类学家，他能够追踪出文学阶段与文学地域潜在的文学潮流，并能够识别塑造了某一特定文本的其他约束力与意义生成机制。在他的批判性文章中很少有形容词或判断性的总结。他对于作品的分析来自作品本身蕴含的力量。在库切的评论中，他只是一个批评家、一个同伴，如果要想找到一个评判的代言人，是找不到的。

从他写给《纽约书评》和后来收入文集的多篇文章中可以明显看出，库切最初在理论方面的兴趣正在逐渐减弱，他更感兴趣的是对一位作家或作品更广泛的概述，往往带有传记或历史研究的性质。他与霍华德·伍尔夫的友谊部分就是源于他们对文学理论和后现代文学的共同爱好。伍尔夫1998年到开普敦访问期间曾问过库切，他想提前退休是否是因为觉得文学理论变得过于深奥且毫无新意，甚至完全脱离了直接观察和人类真正的生存条件，库切的回答是肯定的。[24] 霍华德·伍尔夫告诉他布法罗新空出来一个客座教授的职位，库切在1986年9月23日的信中说："我此刻的感觉……是至少要部分地脱离学术生活，而不是更深入，你们系里需要的是一个有精力且更能担当的人。"虽然库切在开普敦继续做了十几年的教授，但是他显然已经考虑脱离，或至少部分地脱离学术生活。这可能也是为什么在1998年，他拒绝了约翰斯·霍普金斯大学讲席教授的邀请（该职位之前由约翰·巴斯担任）。

库切除了到美国进行讲学访问以外，还参加了一些文学会议。1980年，他在开普敦大学参加了有关文字审查的小组讨论；1985年，他在西开普省霍维科参加了一个有关美学的会议。后来，他经常访问欧洲和其他大洲，在大会上宣读论文，远至墨西哥、德国的埃森、非洲之角的吉布提、汉诺威的达特茅斯学院、新罕布什尔州、匈牙利的布达佩斯、澳大利亚堪培拉和加拿大英属哥伦比亚的维多利亚。1997年，他随同一些南非作家访问了法国城市艾克斯。

参加专题讨论会给了库切更多的机会访问其他国家，并了解一些世界上最为重要的作家和评论家。他的伴侣多萝西经常陪在他身边。虽然他曾说过自己不喜欢旅行，喜欢读书，但自从80年代以来，他没有哪一年不进行长途旅行的，至少一次远赴其他大陆。一次，库切在接受记者采访时说，多萝西喜欢旅游和探访陌生的地方，他也很乐意陪伴她。他比较喜欢法国，因为在那里他骑自行车做过一些长途旅行。尽管人们可能会因为他写过《彼得堡的大师》而得出某种判断，但是实际上，他从未去过俄国。到国外访问时，他并不去博物馆或教堂，因为那里的东西很快就会让他筋疲力尽。虽然他对音乐很感兴趣，但他不会出席音乐会，宁愿在家里听录音。他喜欢陪同多萝西去餐厅，但通常是她提出这类建议。和他一样，多萝西也是一个素食者。

　　1991年7月，库切与其他约240位学者一起出席了在尼斯召开的叙事学会议。他利用这次机会进行了一次沿著名海岸线穿越普罗旺斯地区的自行车旅行——从圣拉斐尔到尼斯一路上观看爱斯特尔滨海路壮观的黏土红石崖垂入清澈蔚蓝的大海。1991年8月2日，他和多萝西离开法国前往澳大利亚。他在布里斯班昆士兰大学做了三周的驻校作家，在墨尔本待了一个星期。这是他第一次到澳大利亚，他也很好地探究了这个国家。他在墨尔本的一周是最美好的一段时间。在布里斯班待过之后，他们在悉尼待了一个星期。他还前往塔斯马尼亚探望了一位老朋友，这里让他想起了苏格兰和挪威大地上的积雪和海岸线。在澳大利亚这后几周，库切居住在艺术家聚居的新南威尔士州乡村。在那里，他住的小房子与另外五位艺术家的工作室很近。这个地方距离最近的超市有25公里。他觉得自己被澳大利亚的景观吸引了——那里的风景，那里的鸟类和那里的宁静让他觉得澳洲很宜居，所以试图说服多萝西和他一起搬到那里，虽然最初不太成功。

　　1991年秋天，他受邀到哈佛大学讲学。陪同他的还有多萝西，她也受邀担任客座教授。他们在1991年9月抵达那里，住在艾略特大学的宿舍楼。那里靠近哈佛令人印象深刻的图书馆，离一个室内游泳池也非常近，多萝西一天去两次。他们进行了几次前往波士顿西部和北部的非常愉快的自行车旅行，欣赏了秋日落叶的美景。

在哈佛访学期间，库切再一次去了伯克利，他觉得这时的伯克利比他在1979年访问期间更加破败。他还去美国威斯康星大学访学三个星期，之后在印第安纳大学和西北大学各待了一星期。在回南非途中，他与多萝西参观了意大利维罗纳。1992年11月他们返回开普敦时，库切发现他在托尔路的房子已被破门而入，这导致他最终决定搬到隆德伯西。在一些吵闹的学生搬到楼下之前，那里一直是他安静的栖息地点。

当时和他们一样靠富布赖特奖学金访问哈佛大学的还有曼朱·加达卡（Manju Jaidka），她后来在印度昌迪加尔的旁遮普大学任英语教授。因为对美国文学研究的杰出贡献，她在印度广为人知，同时也写了多本备受推崇的文学作品。在她后来发表的一篇文章中，加达卡写道，她开始并不知道库切的文学成就，了解之后，她感到很惊讶，因为这位如此低调的人竟然有这样杰出的职业生涯。她发现他不是那种假装或做作的人。在她看来，他的形象有些像T.S.艾略特，他认为作家应该戴上面具，过着传统而循规蹈矩的生活。曼朱·加达卡写道：

> 约翰·库切……像艾略特一样，把自己的私人生活刻意地保护在公众视线之外。研究者如果要去寻求有关他传记的内容，总是会发现一片空白。这位作家很难联系，几乎不可能让他接受采访或得到他本人的回复……他的工作是研究世界，然后去书写。物质收益、奖励、国际大奖，似乎都和他没有多大关系。[25]

三

20世纪70年代和80年代，约翰·库切在开普敦大学任教，小说正逐渐获得国际认可，他也访问了多所美国大学。他的父母仍定居在隆德伯西的一间公寓中，他们的孙子、孙女尼古拉斯和吉塞拉经常去看望他们。杰克·库切每天坐火车前往开普敦市中心，在那里的一家电机配件公司做着一份明显消磨人意志的工作：簿记员。维拉仍然在教书。

多年来，他们关系逐渐好转，开始想离开隆德伯西，换到一个更小、更便宜的地方居住。维拉的表亲在距离开普敦约100公里的格雷敦有一个这样的场所，他动员维拉买下他旁边的一块地。因为维拉一直认为购买房产是一种安全的投资，所以她真的买了那块地。这两块地先前的主人是有色人种，他装修的房子在表亲所购买的产业上；维拉所购买的部分只有一口井和一些菜地。约翰为她从南非海军基地买了一套预制房屋并用货车将各部件运送到格雷敦。在房子组装好之后，当地委员会来人看了一眼，认为格雷敦不需要预制房屋。因此，约翰不得不将房子拆卸掉，然后请格雷敦的一位退休建筑师设计并建造了一栋砖瓦房。[26]

维拉和杰克在20世纪80年代搬进了新房子，但是这一改变是灾难性的。他们并不喜欢格雷敦，在那里他们没有朋友，也没有汽车。维拉的眼睛开始退化，虽然没有全盲，但阅读已出现困难。他们又搬回隆德伯西，但维拉的健康持续恶化。除了视力出现问题以外，心脏也开始出现问题。1985年3月6日，她死于心脏病，终年81岁。

杰克与维拉的婚姻生活并不幸福，但是她的去世让丈夫杰克变得不知所措。他这一代的男人已经不怎么做家务，对于烹饪以及厨房里的事物没有任何经验。他的身体也日益衰弱。在他生命的最后几个月，他患上了喉癌，还为此做了手术。在此之后，他不能说话，在天文台区的阿卡迪亚老人院里度过了他最后的日子。他卒于1988年6月30日，享年76岁。他的哥哥米尔斯和他的家人于1988年7月1日在《开普敦时报》刊登了讣告纪念他："杰克在长期勇敢地与疾病抗争之后，平静地离开了人世。"

虽然约翰与父亲的关系不好，但是在母亲去世三年之后，父亲的去世对他还是一个明显的打击。在《夏日》中，库切描绘了单身的约翰在20世纪70年代从美国返回后，与父亲同住在托开路的一座房子里。这是小说虚构的一部分，说明《夏日》的虚实交织。杰克和维拉是在20世纪80年代去世的，而在20世纪70年代，约翰和孩子们住在一起。杰克从没有与约翰的家人住在一起过。然而在《夏日》中，约翰描述了他陪孤独的父亲杰克去纽兰兹看橄榄球，夏季去看板球的情景，他们之间的关系戏剧般的和睦。后来，约翰想象着帮助父亲在傍晚做年终清货盘点的工作，他的帮忙让工作变得更加容易。[27] 在日记结束的地方，他还回忆说，父亲1945年从战争中返家后，开始对罗马的意大利歌剧感兴趣，并在洗澡时高唱歌剧唱段，而小约翰则偏爱巴赫的音乐。根据这里的记述，有一次，他曾用刀片划坏了父亲的唱片，里面录制的是泰巴尔迪的咏叹调。这一行为导致他多年以后，从美国返回后，给他父亲买了一张新的泰巴尔迪的唱片，却发现他父亲已经听不出泰巴尔迪的声音了。约翰·库切是否真的陪他父亲去过纽兰兹、帮他记账，或划坏过唱片，这些细节对于读者来说都不重要。最重要的是这代表着多年以后，库切笔下这一人物的发展，他有了一种与父亲和解的精神。

在此之前，维拉的去世对于约翰·库切是一个巨大的打击。尽管他在《男孩》中提到母亲令人窒息的爱，但对于童年的库切来说，母亲是他生活的中心。少年库切在《男孩》中认为："他不能想象她死去。她是他生命中的最坚实的东西。她是他脚下的基石。没有她，他就失去了一切。"[28] 在她的葬礼上，库切的一个表哥看到低落的他，表示安慰，库切回答说："谢谢您，但您无能为力。"[29]

接下来的打击是库切的前妻菲利帕·贾伯的死亡。离婚后，菲利帕在开普敦住了一段时间，但随后到约翰内斯堡与父母和哥哥塞西尔住在一起。在开普敦，她曾担任开普敦大学化学工程系的秘书；搬到约翰内斯堡后，她在威特沃特斯兰德大学同一个部门，任职于同样的一个岗位。后来她做了科学与工业研究理事会的秘书，办事处就设立在校园旁边。她认识了比她年长的路易斯·莱文，一位向商店推销各种商品（比如台湾制的玩具等）的商人，他们坠入爱河。虽然没有结婚，但他们的关系是很融洽的。在此期间，她皈依罗马天主教。

在库切创作《铁器时代》的初稿期间，菲利帕患上了乳腺癌。女儿吉塞拉（一直与父亲关系较好）去约翰内斯堡看过菲利帕后非常震惊，决定搬到她那里和她一起住，并帮助她对抗疾病。[30]在她去世前不久，菲利帕去开普敦和她的朋友们道别。1990年6月7日，库切在写给霍华德·伍尔夫的信中说：

> 菲利帕在5月份时来开普敦待了十天，或多或少是要说再见。她已经到了癌症晚期，我可能在上次说过这一点。现在她已经放弃了之前非常严格的饮食控制，因为那似乎也没有多大意义。我不知道是不是因为她的新陈代谢受到治疗的干扰，但她现在吃东西比较猛，根本不像一个垂死的病人。她四肢已经没有力气，爬楼梯也很困难。但是放疗和化疗似乎已经控制了她的三个脑瘤，她又能做一些事情了，比如阅读。

1990年7月13日菲利帕在医院去世，吉塞拉此时正就读于开普敦大学，还没来得及再去约翰内斯堡照顾她的母亲。 8月4日，库切在给霍华德·伍尔夫的信中写道：

> 菲利帕两个星期前就去世了。她6月底因为肺部积液住院。这个问题解决了，但是在解决问题的过程中，人们也清楚地看到她整个身体满是千疮百孔的癌细胞。她突然出现了肠梗阻，还没来得及做手术就去世了。即便是做了这个手术她可能也活不下来。没来得及打电话把任何人叫到她的床边。我表弟的妻子定期去看望她，幸运的是，她一直在那里待到最后。菲利帕用了大量的药，所以并没有感到很大的痛苦。
>
> 吉塞拉6月份已经在她妈妈那里待了十天，所以她不必为没机会说再见而感到自责。她现在看着还能坚持住，但是我不知道她是否真的过了那个阶段。

葬礼真是令人惊骇。因为菲利帕很久前就已经皈依天主教,所以葬礼在天主教大教堂举行,并由她哥哥安排。我不知道是不是因为她哥哥没有强调菲利帕离过婚,并与另一名男子一直生活在一起,已经有了一夫一妻的婚姻关系,还是牧师因为教条原因,干脆拒绝离婚这个字眼,在整个服务中,牧师只提到吉塞拉、菲利帕的哥哥和我是"死者的"亲人,而丝毫没有提到路易斯的名字。让一个犹太人去经历这样的天主教葬礼弥撒!我真是生气,但路易斯说:"不要紧,真正重要的在这里。"(他指着自己的心)。菲利帕有他真是太幸运了。我要是他,肯定无法应付,她长期患病,在这期间,她可不是一个有耐心的天使(谁又会是呢?)。

我和她结婚17年,并不是很开心的17年(这绝对不是她的错)。她指定我做她的遗产执行人,我需要整理一遍她所有的文档,我开车将这些东西从约翰内斯堡带回开普敦,足足有一车。

凯瑟琳·洛加·杜普莱西斯是菲利帕的一个亲密朋友,后来成为库切作品的法文译者,当时她是库切的同事伊恩·格伦的妻子。菲利帕的遗体被重新安葬在隆德伯西喷泉附近的墓地。菲利帕去世时,凯瑟琳正在美国参加一个翻译会议。

她回来后去菲利帕的墓前献了一束花,然后一时冲动,决定去附近库切在托尔路上的房子看看。她发现库切在厨房里做饭。当她告诉他,她刚去看过菲利帕的墓地,他看着她,无法控制地哭了起来。[31]

四

库切接下来的一部小说于1990年由塞克沃伯格出版社发行了精装本。之后,平装本由英国和美国的企鹅公司出版,该小说名为《铁器时代》。除了《等待野蛮人》与他的自传体作品集《外省生活场景》(*Scenes from Provincial Life*，2011）之外，这本书是唯一的一本在扉页写着献辞的书。该书首先是献给他的父母：维拉·希尔德雷德·玛丽·库切（原姓为韦梅耶，1904—1985）和撒迦利亚·库切（1912—1988）。不过在扉页上，他们的名字是用首写字母表示的。

虽然在一个文学文本中的献辞可以表示对家人、朋友或导师的尊重或情感依恋（通常是分开过后的），但是这种献辞仪式也是文本的必要组成部分，直接指向原材料或文本所要发展的主题。《铁器时代》中有大段内容表达了对孩子的渴望，知情的读者可能推断为是对库切去世母亲的渴望。小说常常回忆主人公童年时与母亲在一起的时光；有时甚至包括母亲自己的回忆，所用的形式是母亲讲给儿童时代的孩子听。在《男孩》的手稿中就曾出现这样的内容，但是库切在最终书稿中删除了那一部分。现在，这一部分经过大量删减后成为《铁器时代》中的内容。母亲回忆她在童年的日子：那个时候她与父母和兄弟姐妹乘坐牛车，从东开普的联合山谷到皮尔森河口的普利登堡湾。在漫长的旅途中，他们曾在一个山顶的隘口歇息。她的父母睡在旅行车里面，孩子们睡在车身下面。透过车轮的辐条，她能看到天上移动的星星。她想知道，如果不是星星在移动，而是车轮在移动，那会发生什么？[32]我们可以假设，这一部分具有自传的性质，它在手稿中重复出现过多次，但是到了《铁器时代》的最后文本中被减少到只有三段，而且在后来的文本中又有指涉。[33]还有一个是《男孩》中曾出现的细节——书中人物约翰导致弟弟大卫的手指被一台机器夹住——在《铁器时代》中再次出现，但这一次换成了叙述者的母亲需要带她受伤的女儿到一家医院看急诊。[34]小说中一次又一次地出现童年和母亲过去的回忆。总体上说，《铁器时代》讲述的是无尽的爱，是一首挽歌，感叹着死亡与垂死。

小说结尾的日期是"1986—1989年"。这不仅表示《铁器时代》的写作日期，也标志着小说中事件发生的时间框架。虽然该小说缺乏书信体小说的外在必要结构，但是形式上是一封很长的信：由一位老妇人（卡伦太太，古典语退休讲师）写给她的女儿（离开了南非种族隔离年代的焦灼，永久定居在美国）。她在美国已经结婚生子，发誓再也不要回来，除非有一天，种族隔离的统治者被吊在灯柱上。

事件发生在20世纪80年代中期的一个冬季。一天，故事的叙述者卡伦太太被医生告知自己处于癌症晚期，可能活不到她最期待的夏天了。没有女儿在身旁是卡伦太太长久以来的悲痛，她绝望地期望联系她，表达一种不能被回应的爱。她所能做到的摆脱痛苦的办法就是把一切变成纸张上的文字，寄给她的女儿。她写道："不管用了什么词儿，我都可以凭借它们向你伸出手去。"[35]她的信是在死亡的门槛旁所写的一份遗嘱、遗赠，一种发自内心最深处的哭喊，感叹自己生命的最后阶段，也感叹种族隔离国家的最后阶段。这个种族隔离的国家"又开始了重新占有的进程"。[36]事实上，困扰卡伦太太的癌症[37]是一个隐喻，象征着这个国家所处的种族隔离制度导致权力的滥用和道德的丧失，人性已不见。"耻辱"和"羞耻"这样的词在《铁器时代》中反复出现，最后成为库切在1999年出版的小说的名称，这并不是巧合。写给女儿的信代表她将语言作为最后的诉诸手段，就像她在库切作品中的前辈玛格达一样，在《内陆深处》里，语言是一种逃避的途径。[38]

库切之前的小说，要么设定在一个特定远去的时间里（《雅各·库切之讲述》），要么处于一个模糊的虚构的地理背景中（《等待野蛮人》），要么是在不久的将来（《迈克尔·K的生活和时代》），但《铁器时代》这部小说不一样，它的背景是20世纪80年代血腥的南非。故事发生的区域与街道名称显然表明这是在20世纪80年代的开普敦。故事发生的背景是，城镇一片骚乱，激进而叛逆的孩子们把自由放在了接受教育的前面。他们嘲弄着警察，而警察则要监视着那些被查禁的领导人，是他们的呼吁让国家陷入不可控的局面；官方的武装部队在冲突中无情地对待年轻人，用历史学家伦纳德·汤普森（Leonard Thompson）的话说就是"合法化的暴政"。[39]

因为无线电广播、电视和报纸对城镇所发生的事情保持着沉默，所以在小说的开始，卡伦太太并不知道暴力的实际程度。她不知道古古莱图战火纷飞，也不知道儿童都处在危险之中。她在信中写道："在我所接触的新闻报道中，根本不提及那里发生了什么麻烦，没说那儿发生了枪杀事件。呈现在我面前的那片土地是洋溢着邻里欢笑的和谐家园。"[40]小说到了第二部分才展现了真正发生的事件的严重性。女佣弗洛伦斯带着她的两个小女儿回来做工。因为古古莱图动乱，她已经上学的儿子贝奇也与她们同行。不久贝奇的朋友约翰也过来了。卡伦太太也被卷入这场暴力，因为警察来她家抓这两个男孩，并将约翰打伤，以至于要叫救护车送往医院。在小说的第三部分开始段落，夜晚，弗洛伦斯接到电话说贝奇有了麻烦，卡伦太太开车带着她和小女孩去了古古莱图。这里的场景让人想起维吉尔的《埃涅阿斯纪》，就像但丁所描述的地狱景象：她看到了燃烧的房子，在一间满目疮痍的大厅中她看到地上放着五具尸体，其中就有贝奇。后来卡伦太太目击了约翰的被枪杀。原来约翰为了躲避警方的迫害，隐藏在她家仆人的房间里。卡伦太太古古莱图之行的一个核心事件是她和弗洛伦斯的兄弟塔巴拿先生的对话。塔巴拿先生曾经当过老师，现在致力于斗争事业。他认为孩子应该加入斗争，而卡伦太太指责像塔巴拿这样的人怂恿孩子们走向"死亡之谜"。[41]与《福》中没有舌头、不能言说的星期五不同，《铁器时代》中的黑人已经能够发声，并一致拒绝他们眼中非法的权威与法律，塔巴拿先生在为他的同志辩护时也表达了这样的观点。因此，根据大卫·阿特维尔的观点，这部小说是在展示"重建伦理体系的必要性，当然还有众心所向性。在这种伦理体系中，某些传统的自由主义价值观在强烈泯灭人性的政治斗争中找到了新的关联。"[42]但是在这个阶段，卡伦太太痛恨那种让人们做出牺牲的号召，这会导致年轻人的死亡：

> 战争永远都不像它自己宣称的那样。捅破那层窗户纸，你总是可以发现，那是年长者用这种或是那种抽象的名目让年轻人去送死。[43]

根据她古典主义的世界观，卡伦太太想要说的是政治的目的是抹去儿童死亡的伦理内涵。在小说的前面部分，她批评城镇发生的暴力，她说在她小的时候，父母认为教育是一种权利，他们就算苦自己也要让自己的孩子上学。弗洛伦斯则回答说："我不会告诉孩子们应该做什么不该做什么。如今，什么都变了。不再有妈妈，也不再有爸爸了。"[44] 正如德里克·阿特里奇在对小说富有启发性的评论中指出，卡伦太太认为弗洛伦斯的这个回答表现出她生活在"铁器时代"，完全扭曲了本来属于孩子的未来。在这一点上，这些孩子和她自己的亲生女儿相似，她的女儿已经离开了这个国家，除非制度发生改变否则坚决不回来。

但卡伦太太的亲身经历导致了她内心的转变。尤其是约翰的死亡让她接受了采取直接行动的呼吁，她所珍视的价值观与道德观在20世纪80年代暴力的南非已经不再适用：

> 可是现在，我问自己：我有什么权利对同志情谊和其他事情发表看法？我有什么权利希望贝奇和他的朋友别去惹麻烦？我现在似乎觉得，那是产生于真空的观点，无法触及任何人，什么都不是。观点是要让他人倾听的，听到并引起重视，并不仅仅出于礼貌在听。而要被重视，就必得被注意倾听。[45]

她意识到当前的政治应该被伦理思考所修正，而不是相反。德里克·阿特里奇是这样评价的：

> 这是一个铁器时代，一个最坏的时代，人类精神如此变形，以至于必须要呼吁应对，这种应对既不是说教的，也不是愤世嫉俗的。卡伦太太必须承认不论她说什么都不会磨灭乡镇青年英勇的自我牺牲的精神，她首先从贝奇的死亡，然后又从约翰的死亡中看到了这一点；在这种情况下，唯一可行的伦理就是战友情谊，一门心思、盲目的勇气。对于卡伦太太，以及隐含的J.M.库切和他的读者

而言，他们处于完全不同的情况，对于他们来说，伦理是另一种形式：要困难重重地用完全的正义回应时局，要相信其他人，相信最终完全不可控的未来……拥有特权的南非白人对于暴力和城镇非人性化活动的伦理反应既不是谴责，也不是赞同，既不是超脱，也不是深陷其中，而是在共同的扭曲的价值体系中，活生生地经历（其方式不仅包括具体行动，也包括思考与感情）。[46]

阿特里奇用了如下发人深省的语句总结他的观点："这部小说表现了后殖民世界尖锐的政治伦理性创伤，在这个世界中没有普遍适用的规则，所有道德行为的法则都在经受测试，然后根据具体情形而重新界定。"[47]

得知自己身患绝症的那一天，卡伦太太在她的花园里发现一个无家可归的流浪汉，名字叫范库尔（Vercueil）。就公认的社会准则而言，他是一个局外人。但是奇怪的是她这个精致的人与范库尔逐渐形成了一种特殊关系。他的名字让人想起一些南非词汇：Kuil（水池）、verskuil（隐瞒）和verkul（欺骗）。对于他，她进行了深刻的思考（通过一段很长、其实已构成独白的对话），她要求他承诺在她去世后，帮她邮寄写给远在美国女儿的"信"。他的手因为事故而有伤残（他不能动他的食指和拇指，其他三个手指也蜷在手掌里），这会让人联想到兔唇的迈克尔·K和不能言说的星期五。与迈克尔·K一样，他也是一个园丁，但令人无奈的是，他拿到卡伦太太给他的钱后就跑出去酗酒。不过他也是她的司机、她忏悔的聆听者，充当着她的孩子、她的护士，最终她的信使，负责将她的遗赠邮寄给她的女儿。在小说的结尾处，他成为死亡天使。从手稿看，库切最初希望将该小说命名为"铁的规则"（Rule of Iron），后来考虑用"冬季"（Winter）这个书名；小说的结束语是："不过，请为我身后留下的这个男人稍稍费点心思，这个不会游泳的男人，而且也不懂得怎么飞行。"[48]直到最后，库切才在结尾处补充了最后的五段。在结尾段落，范库尔作为死亡天使，慈悲地帮助卡伦太太走向死亡："他的双臂扶起我，用力抱紧我，我的呼吸愈来愈急促。这拥抱没有一丝暖意。"[49]

在一篇谈到《铁器时代》的文章中，詹姆斯·麦科克尔（James Mc-Corkle）认为，小说的标题让人想起奥立弗·施赖纳的笔名拉尔夫·铁（Ralph Iron），其情节也让人想起奥立弗·施赖纳在开普敦孤独的死亡。大多数读者可能会认为这种联系比较牵强。但是，如果我们考虑到库切在创作这部小说之时，也写论文，这些论文被收在1988年的《白人写作》中，在其中他多次提到《非洲农场的故事》，所以这种想法也不能说是完全不可能的。其他可能的联系还有：卡伦太太死于癌症可能是库切在回想前妻菲利帕的癌症死亡；文本中多次提到的有关库切对已故母亲维拉的爱戴；甚至酗酒成性的范库尔，间接指涉着库切的父亲，因为他也像范库尔一样在开普敦寻找工作期间借酒消愁。根据库切在接受耶路撒冷文学奖发表的演讲，帕特里克·海因斯想到塞万提斯，他认为范库尔是库切版本的桑丘。[50]他开始的时候不是嘲笑卡伦太太，而是"像一个愚蠢的同伴，尽管逐渐也有质疑，但是还是很傻地相信，至少部分地相信堂吉诃德式的幻想。"[51]

《铁器时代》受到了广泛的好评。在1990年9月13日的《听众》（The Listener）杂志中，哈里特·吉尔伯特称库切"也许是活着的小说家中最有天赋和技巧的，他的视野壮观且宏伟，他的文字细腻而又犀利"。她还认为："《铁器时代》似完整地从库切的头脑中迸发出来，巧妙娴熟地在我们的头脑中引爆，照亮的不仅仅是南非儿童的屠杀场，也昭示了整个世界在将装满毒酒的金杯不负责任地放到了孩子的唇边。"在1990年9月23日的《纽约时报书评》中，劳伦斯·桑顿（Lawrence Thornton）写道："在这一部记录着一位中年白人妇女逐渐清醒，以及她所在国家黑人青年迫切呼吁的编年史中，库切先生作品昭示着深入骨髓的真相。他的读者会感到'不公的耻辱'，这种耻辱曾经占据了老治安官（《等待野蛮人》）的内心，同时他们也将见证《铁器时代》的必然盛行。"在1990年9月29日的《旁观者》（The Spectator）中，弗朗西斯·金（Francis King）称赞说："该作品如此罕见、如此有力、如此强硬……非常具有原创性。

在这本书里，不论是卡伦太太还是南非都是没有希望的，但有像作家库切这样的人在，就有足够的希望和未来。"在1990年10月14日的《芝加哥太阳时报》（*Chicago Sun-Times*）上，詹姆斯·诺斯（James North）分析这是部"相当简约的作品，就像开普敦潮湿昏暗的冬日下个不停的雨滴。库切驱散了各地争取解放斗争上罩着的那些浪漫的光环，强迫我们贴近玻璃窗仔细地看，人们在对其他人所做的丑陋的、令人难以置信的残酷事情"。来自荷兰奈梅亨的批评家W. 布朗兹维尔（W. Bronzwaer）在1993年5月22日的《人民报》上撰文称：

> 向女儿告别的主题被感人且伤感地表现出来。一位只有六个月生命的母亲用信的形式给远在美国的女儿讲述自己的生活，这种小说方式非常适合作品所要表达的目的。因为南非也将不得不告别它所最为珍爱的白人的理想、自由人文主义，向新时代的、铁器时代的孩子们，向心如顽石的、狂暴的、被压抑着的反叛的孩子们让位。爱与关怀必须要延展到他们那里，没有其他的解决方案。

对该书最高的赞美来自托尼·墨菲特（Tony Morphet）在1990年12月7日到13日的《每周图书邮评》（*Weekly Mail Review of Books*）中发表的文章。他认为库切早期的作品是"精湛的"，而《铁器时代》开启了一扇大门，表现了更深层次的思考。正是因为这一点，该书取得了如此大的成绩，成为一部杰作"。尤其打动他的是语言运用中的力量：

> 句子似乎自己从人物的思想中写出来。意义从内部慢慢地浮现，并带着一种自然而然的必然性。它们遵循着头脑思维的节奏，通过重复、扩展、平衡对立、并行结构和突然意外的开端来展现自己。同时，在发展过程中，它们形成了一个复杂的交叉引用和幻想的网络。

在第二篇发表在1991年4月2日《南非文学评论》的书评中，墨菲特写道：

> 该书的奇妙之处在于它的规矩。这规矩不仅产生了一种强有力的指涉，根据人在某一个特定时间段内的经历"从内向外"书写。另外每一个单一个体的生活都被一种深刻的、带有超乎寻常智慧的情感所感知、倾听和考量。

在1991年3月1日的《自由周报》（Vrye Weekblad）中，格里特·奥利弗（Gerrit Olivier）也表示了对该小说的钦佩：

> 《铁器时代》这本书，从第一页开始，用诗意的语言与犀利的笔调，将读者拉近到叙述者和她的困境，然后这本小说一直保持着这种强度……库切在这里所彰显的不仅是一个个体的死亡，也是从一个要死于羞耻和厌恶的人的角度分析整个社会的问题。

恩斯特·林登贝格（Ernst Lindenberg）在1991年4—5月刊的《南非》（Die Suid-Afrikaan）中集中分析了20世纪80年代南非自由主义思想的失败：

> 如果我们将女主角的命运看作是南非自由主义的死亡，那么书中所提出的一些问题可能可以找到答案，自由主义的价值观没有被否定，但已经证明是无效的。《铁器时代》以其令人信服的女性视角带着悲痛断言并分析了这种失败。最深刻的印象则是无尽的无奈——对于老去，对于卡伦太太与她的女儿，尽管她们一直傲然挺胸，但是也受到了影响，也处于铁器时代之中。小说的字里行间显示着一种沮丧的渴望，徒劳无益的颓废，以及对解脱的追寻：这是一种引人入胜的阅读体验，并保证《铁器时代》与之前的五本书并

驾齐驱。它的强度弥补了其史诗维度的缺失。

在1991年第15期的《芝麻》杂志中，约翰内斯堡作家、文学评论家莱昂内尔·亚伯拉罕斯在一篇简洁的书评中着力分析了该小说的精髓。他与墨菲特一样，也表达了对该小说的极度钦佩：

> 尽管库切的小说无情地展现了一位不久于人世的女人的孤独，以及公众的野蛮、无知与恐惧；虽然小说中有指控、警告、悲伤、愤怒、羞耻，也许甚至还有绝望，但它超越了文本材料，也令人惊讶地超越了它本身的一些判断和想法。其原因在于，故事讲述本身是如此的慷慨激昂、如此充满着卡伦太太的爱与她的人类身份认同，以生的节奏如此有力地对抗着死亡的节拍；也因为其叙事艺术是如此尽善尽美。
>
> 这些特质（激情、有节奏的紧迫感、象征性，以及具有灵感的表现力）使这部作品如史诗般的诗歌一样，成为一部让其他南非小说相形见绌的杰作。

如此高的评价让库切罕见地写信给亚伯拉罕斯表示感谢。在1991年5月27日的信中他写道："他们说，我们会得到应得的读者。但是我何德何能，能够得到您这样的读者和解读？谢谢您。它使整个生命突然变得有价值。"他总结说："也非常感谢您一直以来在南非文学界发挥的舵手一样的作用。"

《铁器时代》曾经入围CNA文学奖，但该奖最终被授予纳丁·戈迪默的《我儿子的故事》。库切赢得了1990年英国《星期日快报》（*Sunday Express*）的年度图书奖，奖金为2万英镑。南非女演员珍妮特·苏兹曼（Janet Suzman）代表他在伦敦皇家咖啡厅举办的午宴上接受了该奖。该报文学编辑格雷厄姆·洛德（Graham Lord）写道：

在南非这片美丽但备受煎熬的土地上，黑人正在邪恶的族派斗争中杀害其他黑人。任何一个关心南非的人读到库切的这本出神入化、扣人心弦的新小说，都会为之颤抖……（它）生动地描绘了反对种族隔离的南非白人自由派在突然被迫认识到历史的真相时所感到的噩梦与耻辱。

库切也与凯瑟琳·科尔曼（Kathleen Coleman）一起获得了开普敦大学的年度图书奖。女演员伊冯娜·布莱斯兰德（Yvonne Bryceland）在BBC广播电台第4频道朗读了这本小说。1995年，该广播在南非广播电台英语频道重新播放。

五

《铁器时代》的献词中还有第三个人的姓名缩写："NGC（1966—1989）"。这是尼古拉斯·盖伊（塔尔博特）·库切［Nicolas Guy（Talbot）Coetzee］——库切和菲利帕的儿子。他出生于1966年6月9日，根据献词，卒于1989年。

为什么尼古拉斯在23岁就早早地去世了？在多个网站上，作者们显然不了解事实而写文章声称他死于车祸。在他去世后不久，开普敦大学有传言说他死于自杀，安保部门曾经一直在寻找他。关于尼古拉斯涉及所谓政治的谣言，在库切1994年的小说《彼得堡的大师》中又被强化，读者想将该书中的细节与库切的生平联系到一起。

事实并非如此。虽然对种族隔离制度不赞同，但是尼古拉斯从来没有表现出愿意参与任何政治运动的意愿。在开普敦大学上学期间也没有参加任何抗议游行或示威。虽然在约翰内斯堡期间，他可能有时在墙上涂鸦取乐[52]，但是关于他参与任何政治活动的传言绝对不是真的。

但他是不是自杀呢？尼古拉斯一开始在一所华尔道夫学校上学，然

J.M.库切传

后又继续在隆德伯西西部省预科学校上学。[53]之后，他在威斯特福德上高中。在此期间，库切出版了《等待野蛮人》。尼古拉斯对这部小说获得的国际认可感到非常自豪，另外，因为该书是题献给他与吉塞拉的，他对此可能也非常高兴。在一次学校作业中，他对此书进行了一个口头介绍。他崇拜他的父亲，他也开玩笑地劝父亲写一本畅销书。但是约翰和菲利帕离了婚。这对两个孩子来讲都是一个很大的打击。尽管家里气氛长时间紧张，但是父母的离婚还是让孩子们完全措手不及。父母没有给予他们信任，也很少提供支持。坐下来与孩子们谈论离婚的事情，这有违库切对待隐私的态度。更困难的问题在于，父母离婚时，孩子们正进入青春期。尼古拉斯尤其受到打击，不理性地把离婚的责任全部归咎于父亲。

菲利帕搬去约翰内斯堡之后，尽管孩子们时不时在放假期间去看望她，但他们见到她的机会还是太少了。在20世纪80年代，主要是库切在照顾两个孩子，这对尼古拉斯更加困难，因为他长得更像母亲，与母亲也更亲近；而对父亲，他则是反叛的。约翰·库切以他安静的方式发挥着管束的作用，而尼古拉斯随着年龄的增长，既要应付有个出名父亲的综合征，还要为自己在生活中找到合适的位置。

在学校里，一切对尼古拉斯来说也朝着不好的方向发展。通常，库切在早晨叫他起床，他不起，一直睡到中午，把课程都错过了。他认为自己和朋友们在学校学的那些东西都是垃圾，他反抗学校的等级制度以及老师的纪律要求。因为不学习，尽管天资聪明，但他还是落在了后面。他开始走下坡路。他与几个朋友一起吸食毒品，并沉迷于药物与酒精。有一次他喝得实在太多，最后不得不住院接受治疗。这种年轻鲁莽最严重的表现是，他在本该上课的时间和其他两三个男孩一起入室行窃，还涉及其他犯罪活动。有一次，他和朋友们被逮捕，库切不得不去克莱蒙警察局将他保释出来。

因为他不遵守学校纪律，加之有人告诉他作为一个独立的申请人，更容易被大学录取，所以尼古拉斯离开了学校。他到一所函授学校报了名，选他能找到的最简单的科目。其中有一门科目，因为不可能不过而为人所知，这门课是犯罪学，是一门很奇怪的预科课程，实际上是为警务部门招人设计的。约翰·库切曾看过其中一些考试试卷，发现其简单得可耻，因为任何有点基本知识与常识的人都可以回答出来。尼古拉斯确实通过了他的大学预科，而且是以一种非常不同寻常的方式：他不上学，不做功课，并坚持着他自己那种慵懒的方式。

通过预科之后，18岁的尼古拉斯决定不参加强制兵役。因为他出生在奥斯汀，是美国公民，所以他离开南非去了美国。靠着库切给他的资助，他在旧金山定居下来。在这里，他的生活极度贫困，尽管这里是嬉皮士和叛逆青年的麦加，但是对于一个18岁的孩子来说，还是非常艰难的。他试图在美国注册上大学，但他的预科成绩不被接受，因为那不能等同于美国高中的毕业文凭。他打过各种各样的像园艺之类的零工，但还是无法应对。大约一年后，他回到南非。没有靠爸爸帮忙，他在开普敦大学入学，也在南非大学完成了一些课程。他申请攻读文学学士学位，主修历史，没怎么努力也通过了所有的科目，平均成绩在60%之上，甚至达到70%，在"殖民者和被殖民者"的课程中，他的成绩更高。[54]尼古拉斯与他的父亲很疏远，也拒绝接受他的钱。1987年12月22日，库切写信给朋友霍华德·伍尔夫说："我与儿子（21岁）之间充满了冲突，他仍然不能把我看作他可以依赖的人，他忙着其他事务。也许有一天他也会写一本《原谅父亲》。也许不会写。"在1988年9月7日写给伍尔夫的信中，他说：

> 忘恩负义不是我会从吉塞拉那里得到的东西。事实上，她在这个意义上绝不是一个"问题"孩子。尼古拉斯是让我头痛的孩子，他拒绝直接从我这里接受任何东西。他这种奇怪的把戏让我不得不通过虚构恩人的方式——通常通过他的母亲给他钱。没有钱，他要么会饿死，要么会从大学辍学。这样到了最后他就能够摆脱他的父亲获得独立。等着有一天，他到我这里来寻求和解时，我还真有一些真相要讲给他。

1988年底，完成学业之后，尼古拉斯决定到约翰内斯堡定居。在那里，他的母亲与路易斯·莱文（Louis Levine）生活在一起。他在电影业开始了自己的职业生涯，但他发现，这行业需要努力工作。他不得不从最底层干起，只能找到在一家电影公司给摄制组当司机的工作，晚上还要再打一份工：在一家保安公司守电话，接听有关盗窃的报告。尽管他经常去看望母亲（当时已经是癌症晚期），但是尼古拉斯在山顶区克莱姆斯街赛尼瑞兹115号有自己的住处。因为收入微薄，库切在经济上仍然继续支持他。

1989年初，库切到巴尔的摩的约翰斯·霍普金斯大学去讲学一学期。1989年4月24日星期一早上，他接到了消息让他马上给菲利帕打电话。她的第一句话是："尼古拉斯死了"。她与路易斯·莱文之前在开普敦过周末。他们回来时，接到警方的消息。他们告诉她尼古拉斯从11楼的阳台跌落死亡。

库切尽可能快地飞回南非。1989年4月28日，他在从巴尔的摩写给住在布法罗的霍华德·伍尔夫的信中说："匆匆忙忙写下的信，我在几个小时后将离开巴尔的摩。我的儿子尼古拉斯前几天被害了[1]。他从约翰内斯堡公寓楼的11楼跌落。葬礼在周二举行。"5月2日（星期二），他与多萝西、菲利帕和路易斯·莱文，一起在约翰内斯堡参加了葬礼。

1989年10月23日，有关死亡的质询在福克斯街的治安法庭进行，但是库切和菲利帕都没有参加。根据约翰内斯堡太平间"死亡登记"有限的记录，尸体是在4月22日午夜刚过去一分钟时，在山顶区克莱姆斯街与捷达街之间被警员杜伊特发现的，他随后将其送到太平间。尸体由路易斯·莱文认领，死亡登记的原因是"多处受伤"。尽管死亡登记的日期是4月22日，但那时实际应该是4月21日，因为尸体是在4月22日午夜后一分钟被发现的。玛尔医生在4月24日进行了尸检，但验尸报

---

[1] 原文是"was killed"。但后来并无具体证据证明他死于他杀。

告未能留存下来。在"死亡登记"的"一般性意见"中,"跳楼"的字样曾经出现,表明官方裁定是自杀行为。在没有质询调查的情况下用"跳楼"一词,应该是警察局敷衍了事的一种说辞。对于此类死亡,这样的一种解释是可以理解的。起初,去约翰内斯堡参加葬礼之前,多萝西和约翰·库切也认为应该是自杀。[55] 但是根据住在对面建筑里的医学博士丽莎·派洛德(Lisa Perold)对菲利帕所说的内容,她看到尼古拉斯在阳台的下部摆动,并听到他大声呼喊:"我坚持不下去了,能帮帮我吗?"他一直努力试图自己爬上去,但是栏杆很滑,他没有抓住,就掉了下去。多萝西觉得这种情形是可能的,因为她不觉得尼古拉斯有自杀倾向,他也没有留下遗书。

尼古拉斯那天晚上在阳台上到底做了什么,到现在还是一个未解之谜。据吉塞拉·库切的叙述,她的哥哥那一夜在听磁带。她认为他是因为失去了平衡,滑落了,然后试图爬回房间。坠落过程中,他的许多器官严重受伤,所以死亡几乎是一瞬间的事。吉塞拉想知道他是否是在酒精或药物的影响下出事,但是她无法获得调查报告。[56]

约翰·库切和多萝西到了约翰内斯堡,去了尼古拉斯的住处,看到了他试图爬回阳台上而留下的指印。这些痕迹虽然不是确凿的证据,但似乎排除了他自杀的可能性。约翰看着这些非常痛心。几年前,他曾经将丹尼尔·哈钦森的小儿子从水中救出来,让他免于死亡,但他却救不了自己的儿子。除了约翰和多萝西以外,丽莎·派洛德也从开普敦赶到约翰内斯堡参加了葬礼。约翰和丽莎去太平间看尸体。据丽莎的叙述,他显得很平静,但是入殓师一定花费了很长时间清理尸体上的伤痕。葬礼前的一天晚上,约翰和多萝西与杰奎琳·库克(Jacqueline Cock)待在一起,根据玛丽莲·霍妮克曼的叙述,约翰哭了整整一夜。他痛不欲生,令人看着心痛。当他的朋友克里斯·派洛德打来电话表示慰问的时候(他那段时间与女儿丽莎,也是尼古拉斯童年的伙伴,关系不好),约翰的回答是:"与你的女儿和好吧。请听一下我这个建议。"[57]根据吉塞拉的观点,虽然当时尼古拉斯与库切的关系已经开始缓和,但是在他死的时候，他们还没有完全和解。

对于约翰·库切而言，尼古拉斯的死一直是一个难以抚平的伤痛。儿子的死亡让他开始怀疑对未来一代的希望，他在《等待野蛮人》的结尾处曾经通过一群孩子与他们的雪人来憧憬未来。这本小说是题献给吉塞拉与尼古拉斯的，而伴随着尼古拉斯的早亡，小说显得越发凄凉。

1989年5月20日，库切返回美国布法罗纽约州立大学接受名誉博士学位。当霍华德·伍尔夫到机场接他并拥抱他时，他说："好了，我已经想开了。"他们没有再说更多关于此事的内容。当伍尔夫和库切到诗人麦克·哈蒙德（Mac Hammond）家吃午饭时，库切看着天空中飞过的飞机说："我的儿子可能就在那里，他是一个漂泊者。"伍尔夫发现库切的这句话非比寻常，因为他很少说自己的心事。库切告诉伍尔夫，尼古拉斯去世后，他发现儿子保留着一张他写的明信片。尽管他们之间有隔阂，库切显然很高兴仍然可以用这种方式与儿子沟通。伍尔夫当时与女儿的关系也陷入困境之中，看到库切从这简单的一张明信片中寻找慰藉，他真是感到很痛心。[58]

菲利帕在生命的后期与约翰仍然很友好地相处，两人从未互相诋毁。约翰总是觉得她对他很好。菲利帕希望他与多萝西能够幸福生活，两人要共同分担尼古拉斯死亡带来的悲痛，这让他们走得更近。

此时的菲利帕病情已经很严重，癌症已经扩散到了全身。她写信给希尔维亚·库切：

> 生活对我来说已经变得很悲哀。这并不是因为疾病，而是因为尼古拉斯的死亡。过去，当我想到自己要面临癌症带来的死亡，我真为自己感到很难过；但是现在，在尼古拉斯去世后，我的难过要远甚于此。没有什么比自己孩子的死亡更让人心痛。这种心痛似乎没办法终了。癌症已变成了一件小事情，一件恼人的事情，一个普通感冒。事物的正确发展顺序应该是父母先于孩子死去。

六

虽然《铁器时代》反映了20世纪80年代的南非政治现状，但是小说也做了一个关于母亲的比喻，映衬着库切在生命中的一个缺失——维拉·库切的死亡。[59]在《彼得堡的大师》，还有更早的《福》中，库切显然不认为俄国19世纪后半期所发生的特定事件与南非毫无关联。读者逐渐会发现，那些事件的形式，尽管不是很明显，但是与20世纪80年代南非所发生的事情是平行的。不过，小说的中心关系是父子关系，在其中可以看到库切对尼古拉斯之死的悲伤。关于这样的主题，库切在屠格涅夫的《父与子》、卡夫卡的《父亲的信》（1919年写成，但是1960年出版）中都读到过，现在它已经成了库切自己小说的经线和纬线。

在得克萨斯大学的哈里·兰塞姆中心，人们可以看到10份打印出来的书稿和塞克沃伯格的校样，上面显示库切是从1991年2月21日开始这部小说的创作的，差不多是在尼古拉斯死亡两年后。起初，他想给该小说起名为《坠落》（Falling）。因为在该小说中，坠落是重要的主题。但是因为苏珊·谢弗（Susan Schaffer）在1974年、大卫·休斯（David Hughes）在1979年已经分别使用过这一书名，所以他放弃了这个念头。

与《等待野蛮人》以及《迈克尔·K的生活和时代》中的大部分内容一样，库切在这本书中也采用了全知叙述视角。叙述者在文中侧重的中心人物是俄国作家陀思妥耶夫斯基。根据小说的叙述，他在1869年10月秘密地从德累斯顿回到圣彼得堡。在德累斯顿，他与他的第二任妻子和他的孩子住在一起，他要试图逃离那里，躲避许多债权人。他用化名和伪造的护照来到此地，目的是调查巴维尔·伊萨耶夫（他与前妻婚姻期间收养的继子）的状况与死因。巴维尔是从一个高塔式建筑上神秘坠亡的。陀思妥耶夫斯基也想从沙皇警察那里取回他们没收的他儿子的证件及财物。

小说涵盖的事件跨越几个星期。库切从作家陀思妥耶夫斯基的生活中选择了很短的一段时期，当时陀思妥耶夫斯基49岁，巴维尔23岁，其年龄差异比较1989年尼古拉斯死亡时，与库切的年龄差异完全一致。

陀思妥耶夫斯基来到圣彼得堡，按照巴维尔信件中提示的地址找过去。他从房东太太安娜·谢尔盖耶夫娜那里租住了巴维尔曾经租住的房间。陀思妥耶夫斯基和安娜之间发展出一种关系，他也迷上了她的小女儿，该女子与巴维尔曾经关系很近。

陀思妥耶夫斯基要找到一个问题的答案：巴维尔的死亡是否是自杀？是警察的追踪与谋杀，还是被他所参与的恐怖组织所杀害？为了找到一些文档，他找到马克西莫夫督导，该人物的官僚行为会让人联想到《等待野蛮人》中的乔尔上校。巴维尔可能参与恐怖活动的可能性被一个人物的出现所证实：陀思妥耶夫斯基见到了涅恰耶夫。而涅恰耶夫（Sergey Gennadiyevich Nechaev，1847—1882）是俄罗斯历史上的一个真实人物，是一个狂热地持有虚无主义观点的革命者，在莫斯科有大批的学生追随者。他被一些人视为现代恐怖主义之父。他与巴枯宁（Mikhail Bakunin）合写了《革命问答》一书，在该书中他认为谎言、欺诈，甚至谋杀都是合法的革命手段。[60] 在他的领导下，一群无政府主义者试图通过暴力行为营造混乱与反叛的气氛，目的是摧毁旧社会，为一个新的社会主义国家铺平道路。因为对这一理论的激进应用，涅恰耶夫谋杀了他的一个追随者伊万诺夫，因而被起诉和监禁。在监狱里，他时时刻刻地鼓吹自己的观点一直到死。[61] 在小说中，陀思妥耶夫斯基与涅恰耶夫的会面让他直接来到巴维尔跌下的确切位置：

> 他抓紧围栏，凝视着下面无底的黑暗。无穷无尽的时间隔在这里和那里之间，漫长得难以想象。在这里和那里之间的时间段里，巴维尔是活着的，比以前任何时候都更鲜活。我们坠落时的生命力最为强烈——这让人想到都会心痛的真理！[62]

然而，陀思妥耶夫斯基拒绝了涅恰耶夫的虚无主义。在与马克西莫夫委员的谈话中，他声明了自己的抵制态度：

涅恰耶夫主义不是思想。它蔑视思想，在思想范畴之外。它是一种精神，涅恰耶夫本人不是精神的体现，而是它的宿主；或者不如说在它控制之下。[63]

在小说中涅恰耶夫曾经尝试利用陀思妥耶夫斯基的文学天赋，为他的政治目的服务。他让陀思妥耶夫斯基帮他撰写小册子，但陀思妥耶夫斯基不准备这样做。

仔细调查历史记录，读者很快会发现《彼得堡的大师》并不是一本忠实于事实的小说。库切改变和运用了许多历史数据。陀思妥耶夫斯基曾经确实住在德累斯顿，在那里他狂热地陷入赌博之中。他被流放到西伯利亚，还有他患有癫痫病也确有其事。然而陀思妥耶夫斯基并没有在1869年去到圣彼得堡，而是在1871年，与第二任妻子安娜·斯尼特金娜以及他们的孩子一起去的。巴维尔并没有死在陀思妥耶夫斯基前面，他比他的继父活得长。在现实生活中，他是一个不负责任、华而不实的花花公子，给陀思妥耶夫斯基带来很多麻烦、烦恼与尴尬。巴维尔的确想了许多阴谋来破坏陀思妥耶夫斯基与安娜的婚姻。也没有任何历史记载证明巴维尔是自杀或是被警察或恐怖组织杀害。库切把巴维尔与学生伊万诺夫重叠在了一起。伊万诺夫是涅恰耶夫小组成员，因为要脱离该组织而被暗杀。在现实生活中，陀思妥耶夫斯基和涅恰耶夫从未见过面。然而这一虚无主义者的原型是《群魔》中的韦尔霍文斯基，该小说可能是所有革命主题小说中最好的一部。《彼得堡的大师》中沙托夫被谋杀对应伊万诺夫被谋杀，在《彼得堡的大师》中警方则伪装成流浪汉。库切不仅参照了约瑟夫·弗兰克（Joseph Frank）所写的全面的陀思妥耶夫斯基的传记[64]，还与陀思妥耶夫斯基的其他作品发生了互文，比如《可怜人》《罪与罚》等，但最为主要的参照作品是《群魔》。这样一来，库切的小说变成了陀思妥耶夫斯基的生活与工作的重写本。《彼得堡的大师》的最后一章是根据《群魔》中斯塔夫罗金的片段创作。他承认自己的恋童癖试验，该部分在连载期间曾经被杂志主编拒绝刊登。库切将这一材料用在陀思妥耶夫斯基和他的房东女儿玛特廖娜之间的关系上。

早在《迈克尔·K的生活和时代》中，就有批评者质疑，库切为什么在南非黑人社区暴力动乱不断的情况下，写一本完全不能反映这场风暴冲击的小说。这次，他们也希望他有一个明确的政治立场。但除了这一点，库切在《彼得堡的大师》中将历史与虚构联系起来的方式——改变历史数据以及在小说中提供有关陀思妥耶夫斯基和其他小说人物的不实陈述——让他受到了整个小说创作生涯中最激烈的批评。在1994年3月的《泰晤士报文学副刊》中奇诺维·兹尼克（Zinovy Zinik）将该小说称为"文学的恐怖主义"。维多利亚·格兰丁宁（Victoria Glendinning）在《电讯报》中指出，库切小说中的陀思妥耶夫斯基一点也不像陀思妥耶夫斯笔下那些反面人物那样令人信服，只是让人觉得紧张与不安。詹姆斯·伍德（James Wood）在1994年3月18日至24日的《每周邮报》中指责库切笔下的人物"在推论中变得像木乃伊，成为被限制的受害者，而不是动态的思想来源"。理查德·埃德（Richard Eder）在1994年12月8日的《耶路撒冷邮报》中，也表达了类似的反对意见："只是读过了几页陀思妥耶夫斯基的作品，读者的心中就会纠结，眼睛就会流泪；库切的作品让人纠心，但是眼睛却是毫无泪意的。"在1994年11月18日的《纽约时报》中，角谷美智子（Michiko Kakutani）对于库切歪曲历史的事实表示了极度的不满："虽然库切先生可以很灵活地操纵事实与虚构，但是它给人的感觉是完全任意的。对于那些不了解他创作的巧妙手法的读者来讲：他已经混淆了陀思妥耶夫斯基的生活真实记录，摧毁了他的著名作品的结构轮廓，另外，在写作手法与艺术上也没有任何新的贡献。事实上，读完《彼得堡的大师》，人们会感叹，库切先生的才华被放到这部奇怪而令人不满意的作品上真是浪费。"在1994年11月28日的《时代周刊》中，约翰·司寇（John Skow）反对用"复杂的歪曲"来欺骗读者："小说家可以通过想象来进行小说创作，但是如果小说是真正历史的一部分，却要把事实剥离于真实的人物，这是什么呢？使用虚构手段不是为了表述正确的历史吗？"陀思妥耶夫斯基的传记作家约瑟夫·弗兰克也谴责了库切将这位俄国作家的生活小说化："库切是一个小说家，当然，他有权利就历史做发挥。但是，令人遗憾的是，他没有提醒读者不要把小说当作事实，而很多读者对陀思妥耶夫斯基的生平细节是不了解的。"[65] 不过，帕特里克·麦格拉思（Patrick McGrath）在1994年11月20日的《纽约时报》中表示，他钦佩小说中的"大师本人，他备受煎熬的苦难、下一场癫痫发作的恐怖，他不安的性欲以及他与神绝望的博弈"。1994年3月13日，彼得·威廉在《星期日泰晤士报》中称赞小说中的对话，并赞赏"陀思妥耶夫斯基的宿命，他要与神的存在而抗衡"。他还说：

> 《彼得堡的大师》不是库切之前所写的那类环绕恒星的行星类作品：《迈克尔·K的生活和时代》围绕着卡夫卡；《福》围绕着《鲁滨逊漂流记》；《等待野蛮人》在文学界也是有相当具体的所指，尤其是诗人康斯坦丁·卡瓦菲的亚历山大。
>
> 我们是不是应该关注这个问题：现代作家还剩下什么可以写？《彼得堡的大师》本身有着一种奇怪的美，像极光，高且遥远地闪烁，没有必要一定要理解。关于陀思妥耶夫斯基是谁、是干什么的，读者不需要知道很多。

在1995年春的《哈佛评论》第8期中，雅典娜·安德烈亚季斯（Athena Andreadis）写道：

> 这是一部辉煌的书，饱含绝技，但对一个不经意的读者来说，阅读过程可能会充满困难且吃力不讨好。尽管结构丰富，但是全篇无情的惆怅以及结尾处的不明确令读者沮丧。要尝试从另一位作家内心深处出发来创作，还取得这样的成功，这是一个了不起的壮举。要传达一个人物内心的想法，有时还是令人反感的矛盾想法，这是一种有风险且大胆的尝试，不过功夫不负有心人：故事振聋发聩。

虽然理查德·C.科利普沃（Richard C. Crepwau）在1995年1月22日的《奥兰多前哨报》（*Orlando Sentinel*）中认为库切不能超越或匹敌陀思妥耶夫斯基，但他确实感觉到库切"取得了大多数作家很想实现的成绩。他创造了一些奇妙的人物，并将他们放置在一个情节紧凑、引人入胜的故事之中。在这个过程中，他创作出非常优雅的文字。谁可以要求更多呢？"在1995年春季的加拿大期刊《奇摩》（*Chimo*）中，T.凯·诺里斯·伊斯顿（T. Kai Norris Easton）写道："这是一本非常引人入胜的书，一个惊人的创举，饱含着创造性的发挥与严肃的思考，还带着微妙的智慧与深厚的思想。在美学和道德的张力之中，两方都没有占上风，而是努力寻找各自存在空间。而是否有这样的一个空间，这恰恰是库切所保留的问题。"

在接受乔安娜·斯科特的采访中，当被问及为什么要选择这个特定的历史时期作为他小说的背景时，库切回答说，陀思妥耶夫斯基在这个时候正在挣扎着写一本小说，而且不知道自己写出来的将会是什么："事实上，他试图用同样的材料写出至少三本不同的书，这里所指的材料是指抽象意义上的，而非具体意义上的。最终写出来的书是《群魔》。那个时期的记录非常有趣且很难捉摸。我的小说选择了这一时期，并对其进行重新想象。"除了那些认为现代主义小说家对史实"不敬"的指责外，如果还认为《彼得堡的大师》有问题，库切说：

> 这不是我所要关心的。在《群魔》中人物的名字并非历史人物的名字，他们的身份也不属于历史身份。然而，没有人会说，《群魔》表现的不是1870年的俄国。就好像陀思妥耶夫斯基本人从不想象或重新想象历史、想象或重新想象他周围的场景一样。

在这次采访中，库切还说，巴维尔的死亡让陀思妥耶夫斯基与涅恰耶夫有了见面的机会，这在现实生活中是不能发生的，只有小说才可以将这两位非常重要的人物聚拢到一起。关于历史与小说之间的关系，他把两者看作是一种竞争。虽然没有明确说明，但是这种观点回应了那些认为他在歪曲历史的批评：

> 这世界上可以有各种各样的竞争，但是当危机来临之际，历史与小说之间的关系仍然是对立的。人们说，人类科学的无章法话语模式要让位给叙事模式。我知道一些相关的人类学和考古学的例子。但是这些实例都无法说服我相信，宏大叙事被遗弃，目的就是让位于叙述——那种所有含义都被理解、接受和赞赏的叙述（这里是值得强调的）。

此类对于事实与虚构的批评所忽视的是：早在1987年，该小说出版七年前，库切就曾表达过他的想法。他不认为一本小说应该忠于"现实"。他认为如果按照这样的说法，小说就必须屈从于历史，成为单一历史的补充，而事实上，小说应该创造自身的现实，传达自身的效能与真理。《彼得堡的大师》出版同年，库切赞许地引用了多丽丝·莱辛对她自传的评论："毫无疑问，小说能更好地表现真实。"[66]

莫尼卡·波佩斯库（Monica Popescu）写道："在这样的背景之下，库切小说《彼得堡的大师》的问世不是要否定或拒绝历史背景的重要性，而是作为一个表态，要从小说的范畴内，以自己的方式参与其中。"[67]可惜的是，许多对库切小说做出否定评论的人并不知道库切关于历史与虚构之间关系的陈述。如果他们熟悉这些，他们可以更深入地理解《彼得堡的大师》，更加明白库切在做什么。如果他们仍然有异议，他们可以再进行更细致入微的批评。库切通过（虚构）陀思妥耶夫斯基与涅恰耶夫的相遇，是想要表达（但是并没有直白地说出来）俄国作家对一群激进分子和受其影响的青年学生所持有的革命理想的反应。陀思妥耶夫斯基的思绪可能也包含着库切对南非当时状况的一种思考，也通过卡伦太太在《铁器时代》中有所表述。尽管俄国的虚无主义与南非民族之矛的意识形态不同，但是19世纪俄国发生的事件仍然和20世纪80年代南非的政治问题暗合。以战争的名义，黑人儿童成为活动家和烈士，这让父母完全无能为力。陀思妥耶夫斯基说："我们这个时代有一种弊病，年轻人轻视他们的父母、他们的家庭、他们的教养，因为他们对这一切都不满意，除非让他们做斯捷潘·拉辛或者巴枯宁的子女！"[68]

对于陀思妥耶夫斯基而言，涅恰耶夫代表的不是生命的力量，而是死亡的力量："只要有一种精神，小孩也能像成人一样杀人。也许这又是涅恰耶夫的独创性：他说出了我们想都不敢想的有关我们的孩子的话；他让席卷年轻俄罗斯的那种沉默而严峻的力量发出了声音。我们不问不闻；他便带了斧子来了，非让我们听到不可。"[69]

最终，《彼得堡的大师》是一本关于个人遭受巨大损失以及随之而来的悲痛和遗憾的作品。这从作家陀思妥耶夫斯基悼念他的儿子巴维尔中可以看出。对于了解库切生平、能够注意到库切小说中自传体成分的作者而言，从陀思妥耶夫斯基和巴维尔之间，可以看到南非作家库切和他儿子尼古拉斯的身影。从手稿的细节中（最终并没有在出版的文本中出现）可以看到，菲利帕的电话对库切的影响："那句'你的儿子死了'一直回响在我的脑海中，直到今天，每个字，以及每个字之间的间隔都沉沉地印在我的脑海中。这声音一直在回旋：四个词，四声沉闷的声响，敲打在我的脑海中。"尼古拉斯赖床和旷课的事在小说前面部分可以找到痕迹："我的儿子受的教育很零碎……我老是让他转校。原因很简单：他早晨起不来。怎么都叫他不醒。也许我太过严格要求了。可是不上课，就不能指望注册入学……问题不仅仅是懒惰。简直没法把他弄醒——叫喊、摇晃、威胁、恳求。仿佛是要弄醒一头冬眠的熊！……把他拉扯大可不容易。我有别的更重要的事要做，不能老是哄这么大的孩子起床。如果巴维尔像别人一样完成了学业，这种事情就不会发生了。"[70]巴维尔也像尼古拉斯一样有过交友不慎。尽管父亲和儿子之间有隔阂，但令库切慰藉的是尼古拉斯在去世的时候，身上发现了父亲寄给他的明信片。这个细节在陀思妥耶夫斯基身上也出现过，当他与马克西莫夫督导谈话时，后者给他出示了一封信。"那是他在德累斯顿发的最后一封信，信中责怪巴维尔钱花得太多。他坐在这里，而一个陌生人在看他写的信，真丢人！"[71]这种失去的悲痛是无尽的："对死去孩子的悼念是没有底的。"[72]尤其令人难过的是跌落的那一刻，他的儿子知道什么都救不了他：

> 他不能忍受的想法是，巴维尔坠落时的最后一刹那，知道什么都救不了他，他必死无疑。必死无疑的确定性比死亡本身更可怕，他要让自己相信，由于坠落时的措手不及和慌乱，由于心理在不能承受的极大痛苦面前会产生某种自我麻醉的作用，巴维尔也许没有感受到那种可怕的确定性和痛苦。他衷心希望情况是这样的。同时，他知道他之所以希望，是一种自我麻醉，免得想到巴维尔在坠落时心里十分清楚……他突然想到巴维尔最后一刻的情景：一个风华正茂的热血青年的身体猛摔到地上，急促的呼吸，骨头的断裂，特别是震惊，由于结局是如此真实，没有第二次机会而感到的震惊。[73]

在小说人物陀思妥耶夫斯基和巴维尔的后面，库切用字符掩盖着他对一种神话般诗意的渴望，他希望有起死回生的咒语或魔法可以让尼古拉斯再生。他援引了荷兰诗人赫里特·阿赫特贝尔的诗歌。在早期文学生涯中，库切曾写过相关论文，并翻译了他的十四行诗：《煤气修理工叙事曲》。阿赫特贝尔诗歌的一个中心主题是寻找一个可以让死去的妇人起死回生的咒语。在介绍他所翻译的诗歌选集《划船人的风景：荷兰诗选》（*Landscape with Rowers: Poetry from the Netherlands*）时，库切的描述如下："他作品的主体是单一的、高度个人化的神话：寻找那位已经离开自己的心爱之人，这一找寻将会带他到死亡之地。"[74]阿赫特贝尔多次调用神话人物俄耳甫斯，他令人情迷意乱的神奇词汇将心爱之人带回凡尘。阿赫特贝尔的一本诗集名称就是《欧律狄斯》（*Eurydice*, 1944），但俄耳甫斯的形象在多部作品中出现，比如"字""散居""特贝"和"威

　　　　　　　　　　　　　　　　　J.M.库切传

严"等等。在所有这些诗歌中，最终没有死亡、理性与逻辑，而要用神奇的词的力量去救回死去的妇女。特别是在《塞柏》（*Thebe*）一诗中，阿赫特贝尔使用了俄耳甫斯的形象：

带着两人的生命，
今夜我进入长廊
朝向着你。
地下的宫殿弥漫着
寂静，不情愿地
回旋着我的脚步声。
墙壁好像长满了
粗糙的霉点；空气与光线，
永远光怪陆离，
腐蚀我；只有那意志
与你一起面对上帝的审判
让我能够继续前行。

迷宫崎岖蜿蜒，
到处是相似的盲圈，
是否因为你的缘故？
我不知道自己走了有多远。
他们是怎么能够带着你，那些埋葬你的人，
走了这么远？

直到我的脚触碰到了你，
在完全黑暗中，
我看到了你睁开的双眼；
你的双手，我抬不起来，

我感受生命的爱，
在我心中激荡
你的嘴，被死亡缄口，在发问。

一种语言没有任何迹象，
在宇宙中，
我最后一次明白。

但我还没来得及喘口气，
马上来到这诗中：
晨光到来
一切转瞬即逝。

在《彼得堡的大师》中，俄耳甫斯的意象也多次出现。第一次的突显是在小说刚开始处，当陀思妥耶夫斯基躺在床上试图像魔术师一样再现巴维尔的生活：

房间里没有拉窗帘。月光洒在床上。他站在门口，屏住呼吸，全神贯注地盯着角落里的椅子，等黑暗凝重起来，变成另一种黑暗——存在的黑暗。他悄无声息地动着嘴唇，仿佛要念出儿子的名字，动了三次，四次。

他似乎在念咒语。但是要镇住谁呢：镇住鬼魂，还是镇住他自己？他想到了俄耳甫斯的故事，那歌手一步步朝后倒退，嘴里轻轻念着死去的女人的名字，要把她从冥府里呼唤回来；他想到那个穿着尸衣的妻子，呆滞的眼睛死死地盯着他，有气无力的、像梦游似的朝前伸着两臂。没有竖琴，没有笛子，只有字眼，反复念诵的那个字眼。死亡切断一切联系后，名字仍然存在。通过洗礼，灵魂同一个名字挂上钩，将把这个名字带到永恒。他再次默念了那个名字：巴维尔。

他开始感到眩晕。"我得走了，"他悄声说，或者自以为悄声说过；"我会回来的。"[75]

涅恰耶夫讲述说圣母马利亚会在审判日下到地狱，直到赎回所有痛苦的灵魂之后才会返回，在这里小说需要从更深的宗教维度来思考。然而陀思妥耶夫斯基知道永恒的诅咒是不容许有任何救赎的。他无法逃脱生活在俄国和涉及俄国的命运。"它是一种不需要多少洞察力的生活。事实上，它甚至都不是能拿价格和通货去衡量的生活。它是我为了写作必须偿付的一种生活。这也是巴维尔所不明白的：我也要偿付。"[76]他所知道的是，他儿子的死亡为他提供了写作的素材。在他冷酷无情地寻求和掠夺素材的时候，写作就变成一个邪恶的职业、一个贪婪的恶魔。这是他的任务，在这里，陀思妥耶夫斯基记得癫痫病以及巴维尔的死亡，在坠落中都毫发无损，"与呼啸而过的黑暗作斗争"[77]，将坠落变为飞扬。如果他再次被问及马克西莫夫问他的问题，有关他写的是什么样的书，他知道自己要怎么回答了，他会答复说："我写作就是对真实的歪曲。我选择走弯路，就是要把孩子引到阴暗的地方。我跟着笔的意思走。"[78]

最终，《彼得堡的大师》是一本关于悲痛和失去的书，也是关于一个非道义作家的书，他为了写作不计一切代价，不惜犯叛国罪，甚至背叛那些他所爱的人。在小说的结尾处，陀思妥耶夫斯基变成了浮士德式的人物，他为了艺术与魔鬼签了一份契约。他变得如此有灵感，以至于他说话的声音已经不是自己的声音了。正如斯蒂芬·沃森所说的那样："他成为另一种声音的媒介，至于这种声音善恶与否，他不能确定，更不用说是预言了。对于其诱惑力，他别无他法只能屈服。因此，在他的创作幻觉中——正如小说告诉我们的——陀思妥耶夫斯基从某种意义上超越了人类。"[79]到了最后，对于作家所签的契约，没有任何宽恕：

他背叛了每个人。他看不出他的背叛会越陷越深。倘若他想知道，背叛的滋味究竟像醋那样酸呢，还是像胆汁那样苦，现在正是时候。

可是，他的嘴里无滋无味，恰似他的心没有分量。他的心，老实说，空荡荡的。他事先压根没有料到事情会是这样。不过，事先他又怎么能料到呢？不是痛苦，而是痛麻了的感觉。好比战士在战场上被子弹击中，鲜血直流，却感觉不到疼痛，还诧异不已：我是不是已经死了？

看来，他要付出高昂的代价。那个孩子说：他写书挣了很多稿费，那个死去的孩子不断重复地说着这句话。他们没有说出的话就是：作为回报，他不得不交出自己的灵魂。

现在，他开始尝试那种滋味了。那种滋味如同苦胆。

七

库切在1995年12月前往荷兰，并在那里发表题为"什么是现实主义？"的演讲。1996年4月，《彼得堡的大师》获得《爱尔兰时报》的国际小说奖，为此他前往都柏林领奖。开普敦大学再次授予他年度图书奖。该小说还获得了非洲地区英联邦作家奖。库切前往津巴布韦的哈拉雷参加颁奖典礼。评奖委员会在报告中写道：

> 叙述者对事件、人物与背景的探究具有深层次的心理与思想的洞察力。虽然很质朴，但是小说的主题因为机智和多样的对话而变得轻松，含蓄幽默软化了在自我探询过程中剖析灵魂的内心独白所带有的焦虑。小说用词在整体上是抒情、令人回味和难忘的。

在出版该小说之后，库切收到了来自同事安德烈·布林克的私人便条："我对《彼得堡的大师》非常着迷，且深受感动。"[80]库切的姐夫塞西尔·贾伯比密友更了解有关尼古拉斯去世的事情，以及库切的反应，他在1994年2月15日给库切写了一封信：

> 谢谢你让出版商寄给我一本《彼得堡的大师》，我先是一气读完，然后再慢慢细读。
>
> 因为知道这本书写作的一些幕后情形，我很佩服你有勇气坐下来把你想要写的内容写出来。除了文字的绝对清爽之外——这一直是你的写作特点——我还觉得这本书的创作是你悔悟与驱魔的过程。恭喜你。我希望你获得很大的成功。

第13章
自传体文本,《动物的生命》,
《耻》及争议

一

1989年8月,德克勒克(F.W. de Klerk)成为国家总统后不久,柏林墙倒下,世界共产主义的末日似乎马上就要到来。由于可能的来自共产主义的威胁,南非不再试图证明其可以摆脱英美而独立发展。由于苏联的崩溃,非国大失去了一个重要的传统盟友,德克勒克认识到非国大应该通过谈判承认财产的民主权利和自由市场体系,并与未来的外国投资者保持友好的关系。他预感到西方列强会促使非国大接受和解。

德克勒克在1990年2月2日的议会开幕式上,宣布解除对非国大、泛非大会和其他解放运动的禁令,并宣布马上释放纳尔逊·曼德拉和其他政治犯。在后来的一次采访中,约翰·库切表达了他对德克勒克采取的冒险举措的喜悦之情。他很钦佩德克勒克,因为他不得不在幕后做大量的工作,以防止军队的干预:"当时军方可以很容易地出面宣称,我们将掌管国家。我认为德克勒克能够得到这么多人的支持是理性的成功。"[1]

国际方面对德克勒克的公告欢呼雀跃,曾经对南非关闭的大门也逐渐重新打开。在关于是否进行改革的全民公投中，69%的选民投了赞成票。在写给他的朋友霍华德·伍尔夫的信中，库切说："在改革政策得到白人选民的首肯之后，整个国家都松了一大口气。几乎可以看到拥有和平未来的可能性。"至于作为一个作家在不断变化的南非中扮演的角色，库切表现得相当谨慎，因为他不能完全肯定是否存在这样一个角色："对于我来说，故事是一种思维方式——一种古老的、非分析性的思维方式。"他在接受瑞安·马兰的采访中说："我能做好的就是这种思维方式。我不知道是否一个人在想故事的时候，还可以同一时间在政治舞台上发挥作用。所以，回到您的问题，我所看到的自己的角色与作用就是写故事而已。"

纳尔逊·曼德拉一出狱就以他独特的气质给人们留下了深刻的印象，正如赫尔曼·吉利欧米所说："他非常适合当时的情况。他有一个强大的气场，庄重而迷人，同时又幽默而谦逊……他身上确实有一种管理者的痕迹——部落酋长和民主的领导人风格的结合体——但是他又总是很礼貌且举止良好。他知道，没有必要好战。在全世界的眼中，种族隔离已经让南非身败名裂……在说服南非白人交出权力的过程中，他了解并尊重他们的历史。他谴责种族隔离是严重的反人类罪行，但他认为南非白人民族主义斗争是一种合法的原住民运动，像黑人一样反抗英国的殖民统治。"[2]

在曼德拉被释放，以及其他流亡的非国大领导人回归之后，他们在肯普顿公园开始就民主宪章进行讨论。在1994年4月27日的第一次南非自由民主选举中，非国大获得了远远超过半数的选票。1994年5月10日，纳尔逊·曼德拉宣誓就任南非的首任民选总统。一个民族团结的政府应运而生，并与德克勒克的民族党（NP）和布特莱齐（Buthelezi）的因卡塔自由党（IFP）合作，德克勒克与塔博·姆贝基（Thabo Mbeki）任副总统。在他在任的五年中，曼德拉给大家留下了深刻的印象，甚至包括那些与其保持不同政治立场的人也佩服他的政治家的智慧。尽管存在种族和肤色的差异，他在总统任期的中心主题是强调和解，让旧政府平稳过渡到新政府。曼德拉在自传中说:"当结果出来后,很明显,非国大要成立政府,我认为我的使命就是宣传和解,修复国家的创伤,激发信任与信心。我知道,很多人,尤其是少数族裔,白人、有色人种和印度人,会对未来感到焦虑,而我希望他们感到安全。我一次又一次地提醒人们,解放斗争不针对任何团体或任何肤色的人种,而是对压迫制度的反抗。我利用每一个机会告诉大家,所有的南非人现在必须团结起来,携手合作,要大声地说我们是一个国家、一个民族、一个种族,我们并肩走向未来。"[3]1995年,曼德拉的和解努力由真相与和解委员会(TRC)来负责,该机构由大主教德斯蒙德·图图主持。这个委员会的任务就是调查自1960年以来侵犯人权的行为,如果违规者能够完全忏悔,委员会有给予特赦的权力。[4]这一委员会的某些程序,在库切之后的小说《耻》中可以看到,当时主人公因为被一个学生指控性骚扰而被迫到纪律委员会出庭。

　　一些白人观察员,也包括一些黑人评论员,比如穆莱齐·姆贝基(Moeletsi Mbeki)和曼菲拉·赖姆菲勒(Mamphela Ramphele),甚至包括作家纳布罗·恩德贝莱等,对这种肯定行为的方式,以及任命中倾向于黑人与妇女的政策表达了保留意见。库切虽然从来没有直接做过任何评论,但是《凶年纪事》的主人公C先生评价了1990年取消就业预留法案后南非普遍流行的天真乐观言论。善意的白人以为种族隔离制度结束后,就没有了个人之间的种族或肤色的界限或区分。C先生继续说:"因而,当非国大立法决定特准黑人进入职业市场时,人们都懵了。在自由主义者看来,不可能有比这更倒退的政策了,这是退回到旧时代的政策,那时候人们把肤色看得更重于教育程度、个人抱负及勤奋。"[5]

　　1999年,塔博·姆贝基接任曼德拉成为南非总统,并在2004年以超过2/3的多数选票继续连任。他认为自己是一个带领民众,经历漫长的殖民主义岁月之后,通过复兴非洲而过上美好生活的南非人。他的魅力、优雅和博学让他成为一个令人印象深刻的领导者和政治家。但是长期失业、高犯罪率、未了的希望以及执法机构越来越低下的效率让他的非洲复兴梦备受打击。面对所有的医疗证据，姆贝基硬是否认艾滋病是由病毒引起的，其结果是政府不得不疲于奔命，应对可能导致大量人口消失的艾滋病大流行。对妇女和儿童强奸的发生率位居世界之首，这令记者沙琳·史密斯（Charlene Smith）说，在南非，强奸已经成为文化中的特殊现象。津巴布韦总统罗伯特·穆加贝（Robert Mugabe），不顾最高法院的一再干预，继续他的政策，非法侵占白人拥有的农场，并造成反对派支持者在选举期间被恐吓，而姆贝基总统遵循的"安静外交政策"给人留下的印象是，在他的心目中，与津巴布韦这位先前自由斗士保持和睦关系要远比声讨其公然犯下的罪行重要。

库切最初对德克勒克的举措是非常赞赏的，他很佩服德克勒克的勇气。即便如此，1990年2月2日的讲话后不久，南非持续的抗议浪潮和长期暴力不止也让他开始持怀疑态度。在黑人城镇以及黑人青年之间仍然存在着动荡，学生们会发起暴力事件，焚烧报告厅，封锁公路。他写信给霍华德·伍尔夫说："2月兴奋在这个国家持续了约三个星期的时间。现在，虽然媒体试图保持那种兴奋，但总体感觉似乎是大不如前。暴力已经渗入到黑人城镇之中。没有人有任何明智的话语。即使是左派的政治领导者也不知所措。我自己的感觉是，它是前政治的，是任何级别的政治都难以触及的。暴力的生活方式已经成为很多黑人青年的生活方式，他们根本不会放弃这种生活方式。"

2002年，当《等待野蛮人》和《耻》被翻译为捷克语之后，记者亚历山德拉·布克勒（Alexandra Buchler）以书面的形式问了库切一些问题。当被问及：这两本书出版之间，南非有什么变化，以及第一本书中的"暴政"是否已经被第二本书中的"残暴的无政府状态"所替代。库切在2002年4月的回信中说：

> 我不会用"残暴的无政府状态"来形容现今南非的情况。"无政府主义"是一个太大的词，"残暴"简直是一种侮辱。我们现在的人口与经济情况在非洲太常见了：上百万的年轻人没有受过良好

教育，在生活中没有任何前途，加上资金不足、士气低落的执法机关——警察、法院、监狱。另外还有必须加上的一点是公众道德的崩溃，例证就是社会各阶层缺乏对法律的尊重。但是，这些加起来并不等于无政府状态。南非其实也可以是住起来令人兴奋的国家，当然前提是你有冒险气质——冒险的、可能还要外加宿命的气质。

在库切的回应中，我们仍然可以看到乐观的元素。其他评论家则更公开指出威胁国家未来的危险迹象。在曼德拉卸任总统职位一年之前，帕提·沃德米尔（Patti Waldmeir）在《解剖奇迹》（*Anatomy of a Miracle*）的后记中写道，在她写完这本书之际，发现新南非的喜悦消散了："留给南非人的是解放后的眩晕以及精神的郁闷和痛苦。他们醒来后发现在这个世界里，曼德拉已经开始失去他圣人的光环，腐败和无能再次玷污着新的政府，人们要一直担心着犯罪和暴力；权力的傲慢又找到了受害者。"[6]

<h2 style="text-align:center">二</h2>

库切在1984年已经晋升为开普敦大学的正教授，1993年又当选为英国文学的阿德涅讲席教授，在他之前豪沃思和吉勒姆都担任过这一职位。他并不想要讲席教授这个职位，但是在同事们的催促下，他接受了，因为在外面也没有找到合适的候选人。英语语言方面的戴比尔斯讲席教授职位已经被冻结，现在如果他不接受，阿德涅讲席教授的职位也有被取消的危险。

在80年代末90年代初，库切仍然是一个活跃的授课者，他将大部分时间用于荣誉学生和硕士学生的培养，包括课程讲授、论文指导与创意写作。在1993年开设的现代文学硕士课程中，他侧重的作品来自德尼·狄德罗、阿兰·罗布-格里耶、塞缪尔·贝克特、纳博科夫、约翰·巴斯、托马斯·品钦、A.S.拜厄特和阿拉斯代尔·格雷。根据目前保留在格雷厄姆斯敦国家英语文学博物馆的课程记录看，很显然，他认为关于后现代主义对现代主义的反作用，没有什么新的内容，"真正新鲜的是作为一个高级的理性运动，后现代主义带来的对起源概念的质疑，对历史性和一般文本化的质疑，这不仅是历史的，也是生活的……敌对方被界定为风格、品味、禁欲主义"。他以一种电报的风格做有关贝克特的讲座，尤其注意语言的危机展现模式，如何再现一个没有神的世界，以及参考笛卡尔，一个人经历的什么是真实而不是梦幻的问题。据他介绍，唯一的科学是能够输送精确知识的科学，如算术和几何。他关于纳博科夫的讲座令人很感兴趣：

> 纳博科夫被迫居住在美国，并以英文写作。正是在这里，他的职业生涯发生了有趣的转折。纳博科夫对英语单词的感觉是准确的，但是仍刻意保持着局外人、鉴赏家的视角。这就令他的文笔产生了格外细化的感觉，这种氛围不仅是有关词语的建构，相反也可以是有关现实主义的透明性。

> 纳博科夫选择爱戴与欣赏美国——那个由一小撮白人组成的，将选票投给共和党的大学城版本的美国。他成为一个专家，成为美国人的生活，特别是艾森豪威尔时代中产阶级文化的鉴赏家，但同时他也非常小心，从不会屈就。在这方面，他与其他大多数欧洲流亡者不同，他们更愿意住在大城市里并感叹美国人民是如何受到大众文化的影响的。

> 《洛丽塔》正体现了纳博科夫对美国流行文化的迷恋与拥抱，这让他从世纪末的唯美主义者转变为后现代主义者（其中一种身份是令人眼花缭乱的唯美主义者）。

库切总是能从文学的边缘区域给学生提供引人入胜的主题。他在1994年给硕士生布置的一项作业内容如下：

1.除《忽必烈汗》①，还有什么英语文学作品是在化学物质的作用下创作而成的？

2.有没有任何有关药物的影响下的艺术生产的研究？有没有任何相关的科学的医疗研究？

3.1965年以来，在过去或现在的社会中，关于药物影响下或精神恍惚状态中所进行的文学创作有哪些？

如果学生对他的教课主题不太感兴趣，那么就不适合来上库切的课程。如果将库切等同于他在《耻》中的人物，戴维·卢里教授成年累月地批改着作业，讲座毫无收获，上课只是为了生存，那可是大错特错。[7]库切作为教师和导师，受到学生的高度赞赏。安妮·兰兹曼（Anne Landsman）还记得她上的一门现实主义小说的研讨课，有一讲是关于庞德和T.S.艾略特的：

我还记得阳光照进教室，灰尘在光芒中飞舞，我们听着库切精准的声音，带着精致优雅的思绪。他用一种方式将问题简单至极地提出来。这个时候，全班同学会愣在那里，也许是因为天热，也许是因为我们生活在困顿之中，也许是因为我们都是十九二十岁的孩子，有太多的东西我们不知道。

或许大家大都和我的感觉一样：心提到了嗓子眼，被这个小小的静谧的人的才智打晕了。他作为作家的天赋是广为人知的，但是他还没有被加冕为我们这个时代最伟大的作家之一。当我开始读他的小说时，我听到他的声音在说话，那就是他在课堂上使用的语言风格，同样的简约而坦诚。通过这种方式，他一直是我的老师，是种族隔离最黑暗的日子里道德的指南针。等我到了美国通过阅读了

---

① 人们一般认为塞缪尔·泰勒·柯勒律治是在使用药物之后，于1797年写下的幻想浪漫主义诗歌《忽必烈汗》。

解南非，特别是阅读《迈克尔·K的生活和时代》时，它将我带回我最初的记忆，我在伍斯特的童年，周围群山环抱的博兰小镇。小说对地貌的描述让人倍感熟悉，迈克尔·K令人难以忍受的孤独被描写得如此生动。

在80年代后期，库切在上西区的恩迪科特书店朗读他的作品。在那里我跟他说话，提醒他我曾经是他的学生，并让他知道我现在住在纽约市，正在写剧本。他干巴巴地说："你逃脱了开普敦大学的英语系。"然后淡淡地一笑。当我在1994年开始创作第一部小说《魔鬼的烟囱》时，我不禁想起《内陆深处》的枯焦景观和《等待野蛮人》的严酷世界。但是在他的阴影下创作，受他的影响，绝不会觉得压抑或窒息。

几年后，曾在20世纪90年代与库切合作，现在开普敦大学英语系教授现代文学硕士课程（他也曾去听过库切教的一些课程）的安德烈·布林克回忆说："对于我来说，库切的一些小组讨论，像巴尔扎克、左拉、乔伊斯、贝克特、纳博科夫和许多其他作家，都给我带来触动，我在多年之后仍然能够感受得到。"布林克还说："对于学生而言，库切的存在是一种'休克疗法'。如果有的学生所讲的是粗制滥造的内容，库切会板着脸问：'你真的认为自己已经投入足够的努力了？'或者干脆说：'恐怕这不是你所能够做到的最好程度。'在其他时候，他也可以让学生面露喜色：'这还不坏'或'我比较喜欢这个'。"所以布林克认为，"经过库切的课程，没有哪个学生不曾被改变，或没有留下任何深刻的印象。"[8]

库切所开设的创意写作工作坊，也经常与布林克合作，在这门课上，学生必须做好充分准备。这一点从1995年的课程概述中可以看出：

上课时间：每周三15：30 — 16：45

1.每名学生根据布置的作业带回原创的散文小说。周一13：30

学生付费的复印件将会为大家准备好。每位同学要写一份简短的、建设性的批评意见（1—2页）。这些批评意见是课堂讨论的基础。在课程结束时，这些批评意见要上交。

2.每星期会从读本中给学生分配两个段落。这些段落来自不同短篇小说的开始部分。每个学生选择一个段落，续写故事，长度至少一页（300字）。接下来的内容将在课堂上讨论，并在课程结束后上交。该读本包括不同作者匿名的文本。

正如他从来没有想过将自己定位为一个"群体的先驱者"[9]，库切也不是那种喜欢在课上进行大量独白的教育者。在2001年5月17日写给劳雷尔·伯纳德（Laurel Bernard）的一封信中，库切说："我不是那种告诉学生知识的老师。我只是尝试让他们慢慢地读，注意每一个词。"帕特里夏·肖恩斯坦（Patricia Schonstein）是《天使时代》（A Time of Angels）的作者，也是开普敦大学创意写作课程的受益者。她在2003年10月12日的《星期日泰晤士报》上讲到她从库切那里获得了优秀指导。他从不会阻止她往想走的方向前进。他的评论总是精当到位。在关于库切的指导的评价报告中，她这样写道：

> J.M.库切教授监督我的论文。通过他睿智的评价与指导性的问题，我学会了非常小心谨慎地进行写作，要将一篇文章不断打磨，直到它尽可能接近完美。我会继续带着他的影响来进行未来的工作。他让我知道要重视缜密的聚焦；规矩；用词的打磨；对人物的仔细观察；对情节发展的整体把握以及关于读者完整性的考虑。这不是说我现在认为自己是一个有成就的作者。我认为自己还是一个新起步的作家，一个处于学习中的作者，但是至少在一个课程中，我曾经得到一位文学大师的指导，因此我也知道做他的学生是多么宝贵的经历。

除了在开普敦大学讲课和指导研究生之外，库切在20世纪80年代经常定期到国外参加会议，宣读论文或接受邀请到美国的一些大学驻校一个学期或教课一个学期。在此类访问期间，他也往往会出现在其他机构——最初是宣读论文，但是，到了世纪之交，他更多的是朗读自己作品中的一部分。他开始越来越觉得应该放弃自己从事了30多年的学术工作，并献身于他所看重的首要任务——创造性写作。他对于大学的发展方向感到不满，这不仅包括南非的大学，还包括世界各地的大学。他遗憾地发现老式的经典训练和广泛的文学历史学习，比如他在开普敦大学学生时代所受的教育（尽管有自身的缺点），已经被能带来社会经济效益的学科所替代。库切在给他的同事哲学教授安德烈·杜托特（André du Toit）的信中说："现在，在整个西方世界，这种旧式的大学模式正受到攻击，人们越来越多地考量经济因素。哲学与经典只有一个很小的市场，所以哲学和经典研究应该只占大学教育的一小部分内容。其他古老的研究领域：比如历史学和语言学等，也面临着同样的境遇。"[10]后来他在《凶年纪事》中写道，在20世纪80年代和90年代大学里所发生的事情让"大学背上了相当丢脸的名声，因为他们屈服于基金削减压力而允许学校转向商业化运作，此前自由地进行学术探求的教授们变成了疲于奔命的雇员，在那些职业经理人的详细考核下去完成自己的工作份额"。[11] 2004年4月在接受巴西记者希尔维亚·哥伦布（Sylvia Colombo）的采访中，他说人文主义的危机已经在大学出现："大学的教育基础曾经是人文研究，也为人文研究提供了港湾，但是现在人们对它已经失去了兴趣。人文研究被推入了一个被忽视的角落，大学有了新的业务，即服务于新兴自由主义经济。人文学科是否应该适应新的情况？不应该。如果这意味着其性质的改变，那就是不应该。"[12]

在此期间，库切拒绝了许多演讲邀请，比如，在剑桥大学做六个克拉克讲座（Clark Lectures），参加爱尔兰的斯莱戈节，出席阿姆斯特丹的会议，在威特沃特斯兰德大学毕业典礼上演讲，以及在芝加哥做关于南非国民性的演讲等。约翰·高邬斯（John Gouws）曾邀请他参加在格雷厄姆斯敦召开的一个关于书的历史的会议，他回信写道："谢谢您让我知道您和彼得·麦克唐纳正在组织的有关会议。这听起来好像很有趣。不过，我目前正从学术生活中退出，专注于我的写作工作。我不能设想还要准备会议文章。"1998年，他拒绝了2000—2001年度哈佛大学查尔斯·诺顿讲席教授的邀请；2001年9月，他也拒绝了加拿大里贾纳大学的英语副教授多萝西·雷恩（Dorothy Lane）的邀请："然而，一些实际的考虑让我不能接受这一邀请，主要是长途旅行的问题。我已经60岁了，对于跨时区的长途飞行觉得越来越难以承担……如果访问里贾纳大学是我更长一段时间在北美洲西部逗留的一部分，情况或许会有所不同。但目前恐怕我必须拒绝这一邀请。"雷恩后来确实邀请他在2002年8月期间，在里贾纳做一系列的讲座，但他也拒绝了。他在2001年9月12日的信中写道："谢谢您延长了邀请时间，但是目前我正准备从开普敦大学退休。我期待着做一个纯粹、简单的作家。所以我想，我不会再承担新的教学任务了。"

他还无数次拒绝就他自己的作品发表评论。在2000年10月28日的一封电子邮件中，他写道："恐怕我已经定下来一个规矩，那就是不对我自己的作品做任何讨论。我一直认为，作品不应该背负着作者的诠释。"在2001年7月16日的另一封电子邮件中，他回答说："我一直遵循的原则是让我的书在不受我的任何干预的情况下进入这个世界。我特别不希望在书上面加上任何作者的解释。"对于华盛顿的桑德拉·蔡特（Sandra Chait）邀请他去给学生讲讲他的作品的提议，他在2001年9月7日的一封电子邮件中回答说："坦白说，我一直不愿进入一种状态，就是由我来'解释'我的作品，把我的权威施加给读者，而这一点是很难向学生解释的。所以我还是不去您的课堂了吧。"

尽管他在20世纪70年代曾对社会和政治问题发表过几次评论，但他很快就意识到，这不是他喜欢写的文章。《卫报》曾邀请他到以色列待上三到七天，然后就那里的情况写一篇文章，他拒绝了这一邀请。2000年11月1日，他写信给经纪人布鲁斯·亨特（Bruce Hunter）说："无论是现在还是将来，我恐怕都不能接受这样的邀请。对于这样的任务，我既没有兴趣，也没有天赋。"他还拒绝了大多数记者的采访，除了少数的情况下，他可能会勉强接受。[13] 他变得越来越不愿意长途飞行来帮助发行新书。2000 年 8 月，他被邀请到西班牙参加《男孩》和《青春》西班牙语版的发行。出版社负责一切费用，在马德里的南非大使馆也打算把这作为一件大事来处理。但库切不感兴趣。他给伦敦的经纪人桑迪·布兰顿（Sandy Blanton）写信说："做这样的访问对我完全没有意义。来回往返要浪费我两天的时间，然后主办人会要求我坐下来不断回答记者的问题，而这些问题我都已经被问过几十次了。然后大使馆将举办招待会，我将不得不与陌生人握手并回答问题，如'您会在马德里待多久？'我没有接受英国任何的采访，也赢得了布克奖。维京版的图书在美国卖了几千本，也没做过任何采访。为什么格里哈尔沃需要采访呢？"

　　库切欣然接受的邀请是芝加哥大学社会思想委员会的访问教授职位。这一跨学科的委员会成立于1941年，创始人有历史学家约翰·U.内夫（John U. Nef）、经济学家弗兰克·奈特（Frank Knight）、人类学家罗伯特·雷德菲尔德（Robert Redfield），还有当时的该校校长罗伯特·哈钦斯。该委员会认为有关某一学术话题或哲学/文学作品的严肃研究，要首先做到广泛而深刻地了解该领域的所有基本内容，而学生应该在一种跨学科的氛围中通过熟读一些选定的古代与现代的经典作品来了解这些基本内容，然后聚焦某一个特定的论文题目。多年来，该委员会的临时和永久成员包括汉娜·阿伦特、索尔·贝娄、艾伦·布隆、米尔恰·伊利亚德、T.S.艾略特、弗里德里希·哈耶克、保罗·利科等等。该委员会的特点不同于其他的院系，它没有特定的题材，也不是根据单一学科或具体的跨学科为组织基础。当时库切正在得克萨斯大学做定期讲学，罗伯特·皮蓬（Robert Pippin）和乔纳森·李尔（Jonathan Lear）说服他来到芝加哥。库切发现这里的知识环境和精神比较适合他，所以他同意每年9月到11月定期来这里讲学。另外的一个原因是芝加哥的英语系曾经有韦恩·C.布斯（Wayne C. Booth）、R.S.克莱恩（R. S.Crane）、诺曼·麦克林恩（Norman Maclean）等其他杰出人物加盟，他们也准备给多萝西提供邀请。这里的缺点在于库切不喜欢大城市，尽管大学旁有一个巨大的湖泊。另外，芝加哥地势平坦，冬天比较寒冷。然而，芝加哥逐渐成为他学术和知识的港湾，在这里他与乔纳森·李尔成为好友。他们每周都会到对方家中共进晚餐，轻松地说些话，其中当然包括多萝西和李尔的妻子加布里埃尔。事实上，他们的交谈形成了李尔的理想大学的苏格拉底式基础。他曾在一次新生入学讲话中说："我们都认为，在我们活着的这短暂的时间内，如果我们要找出真正有价值的东西，这将需要通过交谈。我们每一个人的个人想法都需要通过与他人的想法的碰撞来进行检测，而且更重要的是，正是别人的想象可以给我们以启迪。" [14]

这正是库切所钦佩的一种心态，与大学当局追求利润的趋势截然相反。在他的小说中可以看到一些库切对现代大学的批判，他的代言人是戴着面具的伊丽莎白·科斯特洛和《凶年纪事》中72岁的澳大利亚作家C先生。如果伊丽莎白·科斯特洛被问及"今天大学的核心——核心课程——是什么；她会说，是挣钱"。 [15]

芝加哥大学没有这种商人的思想。每到秋天，库切和李尔教授会讲一本特定的书，或者与学生就一个共同的话题进行轻松的苏格拉底式的对话。其目的是进行诚实且坦率的对话，仔细阅读一些作品，比如《战争与和平》《卡拉马佐夫兄弟》和《追忆似水年华》。有关其讨论方案可以从李尔教授发给学生有关普鲁斯特课程的介绍中看到：

> 我想大家都知道，我和约翰·库切将在秋季学期讲授普鲁斯特的《追忆似水年华》。我们要求所有选修这一课程的同学在今年夏天通读整本书。（我们所使用的翻译版本是蒙特克雷福夫的最新版本，修订者为基尔马丁和D.J.恩莱特，六卷本，有平装本。）然后，我们每星期大概读100—150页。鉴于这一点，我们也要求学生在选修该课程之前，先来得到我们的许可：显然，我们不希望学生花时间读了整本书后却发现无法选修该课程。

另外，大家还需知三件比较重要的事：一、我们希望该课程是小班课——可以进行真正的研讨。二、我们将不接受任何旁听学生。三、也是最重要的，参与讨论的学生，就像我们所说的是现在就要求选课的同学。

我们会优先考虑CST的学生，研讨课其他的同学报名采取先到先得的原则。

所以，如果你想选修该课程，我建议你尽快发电子邮件给我。我也希望大家知道，按照目前的电子邮件申请速度以及接受/拒绝的比例，我估计研讨课名额将很快报满。

李尔对库切的哲学知识有很深的印象，比如他洞悉克尔恺郭尔的思想。库切对学生的专注也令他十分惊讶。他从来没有见过有谁比库切花更多的时间在学生身上。库切承担全部的责任，并参加他不一定要参加的委员会会议。他不仅在课上教，课后也花大量的时间与学生谈话和进行电子邮件往来。李尔钦佩他对学生慷慨、诚实和坦率的态度。他还发现，虽然库切不是一个话多的人，但他爱笑。在芝加哥，库切找到了一个知识分子的港湾，这是他在开普敦所没有找到的。

库切每年去芝加哥的教学一直持续到2003年，另外，他在开普敦大学的阿德涅讲席教授的职位一直保持到1997年。1997年3月3日，他给副校长约翰·马丁（John Martin）写信：

如您所知，自1994年以来我担任阿德涅英语讲席教授。在此之前，我做了十年的终身教授。在担任这两种职务期间，我的教学和管理工作有所减少，同时薪酬也有所降低。

现在我想请求，是否可以辞去阿德涅讲席教授的职位，在继续指导研究生的同时，不再承担英语系的行政事务。

我希望这样做有两个原因：第一，为了系里考虑；第二，更多的是我个人的原因。

目前英语系只有两个正教授：安德烈·布林克和我，本来还有一个讲席教授的职位，但是一直空缺。安德烈和我都是50多岁近60岁的人了，我们两个都不是特别感兴趣于教育政策和英语教育在不断变化的南非所起的作用之类的问题，而很可能，这些问题是我系未来发展的主要问题。我们两个人又都经常外出访学。

我不能代表安德烈的意见，但是就我自己来说，我觉得自己没有能够发挥系里设置讲席教授时所期望的学术上的领导作用。如果要为自己辩护，我只能说我自己并没有申请过阿德涅讲席教授的职位，是系里让我来担任的，因为当时找不到合适的人选；我在同事的劝说之下接受了这个职位——当时主要是担心这一讲席教授的职位被取消。

随着戴比尔斯讲席教授职位遥遥无期地被冻结，在我看来，阿德涅讲席教授的职位应该由一位比我更感兴趣于学术综合领域发展的教师来担任。这也可以让我退出这个可能会令他人反感的职位。

从个人层面上讲，我想做一个提议，因为我的年龄越来越大了，我发现自己对课堂教学的热情越来越少。如果让我作为一个教育工作者做什么贡献的话，我觉得，最好是做一个指导研究生的导师。

学校今年设立了创意写作论文硕士学位，加之我一直在参与硕士（文学研究）项目，我发现自己承担的一半的教学和指导学生工作是在英语系之外，为文学院服务的。我可以发展的一个方向是在文学院承担一个职务，但不属于哪一个具体的系。

我不知道学校是否有这种先例，但是如果您可以提供任何建议，我将不胜感激。

开普敦大学的校委会同意了这一请求，并提名库切为文学院的特聘教授。在提名仪式上，文学院院长威尔莫特·詹姆斯（Wilmot James）教授说："这是开普敦大学所能够任命的最高学术职位。这种职务通常是授予那些在学术领域取得超常成就，同时被认为是知识界国宝级人物的学者。库切教授是一位闻名世界的作家，他的作品已经赢得了几乎所有主要的英联邦文学奖……他的作品也曾在1996年被提名诺贝尔文学奖。[16]……我们很荣幸有他做我们的教员。"

库切提出要隶属文学院的直接原因是他对英语系的不满。他自1972年以来一直服务于该系，但是他一直不怎么开心。这一点可以从他写给常务副校长维兰德·吉沃斯（Wieland Gevers）教授的信中看出来。库切写道："我1999年辞职的主要原因之一，是逃避英语语言文学系郁闷和压抑的工作环境。就我的理解，我接受新的职位不隶属于英语系，直接隶属于人文学院院长。我希望确定这一点：新的职位让我能够直接向研究生院院长报告。"吉沃斯教授批准了这一请求，库切不再隶属于英语系，但是他仍然继续指导英语系的研究生。这种不满情绪也可能是为什么芝加哥大学成了他的学术港湾，在那里他与乔纳森·李尔建立了重要的合作关系。

20世纪80年代后期到90年代库切获得了许多其他荣誉。1989年，他的儿子尼古拉斯去世不久，他飞到布法罗纽约州立大学接受名誉博士学位。校长史蒂芬·B.桑普尔（Steven B. Sample）博士在嘉奖词中说：

> 您是一位有着杰出贡献的作家，您在作品中传递的信息既不可抗拒，又令人感到深深的不安。在这个过程中您已经巧妙地展现了文学可以提高读者社会良知的潜力。

在此仪式过程中，校方送给他一座极为宝贵的、由法国设计师勒内·拉利克（René Lalique）设计的玻璃制美国水牛雕像，上面刻着库切的名字。当朋友霍华德·伍尔夫送他到机场，并递给他这座雕像时，库切说："你留着吧。它实在是太沉了。"伍尔夫大吃一惊。他沉默了片刻，然后说："我会等七年。如果到时你还不要它的话，我会保留它。"库切的答复是他特有的沉默。七年过去了，库切仍然没有流露要回去的意愿。伍尔夫将它放入他在阿默斯特学院的收集品中。在从布法罗到伦敦的路途中，库切装着打算留存的证书的手提箱也丢失了。[17]

1995年，开普敦大学也授予库切名誉博士学位。颁奖致辞人是他的同事安德烈·布林克。他说，一所大学给自己单位的现任人员授予荣誉学位是一件不经常发生的事情。开普敦大学之所以这样做是因为库切的威望，也是因为学校想向世界证明，关于先知在自己的家乡不受欢迎的古老格言也不是在任何地方、在任何时候都成立的。他还说，他与约翰·库切"渊源已久"：

> 事实上，自从1761年卡尔·弗雷德里克·布林克与雅克布斯·库切结伴开赴内陆深处，寻找长着长发、穿着黄褐色细麻布衣的有色人种部落，234年已经过去了。毫不奇怪，他们从来没有发现这一神秘部落，但是他们却一起多次发现他们对非洲以及人性的着迷，这种迷恋一直持续到今天。

在追溯了库切的生平、学术贡献以及他获得的奖项后，布林克说：

> 作为一名小说家，有七部小说被翻译成十几种语言，约翰·库切不仅改变了南非的文学景观，也改变了作为一种体裁的小说的状态与范畴。

1996年4月18日，库切又从彼得马里茨堡的纳塔尔大学接受了名誉博士学位。英语系的科林·加德纳（Colin Gardner）教授说，库切不只是一位受到高度尊重且具有学术洞察力的学者，更重要的是，他是南非有史以来最具原创性的小说家。库切在他的答谢辞中祝愿文学院的学生要比实用学科的学生有更好的成就。后者是被训练出来解决问题的，而文学是激发自由与创造性思维的。离开大学的时候没有一个谋生技巧并不是个问题，因为学这种技能可以在几个下午搞定，但是更难的是意识到人类可以由机器取代。他说："有很多这样的例子，比如路上到处都是开着车跑来跑去的人们。"

1996年5月31日，南非开普300周年基金会将1995年度奖颁发给库切，以表彰他终生为文学所做出的贡献。同年，他获得纽约斯基德莫尔学院颁发给他的名誉博士学位。颁发仪式在1996年10月14日举行，致辞人罗伯特·博伊斯（Robert Boyers）教授说：

> J.M.库切是一位小说家、政治思想家、评论家、理论家、语言学家和权力解剖学家。您的作品给人们留下深刻印象：生动而内敛，直接而简约，既有风格又有知识分子的勇气。您的创作来自南非的经历，带着其特有的压力与执着，您没有像持不同政见者那样在写作中大谈特谈道义和虚假的英雄事迹，您已经找到了一种方法谈论特定历史所发挥的力量，同时又不局限于单一的时间或国家。您仔细地观察压迫、残酷和不公正，并教会读者如何看待自由以及试图表达自由的困难。

> 正如您所说的，您要"（如每一个系着枷锁链的囚犯一样）宣讲自由"，自由的表现永远不仅仅是"滑脱自身锁链，把脸朝向阳光的人的阴影"。阅读您的作品能明白，任何可贵的东西都是不易的，也是不能定论的；作家本人不论多么有热情或是充满信念，目前都必须痛苦地警惕自己语言的局限性。为了让事情得到正确的发展，您要帮助我们理解和充分感受到我们辨析和判断的能力，正如您作品中的一个人物所说："你需要神的舌头。"所以，您让我们相信和感受到这一艰难命题的分量。

> 在早年的学术写作生涯中，您做过语言学与文体学的分析，后来也体现在您的一些小说之中。您对幼稚的现实主义做了复杂的批判，并研究了历史对后殖民主义作家的影响。人们认为您是当今伟大小说家中最具理论化的一位，但又能够用一种丝毫不理论化和神秘化的方式对最感兴趣的哲学问题进行文本叙述。您的小说反映出

对权力、性别、帝国主义、不确定性的思考，对于读者来说是那么的人性化、感性且亲密。尽管解构主义者与符号学家对您的作品有专门的研究，但是对于我们大多数普通读者而言，我们感谢您在作品中表现出来的散文的能量、叙述的节奏和惊喜、思想的震撼性，以及该思想所表现出的节制与非任性。

当然，人们可能很想说您是某一种小说创作的大家，但是所创作的作品是如此不同，如此具有创新性，以至不知该如何来形容您了。有人论及您的学术精准性，也有人论及您分析的谨慎性，还有人将您称为讽喻家、心理学家、写实主义者、反讽者和后现代主义者。《内陆深处》的评论者称赞其《圣经》般的散文节奏，而后来的《等待野蛮人》的评论者称赞其鲜明、简约且强烈内省的风格。在小说《福》中，您远离了《铁器时代》和《迈克尔·K的生活和时代》所描述的南非，重新讲述鲁滨逊漂流记的故事，而这次的讲述者是一位18世纪的英国妇女，着迷于一个人服从于另一个人的秘密。在《彼得堡的大师》中，您大胆地对陀思妥耶夫斯基做了一个小说化的描述。该人物如此的陀思妥耶夫斯基化，在某些时刻，他的乖僻、怜悯以及残忍，表现的就是陀思妥耶夫斯基本人。

当然，在这部关于俄国的小说中，您所感兴趣的不仅仅是人物或心理，而是探索小说的成因。正如在《迈克尔·K的生活和时代》中，您感兴趣的不是简单的一个人或一种情况，而是如某位评论家所说，"决定着话语产生"的规则。虽然很难说J.M.库切的小说看起来一定要像什么样子或包含什么内容，但是，我们可以说，您的作品包含着很多的内容——文学的想法，人与政治——而且每部作品之间又都不相同。

总之，我们为您想象力的广度与魄力、您叙述的有形与扭力，您政治分析的透彻以及人物刻画的老到而折服。最重要的是，我们为您所有作品中所描述的眼界而感动——正如纳丁·戈迪默所说的一句令人难忘的话：这种眼界直达"人的神经中枢"，它让您看到的

"远远大于大多数人认为自己所能看到的"。

1998年10月，总部位于加州的雷南基金会宣布给库切拨款7 5000美元，以表彰他对英语文学的贡献。他是该奖项在小说、诗歌与非小说领域的11位受助人之一，而且是唯一一位美国以外的获奖者。1999年4月10日，罗德斯大学授予库切荣誉博士学位。英语系的负责人维维安·德克勒克（Vivian de Klerk）教授说：

> 库切可能让一些批评家不高兴，这主要有两个原因：首先是因为在他们看来，他不是那么具有政治性，也拒绝向他们展示他们所要苦苦寻求的痛苦的白人意识；他一直坚持自我的自由，他也没把自己看作是一位南非作家，而是一个在世界范畴内的作者，他所效忠的是小说的话语，而不是南非的政治话语。
>
> 他们对他不满的第二个原因在于他的作品并不总是很容易理解：他挑战传统的关于作家的定义，他写的东西不是美好的或清晰明了的，他常常会给读者留下令人回味的指针和问题，然后让他们自由地做出自己的理解。
>
> 他的作品已被描述为严肃、复杂和辉煌的，是智慧、道德与审美的结合体。带着决然与宽恕，库切带给读者的是理解的冷静慰藉。

库切在1994年获得了蒙德罗奖（Premio Mondello），1995年获得弗洛尼亚奖（Premio Feronia），这两个奖项都是在意大利颁发的。1995年，他获得了《爱尔兰时报》文学奖。1999年，他被《金融邮报》评选为世纪南非作家。在1999年12月17日的版面上，该杂志引述库切在《双重视角》中讲述的写作本质的话：

> 当你写作时——我是说任何类型的写作——你会有一种是否越来越接近"它"的感觉。你有一种感应机制，某种反馈回路；如

果没有这种机制，你就什么也写不出来。如果觉得写作是一个简单由两阶段组成的过程：首先，你决定自己想要说什么；然后你说出来，这种想法是很天真的。恰恰相反，我们所有的人都知道，你写的原因是你不知道自己想说什么……正是从这个意义上说，写作是在书写我们自己。[18]

2000年10月库切获得了哈特福德大学授予的名誉博士学位。校方称赞了他的散文、小说和其他作品涵盖了广泛的内容——包括了从种族隔离到动物权利和文字审查。"您已经为那些遭受帝国主义、种族隔离以及后种族隔离时代暴力困扰的南非人发出了强有力的声音……您勇敢而不妥协的写作丰富了我们，也给我们带来挑战，迫使我们面对我们自己和我们所在世界的真相。"2002年6月17日，英国牛津大学授予库切博士学位。当时的致辞分别以拉丁语和英语刊登在《牛津大学学报》中。英文版部分内容如下：

> 库切出生在南非，目睹了独裁政权统治给当地居民强加的种族隔离。他采取了较温和的观点，他致力于更美好的发展，但他并没有错误地假设，在这样的情况下，没有任何复杂性、没有任何歧义，甚至在正派人心中也没有任何疑问或不确定性。古人很久以前就知道暴政提出了一个棘手的道德问题，关于杀君的问题并不是很明确和清晰。库切教授在一系列作品中通过生动的引人入胜的情节，讨论了一些哲学家的观点，尽管有时看似远离世界，实际却与真实生活密切相关。他向我们展示了迈克尔，这一人物不论是在外表还是在教育上都没有任何优势，甚至除了字母K以外，没有任何姓名，而且运气一直不佳。这里请允许我稍微改动一下吟游诗人贺拉斯有关尤利西斯漫游的描述：

> 他广泛游历于城镇、营地与沙地之间，

看着世界上的人类，他不明白。

他也试图归家，但是只能孤独一人——他没有奥德赛式的同伴。这是一个令人伤心和感动的故事。另外，他的鲁滨逊漂流记的故事具有创新性的转向；他在《耻》中展现了一个教授，被赶到农场，每日只能试图给流浪狗一点点死亡的尊严。在他的作品中，我们可以看到这样一种方式：所有的人物以自己的经历描述着自己生存的社会。

2001年，库切被他美国的母校得克萨斯大学选为"杰出校友"和"全球杰出作家"。早期库切曾获非洲地区英联邦作家奖，2002年，他又获得2000年度整个英联邦区域作家奖，并在白金汉宫从英国女王伊丽莎白二世手上接过奖杯。他向伦敦兰登书屋的杰夫·穆里根（Geoff Mulligan）描述了这一事件："与女皇陛下的会面很顺利，英联邦基金会的科林·保尔（Colin Ball）和我在前厅接受了一个关于皇家礼仪的快速培训。想想她见过了多少来自各行各业的人们，女王陛下给我留下的印象是很专业，她真正表现了自己的兴趣。"库切在2003年6月获得了意大利格林扎纳·卡佛奖（Grinzane Cavour Prize）。该奖是欧洲最有影响力和最负盛名的小说奖之一。

三

人们可以预料到，像J.M.库切这样的作家将会激发后现代小说和文学理论评论家的兴趣，但是人们没有预见的是，自从20世纪80年代以来，围绕他的作品已经形成了一整套的批评体系。其中的一些研究，比如像大卫·阿特维尔和德里克·阿特里奇的文字，不仅出色地研究了库切的作品，也是当代英语文学批评的亮点。库切作品引发的讨论是关于系列文学作品最具穿透力的评论，也是文学理论问题的焦点。

20世纪90年代初期，有一本具有开创性的出版物《双重视角》，其中包括库切从1970年到1989年的文评，以及一系列大卫·阿特维尔对他的采访。将两者放在一起读，它们就形成了库切的思想知识自传。这些访谈将库切的文评放在了较大的自传范围内，成为联系库切小说的纽带。该书由哈佛大学出版社出版，并入围艾伦佩顿奖，但该奖项最后被授予了蒂姆·卡曾斯（Tim Couzens）的《大冒险》（*Trader Horn*）。

大卫·阿特维尔提供了详细的有关该书成形的过程与细节。据他介绍，在库切发表《白人写作》之后，哈佛大学出版社邀请他出版另外一本与南非无关的语言学研究的文集。库切不太想这样做，因为他觉得自己已经不再从事那一方面的研究了。于是，他想出了一个办法，就是从他的文评中选出一些，再加入一些有关小说与非小说之间的对话，于是这一学术自传就被整合出来了。

阿特维尔当时是西开普大学的教师，刚刚从得克萨斯大学结束学术休假返回南非。他给库切发了一些关于他文学创作的问题，和一篇他在奥斯汀的伯恩斯·林德福什指导下所写的开题报告。库切的反应是，首先质疑一下自己是否合适成为一名合作者。他要有意疏远自己与阿特维尔意识形态批评的联系，后者将文学看作位于历史话语之后的文本。阿特维尔自己也意识到，在某些方面，如果他想公正对待库切小说中有关历史的微妙性，他将不得不脱离马克思主义文艺批评理论。

在信件交流中，库切觉得阿特维尔可能会对合作一本书感兴趣，这就是最终将要出版的《双重视角》。这对于库切来说，可能是一个有风险的但很慷慨的提议，因为他知道自己和阿特维尔之间存在理论上的分歧。但他不希望与一个同意他所有观点的人合作，因为他希望逐渐发展对话。从后来发表的作品中可以看出，阿特维尔希望通过拉康、德里达和福柯的观点来讨论主题，而库切更愿意落脚在其他作家那里，如贝克特、福特·马多克斯·福特和哈代。

关于这本书的生成，阿特维尔说，在一开始的时候，库切将他手上的非小说文章不加分类地都寄给他。阿特维尔写道:"我读了一遍又一遍,也读了一些他的其他作品,然后我按照自己的方式来感悟。当我准备好了之后,我就提炼出一系列的文章,以及关于某一特定主题的短文。他会就这些文章起草文字,回忆文章的共鸣,以及哪一个作品的生成与之有关。我将这些笔记记下来,起草问题,重新审视笔记,开辟新的角度。然后他会用更多的文字加以回应,我则发出更多的问题,依此类推,直到我们觉得交谈已经达到了一个自然的结论。然后,我们将开始另一个主题和集群。如此反复。"

起初,库切与阿特维尔的交谈在开普敦现场进行,没有任何录音。然后,一切都写在了纸面上,并有信件往来,再进行编辑。每一部分开头都有一份访谈,然后是文章,涉及贝克特、"互惠诗学"、流行文化、句法、卡夫卡、自传与忏悔、淫秽与文字审查,以及南非作家。阿特维尔指出《双重视角》的所有核心问题是语言。如果说这本书以任何方式影响了对库切作品的理解,按照他的观点,那就是它消除了关于库切对南非政治漠不关心的误解。如今很少有用心阅读库切的人会质疑这样的观点:库切的作品放在一起是在驳斥那些认为他没有政治立场的观点。人们的共识是,其实库切的作品深入地介入了南非的暴力历史。

库切小说的翻译早在20世纪80年代就已经出现,但这一势头在20世纪90年代更加猛烈。他的书除了被翻译为大家所熟悉的西欧和斯堪的纳维亚语言以外,也被翻译成冰岛语、加泰罗尼亚语、巴西语、波兰语、俄语、塞尔维亚语、斯洛文尼亚语、希伯来语、汉语、印尼语、日语和韩语。在被翻译成的25种语言中,库切只知道其中3种,其他的几种语言,他知之甚少,除非双语读者比较两种版本后向他汇报。在《翻译之路:小说家与译者的关系》(Roads to translations: How a novelist relates to his translators)一文中,库切就翻译的陷阱提供了引人入胜的细节。

库切写道:"在每一句话中,我的文字一般是清楚的:单词之间的句法关系,以及逻辑的建构,我都尽量使其明确。但从另一方面讲,我有时所用的词语背后有着厚重的历史,而这种历史是不容易被转移到另一种国家背景中的……我也会引经据典，但并不会一定要标出典故的存在。"

他的小说《等待野蛮人》给翻译制造了难题，因为它的背景是一个非特定的空间和时间。这就让人几乎不可能将环境想为西方，但是里面的皇宫也不一定就坐落在东方。所有的对话，可以理解为以一只无形的手把一个未指定的语言翻译为英语。这样的文字特点是运用非常简化的语法和词汇。中心人物仅仅被称为"治安官"。他是某一边境地区的司法首领，但是在英语中并没有一个词来表述一个人既是法官又是市长。在现代德语中，Der Magistrat指的是整个司法系统，而不是一个具体的个人。德语中"治安官"的标准翻译应该是Friedensrichter，但是翻译成英语就成了"太平绅士"。出于这个原因，德国的译者取了der Magistrat的古义，这一含义目前在瑞士仍然在使用。

中国的译者询问《等待野蛮人》中的夏宫是否是她所在国家的一座著名历史建筑。②库切回答说，他不觉得自己是在指北京的那座宫殿，但是，他确实是想暗示中国的古老帝国，就像在书中，他用"第三局"是对应沙皇俄国。

如果说《福》是在处理一个单一主题，那么就是关于作者身份的问题：这不仅指传统意义上的专业作家，还指像造物主一样的唯一的作家、唯一的创造者。但是在塞尔维亚语中，"autor"不是一种行业，所以翻译不得不考虑"tvorac"（意思是厂商、创建者、创办人），而不是"scribe /scrivener"，但是最终他们决定用"Makir"。

《伊丽莎白·科斯特洛：八堂课》的塞尔维亚语译者也提出了这样的一个问题：科斯特洛看到她的书在图书馆的书架上被排列在乔叟、柯勒律治和康拉德图书的旁边，但是离他最近的邻居是玛丽·科雷利（Marie Corelli）的书；然而，在塞尔维亚语中，除了乔叟以外，其他的名字都

----

② 这个问题实际上是本书译者所询问的，主要是问他是否想到过中国的颐和园。

是以K开头的，所以乔叟就被翻译成了济慈（Keats）。科雷利（Corelli）在塞尔维亚语中倒确实以K开头，但是她对于塞尔维亚的读者而言毫无意义，所以她的名字被替换为阿加莎·克里斯蒂（Agatha Kristie）。

库切有时会被译者要求解释一些不常见的英语成语或不寻常的词。例如，韩语翻译想弄明白"dies irae"和"stoksielalleen"（阿非利堪斯语是"完全孤独"的意思），而冰岛同一本书的翻译询问关于"muti""snoek"和"Kaffraria"的含义。

似乎形成一个规矩，库切的最后5本书的荷兰语版都比英国出版商哈维尔·塞克（Harvill Secker）的英文原文版提前几个月出版。这种非常慷慨的让步在很大程度上是因为库切与他的荷兰出版商伊娃·寇斯（Eva Cossée）的良好关系。库切的作品最先是被荷兰布森出版商伊沃·盖伊（Evo Gay）发现的，后来他到了安博出版社。《等待野蛮人》之后，他出版了库切自传体作品的第一本，但后来他的工作被伊娃·寇斯接管，她出版了库切的后期作品，并在2001年开始创建了她自己的出版公司。这个出版社，每年最多出版25本图书，非常注重质量和书的版式。[19] 不论是在生产、美工，还是宣传与市场营销方面，库切的图书都被他的出版商给予了特殊的关注。荷兰是除了英国和美国之外，按照人口比例，库切图书销量最大的国家。

四

库切对年轻的作家以及促进新的重要文学作品的兴趣让他在20世纪90年代为许多作家的处女作写了简洁的评价，并被用在封面上。举例来说，他非常热情洋溢地推荐佐伊·威克穆（Zoë Wicomb）的小说《大卫的故事》（*David's Story*）："多年来，我们一直在等待着看看后种族隔离时代会给南非带来什么样的影响。现在佐伊·威克穆交出了答案。诙谐的音调，复杂的技巧，不拘一格的语言，政治上不倾向于任何人，《大卫的故事》是一个巨大的成就，也是南非的小说重塑过程中的巨大的一步。"赫尔曼·吉利欧米的《阿非利堪人》（*The Afrikaners*）也得到了热情洋溢的称赞："这是一本值得欢迎的书：一位自豪甚至有点爱国的南非白人作家记录了从第一批欧洲移民到来至目前南非白人的历史，其手法是批判性的，没有被南非白人的民族主义所影响。该书记录了种族隔离制度的起源和消亡，它是我们可以读到的最为清醒、客观和全面的一本书。"

库切还接受邀请写了一些图书介绍，比如"世界经典版"的《鲁滨逊漂流记》，荷兰诗人拉特格·考普兰德（Rutger Kopland）诗集《有关未知的记忆》（*Memories of the Unknown*）的英文翻译版本。2000年，他与卡罗琳·克里斯托夫-巴卡基夫（Carolyn Christov-Bakargiev）以及丹·卡麦隆（Dan Cameron）合作了一本关于艺术家威廉·肯特里奇（William Kentridge）的专著。

在他的一系列极具启发性"文学的文化"的文章收录到《白人写作》中出版后，他又出版了《冒犯》（1996），里面收录了一系列关于文字审查的文章，其中不仅包括南非，还包括英国、俄罗斯和波兰等国家。他在20世纪90年代为《纽约书评》写过的许多文章都收录到了《异乡人的国度》中。他全面地研究了许多作家，其中包括荷兰作家哈里·穆里施（Harry Mulisch）、塞斯·诺特博姆（Cees Nooteboom）和德国诗人里尔克。他说："哈里·穆里施常常甚至着了魔似的写有关他的祖先的故事，特别喜欢写有关他父亲（麦克斯·戴留士家中仅有的几本书中，有一本是卡夫卡的《写给父亲的信》，这本书写的是一个做儿子的如何拼命挣扎，试图逃脱父亲那令人窒息的影响）的故事。"[20]按照他在《双重视角》中所表述的观点，所有的文字，包括文学批评，都具有自传体的性质，所以我们可能会猜想，库切在做出这种评述的时候，是不是也想到了他与自己父亲难以调和的关系。在英文版的《荷兰山脉》（*In the Dutch Mountains*）中，诺特博姆小说的叙述者在有关真实和虚构的辩论过程中问道，为什么他会有一种不可控的冲动想不断地小说化，讲述并非真实的东西。库切在他的小说尤其是在他的自传中，也想这样做，并最终在《夏日》中把它发挥到了极致。库切在研究罗伯特·穆齐尔日记的过程中还指出，穆齐尔也在回忆过去艰难生存的过程中将自己的童年和青年时期小说化，试图了解欧洲对自己的影响以及德国这个国家为什么最后开始反抗文明。关于里尔克的文章既揭示了作为一个年轻人，里尔克这个德国诗人如何努力与自己的祖国分离，以追求一个更大的整体，同样也有对库切自己早期的描述：竭力逃避殖民地的限制，希望在大都市定居。库切写道："年轻时，他喜欢称自己是个无国可归的人，甚至宣称自己有权决定自己的故乡。'我们来到这人世上，说起来只是暂时的，不管你生在哪儿；在我们的内心里，真正的故乡是慢慢出现的，因此，我们的出生地可说是追忆出来的。'"[21]

在评论里尔克的文章中，库切就译者的任务更进一步提出了极其重要的观点。他谈到了威廉·加斯，里尔克的传记作者和译者。加斯说，要翻译文学文本，只是了解源语言是不够的，译者还必须要了解作品。库切在回应中仔细分析了加斯的观点："译者翻译之前，无须首先读懂原文，相反，翻译原文本身成了寻找和创造意义这一过程的一部分；结果翻译仅仅成了只要人们阅读脑中就必然发生的东西，只不过表现形式更加强烈，要求也更高。"[22]这也正是库切在翻译阿赫特贝格的叙事诗《煤气修理工叙事曲》时所采取的立场。[23]这也是他虚构的人物，伊丽莎白·科斯特洛就"非洲的人文主义"所讲的内容：文本研究首先意味着恢复真正的文本，然后意味着对那种文本进行忠实的翻译。忠实的翻译被证明与忠实的解释密不可分。[24]在一篇有关卡夫卡作品各种英语翻译版本的讨论中，库切发出很多反对的声音。另外值得注意的是在这篇文章中他也提到了"权力卑污龌龊的内幕"[25]，这可能与他的《等待野蛮人》有关。

库切所评论的作家或作品通常都与其有着联系或共同点。人们可以发现库切与博尔赫斯的平行性：像库切一样，他在多年之后回到故土，但已经超越了区域和本土局限，同时文笔风格也是简约而有节制。

仿照T.S.艾略特在1944年的一篇文章:《何为经典》,1991年在奥地利的格拉茨,库切也发表了一个同名演讲,呼应他的前行者。该演讲是他职业生涯中最重要的演讲之一。像艾略特、庞德和V.S.奈保尔(他后来在《内心活动》中有过相关讨论)一样,在20世纪60年代,库切也离开了"殖民地",来到大都市。对于艾略特来讲,在任何一个社会对所有文学创造性的保护都包含着传统与当前一代原创性之间无意识的平衡。艾略特将维吉尔放在欧洲文明中的核心地位。艾略特写道:"维吉尔占据了独特经典的核心地位,他处在欧洲文明的中心,这一位置没有任何其他诗人可以与其共享或篡夺。罗马帝国和拉丁语言并不是任意的什么帝国或语言,而是与我们的命运息息相关的帝国和语言。那些意识到并表达这一帝国与语言的诗人是有着独特命运的诗人。"[26]因此维吉尔为我们提供了一个标准,如果没有他,我们都倾向于外省化。

库切惊讶地发现,定居在伦敦的艾略特在演讲中没有任何一个地方提到他的美国根源。他询问道,艾略特这样做的原因是因为他亲英,希望团结在英语中产阶级知识分子周围吗,还是因为艾略特认为他的美国起源是野蛮落后的,从而感到尴尬?到了1944年,艾略特已经非常清楚在哪里可以找到一个特定的文化大都市,哪里是外省的。艾略特曾宣称伟大诗歌的一个标记是客观,但让人觉得矛盾的是,库切发现艾略特的演讲令人惊讶地表现出他的个人主观性与自传性。表面上,艾略特在谈论维吉尔和自己的纯洁部族语言、重写拉丁语诗歌的任务,但是库切端倪出艾略特个人与生活的潜台词,这位来自殖民地的男子正试图在大都市里建立他的新身份。库切引用了埃兹拉·庞德的话:"生于一个半野蛮国度,这个国度完全不合时宜。"他又继续指出:

不合时宜的感觉,生不逢时的感觉,以及活得很不自然、捉襟见肘的感觉,所有这些,在艾略特的早期诗歌中都随处可见,从《普鲁弗洛克的恋歌》到《枯叟》,无不如此。试图理解这种感觉,或曰这种命运,从而赋予其以意义,恰好构成艾略特诗歌创作和批评事业的一部分。这种对自我的感觉在殖民地民众（艾略特概称为外省民众）的心目中是十分普遍的。年轻的殖民地民众每每努力将他们所继承来的欧洲文化，运用于其日常经验的世界中，在他们的心目中，这种感觉尤为普遍。[27]

库切的文章中有一个心照不宣的自传体潜台词，库切这位来自南非、来自殖民地的人，能不能成功地写出经典？难道艾略特对"经典"的定义没有使其成为不可能吗？库切发现，庞德的这种情绪在来自殖民者的年轻一代那里并不少见：

> 对这些青年人来说，大都会的高雅文化也许能以强有力的体验形式出现；然而，这些强有力的体验，不会以任何显而易见的方式植根于自己的生活中，因此似乎只能存在于某种超验的领域。在极端的情况下，这些青年人会受人影响，责备自身所处的环境缺乏艺术性，并因而会投身艺术世界。这是外省人的一种命运。古斯塔夫·福楼拜曾在爱玛·包法利的身上看到了这一点，因此他给自己的个案研究起了个副标题，叫作"外省风俗"。对艾略特来说，这种外省人的命运实际就是一种殖民地民众的命运，这些殖民地民众在通常所谓的母国文化中成长起来，这种文化在此特定语境中实际上应该称为父国文化。[28]

库切讲到当他还是一个15岁的年轻男孩的时候，一个下午，他在花园里听到巴赫的音乐，感受到经典作品的影响。他认为人们完全可能体验和理解具有内在力量的经典作品，同时这个例子也展现了经典作品是如何长久存在的。他赞成诗人齐别根纽·赫伯特的观点，认为经典的概念体现在人们的看法中：

> 经典的反面不是浪漫而是粗鄙野蛮；而且，经典的东西与粗鄙

野蛮的东西之间，与其说是势不两立的关系，倒不如说是相反相成的关系。赫伯特以波兰历史为借镜来从事写作。波兰这个国家为西方文化所包围，历史上曾被野蛮的邻国所侵凌。在赫伯特看来，经典虽遭受野蛮浩劫，但仍能劫后幸存，之所以能如此，不是因为其所谓的内在品质。相反，历经最野蛮的浩劫而仍能存留下来的东西之所以能幸存下来，是因为世世代代的人民不愿舍弃它，是因为人们不惜一切代价保护它。所谓经典仅此而已。

……对经典的质疑不管如何充满敌意，总是经典自身历史的一部分，这种质疑不仅不可避免，甚至还是应该受到欢迎的。因为，只要经典在遭受到攻击时还需要人们为之辩护，那它证明自己是否真的是经典的努力就不会有尽头。

……恰恰相反，批评不仅不是经典的敌人，而且实际上，最具质疑精神的批评恰恰是经典用以界定自身、从而得以继续存在下去的东西。这个意义上的批评也许是狡猾的历史得以延续的手段之一。[29]

在一篇关于戈迪默和屠格涅夫的文章中，库切分析了戈迪默作为作家所处的位置，这种评价同样适用于他本人：

写作是件寂寞的事情，而靠著书立说来与生养自己的社会作对，则更是件令人孤立、寂寞的差事。作为南非反对派作家，戈迪默能努力寻找历史先例，向先辈学习，这当然是可以理解的。

戈迪默一方面悉心倾听、接受，甚至赞同与自己同行的黑人作家对欧洲的指责（正题），另一方面，她又表示拥护强大的欧洲文学和政治传统（反题），但（合题）又强调与自己的同行黑人作家目标是一致的。戈迪默这么做的原因是相当复杂的。我们可以说，这与戈迪默至少在当时所面对的想象中的两部分读者有关。在南非国内，她要面对一批激进的知识分子，主要是黑人；而在国外，她要面对一批自由派知识分子，主要是白人；（她敏锐地意识到）每一方对她都心存戒备，看她是不是在讨好双方。[30]

就其他南非作家而言，库切并不评论阿索尔·富加德（除了在《1960—1977年笔记》中有所提及），因为他自己也承认，他对戏剧不是特别感兴趣。他钦佩安德烈·布林克在与审查制度的抗争中发挥的作用，尽管他有时会觉得布林克的表述没有必要那么激烈。[31] 他自认为自己更接近布莱顿巴赫而不是戈迪默，那是因为布莱顿巴赫更易于接受这样的观点：故事要自己言说。如果说他对布莱顿巴赫有什么保留意见的话，那是因为他散文中的一种自恋元素，不过这一点在他的诗歌中并不存在。[32] 他从来没有像布莱顿巴赫一样仇视南非白人，因为他的第一语言是英语，另外他从来没有陷入南非白人文化之中，只是间接地受到一点影响（发生时间是他在伍斯特生活的阶段）。

在《异乡人的国度》中，库切讨论布莱顿巴赫的自传式三部曲：《天堂一季》（*A Season in Paradise*）、《重返天堂》（*Return to Paradise*）与《一个患白化病恐怖分子的真实自白》（*The True Confessions of an Albino Terrorist*），其中最后一部是作者在监狱的回忆录。库切发现布莱顿巴赫对各方的攻击十分狂野且不加节制，他批判所有方面：白人自由分子、南非共产党、资产阶级左翼分子以及ANC成员。库切认为，他写得最好的部分在于对南非景观的描写，他出生在这片土地上，也深深地扎根于其中。虽然他在欧洲生活了很长时间，但是布莱顿巴赫不觉得自己是一个欧洲人："做个非洲人不是我的选择，而是天生使然。"[33] 在《狗心》（*Dog Heart*，1999）中，布莱顿巴赫致力于描写西部开普敦，一个叫蒙太古的小镇，这里与他的出生地距离不远。他和妻子在那里买了块地，并建了一座房子。在这一区域的主要人口是白人与有色人种，他们在家说阿非利堪斯语，根据布莱顿巴赫的观点，这里生成的事包含毫不做作的混杂性和游牧性。库切补充认为这种说法是禁不住严谨的科学考察的。然而，它确实给布莱顿巴赫提供了机会修正对南非白人先驱的观点：

> 根据传统看法，这些先驱是白皮肤的农民，他们当年一手拿着
> 《圣经》，一手拿着枪，乘着牛车来到南非内地，建立了共和政体，
> 在此，他们不受英国人的干涉，自己管理自己；而根据布莱顿巴赫
> 的说法，这些人遗传上的起源极为复杂，他们随着自己的牛群和羊
> 群，游牧来到南非内地，他们从科伊游牧民那里学会了过一种游荡
> 的生活。而且，（布莱顿巴赫认为）现代南非白人越早抛弃自己是
> 黑暗非洲中的光明使者这一幻想，越早把自己仅仅看作非洲游牧民
> 的一支——即看作漂泊无根，对非洲没有土地拥有权的人——他
> 们的生存机会就越好。[34]

尽管库切怀疑这一理论是否禁得起科学的验证，但是他却发现了一
个很吸引人的概念：原来的先驱者仅仅是作为旅游者，将非洲看作是一
处临时住所。这一主题也将是《男孩》中要探讨的主题。《男孩》是库切
自传体作品中的第一部，里面介绍了库切家族位于卡鲁的百鸟喷泉家庭
农场："在农庄大宅的游廊上喝茶聊天的库切们，却像一群季候性迁徙
的雨燕，今儿来了，明儿走了，甚或更像一群麻雀，唧唧喳喳，跳跳蹦
蹦，却待不久。"[35]

但布莱顿巴赫在他的民族理念里将混杂性和游牧性联系到了一起，
从这样的联系中，人们一定能看到对新南非农场上白人的可怕攻击。库
切写道："其中的一些故事，读来令人颇感不安，这不仅因为攻击事件本
身的暴力程度已到了变态的地步，而且因为这类事件经常发生。恐怖故
事的流传恰恰使白人多疑起来，以为自己正被人赶出那片土地，最终只
能漂泊海上。"[36]布莱顿巴赫1999年出版的《狗心》中所描绘的对农场的
攻击主题在库切同年发表的小说《耻》中也有体现。

五

在开始写《耻》之前，库切已经开始筹备一本书，这本书将开启他创作的一个新篇章。这是一种特殊形式的自传，在未来的一二十年里将以《男孩》（1997）和《青春》（2002）两个文本的形式出现。

库切对自传很感兴趣，认为它可以被看作一个体裁、可以传递特定的真理。这一点可以从他的一篇名为《自传中的真实》的演讲中看到。该演讲是他1984年10月在开普敦大学发表的教授就职演说。该演讲是这样开始的："自传这种写作形式让你如实地讲述自己的故事，这种如实是你可以忍受的如实。"库切还说，这种行为可以参照卢梭的创作，是出于真实的意愿，其目的是找到真实并承认它。[37]这篇就职演说后经库切修改并在1985年写完，重印于《双重视角》中，标题是《忏悔与双重思想：托尔斯泰、卢梭和陀思妥耶夫斯基》。在接受大卫·阿特维尔的采访时，他说，他认为这篇文章是他作为一个作家职业发展中的重要文章，原因有两个：

> 首先，这篇文章让我以一种完全不同的体裁面对你给我提出的问题：如何在自传中说实话。其次，我发现我讲述的关于自己的故事在那篇文章之时已经有了轮廓；之后它就变得模糊了，将要面临将来更多的问询。[38]

1987年3月6日，母亲去世后不久，库切开始为一本书做笔记，这本书最初计划的名称是《外省生活场景》，但在1997年最终出版时，书名定为《男孩》，不过英国版本把原有的标题用作了副标题。最初的笔记讲的是一个夜晚，他的处于儿童时代的母亲与自己的父母以及兄弟姐妹一起坐着牛车，前往斯瓦特山隘口。内容来自他童年时代记忆的碎片，以第一人称的形式进行叙述。但是在最后出版的文本中，斯瓦特山隘口的经历根本没有出现，而是在《铁器时代》主人公卡伦太太的回忆中出现了。很显然，《男孩》出版于1997年，在《铁器时代》《彼得堡的大师》《白人写作》和《双重视角》之后，可见库切这本书的创作过程是相当缓慢的。根据保留在得克萨斯大学的哈里·兰塞姆中心的图书手稿信息，该书于1995年7月完成。这些手稿中包含的内容要比最终出版的书籍中的内容多得多，很明显，库切在最终文本中做了大量删减。其中有一个变化是，糟糕教师的名字被改换了，但是优秀教师古斯先生的名字没有变，虽然他讲阿非利堪斯语，但是他的英语也非常好，而且知道说英语的开普敦大学生在用法上应该注意的问题。在很早的时候，库切就将第一人称叙述改为第三人称。对于文本走向的不确定性可以从他在1993年8月8日做的笔记中看到："不是回忆录，而是一本小说，一本很薄的小说。"1993年9月16日，他写道："想想在这本自传中我所没有做的一切：生活的氛围，讲轶事。"不过德里克·阿特里奇仍然认为，《男孩》中并没有什么地方特意地非历史化："毫无疑问，该书的独特力量在于读者可以感觉到，这不是小说（按照狭义的含义）。"[39]

《男孩》的副标题借用了1950年威廉·库柏（William Cooper）的小说《外省生活场景》。大卫·阿特维尔指出，虽然库柏背后还有福楼拜的《包法利夫人》，其副标题是《外省风俗》。另外这一书名也让人想起托尔斯泰的《童年》《少年》与《青年》，这一系列的三部曲是小说，但也植根于现实与自传。罗斯玛丽·埃德蒙兹（Rosemary Edmonds）在企鹅版的该书三部曲介绍中写道："当他还是一个19岁男孩的时候，托尔斯泰就向自己的笔记本倾诉，他想彻底地了解自己，从那时到他82岁去世，他一直在观察和描述着自己灵魂的形态……这并不是对知识的好奇，也不是对智慧的渴求。能够让托尔斯泰一生中持续观察与记录的原因是：对死亡与虚无的绝望和恐惧。"人们也许会问，在母亲、父亲与儿子相继去世后，库切进行这次自传创作的目的是否也可能有类似原因。

《男孩》是库切最易读的作品之一，它讲述了一个男孩的故事。他首先是在家里寻找自己的位置，然后又在自己的直系亲属及延伸家庭中，以及之后在更大的社区寻找位置。然而，家庭和社区中有着不可调和的矛盾。他出生于南非白人血统的家庭，但父母选择英语作为家庭语言。在伍斯特基督教盛行的保守社会群体里，他们是不可知论者，并且反对1948年上台的国民党所提出的种族隔离的口号。在含混中，男孩在学校宣称自己是罗马天主教徒，同情"父亲般威严的"斯大林统治下的俄罗斯，而不是其同学所崇拜的美国人。在本书的结尾，父亲因为自己的不当行为、被吊销律师执照，另外那位欣赏他聪明才智的安妮姨妈去世。《男孩》与传统回忆录的发展脉络明显不同，后者通常会包含对过去时光虚伪的情绪。库切一直有意地反抗这一传统。

《男孩》之后的《青春》创作开始于1996年10月11日，最终由塞克沃伯格出版社于2002年首次出版。显然，库切计划这本书以约翰到伦敦为起点，后来他又加进去在开普敦大学学生时代的一些事情。《青春》延续了《男孩》中的故事，约翰就读于开普敦大学，亲身经历了南非的政治暴力事件，并决定去伦敦以避免被强制征兵。他在伦敦做计算机程序员。在《男孩》中，主人公试图在一个自己时时觉得是外人的社区内找到自己的位置，现在，他周旋在与各种女人无真爱的交往中，试图为自己成为作家的梦想闯出一片新天地。然而，他所能做到的只是沉迷于阅读狂潮中。显然，他在伟大城市的孤独痛苦体验并不足以点燃他创意的火花。然而，《青春》可以被看作是一本成长小说，就像乔伊斯的《一个青年艺术家的画像》。约翰这个人物在大城市里孤独地流浪，经历着敌意，就如同马塞卢斯·艾芒兹的小说《死后忏悔》中的主人公威廉·特默。库切很早之前曾经翻译过这部小说。[40]

库切早期作品，1974年的处女作《幽暗之地》中就包含自传元素：不同的人物都有着库切这样的姓氏。在《男孩》与《青春》中，结构的复杂体现在第三人称的叙述角度。正是通过这样的角度，自传的视角发生了转移。因为通过在人物约翰和叙述者之间创造空隙，作品摆脱了自传体要通过翔实叙述"事实"来提供"真相"的负担。不同于《鲁滨逊漂流记》《简·爱》和《大卫·科波菲尔》这些小说：它们通过不同的手段邀请读者接受主角的真实性，从而创造出一个自传式的幻觉，《男孩》与

《青春》的读者则会意识到一段距离（往往是一段具有讽刺意味的距离）存在于写作此书的成年人与书中男孩之间，从而创造出一个童年的影像，在这个影像中，成熟男人的声音有时会篡改少年的声音。因此，很大程度上是因为使用第三人称叙述的方式，少年的我与成人的我之间产生了距离，中心人物的想法、感情和意见都是成年人的，而不是一个孩子的。特别是在《男孩》中主人公与叙述者之间的智力距离在男孩的性觉醒实例中得到体现。安娜·齐雄（Anna Cichoń）写道："当主人公意识到性觉醒，这一时刻定格在年轻自我的内部，但是从语言上看，尤其是'欲望是什么？'这个问题只适合于成熟的叙述者。"[41]因此，叙述者带着反讽的口吻回顾年轻的自我，像对待一个奇怪的生物，这样一来进一步颠覆了自传体的方向。马修·切尼（Matthew Cheney）写道："在《男孩》，尤其是《青春》中，约翰·库切呈现在我们面前的是已经疏离且仍在继续疏离的人物，他不仅通过视角，也通过叙述者传递给我们的行为和感觉来挑战读者的同情。"[42]

库切的图书代理们抱以极大的热情迎接库切的《男孩》书稿。审稿者的反应也非常热烈。在1997年11月20日的《纽约书评》中，约翰·班维尔写道："艺术家住在极权主义政权的'有趣时代'，既是一种诅咒，也是一种祝福，这一点库切心知肚明。他的成就在于他的书是如此集中、如此泰然自若、如此强烈地居中，以至于它们变成了完全自发的，完全不要求读者必须知道这些小说是在哪里或在什么情况下进行创作的。当然，这是真正的艺术经久不衰的识别标志之一。"1997年10月26日，T.凯·诺里斯·伊斯顿在《波士顿星期日环球报》中写道："《男孩》是一本叙述巧妙、简约、易读的回忆录，与另一本完全不同的库切学术自传《双重视角》相得益彰……在农场的那一章节必须挑出来：这是故事叙述的一个创举。当那个具有不寻常洞察力的儿时自我在思考自己在景观中的归属感时，库切的文笔奇迹般地唤醒了农场的田园美景。"大卫·阿特维尔也在1997年11月2日的《星期日独立报》中赞美库切对卡鲁农场优美的描绘与热切的观察，认为该书中的"每一个细节……沉着而引人注目。该书对作者童年的一个阶段的坦率与探询性的描述会更加人性化地彰显那些经常被认为没必要的遥远的知性。"1997年11月21日,卡伦·拉特(Karen Rutter)在《开普敦时报》中指出,《男孩》在"社会文化环境方面已经超越了传记的束缚。库切对语言、阶级、性别和历史的描述,虽然是通过一个年轻孩子的眼睛,但是观察相当犀利"。罗纳德·赖特(Ronald Wright)在1998年1月9日的《泰晤士报文学副刊》中赞扬该书的叙事手法以及表现"一个孤独孩子的落寞"的方式。他总结说:"在《福》中,库切描写的人类处于孤岛之上的神话也许是唯一可写的故事。在《男孩》中,他坦率、娴熟且生动地向我们表明,对于这样孤岛的需要以及救援那些已经猜到外面世界性质者的恐怖。"

《青春》的手稿也受到了热烈欢迎。艾伦·泰勒(Alan Taylor)在2002年4月21日的《格拉斯哥先驱报》(Glasgow Herald)写道:"库切的《青春》诚实而痛苦地记录了一个人要实现成为作家的愿望而必须采取的迂回路线。对于那些成功的例子,可以用这样的书来证明这一点;对于那些不成功的,只有以沉默回应。另外还有另一个问题:要是真的,会怎样?"希拉里·曼特尔在2002年4月20日的《旁观者》中描述了库切"文笔的庄严、肃穆与清晰"。2002年4月22日,大卫·塞克斯顿(David Sexton)在《标准晚报》(Evening Standard)中称《青春》是一本"精彩的书、一个青年艺术家的画像,可以与任何文学经典媲美"。评论家彼得·波特(Peter Porter)在《泰晤士报文学副刊》中为这本书给予英国首都的负面描述而感到不安。他在2002年4月26日的评论中表示他发现了这与库切缺席布克奖颁奖仪式的关联:"文学界认为库切不愿前往伦敦接受他的布克奖纯粹是出于私人考虑。《青春》则表明他20世纪60年代在英国所经历的恐怖让他希望远离此地。如果真是这样,那倒是文学的幸事,因为他可以全神贯注于家乡土地上的生活,上个世纪他就创造出了一些最优秀的小说。他没有必要向我们展示我们自己。另一方面,尽管面对如此古怪和缺乏同情心的强迫症表现,有什么可以减少崇拜者对他的欣赏呢?"

美国的好评并不逊于英国的情况。马丁·鲁宾（Martin Rubin）在2002年7月14日的《旧金山纪事报》（*San Francisco Chronicle*）中写道："《青春》是一次愉悦的阅读。它会让你生气、发笑、轻蔑又同情，各种感觉相交织。它也能向你表明写出这样简约、质朴作品的作者是怎么想的。"小说家约翰·厄普代克在2002年7月15日的《纽约客》中这样结束他漫长的评论："这位作家身上有一种迷人的张力，介于对腐朽文字的厌烦与对肆意泼洒墨水、抒发心意的渴望之间。即使是在《青春》中所描述的低能量时代，在间接的描述中都充满了电的火花；内敛的文字让我们热衷于读下去。"2002年8月4日丹·克莱尔在《芝加哥论坛报》中写道："《青春》相当诚实地提供了一个让人无法忘怀的追求艺术又担心失败的青年男子肖像。其目标如此崇高，他的攀登手段又如此孱弱，显得登顶似乎变得荒谬绝伦。同样，对于任何青年人，走向成年的道路看起来就是这样风险重重。"

在澳大利亚，库切受到了越来越多的重视，关于其作品的评论也都是赞不绝口。例如在2002年6月至7月的《澳大利亚书评》中，吉姆·戴维森（Jim Davidson）认为这本书"细致地分析脆弱性，以及负面作用"但也"相当坦诚……令人读起来不能释手"。

在荷兰则已经形成了库切作品的大范围读者群。《青春》是他的第一本荷兰语翻译版先出版英文原版在之后发表的作品。在这个国度，评论家对其作品也十分赞赏。杰伦·乌灵斯（Jeroen Vullings）在2002年3月16日的《自由荷兰》中这样评价《青春》："库切的写作风格是前所未有的简洁，没有任何多余的装饰和抒情。"彼得·范奥斯（Pieter van Os）在2002年6月1日的《绿色阿姆斯特丹》（*De Groene Amsterdammer*）中说："这是一本出色的图书，绝对是颗珍珠。"[43]

在美国，《青春》正如副标题所显示的，在图书市场上是以小说的形式进行销售的，但是在英国，书名并没有任何体裁的暗示。有关这一点，库切与当时塞克沃伯格的管理者杰夫·穆利根有过电子邮件交流。在2001年7月18日写给穆利根的信中，库切说：

感谢您发来《青春》的封面，但是我觉得这一稿给我的感觉，一方面有点过于详细，另一方面书中到底会是什么内容，介绍得又不够充实。您是否可以再改一下这稿，然后我再提建议？

请让我再花点时间说说《男孩》《青春》和体裁的问题。对于《男孩》在小说与回忆录间的不确定性，我没有任何意见。只是看《青春》的出版合同时，我发现作为传记，作者似乎有法律责任不可以说谎，这让我觉得有点惊慌，所以曾要求至少在合同上，免除与历史真相不符之处的法律责任。

现在看来，《青春》在法律上属于虚构的小说类，那么如果在销售中再印上《青春：一部小说》，我会感到失望。对《男孩》我也是同感。

对此，穆利根在2001年7月19日回答如下：

谢谢。我们会再看看封面的内容。

我理解您说的有关《男孩》与《青春》分类的问题，在我看来，在这一点上稍微模糊一点最好。我方将不得不在书目编辑、申请奖项等方面把《青春》放入某一类，要么是小说，要么是传记。如果您同意，我们会将《青春》放入小说类，但同时在营销和展示中尽量保持含混性。您愿意让我们这样做吗？

库切在2001年7月23日的信中写道：

您在信中说："我方将不得不在书目编辑、申请奖项等方面把《青春》放入某一类，要么是小说，要么是传记。如果您同意，我们会将《青春》放入小说类，但同时在营销和展示中尽量保持含混性。您愿意让我们这样做吗？"

是的，如果必须在小说或传记中选一个，我会选择小说；但是从我的角度来看，这种分类越模糊越好。

六

从库切在20世纪90年代的信件中可以看出，他比以往任何时候都更加频繁地拒绝到著名大学讲学，也可以从中推断出，库切正在逐渐退出学术界，希望专注于自己的文学创作。如果邀请他朗读自己的作品，他还是能接受的，条件是不能有采访或问答环节。他不愿意准备会议论文或在其他机构长时间讲学，但是每年访问芝加哥大学是他仍然喜欢的一件事情。

然而，1996年11月，库切接受了本宁顿学院的邀请，领取了两年颁发一次的斯托奖（Stowe Award），该奖包括一枚奖章和50 000美元的奖金，并需要做一场本·本利特演讲，以纪念这位美国著名诗人及聂鲁达和洛尔卡的翻译者。在接受颁奖的演讲中，库切谈到"什么是现实主义？"的问题，他第一次使用伊丽莎白·科斯特洛这一人物角色——也是库切的变体自我。该女作家撰写了九部小说，两部诗集，一本关于鸟类研究的书，以及一本关于新闻的文集。科斯特洛出生于澳大利亚，还在英国和法国住了一些年。在之前的十年左右时间里——这里也是明确暗示了库切自己的情况——"关于她已经形成了一个小规模的批评家群体，甚至有了一个'伊丽莎白·科斯特洛学会'，总部设在新墨西哥州的奥尔布盖格，每一个季度会出版一期《伊丽莎白·科斯特洛通讯》。"[44]在这个演讲中，科斯特洛声称，现代的读者不再相信任何文字的真实性了。玛格丽特·兰塔（Margaret Lenta）在有关《动物的生命》的讨论中指出："然而，在小说中，文本被当作是'真相'的一种：采访者说到科斯特洛的一本小说，质疑男性作家对妇女描绘的方式问题，从而改变了一些读者对妇女的理解方式。"

1997年，在访问本宁顿学院一年之后，库切接受普林斯顿大学的邀请，做了坦纳讲座。[45] 这一系列讲座并不是传统意义的讲座，他向观众介绍了一篇篇小说，并再次采用他虚构的世界著名的澳大利亚作家伊丽莎白·科斯特洛为主角，她应邀在美国著名大学阿普尔顿学院做演讲。科斯特洛以她的开创性的女权主义小说而闻名，尤其是《埃克尔斯街的房子》(*The House on Eccles Street*, 1969)。小说的主要人物叫马伊蓉·布卢姆，是利奥波德·布卢姆的妻子。利奥波德是另一部小说中的主要人物，那就是詹姆斯·乔伊斯的《尤利西斯》。她既没有阐述文学，也没有谈论她自己的作品，而是致力于两个关于动物权利以及吃素必要性的讲座。她毫不犹豫地将虐待和屠杀动物与纳粹在集中营对犹太人的灭绝暴行相比较。驻地桂冠诗人亚伯拉罕·斯特恩，认为她的话如此具有冒犯性，以至于他拒绝出席招待科斯特洛的晚宴。在给她的一张纸条上，他觉得她将纳粹屠杀犹太人与屠宰场中的屠杀牛进行类比是对死于大屠杀的犹太人的一种侮辱。科斯特洛认为，在此事中，摆在首位的问题不是"理性"的问题，而是人类无法理解和认识到，动物也是一种能感受到伤害的生物。这似乎在暗示科斯特洛自己承认她还没有充分考虑好，尼古拉斯·道斯(Nicholas Dawes)就此评论认为：

> 没有人会怀疑她的洞察力，但是她不能令人信服地主张动物权利。她的两个讲座都是零散、有偏见和漏洞百出的：与大屠杀的比较是危险的且未经深思熟虑。她希望通过诗意的想象来让动物得到真正的同情，这很有吸引力，但并不令人信服。[46]

在书的封面上，库切的文本叙事框架被详细地描述出来：

> 小说家伊丽莎白·科斯特洛在她晚年如此被人类虐待动物的想法所困扰，以至于她的眼睛里再也看不到其他的类别：人类。在她看来，人类，特别是食肉的人类，似乎是农场、屠宰场、工厂和世界各地的实验室中发生的犯罪行为的同谋。

库切本人在做讲座的时候，已经素食约25年的时间，他在通过伊丽莎白·科斯特洛来表达自我。虽然他是在做坦纳讲座，但是他完全退隐到科斯特洛的身后——这位他介绍给听众的虚构的作家。在最后一次演讲中，科斯特洛坚决捍卫她的素食原则。这是一场尴尬的晚餐，其间只有三位客人敢点有鱼的菜，无论是观众或读者都不知道库切自己的同情落在何处。在评论《动物的生命》时，大卫·阿特维尔写道："我们可以假设一种虚构的模式，这样有利于一定的自我保护和令人觉得反讽的超脱。"[47]这种疏离的结果就是产生了尤其复杂的后现代元小说叙述形式，完全不同于库切在他的自传体作品中通过使用第三人称所达到的效果。

　　这两篇讲稿收录于1999年由普林斯顿大学出版社出版的《动物的生命》一书中，该书由政治哲学家艾美·古特曼（Amy Gutmann）编辑和推荐。该书还包含四位专家对不同主题的探讨，他们是文学理论家马乔里·加伯（Marjorie Garber）、道德哲学家彼得·辛格（Peter Singer）、神学家温迪·唐尼格（Wendy Doniger）和灵长类动物学家芭芭拉·斯穆茨（Barbara Smuts）。2000年，库切的文字被总部位于伦敦的图书简介出版公司（Profile books）单独重印发行。

　　《动物的生命》最引人注目的地方在于其文学设计的复杂性，以及"虚构"和"现实"之间的关系。这本书比库切的其他作品都更具新颖性。这两篇文章分别名为《哲学家和动物》和《诗人和动物》，实际上是演讲中的演讲：讲座作为虚构的框架被纳入更大的非虚构的框架——又是一个实例来证实库切的边界移位程序，消解了人物与作者之间的差异。

　　在故事的开始，科斯特洛到达沃尔瑟姆，并在那里遇见她的儿子——阿波尔顿学院物理学和天文学方向的副教授，约翰·伯纳德。虽然是第三人称叙述，但是在小说的开始，约翰是中心人物。约翰的妻子是一位哲学家，从来就没有真正喜欢过她的婆婆，也不同意她的素食原则。在第二场演讲结束之前，（用阿特维尔的话来说）科斯特洛外行的哲学权威在托马斯·奥希恩（Thomas O'Hearne）的出色表现下大打折扣。

她要在与他辩论中结束演讲。她最后的一个冲动是想声明，她在道义上是孤立的，是"愚民罪行"的唯一见证人。她身边的每个人每天都会犯这样的错误。当儿子送她去机场时他说："行了，行了，这一切很快就会结束。"[48]阿特维尔评论说："这是一个模棱两可的表述法，不仅是说她就要离开飞回到澳洲了，另外她也接近了生命的尾声。这作为《动物的生命》的结尾，一方面是因为其不可否认的悲怆感，另外还因为我们要分享她风雨飘摇的生活。"[49]

但是除了托马斯·奥希恩关于讲座小说化的批评以外，对科斯特洛的批评也来自其他方面：爱达荷大学的动物学教授史蒂文·奥斯塔德（Steven Austad）将他的批评通过科斯特洛落在库切身上：

> 作为一名生物学家，我对人类使用其他物种没有感到内疚的主要原因可能是我对物种之间的区别是很严肃的。我很熟悉自然界捕食和寄生的普遍性。一种生命要以另一种生命为代价，而另一种生命是否属于光合作物对我来说是一个反复无常的区别。某些动物物种是否因为他们的消化系统需要加工肉制品所以就比其他物种在道义上占劣势呢？
>
> 我认为我吃肉的原因来自传统。克雷格·斯坦福的书[50]明确说明，早在5亿多年前，我的祖先就开始杀戮动物和吃肉。是什么样的自负能打破这样的传统呢？

七

1995年8月19日，在《男孩》和《动物的生命》出版之前，库切已经开始《耻》的创作。在1999年，塞克沃伯格出版的文本中第一章的前两段内容如下：

他觉得，对自己这样已经52岁、结过婚又离了婚的男人来说，性需求问题可算是解决得相当不错了。每周四下午，他驱车赶往格林角。2点整（punctually），他准时按下温莎公寓楼进口处的按钮，报上自家姓名，走进公寓。在113号房门口等着他的是索拉娅。他径直走进气味温馨、灯光柔和的卧室，脱去衣服。索拉娅从卫生间走出来，任浴衣从自己身上滑下，钻进被单，在他身边躺下。"你想我了吗？"她问道。"一直都想着哪。"他回答。他轻轻抚摸着她蜂蜜色的、未经阳光侵晒的肉体；他展开她的双腿和胳膊，吻她的乳房；两人做爱。

索拉娅身材高挑纤长，一头长长的乌发，一双水汪汪的深色眼睛。从年龄上说，他足以做她的父亲了。可真要从年龄上说，12岁还可以当父亲呢。他成为她的顾客已经有一年多时间了，而且觉得她令自己心满意足。在荒芜的一周时间里，星期四成了一块奢华与肉欲的绿洲。

然而，1995年8月19日的手稿中，小说开始并不是这样的，因为关于这个开头，库切修订了不下13次。第一本手稿共386页，像库切的许多其他手稿一样，是写在开普敦大学考试用纸上，在被打入电脑之前，上面用红笔做过许多修订。

在1995年8月19日的第一稿中，上述内容是在一段里表述的：

对于一个像他这样年龄和秉性的人，他的性需求问题可算是解决得相当不错了。每周三下午，他驱车赶往格林角。2点整（exactly），他按下温莎公寓楼13房的按钮。开门迎接他的是索拉娅。他觉得她的姓应该是达维兹，因为楼下信箱上的名字是S.达维兹。他走进卧室，脱去衣服。床单很干净清爽，这是他喜欢的一种姿态。索拉娅穿着红袍子走进来。她会脱下袍子，钻进被单，在他身边躺下。她是一个又高又苗条的女人，年龄在30岁左右。他已经有60

岁了，如果不足以做她的祖父，也可以做她的父亲了。她长着一头长长的乌发，一双水汪汪的深色眼睛。他们打交道有两年多了。他觉得她如果说不是多漂亮，至少也是很有吸引力、很让人渴望的类型。他对她的渴望不仅是一个星期三，而是整个星期，那是一种令人开心又激动的期待。

虽然这个开首段已经很不错了，但是与最终的文本相比较可以看出，库切还没有将信息用令他满意的顺序来排列。小说的叙述者将持续关注中心人物的行动和思想，但在这里他只说是"他这样年龄的人"。但是在后来的修订本中，读者就被告知了，他是52岁、离过婚的男人。第一句里出现的主人公的"秉性"这个词仍然是模糊的，因为后面也没有阐述。此外，这里提供索拉娅信箱上的姓氏猜测也是多余的。事实上索拉娅对于他来讲只具有性功能，满足他在那方面的需求，所以外表描述（"又高又苗条""一头长长的乌发，一双水汪汪的深色眼睛"）就已经足够。"exactly"被"punctually"取代，这样表述就更明确了，同时也更有效地表达了该时间的固定性，已经成为主人公循规蹈矩、一成不变的生活习惯。"他的性需求问题可算是解决得相当不错了"这部分又加上了"他觉得"。"他们打交道有两年多了"换成了"他成为她的顾客已经有一年多时间了"，这就表现出这是一种商业性行为的内涵。"一种令人开心又激动的期待"成为"在荒芜的一周时间里，星期四成了一块奢华与肉欲的绿洲"。"奢华与肉欲的"来自一首知名的法国诗歌《邀游》，出自波德莱尔的诗集《恶之花》。在这样的语境下，法语词汇的使用表明主人公是一位受过教育的读书人。

更加意义深远的变化出现在第一个段落的结尾处："他轻轻抚摩着她蜂蜜色的、未经阳光侵晒的肉体；他展开她的双腿和胳膊，吻她的乳房；两人做爱。"在叙述者眼中，这些令索拉娅成为一个纯粹的物件。这与早期版本不同，在那时，索拉娅是采取主动的，但是在新版中戴维·卢里最终在前戏中成为一个活跃的参与者，比如动词"抚摩""展开"和"吻"都可以表达出这样的感觉。他对她的渴望是生理的，"他展开她的双腿和胳膊"，说明他在有意操纵这些行为。他们的性行为被简单地描述为"做爱"，按照迈克尔·G.麦克敦纳（Michael G. McDunnah）所说的，"是一个匆忙、委婉、内容不恰当的措辞"[51]，表现了人物情感参与的缺失。

人们可以从这两段的改写中看出库切是一个多么一丝不苟的作家：尽量简洁地勾勒出情况，描述人物。不仅是这前两段，《耻》的整篇小说都是这样言简意赅。

<h1 style="text-align:center">八</h1>

戴维·卢里教授原本是浪漫主义诗歌专业的语言教授，但是由于院校精简与改制，他被迫在开普敦科技大学教授沟通技巧。对于这份工作，他尽职尽责地完成自己的任务，但是对其没有任何欲望或兴趣。他是一位52岁、离了婚的男人，每周四下午去格林角召妓来解决"性需求的问题"，但是没有情感的瓜葛。[52]当他的妓女不再可用时，他一时冲动与学生梅拉妮·艾萨克斯发生关系，后者指控他性骚扰。在内部聆讯中，卢里承认他有罪，但拒绝道歉或反省，因为他认为自己是爱神的受害者。后来他对自己的女儿露西解释说："我的事情起因于欲望的权力问题，起因于甚至一只小鸟也会因此而颤抖的神。"[53]因此，他最终被开除教职。卢里的落魄是他扭曲的浪漫激情观念产生的结果，从中可以看到古典戏剧中主人公从雍容华贵到落魄的轨迹，虽然一般的结局是主人公最终没有达到那个真正悲惨的维度。大卫·阿特维尔指出，关于这次听证会，存在一项重要但却经常被忽视的内容，令人联想到德斯蒙德·图图主持的真相与和解委员会：

> 在小说里进行公众批评的人物中有一个最容易被忽视，那就是

主持这场有关卢里教授性骚扰案听证会的宗教研究教授玛纳斯·马塔贝恩。小说并没有突出这个人物，是因为他与小说所要传播的主要模式不一致；他坚持这次的听证会只是一次问询，不是一场审判。除了致力于公平和程序以外，其实，马塔贝恩是小说中真正启蒙的代表，他的普遍宽容态度和真相与和解委员会的相关神职人员的态度是相呼应的。[54]

因为这一丑闻和耻辱感，卢里搬去和他未婚的女儿露西居住。露西住在东开普附近的塞勒姆，雇佣一名黑人佩特鲁斯，帮她经营着一个农场，定期在附近格雷厄姆斯敦的市场销售农产品。这种背景的变化引入了农场小说的一个要素，库切也曾在其他作品，如《内陆深处》中有过实践。不过这部小说中的卢里在开普敦先是一个难以相处、绝情、没有多少同情心的人物，但后来他开始变得非常有同情心，尤其是当他和他的女儿成为暴力的受害者，他开始关心她的福祉。他被锁在屋内用火烧，结果被严重烧伤，他的女儿被三个黑人轮奸。这就让小说有了一种平行结构：卢里利用梅拉妮·艾萨克斯与露西被强奸形成对照。佩特鲁斯和露西之间也有一个平行结构，旧南非的传统角色在逆转：佩特鲁斯成为小农经济的共同拥有者，而卢里受佩特鲁斯雇佣，帮他耕种。

卢里知道自己生活在耻辱状态之中。他在回东开普省的路上，拜访了住在乔治的梅拉妮的父母，并对她的父亲说："我已经跌到了耻辱的最底端，想再爬上来十分困难。可这样的惩罚我真心接受。我从没有对此嘀咕过半句。相反，我一天一天地在惩罚中度过，努力把它当成我的命运接受下来。"[55]

卢里和他女儿的生活都由南非种族隔离制度结束后所产生的深远变化来决定。让他继续坚持下去的动力是他写的关于爱情和死亡的歌剧，关于拜伦勋爵与比他年轻得多的特蕾莎的关系。1819年他在意大利首次见到她，当时他因为与同父异母姐妹的关系暴露而被驱逐出英国。[56] 与拜伦的情况相似，卢里也是因为某些阴影而被迫离开他的家，投靠到一个陌生的地方（在拜伦的情况中，他是到了外国）。在他所创作的歌剧中，拜伦表现出幻灭，卢里也有这样的感觉。像拜伦一样，卢里也梦想着他的女儿会乞求他伸展双臂来保护她，就像《彼得堡的大师》中的陀思妥耶夫斯基，梦想着他那个被放弃了的儿子巴维尔能希望继父来帮他起死回生。然而歌剧主要是涉及失去的爱情与性欲。卢里的拯救者不是梅拉妮，而是丝毫没有吸引力的贝芙·肖，一个没有让他感觉有很大性欲的女人。

卢里和露西之间的关系是有问题的，尤其是当他发现露西因为强奸而有孕在身，但她拒绝做人工流产或控告她的袭击者，转而选择嫁给佩特鲁斯来换取他的保护时，他们的关系更为不融洽。她认为新南非会有一个新的风气，南非黑人希望她也要做出一定的牺牲。她在小说中的最后一句话让人想起卡夫卡在《审判》中的结尾：

> "不错，我同意。是很丢脸。但这也许是新的起点。也许这就是我该学着接受的东西。从起点开始。从一无所有开始。不是从'一无所有，但是……'开始，而是真正的一无所有。没有办法，没有武器，没有财产，没有权利，没有尊严。"
>
> "像狗一样。"
>
> "对，像狗一样。"[57]

在小说结尾处，卢里致力于在一间动物诊所的工作，在那里他为流浪狗实施安乐死，就是在那里他对一条无人认领的残障狗表现出牵挂。在小说结尾处，卢里放弃了这条狗，像对待要宰杀的羔羊一样，把它放到诊室的台面上注射了药剂，这时的卢里发生了进一步的逆转，像佩特鲁斯一样，成了"狗一样的人"。

根据文件箱里保存的库切的手稿笔记，起初库切想让卢里显露出一些《圣经》中的约伯形象：被剥夺一切尊严，最终选择自杀。另一条发展设想，也是他后来完全弃用的：梅拉妮与朋友瑞恩一起去了一个俱乐部，然后发生争吵分手，在回家的路上搭车时，她上了一个陌生男人的车。第二天，她的尸体被发现，瑞恩为了脱罪，将一切怪罪到卢里身上。尽管卢里身上模糊地表现出一点约伯的形象，但手稿记录的趣味性在于库切很快放弃了这个故事线，选择了另外一个脉络来写。

作为一次非常罕见的例外，库切接受了《堪萨斯城星报》（*The Kansas City Star*）图书编辑约翰·马克·埃伯哈特（John Mark Eberhardt）的有关《耻》的问题采访，这主要是因为这些问题是他的经纪人彼得·兰姆派克转发给他的。这本小说被选为埃伯哈特所在的读书俱乐部的讨论书目，成员会收到一张纸，上面印有问题和回答。库切的回答日期是2001年3月23日。正如他作为作家的一贯方针，有关对作品解释的任何问题，他拒绝回答：

1. 在这本书中发生了一些非常不愉快的事情，但《耻》的阅读并不是一种让人感到压迫的阅读体验。一方面书中的主题相当严峻——强奸、种族主义、虐待动物等，另一方面，该书显示着一种抒情的情绪。您是怎么构造这样一本书的？早期的一位书评者称其为"奇怪地令人振奋"，我也有同感。

我尽我所能更好地来叙述。如果您觉得该书显示了抒情的情绪，我很开心。一个人如果要写得好，并不需要一种关于如何写好的理论。

2. 有些读者说戴维·卢里是一个很难让人喜欢的人物。我不敢苟同。他正视自己的缺点让他几乎成为一位英雄人物。您打算让他成为一个即使有缺点，也令人钦佩的人物吗？

本书的创作历时两年多。如果戴维·卢里这个人物是一个完全令人讨厌的人物，我不可能与之共存这么久的。

3. 卢里作为一名教授，与他的一个学生发生了灾难性的关系。虽然在那之后，该书也出现了一些有趣的，对我来说，意想不到的转折。您是怎样严控这些材料的，甚至在有些时候，故事的发展可能是读者没有预料到的？

我是如何严密控制的？踩钢丝的艺人是如何保持在钢丝上的？时刻小心着别掉下来。

4. 卢里恋情的学术性别政治与小说后面他女儿受到的残暴身体攻击相对照。但是，这两者之间——卢里的行为和三个闯入者的行为，到底有多少不同？当然，卢里的学生是同意性行为的——但是他是否可以被认为是在犯脑力强奸？

我不知道什么是脑力强奸。梅拉妮·艾萨克斯的想法听起来很乏味，几乎不能让人为之兴奋。

5. 您现在还住在南非，虽然我知道您要离开了。在过去几年中，那里是否发生了很大的改变？或者您所在的这个国家紧张的关系将不断上演？南非要怎么做才可能医治其历史上长期的种族不和谐？（在我看来，这个问题也适用于美国。）

我不是一个医生。如果我是的话，我要说的第一句话是："医生，把你自己治好吧。"

6. 也许我是错的，但我发现读到人类虐待和忽视动物的场景时，甚至比在这部作品中读到人类自己的悲惨经历更让人感到伤心。您为什么决定在故事中包含人类对待动物方式的主题呢？

除了人类以外，这个世界上还有很多动物，所以关注动物并不足为奇。我曾写过一本书《动物的生命》，完全致力于人类是如何对待动物的问题，该书由普林斯顿大学出版社出版。

7. 戴维·卢里说，他的性意外是由激情所驱动的，但我还在想这个问题。事实上，在这件事情中，双方显得很漫不经心。在卢里这方面，他肯定是有性欲的，但是这种欲望也让我感到怀疑。戴维·卢里真的是在寻找出路，摆脱他痛苦的存在吗？

我不知道答案。除了我所写出来的内容，关于戴维·卢里我不知道其他更多的。

8. 读到卢里与贝芙——动物诊所的女人约会（至少这次他睡的是一个成熟的女人，而不是他的学生）的例子，读者会觉得这是他某种精神上的成长。这个例子也可以被解读成他是个风流男子的例证。您更喜欢哪种解读？或者他与贝芙的关系介于这两个极端之间？

我不认为作者应该像权威人士一样声明自己的书应该如何被理解。

9. 在故事开始时，戴维·卢里绝对可以被视为一个傲慢的人。可能到小说的结束处，他仍然有着傲慢之处，但是如果事实确实如此，我却有些没看出来。是否有任何方式可以做到既傲慢，又处于耻辱之中？换句话说，戴维·卢里是一个拜伦式英雄吗？他肯定钦佩拜伦的作品，但是在他的作品中，他在任何时刻都是拜伦式人物吗？

我不知道，在拜伦式戏剧之外一个人是否可以是拜伦式人物。戴维·卢里是一位拜伦研究者，他正在写一部关于拜伦的歌剧，无疑拜伦会对他产生影响，因为所有的作家都会对深入阅读的读者产生影响。难道这还不够吗？

10. 同情比爱情更重要吗？

有必要将这些重要的内容排名次吗？ [58]

九

在有关《耻》的评论中，南非的批评往往强调其令人不安的特质。加雷思·康威尔（Gareth Cornwell）围绕小说的压抑、阴郁、悲观的氛围提出了一些问题："露西对于她所处困境的反应要类比1994年后南非白人内疚的赎罪方式吗？库切是想表明，只有通过自贬与激进的自我重塑，才能打破我们的社会中二元对立的僵局？才能在这个种族四分五裂的国家实现真正的融合吗？" [59]

与此不同，蓝提·威廉姆斯（Ranti Williams）在1999年6月25日的英国《泰晤士报文学副刊》中指出："忠实的关系……也是这部感人小说最打动人的方面，它展开了作者最喜欢的背景——南非乡村的残酷美感"。1999年7月3日保罗·贝利（Paul Bailey）在《独立报》中表达了他对小说文学品质的欣赏："《耻》是一个微妙的、多层次的故事，既关心政治，也关注男性的肉体之痒。库切的文笔精练而抒情，且不自显。读到这样一本有风格又不张扬的作品，真是一种享受。"露西·休斯-哈雷特（Lucy Hughes-Hallett）在《伦敦星期日时报》中注意到库切文笔的力量："带着无情的完整性，库切没有表示安慰，而是给读者提供了令人兴奋的大项目，并毫不费力地达到了这一点。这是一个残酷的故事，讲述方式简约、优美，其理性潜力使其既令人振奋，又让人备感严峻。这部小说再一次验证了库切是当今在世的最好的小说家之一。"贾斯汀·卡特赖特（Justin Cartwright）在1999年9月22日的《每日电讯报》中写道："我猜想，之所以采用这种惨淡的现实主义，主要是因为库切对新南非基本哲学理念的肤浅性感到深深的不安，另外他不准备冒着错误阐释的风险给其套上他所熟悉的寓言的外衣。"亚当·马斯-琼斯（Adam Mars-Jones）在1999年7月18日的《观察家报》中写道："任何以南非为背景的小说都注定要被解读为一个政治肖像，但是《耻》的魅力——可能有些人会觉得是有些违逆的魅力——在于它通过一种极端的张力既鼓励也批驳了这样的阅读方式。"迈克尔·格拉（Michael Gorra）在1999年11月28日的《纽约时报》中指出，该小说主题与纳丁·戈迪默1998年发表的小说《护家之枪》（The House Gun）很相似，两部小说的背景都是后种族隔离时代。他这样评论小说中的现在时叙述："《耻》……是运用现在时进行叙述的，它的标题也表示了一种持续的状态——耻辱继续。小说中人物的生活也是如此；到了这本书的结尾，他们的状态仍旧如此，尚未解决，他们的问题和可能性仍然存在。在我看来，很少有其他小说像这本小说一样能够如此有效地运用现在时构成整本书的结构和形式。"如果说《耻》在发一个"消息"给读者的话，安德鲁·欧赫尔（Andrew O'Hehir）在1999年11月5日的《沙龙评论》（Salon Reviews）中认为，那个消息就是政治变革不可以根除人类苦难："政治和历史的力量像恶劣的天气一样摧毁着人类的生活，所带来的破坏因为是非个体化的而变得更为残酷。"

有关《耻》的两个最有启发性的研究来自伊丽莎白·洛瑞（Elizabeth Lowry）1999年10月14日发表在《伦敦图书评论》上的文章，以及大卫·阿特维尔2001年12月发表在《南部非洲研究》（Journal of Southern African Studies）杂志上的文章。洛瑞指出，库切的《耻》与其早期作品《内陆深处》之间存在着令人着迷的联系（和差异），特别是关于主仆关系的动机问题。她写道："《耻》是库切所创作的最好的一部小说。这是一本少有的、令人不寒而栗的书，它的作者日趋成熟，能够提炼自己文字的执着性，创作出精确、有效的文字，将其有关权威的主题凝聚到一个看似简单的故事之中。"大卫·阿特维尔指出，在库切的小说中确实明确存在着历史事件与虚拟故事之间的联系，但是这部小说标志着库切将审美与伦理混合在一起的起点。阿特维尔说，在这部小说中，读者首次读到库切直面南非后种族隔离时代，不论这个时代在多大程度上构成了该小说的背景。在此背景下，一个人应该提防不要过快地对小说做出肤浅的结论。对于阿特维尔来说，卢里是受害者，也是破坏的调停者。他发现自己所熟悉的浪漫主义时代已经能够离他远去。历史已经超越了他，当他要接受有关性骚扰的纪律听证会时，一切就都再明晰不过了。阿特维尔认为，这场听证会是小说中唯一的一次公众质询，明显的参照系是真相与和解委员会。阿特维尔还指出："卢里拒绝做出人们所期望的忏悔，承认自己的罪责，这成为这一段关注的焦点，所以人们就可以得出结论认为：在卢里看来，制度上驱动的忏悔与和解是……对私人生活的另一场攻击。"

此外，他是在女儿的农场上受到攻击的，他到这个农场的本来目的是从他在开普敦所经历的羞辱中恢复过来，结果他发现自己被历史吞噬了：

> 在这里，小说寓言化的倾向最为明显，因为这部农场小说发生在东开普省，时间是土地改革期间，因此《耻》是在反叛农场小说的传统，这是库切本人在《白人写作》《内陆深处》，以及《迈克尔·K的生活和时代》中曾经探究过的内容。两个具有寓言意味的人物是佩特鲁斯和露西。前者是农场的前雇员，他知道自己的时刻已经到来；后者是殖民者的继承人，作为一个后工业时代的嬉皮士，希望轻松、简单地享受快乐的农村生活，但她又不得不成为早期殖民历史的代表。露西被强奸就是一个例子，她要赎罪，不仅仅是父辈的，也是她父亲的，因为她的父亲曾经诱骗梅拉妮，也是犯罪者

的同谋。当露西拒绝戴维提供的安慰，用沉默来恢复她自己的身份感，读者会敏锐地意识到，尽管戴维·卢里有唯美激情，但是作为一个类似强奸犯，他的地位被中和了。

对于《耻》的评论，不论是在学术评论，还是普通书评中，绝大多数都是正面评价，质量也很高。很少有其他同时代的小说能激发起评论界如此大的反响。除了比尔·麦克唐纳（Bill McDonald）编辑的《遭遇〈耻〉》（*Encountering Disgrace*）之外，还有莱昂·德科克（Leon de Kock）编辑了《观察2》的特刊，以及德里克·阿特里奇和彼得·D.麦克唐纳（Peter D. McDonald）编辑的《介入：后殖民研究国际期刊》（*Interventions: The International Journal of Postcolonial Studies*）。

在《遭遇〈耻〉》的介绍中，比尔·麦克唐纳写道：

> 尽管《耻》引发人们更多地讨论库切在祖国南非的文化氛围中所起的作用，但是《耻》的国际声誉证明了库切作为一个主要小说家的地位。虽然受到高度赞扬和嘉奖，但是因为《耻》对真相与和解委员会的隐性批判，以及对黑人强奸白人女子的描述，它也受到了众多的谴责。批评者中包括一些著名的南非作家，指责库切在国家进入后种族隔离时代的时刻，刻意唤起旧的种族主义恐惧与种族紧张关系。

<h2 style="text-align:center">十</h2>

《耻》获得1999年度布克奖，其中现金奖励为21 000英镑。其他获得提名的小说有：作家安德鲁·奥哈根（Andrew O'Hagan）的处女作《我们的父辈》（*Our Fathers*），印度裔英国作家安妮塔·德赛（Anita Desai）的《斋戒与大餐》（*Fasting, Feasting*），埃及艾赫达芙·苏维夫（Ahdaf

Soueif）的《爱的地图》（*The Map of Love*），科尔姆·托宾的《黑水轻舟》，以及迈克尔·弗莱恩的《一往无前》。某些圈子还非常不满于名单中遗漏了维克拉姆·塞斯的《平等的音乐》（*An Equal Music*）和萨尔曼·拉什迪的《她脚下的大地》（*The Ground Beneath her Feet*）。工党政治家及评委会主席杰拉尔德·考夫曼（Gerald Kaufman）试图将塞斯包括在内，而另一个委员会成员约翰·萨瑟兰（John Sutherland）希望推举拉什迪。出版界欣赏迈克尔·弗莱恩的《一往无前》，但最后是《耻》赢得了布克奖，这也是布克奖首次二度授予同一位作者。其他评委有小说家谢娜·麦凯（Shena Mackay），现代英语文学教授约翰·萨瑟兰，两位文学记者：博伊德·同金（Boyd Tonkin）和娜塔莎·沃克（Natasha Walker）。对于评委会人员的选择人们是有疑虑的，这一点可以从保罗·利维（Paul Levy）的评论中看到，他将他们称作"伦敦大都市的文学暴徒"。

在宣布参选名单时，杰拉尔德·考夫曼说："这个名单是有史以来最强的一份名单之一，从六本书中选出一本是非常具有挑战性的任务。"在宣布奖项结果后的一份声明中，他说，《耻》在六部小说中"写得最美丽，结构最精美"。他称其是"一个人类在后殖民时代经历的寓言"，并继续说："从某种意义上说，这是一本千年之书，因为它将要带着我们走过20世纪，进入一个新的世纪。在这个世纪，源动力将从西欧转出。"另一位评委博伊德·同金，在1999年10月29日的《独立报》中称该作品是"新南非的第一部精品。J.M.库切的《耻》也许是布克奖十年中最好的一部小说"。

与《迈克尔·K的生活和时代》获奖的情形一样，库切当时正在芝加哥大学与乔纳森·李尔一起上课，不能出席颁奖典礼，塞克沃伯格的杰夫·穆利根代其接受奖项。在穆利根代为宣读的致辞中，库切称布克奖是"在英语界要赢得的终极大奖……我深刻地意识到该奖给我带来的荣誉"。

从开普敦大学那边看，该奖给他们带来极大的喜悦。文学院院长威尔莫特·詹姆斯（Wilmot James）教授说，这"再一次表明，库切是一位具有国际声誉的作家"。校长曼费拉·赖姆菲勒博士补充说："约翰·库切获得布克奖，反映了他对南非文学的杰出贡献。"纳丁·戈迪默的反应是："我很高兴约翰再次获得布克奖。这是一个非常好的消息。比南非赢得橄榄球比赛更让我感兴趣。这对于南非文化的发展也意义重大。"[60]安德烈·布林克也呼应说：《耻》不论是从风格还是叙述线条上看都是一本优雅的书。其惊人的光芒与简约使其成为库切迄今为止最伟大的成就之一。他在结局的处理上总是很成功……不过迄今为止，他的小说中没有哪一部小说的结尾达到《耻》的最后几页这样的精美。"

除了布克奖以外，《耻》也赢得了2000年度英联邦作家奖以及同年的M-奈特奖（M-Net Award）。库切并没有出席这两次颁奖仪式。 2006年10月，《耻》被《卫报》选为英国最好的小说，遴选范围包括英联邦和爱尔兰1980年至2005年之间出版的所有小说。其他入围者有作家朱利安·巴恩斯、萨尔曼·拉什迪、A.S.拜厄特和伊恩·麦克尤恩。

在南非这样的国家，1994年前后，强奸等犯罪行为和各种形式的攻击事件很常见，所以对《耻》有分歧性意见存在，文学与政治的标准又经常令人困惑，这些都不难理解。其中对库切最激烈的攻击来自国际知名的剧作家阿索尔·富加德，他在《伦敦时报》中承认，他没有读过《耻》，但他表示，整个主题都令他郁闷，其内涵是因为我们曾经在过去犯下的恶行，所以我们就应该接受白人妇女被强奸。他认为说白人妇女因为过去历史中的问题而要以赎罪的方式接受被强奸，这是"胡说八道"。

针对富加德的声明，诗人安特杰·克罗格（Antjie Krog）说："一个人还没有读这本书，就发表评论这实在令人震惊。我们早就不该这么做了。"哲学家约翰·罗素（Johann Rossouw）指出，标题是"耻"而不"罪"。卢里乞求他所骚扰的学生的家长来宽恕他，因为根据罗素的观点，这是一个个人行为，远离公众的视线。他认为富加德所理解的白人妇女将接受强奸作为对过去的负罪，这在小说中是毫无基础的。"露西的接受源自她认识到这个国家的事物秩序发生了变化。因此，这不是一个投降的问题，因为她决定按照自己的方式留在这片土地上，以这种方式成为非洲的一部分。"[61]

很多作家对此作品的反应往往是矛盾的。纳丁·戈迪默在私人信件中表示了她对库切新的政治正确性的赞赏，但是她也很策略地保留了自己对《耻》的真实态度。她曾写信给菲利普·罗斯，该作家写了一部小说《人性的污点》，其中也涉及了一位中老年男性教授。戈迪默在信中写道："现在，在这部优雅、有力的小说中并没有深厚的感情（也许，除了……自我厌恶以外），没有爱，需要做的是让流浪狗死去，这位教授也就在这个时候能让人感觉到他对任何人或任何事物还保存着一丝情感。"[62] 在2006年的一次公开演讲中，她说："在小说《耻》中没有一个黑人是真正的人。根据我的生活经历我很难相信，确实非常难相信会有黑人家庭去保护强奸犯，只是因为这强奸犯是他们的家庭成员之一。如果库切认为这是他在种族隔离制度后的南非所能发现的唯一的真相，我真的很为他感到遗憾。"[63] 戈迪默的观点也得到了克里斯·范维克（Chris van Wyk）的呼应，后者曾经创作并发表了很多作品，其中包括《雪莉，善良与怜悯》（*Shirley, Goodness and Mercy*），记录了他小时候在有色人种社区的经历。他感觉《耻》是一本种族主义的书："白人形象跃然纸上，黑人作恶者却没有。"记者麦克斯·杜布里兹（Max du Preez）在2000年1月21日的《星报》中指出，他反对让教授和他的女儿成为南非白人的象征，而佩特鲁斯和三个强奸犯代表黑人的处理方式："如果这是真的，那么《耻》所要传达的信息就是南非黑人报复白人，白人如果不赎罪，那么在非洲就不会受欢迎。黑人和白人的态度及生活方式是不相容的。"萨尔曼·拉什迪对《耻》中"强硬的语言"和"冷酷的漠然"感到难以接受。他评价说，这让书读起来"没有心"，"其所有的智力都无法将漏洞填满"。[64]

不过，这部小说得到南非小说家达蒙·加尔格特（Damon Galgut）的支持。他写道："我想这是有开创性意义的，表明关于'新'南非，不是一切都神圣不可侵犯，他确实打破了一个禁忌，谈到在这些方面的内容。"虽然也对该小说持有一定的保留态度，但他补充说："有些人敬畏此书，就是因为他们认为它恰恰描绘了我们现在的境地。"霍米·巴巴（Homi Bhabha）是哈佛英语系的教授，也是库切的朋友。他声称，该小说的力量恰恰在于它能让读者迷惑，并带领他们走向不确定性。他在接受记者采访时表示："《耻》是一部'开缝'的作品，而不是一部'缝合'的作品"。在一个"真正存在着社会、历史和心理危机的时代"，库切让他的读者感受到他们的焦虑和关注，而不是"用我们进步的自由主义者希望的那种方式"驱散这些内容。巴巴认为《耻》是一部强大的小说，因为"它让人们将自己一些深刻而强烈的情感投射其中"。[65]

2000年4月5日，在口头提交给人权委员会有关种族主义听证会的汇报中，非国大用《耻》来做例子表明种族主义如何存在于南非这个国度之中。根据该口头汇报，小说将黑人形象描绘为"不忠诚、不道德、没有受过教育、无行为能力的原始孩童"，这样的情形可以追溯到J.B.M.赫左格（J.B.M. Hertzog）将军所谓的纯南非白人民族主义之父。由公共企业部长杰夫·拉德贝（Jeff Radebe）提交的报告先引用了露西对于发起攻击的个体的邪恶感到的震惊，随后又引用了她父亲的解释：这不是个案，而是历史在通过他们发声。根据拉德贝提交的报告，非国大指责库切"极尽所能恶毒地"描述南非白人对"后种族隔离时代黑人的感觉"。除此之外，小说的次要情节，比如卢里在一个动物庇护所的情节，被看成作者比起关注人类权利更关心动物权利的例证。拉德贝又接着间接指涉露西在作品最后的话，指出：

> 有人建议，在这种情况下，也许我们的白人同胞移民会是一个更好的选择，因为在后种族隔离时代的南非，就等于在"他们的实力范围之内"，结果是白人将失去他们的汽车，他们的武器，他们的财产，他们的权利和他们的尊严。白人妇女将不得不睡在野蛮黑人男子的旁边。

虽然杰夫·拉德贝的名字出现在非国大提交的报告之中，但是总统发言人，斯穆茨·古尼亚马（Smuts Ngonyama）做出了一个很难令人相信的声明。他说《天堂的婚姻》，也就是这篇报告所在的文本并不是"非国大出版的书"。大卫·阿特维尔在2002年《〈耻〉中的种族》（*Race in Disgrace*）一文中写道：

> 然而，提交给人权委员会听证会的报告，包含其中的文字，确实是出自非国大——当时的宣读者是杰夫·拉德贝，公共企业部长，是"非国大政策部门的发言人"……但是，我确定，不论是该书，还是该报告在非国大的任何公开论坛中都没有被广泛讨论，肯定也没有在全国执行委员会上讨论过。一位不愿意透露姓名的全国执行委员会成员认为有理由相信，该群体背后的指挥者是总统塔博·姆贝基。

杰克斯·戈威尔（Jakes Gerwel）曾经是南非语与荷兰语教授、西开普大学的校长，后来也是总统纳尔逊·曼德拉在任期间办公室的总干事。2000年2月13日他在《报告》中撰文指出：

> J.M.库切近期屡获殊荣的小说被指责为表现了社会的衰退、道德的解体和南非国家结构的支离破碎。我们最具创意精神的人物之一——无疑是最为世界公认的人物——是如何从中找到灵感来创建他作品中的国家呢？
>
> 南非文学中许多有趣的内容（我会说，大多数）都出自奇怪的"在非洲做白人"的现象中。库切的小说作品对此做出了最重要的贡献。这种流派作品的主线条就是无家可归感。我对库切的这本获奖小说所提的问题是：如果说"非洲白人"的无家可归感被刻在意象中，那么关于我们剩下的其他人，他要怎么说呢？
>
> 并非只是白人中存在的无归属感构成了这隐喻化的原材料，故

事的构成还包括非洲黑人近乎野蛮的后殖民时代的需求，以及对可能的文明调解的排斥。（还要排除一切情况，比如有色人种的妓女、被诱骗者、原告和带着某种态度的检察官。）

戈威尔总结说，这种种族主义者的存在"毫不令人奇怪，但是国家是否可以由他们来代表，这仍然是一个问题"。

该文章是在总统姆贝基2000年2月4日发表了他的就职演说之后不久发表的。姆贝基的演讲强调反对种族主义的斗争。姆贝基还引用了来自一位不愿透露姓名的白人工程师的电子邮件，内容如下：

> 我们的女友/妻子都生活在可能被强奸的恐怖之中，那些人可能是感染艾滋病的黑人（或黑人团体）…… 每天都有你认识的人遭到抢劫、殴打、绑架或杀害…… 这些黑人混蛋有一半是从腐败的交通警察那里买到了他们的（驾驶）执照…… 我要说的是，艾滋病传播的速度不够快！！！

彼得·D.麦克唐纳在2002年3月的《介入》（*Interventions*）中发表文章《〈耻〉的效果》（*Disgrace effects*），详细描述了非国大对库切小说的反应。在姆贝基演讲的背景下，库切小说被认为是在报道白人种族主义，这听起来确实有些危险且不好界定。然而，这是在完全脱离上下文地阅读《耻》。

根据麦克唐纳的观点，如果用另外一种方法，从另一个角度来阅读，小说完全不应该是非国大或戈威尔所认为的那样。麦克唐纳写道：

> 从表面上看不会有什么改变。卢里仍然是那个南非白人，露西仍然是他的女儿，攻击她的人仍然是黑人。强奸在小说中也仍然发生在一个令人不安的关键时刻。但是，同时一切都将改变。首先，我们需要理解人物，不仅仅是作为一种不断超越自己的寓言类型，

而且还应该作为一种陷入复杂网络，通过关系的不断变换构成小说戏剧化的人物个体。然而，我们也必须认识到，他们绝对不是奇异的。他们的个人身份不可避免地被性别、世代、性倾向、国籍和种族关系所影响。在这样的分析中，卢里不只是白人。他同时也是中年人、异性恋、男性，可能还是犹太人等等；同样，露西的攻击者也不只是黑人，他们是男性、异性恋等等。其次，如果我们能够抵御强烈的诱惑力，不将该故事看作是历史的见证，我们就需要了解关键事件的功能，而不是表象或模仿。在这种阅读之下，例如，强奸就不会被看作是"南非现实生活"的标志——不论强奸统计数据可能有多可怕——也不会被看作是"白色恐惧"的一种表现。对小说的判断将立足于叙述的功能，部分的衡量方式是对小说中心人物的影响。

这一观点也影响了艾迪安·布里茨（Etienne Britz）对这本小说的判断。对于他来说，《耻》并不只是"痴迷于南非"：

> 这是一本关于人类普遍类型的书籍。南非的情况仅仅是被用作一个引人入胜的、从优雅处堕落的典型人类历史案例。人们着迷于阅读《耻》的先决条件绝对不包括对南非感兴趣。[66]

正如人们所预料的，库切并没有公开回应非国大对《耻》的攻击。但他确实在这件事情上有自己的看法。在2000年6月10日的一封信中，他回答布莱顿·布莱顿巴赫说："我看到了您提到的非国大提交给委员会的，有关媒体上种族主义的报告节选部分，但真不明白它们与我的书有什么关系。这种文学批评的水平会让您在英语初级或入学考试中得个不及格。"2002年5月15日，在写给大卫·阿特维尔的信中，他说："我可能提到过罗尼·卡斯瑞斯（Ronnie Kasrils）对《耻》的评价。我和他是在2000年左右的一次晚宴上碰到的，当晚宴结束大家要离开时，他走过来对我说：'我们在内阁中很是认真地讨论了您的书。您不是没有维护者的。'然后他说了一个名字，我忘记了，还有一个副总理，现在是驻某个国家的大使。"

第五幕

澳大利亚

(2002年 至今)

第14章

移民

一

人们普遍认为，非国大对《耻》的负面评价直接促使库切决定在2002年永远离开南非并定居澳大利亚。虽然这可能起到了决定性的作用，但将他的离开全部归因于此未免过于简单化。库切经常遇到作品不被理解、得到负面评价的情况。在20世纪80年代的全国紧急状态时期，他在给迪克·彭纳的一封信中写道，无论以什么方式，只要有可能做出贡献，他就想留在南非。"作为一名作家，"他说，"我不希望远走他乡，部分原因是我看到流亡对作家产生的影响。"[1]然而，他移民前夕发生的事，特别是发生的一系列事讲述了一个完全不同的故事。

早在1989年11月，库切就曾受邀到位于澳大利亚布里斯班的昆士兰大学做驻地作家。这次访问发生在1990年。他的伴侣多萝西陪同访问，他们利用这个机会探索游览了这个国家。1991年，多萝西在阿德莱德进行学术访问，这个城市以及受到的热情接待给她留下了深刻的印象。1991年8月，他们又来到了澳大利亚，这一次是作为墨尔本大学英语系的客人，住在奥蒙德学院。他们四处旅行，在位于亚瑟·博伊德

（Arthur Boyd）故居的艺术家聚居地度过了一段愉快的时光，还参加了艺术节。他们还参观了阿德莱德，库切对阿德莱德的设施和环境印象极其深刻。之后，库切在堪培拉出席了一个作家座谈会，1996年，他和多萝西因为参加一个作家周的活动而再次访问阿德莱德。

从第一次访问开始，库切就被澳大利亚迷住了。"从一开始，以一种难以言表的方式，"他在2001年8月接受安妮·萨斯坎德（Anne Susskind，南非出生的悉尼文学评论家）的采访时这样说道，"我感到一种来自土地和景观的强大吸引力。我来自非洲，那里的土地同样有一种神秘的力量，让人感觉到自身的渺小。"虽然曾在美国的不少城市居住多年，他从未能习惯北美的风景。在得克萨斯大学的日子里，他想念空旷苍凉的卡鲁，而在美国的其他地方，他也总觉得自己是个异乡人。在英格兰做程序员时，他在萨里灰色的风景中总感到不自在。他认为，除澳大利亚和南非以外，唯一一个他可以定居的地方是法国农村，但如果是那样的话，虽然他通晓法语，但他将永远住在使用非母语的异国他乡。

在20世纪90年代多次访问澳大利亚的过程中，库切被这片土地强烈吸引，他认为可以在那里定居，进行一次"冒险"。辽阔而又贫瘠的土地让他想起了卡鲁。南非犯下的罪行这里都不曾发生。在给朋友的一封电子邮件里，他写道，坐在悉尼北部鲸鱼海滩的长椅上，他欣赏着眼前田园诗般的场景：一个个家庭带着野餐篮，绿色的海湾伴着橙色的沙滩，远离危险的困扰。此外，正如他在采访中对萨斯坎德所说，澳大利亚的平等主义给他留下了深刻的印象："就我所见而言，澳大利亚人自然地以平等的方式对待他人。您可能会说，任何一个从存在严重种族隔离问题的南非走出来的人，都会有这种反应。但就我的经历而言，澳大利亚的平等主义在世界范围内也是相当独特的。这当然是特定社会历史的结果。不过，我觉得这非常令人钦佩。"

1995年3月29日，距离《耻》的出版还有四年多的时间，堪培拉的罗宾·麦克马伦（Robin McMullan）就建议库切把简历提交给澳大利亚大使馆申请移民。所以那时他就已经在考虑移民，首选地点是阿德莱德，其次是墨尔本。然而，到了1999年10月，他才联系了各方面关系来帮助他进行移民申请，如澳大利亚艺术理事会的尼古拉斯·哈斯拉克（Nicolas Hasluck）、英联邦文学研究协会的萨坦德拉·南丹（Satendra Nandan）、澳大利亚作家协会的若泽·博尔吉诺（José Borghino）。1999年12月13日，他还请求澳大利亚著名作家大卫·马洛夫（David Malouf）支持他的申请。他现在正要从开普敦大学退休，因此他说："南非正处于一个非常有趣的历史演变阶段，但对养老来说却不是什么好地方。自从1991年第一次访问澳大利亚，我就感觉到了这个国家及其景观对我的吸引力。对我的伴侣多萝西来说也是如此。我们想试试到那里生活。我并不想再找什么学术职位，我的退休金、写作收入以及每年两个月在芝加哥大学工作带来的收益，足以应付生活。"

那时，库切委托悉尼的一家律师事务所处理他和多萝西的申请，他则负责整理一些辅助材料。2001年1月上旬，澳大利亚驻南非大使馆的一位工作人员告诉他们，未来一两个月内就会有结果，并且会是一个好结果。即使在提交申请前，库切和多萝西就已经安排好了在2001年2月前往阿德莱德，多萝西将在那里担任客座教授进行讲学。"我要去凑凑热闹，"库切在给大卫·阿特维尔的一封信中这样写道。他可能也想去阿德莱德再看看，毕竟他们打算在那里定居。两人均定于2月3日离开，库切待到3月7日，多萝西则待到4月底。

既然这次访问他们必须持有签证，并在边境出示医疗证明和无犯罪记录证明，比勒陀利亚澳大利亚大使馆的菲尔·洛夫林（Phil Lovering）意识到，如果马上签发移民签证，对所有人来说，事情都会变得简单。2001年2月1日，库切写信给处理他们移民事宜的悉尼律师韦恩·普赛尔（Wayne Purcell）：

> 我有好消息。如果我能在明天（2月2日星期五）下班前，带着多萝西和我自己的护照，到达比勒陀利亚的澳大利亚高级专员公署，我就可以得到移民签证。然后，我们将乘坐2月3日（星期六）

的航班，2月4日（星期日）就能出现在珀斯机场的移民官员面前，以移民的身份登陆澳大利亚。

我的快乐简直难以言表。感谢您所做的一切……高级专员公署的菲尔·洛夫林给了我们巨大的帮助。

到达阿德莱德后，库切收到了澳大利亚作家协会的若泽·博尔吉诺发来的电子邮件，告知说他们永久居留的申请已经通过。他喜出望外，官僚主义的车轮竟运行得如此顺利。2月13日，库切写信给博尔吉诺：

我今天一直想要给您写信，告诉您这个好消息，感谢您不辞辛苦为我所做的一切。事实上，一切都发生得很快。十天前，我们还在南非沮丧地想着还要等多久。然后，就在原定飞往阿德莱德前——我的伴侣多萝西在那里担任访问学者——我们收到高级专员公署的电话，告诉我们申请通过了。我飞往比勒陀利亚在护照上盖上签证，几个小时后，我们就出发了。多萝西将在这儿待到4月底。我会在3月初返回南非。从6月起至11月，我们还有工作要做，首先是在南非，然后是在美国。因此，直到12月，我们才能真正安置下来。现在看来我们会定居在阿德莱德——我们认为它是一个舒适宜居的城市。

库切最后说，只要达到要求，他非常愿意加入澳大利亚作家协会。

库切于2001年12月从开普敦大学退休。12月28日，他结束了芝加哥的年度工作回到开普敦，开普敦大学校长纳布罗·恩德贝莱为他举行了一场告别宴会。他们的计划是，多萝西暂时保留在开普敦大学的教授席位。她将往返于开普敦和阿德莱德之间，每年第一个学期在开普敦履行授课的职责，第二个学期则与库切团聚。

对于他即将步入的澳大利亚文坛，库切在与安妮·萨斯坎德的访谈中说，他不能假装自己已经对它有了充分的认识：

我在年轻时读过澳洲现代主义作家的作品，如肯尼斯·斯莱塞（Kenneth Slessor）、A.D.霍普（A.D. Hope）、朱迪丝·赖特（Judith Wright）等，我认为他们比南非本土的作家都要优秀。后来我中了帕特里克·怀特的魔咒，读了他所有的作品。我也读彼得·凯里的书，并且很欣赏他，特别是最近关于内德·凯利（Ned Kelly）的那本书。以任何标准来衡量，莱斯·穆雷（Les Murray）都是一个重要的诗人。我非常喜欢彼得·波特。至于年轻作家的作品，我只零零散散地读过一些。我最近读了迈克尔·米汉（Michael Meehan）的第一部小说，并为之折服。雷蒙德·盖塔（Raimond Gaita）的童年回忆录也是如此。

　　关于萨斯坎德问到离开南非后，库切会怀念那里的什么，他回答说：

　　　　我不知道自己在身后留下了什么。确切地说，我想只有在以后回顾过去时，我才会知道自己留下了什么。我会怀念什么？或许是在多语言环境中的生活：走在街上，听到许多不同的语言。我也会想念开普敦大学……不是作为一个机构，而只是作为一种氛围，人们可以非常自然地和那些漂亮、快乐、自信的年轻人走在一起，他们来自不同的种族和背景，世界在他们的脚下。这是一项特权，并不是每一个老年人都拥有这一特权。

　　3月初，库切回到开普敦。5月，他和多萝西前往西班牙，和一群人一起骑车旅行，从法国边境的比利牛斯山脉前往圣地亚哥德孔波斯特拉，沿着古老的朝圣之路骑过大约800公里的距离。因为车友的骑行速度对他们来说有点慢，八天之后，他们与其他队员友好告别，独自南下。两个人都过得非常愉快。自行车之旅后，他们游览了德国、荷兰、法国和英国，之后飞往芝加哥做年度系列讲座。

2001年初，一些报纸已经提到库切即将离开南非的消息，记者们希望他能确认这一打算并谈谈移民的原因。然而，库切不愿意与唯恐天下不乱的记者讨论自己的移民问题。2001年3月21日，他写信给伦敦的代理人布鲁斯·亨特说，自己已决定离开南非移民澳洲，当一名独立作家而不谋求学术职位。他写道，实际的移民，会到2001年底或2002年初才可能实现。他将继续与亨特所属的大卫·海厄姆联合出版公司（David Higham Associates）合作。澳大利亚媒体一周前就收到了他和多萝西即将移民的消息，南非的报纸也发布了这一新闻。"我之所以移民，"他写道，"是出于个人的考量，只关系到我个人和一些亲近的人，与他人无关；但记者们显然喜欢对此加以政治上的解读。我想，最好不要让自己陷入争论之中。"

兰登书屋（塞克沃伯格成为其附属公司）的杰夫·穆利根从库切那里得知了他们的移民计划。在3月21日的一封电子邮件中，穆利根请库切提出建议，他们的南非代表应该怎样回应记者的提问。库切回复说，他比较欣赏的一句是直截了当的"无可奉告"。"我认为澳大利亚兰登书屋，"他用轻快的笔调继续写道，"已经接受过采访了。他们的发言人说，关于移民我已经考虑了一段时间（这是真的），我被猎人谷的小袋鼠迷住了（这对我来说倒是新闻）。"

从库切对萨斯坎德问题的回答中可以看出，他是经过了深思熟虑才决定离开南非的：

> 访谈或许并不是探讨道德或智力复杂性的最佳方式。离开一个国度，在某些方面来说，就如婚姻的解体。这是一件私密的事。

虽然库切从未吐露过移民的原因，但从他的生活和作品中或许可以得出一些结论。1961年底，当他离开南非前往英格兰定居时，他为祖国转向种族隔离的政治路线感到震惊，因而打算不再回国。1966年，他凭富布赖特奖学金在得克萨斯大学学习，后来又在布法罗授课，那时他想在美国永久定居。然而，越南战争期间，他在布法罗参加了一个和平抗议，反对警察出现在校园里，他与其他44名工作人员被捕，尽管他和其他被告人在随后的审讯中都被宣告无罪，但这一事件仍导致他的签证未能获得续签。加拿大和香港一度为他提供了永久教职，但他宁愿回到南非，或许他直觉地感受到了自己作为一个作家、作为一个人的真正使命存在于他试图逃离的南非。无论如何，回国的决定促使他创作了一系列小说，以独特的形式阐释了这个国家及其人民面临的问题，同时，这些作品为当代文学的发展做出了卓越的贡献。

随着种族隔离制度的解体，他以自己的方式所抵制的"耻"被认为是过去的事情，但冲突造成的后果依然存在。在1987年的耶路撒冷文学奖获奖答谢辞中，库切指出，南非的种族冲突占据了作家的全部心灵，以至没有为其他主题留下任何空间。在种族隔离的年代，他从未成为一名政治活动家；现在，他仍然不想做出积极干预，但即使身处另一个国家，他也将继续在文字方面做出贡献。库切大半生都在创作以南非为中心的书，他意识到自己从来没有真正成功地逃离这个国家。[2] 这就是为什么他一再告诉人们，自己并没有离开南非，只是来到了澳大利亚。事实上，今天世界上1/4的人口都不再生活在祖父母出生的国度。移民已经成为世界性的现象。[3] 人们并不一定因为无法忍受而离开一个国家：他们也可能是为了寻求更环保绿色的牧场。对库切来说，随着年龄的增长，澳大利亚变成了一个有吸引力的选择。与拥有大量25岁以下人口的南非相比，澳大利亚有更多的人口在50岁以上，更少的人口未满20岁。一个人口老龄化的国家，与一个年轻人占大多数的国家相比，它的经济和医疗都能更好地适应老年人的需求。令库切感到震惊的是，无论是在议会还是其他地方，澳大利亚的政治议题都十分琐碎，特别是与南非相比——那里重大的政治议题往往涉及意义深远的民族问题。但在澳大利亚，重大议题是过去的事情，民主已经高度进步：他们以一种健康的玩世不恭和轻蔑看待政治和政治家们。

意料之中的是，并不是所有的南非粉丝都能以平常心接受库切的离开。2002年12月29日，玛丽安娜·斯沃特（Mariana Swart）在一封诚挚的信中毫不掩饰自己的感情。她写道：

几周以来，我一直想写这封电子邮件。而现在，手持一杯（便宜的）桑格利亚汽酒（来壮胆），听着博凯里尼的音乐，我要拿起键盘，敲出我必须说的话。

对于您离开南非，我很愤怒——是的，愤怒在我的心中，愤怒在我的指间（酒已生效，将我指间的愤怒撕成碎片），而这一切将有一个悲伤的结局，毫无疑问，您将快速（尽管困惑）地点击删除键来清除我的话。毫无疑问。但因为您是（已经有很长一段时间）我的文学英雄，我希望您能切实负起责任，读一读我要说的话，然后再把它移入您的电子垃圾桶（说回收站会有点自不量力，我想）。

简单来说，事情是这样的，每当我看到您在隆德伯西骑自行车，或在切克斯拿着购物篮，或是走过贝尔蒙桥，我都会感到一阵安慰。因为我总是想，如果这个男人，我心目中的伟大思想家和伟大作家，还在这里，他一定是看到了这个国家的未来，无论是多么干枯贫瘠的未来。

我常常好奇作家如何看待我们这些读者（如果有这种可能的话）……您是否意识到，我们……读您的书，并从中得到一些东西，也许一种美感，无论多么朴素，也许只是一个段落，一个想法，一个念头——因为缺乏写作技能，或者是不够聪明，我们往往无法说清"得到"了什么。但通过阅读您的文字，我们获得智慧、灵感与真理……我们不仅阅读您的文字，同时关注您的行动，无论那是多么不公平或是没必要。

我问自己：您在澳大利亚阿德莱德做什么？我只是想不明白。我不明白为什么您选择了离开……您应该在卡鲁的某个地方安顿下来，着手创作自己最后的两本或三本（或更多的）书。或者，也许您真的相信白人在非洲没有立足之地，您在道义上感到必须离开？但肯定不是因为这个，因为如果是这样的话，您为什么要去澳大利亚呢？虽然和非洲大陆的历史不同，它也有类似的殖民历史。这件事为什么花了您这么长时间？

不，一定不是上述这些原因；它们让我感到恐惧和怯懦。当人们出于恐惧和幻灭离开，我们（这里我指最广义的南非人）怎样对待这一事实？而且看起来，人们确实在成群结队地离开。当然，我知道我也感到恐惧，我也是一个懦夫，因为我清楚地知道，尽管我坚信，即使恐惧，我也必须留在这个国家——我们的国家，但谁知道有机会离开时，我会怎么做呢？

我最好的朋友中有四个已经离开，前往美国、英国和新西兰。我知道这封电子邮件或许应该发送给他们，但事实是他们仍然是我的好朋友，我想继续和他们做朋友。而您，恐怕不得不承受我的怒意——现在怒意已经消散，碎成一小堆失望。我害怕被抛弃在这个我——在非洲大地上繁衍十代后的产物——仍然不懂却深爱的国家。

我全心全意地相信，您属于南非。正如我相信，您将永远只能在这里进行写作。您需要这片土地来滋养您。

我恐怕并不长于言辞，而作为一个阿非利堪人可能让事情变得更糟——我想说的很多话没能表达出来或有些词不达意。

尽管我很失望（我才不在乎，我听到您说），我会永远欣赏您的作品，并永远做您的读者。

二

库切选择阿德莱德，而不是更大的悉尼，是出于对农村和小城市的偏爱。[4] 阿德莱德是南澳的首府，其宽阔的马路，漂亮的广场，方正、几乎对称的城市中心以及其坐落于托伦斯河畔的地理位置，都源于威廉·莱特（William Light）上校1836年的设计。虽然阿德莱德同时拥有英国国教和罗马天主教大教堂，但南澳这个州并没有哪种宗教占主导地位。所以尽管这座城市最初因为140多座不同宗派的教堂而被称为"教堂之城"，但它的两座大教堂并不具备中心地位。幸运的是，城市里还有140多家酒吧，形成了一种健康的平衡。

阿德莱德的市区和郊区、生活区被一条由公园和花园组成的隔离带分隔开，这在全世界都是独一无二。对库切来说，阿德莱德的好处是，离开市中心，驱车30分钟就能到达农村，如果骑自行车则稍久一些。他和多萝西决定在罗斯特雷弗区建一座房子，那里是阿德莱德山的一部分。[5] 因为库切爱骑自行车，这个区域非常适合他。"即使在最干旱的夏季，"一本指南类图书写道，"距离市区30分钟车程的阿德莱德山也能为您提供更清新的空气，葱郁的林荫地，以及树上传来的桉树叶的清香。到了秋季，尤其是在洛夫提山周围较湿润的中心地带，引进的落叶乔木更为这一切添上几抹绚烂的色彩。沿着风景如画的狭窄道路前行，你会看到石头小屋、橄榄园、葡萄园和一车车出售的新鲜农产品。当地人笑得合不拢嘴，因为美好的生活而感到幸福。"库切，也许不至于乐得合不拢嘴，但阿德莱德的种种迷人之处也着实让他感到高兴。在接受学术期刊《流明》（Lumen）采访时他说："在我看来，阿德莱德是一座宜居的城市，非常有吸引力，非常文明，有着良好的艺术氛围。对那些爱骑自行车的人来说，还有来自山丘的诱惑力。"

库切发现阿德莱德的居民非常热情好客，很快使他和多萝西感受到了家的感觉。在相当短的一段时间里，他们就交到了一批很好的朋友。这里的气候适合他，他也喜欢这里的建筑。如果说与繁忙的大都市相比，阿德莱德有一点慵懒，那也正符合他的口味。

在澳大利亚定居后，库切成为阿德莱德大学文科部的一名研究员，这是一个荣誉职位，没有薪酬，实际上也无须承担义务。他有时会充当文科硕士和博士学位学生的指导老师，或修改荣誉学位考试的试卷。他对《流明》杂志这样解释他与阿德莱德大学的关系：

> 大学里的人一听说我要在这儿定居，就非常友好地联系了我，问我是否有兴趣在学术生活中发挥一定的作用（从1969年开始直到2001年退休，我一直在全职做学术），我非常乐意接受。我从这样的联系中得到了很多：与志同道合的人们接触的机会，把握下一代澳大利亚作家脉搏的机会，使用大学研究设施的自由。坦率地说，这样的参与也避免了我每天仅仅在家坐在书桌前可能滋生出来的那种与世隔绝的孤立感。

2005年12月20日，库切接受了阿德莱德大学授予的名誉博士学位。校长詹姆斯·麦克瓦（James McWha）教授说，阿德莱德大学很幸运能与库切这样的人产生联系："库切教授是世界上最优秀的作家之一，我们对与他的联系感到非常自豪。我感到非常高兴，阿德莱德大学可以授予他名誉博士学位，以此表示我们对他在文学领域所做贡献的支持和赞赏。"

2004年2月，库切从欢呼的民众手中象征性地接过了城市的钥匙，他将阿德莱德称为人间天堂。他认为自己很幸运能够在阿德莱德度过半年，并在美国作为芝加哥大学的客座教授度过另外的半年。"我不能假装，"他说，"自己已经赢得了'阿德莱德诗人'这一特殊的奖项，我或许活不了那么久，不足以成为'阿德莱德诗人'。"6

2004年的阿德莱德作家周，成千上万的人从澳大利亚和其他地方赶来，聚集在城市中心的草坪上，听自己最爱的作家读书。这一年有一位不寻常的嘉宾：一名跨越了鸿沟的作家，即来自南非、定居在南澳大利亚的约翰·库切，以他2003年的小说《伊丽莎白·科斯特洛：八堂课》的最后一部分"在大门口"为线索，库切读了一段未发表的文字，向阿德莱德市致敬：

时值3月，天气炎热，但沿着托伦斯河有林荫道可走，黑天鹅静谧地滑翔。

这是什么样的地方，我问自己——难道是人间天堂？

住在这里需要做什么？

首先需要死亡吗？

为崇拜者们签了几本书后，库切就离开了，让他的书代表他发言就足够了。

三

《伊丽莎白·科斯特洛：八堂课》（请特别注意是"课"，而不是"讲座"）中的大部分都曾在其他地方出现，只是有时以不同的形式出现。《现实主义》和《邪恶问题》的早期版本曾发表在《杂录》（*Salmagundi*）杂志上。2001年9月，《邪恶问题》在芝加哥曾作为演讲内容出现；《非洲的人文学科》是他在斯坦福大学以及堪培拉做过的演讲，之后被收录在彼得·克雷文（Peter Craven）编辑的《2002年澳大利亚最佳故事》（*The Best Australian Stories 2002*）中；《非洲的小说》也曾作为演讲发表，地点分别是1998年3月在墨西哥历史中心，2000年5月在悉尼作家节上，以及之后在加州大学伯克利分校；《动物的生命》的两个部分组成了库切1998年在普林斯顿坦纳讲座（Tanner Lectures）的内容，并以图书形式出版。从库切手中的小说手稿中可以看出，《在大门口》创作于2001年5月作者在斯坦福访学期间。《伊丽莎白·科斯特洛：八堂课》的后记则是根据雨果·冯·霍夫曼斯塔尔（Hugo von Hofmannsthal）的《钱多斯大人的信》（*The letter of Lord Chandros*）改写而成。

从这八堂课的不同来源中可以看出，《伊丽莎白·科斯特洛：八堂课》的起源很显然与库切的其他小说存在显著不同。从主题来看，它也不同于库切早期作品关注的南非现状以及殖民或后殖民问题。[7]从结构上来说，不同于大部分小说，这八堂课没有明确的情节或复杂的线索，主人公与次要人物的性格也保持静态。伊丽莎白·科斯特洛是一名澳大利亚作家，在作品开始时她的年龄已经66岁。她访问不同的国家和城市并进行演讲，儿子约翰有时陪着她。然而，或多或少地，她的演讲经常遭到误解，这让她感到狼狈和迷茫，问自己究竟想通过讲座传达什么信息。此外，她无法与儿子和妹妹形成一定程度的亲密关系，也无法与作家同仁们友善相处，这似乎证明了她自身的精神空虚。除了最后一章，她反复濒临绝望，认为自己本不该来。

她摆在听众面前的往往是大问题，涉及各个年龄阶段的人：邪恶的真正本质、责任、信仰、爱和欲望，以及人类对待动物的方式。有时她就作家的任务发表意见，例如在《非洲的小说》中——尼日利亚作家伊曼纽尔·艾古度反对她的看法——她指出，在一个缺乏阅读传统的国家，一个作家面临的具体问题依赖于口头文化，这迫使他在国外寻求读者。她的尘世历程以最后一章中到达"大门"而告终，她在那里寻找入口（显然是死后）：

> 她想象着那扇大门，想象着大门的另一边，不让她看见的那一边。在门口，挡着道，躺着一只伸展着四肢的狗，一只老狗；它的侧面有着狮子般的毛色，有着被无数次伤害的疤痕。它紧闭双眼，它正在休息，正在打盹。在它外面，除了一片无边无际的沙漠戈壁，什么都没有。她第一次幻想了这么长时间，她不相信自己的幻想，尤其不相信那个谜一样的词语"上帝狗"。"太文学了"，她又想道。这是对文学的诅咒！[8]

关于这一段文字，简·波伊纳（Jane Poyner）在《非洲书评》（*The African Review of Books*）上的评论很有启发性，阐释了库切是如何与广大作家和文本进行对话的：

这段话引出我们熟悉的库切式主题：例如塞缪尔·贝克特对神性的荒谬颠覆，卡夫卡那个被德里达解读为关于批评家工作的寓言故事，不可能在文本中找到"正确"的意义，以及对简约的寓言创作的警示。

《伊丽莎白·科斯特洛：八堂课》不同寻常的内容结构会引起一些读者的误解和批评，这早在意料之中。2003年9月19日贾斯汀·卡特赖特在《开普敦时报》发表了一篇评论：

> 跃入脑海的第一个问题是，为什么库切要为他的坦纳讲座披上一层虚构的外衣？其次，他为什么要出版这本书，以小说的形式将那些讲座和其他文章汇集到一起……或许是因为从虚构的人物口中更容易说出作者的观点。但是，受邀就伦理问题发言时，自己不承担所有的责任是一种逃避的做法。

2003年9月23日，米希尔·海恩斯在《开普敦时报》上对卡特赖特的评论进行了进一步讨论。他严厉指责了卡特赖特评论中普遍存在的"粗陋"和"明显缺乏思考"之处，以及想法之间毫无条理的跳跃。"他的一个重要观点——伊丽莎白·科斯特洛这一人物未能完全实现她的理想——被不成熟的想法的迷雾所掩盖而显得模糊不清。"2003年10月5日的《星期日独立报》上，海恩斯本人发表的文章极富启发性，文章主要讨论了小说的中心主旨"象征的观念"，以及小说的最后一节《在大门口》。在最后一节中伊丽莎白·科斯特洛到达后世的大门，作为进入的条件她必须宣告自己的信仰：

> 虽然在一开始，她抗议说："我是写东西的，写作是我谋生的手段……"她只会暂时保持某种信念，但最后，她仍然需要宣告自己的信仰，即使仅仅存在于澳大利亚达尔加侬河泥滩里的小青蛙身

上：在干旱的季节，它们确确实实要去往地下，等待雨水给他们重新注入活力，"使夜晚的空气充满歌声"。或许，科斯特洛认为，这些青蛙体现了最纯粹的、无自我意识的、无须思考的生命和死亡、死亡和复活的伟大对立。

在英国，虽然有一些人对小说和学术著作的"奇异"配对感到不满，但大多数批评家都正面评价了《伊丽莎白·科斯特洛：八堂课》。2003年8月30日D.J.泰勒（D.J. Taylor）在《独立报》上写道："这是库切最好的小说之一，燃烧着创作的激情。"2003年8月31日，彼得·帕克（Peter Parker）在英国《星期日泰晤士报》中指出它"极具启发性、大有裨益"。2003年10月23日的《伦敦书评》中，詹姆斯·伍德（James Wood）提到了库切以一种复杂的方式完善了框架记叙的技巧，在小说中套入小说，这比作者对某种观点的单纯逃避要复杂得多：

> 所选形式的悖论是，一方面，库切似乎在玩克制的老一套：著名的苦行者、苍白的非救星、非受访者，他并不把自己束缚在一系列命题上，而把这些命题诉诸一个虚构的人物之口，并在她身后溜走；然而，另一方面，伊丽莎白·科斯特洛想通过演讲表达的想法是如此激烈，如此热情，有时甚至不太合乎理性，它们的极端性鼓励我们跟随它们回归隐藏着的作者，库切本人。如果库切只是出于谨慎才将论点戏剧化而不是正式提出，为什么要提出如此激烈而不谨慎的论点呢？

在美国，批评界对《伊丽莎白·科斯特洛：八堂课》非常青睐，尽管有些评论家也质疑小说的奇特形式。2003年10月26日的《纽约时报》上，朱迪思·舒勒维茨（Judith Shulevitz）说，小说"像库切的所有作品一样令人难以忘怀，因为伊丽莎白·科斯特洛就是这样的人物。这证明了库切用简洁的笔触写活人物的能力，在小说狭窄的框架内装入科斯特洛的八堂课，创造出如此迷人而又矛盾的女预言家——在原则上富有同情心，在现实中却冷漠疏离，特别是对自己的家庭成员"。在《纽约时报书评》中，小说家、文学学者大卫·洛奇（David Lodge）在长篇评论中指出，库切融合并超越了通行的文学创作手法。坦纳讲座出版时，某些方面对库切表示反对，认为关于动物权利，他采用了极端、难以容忍、审判性的论断，并假借伊丽莎白·科斯特洛之口来回避责任，无须为"他的"观点负责，然而在小说更大的背景下，这两堂课就这一点而言并不存在问题。与此同时，小说再度确认了读者心中库切的作家形象。他从不沽名钓誉。"他的书总是让人难以平静、意外和不适。他似乎是当代文坛中一个比较超然的人物。"

韦恩·C.布斯在写给库切的电子邮件中高度评价他的作品，布斯是芝加哥大学英语系的荣誉教授，最卓越的小说研究家之一，著有许多极具影响力的书籍，如《小说修辞学》（*The Rhetoric of Fiction*, 1961）和《反讽修辞学》（*A Rhetoric of Irony*, 1974）。布斯写道："我刚刚读完《伊丽莎白·科斯特洛：八堂课》，再次留下了深刻的印象。我认为您发明了一种新的小说形式，（不用我说您也知道）一些评论就这一点意见颇多，但像我这样的读者陶醉其中。再次感谢。"

在南非，作家、文学学者马琳·范尼科尔克（Marlene van Niekerk）就《伊丽莎白·科斯特洛：八堂课》写了许多热情而富有洞见的评论。她在2003年11月30日发表在《报告》上的评论开头就宣称这本书"对很多读者来说，是一段不寻常的、神秘的，甚至是莫名其妙的阅读体验"。她还认为：

> 这样说是因为这不是一本通常意义上的小说。副标题里明确出现的"八堂课"对小说进行了公开的自我介绍，这应该起到一种警示作用。这并不是说我们需要绝对依赖这一明确的表述，特别是在面对库切这样一位违反常规、充满讽刺意味、超越自我意识的作家时。

我们拥有的是一幅动态、间接的库切画像，或者说是伪自画像，一个老年女性艺术家的肖像。如果说《男孩》和《青春》是作家本人的自传，那么，我把这本书视为作家作为自我的哲学家的形而上自传，反思在这个时代，作家（或许是对神性和救赎的最后怀疑）意味着什么。

我们在库切的作品中经常遇到这些自我审问的思想和活动。他将自己的最新作品称为"思考的散文"（prose that thinks），一如既往，行文残酷清晰，想法和描述明确，以爆炸式的讽刺和自我反思的符号剥去一切修饰，深入本质，展开质询。

主角伊丽莎白·科斯特洛是一名66岁的澳大利亚作家，以小说《爱可尔斯街的房子》而著称，她在其中"充实"了詹姆斯·乔伊斯的《尤利西斯》中的莫莉·布鲁姆的人物形象。她是一位著名作家，在职业生涯的最后，在全世界到处奔走，领取奖项，发表演说，获得荣誉。但这也是通过苦难或朝圣之路前往已被滥用的卡夫卡式裁判所的大门，在那里，作为看不见的事物的书记员，她将讲述自己的真理和信念，并在法官面前为自己辩护。

她的生活，从行李箱，从简陋的酒店客房和奇怪的房子，从陌生的浴室和洗手间，从船舶和飞机上，从她待在各种无名的服务区中身体的异化、错位、孤独和慢性疲劳中，被灼热的精度和同情心所激发。同样被激发的还有她参加文学巡讲时的不情愿与坏脾气，面对愚钝的崇拜者，文学界贪得无厌、装腔作势之徒的不耐和恼怒。

科斯特洛被描绘成易腐的肉类祭品，受到杂食性文学学者、传记作家以及对写作人生的合法性存疑的批评家的残酷或者说微妙地供养。她把一切都献给他人，她的命运就是那些想成为作家的人的命运——为了他人，做你自己。穿着海军蓝的外套，白色的鞋，顶着偶尔邂逅的头发，她在自己哀伤的儿子眼中就像那只著名的黛茜鸭。

库切确实赋予了另一个自我以令人疑虑的尊严。她偶尔笨拙的预言和说教都不是听众们想听到的。他们想得到安慰、提升、温暖和肯定（就像库切小说的读者一样），但她一直固执地讲着自己残忍的观点。

在描述了八堂课的大纲以及特别关注主人公科斯特洛访问她妹妹的情节（妹妹是罗马天主教修女，在一家艾滋病医院工作）之后，范尼科尔克指出，《伊丽莎白·科斯特洛：八堂课》从始至终都是"一次扣人心弦、感人而又富有诱惑力的阅读冒险，虽然它并不正统，也无法准确归类"。她还指出：

在书中，一种脆弱而充满激情的理性得到确立，以对抗自信的科学逐渐枯竭的论证和教条式的宗教虔诚。

这种理性旨在通过人类终将死亡的事实来表明灵性价值的不堪一击，这种理性通过在不可治愈的小说的伪装中的自我陶醉和自我降温，来融合其自身的差异和内部矛盾。这就是为什么它可以是一种"表白"和"证明"，而不用陷入湿漉漉的多愁善感、公众的愤怒和指责、肉体的鞭打抑或仅仅是对敝帚自珍的资料的无聊堆砌之中。我们这个国家的自传作者总希望能做到详尽无遗，完美收官，让读者和作者都感到精疲力竭，不妨学学这个例子！

《伊丽莎白·科斯特洛：八堂课》与诸多"普通"的小说家穷其一生胡乱写就的作品相比包含更多的启发、思想、独创性、写作技巧和令人战栗的残酷性。事实上：如果能读到这本书，谁还愿意读一部"普通"的小说？

库切是一个作家中的作家，但我曾听到一些甚至相当成熟的知识分子和学者的抱怨，认为他的小说不够"活泼""丰富""人性化""温暖""激情"和"风景如画"。我认为这样评价库切的人没有读懂他的作品。此外：问题难道不是真正具有挑战性的作家，才会让读者产生猜测、疑问和感觉上的震撼吗?(如关于"人性化",它的局限性和它的最大限度)不管怎样,批评仍在继续,毫无减少的意思。南非的每一所大学都应该设立一个库切研究的教授席位。这将使人文学科获得新生。

<h1 style="text-align:center">四</h1>

2006年3月6日,阿德莱德作家周开幕当天,库切在一个帐篷里,通过一个特殊的仪式,正式获得澳大利亚公民身份。仪式由移民部长、参议员阿曼达·范斯通(Amanda Vanstone)主持。她发表了简短的讲话,指出一位有库切这样地位的人决定加入澳大利亚国籍,澳大利亚人应该把它当作一种赞美。作家周的观众见证了这位新公民效忠澳大利亚的宣誓,聆听了他对人们发表的演讲:

> 要成为一名公民,就需要承担一定的义务和责任。这些义务和责任中,有一点是无形的,无论一个人出身或背景是什么,都要把这个新国家的历史当作自己的过去。

然而,库切也保留了他的南非国籍,并重申了过去曾多次表达过的情感:

> 南非是我存有深厚情感的国家,我并不是离开南非来到澳大利亚。我来到澳大利亚,因为从1991年第一次访问时起,我就被这里人们自由和宽厚的精神所吸引,被土地本身的美丽所吸引。当我第一次看到阿德莱德,我就被这个城市的优雅所吸引,现在我很荣幸地将这个城市称为我的家。

第 15 章
诺贝尔文学奖

一

早在1996年，J.M.库切的名字就曾与诺贝尔奖联系起来，但这一年的诺贝尔奖颁给了波兰的维斯瓦娃·辛波丝卡。[1] 2000年，人们再次就获奖者进行了猜测：特立尼达出生的V.S.奈保尔、瑞典诗人托马斯·特朗斯特罗姆、比利时的雨果·克劳斯或者是库切。不过，最后获奖的是华裔作家高行健。2001年，瑞典文学院的院长安东尼·弗莱舍尔（Anthony Fleischer）亲自提名库切，但最终获奖者是奈保尔。2002年，弗莱舍尔再度推荐了库切。

库切在接受采访时说，在被提名诺贝尔奖的这些年里，他对任何与奖项相关的动静都不是很感兴趣。曾有人告诉他，任何一个作家协会和组织、任何一所大学里的讲席教授都有权为诺贝尔文学奖提名。他后来才知道，有些作家目光牢牢锁定诺贝尔文学奖，请有影响力的人来支持他们当选，并通过翻译和其他手段在斯堪的纳维亚国家培养了一定的声誉。他在采访中说，他不知道每年有多少作家被提名，但如果真的是数以百计，他也毫不惊讶。他觉得也没有人为他获奖而做过宣传。[2]

2003年9月，约翰和多萝西前往美国，在芝加哥大学履行为期三个月的年度授课职责，他将和乔纳森·李尔一起就"伟大的著作"开一门课，而多萝西将在英语系授课。库切已在芝加哥大学担任多年客座教授，2003年7月，他晋升为"杰出贡献教授"。10月1日星期三的晚上，约翰和多萝西与李尔和他的妻子共进晚餐，随意地谈天，度过了一个轻松愉快的夜晚。[3]周四早上，李尔正要出门去学校，他的妻子叫他接电话。电话来自瑞典，对方说库切获得了2003年的诺贝尔文学奖，并询问库切的电话号码，希望能亲自向他传达这一消息。李尔知道，库切当时用的是别人的手机，不希望号码被公开，但他听到消息非常高兴，没有多想就把号码说了出来。

得奖的消息公布后的几个小时内，来自全球各个角落的记者们通过电话和电子邮件向库切发起猛攻，都想听他说一说得奖的意义，并要求安排拍照；电视网络和广播电台也想采访他。所有这些请求都被库切拒绝或忽略了。10月3日，他在阿德莱德写信给友人黛安娜·施韦特（Dianna Schwerdt）："我现在日子不好过，一方面是失眠，另一方面是那些粗鲁的记者。"部分采访请求被发送到了芝加哥大学的宣传部长那里，由他转达给李尔。这迫使库切在大学的网站上发表声明：

> 今天上午6点，我接到斯德哥尔摩的电话，获知了这一消息。消息对我来说很突然，我甚至不知道诺贝尔奖得主要公布了。非常高兴诺贝尔奖在秋季揭晓，每年的这个时候我都在芝加哥大学度过。芝加哥大学，特别是社会思想委员会，在过去的七年里一直是我的精神家园。委员会的前辈索尔·贝娄在1976年获得诺贝尔奖。今年我和同事们共同教授两门课程，一是和哲学家乔纳森·李尔一起讲授柏拉图，一是和诗人马克·斯特兰德（Mark Strand.）一起讲授惠特曼。我当然会继续我自己的工作。我正在创作新的小说，还有一本荷兰诗歌译著也即将交稿。

显然，库切对不间断的电话感到束手无策，他问朋友："请问你愿意帮我处理这个问题吗？"李尔乐意帮忙，于是所有电话都呼叫转移到了他那里。10月6日下午，当库切和李尔出现在柏拉图课上时，迎接他们的是一大群记者，想要拍照并进行采访。学生们不得不进行干预，迫使记者们离开，以便继续上课。库切被这一切逗乐了，很欣赏同学们的这种精神。[4]

继1991年纳丁·戈迪默获奖之后，库切成了南非的第二位诺贝尔奖得主，在非洲则是第四位，另外两位是尼日利亚的沃莱·索因卡（1986年）和埃及的纳吉布·马哈富兹（1988年）。霍拉斯·恩达尔（Horace Engdal）在宣布库切获得2003年诺贝尔奖时说，当年的选择十分容易：

> 我们都确信他在文学方面所做贡献的持久价值。我不是指书的数量，而是种类，以及非常高的水准。我认为，作为一名作家，他将继续被人讨论和分析，我们认为应该将他纳入我们的文学遗产。

瑞典文学院在正式报告中说，库切"描绘了无数伪装之下的……局外人令人惊讶的参与"。他的小说具有以下特色：

> 库切的小说以结构精致、对话隽永、思辨深邃为特色。然而，他是一个有道德原则的怀疑论者，对当下西方文明中浅薄的道德感和残酷的理性主义给予毫不留情的批判。他以知性的诚实消解了一切自我慰藉的基础，使自己远离俗丽而无价值的戏剧化的解悟和忏悔。

他们总结说：

> 库切的作品是丰富多彩的文学财富。这里没有两部作品采用了相同的创作手法。然而，他以众多作品呈示了一个反复建构的模

式：盘旋下降的命运是其人物拯救灵魂之必要途径。他的主人公在遭受打击、沉沦落魄乃至被剥夺了外在的尊严之后，总是能够奇迹般地获得重新站起来的力量。

作为对记者的警告，同时也是保护库切隐私的预防措施，芝加哥大学的宣传部长发表了一份声明，指出作家本人不会接受采访，但他安排了一些同事就此事发表看法。英语系教授韦恩·C.布斯在声明中说：

> 我几乎读过库切的每一部作品，可以诚实地说，如果我是诺贝尔奖委员会的成员，他前两年就该得奖了。这样的强烈感觉来自他设身处地地将自己想象成这么多不同的角色。[5]

社会思想委员会的约翰·U.耐夫杰出贡献教授乔纳森·李尔说：

> 约翰·库切是我们这个时代的一位伟大作家，同时也是世界上伟大的教师中的一员。在典范和见证的传统下，他教导我们怎样阅读一本伟大的书。他教我更清晰地认识人类灵魂，他课内外的言论都是我毕生难忘的回忆，一直在我耳边不断回响。

在美国得克萨斯大学奥斯汀分校，库切曾在20世纪60年代学习并获得博士学位的地方，校园中心22层的高塔，为庆祝库切获得诺贝尔奖而灯火通明，这一景观通常只有在学校取得重大体育胜利时才会出现。[6]贺电从四面八方涌来，来自朋友、同事、出版商、代理人和以前的学生；阿德莱德大学和开普敦大学的校长也送来美好的祝福，对他与各自机构的联系表示高兴。

曾经的同学、终身的好友尼克·斯泰撒基斯从他居住多年的瑞士写信给库切说："如果你仍与凡夫俗子交往，我这会为你备着一盆豆子和一（两）张床。"1991年的诺贝尔奖得主纳丁·戈迪默说："我很高兴，他是一个很好的朋友，一个伟大的作家。我觉得这非常棒，我是第一个，现在他是第二个。这对南非来说太棒了。"罗德斯大学的英语教授马尔文·范维克·史密斯（Malvern van Wyk Smith）在贺信中说，《东部省先驱报》在头版向多萝西致敬，用大字称她为"库切背后的推动者"。诗人布莱顿·布莱顿巴赫发给库切的邮件在主题栏写着"Hêppie hêppie！"（"快乐快乐"的俚语变体，通常用于圣诞节和新年），正文用阿非利堪斯语写着："最衷心地祝贺你获得大奖！我们为你感到高兴和骄傲。你得奖实至名归。祝未来的风雨里一切都好。"安德烈·布林克大感惊喜："我仍然沉浸在这个好消息中，说不出什么有创见的话。你是我们的骄傲。现在我无法想象世界上还有别的人比你更值得获奖。"历史学家赫尔曼·吉利欧米在一封电子邮件中说："约翰，好样的！……听说你得奖的消息可把我乐坏了。我听到这个消息的时候正在进行范维克·洛主题旅行，穿过荒芜的博克威尔德山。这片土地和人民的求生意志有一种宏伟的荒凉感，让我想起了你和你的作品。你能够获奖，对这片广袤而悲怆的土地上艰难求存的人们有着巨大的意义。"在稍后的一封电子邮件里，吉利欧米写道："南非白人媒体称你为南非白人。是真的吗？"库切回答说："关于群体认同我总是说：你不能只是挑选和选择，你也得被挑选和被选择。如果他们想要我，他们可以把我算作他们的一员。"吉利奥米回复说："我们确实想把你算进来。你只需要决定自己属于哪个群体：混血南非白人（阿索尔·富加德），一个普通的南非白人或者是一个纯粹的南非白人。我自己属于除此以外的南非白人。"库切的回应是："也许是一个充满怀疑的南非白人。"

库切的密友之中唯有前学生、同事杰弗里·哈里斯奈普的评论语带告诫，他在2003年12月的《文字新闻》上发表文章表示庆贺，但也提出接受诺贝尔奖是否明智，鉴于这位瑞典大富翁凭借炸药获得了财富。乔迪·德莱弗简要回应道："如果戴斯蒙德·图图大主教可以接受诺贝尔和平奖，我认为在道德方面可以冒冒险！"

文学奖公布前夕，约翰内斯堡《星期日泰晤士报》的《品味生活》

（*Lifestyle*）副刊上发表了一篇文章，作者是朱塔出版社的科林·鲍尔（Colin Bower）。他认为库切的风格呆板而毫无生气，他笔下的人物不过是在玩弄文字；他的小说没能表现真实的情感和经验。"库切是个骗子。"一篇占据了整个版面的文章以这样的挑衅开端，而后文没有出现任何证据支持。在诸多抱怨中，他指出库切的艺术视野空洞无物。他写道："我试图在库切的作品中找到证明他文学技艺的证据，能配得上那一（两）个布克奖的技艺，但我一无所获。事实上，恰恰相反：他的写作脱离生活……这使具体描绘的内容令人反感。"[7]

这篇冒失的文章很快引起了强烈的反响。2003年10月5日，亨克·罗素（Henk Rossouw）在《星期日泰晤士报》中写道："科林·鲍尔的文章就像养老院用的茶：加了大量的奶和糖精，茶味很淡。关于J.M.库切的批评值得放上《品味生活》的版面，但应该写得具有权威性和把握。"2003年10月19日刊登在《星期日泰晤士报》上的一系列回应中，有一封信来自G.W.贝尔斯托（G.W. Bairstow），显然他曾和库切是同学：

> 科林·鲍尔是一个白痴。报纸上竟然能发表你这样的文章真是让我大开眼界。约翰·麦克斯韦尔·库切现在已经赢得了诺贝尔奖。
>
> 那些布克奖和诺贝尔文学奖的评委想必远比鲍尔更有资格做出评论吧？
>
> 约翰·M.库切总是十分优秀。从小，他在每门课程中的表现都堪称神童。我们这些同学那时候就知道这一点，也接受现在仍是如此的事实。他还是一个很好的运动员，也一直是一个绅士。
>
> 他十几岁时就不喜欢出风头，只凭这一点他有什么值得诟病，尤其是出自一个无名小卒之口？

安德烈·布林克2003年10月5日在《报告》中向库切致敬道：

一周前《星期日泰晤士报》掐准了时间发表了一篇史上最凶狠、固执的攻击性文章。这篇文章的作者还是一名出版商，一个叫科林·鲍尔的人，这使人感到更加不快。但如今，瑞典文学院一下子就使这篇深度近视的讨厌文章暴露了。

虽然对鲍尔的文章有这样激烈的回应，库切的成就公布后，南非人并没有载歌载舞走上街头。法国报纸《世界报》评论这一事件说，库切作为一个小说家，在祖国很少有人阅读并理解他的作品。克里斯托弗·霍普评论说：

> 困惑和嘲讽背后是这样的感觉：通过给那些批评本国的作家授奖，"他们"（新南非话语中的"西方"和"北方"，与过去南非话语所指的"外面的世界"大概是一个意思）正在联合反对"我们"。受到攻击的不是库切的写作，而是他对生活、解放以及新南非的态度。他是一个具有煽动性、触及理性的小说家，迷恋孤独、自由和负罪感的问题。这在政治上令人担忧，而且不太南非。一位评论员写道，库切是"西方"的作家，只是碰巧生活在非洲，是为"西方"写作的"白人"作家。

霍普的评论或许是以非国大对《耻》的回应为基础的，那一次的回应不仅是最近的记忆，也让他清楚地回想起20世纪60年代种族隔离政权对持不同政见者的黑人作家的激烈反应，还提到了针对"60年代人"的激烈运动，这些"60年代人"敢于触犯南非白人统治集团的禁忌。

总统塔博·姆贝基曾在1999年将库切诋毁为一名种族主义者，现在却准备祝贺他获奖，认为这是南非和整个非洲大陆的胜利。贝奇·库玛娄（Bheki Khumalo）代表总统在声明中说："我们脱帽向最新的诺贝尔文学奖得主致敬，和他一起沉浸在这项至高荣誉放射出的荣光中。"这并不意味着ANC准备宣布收回其先前对库切的谴责，这也是民主联盟的要求。据非国大发言人斯穆茨·古尼亚马透露，非国大坚决服从人权委员会的决定，并且认为将库切称为种族主义者和祝贺其获奖之间不存在冲突。

继姆贝基的颂歌之后，库切收到的另一份意料之外的祝贺来自南非共产党。这份声明这样说道："和南非以及文学界共同祝贺约翰·麦克斯韦尔·库切获得2003年诺贝尔文学奖。南非共产党向库切致敬，因为他对社会不公一贯的且精辟的分析和批判。"

一些重要文章都提到了库切获得诺贝尔文学奖。最精辟的评论来自2003年10月3日到9日的那期《邮卫报》（*Mail & Guardian*）：

> 自1969年塞缪尔·贝克特（库切关键性的影响之一）得奖之后，诺贝尔奖第一次授予这样一位作者：与任何事业都毫无联系，对救赎的可能性如此悲观，对人类的进步和道德行动的能力如此怀疑。20世纪80年代的南非，似乎整个国家都陷入了压迫者和解放者之间的可怕战争中，库切拒绝让他的主角迈克尔·K加入到自由战士中。不同于纳丁·戈迪默笔下的人物：无论遭受过何种失败，他们通常选择加入解放部队（虽然都会经历内心深处的斗争），迈克尔·K选择照看他的蔬菜。《迈克尔·K的生活和时代》这样的小说仿佛发生在戈迪默作品中怀疑的裂缝里，她选择弥补这一裂缝，而库切的作品里裂缝仍然存在，甚至扩大。就这一点他饱受抨击。
>
> 同样，库切最著名的小说《耻》是他第一部明确以后种族隔离时代的南非为背景的小说，并不是一本充满希望和安慰的书。通过其叙事框架，它似乎认为对南非建立新政治制度和新伦理空间的承诺没有实现。它引起了非国大一些不够世故的读者困惑的怒喊。
>
> 但库切无情地解构了我们的自我妄想，包括我们对拥有知识和技能的伪饰，通过换位思考重新发现了我们人类的基础。出于这个原因，同时也因为他的写作具有如此冰冷的美感，他获诺奖一事应在南非广泛庆祝。

可惜他现在是一个澳大利亚人。我们仍然需要他清澈的目光。

诺贝尔奖公布的几小时内，库切的书在斯德哥尔摩阿卡德米布克汗顿书店销售一空，伦敦和纽约的大型书店也明显出现了相同的趋势。根据《报告》的一份报告，库切如今正处于聚光灯下，他的书在南非书店里卖得非常好。兰登书屋的一位发言人说，自诺贝尔奖公布后，对他的书的需求增加了一倍。

二

库切非常注重个人隐私，两次获得布克奖时均未出席颁奖典礼，对于他是否将前往斯德哥尔摩接受诺贝尔奖，人们议论纷纷。《伊丽莎白·科斯特洛：八堂课》在库切获奖时已经出版，小说的主人公说："我应该要求他们别搞什么典礼，用信封装着把支票寄过来就行了。"

然而，不用担心。库切于2003年11月在纽约林肯中心公开朗读了自己的作品。人们为了抢票大打出手，还有票贩子在公共图书馆外出售黄牛票。之后，他和多萝西离开美国前去参加颁奖典礼。

仍在芝加哥时，库切收到瑞典外交部的英格丽特·维特奎斯特（Ingrid Wetterqvist）写来的一封信。她告诉库切，诺贝尔基金会指派她协助处理他们访问瑞典期间的一切事宜，让一切变得尽可能的容易，并确保各项活动顺利进行。她在信中列出了诺贝尔奖得主需尽的责任，并提到了其他可选的活动。她写道："这一奖项将带来诸多利益，而且我知道一定已经有大量利益相关的个人和组织直接联系过您。我也理解您不想被各方面打扰。为您过滤访客是我的职责之一，另一个是代表您进行协调和回应。"想到那些很有可能以他为主题的新闻报道，他请她帮忙拦住记者们。他只接受一次采访，但机会将留给他所熟悉和信任的大卫·阿特维尔。访问中出现的唯一问题是库切最初想保留获奖演说的版权。后来问题得到圆满解决，他同意将演讲尽可能地广泛传播，但他将保留在未来的小说中使用该获奖演说的权利。

约翰和多萝西到达时，斯德哥尔摩天寒地冻，迎来了当年的第一场暴风雪。他们被安置在市中心雄伟的大饭店内。12月7日周日晚上，客人们聚集在大厅里，在闪闪发光的水晶吊灯下聆听库切的诺贝尔奖致辞。瑞典文学院的专职秘书霍拉斯·恩达尔向大家介绍了库切，没有提到他杰出的职业生涯，只是说获奖者接下来将就作家作为一个人的渺小来发表演说。

灰白色的头发和胡须修剪得整整齐齐，身着暗灰色西装和白色衬衫，打着领带，库切站到了演讲台上，小心地摘下眼镜，不慌不忙地换上老花镜，这一举动他将在接下来的诺贝尔周中重复几次。仿佛暂时忘却了身边的世界，而专注于眼前的文字，他用低沉的声音开始读稿，但明显带着权威性。他讲述了9岁的自己曾在想象中遭遇船难后的鲁滨逊和他的仆人星期五，他对封面上的名字丹尼尔·笛福感到万分困惑。他查阅了《少儿百科全书》，并认为笛福一定是鲁滨逊的笔名。接着以《他和他的仆人》为题，他发表了演讲。这是一个引人入胜的故事，讲述了鲁滨逊起初在妻子的喋喋不休中工作，之后成了鳏夫，住在布里斯托海滨的一间房间里，只有一把褪了色的伞和一只死鹦鹉为伴。他接收关于鸭子以及瘟疫折磨下的伦敦的死亡事件的报告，报告的作者是一个步伐轻快敏捷的年轻人，看起来很可能就是笛福，11年来一直担任秘密特工和政治记者。这样，库切切换了鲁滨逊和笛福的角色，但是这个人也可能是星期五。就故事的所有权、叙述的复杂性以及寓言解释的相对性，问题就此产生。最终，人们发现库切的演讲并不局限于虚构人物。就像《男孩》和《青春》那样，第三人称的叙述最大限度地保留了他自己的经历。

12月8日星期一，下午，库切在斯德哥尔摩阿卡德米布克汗顿书店签名售书。签名开始前一个小时，等待的队伍就从书店排到了街上。库切在签名时总是沉默，最多对赞美和恭维说一声"谢谢"。几个小时后，他出现在皇家剧院，朗读《男孩》中的三个段落：段落讲述了他童子军的经历，以及他如何出于对罗马人的喜爱而在伍斯特宣称自己信仰罗马天主教。绝大多数观众是瑞典人，他们报以热情的笑声和掌声，与原计划相比，库切不得不在舞台上停留更长时间。

12月9日星期二，南非大使馆为库切举办了一次正式午宴。记者们惊讶地听到大使说，她曾与库切进行过一次愉快的交谈。她说，他是一个谦逊、朴实的人，愿意耐心地回答问题。出席午宴的还有瑞典文化事务部长、瑞典文学院的代表以及外交使团的成员。库切在这顿饭中表现出的热诚与他面对记者的反应形成强烈的对比，记者们没能从他那里挖出一个字。只有路透社记者设法引出了仅仅四个字："我不确定。"

12月10日星期三，刚过4点，诺贝尔奖得主们在音乐厅的舞台上接受家人、朋友以及崇拜者的祝贺。舞台饰以6 000朵红黄紫三种颜色的花朵，花朵来自意大利村庄圣雷莫，在那里，阿尔弗雷德·诺贝尔走过了人生的最后几年。和其他获奖者一样，库切身着燕尾服，从国王卡尔十六世·古斯塔夫手中接过诺贝尔奖章。颁奖结束后，斯德哥尔摩爱乐乐团演奏了贝多芬《第八交响曲》的第三乐章。接下来的活动在斯德哥尔摩市政厅举行，厅前的500支火炬将1 300名宾客从冰冷的黑暗中引入大厅。蓝厅内的桌子上摆满了餐具和玻璃杯，接下来的皇家晚宴由当年瑞典年度厨艺大赛的冠军呈现。库切回到阿德莱德后，丽莎·卡麦克（Lisa Garmack）问他瑞典人有没有为他准备优质的素食，并告诉他说，1978年的诺贝尔奖得主艾萨克·辛格在用餐时等了半个小时，不得不离开餐桌，最后人们发现他在厨房里喝茶。库切向她保证，访问期间两次宴会上的饭菜都非常好。"文学院的厨师炮制了一顿有14道菜的中式素食大餐。最后，我们在离大饭店不远的地方找到一家很好的素食餐厅。因此，对于食物，我们没有什么好抱怨的。"

一个星期后，人们都习惯了他的沉默，他却发表了一段在所有获奖者中最为个人化的饭后演讲，使客人们都大为惊讶：

陛下、各位殿下，女士们、先生们；尊敬的各位来宾，朋友们：

前几天，正当我们在谈论完全不同的东西时，我的伴侣多萝西突然说了下面这段话："另一方面，"她说，"另一方面，你的母亲将会多么自豪！真可惜她已经不在人世！你的父亲也是！他们会为你感到多么自豪！"

"甚至比我的儿子是博士还要自豪？"我说，"甚至比我的儿子是教授还要自豪？"

"还要自豪。"

"如果我的母亲还在世，"我说，"她将是99岁半。她或许患有老年痴呆症。她并不会知道身边发生了什么事。"

但显然我没有领会她的意思。多萝西是对的。我的母亲将会一直充满自豪。我的儿子是诺贝尔奖获得者。不管怎样，如果不是为了我们的母亲，我们为什么要做那些能使我们获得诺贝尔奖的事情呢？

"妈妈，妈妈，我得了一个奖。"

"太棒了，亲爱的。赶快趁热把胡萝卜吃了。"

为什么当我们可以跑回家，带着足以弥补过去给他们带来的所有麻烦的奖项的时候，妈妈们已经99岁长眠在地下？

致敬阿尔弗雷德·诺贝尔，他已经在地下长眠了107年；致敬基金会，这样忠实地管理他的遗嘱并为我们创造了这个美好的夜晚，我对你们表示衷心的感谢。致敬我的父母，你们不能出现在这里，我很难过。

谢谢。

库切接受了大卫·阿特维尔的采访，发表在瑞典《今日新闻》上。当被问及在个人和更广泛的层面上如何看待这一奖项的意义，库切回答说："从概念上来讲，文学奖属于这样的时光，作家仍能凭借他的职业被视为智者，虽然不属于任何机构却能就我们的时代和道德生活提供权威的言论。(顺便说一句，我总是感到很奇怪，阿尔弗雷德·诺贝尔没有设立一个哲学奖，另外他设立了一个物理学奖而不是数学奖，更不要说音乐奖了，毕竟和基于特定语言的文学相比，音乐更具有普遍性。)将作家视作智者的想法如今已不复存在。否则，扮演那样一个角色我一定会感到很不自在。"

就2003年的诺贝尔奖得主在未来会遭遇什么的问题，库切回答说，这使他想起自己越来越不愿意在会议上发表论文或是扮演公众角色："我已经收到许多前往世界各地讲话的邀请。我一直把它视作文学声誉的一个奇怪方面：你证明了自己作为一个作家创作故事的能力，然后人们嚷嚷着要你发表演讲，告诉他们你对世界的看法。"当阿特维尔问他如何看待自己和南非的关系，正如他的作品中表现的那样，库切的回答再次表明了他对自己创作的复杂历史位置的认识："从表面上看，作为一个历史标本，我代表了16世纪到20世纪中叶基督教时代欧洲的大规模扩张运动，在美洲和大洋洲，这一运动或多或少地实现了征服并设立殖民地的目标，但在亚洲这一运动完全失败了，在非洲则是几乎完全失败。我说自己能代表这项运动，是因为我的思维模式显然是欧式的，而不是非洲的。"

最后，被问及根据雨果·冯·霍夫曼斯塔尔的文本改写的《伊丽莎白·科斯特洛：八堂课》最后一章的作用时，库切重申了从《幽暗之地》开始他就一直坚持的一个原则："我总是拒绝让我解读自己小说的邀请。如果存在一种更好、更清晰、更简短的方式来讲述小说的内容，为什么不把小说抛开呢？伊丽莎白——C女士——声称要以语言的极限进行写作。如果我跟在她后面，努力解释以她的才智都未能表达的意思，对她来说岂不是一种侮辱？"

三

经历了斯德哥尔摩的寒冷和大雪，库切和多萝西很高兴能回到阿德莱德更宜人的环境中。在回家的路上，他是否想起了荷兰诗人A.罗兰·霍尔斯特（A. Roland Holst）简短的警句诗《得奖年》（Prize Year）？

> 带着空洞的敬意
>
> 他回到家
>
> 大量繁衍了
>
> 老鼠的后裔。

他在给澳大利亚兰登书屋的简·帕尔弗雷曼（Jane Palfreyman）写信时表达了些许不高兴："除了诺贝尔奖得主，斯德哥尔摩对每个人来说都很有趣。"瑞典外交部的英格丽特·维特奎斯特在他们访问期间负责协助处理事宜，虽然得了重感冒，但仍一丝不苟地完成了任务。不幸的是，讨厌的病毒迁移到了约翰和多萝西身上，回到阿德莱德后，他们感冒加重了。虽然在访问期间，他们十分佩服接待员的毅力，但现在，流着鼻涕，他们真是宁愿她当时在家卧床休息。

在获得诺贝尔奖之前，约翰和多萝西就已经计划好了在2004年3月27日至6月在美国斯坦福大学进行学术访问。然而，现在库切希望能够完全不受学术工作的束缚，专心写作。2004年1月25日，他写信给苏珊·韦尔奇（Susan Welch），告知他已经终止与芝加哥大学每年教课3个月的协议。他在信中说，关于美国签证申请的繁文缛节，以及为了使酬金生效而要填写的无数表格实在让他倒尽胃口。他写道："虽然没有亲身经历，你可能也知道申请美国签证是一件多么费时、昂贵而又屈辱的事情。又一个留在家里的理由。"

但与他对繁文缛节的不耐烦相比，更重要的是他不愿再公开发表演说或者履行学者的职责。获得诺贝尔文学奖后，他受到了各种地方的讲座请求的狂轰滥炸，现在他以自己不擅长演讲为由拒绝这样的邀请，这个借口出现在众多的电子邮件中，显然与一代代满怀感激的学生的证词相悖。举例来说，收到澳大利亚拉筹伯大学的邀请后，他于2004年2月5日写信给彼得·罗斯（Peter Rose）：

> 您一定知道，诺贝尔奖获得者命中注定不再是作家，而成为巡回演说家。我决定避免这样的命运。过去的三个月，我收到了多得数不清的邀请，邀请我去演讲、发表文章、评论书籍、在请愿书上签名，等等等等。
>
> 我唯一接受的讲话邀请来自诺贝尔奖组委会和《纽约书评》，我也只是朗读了小说的片段，而不是任何传统意义上的演讲。
>
> 写小说是我从前寻求的一个解决办法——我讨厌发表演讲，而且讲得很糟糕——但问题是，这些作品需要几个月的时间来写，远比传统的演讲要费时，而我目前抽不出那么多时间。
>
> 所以我没有办法接受拉筹伯大学的邀请。我可以去读我的作品，但我想这可能不太符合要求。我很抱歉。

李教授也邀请他访问中国清华大学，他在2004年4月17日的一封电子邮件中拒绝了：

> 十分感谢您邀请我在2004—2005学年访问清华大学并发表演说。您所在的大学享有世界性的声誉。
>
> 然而，很遗憾我无法接受这一邀请。自从获得诺贝尔奖以来，收到的邀请已经多得超过我的承受范围。我试图避免过去诸多诺贝尔文学奖获得者的共同命运，他们忽视了自己的写作，而在全球范围内发表演讲。
>
> 十分感谢您的邀请，这是一种荣誉，但请原谅我不能接受。

同样，库切越来越多地拒绝人们的要求，虽然他仍然很乐意在力所能及的范围内帮助其他作家。他写信给南澳大利亚作家中心的芭芭拉·威斯纳（Barbara Wiesner）说，他不想做什么演讲，但可以一对一地给中心的作家提供创作上的帮助。他还通过签署各种请愿书来推动受到独裁政权压迫的作家们的写作事业。然而，当被要求签署一份请愿书，发起对以色列的学术抵制时，他坚定地回答："我恐怕并不支持学术抵制，无论是在以色列还是其他地方。"

库切获得诺贝尔奖后，一如既往地不愿接受记者采访。但是，为表达对阿德莱德大学的善意，他接受了本·奥斯本（Ben Osborne）的书面采访，发表在4月份的《流明》杂志上。当被问及诺贝尔奖对他个人和写作产生了什么样的影响，是抑制还是激励，库切回答道：

> 在诺贝尔奖颁奖的过程中，我有幸在瑞典文学院享用晚餐。瑞典文学院负责决定文学奖的归属。在我的印象中，文学院的成员是聪颖、博学而有洞察力的人，而不是神。他们也没有假装自己是神。该学院在过去做出了许多明智的选择，有时也会有不那么明智的选择。目前我们尚不清楚他们2003年的选择是否明智。我说这些话是为了说明下面的观点：如果我认为，与一年前相比，我现在突然成了一个更好的作家，这将是非常愚蠢的。换句话说，我最好脚踏实地，别被冲昏了头脑。

有时候，通常是出于与联系人的友谊，他会允许一位记者通过邮件提问。即使这样，他对那些幼稚问题的不耐烦十分明显地出现在回复中。比如迪迪埃·雅各（Didier Jacob）在2004年5月代表《新观察家》（ Le Nouvel Observateur ）对库切进行了电子邮件采访。雅各说库切很少向媒体发言，并询问他更喜欢沉默、音乐还是文字。库切回答说："我喜欢沉默？与喋喋不休相比我当然更喜欢沉默。我喜欢音乐，但我通常全神贯注地听音乐。我不会边听音乐边写作，音乐会干扰到我行文的节奏。"就他的作品中存在的大量暴力以及记忆中最暴力的时刻，他淡淡地回答说："我这一生都在平静，甚至是静谧中度过。"当记者提到贝克特远离社会生活，并询问库切是否也在尝试类似的东西，他回答说："贝克特真的过着脱离社会的生活吗？贝克特有朋友，贝克特在剧院里积极工作。我有朋友，我已经在大学里教了30年的书。我的学生们如果听到有人说他们不构成社会的一部分，会感到非常惊讶。"当雅各问他，尽管不愿意接受采访，是否仍然通过媒体紧跟时事，他的回答相当生硬："是的，我当然知道世界上的大事。"当被问及是否对文学的未来感到悲观时，他只简单地回答说"不"。

对于人们可以从他的书中学到什么，以及他希望通过作品影响什么样的人这样的问题，库切没有给出答案。当雅各问他诺贝尔文学奖是否已经改变了他的生活，他回答说："在根本上并没有。诺贝尔奖几乎总是授予身处暮年的人，他们的生活习惯已经固定了。"关于在阿德莱德的生活，他只能说自己过着"典型的资产阶级"生活。最后，雅各问他："您是否愿意准确描述一下自己写作的房间？"库切认真提供了最完整的，但充满讽刺意味的冷淡回答：

> 我的书房在二楼，面向西边，可以俯瞰高大松树荫下满是石头的小溪。我写作的桌子对着空白的墙。身后是书架。右边是我读书时用过的书桌，书桌抽屉里放着文具。

四

库切从斯德哥尔摩回来后，最想做的就是全心投入到写作中，以反驳作家获得诺贝尔奖后，就再也写不出什么有价值的东西的普遍观点。

早在2003年12月，库切就出版了获奖后的第一本书，虽然手稿肯定早在得奖前就开始酝酿了。这本书名为《划船者的风景》，是一本重要荷兰诗人的选集，每首诗的译文边上有原文供对照，由普林斯顿大学出版社出版。库切在2003年12月17日写给荷兰出版商伊娃·寇斯的信中说："这本书只是我读过并喜爱的诗歌译文集。绝不是什么有代表性的选集，也不是能展现荷兰现代诗歌风貌的横截面。"他选取的诗人包括赫里特·阿赫特贝尔，60年代库切在得克萨斯大学读书时就翻译过他的《煤气修理工叙事曲》，还包括赛博伦·波莱（Sybren Polet）、雨果·克劳斯、塞斯·诺特博姆、汉斯·费弗莱（Hans Faverey，选集以他的作品为题）以及拉特格·考普兰德。令人惊讶的是，库切没有选择经典名作，既不包括赫尔曼·戈特（Gorter）和利奥波德，也没有奈霍夫和马兹曼的作品。他选择的都是那些虽然在本质和风格上有很大不同，但却推陈出新，拓宽了荷兰诗歌边界的诗人。他选的诗有一些十分复杂，需要读者全面深刻地掌握荷兰语，这也说明库切高度掌握荷兰语的脉搏，对最新的文学话语了如指掌。[8]

2004年1月14日，库切在伦敦的代理人布鲁斯·亨特告诉他，一家私人出版社里斯奥尼尔有兴趣以豪华版出版他的诺贝尔奖演讲。库切对此表示同意，但他指出企鹅出版社也打算出版一个精装版本，另外伊娃·寇斯也想发布一个荷兰语的翻译版。最后三方都推出了豪华版本，特别是里斯奥尼尔出版社的版本，在印刷、排版和装订等方面都非常精良。2003年新年，伊娃·寇斯限量发行了1 500本库切的短篇小说《西班牙的房子》（A House in Spain）双语版，以礼品的方式赠送给朋友和熟人，这再次表明库切与其荷兰出版商之间的诚挚情谊。[9]

2004年1月15日，库切在《纽约书评》上发表了一篇题为《当一个女人年华老去》（As a Woman Grows Older）的故事，这个故事以伊丽莎白·科斯特洛为主人公，但并未收入2003年出版的同名小说。2008年，伊娃·寇斯出版了由彼得·伯格斯马（Peter Bergsma）翻译的荷兰语版，以及荷兰语版的《在大门口》，也就是《伊丽莎白·科斯特洛》的最后一节。

库切还继续在《纽约书评》上发表关于作家和书籍的真知灼见。《内心活动》（2007）收录了他在2000年至2005年间发表的作品，还包括发表在其他地方的文章，德里克·阿特里奇为该书撰写了导言。

阿特里奇在导言中指出，在后期的作品中，库切经常将小说和非小说融合在一起，特别是通过虚构的澳大利亚作家伊丽莎白·科斯特洛来谈论时事。这一做法将所有言论都归于他笔下的人物，但在文学评论中，库切自己直接表达观点，以创造性的眼光看待其他作者，在一种超然的注视中，流露出自己的信念、观点和信仰。

在阿特里奇看来，库切在文章中谈到的最重要的主题是艺术和政治之间的关系、审美和色情之间的连续性、作家的责任、小说在伦理方面的潜力、文学的地位和目的以及它给作家带来的相应乐趣与挑战。阿特里奇指出库切的小说与自传都表达了相同的主题，证明了"他对艺术家职责的认识具有整体性和一贯性"。[10]库切作为小说家和批评家这两个身份之间不存在二元对立：两种活动背后是同一种推动力。

库切特别感兴趣的作家有：伊塔洛·斯维沃（Italo Svevo）、罗伯特·瓦尔泽、罗伯特·穆齐尔、瓦尔特·本雅明、布鲁诺·舒尔茨、约瑟夫·罗特（Joseph Roth）以及山多尔·马劳伊（Sándor Márai）。这些作家都经受了两次世界大战的苦难，其中一些死于纳粹集中营。阿特里奇写道："这组随笔所叙述的，是一个处于痛苦过渡期的欧洲，以及一批文学作品，这批文学作品的原创性被认为是艺术家对这场深刻变化的必要反应。"[11]阅读这些文章，读者无时无刻不为库切敏锐的洞察力和阐释的惊人效果所折服。他指出，与罗伯特·瓦尔泽的散文相呼应的是卡夫卡"那简明的句法安排、把高尚与平庸随便并置的手法和可怖地令人信服的似是而非的逻辑"[12]。这些元素在库切的作品中也都可以找到。在罗伯特·穆齐尔对其所处时代的回应中，我们也可以看到库切与可鄙的种族隔离政权的关系，他在这一政权统治下度过了大半生："穆齐尔的作品，从开始到最后，都只是一部作品：以逐渐演进的方式记录一个具有超凡敏锐感受力的男人与他所属的时代之间的对抗，那时代被他尖刻地但也正确地称为'受诅咒的'。"[13]他认为迈克尔·霍夫曼（Michael Hofmann）翻译的约瑟夫·罗特太过英国化，使用的单词和表达会使美国读者感到困扰。库切呼吁使用较为中立的翻译："就像必要时应译成译者运用得最生动的英语方言一样，相反的情况也是如此，在使用方言时应尽可能做到语言上中立，使大西洋两岸读者都能接受。"[14]以上评论再度显示了库切对翻译工作的兴趣。

《内心活动》中的第二组作家来自两次世界大战之后，如保罗·策兰、君特·格拉斯、W.G.塞巴尔德和雨果·克劳斯。阿特里奇认为，虽然欧洲最近的黑暗历史提供了一个持续的参照点，在第二组作家中更难以辨别出一个固定的模式。在W.G.塞巴尔德的作品中，库切发现了"穿越虚构与非虚构作品之间的边境，甚至可以说熟视无睹了"[15]，这也是库切自己小说的趋势。尽管对约瑟夫·罗特的英译者持保留态度，他高度评价了保罗·策兰翻译的俄罗斯诗人奥斯普·曼德尔施塔姆，"是一次异乎寻常的行为，也即进入另一个诗人的角色"[16]，这一评论同样适用于库切自己精心翻译的《煤气修理工叙事曲》。

在书的后半部分，库切主要关注了英美两国的作家，如格雷厄姆·格林、塞缪尔·贝克特、惠特曼、威廉·福克纳、亨利·米勒以及菲利普·罗斯。谈到索尔·贝娄时，库切表示，他的部分作品没有指出谁应该引起读者的共鸣，不清楚谁是受害者，谁又是迫害者。缺少作者发出的"道德领域的指引"[17]是库切和贝娄的共同之处，就像他认为菲利普·罗斯的作品中虚构和现实相互作用，《反美阴谋》织出了他的《夏日》的经线和纬线。他归纳的塞缪尔·贝克特的短篇小说的特点在很大程度上来讲，如果不能说完全是，也适用于《内陆深处》和《迈克尔·K的生活和时代》："这是一个要么空间逼仄要么荒凉不毛的世界，居住着不合群的、实际上是厌恶人类的独白者，他们无助地想终结他们的独白；他们是一些撑着衰弱的身体和不眠的头脑的流浪者，被罚去踩炼狱的踏车，反复排练西方哲学的伟大主题。"[18]库切认为贝克特的散文具有"难以忘怀的词语之美"，有一种向形而上的意识逐步靠拢的趋势，接下来对贝克特的描述几乎可以一字不差地用于描述他自己的作品（《伊丽莎白·科斯特洛：八堂课》和《凶年纪事》这样后期的作品除外）：

> 贝克特是一位着迷于这样一种人生观的艺术家，这种人生观
> 认为人生没有安慰或尊严或高尚的承诺，在它面前我们唯一的责
> 任——难以言明且难以实现，但毕竟是一个责任——是不对我们
> 自己撒谎。他正是以具有勃勃生机的力量和细致入微的才智的语言
> 来表达这种人生观，而使自己成为20世纪一位散文文体大家。[19]

选集最后讨论了三位诺贝尔奖得主的具体作品，他们是纳丁·戈迪
默、加西亚·马尔克斯以及V.S.奈保尔。和库切一样，奈保尔从殖民地
来到英国。"接受的殖民地教育，按大都会标准，是滑稽过时的。然而，
正是这种教育使他们成为是一种在'母'国已衰微的文化的受托人。"[20]
库切继续写道，"没有幻想的才能；他只有一个在微不足道的西班牙港的
童年可供利用，没有什么具有重大历史意义的记忆（这正是特立尼达令
他失望之处，也是特立尼达背后的印度令他失望之处）；他似乎没有题
材。他要等到数十年辛苦写作之后，才终于像普鲁斯特那样明白到他一
直都是知道他的真正题材的，而他的题材就是他自己——他自己和他作
为一个在一种不属于他（他被告知）和没有历史（他被告知）的文化中
成长的殖民地人想在世间找到一条出路所作的一切努力。"[21]既然没有良
好的条件，他必须自己在世界上闯出一条路来。

纳丁·戈迪默的小说《偶然相识》（*The Pickup*，2001）中，主人公
朱莉·萨默斯离开南非与阿拉伯情人在中东团聚。库切评论道："最主
要的是朱莉厌倦南非，这种厌倦尽管发生在一个如此年轻的女子身上似
乎很难以置信，但是发生在戈迪默那一代某个人身上却是很容易理解
的——他们厌倦于一个具有数百年剥削和暴力和令人心寒的贫富悬殊
之历史的国家每天对他们的道德良心提出的要求。"[22]库切想知道，像
戈迪默这样出生在殖民后期社会的作家拥有怎样的历史语境来发挥一个
作家的作用。他的回答不但含蓄批评了戈迪默，字里行间也表现出自己

的境况：

　　她本人一生著作的伦理框架，根植于20世纪50年代，这时种族隔离的铁幕正落下，而也是在这时，她首次阅读让-保罗·萨特和阿尔及利亚出生的加缪的作品。在这种阅读的影响下，她担当了南非命运的目击者的角色。"作家的功能，"萨特写道，"是以这样的方式行动，也即谁也不能对世界视若无睹，谁也不能说他与世界发生的事情没有关系。"戈迪默在接下来的30年间所写的长篇和短篇小说，其人物，主要是南非白人，都生活在萨特所指的不诚实中，骗自己说他们不知道究竟发生什么事；她自定的任务是把真实世界的证据摆在他们面前，粉碎他们的谎言。

　　现实主义小说的核心是幻灭这个主题。在《堂吉诃德》结尾，出发去纠正世界的错误的主人公，悲伤地回家，意识到他不仅不是英雄，而且现在这个世界已变成没有英雄了。戈迪默作为一位剥光一般幻想之衣服和撕掉殖民地不诚实之面具的作家，是塞万提斯开创的现实主义传统的继承人。在那个传统里，她得以颇令人满意地作业至20世纪70年代末，然后她明白到，对南非黑人——而她是南非黑人的斗争的历史见证者——来说，左拉这个名字，更不要说普鲁斯特，是没有意义的；明白到她太欧洲化了，她在那些对她最重要的人眼中根本不重要。她这个时期的随笔表明她正没有结果地在一个问题的泥潭中挣扎，这就是为一个民族写作——为他们而写和代他们写，以及被他们读——意味着什么。

　　随着种族隔离的结束，随着曾经在种族隔离统治下以其紧迫性遮盖所有文化事务的意识形态的放松，戈迪默亦从自寻烦恼的处境中解放出来。她在新世纪出版的小说，显示一种令人欣喜的就绪状态，随时准备描写世界的新场所和新感觉。我们能感到，如果这些作品与她重要时期的作品相比显得有点儿无实体，有点儿粗略，如果体现在她最佳作品中的对真实世界的肌理的全力刻画如今只是间歇性地表露，如果她有时满足于向她要表达的意思打打手势而不是用文字确切地突显出来，那也是因为她觉得她已经证明自己了，不需要再表演那些大力士式的重活。[23]

第16章

"澳大利亚"小说

一

2003年获得诺贝尔文学奖后的几年里，J.M.库切还经常受邀到欧洲和世界其他地区访问。他把几次邀请安排在一次行程中，避免从澳大利亚出发的重复长途航班，让时间不至于过度细碎。2004年4月和5月，他与多萝西在美国斯坦福大学进行访问，多萝西做了几场讲座，约翰则指导创意写作的学生。6月和7月，他们前往意大利参加一个文学研讨会，之后在法国进行了一次自行车旅行。2005年3月，他在爱尔兰的戈尔韦国际文学节上朗读了自己作品的选段；他和多萝西曾计划前往法国乡村度假，在那里与吉塞拉会面，但她被卷入一起严重事故中，不能加入他们的行列。2005年11月，他们前往塔斯马尼亚，库切在若干学校里朗读了自己的作品，他们游览了大半个岛屿。他们在2007年12月作为日本国际交流基金会的客人访问了日本，并在2011年1月，作为嘉宾出席了印度斋浦尔文学节。2011年6月，他在约克大学中央大厅朗读了未发表的作品选段，时值首届思想节，其间还举办了关于塞缪尔·贝克特的专题会议。2011年9月，他还出席了加拿大的金士顿作家节。

2006年6月，他访问了约克，大卫·阿特维尔已在那里成为德里克的同事，后者的著作《J.M.库切与阅读伦理》(*J.M. Coetzee and the Ethics of Reading*) 2005年初面世了。6月晚些时候，他在华沙为诸多读者和崇拜者们签名，并在苏联捐赠的华沙文化科学宫朗读了他的著作选段。他写信给安吉拉·鲍恩(Angela Bowne)说："波兰非常有趣。我签了两次书，和许多波兰人说话，虽然每个人只有15秒钟。我觉得他们非常有吸引力，尤其是女性。我也参观了我的曾祖父1844年出生的地方（他成了一个福音派传教士，所以他最后到了非洲）。"在6月剩下的时间里，他和多萝西都在法国骑自行车旅行，在距卡尔卡松约50公里的他女儿的房子里过夜。

库切在文学方面仍然活跃，维护作者的权利，并在出版商的要求下推广青年作家的作品，提携青年作家。2004年4月，他与其他14位诺贝尔奖获得者一起签署了一份请愿书，要求释放被监禁的缅甸作家。2007年8月，他对彼得·魏斯基金会呼吁打破对津巴布韦反人类罪行的沉默表示支持。他担任了南非PEN文学奖的评委，挑选了2005年发表的部分短篇小说，写上简介，以《非洲指南针——南部非洲的新写作》(*African Compass — New Writing from Southern Africa*) 为名出版。2006年，以《非洲之路》(*African Road*) 为题的类似选集也邀请他最终决定入选者。2008年，他成为表彰创新南非语散文创作的JRR奖的评委，这表明他一直对南非语文学持有兴趣。同年，他还担任了一个新的SA PEN英语短篇小说文学奖的终审评委。他在一份声明中说："根据我自己的经历，作品受到文学奖项的认可对作家来说大有裨益，让人备受鼓舞，我很高兴能够参与到帮助其他作者的事情中。"

2009年，库切担任了约翰·巴顿奖(John Button Prize)的评委，该奖项奖金为2万澳元，用以纪念一位前工业部长，主要授予上一年度发表的关于政治或公共政策的最佳非小说作品。2005年，哈罗德·品特获诺贝尔文学奖，库切受邀发表意见时，他表达了对品特作品的欣赏："哈罗德·品特教我们如何聆听词语间的沉默，这些沉默有着如此丰富的意义，有时又如此具有威胁性。他对当代戏剧和电影中的对话的影响是无形且无法估量的。他获诺贝尔奖实至名归。"

库切在2004年12月当选为澳大利亚人文学院院士，并于9月27日在南非荣获马篷古布韦国家勋章（the National Order of Mapungubwe）金质奖章，此奖项表彰他对文学的突出贡献，为南非在世界文坛赢得一席之地。库切从阿德莱德飞往比勒陀利亚，从总统塔博·姆贝基手中亲自接过该奖项。颁奖仪式从各个方面来讲都十分周到雅致。

2007年，库切与其他著名作家合作了"第一章系列"（The First Chapter Series），由橡树出版社（Oak Tree Press）以罕见的豪华版本出版，帮助身患艾滋病的南非儿童。2008年，库切和戈迪默加入了为捷克作家米兰·昆德拉辩护的作家行列，后者被控在共产主义政权统治期间帮助过捷克斯洛伐克警察。他还支持了一份作家请愿书，反对非国大政府不顾其盟友南非工会大会的反对，力图在议会通过媒体立法草案，这件事明显表现出库切对南非的持续兴趣。

现在，库切拒绝了大量如潮水般涌来的邀请，不仅包括在海外大学讲学，同时也包括出席文学节、发表论文，或像他过去那样为特定版本写导言。在这一点上，他确实也有网开一面的时候。他接受了格罗夫出版社（Grove Press）的邀请，为一套塞缪尔·贝克特作品全集的第四卷即最后一卷写导言。他还为法文版的亨德里克·维特布伊（Hendrik Witbooi）书信集写了简介。但企鹅出版社邀请他为劳伦斯的一部小说写导言时，他拒绝了，2004年1月7日，他在写给企鹅出版社的劳拉·巴伯（Laura Barber）的信中说：

> 诺贝尔奖公布以来，您可以想象，我收到了各种邀请：讲学、写短评、接受采访、写导言、写专栏等等。我所面临的困境是：在诸多小项目上消耗了精力，而长远来看，这无甚益处。
>
> 您邀我写的劳伦斯导言当然不算小项目。此外，我们在我获诺贝尔奖之前就讨论过这件事。不过，我恐怕必须拒绝。完成这件事

需要进行大量的阅读和研究，我没有那么多的时间和精力。希望您能理解。

此外，2004年5月，他拒绝了墨西哥总统亲自发出的参加国际艺术节的尊贵邀请。即使是伊娃·寇斯的丈夫克里斯托夫·布赫瓦尔德（Christoph Buchwald）邀请他选出最喜爱的一百首荷兰诗歌编成选集这样更诱人的邀请也遭到了拒绝："这个想法很有吸引力，但我觉得我必须拒绝。我知道自己有些强迫症，如果没有把荷兰中世纪至今的所有诗歌都读上一遍，我会觉得这件事没有做好，我只是没有足够的时间来完成这件事。"

库切在2003年底终止了与芝加哥大学以及乔纳森·李尔的宝贵合作。2004年11月8日，他写信给关系密切的塞尔维亚语翻译说："合作七年之后，我略带遗憾地终止了与芝加哥的合作。我喜欢这所大学，我喜欢我的同事，但有太多的因素需要平衡考虑：我不喜欢大城市，我不再需要那笔酬金，也不喜欢美国的政治格局。"事实上，乔治·W.布什领导下的"政治格局"，以及从阿德莱德飞往纽约的疲惫而又漫长的旅程，近年来作为原因不止一次出现在他的拒信中。虽然他赞赏PEN为美国读者开阔眼界的尝试，但他不准备在2005年4月作为他们的嘉宾访问纽约市。他写道：

> 从我所居住的阿德莱德前往纽约，需要大约30个小时的空中旅行。我快65岁了。我也从来不在飞机上睡觉。30个小时的旅程，带着时差在纽约每天工作10或11个小时，接着30个小时的回程，一想到这些我就感到害怕。我的身体再也受不了这样高强度的运作了。
>
> 我还得说，为了进入美国的堡垒中，人们必须经受官僚主义的故意刁难，这样的场景现在已经不能再容忍了。

在接受2005年斯坦福大学春季学期（4月和5月）的邀请后，他告诉他们，如果乔治·W.布什在2004年11月再次当选连任，他就不会去，这明确体现了他对美国政治局势的感受。对2005—2006年秋季学期前往圣何塞州立大学讲学的邀请，他也以类似的方式回应。他说，如果不用立即决定，他会慎重考虑这件事。然而，他补充道：

> 我必须坦率地告诉您，我的决定在一定程度上将取决于11月总统选举的结果以及选举后出现的政策变化趋势，如果有变化的话。我不知道自己是否想回到仍在布什和切尼领导下的美国。这不是做出某种政治声明的问题，而是选择住在一个不能很好地实行法治的国家，特别是对外国人来说，就有点愚蠢了。

伊拉克阿布格莱布监狱的军警虐囚事件尤其使库切感到震惊。2004年6月14日，访问斯坦福大学后，他写信给朱莉亚·克里斯特瓦：

> 我前两个月在美国，在斯坦福大学。我觉得这次访问令人不安。首先，美国正在变得越来越像一个被小心翼翼守卫着的堡垒。其次，我接触到的每个人几乎都心情阴郁。在阿布格莱布丑闻爆发后，更是充满了羞耻感。
>
> 在我看来，真正的危机将在11月出现在我们所有人面前，不只是美国人。如果乔治·布什和他的团队再度当选，我们将有充分的理由担忧他们会利用未来的四年来试图改变世界的面貌。而有些美国人则没有这些担心，或虽然担心但还不足以促使他们出来投票，我该如何和他们交往呢？

2006年1月，他谢绝了在2007年或2008年访问达特茅斯学院的邀请：

请允许我解释原因，我希望您能理解。我与美国的联系可以追溯到40多年前。我在美国度过了11年；我的思想基本在美国的大学成型。我对这个国家有如此深厚的感情，所以无法不注意到在目前的行政管理之下，它变成了一个令人不安、沮丧的地方。

我希望，2008年的选民将授权促成方向的改变。如果这一天真的到来了，如果2008年后您还愿意发来邀请，我保证会进行最慎重的考虑。

在20世纪70年代和80年代，库切经历过南非政府的结构性暴力（structural violence），所以在澳大利亚总理约翰·霍华德（John Howard）提出反恐立法计划时，他毫不犹豫地表示强烈反对。在堪培拉国家图书馆的一次朗读会上，库切说："我曾经认为，那些制定（南非）法律、有效中止了法治的人是道德上的野蛮人。现在我知道了，他们只是超前于时代的先锋。"2006年4月10日，他在悉尼代表PEN给澳大利亚法律改革委员会的执行董事写了一封抗议信：

现在，以伊斯兰的名义策划并实施的自杀性爆炸和其他谋杀行为，会对整个西方还是只对公民个人的安全造成威胁，只有历史才能做出裁决。我们可以确定的是，西方国家，尤其是美国和其最亲密盟友做出的回应，包括牺牲部分公民自由和中止法治在某些方面的进程的做法，落实得如此匆忙，而没有进行大量的公开辩论，这将在未来几年成为国家的耻辱。

推进或者被解释为推进恐怖主义思想的表达行为，都被新的法律视为犯罪。但审查制度的历史一再表明，一旦法律落实到纸面上，就会出现巧妙而意想不到的新用途。

那些受委托审查新的安全立法的人应该花时间仔细考虑，就自由民主的根本问题在国家和知识分子间划出一道裂痕，是否真的符合国家的长远利益。

J.M.库切传

库切对美国的政治事件如此反感，以至于他采取了最极端的行动，拒绝了哈佛大学的荣誉博士学位。2004年7月26日，他在给哈佛大学校长劳伦斯·H.萨默斯（Lawrence H. Summers）教授的信中说：

> 感谢您6月22日的来信，通知我管理会投票决定授予我文学博士荣誉学位。我感到非常荣幸。
>
> 您要我确认是否能出席2005年6月9日的学位授予典礼。
>
> 我很遗憾，我目前不具备这样做的立场，一直到11月都没有。坦诚说——这很难启齿——我已经决定，在政权变更、回归法治之前，不会返回到美国。
>
> 我与哈佛的良好关系可追溯到1991年，在那里我有很多好朋友，想到出于绝非学校造成的原因而拒绝给您带来不便，并影响到哈佛大学，我感到非常难过。

并非所有的拒绝都基于政治因素。大约一年之后，布鲁塞尔大学希望授予库切名誉博士学位，他因为从澳大利亚到欧洲的长途飞行带来的疲惫和不便而拒绝，尤其是仅仅为了一次短暂的访问，还是在欧洲寒冷的冬季。

某些时候，库切拒绝演讲的邀请仅仅是因为在漫长的学术生涯后，他正在享受退休生活，不愿牺牲退休后的种种好处。当地的阿德莱德大学邀请他进行一场讲座，作为一个系列讲座的一部分，库切在2005年10月拒绝了这一邀请，这次（显然不准确的）理由是，他一直不擅长演讲："2002年，我从学术生活中退休，我答应自己，将永远不再做讲座，迄今为止，我遵守了自己的诺言。我没有当讲师的天赋，并且，与天生的讲师不同，我话一说出口就立马质疑自己说得对不对。因此，您能原谅我吗？"

库切拒绝的另一个重复出现的原因是他单纯地不喜欢记者。一名澳大利亚记者从一篇讨论"自我否定的概念"的文章着手，邀请库切就这个问题接受采访，库切的回答中肯而隐晦："抱歉，关于自我否定，我没有任何想法值得印成铅字并名垂千古。"2005年，人们邀请他为纳尔逊·曼德拉撰写颂词，以便在政治家去世的时候派上用场。考虑到这位卓越的公共人物的精神和影响，他的拒绝同样简洁："为一位仍然在世的人写讣告，而且是一位我希望能长寿的人，是我不愿意做的事。"有人想拍一部反映他人生的纪录片，也被拒绝了。"谢谢您的好意，为我和我的作品拍摄纪录片，"他写道，"但我想不出比参加这样一个项目更痛苦的事了。我恐怕不是什么好题材。我的生活至今毫无波澜，我也绝不具有一个演员的风采或能力。"他在阿德莱德的生活是那样宁静，他写信给他的塞尔维亚语翻译说："我这里有什么新闻？我的生活是如此安静，需要绞尽脑汁去想称得上新闻的事情。昨晚我参加了一个圣诞晚会，在那里遇到了一个女人，是个德国移民，她说自己曾在澳大利亚的学校教德文，但现在已经放弃了，野马也不能把她拉回来。澳大利亚的孩子对学习外语毫无兴趣，她说，他们离国外的东西太远了。"

有时，他也愿意回答某位记者的问题，如重要的阿拉伯语文化季刊《尼兹瓦》（*Nizwa*）的记者阿迪卜·卡迈勒（Adeeb Kamal）就通过邮件提出了一些问题。这是有史以来库切首次接受来自阿拉伯世界的采访。不过，他也事先告诫卡迈勒说："在回答您的问题时——我希望您能原谅我这么说——我遵循这样的原则，您准备问题时花费了多少心思和精力，我在回答时就投入同样多的心思和精力。"

1. 人生中哪些重大而深刻的时刻激励您写作？——我只是希望能写好，处理好笔下的题材。

2. 您为什么写作？——我不问自己这样的问题。

3. 您是否满意自己的成功或孤立？——我不是孤立的。我怀疑相对而言，我已经取得了更大的成功（更出名）。

4. 在这个充满冲突的世界中，您认为什么是作家的责任？——作家有许多种。不存在所有作家共同承担的某种责任，除了都应该全力写好作品。

5. 您并不享受盛名，为什么呢？——盛名将由未来决定。目前最多是个名人。

6. 知道自己获得诺贝尔奖的时候，您有什么想法和感受？——我感到怀疑。

7. 您现在生活在阿德莱德，为什么？它是一种流亡吗？——我住在阿德莱德是因为我喜欢这个城市。住在阿德莱德也不是流亡的一种形式。阿德莱德是我的家。

8. 有哪些重要的书籍，影响了您的生活和创意写作，尤其在小时候读到的书？——我已经脱离了儿童读物的影响。我当了30年文学教授，直到从学术生活中退休。我阅读、研究、与学生讨论并撰写论文的许多书都滋养了我自己的创作，太多了我无法一一列举。

9. 您喜欢哪些阿拉伯书籍？——我很遗憾地说，除了纳吉布·马哈富兹的小说和阿多尼斯的诗，我对阿拉伯文学一无所知。

10. 作者瑞安·马兰这样描述您："一个有着几近僧侣般自律和奉献精神的人。他不喝酒，不抽烟，也不吃肉。他长期骑自行车来保持体态，每天上午花费至少一个小时用于写作，从不间断。一位与他共事十多年的同事说只有一次看到他笑。"这是一种夸张吗？——我和瑞安·马兰只见过一次。他不了解我，没有资格谈论我的性格。

11. 对想翻译您小说的译者，特别是阿拉伯语译者，您有什么建议吗？——注意用词和句子形态。

二

2002年11月的一天，正是他每年访问芝加哥的时候，库切沿着大学校园边上长达数公里的湖岸骑车。严寒刺骨，湖水部分冻结，强风将水吹到了路上。自行车打滑了一下，库切摔下自行车，摔断了锁骨。一连好几个月，每一个动作都很痛苦，他的胳膊用吊带绑了一个多月。2003年1月，他写信给一个朋友说，锁骨正慢慢好转，但左臂仍然不能运动自如。进行包括写作在内的所有事情都比以前要慢一些，写信也只能用一只手在键盘上敲字。[1]

　　很难说这起事件是否直接引发了库切在阿德莱德定居后的第一部小说《慢人》的创作灵感，但它肯定对他产生了一定影响。他从2004年7月13日开始创作这本书，并于2004年12月完成了最后的书稿，即使考虑到他现在已经从学术生涯中退休，也拒绝了很多邀请，有更多的时间投入创作，这对他来说也是相当短的时间。手稿包括不下25个版本的文字，这表明他一定工作得极为刻苦。有人问及标题的含义，他在2005年2月4日回答道："除了慢的主要意思（如慢慢骑车的用法）之外，我心里有以下含义：一、'理解力方面的慢''领会意思的慢'，即不是很有悟性；二、不是很聪明、愚蠢的委婉语；三、尼采所说'我是一名慢阅读的老师'中，'慢'所包含的好的方面。"

　　小说的开头极具戏剧性。保罗·雷蒙特原本是一个来自法国的移民，离异，退休摄影师，喜欢收集关于澳大利亚矿工的珍贵老照片，在阿德莱德麦吉尔路上被一辆驶来的汽车撞得摔下了自行车：

> 　　从右面来的猛然一击撞上了他，那么剧烈，令人毛骨悚然，又那么疼痛，活像遭了一下电击，把他从自行车上撞飞了。放松！当他在空中飞掠的时候（在空中最轻松舒适地飞掠），他告诉自己，的确，他能感到自己的四肢听话地松弛着。像只猫一样，他告诉自己：打个滚儿，然后跳起身来四脚着地，准备迎接即将发生的一切。那个不同寻常的词儿柔软或敏捷也从地平线上冒出来。[2]

　　雷蒙特受了重伤，右腿从膝盖以下被截肢。他康复出院后，在公寓里需要家庭护理。第一位看护让他难以忍受：她把便盆叫作"尿壶"，把阴茎称为"雀雀"，所以他要求换一名看护。他过去行动自如，现在却不得不依赖他人，这使他痛苦地意识到年老的苦难和孤独，身体的脆弱，以及医疗护理的局限性。他发现截肢后生活十分困难；尽管医生和护士强烈建议他安装假肢，但他对此深恶痛绝。

换了几个护工后，雷蒙特决定留下克罗地亚移民玛丽亚娜·乔希奇，她能专业处理伤口，把他看作一个成年人，协助他上厕所而不使他感到尴尬。一天，玛丽亚娜带来了自己的小女儿刘巴。后来，她又谈起儿子德拉格，虽然无力支付学费，他仍想进入堪培拉雄伟的威灵顿学院学习，以获得加入澳大利亚国防军的资格。德拉格的父亲给了他一辆摩托车，她担心德拉格年轻鲁莽，会有生命危险，所以安排他去拜访雷蒙特，让雷蒙特和他谈谈，让他知道车祸之后自行车会变成什么样，以让他知道骑摩托车的危险。玛丽亚娜孩子们的来访让雷蒙特想起自己膝下犹虚。他对乔希奇一家人的关心，他对玛丽亚娜与日俱增的爱意——他也对玛丽亚娜承认了这一点，促使他为德拉格支付学费。即使那个男孩偷走了一张珍贵的历史照片并以一张拙劣的仿品取而代之，他也没有停止这项资助。当乔希奇的另一个女儿布兰卡被控以商店行窃的罪名，他也乐意为她说情。

为表现雷蒙特对一个已婚妇女"不恰当"的爱以及他对孩子们的无私关怀之间的二重性，库切采用了一个源于柏拉图的比喻。在柏拉图那里，人类是一辆由两匹马拉动的战车：一匹白色，一匹黑色，分别代表理性与激情。雷蒙特还记得自己曾拥有的一本书，封面上描写道：

"一辆由两匹骏马拉着的战车。一匹黑马长着闪光的眼睛和扩张的鼻孔，代表着卑下的欲望；而另一匹比较平静样子的白马，代表着不太容易鉴别的更高尚的情感。站在这辆战车上，紧握着缰绳的，是一个有着半赤裸的躯干和希腊式鼻子的年轻男子，一条束发带围在他的眉际，可能代表着自身，也就是所谓的自我。"[3]

玛丽亚娜知道他对她的感情后，起初不再来雷蒙特的公寓。这时，在第13章的开头，伊丽莎白·科斯特洛拜访了他，前者是库切上一本书的主角，一名受邀就不同主题进行系列演讲的澳大利亚小说家。她搬进了他的公寓。很快，人们发现她知道雷蒙特和乔希奇一家的过去——她像古希腊戏剧中的合唱团一样无所不知。她相信应该追随直觉，一半是操纵者（把失明的玛丽亚娜送上他的床），一半又是仙女：尽管雷蒙特有时会被她的多管闲事和对自己个人生活和过去的了解所激怒，他仍把她看作"一种生命的力量，守护天使，或传教的圣母玛利亚"[4]。克里斯托弗·霍普认为她既是"导师"，又是"折磨者"；肖恩·德瓦尔（Shaun de Waal）说，库切"在这一元素中，不仅很好地处理了雷蒙特对玛丽亚娜'不恰当的激情'的张力，还详细说明了看护的负担所具有的复杂性和心理困境，它通常不以爱为基础，却会引发爱意。"[5]德瓦尔还指出，从他最早的小说开始，主仆关系就一直是库切小说的最主要议题，虽然在这里角色互换了。

尽管许多评论家认为，《慢人》的第一部分非常令人满意，显示了库切的最高水平，但又有很多人认为，伊丽莎白·科斯特洛的突兀出现中止了小说开头扣人心弦的现实主义，并让小说陷入哲学的怀疑中。阿尼塔·布鲁克纳（Anita Brookner）认为，伊丽莎白·科斯特洛闯入雷蒙特的故事，通过创建一个新的虚构的情况，破坏了事件的小说性。通过重复（变化了一个字）小说的第一句话，并说他只是她创作中的小说中的一个人物，她实际上成为保罗故事的作者。她是老年直言不讳的面具，是他自己衰老的同伴。"科斯特洛，"肖恩·德瓦尔写道，"是一个反向缪斯：不是激发艺术家灵感的审美对象，而是厌恶和愤怒的主题，她进入文本，敦促笔下的人物过上更加自信和精彩的生活。"[6]亚当·基尔希（Adam Kirsch）在书评中坦率地批评道，他认为伊丽莎白·科斯特洛的问题"提出得很费力"，不如小说第一部分保罗和玛丽亚娜的关系那样吸引人。"库切先生最终把《慢人》，"他写道，"这本原本大有前途的小说写脱轨了。"然而，前12章雷蒙特的受难故事是那样扣人心弦，自然而然地机智有趣，使人很容易相信这个故事。[7]在这部小说中，库切的语言获得了新的节奏，充分融合了"典型的"澳大利亚英语（"no worries"不用谢），以及体现在雷蒙特的法式曲折用词中的更正式的东西。但最引人注目的是克罗地亚人玛丽亚娜的话语："很快……一种带着斯拉夫语的流畅的澳大利亚英语，在使用冠词时不太准确。"[8]这些语言习惯有时令人捧腹，如有一次她非常自豪地谈起自己的丈夫，他在克罗地亚是著名专家，在澳大利亚却沦为一个普通的机械师：

> "在克罗地亚，您知道，雷蒙特先生，我丈夫是那种，有名的人。您不相信我吗？在所有的报纸上都有他的照片。米罗斯拉夫·乔希奇和机械鸭子。在电视上。"在空中她用两个手指模仿走路的动作——"许多机械鸭子的照片。他是唯一能使机械鸭子走动的人，使它能够像你们描述的那样呱呱叫，"她拍着自己的胸口——"还吃别的东西。很古老，很古老的鸭子。从瑞典来的。1680年从瑞典到杜布罗夫尼克。没有人知道该怎么修它。这时候，米罗斯拉夫·乔希奇完全把它修好了。一个礼拜，两个礼拜，他是克罗地亚的著名人物。但是在这里，"——她双眼仰望长天——"谁在乎呀？在澳大利亚没有人听说过机械鸭子。不知道那是什么。米罗斯拉夫·乔希奇，没有人听说过他。只是个汽车工人而已。一文不值，汽车工人。"[9]

报纸上的评论往往是负面的，但学者们关于《慢人》更具思想性的评论文章弥补了这一点，如麦克·马雷（Mike Marais）、C.肯尼斯·佩罗（C. Kenneth Pellow）、德里克·阿特里奇和大卫·阿特维尔。阿特维尔认为，小说最主要讨论了身体的脆弱和老化，看护是其副主题，同时也关注了作家及其创作之间的关系。"保罗·雷蒙特，"他写道，"由伊丽莎白·科斯特洛创造出来，但他也抗拒她；事实上，她坚持他对自己的行动负责，按自己的欲望行事，用她的话说就是'利用凡人的肉体'，她的坚持似乎隐喻了成功的叙事所依赖的某种负面能力。伊丽莎白既是捕食者，又是寄生虫，但她坚持保罗要负起责任。"[10]唐纳德·鲍尔斯（Donald Powers）指出，小说更深层的副主题是玛丽亚娜和雷蒙特都拥有的移民经历，以及移民和写作的关系。[11]

朋友和同事们的个人回应总体来说是正面的。瑞典文学院的瓦斯特博格在2005年2月11日的信中祝贺库切，据他所知，瑞典语翻译版的小说将与英国版几乎同时面世。他认为这个消息"非常令人兴奋——也让人松了口气，你不是那种过度看重诺贝尔奖，以至陷入终身沉默的老古董"。乔纳森·李尔在2005年10月28日的一封电子邮件中说，这本书让他"既高兴又感动"："博爱、化身、救赎，我们必须由内而外在这样的现实中生存——在人类的处境中，不带半点多愁善感。"

《慢人》获得2005年的布克奖提名，但没能进一步入围。然而，它被《环球邮报》称为2005年度最好的书之一。此外，此书在英国、美国和荷兰的销售情况非常不错。

三

在澳大利亚，库切从一开始就很关注动物权利这一具有公共意义的问题。他与澳大利亚人道主义研究协会、英国的牛津动物伦理中心保持密切联系。[12]他也特别活跃于布赖恩·谢尔曼（Brian Sherman）发起的名为"无声"的澳大利亚组织中，该组织2004年就邀请库切担任了职务。无声组织致力于推动尊重、同情地对待动物，提高公众对动物艰难境况的意识。在必要的情况下，它也进行干预，以减轻动物的痛苦。

2007年2月22日，以"无声：我感觉故我在"为题的艺术展览在谢尔曼画廊开幕。为此，库切写了一篇讲话，与《动物的生命》中伊丽莎白·科斯特洛的演讲相呼应。他首先指出，人类和其他动物之间的关系存在严重缺失。这种不正常的关系在20世纪表现为动物养殖的产业化。食品行业使得活生生的动物沦为供人类食用的产品。无声组织致力于打击这种大规模的产业化，同时也没有忽略其他称得上残忍的做法，如在实验中使用动物，以及野生动物或毛皮贸易。有的人知道在工厂化养殖场里到底发生了什么，但他们认为，这些做法是有道理的，而且没有必要进行任何更改。还有人一想到农场和屠宰场是如何对待动物的，就感到毛骨悚然，但自顾自生活，避免这样的想法，而且不让孩子们知道杀戮的存在。这种大规模的屠杀，在库切看来，是一种相对较新的现象，像伊丽莎白·科斯特洛一样，他毫不犹豫地将它与第二次世界大战的暴行相联系：

> 将动物转化为产品单位的历史可以追溯到19世纪后期，自那时起，我们就收到了大规模的警告，仅以某种单位看待、对待人类同胞的做法是深刻关系到全人类的错误。这个警告如此响亮而明确地出现在我们面前，你不可能忽视它。20世纪中叶，一群掌权的德国人想出了一个好主意，采用工业化畜牧场的方式（这一方式在芝加哥已得到试验和完善）来屠杀——或者按他们的说法"处理"——人类。
>
> 当然，知道这一点时，我们惊恐地大声疾呼："多么可怕的罪行，像对待牛一样对待人类！如果我们能事先知道就好了！"但更准确地说，我们的呼声应该是："多么可怕的罪行，像对待工业生产过程中的部件一样对待人类！"这一呼声后还应附上补充说明："多么可怕的罪行，想想吧，像对待工业生产过程中的部件一样对待任何鲜活的生命！"

库切继续道，无声组织为了动物们生活条件的改善而奋斗，它的长远目标是消除农场上毁灭动物们的工厂。"它试图说服的，"他说，"是广大公众，他们知道或不知道世界上正发生着一些不好的事情，一些臭气熏天的事情。这些事情如此臭不可闻，以致大多数人不用多费口舌就被说服了。问题在于，如何说服人们采取行动，改变自己的生活方式。"

加入无声组织后的几年里，特别是通过访谈、公开声明和出版物，库切为动物权利的斗争做出了很大贡献。在《动物之死》(*The Death of the Animal*, 2009)中，他与马修·卡拉寇(Matthew Calarco)、哈兰·B. 米勒(Harlain B. Miller)、加里·沃尔夫(Cary Wolfe)等人一起，参与了该书主编宝拉·卡拉寇(Paola Calarco)主导的对话。在导言中，她将"非人类"这一概念延伸到相当广泛的程度，使得"动物"这一略显狭隘的分类都变得毫无意义。[13]

2004年5月，接受《公报》(*The Bulletin*)记者安妮·萨斯坎德采访时，库切对把动物加工成食品的机械处理过程表达了强烈的不满。当被问及他是否是一个素食主义者时，他回答说："当然，我不吃肉。吃肉是一种令人厌恶的习惯。我30年前改掉了这一习惯。天知道我为什么这么久才改变。或许是因为之前我以为这是正常的人类行为。"当被问及动物是否有感情时，他的反应有些激烈："这样的问题我很不耐烦，就好像动物必须通过哲学系编造的某种测试才可以获准生存似的。"现代经济以食品供应的机械化为基础，他说："如果食品供应包括美其名曰动物产品的那些东西(就好像猪和牛勤奋地操控着香肠机似的)，那么把动物变成食物的流程一定是机械化的。事实上，不仅是动物的死亡，甚至还包括他们的生活，从受孕开始，都是机械化的。"对于这一行业错在哪里，库切回答道：

> 答案是：一切。首先，它是不洁的。任何一个体面的人都不希望与它产生联系。如果你需要证据，想一想在现实中，我们都不约而同地掩饰屠宰场的存在，并谢绝公众访问。想想行业内对"死"字的忌讳。即使我们不再处于一个宗教社会，不洁物的氛围仍然存在，不洁物当然与那些以杀生为生的人相联系。
>
> 至于素食主义，很难理解人们为什么会想要嚼死肉，但同样很难理解的是，为什么人们会想要吸食大麻。然而他们这样做了。在这两种情况下，我们面对的是一种习惯，甚至是一种渴望。你不能在不引起革命的情况下禁止它。

然而，一场人类态度的完全革命也不会带来神奇的解决方案：

> 如果我不再吃肉，只会使食品产业做出一点微小的调整，每年少"生产"六只鸡、半只火鸡、两只羊羔，诸如此类。也就是说，少了六只鸡出生又可怜地活上六个星期，然后头被砍掉。如果这六只鸡从来没有出生，世界会变得更好吗？当这六只鸡回顾他们短暂的一生时，会认为生活是幸还是不幸？没有办法回答这些问题，甚至没有一种方式能够提出这些问题而不令人发笑。
>
> 人类驯养动物以供宰杀的共同决定，导致了动物种群规模异常，而且现在没有办法补救。如果奇迹出现，全人类突然都变成素食主义者，我们手头将留下数十亿原本要被宰杀的动物，"农民"不再因为照看动物而合理获利，并且当务之急是给动物们绝育，防止他们带来更多不必要的后代。这就是我们自己创造的糟糕的世界。

当英国皇家防止虐待动物协会邀请库切成为主席团一员时，库切拒绝了这一邀请：

> 您的邀请让我感到荣幸，但我恐怕不得不拒绝。您可能知道，我确实投身于动物事业。但对我来说，最好把精力花在协助自己完全认同的组织和团体上，同时那些组织和团体得离家更近。
>
> 就个人而言（请不要认为这是对皇家防止虐待动物协会的批评，我赞美其成就），我认为我们首先要做的应该是停止以宰杀为目的的蓄养动物的行为，或者至少让人们对此有所疑虑。

曾有人问库切，他是蛋奶素食主义者还是严守素食主义者。他的回答体现出对标签化的一贯不耐烦：

> 不，我不是严守素食主义者。事实上，我不喜欢"蛋奶素食主

义者"和"严守素食主义者"的说法,这听起来像是某种信仰或哲学。我不吃死去的动物,但我吃鸡蛋(虽然越来越少)和奶酪,也穿皮衣。我无法提供自己行为的合理根据,但我也怀疑把原因作为衡量所有行为的标准是否合理。

当有记者问他是否偶尔会禁食时,库切回答道:"我从来没有自愿禁食过,但我确实觉得吃得越少,感觉越好。有一种轻盈的感觉。"当问及他为什么要帮助动物时,他的回答尖锐而幽默:"他们在我们之前就出现在了地球上。我们是他们的客人。我希望能说服人们像识趣的客人那样行事。"

四

库切的下一部小说《凶年纪事》在2007年出版。依照惯例,先以荷兰语翻译版出版,几个月后,由哈维尔·塞克(塞克沃伯格新的版权名)在伦敦发行英文原版。

小说的主角是一位举世崇敬、获奖众多的72岁作家,他身患帕金森氏症,人们只知道他名字的首字母缩写JC。他出生在南非,但常年定居在澳大利亚悉尼,住在底楼的一套公寓里。他正在为一家德国出版社创作《危言》丛书中的一本,六位来自世界各地的著名作家将自主选择有争议性的话题并陈述观点,对今天这个出了问题的世界各抒己见。JC的作品由31篇文章组成,长短不一,涉及的主题有国家的起源、民主、恐怖主义(尤其是"伊斯兰恐怖主义"以及乔治·W.布什和托尼·布莱尔对此的反应)和备受争议的拘留营,例如关塔那摩湾的那个。 JC尖锐地描写了囚犯在这一设施中所遭受的折磨和屈辱:

在有些人眼里那就是一出名为"关塔那摩,关塔那摩!"的芭蕾舞剧。只见一队囚徒，脚踝处用铁链拴在一起，手上戴着厚厚的毡制手套，耳旁插着羽毛，脑袋上扣着黑色帽兜，在逼迫下绝望地舞动身肢。他们四周布满身穿橄榄绿军装的看守，那帮家伙有着恶魔般的精力，一个个乐不可支，手里挥动着捅牛棒和电警棍。他们的棍棒一捅到囚徒身上，囚徒便惊跳起来；他们把囚犯摔到地上，用电警棍捅人家肛门，囚徒的身体随之就抽搐不停。在某个角落里，一个踩高跷的人戴着唐纳德·拉姆斯菲尔德的面具，一会儿在讲台上写字，一会儿又狂喜地跳着小步舞。[14]

JC对其他方面也存在强烈的看法，如澳大利亚的政治生活（并对当时的总理约翰·霍华德投去了锐利的一瞥），以及因为现代社会什么都能出错而产生的民族羞耻感。后者直接把他带到了南非："我自己这一代南非白人，以及我们的下一代，也许还得再加上一代人，都将背负着他们那些罪愆的耻辱名声。"[15]

还有其他事项也受到了JC的严格审视，如大学迫于经济压力堕落地开始进行商业运作；恋童癖，提到了斯坦利·库布里克的电影《洛丽塔》；屠宰动物以为人类提供食物；以及各种不相关的主题，如竞争、数学问题、概率、侵略和掠夺、哈罗德·品特、音乐、旅游、小说以及作为总结的身后之事。

熟悉库切的生活、作品以及他在过去的十多年中对紧要问题看法的读者，会忍不住寻找库切和《凶年纪事》中JC的共同之处。像《男孩》和《青春》一样，《凶年纪事》可以解读成自传。小说中的部分细节与我们所知道的库切的生活相一致，但绝不是全部。小说的主角，和库切一样，是《等待野蛮人》以及一本关于审查的书的作者，但他住在悉尼，不在阿德莱德，出生于1934年，而不像库切那样生于1940年。

此外，JC写的散文被巧妙地放置在一个虚构的叙事框架中，整体形成一本小说，虽然是一本偏离大多数读者一般期望的小说。一天，JC在生活的街区遇到了菲律宾裔年轻女子安雅，她和投资顾问男友艾伦合住在顶楼的公寓里。从第一次见面开始，JC就迷上了这个非常有吸引力的女人，她认为他来自南美并称他为C先生：

> 我第一眼瞥见她是在洗衣房里。那是一个宁静的春日，挨近中午时分，我坐在那儿，看着洗衣机转动着，这让人眼前一亮的女人进来了。说她让人眼前一亮，是因为我根本没料到会瞧见这般奇幻的景象；乍见之下她那身宽松的番茄红直筒连衣裙简直太亮丽了。[16]

安雅卖弄风情，摆动臀部挑逗JC，从一开始就迷住了他，这在下列描述中表露无遗："她在前门迅捷地一闪而过穿着闪闪发亮的勾勒出近乎完美的臀部线条的白色休闲裤。上帝，在我死之前应允我一个心愿吧，我喃喃地说；可是随即被这特定愿望带来的羞耻感压倒了，我缩回了。"[17]

C先生的帕金森病使他无法打字，他用很高的报酬雇用安雅为他转录德国出版社的《危言》，他总是先用颤抖的手写下来，或者口述用录音机录下来。和《伊丽莎白·科斯特洛：八堂课》《慢人》一样，主角因为年龄和疾病而虚弱，开始失去对事物的控制力。正如伊丽莎白·科斯特洛有儿子协助，保罗·雷蒙特有玛丽亚娜，JC依靠着安雅在孤独和疾病中活下去，除了打印稿件，安雅有时也帮忙整理房间。在许多方面，小说中主角的自画像并不讨人喜欢。和《慢人》中的雷蒙特与《耻》中的戴维·卢里一样，JC被一个年轻女人迷住了，虽然在他这儿不存在任何亲密关系的可能性。

逐渐发展的情感因为艾伦而变得更加复杂，艾伦反对安雅协助作家，并怀疑作家只是利用这项工作来掩盖他的色情野心。然而，艾伦可以说是个白领罪犯，他在C先生的电脑上安装了软件，以便利用C的投资为自己谋利。这一阴谋最终导致艾伦与安雅的关系破裂，在JC公寓里一次灾难性的晚餐中，艾伦醉酒、无礼的行为则加快了这一天的到来。

与标题带来的期望相反，《凶年纪事》与普通的日记相比毫无共同之处，与笛福的《大疫年日记》，或果戈理的《狂人日记》等文学日记也毫不相同。本书的亮点在于对文学惯用套路的运用自如：永恒的三角关系奠定冲突的基础；一位年长男性对一位年轻女性的迷恋；年轻男人从年长男人那里弄钱的秘密阴谋；以及最后的临终忏悔，以典故终结：小说的最后一句话化用了《哈姆雷特》中赫瑞修的结束陈词："亲爱的王子，晚安／天使飞翔高歌，愿你安息。"然而，这本书不同寻常的结构将老掉牙的套路写出了新意。每一页都包含了2个（之后是3个）不同的文本或层次，在印刷上就由水平线区分开，有时微妙地相互联系。最上面的部分是JC的文章，下面的部分则写给自己或安雅。后来安雅加入第3层中的文字，有时与艾伦进行交谈。安雅往往负责故事的喜剧效果，而且有时会批判C先生的作品。在她的怂恿下，他在《危言》之后创作了《随札》，表达了一些较温和的意见，更柔和或者说更个人化地谈论了许多内容，包括他的父亲、"公众情绪"、"政治的喧嚣与骚动"、"色欲人生"、"一个故事的想法"、"经典"、"写作生涯"和"说厌倦"等等。该系列以对巴赫和陀思妥耶夫斯基的颂词结束。

尽管本书乍看像一盘表达对时事和其他问题观点的大杂烩，但交织的文本和拱形的结构组成了引人入胜的故事。基本上，《凶年纪事》是一个随笔和小说的混合体。传统小说的元素，如人物、背景和情节等，都服从于超小说的方法。小说的情节主要体现在安雅对雇主的反应以及艾伦针对C先生财产的设局。小说的布局使得读者无法保持被动，而必须决定如何阅读这本书，因为每一页上都有不同的声音和层次。就像《伊丽莎白·科斯特洛：八堂课》一样（但《伊》采用了另一种完全不同的方式），这里库切将非虚构的内容嵌入虚构的形式中。年华老去的作家向安雅承认，他已经无法坚持写完一本小说了："要写一部小说你得像阿特拉斯那样，在你工作期间，得把整个世界扛在肩上，要扛上几个月甚至几年。就我如今这个状况来说已经吃不消了。"[18] 在第二组的一篇散文中C先生写道，早前，他还是文学教授时，曾幻想过自己是一个小说家，而不是教师。现在，批评家们试图证明他实际上从来就不是一个小说家，而是一个"客串小说的学究"。[19] 他接着列举了一切不言自明的差异，这让人不由自主地将JC和库切相联系：

> 如今，在公开场合下，我扮演的角色是所谓的知名人物（那种没人能一下子想得起来的知名人物），这类显赫角色被人从哪个储藏柜里找了出来，掸去灰尘，把他们拉到某个文化场合（美术馆新大厅的揭幕式啦，艺术家的颁奖典礼啦）扯上几句，然后再搁回橱柜里。对于半个世纪前抖掉脚下乡野的尘土离家而去，以波西米亚式的人生姿态朝上流社会进发的人来说，这真是一出恰如其分的喜剧，也注定了其外省人的命数。[20]

詹姆斯·伍德在评论《凶年纪事》时说，小说采用了一种"大胆的形式"。"C先生的文章，"他继续道，"在每一页上都或多或少占了大头，但文章下方的文字，和电视屏幕上的流动新闻一样，读起来就像C先生和安雅写下的短记录，为雇主和雇员的关系发展提供了连续的解说，并承载了小说的情节，虽然没什么意思。"[21] 小说的手稿仍属作者所有，从中可以看出，库切最初写的只有"散文"（《危言》和《随札》），然后才写了下面的部分。总体的排版布局与佛兰德作家路易斯·保罗·布恩（Louis Paul Boon）的小说《小步舞曲》（Menuet，1948）存在相似之处，其中3个叙述者的连续叙述都伴随着一系列的新闻报道，出现在每一页的最下方，并与主要的文本相照应。埃里克·保罗·迈尔杰克（Eric Paul Meljac）将《凶年纪事》与加布里埃尔·乔西普维奇（Gabriel Josipovici）的短篇小说《脱衣舞娘墨比尔斯：拓扑练习》（Mobius the stripper: A topological exercise）相联系。在这个故事中，乔西普维奇也使用了水平线来划分页面：上半部分讲述了"脱衣舞娘"的故事，下半部分则是由作家记录了墨比尔斯的故事。杰夫·西蒙（Jeff Simon）提到了另一部类似的小说，他将库切的小说与纳博科夫复杂的《微暗的火》相比较，库切在学术生涯早期曾就后者写过文章："正如《微暗的火》第一部分是虚构的诗人约翰·谢德创作的长篇'虚构'诗，然后是一个小说中的小说虚构的人物查尔斯·金波特极度疯狂的学术评论，《凶年纪事》在每一页上都出现了对应的数个声音。"[22]

尽管有些评论家自《伊丽莎白·科斯特洛：八堂课》出版起就不欣赏库切小说的发展方向，《凶年纪事》还是收到了良好的舆论评价。克里斯托弗·泰勒在2007年9月1日的《卫报》上表示钦佩库切的幽默和对技巧的运用自如："这比他的其他作品都要有趣，虽然有时有点学究气，最后则出人意料地让人动容、让人惊讶又不是很突兀，带着库切的读者们熟悉的那种克制。"贾斯汀·卡特赖特在2007年9月2日的《星期日独立报》上写满了对这本书的溢美之词，尽管他在虚构事件和作家生活间直接画上等号的做法可能不太恰当："这本书充满启示，既有精彩的散文，又有微妙感人的近似爱情故事，还是一本自传，一本对约翰·库切内心深处的关注和信仰的非凡记录。在安雅身上逐渐显露出来的忠诚和正派中，库切似乎非常遗憾地暗示了他自己在生活中忽视了爱和温暖。"

在2007年12月23日的《芝加哥太阳时报》上，维克拉姆·乔瑞（Vikram Johri）写道："在同一页上同时展开三条线索，这一迷人的想法使我们能够更好地欣赏库切的天才。顶部是一项真正的学术工程，在其研究领域高屋建瓴。中间是一名已经失去天赋的作家孤独的漫谈。而底部则是青春热情的独白，满是常与之相伴的傲慢。"他接着写道："因此，必须要问：库切擅长的是什么？他为什么写作？其散文体现的不满让我们认识到他沉默的意愿和追求宁静的本能。然而，《凶年纪事》是一本响亮的书，同时具有生命的热情活力和死亡衰弱无力的前景。这是他作品中比较平易近人的一部，标志着库切的天赋，轻轻松松就能让庸人为深刻的思想所吸引，让人欣羡不已。"2007年12月30日的《波士顿环球报》上，克莱尔·梅苏德（Claire Messud）表示十分喜爱小说的结局，安雅超越了她最初的浅薄，成长为一个复杂而富有同情心的个体："她和JC最后一起达到的奇异的平和在库切的小说中或许是首次出现：它可能不是很有趣，但它丰富而充满爱意，已经非常接近于大团圆结局。"大卫·马库斯（David Marcus）在2009年冬季版《异议》中将《凶年纪事》称作库切最明确的政治小说："库切所捕捉的焦虑不满不仅存在于自己的'晚期'风格中，也为许多同时期的知识分子所共有。这个时代被政治失败所淹没——身处其中的'愤怒和耻辱是如此之强烈，'约翰·C.写道，'以至于所有的计算、所有的谨慎都不堪重负，所以人们必须采取行动，也就是说，表达自己的观点'——如果这本小说对我们来说显得过于紧张，有时让人精疲力竭，这是我们异化、反对教条的自身所带来的后果。"

2008年6月，《凶年纪事》获M-NET文学奖英语小说奖。2009年10月，迈克尔·泰托尔斯泰德（Michael Titlestad）在《南非和美国研究》（*Safundi: The Journal of South African and American Studies*）上发表的一篇文章表明，最初评委们的意见并不一致。困扰部分评委的是：该小说是否可以独立于库切的全部作品单独进行评判，以及库切作为澳大利亚公民（虽然他仍持有南非护照）是否可以参评。另外，以澳大利亚为背景、讨论澳大利亚问题的《凶年纪事》，是否真的可以被视为一部"南非"小说。

然而，这些严格来说与小说的纯粹文学评估毫不相干的因素，不过是个人仇恨（"但他太冷酷了！"）的烟幕弹。泰托尔斯泰德写道：

> 这种反感的原因很难捉摸（毕竟，他是南非最伟大的文学资产）。他的移民或许是敌意产生的主要原因。南非人很容易感觉遭到背叛。我经常听到这样的观点，通过南非的苦难历史（在象征意义上、经济上或政治上）获利的人，至少应该坚持到底……仇恨的另一个原因是，众所周知，库切拒绝参加任何类似文学名人文化的活动……事实上，他是赞助商的噩梦：无论其哲学上或心理上的动机，他缺席颁奖典礼本身就是对权威经济整体的一种批判。

不管怎样，泰托尔斯泰德无法容忍因为这样非文学的原因而忽视一部重要作品，一番劝说后，《凶年纪事》还是获得了M-NET奖。然而，库切没有前往南非领取奖金。仪式当晚，库切美国出版商的南非代表代领了奖金。

第17章
"舞文弄墨"

一

从开普敦大学退休定居阿德莱德后，约翰·库切的生活轻松了很多。在开普敦大学他经常被卷入鸡毛蒜皮的系内斗争，耗尽了精力。他有时不得不参加系内会议，这与他每天上午投入几个小时进行创作的习惯相冲突。在阿德莱德，他得以遵循自己的安排和节奏，即使是这样，从他每天认真回复的有时多达60封的电子邮件来看，他并没有与其他人或文学世界隔绝。虽然他推掉的演讲或公开露面的邀请越来越多，但他仍十分乐意指导青年作家或帮出版社给新书写一段封面推荐。

在开普敦，他不喜欢园艺，闲暇时光除了骑自行车，还爬爬桌山或观看大型体育赛事（板球和橄榄球）。和多萝西定居阿德莱德后，他在阿德莱德山的一小块地上沉迷于园艺，并十分享受在下午时分清理蓝桉树的树皮。如他在《福》中塑造的人物克鲁索和星期五一样，他着手建设了小梯田，进行种植。多萝西能注意到约翰来到澳大利亚后的变化。他会在晚宴和派对上开玩笑打趣别人。他很快乐，每个与他打交道的人都能感觉到。[1]

然而，在1989年4月的悲剧事件发生多年后，他心中仍然潜藏着丧子之痛。他还要挂心的是女儿吉塞拉的处境和身体状况。吉塞拉一直留在开普敦，住在天文台区的一栋房子里。1988年至1990年间，她在开普敦大学攻读文学学士，成绩良好，在英语和非洲文学课上表现尤为突出。一年的海外生活后，她获得了英语荣誉学士学位，平均成绩为72%。她和约翰都刻意避嫌，她没有选修他的任何课程，当时多萝西也在英语系担任教授，认为吉塞拉是她教过的最有才华、最出色的学生之一。然而，吉塞拉缺乏父亲那样的纪律性，有时会对自己的事情失去控制。她相信宿命论，很小就希望自己从未出生。后来，尼古拉斯的死让她痛不欲生，她认为该死的是自己，而不是尼古拉斯。她奇异地认为自己应该对母亲和哥哥的死亡负责：对母亲负责是因为母亲最后患病期间，她没有给予足够的重视，母亲临终前，她也不在身边；对哥哥负责则是因为在他去世前，他们之间的关系很糟糕。1992年6月15日，约翰·库切在布法罗给朋友霍华德·伍尔夫写信说，吉塞拉想知道自己为什么费心学习文学。"我肩负着安慰她的棘手任务，"他写道，"把她从必须效仿我的想法中解放出来（如果可能的话），她有按自己的想法生活的自由，同时也不需要陷入相反的看法，坚持认为我已经划出的领域是我一个人的，她绝不能擅闯。她的男朋友前几天过来拜访，坦率地和我谈心，这还是他第一次这样做。他说吉塞拉告诉他应该死的那个人是她，尼古拉斯更聪明、更有雄心等等。潜台词是：对她的期望太高，她承受不起。真是一派胡言。孩子们很难相信父母绝对地、无条件地爱着他们。（不仅是孩子们！）还是说我们声称绝对地、无条件地爱时是在自欺欺人？"

　　20多岁时，吉塞拉只是短暂地有过固定职业——在独家图书集团（Exclusive Books）工作，工作地点先是在约翰内斯堡的山顶区，后来在开普敦的克莱蒙特区。她三十出头患上了癫痫，这一疾病难以控制，库切非常推崇的陀思妥耶夫斯基也终生受其困扰。

　　吉塞拉的癫痫引起了陌生环境恐惧症，她不得不过起隐居生活。2004年11月16日，库切写信给凯瑟琳·洛加·杜普莱西斯（Catherine

Lauga du Plessis）说："吉塞拉的生命力并不旺盛。她患有严重的陌生环境恐惧症，从不离开房子。诚然，南非有很多人被吓得不敢离开安全的房子，但我相信她的情况是病理上的。"癫痫持续发作。在2004年4月的一次发作中，她摔断了一条腿。不久后的另一次发作中，她摔断了另一条腿，情况严重到她必须接受手术，并在医院骨科病区住上很长一段时间。诊断确定她脆弱的骨骼结构是由骨质疏松症引起的，这是一种常见的老年病，很少会发生在30多岁的人身上。第二次骨折严重到致残，离开轮椅或行走架的帮助，她将很难行走。最严重的是，她发现自己无法在行走时保持平衡，这与两次摔倒无关，是癫痫病情和治疗导致的症状。她现在必须同时借助拐杖和行走架才能行走。她的视力也出了问题：她失去了判断距离的能力，这样就很难过马路，因为她不知道驶来的汽车离她多远。[2]约翰写信给朋友乔纳森·李尔说："2005年对她（吉塞拉）来说是一场噩梦。她三次住院，两次是因为左腿的复合性骨折，第三次则是因为癫痫发作带来的后遗症。她的生活因为毁灭性的家庭生活（总是和伴侣发生争吵）和酒精变得更加复杂。"如果她愿意来阿德莱德和库切一起住上一段时间，病情可能会得到改善："我不指望她恢复健康，但我至少能为她提供合理的饮食，给她的生活带去一点点平和。"

与尼古拉斯一样，吉塞拉的生活也充满了酒精和药物，情况甚至恶化到她不得不进入戒酒康复中心。莫非库切的两个孩子从上一辈那里继承了容易酗酒的基因？约翰的父亲杰克·库切一度经常性地过度沉迷于酒精，菲利帕的弟弟塞西尔（Cecil Jubber）也是一个酒鬼。《等待野蛮人》的结尾处，玩耍的孩子们预示着对未来的某种希望，考虑到尼古拉斯的死亡，吉塞拉又处于这样的困境中，这样的结局就显得越发具有毁灭性。

2005年10月，约翰·库切亲自前往开普敦了解女儿的情况。2005年10月7日，他写信给阿瑞戛纳·博扎维科（Arijana Božovi）："我刚从南非回来。在那里停留了一周，主要是去看望我的女儿，告诉她世界上至少还有一个人在乎她的生死。她状况很糟，糟糕的'婚姻'更是雪上加霜，但她又开始试着走动了，虽然时间很短。"10月10日，他再次写信给她：

> 我前几天才从开普敦回来，大部分时间和吉塞拉在一起。她的身体和心理状况都不太理想。近六个月来，她要么躺着，要么坐在轮椅上，已经有大量肌肉出现萎缩。她可以一次蹒跚着走几步，但平衡不好，压力很快让她感到痛苦。她也无助地乱扔她的药，隐隐觉得那些药对她不太好。但她不具备专业知识，无法完全停止用药，尤其是那些影响她神经系统的药物。她还孩子气地反抗医生。我本来要带她去见好几个医生，但她在家发生了意外，脸上弄出一道难看的大伤口，结果什么都没有做成。所以，我在那里没发挥什么作用。

2005年11月21日，他记录了另一场意外：开普敦传来了坏消息。吉塞拉独自在家时，癫痫严重发作，并开始吐血。她摔倒了，伤了脸（掉了四颗牙），断了一根锁骨。现在还在住院。她非常虚弱，同时患有肝硬化和戒酒综合征。所以需要两种不同的护理：术后护理以及酒精依赖康复护理。就我所知没有人同时提供这两种护理，而她对后者的抗拒使事情变得更为困难。约翰写信给乔纳森·李尔说："我希望本月晚些时候能带吉塞拉到阿德莱德待一段时间。"

吉塞拉在阿德莱德住了一个月左右，但回去后不得不进入温贝赫的一家机构接受看护。出于想要独立的强烈意愿，她回到天文台区的家，在父亲的反对下，勉强接受了一名护工，每周只上门几天。2006年7月6日星期一，独自在家时，她再度癫痫发作，引发了严重的头部损伤。一天后，她才被发现，在昏迷状态下被送往格鲁特斯库医院的重症监护病房。医生们进行了两次手术，但无法止血。不得已进行了第三次手术，并发症使她长时间处于病危状态。两周后，她才从昏迷中醒来，能够根据要求用眼睛捕捉别人的动作，也能对手部的轻微触碰做出反应。她仍然不太清醒，极度虚弱，连着呼吸机。约翰·库切在事情发生后就立即飞往开普敦照顾她，8月13日，他在一封电子邮件中写道：

> 吉塞拉还在格鲁特斯库医院，住在神经内科病房，但已经脱离了生命危险。她一度看起来可能会瘫痪，但幸运的是情况并非如此。
>
> 目前尚不清楚她的大脑受到了多大损伤。她能说话，但精神状态似乎有点混乱。

从那时起，吉塞拉的病情奇迹般地好转。她被安置在莫布雷的一家看护机构里，受到恰当的照顾。幸运的是，并没有永久性的脑损伤产生，2011年1月初，她搬回了位于天文台区的家，有一名看护时不时地去帮帮忙。

二

除了对吉塞拉病情的忧虑和担心，约翰·库切自己也开始遭遇健康问题。2007年——他第二部"澳大利亚"小说题目中的"凶年"——他开始接受前列腺癌的治疗。他在2010年接受了放疗，缓解了症状。

除了对自己健康状况的担心，约翰·库切在2009年2月更添一层担忧。与他关系非常亲密的弟弟大卫居住在华盛顿期间被确诊患有间皮细胞瘤，一种极易扩散感染胸膜的癌症。由于发现时已经是晚期，预后非常不好。大卫先后接受了放疗和密集化疗，但他没什么精神，并处于持续疼痛中。他打了吗啡镇痛，这让他很少有完全清醒的时候。虽然是在病中，但他仍然像以前一样开朗幽默。约翰在2009年5月前往华盛顿看望了已病入膏肓的弟弟。2010年1月19日，大卫在家中去世，妻子阿克薇·阿姆苏和两个儿子山姆与科林在床前陪伴着他。而那时，约翰才从华盛顿搭飞机飞回阿德莱德不久。阿克薇·阿姆苏在个人作品集《不是再见》(*Not Goodbye*)中《家世》(*Descent*)一诗的第一节里也暗示了兄弟俩的最后一次会面:

> 两天前,你哥哥
>
> 读你憔悴的倒影
>
> 说你看起来很帅
>
> 但你每小时都在变化,
>
> 抛弃你不再
>
> 需要的一切,比如你的脸。[3]

尽管前列腺癌是不治之症,但适当的护理可以使病人存活多年。2007年的诊断以及医学治疗确实改变了约翰·库切的生活,但他的精力和勤奋并没有受到影响。他依然能够遵守自己严格的日常计划,每天上午都投入几个小时笔耕不辍。他创作的欲望永不平息。"我跟随笔舞蹈。"1994年他在《彼得堡的大师》中这样写道。如今舞蹈仍在继续。

三

库切定居澳大利亚后出版的三部小说中,主人公都是一位老人,忍受着年老带来的疾病和体弱的困扰。伊丽莎白·科斯特洛66岁,并随着年龄的增长变得有点虚弱,只有在儿子的帮助下,才能承受费时费力的长途旅行,去往世界各地进行演讲。《慢人》中的保罗·雷蒙特则在舒适的退休生活前夕,被一个年轻人驾驶着汽车从自行车上撞了下来。这导致他失去了一条腿,从此残疾,必须依赖他人的照顾生活。《凶年纪事》的中心人物患有帕金森病,依赖安雅的帮助转录他的著作。

这一系列人物衰弱的演变是惊人的。库切在《夏日》中将这些"死亡提示"更进一步。核心人物是已故作家J.M.库切，一位名为文森特的英文传记作者希望能为他立传。他计划聚焦1972年至1975年这一时期，那时候，约翰因为受到怀疑不得不离开美国，与父亲同住在开普敦托开区一间破旧的房子里，通过给陌生人进行私人英语辅导来谋生。为使传记显得有血有肉，文森特采访了约翰在那一阶段认识的各种各样的人：朱莉娅，心理治疗师，现居安大略省，当时为约翰的邻居，偶尔充当他的情人；玛戈特，经常出现在百鸟喷泉家庭农场的表亲，约翰对她存有一定爱意；阿德里安娜，与约翰相恋的巴西舞者，虽然她最初怀疑他对自己的女儿，他的英语辅导学生，怀有超越师生的感情；马丁，与约翰同为开普敦大学讲师候选人，但不久后永远离开了南非；还有苏菲，开普敦大学法语系的同事，约翰与她合教一门非洲文学课——他讲英语作家，她讲法语作家。

这样，传记作者就把精力集中到了约翰青年时期的一个阶段，即在美国经过一段时间的研究和授课后，定居开普敦的时期。在副标题中，《夏日》被描述为《外省生活场景》，与《男孩》和《青春》共同构成三部曲。《夏日》的一个突出特点是对不同叙事技巧的串联。《男孩》和《青春》的线性叙事都由一个单一的声音完成，而《夏日》中的传记作者很少自己说话，他的任务主要由受访者承担。小说的第一部分"1972年至1975年笔记"以及最后一部分，都由已故作家日记的片段组成。第一部分中的所有条目都有日期，而在最后部分中的五个条目则未注明日期。条目中经常插入变体字短语，如"可据此展开""避免……过于推向""可进一步拓深的主题"等，说明作者曾打算将这些日记片段作为将来创作的素材。传记作者在回答朱莉娅关于斜体部分的含义和作者的问题时，证实了这一点："库切自己写的。是他为自己做的一个备忘，写于1999年或是2000年，当时他考虑改写这些特定的事例以便写入书中。"[4]一开始他们似乎只是日记中的笔记，经过后期的补充，他们变成了已故作家今后扩写的指导，所以这是一份粗略的草稿，一份透露出一定临时性和不完整性的创作中的文本。这一不完整性具有欺骗性，因为矛盾的是，读者看到的是一个完整的文本，明显的暂时性是其整体的一部分。

在采访中，读者有时会遇到一条复杂的叙事方法链。读者在纸上看到的并不总是对受访者言论的精确记录，因为传记作家的记录有时随意得近乎曲解和误读，以至遭到采访者愤怒地拒绝。因此，传记作者在本节开始时就承认，对玛戈特的整个采访，既是记录也是重写，为了叙述的完整性，里面加入了部分"虚构"的对话。玛戈特真正告诉文森特的以及文森特转录内容之间的差异隐藏了"真实的"事件。事件和扭曲、事实和虚构、真相和谎言之间的关系，成为小说结构的一个核心因素。

这样，《夏日》与《男孩》和《青春》就有了根本上的不同，《夏日》中没有直接的叙述，有的只是各种声音的复合，同时讲述那一时期约翰的生活经历。帕特里克·登曼·弗兰纳里（Patrick Denman Flanery）在评论《夏日》时写道：

> 应当说，它是一个组合文本：虚构的库切笔记中标注或未标注日期的片段；那一时期与库切有交集的人的五次访谈，采访者是一位年轻的英国传记作家，被称为文森特先生。文森特组合了这些片段和记录，但并未将他们整合成完整、固定的叙述形式，因此，应该将《夏日》视作一部处于成型过程中的虚构传记——专注于一个虚构主体成为一名作家的那些年。通过笔记片段与采访，我们看到约翰与两个主要障碍之间的斗争：其一是如何将自己的文化、思想和伦理观点与生活在种族隔离时期的南非的现实进行调和，这个国家市侩庸俗，在思想上分崩离析；二是如何与女性发展有意义的亲密关系……

《夏日》在传记和小说之间的暧昧位置，与库切在自我定位时遇到的困难如出一辙；我们在努力把握其公开与隐秘的混合性时，最贴近他的想法。正是因为我们无法将他定位，我们才确信这三部曲已在当代文学的中心赢得一席之地。[5]《夏日》中事实与虚构之间的关系触及到了这样的问题：这本小说具有怎样的真实价值，在现实中的作家库切的生活中又有怎样的实现。从传记作者对苏菲所说的话中，我们可以找到认识虚构已故作家性格的一个关键，同时也是了解《夏日》采取自传形式的关键："库切自己写下的东西不能被采信，不能作为一个事实记录——并非因为他是一个撒谎者，而是因为他是一个虚构作品的写作者。在他的信中，他给他的通信者虚构了一个自己。在他的日记里，他为了自己或是为了后代的缘故，同样有许多的虚构。作为文件，这些材料是有价值的，但如果你想在精心编织的虚构背后看到真相，你就得去找那些跟他直接有过接触的，还活着的人。"[6]

虽然《夏日》是自传体三部曲之一，它比《男孩》或《青春》都更为极端地颠覆了传统分类，其叙事策略和内容都改变了传统的边界。读者不能把已故约翰的相关信息当真，把它当作"真相"的读者将会受到欺骗。例如，库切回到南非后，确实在托开住了一段时间，但和小说告诉我们的相反，他并没有和父亲住在一起，而是和妻子菲利帕以及他们的两个孩子同住。1972年至1975年间，他的父亲也不是一个鳏夫，正与妻子维拉生活在一起，而她1985年才去世。作为一名年轻学者，库切确实在开普敦大学给勤奋的学生们授课来增加收入，但他教的是数学，而不是"阿德里安娜"一章中提到的英语。1971年，他确实曾是开普敦大学一个空缺英语讲师席位的候选人，另一位候选人是马丁的原型乔纳森·克鲁，1974年，克鲁在《对比》上就《幽暗之地》发表过一篇重要论文；但与《夏日》的描述相反，两人都被录用了，而不只是马丁。《夏日》中的表亲名叫玛戈特，在《男孩》中以真实姓名阿格尼斯出现，她从未与库切一起在百鸟喷泉农庄附近的小货车里过夜，另外他也从来没有在麦尔维尔给父亲买房的打算。[7]最后，约翰·库切当然并未去世，除了年华老去，他仍在澳大利亚阿德莱德的房子里辛勤地进行着创作。

小说的题目让人想起1935年乔治·格什温的热门单曲，出自百老汇轻歌剧《波吉与贝丝》。前两节的歌词如下：

夏日时光

生活有限

鱼儿跳跃

棉花好收成

爸爸有钱

妈妈漂亮

宝宝乖乖睡觉

不哭不闹

如果说小说暗示了格什温的歌，那也一定是出于讽刺的目的，正如小说展现的那样，约翰人生的这一阶段，绝非无忧无虑的青春时光。《夏日》中孤独的约翰更容易让人想起马塞卢斯·艾芒兹《死后的忏悔》中的主人公：威廉·泰米尔。《夏日》提供给我们的是一幅负面的自画像，把自我剥光，试图通过不同的角度来解释为什么已故的约翰给人这样一种冷血的印象。访谈涉及不同的情景，但最终主角仍是一个无法解释的谜，其本质的自我从来没有显露出来。文学史上很少出现像J.M.库切的人物化身这样作者自我厌恶的例子。

除了主角在这里表现出的近乎残酷的诚实之外，读者还着迷于主人公本质上的不可知性。传记作家试图捕捉他的形象，但徒劳无获——这也是对现实生活中任何想要追踪J.M.库切生活痕迹的传记作家的明确警告。

《夏日》包含了库切作品中最优美的文字，也有许多最令人捧腹的场景。和其他作品一样，库切对文学名句和典故运用自如，如约翰·济慈的《夜莺颂》（"昏昏欲睡的麻木折磨着我的感官，我仿佛喝下了毒芹"）；塞缪尔·贝克特的《等待戈多》（"假设一位上帝……确确实实存在"）；还有罗伯特·赫里克的《朱莉娅的霓裳》（"那飘然的羽衣霓裳闪动着流光溢彩"）。[8]

戏谑的方式给整部作品增添了几分欢快，但如托马斯·琼斯（Thomas Jones）所说，它也可以是"一个优雅的请求：要认识作为公众人物的库切，只能到其文字中去寻找；同时也是充分的理由，说明为什么要答应这一请求"。两名评论家追溯了《夏日》有趣的文学和历史联系。乔迪·威廉姆森（Geordie Williamson）写道："在菲利普·拉金的诗《后人》中，一个创造性艺术家想象他的传记作者在其身后为其立传，并借此机会以嘲弄的口吻撰写了自己的墓志铭，像拉金一样，库切的死使他从过去的束缚中解放出来。库切不仅进行了自我调侃，还在自我构建中赤裸裸地展现了情感。"詹姆斯·米克（James Meek）认为："阅读《夏日》的一种方式是把它作为一种告白，一种对库切爱过的女性的肯定……约翰心中的拜伦将他拉向女性，参与有意义的事业，他心中的耶稣则将他拉开。'他一生都努力做到温柔，'朱莉娅这样评价约翰，但接着又说这也是她不能和他在一起的原因。"

蒂姆·帕克斯（Tim Parks）在评论中写道：

> 这是一本戏谑而出人意料地有趣的书，在精心安排的难以捉摸和毅然决然的公开坦诚两方面都体现了自传可以达到的最大高度。如果说《男孩》和《青春》因为库切对第三人称（作者拒绝将其等同于年轻的自己）和现在时（通常用于小说而非回忆录的叙事手段）的使用而卓越，《夏日》在距离化和小说化两方面都更进了一步。尽管我们在封面上看到库切的名字，并因此假设作者仍然活得好好的，我们很快就会相信他已然死去。这本书由五段访谈组成，一名传记作者与他认为在1972年至1975年期间对作家有重要意义的人进行了对话。

安德烈·布林克认为它是库切"令人难忘的作品"之一："单凭这本书就值得一个诺贝尔奖。"

《夏日》在2009年入围布克奖，2010年入围英联邦奖，但均未获奖。

它在澳大利亚获得了昆士兰总理文学奖（Queensland Premier's Literary Award）和克里斯蒂娜·斯特德小说奖（Christina Stead Prize），后者的奖金约为19 000英镑。2011年，哈维尔·塞克以单行本出版了库切的自传体三部曲，名为《外省生活场景：（一）男孩（二）青春（三）夏日》。

四

获得诺贝尔文学奖后的几年中，约翰·库切继续为《纽约书评》撰写评论，例如评论诺曼·梅勒（Norman Mailer）的《林中城堡》（2007年2月）和伊莱娜·内米洛夫斯基（Irène Némirovsky）的《狗与狼》（2008年11月）。除了清晰的行文，他的文章因为精辟判断而引人注目。当代许多评论家无力掌控文字，字里行间充斥着专业术语，他们应该将库切的行文作为典范。

他还重温了阿非利堪斯语诗，翻译了伊那·卢梭（Ina Rousseau）的诗集《昔日花园》（1954）中的第一首诗《伊甸园》，发表在2007年4月的《诗歌：翻译问题》上：

> 在伊甸园的某个地方，在所有时间之后，
> 是否仍然矗立着，荒废的，像
> 毁灭的城池那样，大门被可怖的钉子封住，
> 不幸的花园？
>
> 那里闷热的白天后是否仍是
> 闷热的黄昏，闷热的夜晚，
> 病态发紫的树枝上
> 果实挂到腐烂？

那里是否还有，在地下，
像蕾丝蔓延在岩石间
一张未发掘的矿藏之网，
玛瑙和黄金？

穿过郁郁葱葱的绿色，
他们的浪花在远方回响
那里是否还流淌着四条玻璃般的小溪
没有凡人在里面喝水？

在伊甸园的某个地方，在所有时间之后，
那里是否还矗立着，像满目疮痍的城池那样，
被抛弃，注定慢慢腐朽，
衰落的花园？

  过去的评论员大多纯粹从古老的犹太-基督教神话中失乐园的角度解读这首诗，但库切在译文之后的简短讨论里，还将它与荷兰第一批移民在好望角建造的花园相联系，这一花园为东方航线上的船只提供补给。这样，他的解读就与自己在《白人写作》中讨论的主题相联系，将该诗视作卢梭对一项失败的事业深刻而悲观的思考："衰落的花园，衰落的殖民地，在未来的某一天回顾过去，它不仅已然荒废，而且几乎已然消失在过去的迷雾中，这与周围宣扬的白人基督教南非将在遥远的未来持续存在的图景截然不同。"对于1994年在这样的希望中诞生的新南非来说，这是一种令人沮丧的解读。

  在这些年中，几位制片人购买了小说《耻》的电影版权，电影的拍摄是库切必须参与的重要项目之一。从一开始，他就十分谨慎，担心小说被制片人以及可能的南非合作者出于政治目的加以利用。在2004年2月21日的一封电子邮件中，他对代理人彼得·兰姆派克提到了这一担心：

在南非，《耻》在某种程度上已经成为一个政治足球。任何将《耻》翻拍成电影的人都会引起很大的争议，特别是如果电影在南非拍摄并任用南非顾问的话。如果这是一部大制作，从一开始就会受到包括政界在内的广泛关注。不可避免地，人们会认识到，影片将影响南非在国际上的形象。

我之所以希望能最终审核剧本，是为了保证影片不会受到南非政治力量（无论是左派还是右派）的影响，不会出现原著中所没有的倾向。我认为这是十分现实的危险，因为影片的拍摄者是局外人，他们将很难意识到看似无害的小细节对局内人有着怎样微妙的政治意义；另外，坦率地讲，身为局外人，他们也许并不在意影片会在南非产生怎样的政治后果。

澳大利亚夫妇史蒂夫·雅各布斯（Steve Jacobs）和安娜-玛丽亚·蒙蒂塞里（Anna-Maria Monticelli）最终获得了《耻》的电影版权，他们邀请了美国奥斯卡影帝约翰·马尔科维奇出演戴维·卢里，南非女演员杰西卡·海恩斯（Jessica Haines）则扮演露西。2008年10月，影片在阿布扎比的中东国际电影节上斩获黑珍珠最佳影片奖，在多伦多电影节上则将国际影评人奖揽入怀中。尽管影片有一部分在开普敦和赛德堡取景拍摄，制片人没能在南非筹得一分钱的资金。2010年，影片在全球范围内上映。

同样因为小说可能会被用于政治目的，库切在授权将《耻》翻译为南非语后又收回了这一授权。2004年1月，南非布拉格尤提杰沃斯的丹·鲁特（Dan Roodt），一位右翼（甚至右翼极端）分子，向库切的代理人大卫·海曼联合公司申请授权，翻译并出版这本小说，尽管阿非利堪斯语出版物的市场相对较小。库切同意了这一申请，但鲁特错过了出版的18个月期限，并且没有将延误的情况通知代理人。库切在2005年10月18日写给代理人的信中说，他还没有收到协议规定的以供检查的手稿，而且据他所知，也没有出版任何翻译版本。"自2004年4月以来，"

他继续写道，"我了解到了关于布拉格及其所有人丹·鲁特的一些事情，我不希望公众把我和它的活动联系在一起。因此，我想就终止合同的问题征求您的意见，我认为我们现在有权这样做。"尽管鲁特表示抗议，合同还是解除了。《耻》的南非语版本最终由诗人范尼·奥利维尔（Fanie Olivier）翻译，由开普敦兰登书屋斯图里克旗下的乌木兹公司出版。

2010年对约翰·库切来说有着特殊意义，他在当年的2月9日年满70岁。2010年5月5日，他受邀来到母校美国得克萨斯大学奥斯汀分校，并发表演讲，回顾了自己的学生时代，并谈到了在20世纪70年代南非的社会和政治背景下自己所经历的审查制度。他曾提交了三本书以供审查，赫尔曼·维滕贝格在出版物审查委员会的档案中发掘出了相关审查报告，彼得·麦克唐纳在《文学警察》（*The Literature Police*）一书中也提到了相关报告。库切从这些报告中引用了几段话，充分体现了审查人员的愚钝，让听众们哄堂大笑。5月晚些时候，他在法国首都发表了同样的演讲，接受了巴黎美国大学的名誉博士学位。2010年6月22日，他在英国诺里奇剧场朗读了自己的作品，一起参加活动的还有南非作家乔迪·德莱弗，佐伊·威克穆，以及伽贝巴·巴德罗恩（Gabeba Baderoon）。这次，他选择了一篇21分钟长的短篇小说，以幽默的视角观察自己青年时期的卡鲁世界，令听众拜服。

但阿姆斯特丹给了库切最高的荣誉，他的荷兰出版商伊娃·寇斯，与得巴里文化中心一起，在2010年5月13日至16日举办了一个为期三天的节日，主题是："这是J.M.库切吗？"艾勒克·博埃默（Elleke Boehmer）就《双重视角》一书的创作采访了大卫·阿特维尔，并为库切50年的学术生涯出版了一本纪念文集。由达喀尔公司制作，洛特·范登伯格执导的话剧《国家》在阿姆斯特丹郊区的一块空地上上演。库切被授予荷兰狮子骑士爵位，这一皇家爵位极少授予外国人。阿姆斯特丹代理市长在讲话中高度赞扬了库切在联结南非与荷兰文学方面做出的贡献，他将荷兰语文学翻译成英文，就荷兰作家撰写评论文章，他与荷兰出版商间的特殊情谊使得库切2002年后的每一本小说都在英文原版发行之前就先出版了荷兰语版本。库切在致谢时，以荷兰语开始了他的讲话：

> 在开始之前，我要对参与这三天活动的诸多艺术家、作家以及读者朋友们表示最诚挚的感谢。过去的三个晚上对我来说非常令人感动。我写作从来不是为了某些特定的公众或特定的读者，而总是无差别地面向未来和未来的人民。因此，遇到真正读过我作品的真正读书人，我感到有些惊讶，甚至是有些震惊或者说震动。
>
> 我个人对阿姆斯特丹的这三个晚上很感兴趣，因为在这里人们用荷兰语读我的作品，与英语原文相比，我在荷兰语中显得更加幽默。

在此之后，库切朗读了一篇关于伊丽莎白·科斯特洛的未发表的故事，她在西班牙卡斯蒂利亚的一个小山村里度过了生命的最后时光，养了许多猫，还收留了村里的傻瓜巴勃罗。她的儿子约翰从美国来看望她。文本由他们的对话和讨论构成，他试图弄明白她究竟为什么选择在这个偏僻荒凉的地方定居，与猫和傻瓜共处一室。与库切后期的作品一样，这又是一个关于离群索居与无条件同情的故事，但它同时也令人捧腹。

在节日开始时的介绍中，伊娃·寇斯开玩笑说库切是个聚会狂。整个过程中库切都保持了沉默，只在最后表达了感谢。当寇斯送他乘坐火车离开时，他紧紧地拥抱了她，并说："很是开心！"[9]

现在，库切的作品不仅在诸多方面得到肯定，如获得久负盛名的文学奖，同时也被广泛阅读，以多种语言出版，读者不断增加。一些书的销售量以十万计，并继续稳步上升。

人们纷纷向库切致敬。2011年3月，阿德莱德的南澳大利亚艺术画廊举办了南非造币厂发行的一系列帝王花纪念币的首发仪式，该纪念币上面出现的是库切的头像。铸造这一系列纪念币是为了纪念南非历史上的某一重大事件或表彰某位杰出的南非人。此次铸造银币共计三百枚，库切成为首位出现在纪念币上的南非作家。

后记

约翰·库切在2005年4月开始着手创作《夏日》。根据他英国和美国编辑的意见，他两次修订终稿，一次是在2009年2月，另一次是在2009年3月。他在收到哈维尔·塞克的校样后，修订后，很快在2009年6月1日将其返回。该书的荷兰语翻译版名称为*Zomertijd*，在2009年7月由伊娃·寇斯在阿姆斯特丹发表，而英文原版大约在两个月后由哈维尔·塞克在伦敦出版。

我在2008年6月9日写信给约翰·库切表示希望他允许我写他的传记。这时他正在创作《夏日》。我的来信要求可能会让他一笑：他自从2005年4月就开始在阿德莱德写关于一位虚构的英国传记作家——文森特先生的故事。这位传记作家正在准备写一本关于已故作家J.M.库切的传记。而这时出现了一个真正的传记作者，来请求写关于他的一本真正的传记。而此传记作家，并不像人们所想象的来自一个英语文学世界，而是来自一个更小的阿非利堪斯语文学界。也许我这个来自英语文学领域之外的请求更容易让喜欢与众不同的库切接受。

当我在2009年3月到阿德莱德对约翰·库切进行访问时，他正在第二次修订《夏日》。他一丝不苟地回答了我所有的问题，我对他的印象是：他是一个正直诚实的人。在之后的一周里，我在他的办公室读他的手稿，我发现他是一个令人难以置信的勤奋的人，因为他不遗余力地发挥与运用自己的天赋。关于《耻》他写的手稿版本多达14个，这让人们看到，作为一个作家，他对自己的要求有多么高。如果有学生对他小说创作的过程感兴趣，可以在这里找到精彩的素材。

在我们的交谈过程中，我也更同情这位注重隐私和沉默寡言的人。即使是有关高度敏感的话题，他也保持就事论事。只有在谈到他的女儿吉塞拉的疾病时，他有了一些感情流露，而且最先表现的也是沉默。关于这个话题，我的感觉——也是在我们的谈话中唯一的一次——他在向我隐瞒某些信息（但他后来也有提供）。除了这一伤心事以外，他还经历了他父亲的不诚实及酗酒行为、尼古拉斯的死亡，还有菲利帕因癌症去世的悲哀，一个人可能会觉得惊讶，他经历了这么多的不幸，还能坚持住，并继续他的工作。

在创作《夏日》40年前，J.M.库切创作了他的第一部小说《幽暗之地》。他和他的家人从美国返回后，暂时居住在卡鲁他们的家庭农场百鸟喷泉附近的一个空房子里。在《幽暗之地》中雅各·库切是这样想象自己的死亡的：

> 另一方面，一旦最糟糕的事发生，你会发现我并非一味眷恋生命。我已洞悉了自己，在感召的指引下，我会穿越自我那永恒的隧道回归。我也认可和持有这样的观点：就像普拉杰，就像阿多尼斯，就像大坦布尔和小坦布尔，就像纳马夸人一样，我也是多余的人。目前，我还不想持有这样的观点，但是当那一天终于来临时，你会发现无论我是活着抑或已然死去，无论我曾生活过还是根本就没来到过这个世界，这一点对我从来都不重要。我有其他事情要思考。

2009年访问阿德莱德后不久，我就已经年近70岁；过后没多久，约翰·库切也到了相同的年龄，并在阿姆斯特丹和其他地方都有一些庆祝活动。因此，现在我们都在生命中的第八个十年中，已到了上帝给我们的年限。我将很愿意用J.M.库切明晰文笔中的淡定来思考未来。

编者按

约翰·坎尼米耶在完成《J.M.库切传》的手稿后不久，于2011年12月25日去世。

他曾根据大卫·阿特维尔、德里克·阿特里奇和我的阅读反馈报告对手稿进行了修正。他也在序言中说明了这一点。

因为突然离世，约翰·坎尼米耶并没有读到拉尔斯·恩格尔（Lars Engle）所提供的一个全面的阅读反馈报告。在该书的编辑过程中，该反馈报告中的建议发挥了重要作用，除此之外，大卫·阿特维尔、约翰·布鲁尔（Johan Bruwer）、伊娃·寇斯和米希·海恩斯又进一步提供了诸多建议和帮助。

汉尼斯·范齐尔

附注

前 言
---

1. 此类研究以书的形式出现的最早的一本英文书是：Teresa Dovey, *The Novels of J.M. Coetzee* (1988)。其他英文书籍（不包括大学毕业论文）有：Dick Penner, *Countries of the Mind* (1989); Kevin Goddard and John Read, ed., *J.M.Coetzee: A Bibliography* (1990); Susan Van Zanten Gallagher, *A Story of South Africa* (1991); David Attwell, *J.M. Coetzee: South Africa and the Politics of Writing* (1993); Dominic Head, *J.M. Coetzee* (1997); Michael Valdez Moses, Graham Huggan and Stephen Watson, eds, *Critical Perspectives on J.M.Coetzee* (1996); Rosemary Jane Jolly, *Colonization, Violence and Narration in White South African Writing: Andre Brink, Breyten Breytenbach and J.M. Coetzee* (1996); Sue Kossew, *Pen and Power: A Post-colonial Reading of the Novels of J.M. Coetzee and Andre Brink* (1997); Sue Kossew, ed., *Critical Essays on J.M. Coetzee* (1998); T. Kai Norris Easton, *Textuality and the Land* (2000); Derek Attridge, *J.M. Coetzee and the Ethics of Reading* (2005); Jane Poyner, ed., *J.M. Coetzee and the Idea of the Public Intellectual* (2006); Liliana Sikorska, ed., *A Universe of (Hi)stories* (2006); Manfred Loimeier, *J.M. Coetzee: Edition & Kritik* (2008); Bill McDonald, ed., *Encountering Disgrace* (2009);Dominic Head, *The Cambridge Introduction to J.M. Coetzee* (2009); Carrol Clarkson, *J.M. Coetzee: Countervoices* (2009); Patrick Hayes, *J.M. Coetzee and the Novel* (2010); Andrew van der Vlies, *J.M. Coetzee's Disgrace* (2010); Anton Leist & Peter Singer, eds, *J.M. Coetzee and Ethics* (2010)。

2. 在传记手稿完成后，J.M.库切与得克萨斯大学达成一项协议，他的手稿与相关文件将永久保存在得克萨斯大学奥斯汀分校哈里·兰塞姆中心。第一批，包括保留在哈佛大学的一些文件于2011年年底被转移到得克萨斯大学，其他部分分期于2012年和2013年转储。（该信息由J.M.库切2011年3月8日发给我的一封邮件中提供）。

3. *J.M. Coetzee: A Bibliography*, compiled by Kevin Goddard and John Read and introduced by Teresa Dovey, Grahamstown, NELM, 1990, p.12.

4. David Attwell, *J.M. Coetzee: South Africa and the Politics of Writing*, Berkeley, University of California Press / Cape Town, David Philip, 1993, p.6.

5. Derek Attridge, *J.M. Coetzee and the Ethics of Reading*, Chicago, University of Chicago Press / Scottsville, University of KwaZulu-Natal Press, 2005, p.139.

6. J.M. Coetzee, *Truth in Autobiography*, Cape Town, University of Cape Town, 1984.

7～8. J.M. Coetzee, *Doubling the Point: Essays and Interviews*, edited by David Attwell, Cambridge, Massachusetts / London, Harvard University Press, 1992

9. Martin van Amerongen, *Mijn leven zijn leven*, Amsterdam, Stichting Collectieve Propaganda van het Nederlandse Boek, 1993, p.9.

10. James Olney, ed., *Autobiography: Essays Theoretical and Critical*, Princeton, Princeton University Press, 1980, p.11.

11. J.M.库切:《夏日》，文敏译。杭州：浙江文艺出版社，2013。

12. J.M.库切:《异乡人的国度》，汪洪章译。杭州：浙江文艺出版社，2010。

13. Roland Barthes, *Image-Music-Text*, a selection from his essays translated by Stephen Heath, Glasgow, Fontana / Collins, 1977, p.148.

14. Wim Hazeu, *Vestdijk: Een biografie*, Amsterdam, De Bezige Bij, 2005, p. 242. [Translation M.H.]

第1章

----

1. J.M.库切:《伊丽莎白·科斯特洛：八堂课》，北塔译。杭州：浙江文艺出版社，2013。

2. 该信息被不加鉴别地转载在不同的文章中，《纽约时报》甚至《当代世界文学》上都可找到相关信息。

3. 拉班·卡里克·希尔（Laban Carrick Hill）提到，有人认为库切的《迈克尔·K的生活和时代》中的K与卡夫卡的《审判》中的审判者相关联，但他认为，库切名字中的字母C可以与字母K互换，而且，库切的中间名就是迈克尔。

4. J.M. Coetzee, *White Writing: On the Culture of Letters in South Africa*, New Haven / London, Yale University Press, 1988, p.1.

5. Couché这个拼写似乎表示着有法国渊源，但是因为战争，除了父母的名字，所有关于其祖先的细节和文件都已经丢失。希望了解详细内容的读者可以参考：

　1）*Suid-Afrikaanse geslagsregisters / South African genealogies*, part I, compiled by J.A. Heese and R.T.J. Lombard, Pretoria, HSRC, 1986.

　2）C. Pama, *Die groot Afrikaanse familienaamboek*, Cape Town, Human & Rousseau, 1983, p. 81.

　3）*Coetzee-familie in Suid-Afrika* by I. Groesbeek, S. Veltkamp-Visser and L. Zollner, Pretoria, HSRC,1991.

6. Jan Visagie, 'Historiese Coetzenburgplaas van bekende baanbrekers', *Die Burger*, 12.8.2000.

7. 虽然根据基因，J.M.库切肯定属于荷兰血统，但是他母亲一方的英国祖先的可能性也是不能排除的。

8. 格里特·库切，于1729年受洗，在1766年与他的第一任妻子：约翰娜·伊丽莎白·罗蒙德结婚。女方的父亲来自荷兰，但是，根据罗蒙德这个姓氏判断，他很可能是因为新教信仰而从法国逃到荷兰，后来又到达开普。

9. 根据记载，她的姓是帕灵（Paling）。

10. J.M. Coetzee, *White Writing*, p.1.

11. 卡雷尔·斯库曼写过关于雅克布斯·库茨与亨德里克在开普敦的旅行，出现在*Cape Lives of the Eighteenth Century* (Pretoria, Protea Boekehuis, 2011)第9章中。

12～13. J.M.库切:《幽暗之地》，郑云译。杭州：浙江文艺出版社，2013。

14. 德比尔家族最初来自荷兰。

15. Hinrich Lichtenstein, *Travels in Southern Africa II*, translated from the German by Anne Plumptre, London, B. Clarke, 1815, pp. 69－71.

16. Patricia Storrar, *A Colossus of Roads*, Cape Town, Murray & Roberts /Concor, 1984.（关于银勺的信息根据希尔维亚·库切夫人于2008年11月20日写给笔者的一封信。）

17. 根据J.M.库切的表弟保罗·高瑞思于2009年6月1日发给笔者的电子邮件。

18. 该片段由保罗·高瑞思2009年6月1日提供。

19. 该信息由斯泰伦博斯的格哈德·戈尔登赫伊斯教授提供。

20. 该信息由J.M.库切的表亲史蒂芬·韦梅耶提供。

21. 该信息由斯泰伦博斯的格哈德·戈尔登赫伊斯教授提供。

22. M.O. Kritzinger, *Driekwarteeufeesgedenkboek van die Ned. Geref. Kerk, Laingsburg 1882－1957*, Cape Town (Elsiesrivier), National Commercial Printers, 1957, p. 148.

23. 本场比赛的细节由保罗·高瑞思在一封电子邮件中提供。

24. M.F. Erasmus, *Halfeeufees-gedenkboek Ned. Geref. Gemeente Merweville, K.P. 1904－1954*, Cape Town, National Commercial Printers, 1954, p. 41.

25. 根据希尔维亚·库切夫人2008年11月20日的信件。

26. 该信息由莉迪亚·巴莱拉2009年3月4日提供。

27. J.M.库切:《男孩》，文敏译。杭州：浙江文艺出版社，2013。

28. J.M.库切:《夏日》，文敏译。杭州：浙江文艺出版社，2013。

29. 根据希尔维亚·库切夫人2010年6月的信件。

30～31. J.M.库切:《男孩》，文敏译。杭州：浙江文艺出版社，2013。

32～34. J.M.库切:《夏日》，文敏译。杭州：浙江文艺出版社，2013。

35. 该信息由杰拉尔德·库切提供。

36. Stefan Wehmeyer, 'Terug: 'n Reis na Quackenbruck, Niedersachse, Duitsland', *Cape Librarian*, July — August 2007.

37. 根据2008年10月27日笔者收到的电子邮件。

38. Dalene Matthee, *Fiela se kind*, Cape Town, Tafelberg, 1985, p. 15.

39. J.M.库切:《夏日》，文敏译。杭州：浙江文艺出版社，2013。

40. 语言学家亚伯·库切（Abel Coetzee, 1906 — 1975）确实在人类学领域做出了贡献，但是作为一个文学评论家，他的判断是不可靠的，他的鲁莽评论并不为同时代的大多数作家所接受。

41. 德国原版日记手稿被保存在斯泰伦博斯大学图书馆。

42～44. J.M.库切:《男孩》，文敏译。杭州：浙江文艺出版社，2013。

45. Kay Redfield Jamison, *Touched with Fire: Manic-depressive Illness and the Artistic Temperament*, New York, Simon and Schuster, 1993.

46. P.C. Schoonees, *Die prosa van die Tweede Afri-*

kaanse Beweging, third revised edition, Pretoria, J.H. du Bussy / Cape Town, HAUM, 1939, p. 131.

47. Albert du Biel, *Die verraaier*, Paarl, Die Specialiteite-Maatskappy, 1931, p. 72.

48. J.M. 库切：《男孩》，文敏译。杭州：浙江文艺出版社，2013。

49～50. J.M. Coetzee, *White Writing: On the Culture of Letters in South Africa*, New Haven and London, Yale University Press, 1988.

51. J.M. 库切：《幽暗之地》，郑云译。杭州：浙江文艺出版社，2013。

第2章

1～2. 根据笔者2009年5月23日对杰拉尔德·库切的专访。

3. 见开普敦档案馆保存资料。

4～5. 根据笔者于2009年3月16日对J.M.库切的专访。

6～9. J.M. 库切：《男孩》，文敏译。杭州：浙江文艺出版社，2013。

10. J.M. 库切：《铁器时代》，文敏译。杭州：浙江文艺出版社，2013。

11～12. J.M. 库切：《男孩》，文敏译。杭州：浙江文艺出版社，2013。

13. 根据2009年3月16日对J.M.库切的专访。

14. J.M. 库切：《铁器时代》，文敏译。杭州：浙江文艺出版社，2013。

15～16. J.M. 库切：《男孩》，文敏译。杭州：浙江文艺出版社，2013。

17. 该诗歌由 J.M. 库切收藏，标题为《写在埋葬战友后》。

18～21. J.M. 库切：《男孩》，文敏译。杭州：浙江文艺出版社，2013。

22. 根据笔者2008年10月24日对希尔维亚·库切的采访。

23～24. J.M. 库切：《男孩》，文敏译。杭州：浙江文艺出版社，2013

25. 根据笔者2009年1月25日对阿格尼斯·海因里希的电话采访。

26. 根据笔者2009年2月12日J.M.库切的电子邮件。

27～31. J.M. 库切：《男孩》，文敏译。杭州：浙江文艺出版社，2013。

32. 信息来源于1997年南非广播公司第三频道的电视节目 Passages。

33. 根据笔者2009年3月16日对库切的专访。

34. 根据2008年10月27日笔者收到的电子邮件。

35. J.M. 库切：《男孩》，文敏译。杭州：浙江文艺出版社，2013。

36. C.J. Driver, *Patrick Duncan: South African and Pan-African*, London, Heinemann, 1980, p. 61.

37. J.M. Coetzee, *White Writing: On the Culture of Letters in South Africa*, New Haven and London, Yale University Press, 1988, p. 137.

38～39. J.M. 库切：《男孩》，文敏译。杭州：浙江文艺

40. Akwe Amosu, *Not Goodbye*, Plumstead, Snail Press, 2010, p. 34.

41～43. J.M. 库切：《男孩》，文敏译。杭州：浙江文艺出版社，2013。

44. J.M. 库切：《夏日》，文敏译。杭州：浙江文艺出版社，2013。

45～48. J.M. 库切：《男孩》，文敏译。杭州：浙江文艺出版社，2013。

49. *Doubling the Point: Essays and Interviews, ed. David Attwell*, Cambridge, Massachusetts / London, Harvard University Press, 1992, p. 20.

50. 有色人种在南非境内是少数群体，但是在西开普省他们是主要的人口群体。在种族隔离时期立法者对其所作的定义是负面的：有色人种显然既不属于白人也不属于非洲人。在种族隔离政策下，他们比非洲黑人享受了更多的权利和特权。

51～69. J.M. 库切：《男孩》，文敏译。杭州：浙江文艺出版社，2013。

70. 该信为库切夫人所有。

71. 这里是指J.M.库切和他的妻子及两个孩子在1971年的短期逗留。

72～77. J.M. 库切：《男孩》，文敏译。杭州：浙江文艺出版社，2013。

78. J.M. 库切：《铁器时代》，文敏译。杭州：浙江文艺出版社，2013。

79. J.M. 库切：《男孩》，文敏译。杭州：浙江文艺出版社，2013。

80. *Die Burger*, 1.6.1950.

81～102. J.M. 库切：《男孩》，文敏译。杭州：浙江文艺出版社，2013。

103. Interview with Jennifer Crwys-Williams, *Sunday Times*, 4.12.1983.

104. *Doubling the Point*, p. 393.

105. 该评论出自库切2008年10月27日发给笔者的电子邮件。

106～107. J.M. 库切：《男孩》，文敏译。杭州：浙江文艺出版社，2013。

108. 摘自库切2008年10月27日发给笔者的电子邮件。

109. *Doubling the Point*, p. 29.

110. 根据开普敦档案馆所查阅资料。

第3章

1～2. J.M. 库切：《男孩》，文敏译。杭州：浙江文艺出版社，2013。

3. 根据笔者2009年3月17日对库切的专访。

4. J.M. 库切：《男孩》，文敏译。杭州：浙江文艺出版社，2013。

5. 根据笔者2009年3月17日对库切的专访。

6. 根据2009年9月6日尼克·斯泰撒基斯发给笔者的电子邮件。

7. J.M. 库切：《慢人》，邹海仑译。杭州：浙江文艺出版

社，2013。

8～10. J.M.库切:《男孩》，文敏译。杭州：浙江文艺出版社，2013。

11. 有关圣约瑟夫圣母学校的信息来自学校目前的校长于2009年2月10日接受记者采访时所说的内容。

12. 根据笔者2009年3月17日对库切的专访。

13. J.M.库切:《男孩》，文敏译。杭州：浙江文艺出版社，2013。

14. J.M.库切:《青春》，王家湘译。杭州：浙江文艺出版社，2013。

15. 根据当时学校年报，事实并非如此。

16. J.M.库切:《内心活动》，黄灿然译。杭州：浙江文艺出版社，2010。

17. *St Joseph's College Magazine*, December 1953.

18. 根据2008年1月27日的私人电子邮件。

19. 根据一封圣约瑟夫教师的私人电子邮件。

20. J.M.库切:《男孩》，文敏译。杭州：浙江文艺出版社，2013。

21. 根据库切中学老师于2007年2月16日提供的电子邮件。

22～24. J.M.库切:《男孩》，文敏译。杭州：浙江文艺出版社，2013。

25. J.M. Coetzee, *Doubling the Point: Essays and Interviews*, edited by David Attwell, Cambridge, Massachusetts / London, Harvard University Press, 1992, pp. 393－394.

26. 同上。P. 394.

27. J.M.库切:《男孩》，文敏译。杭州：浙江文艺出版社，2013。

28. 奥古斯丁丁修士，本名Stannard Silcock，曾在库切进校那年被调往纳塔尔的一所培训学校任职，于1962年回到圣约瑟夫任校长，直到1967年离开普敦。1971年，他去伦敦进修获得神学文凭，后在华威郡担任老师。1983年，他回到南非，被委任为约翰内斯堡一所圣公学校的校长，并在当地建立了南非第一所多种族学校。

29. 根据斯坦纳德·西尔科克在2009年3月17日提供的电子邮件。

30～31. 根据笔者2009年2月14日对比利·斯蒂尔的电话采访。

32. T. Tyfield and K.R. Nicol, eds, *The Living Tradition*, Cape Town, Maskew Miller, third edition, 1954, p.iii.

33. J.M.库切:《凶年纪事》，文敏译。杭州：浙江文艺出版社，2013。

34. J.M.库切:《男孩》，文敏译。杭州：浙江文艺出版社，2013。

35. J.M.库切于1981年5月6日书面答复索纳·韦斯科特对他提出的一系列问题时做了这样的陈述。

36. 根据2008年10月27日库切发给笔者的电子邮件。

37. 根据笔者收到的电子邮件。

38～39. J.M.库切:《青春》，王家湘译。杭州：浙江文艺出版社，2013。

40. Hesiod, *The Homeric Hymns, and Homerica*, with an English translation by Hugh G. Evelyn-White, London, Heinemann / Cambridge, Massachusetts, Harvard University Press, 1959, pp. 87－89.

41. J.M.库切:《青春》，王家湘译。杭州：浙江文艺出版社，2013。

42. 几乎可以肯定的是，这个托尼是库切《青春》中的西奥·斯塔塔福罗波洛斯。他的真名是Anthony Lyki-ardopulos。

43～44. J.M.库切:《异乡人的国度》，汪洪章译。杭州：浙江文艺出版社，2010。

45. *Doubling the Point*, P. 4 & P. 393.

46～47. J.M.库切:《男孩》，文敏译。杭州：浙江文艺出版社，2013。

48. 资料来源于开普敦档案馆。

49. J.M.库切:《男孩》，文敏译。杭州：浙江文艺出版社，2013。

第4章

1. Howard Phillips, *The University of Cape Town 1918－1948*, Cape Town, UCT Press, 1993, pp. 1－10.

2. 早在20世纪60年代，南非货币单位由英镑、先令和便士的十进制系统转换为兰特和分。最初2兰特等于1英镑。

3. 1畿尼当于1英镑1先令。

4. London, Harvill Secker, 2009, p. 155 ff.

5. 根据2009年5月5日来自约翰·肯施的电子邮件。

6. 此时社会学在学部中还占有一定地位，在20世纪60年代后期被降级到文学院中。

7. 根据1958年2月12日L.E.泰勒写给J.M.库切的信件。

8. 根据1960年3月2日学校秘书写给库切的信件。

9. J.M.库切:《青春》，王家湘译。杭州：浙江文艺出版社，2013。

10. 根据2009年3月18日对J.M.库切的采访。

11～13. J.M.库切:《青春》，王家湘译。杭州：浙江文艺出版社，2013。

14～15. J.M.库切:《男孩》，文敏译。杭州：浙江文艺出版社，2013。

16. J.M.库切:《青春》，王家湘译。杭州：浙江文艺出版社，2013。

17. J.M. Coetzee, *Doubling the Point: Essays and Interviews*, edited by David Attwell, Cambridge, Massachusetts / London, Harvard University Press, 1992, p. 29.

18. 根据2010年3月丹尼尔·哈钦森写给笔者的电子邮件。

19～20. J.M.库切:《青春》，王家湘译。杭州：浙江文艺出版社，2013。

21. H. Marsman, *Verzameld werk*, Amsterdam, Querido, 1960, p. 596.

22. T.S.艾略特:《传统与个人才能》，卞之琳译。

23. T.S.艾略特:《四个四重奏》，汤永宽译。

24. T.S.艾略特:《哈姆雷特》。

25～26. *The Open Universities in South Africa*, Johannesburg, Witwatersrand University Press, 1957.

27. Mark Gevisser, *The Dream Deferred: Thabo Mbeki*,

Johannesburg and Cape Town, Jonathan Ball Publishers, 2007, p. 112.

28. Hermann Giliomee, *Die Afrikaners: 'n Biografie*, Cape Town, Tafelberg, 2004, p. 472 and Tom Lodge, *Sharpville: An Apartheid Massacre and its Consequences*, Oxford University Press, 2011.

29. 该诗由纳尔逊·曼德拉在1994年的首次官方演讲上朗读并被翻译为英语。其副标题为"在尼扬加被士兵射死的孩童"。

30. J.M.库切:《青春》,王家湘译。杭州:浙江文艺出版社,2013。

31. *C.J. Driver, Patrick Duncan: South African and Pan-African*, London, Heinemann, 1980, p. 180.

32～33. J.M.库切:《青春》,王家湘译。杭州:浙江文艺出版社,2013。

34. 在对几个学生积极分子的审判中,莱夫特威克向警方提供他所有朋友的名字,成为国家的证人,未受法律制裁。审判后他离开该国,到海外定居。该方面内容见: Hugh Lewin, *Stones against the Mirror*, Cape Town, Umuzi, 2011。

35. C.J. Driver, 'Used to be great friends', *Granta 80*, Winter 2002.

36. *Doubling the Point*, p. 394.

37. J.M.库切:《青春》,王家湘译。杭州:浙江文艺出版社,2013。

38. J.M.库切:《慢人》,邹海仑译。杭州:浙江文艺出版社,2013。

39. 在2009年3月19日的采访中,库切说:"我非常喜欢音乐,但是我视觉不是特别灵敏,在这门艺术中只是业余爱好者的兴趣。"

40. Henri Poincare, 'Mathematical creation', Brewster Ghiselin, ed., *The Creative Process*, fourth impression, New York, Mentor, 1959, p. 33.

41. P.J. Browne, W.N. Everitt and I.W. Knowles, 'Douglas Barker Sears: His work in differential equations', *Quaestiones Mathematicae*, 22, 1999, pp. 1–6.

42. Interview with Joanna Scott, 'Voice and trajectory', *Salmagundi*, 114, 115, Spring / Summer 1997.

43. J.M.库切:《凶年纪事》,文敏译。杭州:浙江文艺出版社,2013。

44. *Notices of the American Mathematical Society*, 56: 8, September 2009.

45～46. J.M.库切:《青春》,王家湘译。杭州:浙江文艺出版社,2013。

47. 根据1957年至1960年开普敦大学校历。

48～52. Phillips, *The University of Cape Town 1918–1948*.

53. J.M. Coetzee, 'Great teachers: Robert Guy Howarth', *Conference & Common Room*, 32: 1, Spring 1995.

54～55. 根据笔者在2009年3月16日对库切进行的私人采访。

56. J.M. Coetzee, 'Great teachers: Robert Guy Howarth', *Conference & Common Room*, 32: 1, Spring 1995.

57. J.M.库切:《青春》,王家湘译。杭州:浙江文艺出版社,2013。

58. J.M. Coetzee, 'Great teachers: Robert Guy Howarth,

59. 根据笔者在2009年3月16日对库切进行的私人采访

Conference & Common Room, 32: 1, Spring 1995.

60～62. A.L. Mcleod, *R.G. Howarth: Australian Man of Letters*, New Delhi, New Dawn Press, 2005, p. 120.

63. J.M. Coetzee, 'Great teachers: Robert Guy Howarth', *Conference & Common Room*, 32: 1, Spring 1995.

64～65. J.M.库切:《青春》,王家湘译。杭州:浙江文艺出版社,2013。

66. *The Letters of Ezra Pound*, London, Faber and Faber, 1951, p. 91.

67. T.S. Eliot, 'John Dryden', *Selected Essays*, pp. 305–316.

68. G. Haresnape, 'Coetzee has just left the building', *Pen News*, December 2003.

69. 来自2009年4月到5月间,乔迪·德莱弗发给笔者的一系列电子邮件。

70. J.M.库切:《青春》,王家湘译。杭州:浙江文艺出版社,2013。

71. 根据笔者在2009年3月16日对库切进行的采访。

72. 根据2010年3月丹尼尔·哈钦森发给笔者的电子邮件。

73. J.M.库切:《青春》,王家湘译。杭州:浙江文艺出版社,2013。

74. 根据笔者收到的私人信件。

75. 根据1960年4月8日库切收到的来自教务处的信件。

76. J.M.库切:《青春》,王家湘译。杭州:浙江文艺出版社,2013。

77. J.M. Coetzee, 'Remembering Texas', *Doubling the Point*, p. 50.

78. J.M.库切:《青春》,王家湘译。杭州:浙江文艺出版社,2013。

79. J.M.库切:《夏日》,文敏译。杭州:浙江文艺出版社,2013。

第5章

1. J.M. Coetzee, *Doubling the Point*, ed. David Attwell, Cambridge, Massachusetts / London, Harvard University Press, 1992, p. 394.

2. J.M.库切:《凶年纪事》,文敏译。杭州:浙江文艺出版社,2013。

3. J.M.库切:《彼得堡的大师》,王永年,匡咏梅译。杭州:浙江文艺出版社,2013。

4. Dominic Sandbrook, *White Heat: A History of Britain in the Swinging Sixties*, London, Little, Brown, 2006, p. xiv.

5～6. 'You can walk it on the grass', *Time*, 15.4.1966.

7. J.M.库切:《青春》,王家湘译。杭州:浙江文艺出版社,2013。

8. J.M.库切:《伊丽莎白·科斯特洛:八堂课》,北塔译。杭州:浙江文艺出版社,2013。

9～11. J.M.库切:《青春》,王家湘译。杭州:浙江文艺出版社,2013。

12. Quoted by Mark Gevisser, *The Dream Deferred: Thabo Mbeki*, Johannesburg and Cape Town, Jonathan Ball Publishers, 2007, p. 156.

13. 'Waiting for Mandela', *New York Review of Books*, 8.5.1986.

14～20. J.M.库切：《青春》，王家湘译。杭州：浙江文艺出版社，2013。

21. Hugh Kenner, *The Poetry of Ezra Pound*, London, Faber and Faber, 1951, p. 61, quoted from *Spirit of Romance*.

22～25. J.M.库切：《青春》，王家湘译。杭州：浙江文艺出版社，2013。

26. Joanna Scott, 'Voice and trajectory: An interview with J.M. Coetzee', *Salmagundi*, 114, 115, Spring /Summer 1997.

27. Quoted by Fernando de Lima Paulo, *Imagining the Unimaginal: A Reading of J.M. Coetzee's Foe*, Universidade Federal de Minas Gerais, 2002, pp. 4 - 5.

28. 该细节由大卫的妻子提供。

29. Fernando de Lima Paulo, op. cit.

30. Geoffrey Haresnape, 'The writers' circle', *Personality*, 1.2.1968.

31～33. J.M.库切：《青春》，王家湘译。杭州：浙江文艺出版社，2013。

34. 根据笔者于2009年3月17日对库切所作采访。

35. 库切回到南非并在没有任何收入的情况下度过1963年，让人们猜测他在伦敦有所积蓄。他自从儿童时期就习惯节俭生活。按《青春》中所说，如果他每月有10英镑的节余，他很可能攒下了一些积蓄。

36. T.S.艾略特：《大教堂凶杀案：艾略特文集·戏剧》，李文俊等译。上海：上海译文出版社，2012。

37. J.M.库切：《青春》，王家湘译。杭州：浙江文艺出版社，2013。

38. 根据J.M.库切在1981年5月6日对肖娜·威斯克问题的书面答复。

39. Fernando de Lima Paulo, *Imagining the Unimaginal: A Reading of J.M. Coetzee's Foe*, Universidade Federal de Minas Gerais, 2002, p. 4.

40. J.M.库切：《青春》，王家湘译。杭州：浙江文艺出版社，2013。

41. 值得注意的是，库切此后并没有发表任何关于福特·马多克斯·福特的文章，尽管他在硕士阶段已做了详实的研究。是因为他后来认识到他对福特的兴趣是来自庞德对该作家的热情？《青春》清晰地表示福特的作品让主人公感到厌倦，他并没有从其中找到一本精品。

42. 根据2009年3月19日笔者对库切的采访。

43～44. N.P.van Wyk Louw, *Tristia*, Cape Town, Human & Rousseau, 1962, p.36.

45. J.M.库切：《青春》，王家湘译。杭州：浙江文艺出版社，2013。

46. 实际上是去了得克萨斯州的奥斯汀。

47. 很可能是甘纳帕的，也出现在《青春》中。

48. 根据2009年5月14日奈特给笔者的电子邮件。

49. 根据J.M.库切在1981年5月6日对肖娜·威斯克问题的书面答复。

第6章

1. J.M. Coetzee, *Doubling the Point: Essays and interviews*, edited by David Attwell, Cambridge, Massachusetts / London, Harvard University Press, 1992, pp. 25 - 26.

2. J.M.库切：《青春》，王家湘译。杭州：浙江文艺出版社，2013。

3. 在一次采访中，库切说自己的学业成绩不够得到大额奖学金水平，实际上根据记录，库切在开普敦大学英文系的学习成绩优秀。

4. 在《回忆得克萨斯》一文中，库切写道，他得到的是每年2100美元，但是根据得克萨斯大学在1966年7月26日的信件，这一数目是2300美元。

5. 根据J.M.库切在1981年5月6日对肖娜·威斯克问题的书面答复。

6. J.M. Coetzee, 'Meat country', *Granta*, 52, Winter 1995.

7. *Doubling the Point*, p. 57.

8. J.M.库切：《青春》，王家湘译。杭州：浙江文艺出版社，2013。

9～12. *Doubling the Point*.

13. J.M. Coetzee, 'Idleness in South Africa', *White Writing*, New Haven / London, Yale University Press, 1988, pp. 12 - 35.

14～15. *Doubling the Point*.

16. Rae Nadler-Olenick, 'Cape Town to Stockholm, with a layover in Austin', *The Alcade*, January / February 2004.

17. *Doubling the Point*.

18～19. J.M.库切：《内心活动》，黄灿然译。杭州：浙江文艺出版社，2010。

20. *Doubling the Point*, P.25.

21. *UCT Studies in English*, 9, 1979.

22. *Doubling the Point*, p. 39.

23. Samuel Beckett, *Watt*, edited by C.J. Ackerley, London, Faber and Faber, 2009.

24. *Doubling the Point*, p. 22.

25. Rae Nadler-Olenick, 'Cape Town to Stockholm, with a layover in Austin', *The Alcade*, January / February 2004.

26. *The Alcade*, January / February 2004.

27～28. J.M. Coetzee, 'Meat country', *Granta 52*, Winter 1995.

29. *The Alcade*, January / February 2004.

30. Coetzee, *White Writing*, pp. 38 - 39.

31. *Doubling the Point*, p. 52.

32. J.M.库切：《凶年纪事》，文敏译。杭州：浙江文艺出版社，2013。

33～34. J.M.库切：《幽暗之地》，郑云译。杭州：浙江文艺出版社，2013。

35. Cape Town, Cape Times Limited, 1928.

36. John Barrow, *An account of Travels into the Interior of Southern Africa in the Years*.

37. Henry Lichtenstein, *Travels in South Africa*, Cape

Town, Van Riebeeck Society, 1928, pp. 124—125.

38. *The Journals of Hendrik Jacob Wikar (1779)* with an English Translation by A.W. van der Horst and *The Journals of Jacobus Coetse Janz (1760) and Willem van Reenen (1791)* with an English Translation by Dr E.E. Mossop, Cape Town, Van Riebeeck Society, 1935.

39. Peter Temple, 'The private world of a major new S.A. talent', *The Star*, 14.6.1974.

40. Breyten Breytenbach, *Ysterkoei-blues: Versamelde gedigte 1964—1975*, Cape Town, Human & Rousseau, 2001, pp. 289—290.

41. *Doubling the Point*, p. 103.

42. 根据笔者于2009年3月18日对库切的采访。

43. 在之后的2006年4月23日, 库切接受《得克萨斯月刊》的邮件采访, 讲述了当时事件最令他震惊的事实之一: "我听说, 在惠特曼行凶时, 一些学生竟然企图去取来枪支加入枪战。我完全无法理解, 为何在奥斯汀, 有那么多人拥有枪支, 并认为有自由使用它们的权利。我从不认为惠特曼的行径是美国独有的, 但我真的认为, 有人急于加入枪战, 是得州特色。"

44. *Doubling the Point*, p. 53.

第7章

1. J.M.库切:《青春》, 王家湘译。杭州: 浙江文艺出版社, 2013。

2~3. Richard A. Siggelkow, *Dissent and Disruption and a University under Siege*, Buffalo, New York, Prometheus Books, 1991.

4. J.M.库切:《幽暗之地》, 郑云译。杭州: 浙江文艺出版社, 2013。

5~6. 根据2009年3月18日笔者对库切所作的采访。

7. Richard A. Siggelkow, *Dissent and Disruption and a University under Siege*, Buffalo, New York, Prometheus Books, 1991.

8. 这里指的是既有创造性, 又有批判性的人。

9. 根据J.M.库切在1981年5月6日对肖娜·威斯克问题的书面答复。

10. J.M. Coetzee, *Doubling the Point: Essays and Interviews*, edited by David Attwell, Cambridge, Massachusetts, Harvard University Press, 1992, p. 336.

11. 文章后收录在《双重视角》一书中。

12. J.M. Coetzee, *Doubling the Point: Essays and Interviews*.

13. J.M.库切:《夏日》, 文敏译。杭州: 浙江文艺出版社, 2013。

14. 这些笔记现收藏于南非格雷厄姆斯敦国家英语文学博物馆内。

15. Buber, *I and Thou*, translated by Ronald Gregor Smith, Edinburgh, T & T Clark, ninth impression, 1957, pp. 14—15.

16~18. *Doubling the Point*, P. 86—90.

19. *Landscape with Rowers*, P. 8—9.

20. *Doubling the Point*, P. 73.

21. *Landscape with Rowers*, p. 7.

22. J.M.库切:《内陆深处》, 文敏译。杭州: 浙江文艺出版社, 2013。

23. J.M.库切:《异乡人的国度》, 汪洪章译。杭州: 浙江文艺出版社, 2010。

24. Marcellus Emants, *Een nagelaten bekentenis*, introduced by Etienne Britz, Pretoria / Cape Town, Academica, 1980, p. 21.

25. J.M.库切:《异乡人的国度》, 汪洪章译。杭州: 浙江文艺出版社, 2010。

26. J.M.库切:《幽暗之地》, 郑云译。杭州: 浙江文艺出版社, 2013。

27. Marcellus Emants, *A Posthumous Confession*, translated and introduced by J.M. Coetzee, London / Melbourne / New York, Quartet Encounters, 1986, p. 13.

28. J.M.库切:《异乡人的国度》, 汪洪章译。杭州: 浙江文艺出版社, 2010。

29. *A Posthumous Confession*, p. 7.

30. 根据2009年3月18日笔者对库切进行的私人采访。

31~32. 斯坦利·卡诺:《越南: 一段历史》(*Vietnam: A History*), 1991。

33. *Spectrum*, 27.4.1970.

34~35. Siggelkow, op. cit.

36. Rae Nadler-Olenick, 'Cape Town to Stockholm with a layover in Austin', *The Alcade*, January — February 2004.

37. Siggelkow, op. cit.

38. *Spectrum*, 20.4.1970.

39. Siggelkow, op. cit.

40. *Spectrum*, 3.4.1970.

41. *Newsweek*, 30.3.1970.

42. 根据2009年3月18日笔者对库切进行的私人采访。

43. Siggelkow, op. cit.

44. Joanna Scott: 'Voice and trajectory: An interview with J.M. Coetzee', *Salmagundi*, 114, 115, Spring / Summer 1997.

45. J.M.库切:《青春》, 王家湘译。杭州: 浙江文艺出版社, 2013。

第8章

1. Quoted by Susan van Zanten Gallagher, *A Story of South Africa: J.M. Coetzee's Fiction in Context*, Cambridge, Massachusetts / London, Harvard University Press, 1991, p. 53.

2. *Cape Argus*, 19.6.1974.

3~4. Dick Penner, *Countries of the Mind: The Fiction of J.M. Coetzee*, New York / Westport, Connecticut / London, Greenwood Press, 1989.

5. J.M.库切:《铁器时代》, 文敏译。杭州: 浙江文艺出版社, 2013。

6. David Attwell, *J.M. Coetzee: South Africa and the Politics of Writing*, Berkeley / Los Angeles / Oxford,

University of California Press / Cape Town / Johannesburg, David Philip, 1993, pp. 28–29.

7. 事实上，1972年8月21日是星期一，库切很可能是有意为之。当时在弗朗西斯敦并无袭击事件的记录，当月的《星期日泰晤士报》也没有相关报道。

8. J.M.库切：《夏日》，文敏译。杭州：浙江文艺出版社，2013。

9. *Crossing the Borders of Power*, Johannesburg / Cape Town, Jonathan Ball, 2007, pp. 186 and 191–192.

10. J.M. Coetzee, *White Writing: On the Culture of Letters in South Africa*, New Haven / London, Yale University Press.

11. Eugene N. Marais, *Die volledige versamelde gedigte*, edited by Marissa Baard, J.C. Kannemeyer, Kristel Roets, Nicol Stassen and Marni Viviers, Pretoria, Protea Boekhuis, 2005, p. 85.

12. *Doubling the Point*, p. 117.

13. J.M.库切：《内陆深处》，文敏译。杭州：浙江文艺出版社，2013。

14. J.M.库切：《铁器时代》，文敏译。杭州：浙江文艺出版社，2013。

15. Teresa Dovey, *The Novels of J.M.Coetzee*, Craighall, Ad Donker, 1988, p. 55, quoted.

16. 根据2008年12月2日希尔维亚·库切夫人信件所提供信息。

17. J.M.库切：《夏日》，文敏译。杭州：浙江文艺出版社，2013。

18. 根据2009年5月23日对杰拉尔德·库切的采访。

19. 根据2010年4月7日对吉塞拉·库切的采访。

20. 该文由希尔维亚·库切夫人友情提供。

21. 根据2010年3月11日对克里斯·帕洛德的私人采访。

22. Cape Town, Van Riebeeck Society, 1935.

23. J.M.库切：《幽暗之地》，郑云译。杭州：浙江文艺出版社，2013。

24. *Doubling the Point*, p. 90.

25. Gallagher, *A Story of South Africa*, p. 74.

26. T. Kai Norris Easton, *Textuality and the Land: Reading* White Writing *and the Fiction of J.M. Coetzee*, unpublished D.Phil. dissertation, University of London, 2000, p. 63.

27. Gallagher, *A Story of South Africa*, p. 79.

28. Peter Knox-Shaw, 'Dusklands: A metaphysics of violence', Contrast, XIV: 1, 1982.

29. Attwell, *J.M. Coetzee: South Africa and the Politics of Writing*, pp. 46–47.

30~31. J.M.库切：《幽暗之地》，郑云译。杭州：浙江文艺出版社，2013。

32. 根据2009年3月17日对库切进行的私人采访。

33. J.M.库切：《夏日》，文敏译。杭州：浙江文艺出版社，2013。

34. 根据2010年3月丹尼尔·哈钦森发给笔者的电子邮件。

35. J.M. Coetzee, 'Great teachers: Robert Guy Howarth', *Conference & Common Room*, 32: 1, Spring 1995.

36~37. 根据2010年3月丹尼尔·哈钦森发给笔者的电子邮件。

38. 根据2009年4月26日乔纳森·克鲁发给笔者的电子邮件。

39. Ian Glenn, 'Nadine Gordimer, J.M. Coetzee and the politics of interpretation', The South African.

40. 根据2010年5月10日笔者收到的莱斯利·马克思的电子邮件。

41. T.S.艾略特，《玄学派诗人》，樊心民译。

42. Collected in *Doubling the Point*, p. 344.

43. The review of *Local Colour appeared in Beeld*, 24.11.1975; that of *The Orange Earth in Rapport*, 6.8.1978.

44. Collected in *Research in African Literature*, XI: 2, 1980.

45. 在他们居住期间，这里的房子并没有门牌号。

46. J.M.库切：《夏日》，文敏译。杭州：浙江文艺出版社，2013。

47. C.P. Cavafy, *Collected Poems*, Trans.Edmund Keeley & Philip Sherrard, ed.George Savidis, Princeton University Press, 1992.

48. Hermann Wittenberg, 'J.M. Coetzee and Ravan Press: Towards an archaeology of *Dusklands*', Carol Clarkson, ed., *J.M.Coetzee and the Aesthetics of Place*, Cape Town, UCT Press, 2012.

49. 当时，非洲书店出售的以国内土著语言所写的书籍不到总数的1%。很多作家考虑是为大都市读者写作，而不是为了自己的社区写作，写作的内容也不是关注国内的社区。关于这一点，库切在《八堂课》中有讨论。

50. Alan Lennox-Short, ed., *English and South Africa*, Cape Town, Nasou, 1973.

51. Easton, op. cit., p. 53. Coetzee wrote the different stages of the holograph of 'The Vietnam Project' in UCT exam books, then still in folio format.

52. J.M.库切：《幽暗之地》，郑云译。杭州：浙江文艺出版社，2013。

53. Joanna Scott, 'Voice and trajectory: An interview with J.M. Coetzee', *Salmagundi*, 114, 115, Spring / Summer 1997.

54. Sue Kossew, *Pen and power: A postcolonial reading of J.M. Coetzee and Andre P. Brink*, Amsterdam, Rodopi, 1996, p. 34.

55. J.M.库切：《幽暗之地》，郑云译。杭州：浙江文艺出版社，2013。

56. Pascal Carre, *John Maxwell Coetzee: Power and the Individual Consciousness*, Universite de Liege, 1984–1985, p. 9.

57. Pierre Macherey uses the concept 'thematic ancestor' in *A Theory of Literary Production*, translated by Geoffrey Wall, London, Routledge and Kegan Paul, 1978, pp. 240–248.

58. Dick Penner, *Countries of the Mind:The Fiction of J.M. Coetzee*, New York / Westport, Connecticut / London, Greenwood Press, 1989, p. 21.

59. Attridge, *J.M. Coetzee and the Ethics of Reading*, p. 15.

60. J.M.库切：《幽暗之地》，郑云译。杭州：浙江文艺

J.M.库切传

出版社，2013。

61．从这可以看出，库切在给考普写信的时候，尚未将手稿提交给唐克。

62．根据2009年4月26日乔纳森·克鲁的电子邮件。

63．拉万Ravan，Ra代表Randall，va代表Van Zyl，n代表Naude。

64．Peter Randall, 'The beginnings of Ravan Press: a memoir', *Ravan: Twentyfive Years (1972–1997)*, edited by G.E. de Villiers, Randburg, Ravan Press, 1997.

65．库切与拉万出版社的信函往来收录在格雷厄姆斯敦国家英语文学博物馆中。

66．Wittenberg, op. cit.

67．到了20世纪80年代，该书在市面上已相当难找到。1985年，美国一商人愿意出250美元每本购买此书。在2000年7月1日的《星期六安格斯》报中，《幽暗之地》第一版价值500美元，相当于3 400兰特。

68～69．Wittenberg, op.cit.

70．根据2009年3月20日对库切进行的私人采访。

71．珍·马夸特（Jean Marquard）在《内陆深处》的评论中写道："当时（《幽暗之地》出版后），库切的出版商拉万出版社收到读者的电话，希望他们换掉校对员"。

72．Peter Knox-Shaw, '*Dusklands*: A metaphysics of violence', *Contrast*, 4 : 1, 1982, pp. 26–38.

73．Gallagher, *A Story of South Africa*, p. 67.

74～75．*John M. Coetzee: Passages*, edited by Henion Han, produced by Cheryl Tuckett, videocassette, 52 minutes, London, Dizzy Ink, 1999; my transcription of Abrahams's words.

76．Stephen Watson, 'Colonialism & the novels of J.M. Coetzee', *Selected Essays 1980–1990*, Cape Town, The Carrefour Press, 1990, p. 37.

77．Michael Vaughan, 'Literature and politics: Current South African writing in the seventies', *Journal of Southern African Studies* 9, October 1982.

78．Peter Knox-Shaw, '*Dusklands*: A metaphysics of violence', *Contrast* XIV : 1, 1982.

79．Sue Kossew, *Pen and Power: A Post-Colonial Reading of J.M. Coetzee and Andre P. Brink*, p. 3.

80．Alastair Bruce, *Aspects of time and narrative in the novels of JM Coetzee*, MA thesis, University of Cape Town, 1997.

81．Penner, op. cit., p. xiii.

第9章

1～2．Peter D. McDonald, *The Literature Police: Apartheid, Censorship and its Cultural Consequences*, Oxford, Oxford University Press, 2009, p. 39.

3．Brink, 'Die konteks van Sestig: Herkoms en situasie', *Literatuur in die strydperk*, p. 59.

4．'Etienne Leroux in gesprek met F.I.J. van Rensburg', *Gesprekke met skrywers 1*, Cape Town, Tafelberg, 1971,

5．p. 59.

5～6．*Giving Offense*, p. 213.

7～8．J.M. Coetzee, *Doubling the Point*, edited by David Attwell, Cambridge, Massachusetts / London, Harvard University Press, 1992.

9～10．*Giving Offense*, p. 9–10.

11．麦克纳在此处弄错了时间，实际是1975年。

12．*The Literature Police*, p. 63.

13．根据2009年3月19日笔者对库切进行的私人采访。

14．J.M.库切：《内陆深处》，文敏译。杭州：浙江文艺出版社，2013。

15．J.M. Coetzee, *White Writing*, New Haven / London, Yale University Press, 1988, pp. 5–6.

16．David Attwell, *J.M. Coetzee: South Africa and the Politics of Writing*, Berkeley / Los Angeles / Oxford, University of California Press / Cape Town / Johannesburg, David Philip, 1993, p. 57.

17．Susan van Zanten Gallagher, *A Story of South Africa: J.M. Coetzee's Fiction in Context*, Cambridge, Massachusetts / London, Harvard University Press, 1991, p. 83.

18．Joanna Scott, 'Voice and trajectory: An interview with J.M. Coetzee', *Salmagundi*, 114, 115, Spring / Summer, 1997.

19．*Doubling the Point*, p. 60.

20．在《内陆深处》手稿中重要的变化是人物的名字。最先享德里克的妻子叫卡特里娜，老佣人叫列那；后来都改了，列那变成了安娜，亨德里克的妻子，在玛格达的建议下改名为克莱恩-安娜。

21．Dick Penner, *Countries of the Mind*, New York / Westport, Connecticut / London, Greenwood Press, 1989, p. 57 quoted.

22．阿特维尔将其看成一系列强奸，而德里克·阿特里奇将其看成一次。参见：Attwell, op. cit., p. 67，和Derek Attridge, *J.M. Coetzee and the Ethics of Reading*, Scottsville, University of KwaZulu-Natal Press / Chicago and London, University of Chicago Press, 2005, footnote on p. 26。

23．Gallagher, op. cit., p. 100.

24．Folke Rhedin, interview with J.M. Coetzee, *Kunapipi*, VI : 1, 1984.

25．Derek Attridge, op. cit., pp. 28–29.

26．Gallagher, op. cit., p. 84.

27．*White Writing*, pp. 6–7.

28．Attridge, op. cit., p. 29.

29．The reference is to Ian Glenn, 'Game hunting in *In the Heart of the Country*', *Critical Perspectives on J.M.Coetzee*, edited by Graham Huggan and Stephen Watson, London, Macmillan, 1996, p. 125.

30．Dominic Head, *J.M. Coetzee*, Cambridge, Cambridge University Press, 1997, p. 59.

31．Attridge, op. cit., pp. 30–31.

32．在1975年，安德烈·布林克的小说由金牛出版社出版了1 000本限量签名版。这个小出版社坚决反对任何形式的审查，由威特沃特斯兰德大学三个讲师组织出版。

33. 此处会导致一种误解。1977年8月17日，库切写道："该书原文并非荷兰语，而是英语，但是带有阿非利堪斯语对话。我最怕的是，评论者会以为我是从阿非利堪人群体中发声（这当然是完全错误的），然后在这个误读基础上读我的作品。

34. Hermann Wittenberg, 'The taint of the censor: J.M. Coetzee and the making of *In the heart of the country*', *English in Africa*, 35 : 2, October 2008.

35. Peter Randall, 'The beginnings of Ravan Press: A memoir', G.E. de Villiers, ed., *Ravan: Twenty-five Years (1972–1997)*, Randburg, Ravan Press, 1997, p. 9.

36 ~ 37. Wittenberg, op. cit.

38. *Giving Offense*, p. 38. Hermann Wittenberg also quotes this passage in his article on the printing history of *In the Heart of the Country*.

39. McDonald, op. cit., p. 315.

40. J.M.库切：《夏日》，文敏译。杭州：浙江文艺出版社，2013。

41. Wittenberg, op. cit.

42. Stephen Watson, 'Colonialism & the novels of J.M. Coetzee', *Selected Essays 1980–1990*, Cape Town, The Carrefour Press, 1990, p. 45.

43. *John M. Coetzee: Passages*, directed by Henion Han, produced by Cheryl Tuckett, videocassette, 52 minutes, London, Dizzy Ink, 1999; my transcription of Marx's words.

44. Josephine Dodd, 'Naming and framing: Naturalization and colonization in J.M. Coetzee's *In the Heart of the Country*', *World Literature in English*, 27 : 2, 1987.

45. Reported in *Pretoria News* and *Die Burger*, both 19.4.1978.

46. 根据2009年12月14日对玛丽莲·霍妮克曼的电话采访。

47. J.M.库切：《夏日》，文敏译。杭州：浙江文艺出版社，2013。

48. 在回答莱文森关于他在创作《内陆深处》时，脑海中想到的哪部分的卡鲁这个问题，库切在1980年7月1日回答："你可能会探究一下阿尔伯特王子镇。整个区域都非常干燥，许多农场主都离开了。"

49. *The Star*, 29.4.1983.

50. 细节由库切本人提供。

51. 根据2009年1月25日对阿格尼斯·海因里希电话采访。

52. 根据2009年1月17日对卡罗尔·古森电话采访。

53. 根据2009年5月23日对杰拉尔德·库切的采访。

54. 根据2009年3月23日对库切的采访。

55. 根据2010年3月11日对克里斯和桑德拉·帕洛德的采访。

56. J.M.库切：《慢人》，邹海伦译。杭州：浙江文艺出版社，2013。

57. 1955年成立的白人妇女非暴力抵抗组织。

58. 根据2010年4月7日对吉塞拉·库切的采访。

59. 根据2010年3月丹尼尔·哈钦森的电子邮件。

60. 根据2009年11月27日对凯瑟琳·洛加的采访。

61. 根据2010年3月丹尼尔·哈钦森的电子邮件。

62. 根据2009年4月3日对多萝西·德莱弗的采访。

63. 根据2009年3月20日对J.M.库切的私人采访。

64. 根据2010年4月7日对吉塞拉·库切的采访。

第10章

---

1. J.M.库切：《青春》，王家湘译。杭州：浙江文艺出版社，2013。

2. Allister Sparks, *The Mind of South Africa*, London, Heinemann, 1990, p. 219.

3 ~ 4. Mary Benson, *Nelson Mandela: The Man and the Movement*, New York, Norton, 1986.

5. Hermann Giliomee, *The Afrikaners*, Cape Town, Tafelberg, 2003, pp. 580, 648 and 652.

6. Rykie van Reenen, *Op die randakker*, Cape Town, Tafelberg, 1980, p. 87.

7. Jacques Pauw, *Into the Heart of Darkness*, Johannesburg, Jonathan Ball Publishers, 1997, p. 188.

8. Christopher van Wyk, *It is Time to Go Home*, Johannesburg, Ad Donker, 1979, p. 45.

9 ~ 11. Breyten Breytenbach, *The True Confessions of an Albino Terrorist*, Emmarentia, Taurus, 1984, pp. 311–312.

12. Breyten Breytenbach, *Skryt: Om 'n sinkende skip blou te verf*, Amsterdam, Meulenhoff, 1972, p. 27.

13. *Giving Offense*, p. 218.

14. *Doubling the Point*, p. 366.

15 ~ 18. J.M.库切：《等待野蛮人》，文敏译。杭州：浙江文艺出版社，2013。

19. *Doubling the Point*, p. 141.

20. Review with Joanna Scott, 'Voice and trajectory: An interview with J.M. Coetzee', *Salmagundi*, 114, 115, Spring / Summer, 1997.

21. *Doubling the Point*, p. 142.

22. 然而在接受乔安娜·斯科特采访时，库切谨慎地回答说："当有人将我描述为一位寓言家，我会有点觉得有趣，但是我认为我不比其他人更像寓言家。"

23. Bernard Levin, *London Sunday Times*, 23.11.1980.

24. J.M.库切：《等待野蛮人》，文敏译。杭州：浙江文艺出版社，2013。

25. Gallagher, *A story of South Africa*, p. 76.

26 ~ 27. J.M.库切：《等待野蛮人》，文敏译。杭州：浙江文艺出版社，2013。

28. Derek Attridge, *J.M. Coetzee & the Ethics of Reading*, Scottsville, University of KwaZulu-Natal Press, 2005, p. 70.

29 ~ 34. J.M.库切：《等待野蛮人》，文敏译。杭州：浙江文艺出版社，2013。

35. Gallagher, *A story of South Africa*, p. 137.

36. Peter D. McDonald, *The Literature Police*, Oxford, Oxford University Press, 2009, pp. 312–313.

37. 'Voice and trajectory: An interview with J.M. Coe-

tzee', *Salmagundi*, 114, 115, Spring / Summer, 1997.

38. 大卫·斯图尔特·赫尔在1981年4月1日告诉库切他决定改变他所服务的代理机构，库切也同意与他一同改换自己的代理公司。

39. N.P. van Wyk Louw, *Berigte te velde*, Cape Town, Nasionale Boekhandel, second impression, 1959, pp. 10 and 12–13, collected in *Versamelde prosa*, Cape Town, Tafelberg, 1986, pp. 6, 8–9.

40. 'Towards a true materialism', *New Contrast*, 13, December 1981, collected in Sue Kossew, ed, *Critical Essays on J.M. Coetzee*, New York, G.K. Hall, 1998.

41. 根据2008年11月17日与威尔玛·斯托肯斯托姆的电话记录。

42. Willie Burger and Helize van Vuuren, eds, *Sluiswagter by die dam van stemme*, Pretoria, Protea Boekhuis, 2002, pp. 140–142.

43–47. J.M. Coetzee, *White Writing*, New Haven / London, Yale University Press, 1989.

48. J.M.库切：《异乡人的国度》，汪洪章译。杭州：浙江文艺出版社，2010。

49–52. J.M. Coetzee, *White Writing*, New Haven / London, Yale University Press, 1989.

53. Roy Campbell, *Collected Works* I, edited by Peter Alexander, Michael Chapman and Marcia Leveson, Craighall, Johannesburg, Ad Donker, 1985, p. 124.

54. Coetzee, *White Writing*, p. 177.

55. Helize van Vuuren, *Die Suid-Afrikaan*, December 1988; Cherry Clayton, *Times Literary Supplement*, 23–29.9.1989; and Hennie Aucamp, Die Burger, 15.9.1988.

56. *Doubling the Point*, p. 104.

57. 根据2009年4月3日对多萝西·德莱弗的采访。

58. 根据2009年3月17日对J.M.库切的采访。

59. 根据2009年3月23日对J.M.库切的采访。

60. 这些细节以及以下信息均根据2009年4月3日对多萝西·德莱弗的采访。

第11章

1. David Welsh, *The Rise and Fall of Apartheid*, Johannesburg & Cape Town, Jonathan Ball, 2009.

2. Nadine Gordimer, *The Essential Gesture: Writing, Politics and Places*, London, Penguin, 1989, pp. 262–263.

3. David Welsh, *The Rise and Fall of Apartheid*, Johannesburg & Cape Town, Jonathan Ball, 2009.

4. J.M. Coetzee, *Giving Offense*, Chicago and London, University of Chicago Press, 1996, p. 165.

5. J.M.库切：《铁器时代》，文敏译。杭州：浙江文艺出版社，2013。

6. Interview with Stephen Watson, *Speak*, May / June 1978.

7. Interview with Edwin Hart, *The Star*, 25.2.1981.

8. 根据2009年3月20日对库切的私人采访。

9–10. Joanna Scott, 'Voice and trajectory: An interview

11. Dick Penner in *Countries of the Mind*, New York / Westport, Connecticut / London, Greenwood Press, 1989, p. 94.

12. Tony Morphet, 'An interview with J.M. Coetzee', *Social Dynamics*, 10:1, 1984, reprinted in *TriQuarterly*, Spring / Summer 1987.

13. Dominic Head, *J.M. Coetzee*, Cambridge, Cambridge University Press, 1997, p. 93.

14. 库切在接受采访时说："我不认为卡夫卡有使用字母K的专权，同样，布拉格也并非宇宙的中心。"

15–20. J.M.库切：《迈克尔·K的生活和时代》，邹海仑译。杭州：浙江文艺出版社，2013。

21. T.S. Eliot, *The Complete Poems and Plays*, London, Faber and Faber, 1969, p. 61.

22. David Ward, *Chronicles of Darkness*, London / New York, Routledge, 1989, p. 167.

23. Allister Sparks, *The Star*, 2.11.1983.

24–25. J.M.库切：《迈克尔·K的生活和时代》，邹海仑译。杭州：浙江文艺出版社，2013。

26. Stephen Watson, 'Speaking: J.M. Coetzee', *Speak*, 1:3, May / June 1978.

27. Teresa Dovey, *The Novels of J.M. Coetzee*, Craighall, Ad Donker, 1988, pp. 265–267.

28. Interview with Hugh Roberton, *Pretoria News*, 18.8.1983.

29. 加拉格赫尔在这里遗漏了卡夫卡！

30. Susan van Zanten Gallagher, *A Story of South Africa: J.M. Coetzee's Fiction in Context*, Cambridge, Massachusetts / London, Harvard University Press, 1991, p. 45.

31. 约瑟夫·康拉德小说《黑暗之心》中的人物。

32. 维京企鹅公司确实在美国出版了此书，但是在1984年，在塞克沃伯格公司在英国出版该书之后。

33. 不过库切在接受埃里克·范伊斯（Erik van Ees）的采访（1983年11月12日）时指出："结尾是不明朗的，我特意这样处理，不确定迈克尔·K是否继续活下去。"

34. Peter D. McDonald, *The Literature Police*, Oxford, Oxford University Press, 2009, pp. 314–315.

35. J.M.库切：《迈克尔·K的生活和时代》，邹海仑译。杭州：浙江文艺出版社，2013。

36. *Pretoria News*, 13.10.1983.

37. Patrick Hayes, *J.M. Coetzee and the Novel*, Oxford, Oxford University Press, 2010, p. 74.

38. J.M.库切：《异乡人的国度》，汪洪章译。杭州：浙江文艺出版社，2010。

39. Quoted by Penner, *Countries of the Mind*, p. 75.

40. *Doubling the Point*, pp. 206–208.

41. Gallagher, *A Story of South Africa: J.M. Coetzee's Fiction in Context*, p. 170.

42. 此文后收入《异乡人的国度》。

43. Elleke Boehmer, *Colonial and Postcolonial Literature: Migrant Metaphors*, Oxford, Oxford University Press,

1995, p. 17.

44. J.M.库切:《异乡人的国度》,汪洪章译。杭州:浙江文艺出版社,2010。

45. Daniel Defoe, *The Life and Adventures of Robinson Crusoe*, edited with an introduction by Angus Ross, London, Penguin, reprinted 1985, p. 25.

46. J.M.库切:《异乡人的国度》,汪洪章译。杭州:浙江文艺出版社,2010。

47~49. J.M.库切:《福》,王敬慧译。杭州:浙江文艺出版社,2013。

50. Penner, *Countries of the Mind*, p. 113.

51. J.M.库切:《福》,王敬慧译。杭州:浙江文艺出版社,2013。

52. 库切在这里使用的"现在"是指20世纪80年代。

53. 库切在1983年12月1日做了这样的笔记。

54~55. J.M.库切:《福》,王敬慧译。杭州:浙江文艺出版社,2013。

56. Toril Moi, editor, *The Kristeva Reader*, New York, Columbia University Press, 1986, p. 37.

57. Sheila Roberts, 'Post-colonialism, or the House of Friday — J.M. Coetzee's *Foe*', *World Literature Written in English*, 31: 1, 1991.

58. Richard Begam 'Silence and mut(e)ilation: White writing in J.M. Coetzee's *Foe*', Michael Valdez Moses, ed., *The Writings of J.M. Coetzee*, *The South Atlantic Quarterly*, 93: 1, Winter 1994.

59. J.M.库切:《福》,王敬慧译。杭州:浙江文艺出版社,2013。

60. Patrick Hayes, *J.M. Coetzee and the Novel*, Oxford, Oxford University Press, 2010, p. 109.

61. Gallagher, op. cit., pp. 166~167.

62. Ian Glenn, 'Nadine Gordimer, J.M. Coetzee, and the politics of interpretation', Michael Valdez Moses, ed., *The South Atlantic Quarterly*, 93: 1, Winter 1994.

63. *Doubling the Point*, p. 298.

第12章

1~4. Rian Malan, *Resident Alien*, Johannesburg / Cape Town, Jonathan Ball, 2009.

5. Reprinted, among other places, in the *Sunday Times*, 7.10.1990.

6~7. J.M. Coetzee, *Doubling the Point*, edited by David Attwell, Cambridge, Massachusetts / London, England, Harvard University Press, 1992, p. 65.

8. 根据2009年5月乔迪·德莱弗的私人电子邮件。

9. 根据2009年3月20日对库切的私人采访。

10. 根据2009年3月19日对库切的私人采访。

11. 根据2010年3月丹尼尔·哈钦森的电子邮件。

12. 根据2010年3月霍华德·伍尔夫的电子邮件。

13. 根据2009年3月19日对库切的私人采访。

14. J.C. Kannemeyer, *Leipoldt: 'n Lewensverhaal*, Cape Town, Tafelberg, 1999, p. 654, quoted.

15. Allister Sparks, *The Star*, 2.11.1983.

16. Kayser, op. cit.

17. *Doubling the Point*, p. 246.

18. Alex Smith, *Drinking from the Dragon's Well*, Cape Town, Umuzi, Random House Struik, 2008, p. 20.

19. 根据2009年1月25日对玛莲娜·勒鲁的电话采访。

20~21. *The Alcade*, January / February 2004.

22. J.M. Coetzee, *Truth in Autobiography*, Cape Town, University of Cape Town 1985, p. 4.

23. Dick Penner, *Countries of the Mind: The Fiction of J.M. Coetzee*, New York / Westport, Connecticut / London, Greenwood Press, 1989, p. 19.

24. 根据霍华德·伍尔夫2009年4月的电子邮件和2009年5月1日的信件。

25. 根据2009年5月2日曼朱·加达卡的电子邮件。

26. 根据2009年3月16日对库切的私人采访。

27. J.M.库切:《夏日》,文敏译。杭州:浙江文艺出版社,2013。

28. J.M.库切:《男孩》,文敏译。杭州:浙江文艺出版社,2013。

29. 根据2010年史蒂芬·韦梅耶提供的信息。

30. 根据2010年4月7日对吉塞拉·库切的私人采访。

31. 根据2009年11月27日对凯瑟琳·杜普莱西斯的私人采访。

32~36. J.M.库切:《铁器时代》,文敏译。杭州:浙江文艺出版社,2013。

37. 尽管《铁器时代》文中没有出现菲利帕的名字,但她的去世确实发生在库切该书的创作期间。

38. D.A. Robinson, *The confessional novel in South Africa: A study of J.M. Coetzee's Age of Iron (1990) and Menan du Plessis's A State of Fear (1983)*, M.A., University of Natal, Durban, 1992, p. 58.

39. Leonard Thompson, *A History of South Africa*, New Haven, Yale University Press, 1990, p. 235.

40~41. J.M.库切:《铁器时代》,文敏译。杭州:浙江文艺出版社,2013。

42. David Attwell, *J.M. Coetzee: South Africa and the Politics of Writing*, Berkeley, University of California Press / Cape Town, David Philip, 1993, p. 119.

43~45. J.M.库切:《铁器时代》,文敏译。杭州:浙江文艺出版社,2013。

46~47. Derek Attridge, *J.M. Coetzee & the Ethics of Reading: Literature in the Event*, Scottsville, University of KwaZulu-Natal Press, 2005, p. 110.

48~49. J.M.库切:《铁器时代》,文敏译。杭州:浙江文艺出版社,2013。

50~51. Patrick Hayes, *J.M. Coetzee and the Novel: Writing and Politics after Beckett*, Oxford, Oxford University Press, 2010, p. 144.

52. 根据2009年4月3日对多萝西·德莱弗的采访。

53. 此处及接下来8段都是根据2009年3月20日对库切进行的私人采访。

54. 信息来自开普敦大学学生中心。

55. 此处及以下信息,若未加特别说明,均来自2009年4月3日对多萝西·德莱弗的采访。

56. 在对吉塞拉·库切的采访中，她提到并没有尸检。如果真是如此，那是很不寻常的，但是这与"死亡登记"所提供的信息相悖。

57. 根据2010年3月11日对克里斯·派洛德的采访。

58. 根据2009年5月霍华德·伍尔夫的电子邮件。

59. Sue Kossew, 'The anxiety of authorship: J.M. Coetzee's *The Master of Petersburg* (1994) and Andre Brink's *On the Contrary* (1993)', *English in Africa*, 23: 1, May 1996.

60. Joseph Frank, Dostoevsky: *A Writer in his Time*, Princeton / Oxford, Princeton University Press, 2010.

61. A.J. Wiggers and others, *Grote Winkler Prins Encyclopedie*, part 14, Amsterdam, Elsevier, 1972, p. 80.

62～63. J.M.库切：《彼得堡的大师》，王永年译，浙江文艺出版社，2013。

64. 原来的传记包括五卷本，是相关传记文学最全面的一套。库切在《异乡人的国度》中有专门一篇文章来分析该传记。

65. Joseph Frank, 'The rebel', *The New Republic*, 213: 16.

66. J.M.库切：《异乡人的国度》，汪洪章译。杭州：浙江文艺出版社，2010。

67. Monica Popescu, 'Waiting for the Russians: Coetzee's *The Master of Petersburg* and the Logic of Late Postcolonialism', Michael Chapman, ed., *Postcolonialism: South African Perspectives*, Newcastle, U.K., Cambridge Scholars Publishing, 2008.

68～73. J.M.库切：《彼得堡的大师》，王永年译，浙江文艺出版社，2013。

74. J.M. Coetzee, *Landscape with Rowers: Poetry from the Netherlands*, Princeton / Oxford, Princeton University Press, 2004, p. viii.

75～78. J.M.库切：《彼得堡的大师》，王永年译，浙江文艺出版社，2013。

79. Stephen Watson, *New Contrast*, XXII: 4, December 1994.

80. 布林克在被《文学补充时报》问及当年最好图书时，他说了两本：朱莉亚·布莱克伯恩的《黛丝·贝茨》和库切的《彼得堡的大师》。

第13章

1. 根据2009年3月20日对库切的私人采访。

2. Hermann Giliomee, *Die Afrikaners: 'n Biografie*, Cape Town, Tafelberg, 2004, p. 586.

3. Nelson Mandela, *Long Road to Freedom*, Randburg, Macdonald Purnell, 1994, p. 612.

4. Hermann Giliomee and Bernard Mbenga, eds, *Nuwe geskiedenis van Suid-Afrika*, Cape Town, Tafelberg, 2007, p. 413.

5. J.M.库切：《凶年纪事》，文敏译。杭州：浙江文艺出版社，2013。

6. Patti Waldmeir, *Anatomy of a Miracle*, New York, W.W. Norton, 1997, p. 287.

7. 在文中，他这样描述卢里教授："由于对自己所教的内容了无好感，他的讲课并没有给学生留下什么印象。他讲课时学生们目光茫然，连他的名字都记不住。学生们的这种漠然，使他十分生气。但尽管如此，他对自己的职责还是兢兢业业，无论是对学生，对家长，还是对州里的有关部门。他日复一月地布置作业，收回作业、审读作业、批阅作业。作业中标点用错了，拼写有失误，用法不正确，他都一一改过。论点不够有力的，他就提上一两个问题，在每一份课程论文的最后都写上一段简明但是经过仔细推敲的评语。他没有离开讲台，因为讲台给他提供了一份生活来源，也因为讲台让他懂得要时时谦恭，让他明白自己在世界上所处的地位。他对生活中这样的反讽理解甚深：来教书的倒学到了最most深刻的道理，而来听课的却什么也没有学到。" J.M.库切：《耻》，张冲译。南京：译林出版社，2010。

8. Andre Brink, 'My buurman John', *By*, 6.2.2010.

9. J.M. Coetzee, *Doubling the Point: Essays and Interviews*, edited by David Attwell, Cambridge, Massachusetts / London, Harvard University Press, 1992, p. 341.

10. J.M. Coetzee, 'Critic and citizen: A response', *Pretexts: Literary and Cultural Studies*, IX: 1, 2000. On 18.1.1999.

11. J.M.库切：《凶年纪事》，文敏译。杭州：浙江文艺出版社，2013。

12. 在同一次采访中，库切对文学的"炫耀现象"表达了他的保留意见："作家，特别是年轻的作家被用来推销自己的作品，这是一件令人沮丧和压抑的事情。我很少能找到一个作家愿意更多地讲自己的作品，这当然是有理由的。当你完成了一本书，你会将注意力转移到其他问题上，你并没有兴趣重新回到你写作时的心境。"

13. 这些年来，库切只参加过两次录像采访。

14. Jonathan Lear, 'The aims of educations address 2009', *The Aims of Education: Selected Essays*, Chicago, University of Chicago, 2009.

15. J.M.库切：《伊丽莎白·科斯特洛：八堂课》，文敏译。杭州：浙江文艺出版社，2013。

16. 2001年，库切的名字又一次与诺贝尔奖联系到一起，但是最后该奖由V.S.奈保尔获得。

17. 根据1989年6月2日库切写给霍华德·伍尔夫的信件。

18. J.M. Coetzee, *Doubling the Point: Essays and Interviews*, edited by David Attwell, Cambridge, Massachusetts / London, Harvard University Press, 1992, p. 18.

19. 已经有人猜测库切与他的荷兰出版商是否有远亲关系。因为Cossée的祖先是宗教难民，从法国逃到荷兰定居。而在南非的第一个名字德克库切家族的族长，原本拼写他姓Couché，也显示了法国起源。

20～22. J.M.库切：《异乡人的国度》，汪洪章译。杭州：浙江文艺出版社，2010。

23. *Doubling the Point*, p. 90.

24. J.M.库切：《伊丽莎白·科斯特洛：八堂课》，文敏译。杭州：浙江文艺出版社，2013。

25. J.M.库切：《异乡人的国度》，汪洪章译。杭州：浙江文艺出版社，2010。

26. T.S. Eliot, *On Poetry and Poets*, London, Faber and Faber, 1957, p. 68.

27~30. J.M. 库切：《异乡人的国度》，汪洪章译。杭州：浙江文艺出版社，2010。

31. J.M. Coetzee, *Giving Offense*, Chicago / London, University of Chicago Press, 1996, pp. 204–214.

32. *Doubling the Point*, p. 341.

33~34. J.M. 库切：《异乡人的国度》，汪洪章译。杭州：浙江文艺出版社，2010。

35. J.M. 库切：《男孩》，文敏译。杭州：浙江文艺出版社，2013。

36. J.M. 库切：《异乡人的国度》，汪洪章译。杭州：浙江文艺出版社，2010。

37. J.M. Coetzee, *Truth in Autobiography*, Cape Town, University of Cape Town, 1984.

38. *Doubling the Point*, pp. 391–392.

39. Derek Attridge, *J.M. Coetzee and the Ethics of Reading, Scottsville*, University of KwaZulu-Natal Press, 2005, p. 149.

40~41. J.M. Coetzee and David Attwell, 'All autobiography is *autre*-biography', *Selves in question: Interviews on Southern African auto / biography*, J. Lutge Coullie, S. Meyer, T. Ngwenya and T.

42. Matthew Cheney, *The Quarterly Conversation*, 7.12.2009.

43. 2008年一位荷兰电影制片人本·利斯豪特根据《青春》拍摄了一个72分钟电影。其中主人公约翰在流连在荷兰的一个海港城市，孤独地寻找爱情与文学。

44. J.M. 库切：《伊丽莎白·科斯特洛：八堂课》，文敏译。杭州：浙江文艺出版社，2013。

45. 坦纳人文讲座由几所大学合作，每年变换场地。该讲座于1978年，由美国知识分子奥伯特·克拉克·坦纳设立。

46. *Sunday Times*, 28.9.2003. Nicolas Dawes's review deals with *Elizabeth Costello*, in which *The Lives of Animals* is reprinted.

47. *The Sunday Independent*, 12.12.1999.

48. J.M. Coetzee, *The Lives of Animals*, Princeton, Princeton University Press, 1999.

49. *The Sunday Independent*, 12.12.1999.

50. *The Hunting Apes: Meat Eating and the rigins of Human Behavior*, Princeton, Princeton University Press, 1999.

51. Michael G. McDunnah, ' "We are not asked to condemn" : Sympathy, subjectivity and the narration of *Disgrace*', Bill McDonald, ed., *Encountering Disgrace*, New York, Camden House, 2009.

52~53. J.M. 库切：《耻》，张冲译。南京：译林出版社，2010。

54. David Attwell, 'Race in *Disgrace*', *Interventions*, IV: 3, 2002.

55. J.M. 库切：《耻》，张冲译。南京：译林出版社，2010。

56. Fiona MacCarthy, *Byron: Life and Legend*, London, John Murray, 2002.

57. J.M. 库切：《耻》，张冲译。南京：译林出版社，2010。

58. 埃伯哈特曾写信给库切要求给予更细致回答。库切在2001年3月24日答复："如果您发现我的回答不是十分令人满意，我很抱歉。我通常不回答记者的提问，因为我相信书本身会做出回答。我这样做是帮彼得一个忙，所以我们就先这样吧。"

59. *The English Academy Review*, XVI: 1999.

60. 根据1999年11月22日纳丁·戈迪默给库切的一封私人信件。

61. Reported in *Beeld*, 18.1.2000.

62. Quoted in Ronald Suresh Roberts, *No Cold Kitchen: A Biography of Nadine Gordimer*, Johannesburg, STE Publishers, 2005, pp. 551.

63. Quoted by Rachel Donadio, *The New York Times*, 16.12.2007.

64. *The Independent*, 7.5.2000.

65. Galgut and Bhabha's assessments are quoted by Rachel Donadio, *The New York Times*, 16.12.2007.

66. Etienne Britz, 'Coetzee se *Disgrace*: Van skande tot skoonheid', *Die Burger*, 6.9.1999.

第14章

1. Dick Penner, *Countries of the Mind: The Fiction of J.M. Coetzee*, New York / Westport, Connecticut / London, Greenwood Press, 1989, p. 19 quoted.

2. 根据2009年3月23日对库切的采访。

3. 在接受《澳大利亚人》的卢克·斯莱特里采访时，库切说："我不认为自己的移民是摆脱枷锁。在过去的十年间我多次访问澳大利亚，并被她所吸引：她的风景，她的人以及其他难以言说的内容。我来到澳大利亚，并不是远离南非……我绝对没有对南非失去感情……人们应该记得，我们现在生活在移民的世界，人们在以历史上前所未有的规模到处迁移。世界各地有1/4的人并没有居住在祖父母出生的那个国家。改变居住地点不是什么不寻常的事情。"

4. 根据2009年3月23日对库切的采访。

5. 很不幸的是，因为建筑商与分包商的纠纷，库切与多萝西在阿特莱德的住宅没有让他们按期入住。

6. *Cape Times*, 20.2.2004.

7. 尽管《彼得堡的大师》的背景是俄国，反抗的是沙皇暴政，但与20世纪80年代和90年代南非的反对种族隔离运动有平行关系。

8. J.M. 库切：《伊丽莎白·科斯特洛：八堂课》，文敏译。杭州：浙江文艺出版社，2013。

第15章

1.《星报》1999年2月10日报道，根据瑞典提供的信息，库切和安德烈·布林克是1999年诺贝尔文学奖的竞争者。然而，该年的奖项最终颁发给德国的君特·格拉斯。

2. 根据2009年3月20日对库切的采访。

3. 此处及以下信息根据2010年4月20日对乔纳森·李尔的采访。

4. 瑞安·马兰在他2003年11月29日关于库切的报道中称他是"深居简出、神秘莫测"的南非作家。苏珊·邓恩写了一封信回应这篇文章。苏珊·邓恩说，在斯坦福大学访问期间，库切与学生和同事共进午餐，每天下午都参加研讨会和小组讨论，并履行自己的社会职责。关于娱乐，他和朋友去斯坦福大学周围的山上骑自行车。在过去五年中，他曾在五大洲的11个国家做了50多场公开讲座。按照她的观点，这不是一个隐士的行为。她提出一个问题，"马兰将库切称为隐士，是不是源于库切对记者的不喜欢呢？"2003年12月17日，盖尔·贝恩斯也指出："我很荣幸在15年前曾经在布法罗纽约州立大学参加库切的写作研讨课，我从来没有忘记这些。我的朋友们也没有忘记！当诺奖结果宣布时，每个人都打电话给我，或给我发送电子邮件。我对他最多的记忆是他的幽默。为什么大家都说他从来不笑？当我们课前聊天或上课期间，他经常笑的，他在讨论课的意见经常充满了睿智。我从来没有见过一个比他更有礼貌的人，更何况他这人比我还害羞。"

5. 2003年10月2日，诺奖公布后，韦恩·布斯给库切写了一封电子邮件："今天上午有三个电话是记者请我接受关于你的采访，这真是让人惊喜和高兴。通常当诺贝尔颁奖的时候，我会有一些疑问，我经常还不得不承认我从来没读某位作者的作品。现在这个奖颁给了一位我自己都愿意去亲自颁奖的作者，这真好。而且这次我还读过了获奖者的几乎所有作品。恭喜，我也希望这个奖不要太打乱你的人生。"

6. 从伯恩斯·林德福什在2011年9月13日发给大卫·阿特维尔的电子邮件可以看出得克萨斯大学仍然记得库切："在球赛进行中，当诺贝尔奖被公布，大学塔的大屏幕上打出了J.M.库切的照片，人群开始欢呼。"

7. Colin Bower, 'The art and artifice of J.M. Coetzee', *Sunday Times*, 28.9.2003.

8. 在该诗集序言中，库切指出尽管荷兰文学属于欧洲文学，但它"并不自恃清高"，而南非文学"一直是毫不羞涩地炫耀其一般的成就"。库切这样说的原因很可能是对他所观察到的一些文学学者鼓吹文学民族主义的回应。即便如此，他还是反复运用他的洞察力和欣赏力来分析这些"一般的成就"。

9. 当被问及他是否在西班牙拥有了一栋房子，库切通过电子邮件回答说："事实上，西班牙没有房子，但是我的女儿在法国拥有一住房。"

10~23. J.M.库切:《内心活动》，黄灿然译。杭州：浙江文艺出版社，2010。

第16章

1. 根据多封库切和乔纳森·李尔交流的电子邮件。

2~3. J.M.库切:《慢人》，邹海仑译。杭州：浙江文艺

出版社，2013。

4. Christopher Hope, *The Guardian*, 17.9.2005.

5. Shaun de Waal, *Mail & Guardian*, 23.9.2005.

6. *The Spectator*, 12.9.2005.

7. Adam Kirsch, *The New York Sun*, 14.9.2005.

8~9. J.M.库切:《慢人》，邹海仑译。杭州：浙江文艺出版社，2013。

10. David Attwell, 'Coetzee's estangement', unpublished paper delivered at 'A Dialog Conference on J.M.Coetzee: South African Nobel Prize Winner' (Paris, Universitat Salzburg, 2006)

11. Donald Powers, 'Emigration, photography, and writing in J.M. Coetzee's *Slow Man*', *Postamble*, 5:2, 2010.

12. 根据2009年3月23日对库切的私人采访。

13. Paola Cavalieri, ed., *The Death of the Animal*, New York, Columbia University Press, 2009.

14~20. J.M.库切:《凶年纪事》，文敏译。杭州：浙江文艺出版社，2013。

21. James Wood, 'Squall lines', *The New Yorker*, 24.12.2007.

22. Jeff Simon, *The Buffalo News*, 30.12.2007.

第17章

---

1. 根据2009年4月3日对多萝西·德莱弗的采访。

2. 关于吉塞拉的身体情况主要根据2009年3月16日和3月25日对J.M.库切的采访。

3. Akwe Amosu, *Not Goodbye*, Plumstead, Snailpress, 2010, p.40.

4. J.M.库切:《夏日》，文敏译。杭州：浙江文艺出版社，2013。

5. Patrick Denman Flanery, 'J.M. Coetzee's autre-biography', *Times Literary Supplement*, 9.9.2009.

6. J.M.库切:《夏日》，文敏译。杭州：浙江文艺出版社，2013。

7. 尽管笔者知道答案，但是为了确定起见还是在2009年7月28日打电话给库切的表妹阿格尼斯。她不记得有过这样的事情。也确定地告诉笔者没有与库切在百鸟喷泉农庄的车上过夜。在一次库切从美国回来后参加的农场家庭聚会中，阿格尼斯对抗库切说："约翰，你知道吗，我真是不了解你。"她还说，当他们还是孩子的时候，到伍斯特库切中做客的时候，库切和他弟弟大卫总是在后面跟着。

8. J.M.库切:《夏日》，文敏译。杭州：浙江文艺出版社，2013。

9. 根据2010年5月21日伊娃·寇斯的电子邮件。